第一册

汝企和 主編
張升 副主編

中國歷史文選

國家教育委員會立項項目

國家圖書館出版社

中國歷史文選（全三册）

主　編
汝企和
副主編
張　升
編著者
來可泓　張富祥　梁方健
邱居里　周　洪
劉淑英　張　升　汝企和

第一册目録

前言……一
文字學常識……二
文字學選篇……一九
說文解字序（節選）……一九
經籍籑詁序……二四
文字蒙求序……三〇
戰國時秦用籀文六國用古文說……三四
說文今叙篆文合以古籀說……三七
「轉注」的幾種解釋……四〇

新注選篇·經部

新注選篇·經部……四八
周易……四八
乾第一……四八
坤第二……五〇
繫辭（上）（節選）……五三
尚書……五五
盤庚（上）……五五
牧誓……六七
詩經……七一
七月……七一
東山……七八
公劉……八二
三禮……八七
周禮……八七
夏官司馬第四（節選）……八七

儀禮……一〇八
士相見禮第三……一〇八
禮記……一二一
大學……一二一
中庸……一四三
春秋三傳……一八五
左傳……一八五
鄭伯克段於鄢……一八五
召陵之盟……一九三
宮之奇諫假道……一九七
晉公子重耳之亡……二〇一
城濮之戰……二一九
秦晉殽之戰……二三二
晏嬰叔向論齊晉季世……二四三
齊晉鞌之戰……二四八

公羊傳……二六八
宋及楚平……二六八
穀梁傳……二七三
虞師晉師滅夏陽……二七三
論語……二七七
為政……二七七
述而……二八六
孟子……二九八
孟子見梁惠王（第一章）……二九八
許行……三〇一
離婁（下）……三一二
盡心（上）（前十章）……三三六

古文獻常識

……三四二
古漢語語法……三四二

實習系列……三五三
實習一：工具書(一)……三五三
實習二：工具書(二)……三五四
實習三：文字學(一)……三五五
白文選篇……三五六
魏　書……三五六
釋老志(節選)……三五六
太平詔書……三六三
原道醒世訓……三六三
原道覺世訓……三六五
曾文正公集卷五(節選)……三七〇
內河水師三獲勝仗摺……三七〇
水師三次獲勝兩次敗挫摺……三七二

前言

全國的中國歷史文選教材已出版了不少。我們此次編寫，有一些新的想法和嘗試，特簡述於前。

一

本次新編教材的最大特點，即以文字學、音韻學、訓詁學（此三學古代合稱「小學」）內容統領全書。這主要基於如下考慮：課程目的的要求；大學課程與中學課程質的區別；以往教學實踐的啓示；中學文言文課水平的不斷提高。

對中國歷史文選課的目的，學術界歷來看法不一（這些歧異觀點集中反映於兩集中國歷史文選教學研究和已出版的各教材之中）。我們認爲：這門課是歷史系的語言工具課，并以此爲出發點來設計其課程內容。無論學習何種語言，最基本因素皆爲字詞和語法，古漢語亦不例外。古漢語語法與現代漢語有着千絲萬縷的聯繫，而許多古漢語語言現象又非語法所能涵蓋，因此古漢語字詞問題就顯得更爲突出。以往的教學實踐充分表明：對於古漢語特有的語法規律，學生掌握起來比較容易，短時間內就能有較大提高，而字詞方面若想有明顯進步，則需長時間積累。語言大師王力先生曾在古代漢語的學習和教學中指出：「我們在研讀古代漢語的時候，……應該首先抓哪一方面呢？我想應該先抓詞匯方面……語法方面固然很重要，但是由於語法是比較穩固的，古今差別不大，祇消知道幾個粗綫條，再學習一些古代虚詞，也就差不多了。至於詞匯，它是變化比較快的，……所以先抓詞匯方面是對的。」（見文言文教學論集）

要掌握字詞，不外乎形、音、義三個方面。衆所周知，古人對漢字的形、音、義，千百年來已作了極爲深入的研究，其成果集中反映於文字學、音韻學、訓詁學中。這三項專門之學作爲本科生課程，一向由中文系開設，歷史系本科迄今很少有設這些課的。然而作爲歷史系的語言工具課——中國歷史文選的教學，適當引入「小學」的實用部分却完全必要。

中國歷史文選與中學的文言文課緊密相連，作爲大學課程，除在量的方面大大擴展外，與中學課程質的不同在於：大學除傳授知識外，還要教給學生學習方法（用現在常講的話說，即要提高學生的能力）。而「小學」的研究成果，恰爲駕馭古漢語字詞提供了最佳途徑。學生掌握了這三學的實用部分，就可對每個漢字有非常深刻的理解，從而不但可準確把握每個字的各種含義，而且還可舉一反三，即在離開教師之後仍能運用這些知識不斷提高古漢語水平。正如劉家和先生深刻指出的：「這種方法給予學生的就不止是一杯水或一桶水，而是給了他們長流水的水源。」劉先生的話，指出了中國歷史文選的發展方向。

實踐是檢驗真理的唯一標準。以往的實踐表明，引入「小學」知識確爲解決文選教學難點的有效手段。從上述兩部論文集中不難看出，有不少同行在這方面已作出寶貴探索。如陳虹先生在歷史文選與古代漢語一文中，以數則精彩例證，説明運用音韻學知識可使教學中的疑難迎刃而解。她在文中總結道：「音韻學這把鑰匙，就這樣爲同學們打開了衆多的知識大門。」在一九九七年全國中國歷史文選教學研討會上提交的歷史系古代漢語教學之我見一文中，她更進一步總結出運用「小學」內容教學的方法，即文字學方面，「第一是要講透每個漢字部首的含義」，「第二則要講清漢字字形在歷史長河中的諸次演變」；音韻學方面，「形聲字、多音字則同樣可以利用來作爲（音韻學）明白易懂的範例」，等等。

孫紹華先生也在歷史文選教學中的辯證法一文中指出：「學生自從掌握了錢大昕在聲母上的新發現：『有舌頭，無舌上，有重唇，無輕唇』之後，對大量類似『匪』讀『彼』以及據此形成的通假關係，幾乎是一點即通。」「由於平時在教學中，對於閱讀古籍，强調要善識通假，運用古音韻知識解決疑難，引導學生從音韻角度切入，問題往往迎刃而解。」她還明確提出了要「從漢字的實際出發，充分發揮文字、音韻、訓詁之學的功用」的觀點（見中國歷史文選教學研究第二集）。一九九七年的研討會上，梅顯懋先生也在淺談啓發式原則在中國歷史文選教學中的運用一文中指出：「當教師綜合運用文字、音韻、訓詁……等知識來疏通文義時，學生往往表現出極大興趣。」此外，論及在教學中運用「小學」知識的，還有劉啓林先生的中國歷史文選教學法摭言等文章。總之，以往的大量實踐雄辯證明：將「小學」知識引入課堂，不但完全可能，且已取得非常好的效果。

近年來中學文言文課水平不斷提高，已發生很大變化。對於這些變化，有人進行了深入研究與精確統計，并編纂成中學文言文索引詞典。編者的編纂動機，就是因發現「十年間（大學古代漢語）的教學效果之所以愈來愈不能盡如人意，關鍵在於我們對中學文言文教學的實際情況不明，教學的立足點與出發點偏低了」，因此，「爲了深入準確地了解中學文言文教學的現狀」，「特地」編修此書。（本段與下段引文皆見韓峥嶸先生古漢語文獻導讀之前言。）這部詞典「把選入初、高中語文課本的一百九十二篇詩文所出現的全部詞語和句子收攬無餘」，而且對「中學語文課文言課文的詞匯蘊含量」進行了「精確統計」：「其總量爲八千六百二十四個，去掉人名、地名則爲七千三百九十四個，其中單音詞爲三千三百四十二個，復音詞爲三千八百六十九個」。詞典作者還將這些數字與迄今影響最大的古漢語課本亦即王力先生的古代漢語進行比較，其結果爲：「古代漢語爲二百六十一篇，中學語文課本爲一百五十五篇。在古代漢語所選的二百六十一篇詩文中，有三十二篇已爲中學語文課本所選，占百分之十二點三。」更重要的是：「古代漢語所要求學生注意掌握的一千一百二十三個常用詞，祇有七十五個不見於中學課本，僅爲其百分之六點八。」據此，韓先生得出的結論是：「以上幾點足以説明，中學語文的文言文部分比重大大增加，教學相當深入，已經和前些年不可同日而語了。」「根據中學文言文教學的深化，古代漢語教學的立足點、出發點必須相應提高這個實際情況，我們認爲現行的古代漢語教材是需要更新的。」此文雖爲中文系教師所作，但文章對中學有關情況的統計與分析，對中國歷史文選課同樣具有深刻意義，因爲兩系學生在中學的文言文基礎完全相同。我們也必須考慮當前中學的情况，在教材中作出相應變化。

從上述統計還可看出，中學文言文教學的發展，主要體現在量的方面，如文中「揭示」了「幾個常用文言虛詞在中學課本中出現的次數」：「之，二千二百五十次；其，七百六十八次；者，七百六十一次；所，三百三十九次……」這些數字生動表明：中學教學已爲學生提供了比十年前豐富得多的感性知識，而大學的古漢語教學則應在質的方面有所提高，即更加着力於將學生豐富的感性認識上升到理性高度，而「小學」知識恰是對漢字形音義的理論總結。因此如果説，十幾年前將「小學」内容引入中國歷史文選教學尚爲時過早的話，那麽十幾年後的今天，鑒於中學文言文教學迅速發展，引入「小學」内容已變得日益迫切了！

二

我們的新教材，在突出「小學」内容方面的嘗試主要如下：

1．知識介紹。我們將文字學、音韻學、訓詁學中實用的内容深入淺出摘編爲短文，置於每册書之首，并精選歷代名家關於小學的論述若干篇，附於短文之後。講課時，將上述内容適當穿插於各篇課文之間進行講解（其中易懂者則作爲練習讓學生翻譯）。這樣安排，首先是將小學知識擺在課本最突出位置，以引起學生充分重視。而更爲重要的是切實以這些知識貫穿全部教學終始，以使學生逐步加深理解，從而最終達到能獨立運用這些知識來解決閱讀中難題的目的。

2．選篇。我們所選名篇，多爲先秦、兩漢之作，如前四史、子書和大部分經書等，這些名篇恰爲中國歷史上被後世學者注釋最多的篇章。如周易一書，幾千年來對其詮釋、研究之書竟達三千餘種，在這方面古今中外没有哪一部著作可以與之相媲美，堪稱世界之最。對其他名篇的注釋也往往超過原文幾倍、幾十倍，這些注釋是「小學」資料的淵藪，且具有一定的權威性。因此選這些篇章，非常便於教師展開講授「小學」内容。

3．注釋。我們在新教材注釋中也注意引入「小學」方法。如尚書牧誓的第一句即：「時甲子昧爽」，其中「昧」爲「暗」，學生容易理解，而「爽」爲「明」則不易懂。我們在注釋中指出：「爽，會意字，字形像古代窗櫺，其空白處表示透進的光。」與僅僅注「爽」爲「明」相比，這樣注釋顯然可使學生對字意的理解深刻得多。又如書教下引易繫辭的「（易）窮則變」一句，「窮」很容易被誤解爲「貧窮」。我們在注釋中指出：「窮，身弓於穴，表示無出路之意。」這樣從字形中分析字意，生動形象，可給學生留下深刻印象。

4．實習系列：以往教科書中，僅有幾部有練習題，罕有安排實習者。我們於一九九四年設立文獻實習室，故此次新編教材，首辟實習系列。該系列前兩單元爲實習如何使用工具書，後幾單元則是實習如何從文字學、音韻學、訓詁學的角度剖析與理解漢字。

筆者認爲：大學學生在四年内能學會使用多少種工具書，是其學術水平高下的重要標誌之一。多掌握一種工具書，其自學能力便增長一分，這對古漢語學習尤爲重要。要想真正掌握「小學」知識，有些工具書（如辭源、説文解字、古文字類編等等）必須學會使用。以前課上我們也向學生介紹工具書，但由於没有教師指導下的實習，對一些較複雜工具書的使用，學生課上似乎學會了，但課後仍不會查。近年來我們在實習室内帶領學生查找工具書，查找過程中出現的問題，教師當堂即給予指導和解决，這樣學生很快便可掌握。

文字學、音韻學、訓詁學本身即爲實踐性較强的學科，白兆麟先生曾指出：「顯然，綜合性和實用性是這門學科（指訓詁學）的兩大特徵。」（見簡明訓詁學之導論）我們向學生介紹時，又偏重於其實用部分，因此要掌握這些内容，實習就顯得格外重要。這次新編教材，我們制訂出圍繞「小學」知識的實習系列，并將其按文字學、音韻學、訓詁學的次序分置於三册之中。

三

在選篇方面，我們教材也有一些與其他選本不同之處，主要如下：

1．首次選入「小學」篇章（詳見上文）。

2．首次遍選四書五經。以往的二十多種教材，無一例外都選了經書，但對群經之首的周易却很少有人問津；選論、孟者甚多，而選取大學、中庸者亦鮮有聞。這次我們不但選入周易，且全文選入大學和中庸，從而成爲徧選四書五經的第一種選本。

衆所周知，自漢武帝獨尊儒術以來，五經就成爲歷代選官取仕的必考內容。兩千年來中華大地上每一位知識分子，特别是管理者與各方面傑出人物，無不自幼苦讀經書，將其內容爛熟於胸。中國封建社會國家機器的各層管理者——從天子到大臣，乃至縣鄉官吏，亦無不尊奉經書作爲其統治的最高指南。四書爲南宋大理學家朱熹選定，其四書章句集註也成爲後世知識分子必讀之書。元皇慶二年（公元一三一三年）十一月，元仁宗下詔定考試科目曰：「考試程式，……大學、論語、孟子、中庸內出題，并用朱氏章句集註……」（元史卷八一選舉志）自此後考試皆在四書範圍內出題，明清數百年間一仍此例。故四書對中國六百年封建社會的影響，亦爲其他任何文獻所無法比擬。四書五經的思想，已溶化於千百年來知識分子、特别是國家各級管理者的血液之中，成爲指導他們處理一切國政大事的最高原則。從這一事實得出的必然結論是：五經（後期包括四書）是對中國封建社會歷史發展影響最爲深刻的文獻，因此也應是我們中國歷史文選應首先考慮選入的篇章。

中國歷史文選課的早期開拓者一直在考慮如何使這門課更好地爲學生學習歷史服務，但其效果正如白壽彝先生所指出的：「最初是强調跟中國古代史相配合。做了一個時期，大家都感覺到這個辦法行不通。文選的一篇文章，往往需講上一、兩個星期，古代史的幾百年過程有時一、兩個小時就可以講完，這兩門課説甚麼也配合不上。」（見北師大中國古代歷史文選之序）筆者認爲，選學四書五經，就是將中國歷史文選與中國古代史真正配合的方法——這是一種高層次的配合，有了這種配合，纔能對千百年來中國各級統治者共同尊奉的指導思想有較全面的了解，從而也纔有可能對其間的社會變化獲得更深層次的理解。

3. 首次選入佛經、道藏。前些年學術界因受極左思潮的影響，史學研究的對象長期囿於階級鬥爭史範圍之内。近年來隨着改革開放的深入，我國史學界也逐漸拓寬眼界，將研究觸角深入到社會各個領域和層面。以往許多文選教材都注意到這個問題，并在選篇中努力反映出這一時代特色。我們這次編修，除注意選取竹簡、詔令奏議、筆記文集、類書等篇章外（甲骨文、金文已成專門之學，故未選），還特選佛經、道藏各一篇。

佛教自東漢傳入華夏大地，近兩千年來對中國社會産生了極爲深刻的影響，從最高統治者到庶民百姓，或多或少都要受到其直接、間接的種種影響（筆者認爲：對反宗教者來講，宗教同樣對他們産生了很大影響，衹是影響的性質不同而已）。道教是中國土生土長的宗教，中國古代統治思想、倫理學、乃至養生學等等，無不帶有其印記，歷史上以道教爲旗號的大規模農民起義也爲人所共知。人們常以儒、釋、道三者并舉，就説明在中國歷史上，這三者皆起過不容忽視的重大作用。因此要想真正理解中國社會的發展變化，亦須對釋、道有所了解。

近代以來，不少史學巨匠已將研究觸角深入宗教領域。如陳垣先生曾撰寫明季滇黔佛教考、清初僧諍記、中國佛教史籍概論等專著。他指出：「中國佛教史籍恒與列朝史事有關，不參稽而旁考之，則每有窒礙難通之史迹。」（見中國佛教史籍概論）他還撰寫了南宋初河北新道教考，對道教亦有所探研。

當代著名史學家何兹全先生、劉家和先生等也都對釋教有所研究，并撰寫了重要論文。我們的中國歷史文選課，不可能全面介紹釋、道二教，然讓學生了解佛經、道藏亦爲重要史料，却十分必要。我們選入佛經、道藏，正是基於這種考慮。

4．別具特色的白文選篇。與以往相比，本教材中的白文選篇有兩個特點，一爲所選之書盡量與前面所注釋之書不同，這樣可使學生接觸更多史籍，拓展其史學眼界。二爲對習見史書，注意選取其最有特色的篇章。

最後要特別提到的是：本書主編劉乃和先生在本書完稿前就已辭世而去了。幾個月前她還曾表示：如果不是住院，她將審閱全部稿件。没想到這竟成了遺言。對她爲本學科建設和本書所作的貢獻，我們將永世不忘！

本教材編寫過程中，曾得到許多知名學者的指教，如本系的何兹全先生、龔書鐸先生、王檜林先生、劉家和先生、顧誠先生、黎虎先生、唐贊功先生、鄭師渠先生、晁福林先生、楊燕起先生、施建中先生、劉北成先生、趙世瑜先生等。外系的曾貽芬先生、鄒曉利先生和北大張衍田先生也爲本書無私提供了極爲寶貴的意見。對他們的指教，謹致深深的謝意！

北京圖書館出版社的總編曹鶴龍先生，特別是責任編輯劉卓英先生爲本書出版付出了大量心血，也在此深表感謝！

在編寫過程中，我們吸收了大量前賢和當代學者的成果，在此一并表示感謝！

編寫這樣一部涉及許多專門之學的教材，不當之處在所難免，誠望前輩、同仁不吝賜教。

本書編者

一九九八年五月

文字學常識

一　漢字的形體

所謂漢字的形體，就是指漢字的外形或體式。幾千年來，漢字的形體發生了很大變化，大致可分為三個階段。一是由商代的甲骨文、周代的金文、籀文和古文變為秦代的小篆；二是由秦代的小篆變為漢代的隸書；三是由漢代的隸書變為魏晉以後的楷書。漢字從甲骨文到小篆，可統稱為古文字；隸書以後可統稱為今文字。

(一)甲骨文

這種文字因刻在龜甲、獸骨上而得名。又因這種文字主要用於占卜，所以也有人將其內容稱為甲骨卜辭。甲骨文已擺脱了原始的孤立的象形符號，而形成了較完整的文字體系，這是因為：

第一，甲骨文盡管有些字象形成分很重，但它們畢竟是一種文字符號了。作爲文字，必須具備三個條件：穩定的字形、固定的讀音和確切的字義。這些條件甲骨文都已具備了。

第二，從造字方法上看，若暫且拋開轉注不論，則其他五種造字方法，即象形、指事、會意、形聲、假借，在甲骨文中皆已存在。

第三，從數量上看，甲骨文的字數已相當可觀。據甲骨文編（一九六五年新版）統計，共四千六百七十二字。而當時的實際數字顯然要比這個數字大得多。

（二）金文

這種文字因主要是鑄刻在鐘鼎一類金屬器皿上而得名，又叫鐘鼎文或銅器銘文。迄今已發現的鑄有銘文的銅器，已超過七千件，其中以西周時期的居多。

金文與甲骨文在形體上十分相似，從歷史上講，二者有直接的承襲關係。與甲骨文相比，金文形體的特點是筆畫碩粗，大小勻稱，結構也日趨方整。

（三）籀文　古文　小篆

籀文是春秋戰國時代流行於秦國的一種文字，相傳爲周宣王時太史籀所造，故名。籀文就是通常所説的大篆。我們今天仍能從許慎的説文解字中見到籀文的字體。

古文是戰國時通行於東方六國的文字。因這種文字出現於漢代時發現的一批古文獻上，與當時的籀文形體不同，故而有人以爲是倉頡所造，孔子所傳，因此叫古文。說文中收録的古文約有五百字。

小篆是秦代文字。秦統一六國後，在省改籀文的基礎上創小篆，同時廢除六國文字，使漢字寫法整齊劃一。小篆又叫秦篆。說文曰：「篆，引書也。」段玉裁注：「引書者，引筆而著於竹帛也。」因此「篆」無非就是一種書寫方式而已。

籀文、古文、小篆的形體特點是：籀文與金文很相似，字形結構繁疊，但形體工整勻稱；古文與籀文比，結構要簡化許多；小篆形體綫條化，整個字形勻圓整齊。

(四)隸書　楷書

隸書起源於秦代，通行於漢代，因最初爲徒隸所用，故名。漢字由篆書變爲隸書，此即常講的「隸變」，這是漢字形體與結構上的一次極爲重要的變革。隸書是古今文字的分水嶺。

楷書是源於漢末而通行於魏晋以後的一種字體。「楷」是楷模之意。楷書實際是隸書的變體、簡體。楷書和隸書的區別主要在形體而不在結構。與小篆相比，隸書的特點是變圓爲方，構件筆畫化，形體更加趨於約易；而楷書的形體特點是徹底擺脱了象形文字的束縛，構件徹底筆畫化，橫平竪直，結構也更加方整、簡易。

幾千年來，漢字發展的總趨勢是由繁變簡。雖然漢字的字體幾經變化，但它却始終未改變方塊字的表意性質。

二　漢字的構造——六書

「六書」是戰國末年到漢代，人們分析漢字的構造和使用而歸納出來的六種條例。

對六書歷來有幾種不同的說法，最爲流行、也最符合漢字實際的一種是：「象形、指事、會意、形聲、轉注、假借」六種。分述如下。

(一)象形　指事　會意

象形字：指字形象實物之形或該物特徵的字。例如：日、月、水、火，在甲骨文中爲：⊖、D、𡿨、凶。象形字比較直觀地反映出一字最初的意義。

指事字：指字本身是象徵性符號或用象徵性符號指出形體的某個部位、某個作用的字。字本身即象徵性符號的，如：一、二、三、四、五、六、七、八、九、十，在甲骨文中爲：一、二、三、亖、X、介、十、八、九、丨。

用象徵性符號指出形體某個部位的，如：本、末，在金文中爲：木(指出樹根的部位)、木(指出樹梢的部位)。

會意字：指會合兩個或兩個以上獨體字來表示一個意義的字。如：男，甲骨文爲𤰅，會合「田」、「𠃌」(耒)來表示用耒耕田的人。囚，甲文爲囚，會合「人」、「口」表示囚禁。

會意字可以幫助我們認識字的本來意義。如竄，從穴從鼠，因此其本義是用老鼠逃進洞穴中來表示「躲藏」之義，而「逃跑」則是後來的引申義。

上面所舉衹是這三種字最簡單的例子，實際上還有許多變化，就不一一列舉了。

象形、指事、會意這三種字既有區别，又有共同特點，即都是建立在象形的基礎之上的：指事字的主體仍是象形字，會意字的組成部分也都是象形的獨體字。三種字都没有表音的成分。

(二)形聲字

形聲字是指由表示字義類屬部分與表明字音部分組成的字。其中表示字義類屬的部分叫「形符」或「義符」，表明字音的部分叫「聲符」或「音符」。

形符與聲符的組成方式非常靈活，如：

左形右聲：江、鞭、桃、論；

左聲右形：鳩、和、領、錦；

上形下聲：花、室、篇、窘；

上聲下形：召、想、袈、盟；
外形内聲：街、固、閣、裹；
外聲内形：聞、辯、衡、悶。

還有的字聲符衹占一個角落，如「新」，從木、從斤，「辛」聲（省），所以「新」的本義是析木。可見形聲字在造字時，形符和聲符的位置非常靈活。

象形、指事、會意都建立在象形的基礎上，因此對許多詞，如抽象概念等，無法予以記録。而形聲字就突破了這種限制，一切抽象概念、語言中産生的一切新詞，都能用形符和聲符相組合的方式把它記録下來。所以在漢字中，形聲字占了一多半。

形聲字的形符對閲讀古書、掌握漢字的本義有一定的作用。一般講，形符表示出該字字義的範疇。

如松、柏、楊、柳、杏、梨、桃、桔，其形符説明這些字皆屬「樹木」的範疇。

又如額、頰、顔、題、領、顛等字，其形符「頁」的本義是人的頭部，所以這些字的本義都與頭有關。

（三）轉注與假借

轉注是六書中爭論最大的問題，歷來衆説紛紜，至今無法統一。這裡衹簡單介紹一種説法：轉注是指同源詞，即有共同來源、有親屬關係的詞。如天、顛；水、川；火、毀；弱、柔等（詳見王力的同源辭典)。

「轉注」與閱讀古書關係不是很直接，而與訓詁學關係較密切，故此處不多介紹了(詳見本書中蔣禮鴻的文章：轉注的幾種解釋)。

假借是指古漢語中用音同或音近的字來表示另一個字的含義這種情況。

假借字義分爲兩種情況：①本有其字的假借：這種情況又稱爲「通假」。如「畔」同「叛」、「蚤」同「早」、「罷」同「疲」、「被」同「披」、「錫」同「賜」等等，都是本已有這個字，後來却又以另一個字借用爲這個字。

這種假借字產生的原因，一是古人寫的別字，時間長了，得到了人們承認，就成爲「通假字」。二是各地的不同習慣，這實質上仍是別字。

②本無其字的假借：虛詞中這種情況最多。如「而」本義是胡子，但因說話中「而」字很常用，本來又没有這個字，於是便借用「而」來作這個虛詞。又如語氣詞「與」是借用動詞「與」，副詞「乃」借用表示出氣困難的「乃」，等等。

我們了解「六書」，目的在於掌握漢字構造的類型，從而加深對漢字的理解，更自覺地去區分和把握每個漢字的本義和引申義，識別假借字，提高閱讀古書的能力。

(汝企和)

文字學選篇

説文解字序（節選）

古者庖犧氏①之王天下也，仰則觀象於天，俯則觀法於地，視鳥獸之文與地之宜，近取諸身，遠取諸物，於是始作易八卦②，以垂憲象③。及神農氏④結繩爲治而統其事，庶業其繁⑤，飾僞萌生⑥。黄帝之史倉頡，見鳥獸蹏迒之迹⑦，知分理之可相別異也，初造書契⑧。百工以乂⑨，萬品以察，蓋取諸夬⑩，「夬，揚於王庭⑪。」言文者宣教明化於王者朝廷⑫，君子所以施禄及下⑬，居德則忌也⑭。

〔説文解字簡介〕東漢許慎撰，十五卷，今本每卷分上下，共三十卷。許慎字叔重，汝南（今河南）人。該書自東漢和帝永元十二年（公元一〇〇年）開始編纂，至安帝建光元年（公元一二一年）編成，歷時二十二年。全書收字九千三百五十三個，又重文一千一百六十三個，是我國古代第一部字典，也是第一部文字學專著。按文字形體及偏旁構造，分五百四十一部。以部首統類漢字，是該書一大首創。該書影響深遠，在漢語言學史上具有重要地位。原本已佚，今傳本有兩種，一爲北宋徐鉉等校定，世稱大徐本；一爲徐鉉弟鍇所著說文解字繫傳，世稱小徐本。注本很多，僅清代就有一百多種。本次注釋，所據爲中華書局影印本（一九六三年）。

〔篇名簡介〕此篇是許慎爲說文解字作的自序，對文字的起源、流變、構造等問題都有重要論述，是漢語言學史上一篇重要的論文。

①庖犧氏：即伏羲，傳說爲遠古時代的一個部落酋長，「三皇」之一。

②自本文開頭至此的幾句，皆自周易繫辭下中引出。法：法則。文：花紋。地之宜：適宜不同土質的不同物產。身：自身。物：人身體之外的萬物。八卦，即周易中的乾、坤、震、巽、坎、離、艮、兑。

③垂：顯示。憲：爾雅釋詁：「憲，法也。」周易：「法象莫大於天地。」全句意爲：（用八卦）來表示各種不同的物象和概念。

④神農氏：即炎帝。傳說爲遠古時代的一個部落酋長。

⑤庶：衆。其：段注：「其同荀卿書之綦，猶極也。」荀子王霸：「目欲綦聲，口欲綦味。」

⑥飾：誇飾。全句意爲：各種各樣的事情極其紛繁，很容易發生假象和弊病。

⑦迒（hánɡ）：獸迹。

⑧分理：紋理。書契：指文字。「書」原指文字體勢，古代文字以刀刻，故曰「書契」。此句意爲：了解到各種紋理可以互相區別，從而創造出最早的文字。

⑨百工：百官。乂：爾雅釋詁：「治也。」

⑩周易繫辭下：「上古結繩而治，後世聖人易之以書契。百官以治，萬民以察，蓋取諸夬。」夬（guài），易卦名，上兑下乾，高亨注：「夬之卦象是竹與刀也。古人創造文字，用刀刻於木簡或竹簡之上以記事。故作書契蓋取象於夬卦。」

⑪此句為夬卦卦辭。易序卦：「夬者，決也。」廣雅釋詁：「揚，舉也。」全句：利用文字傳達決定，在王庭上公開號召。

⑫言：云。教：教育。化：感化。全句：那就是説文字是君王朝廷上用來教育感化（人民）的。

⑬段注：「能文者則禄加之。」即懂文字者，君王就增其俸禄。

⑭居德：培養良好品德。忌：禁忌。全句：（因為懂文字），就可培養良好品德，明白應禁忌甚麽。

倉頡之初作書，蓋依類象形，故謂之文①。其後形聲相益，即謂之字。字者，言孳乳而寖多也②。著於竹帛謂之書。書者，如也③。以迄五帝三王之世，改易殊體，封於泰山者七十有二代，靡有同焉④。

①文：花紋。倉頡初造之字多象物之形，所以叫文。

②孳：説文：「汲汲生也。」尚書堯典舊注：「孳，乳化也。」寖：逐漸。「文」與「字」，渾言則通，對舉則別：獨體爲「文」，合體爲「字」，合體的「字」是在獨體的「文」的基礎上孳生的。

③書者如也：此爲以聲爲訓，「書」、「如」古韻同在書部。段注：「謂如其事物之狀也。」

④殊：不同。封於泰山者：史記封禪書：「古者封泰山禪梁父者七十二家，而夷吾所記者十有二焉。」全句：這樣到五帝三王之時，文字字體發生很大變化，以至在泰山封禪的七十二家，（所用字體）没有相同的。

周禮：八歲入小學，保氏教國子，先以六書①。一曰指事。指事者，視而可識，察而可見②，「上」「下」是也。二曰象形。象形者，畫成其物，隨體詰詘③，「日」「月」是也。三曰形聲。形聲者，以事爲名④，取譬相成⑤，「江」「河」是也。四曰會意。會意者，比類合誼，以見指撝⑥，「武」「信」是也。五曰轉注。轉注者，建類一首，同意相受⑦，「考」「老」是也。六曰假借。假借者，本無其字，依聲托事⑧，「令」「長」是也。

①語見周禮地官保氏：「保氏掌諫王惡，養國子以道，乃教之六藝……五曰六書。」國子：貴族與公卿大夫的子弟。

②察而可見：仔細分辨一下便可領悟字義。

③詰詘：段注：「屈曲也。」

④以事爲名：指意符，表示事物的意義範疇。

⑤取譬相成：指聲符，用來表明字音。譬：表明。相成：意符、聲符相輔相成，構成一個完整字形。

⑥比：説文：「密也。二人爲𦰩，反𦰩爲比。」在此意爲「擺在一起。」誼：通「義」。撝：通「揮」，指撝：指向，指明。全句：「會意」就是把不同的字形擺在一起，會集各字的意義來指明(這個新字的意義。)

⑦一首：指不同的字所具有的相同的主要意義。建類：(將上述字)歸爲一類。同意相受：這些有相同意義的字可以互訓。(對於轉注，可參見本書中「轉注」的幾種解釋一文。)

⑧依聲托事：段注：「托者，寄也。謂依傍同聲而寄於此，則凡事物之無字者，皆得有所寄而有字。」

及宣王太史籀著大篆十五篇①，與古文②或異。至孔子書六經，左丘明述春秋傳，皆以古文，厥意可得而説。其後諸侯力政③，不統於王，惡禮樂之害己，而皆去其典籍。分爲七國，田疇異畝，車塗異軌，律令異法，衣冠異制，言語異聲，文字異形。秦始皇帝初兼天下，丞相李斯乃奏同之，罷其不與秦文合者④。斯作倉頡篇，中車府令趙高作爰歷篇，太史令胡毋敬作博學篇，皆取史籀大篆，或頗省改，所謂小篆者也⑤。是時秦燒滅經書，滌除⑥舊典，大發吏卒，興役戍，官獄職務繁，初有隸書，以趣約易⑦，而古文由此絕矣。

①宣王：西周宣王姬靖。太史籀：太史，官名；籀，人名。省言之曰史籀。一説「史籀」是春秋戰國時課本的篇

名。

②古文：此指秦漢以前的古文字。

③力政：政，通征，即致力於征伐。

④秦統一後，李斯奏請統一文字，秦始皇採納，以秦國通行的文字爲標準，廢除六國文字。

⑤倉頡篇、爰歷篇、博學篇：合稱「三倉」，是教兒童識字的課本，皆佚。「三倉」所用字體爲小篆，是漢字形體發展的一個重要階段。

⑥滌除：滌：清洗。滌除即清除。

⑦以趣約易：趣：通趨。約易：簡約明易。

（汝企和）

經籍籑詁序

訓詁之學，發端於爾雅①，旁通於方言②，六經奥義，五方殊語，既略備於此矣。嗣則叔重説文③，稚讓廣雅④，探賾索隱，厥誼⑤可傳。下及玉篇、廣韻、集韻⑥，亦頗蒐羅遺訓。而所據之書，或不可考；且舊書雅⑦記，經史傳注，未録者猶多。至於網羅前訓，徵引群書，考之著録⑧家，罕見有此，惟舊唐志⑨載天聖太后字海一百卷，諸葛穎桂苑珠叢一百卷，新唐志載顔真卿韻海鏡源三百六十卷⑩。自古字書、韻書未有若此多者，意⑪其詳載先儒訓釋，是以卷帙浩繁，而惜乎其書之已逸也。

〔經籍籑詁簡介〕訓詁書。清阮元（一七六四——一八四九）主編，一百〇六卷。元字伯元，江蘇儀徵人，乾隆進士，官至湖廣、兩廣、雲貴總督。阮元於浙江督學任上「總匯名流」四十五人，分書類輯，歷二年編成本書。專訓字義，不解字形，不注字音。收字按平水韻韻部排列，一韻一卷，故爲一百〇六韻。訓解、例證全部採自前代文字訓詁。作爲綜合性資料來使用甚爲方便，許多資料爲其他字書、辭書所不備。對文字本義、通轉、假借分析十分精細，是閱讀、研究古籍必備的工具書。今存嘉慶十七年（一八一二）阮氏原刻本。一九八二年中華書局據此出版精裝影印本，訂正明顯錯誤，加筆劃索引、同字異體表。本次注釋即據此本節選。

〔篇名簡介〕本篇爲王引之爲經籍籑詁所作的序。引之（一七六六——一八三四）爲清代著名訓詁學家。字伯申，號曼卿。江蘇高郵人。念孫子。嘉慶進士。官至工部尚書。長於音韻訓詁之學，與念孫世稱高郵王氏父子。著有經傳釋詞、經義述聞。

①爾雅：訓詁書。撰者不詳。今本十九篇。實爲我國第一部詞典，對後世影響頗大。爲十三經之一。

②方言：全稱輶軒使者絶代語釋别國方言。訓詁書。西漢揚雄撰。十三卷（一說原本十五卷）。雄向集於都城的

各地孝廉和士兵調查記録方言，再經整理，前後二十七年方成此書。體例與爾雅同。爲漢語方言學的第一部著作。爲方言史、語音史之重要資料。

③叔重説文：即説文解字，字書。東漢許慎（約五八——一四七）撰。十五卷，今本每卷分上下，共三十卷。慎字叔重，汝南召陵（今河南郾城）人。此書歷二十二年方成。旨在分析文字形體結構，探究原始意義。爲我國第一部字典。對後世影響十分巨大，乃至形成「説文學」。至今仍是治古漢語，特别是識讀、研究甲、金文的重要工具。

④稚讓廣雅：訓詁書。三國魏張揖撰。十卷。揖字稚讓，清河（今屬河北）人。明帝太和中博士，精通文字訓詁，著述很多。本書爲增廣爾雅而作，體例與爾雅全同，但收詞廣泛，是繼爾雅、方言、説文、釋名後又一重要語文著作，是研究古代詞匯和訓詁的重要資料。

⑤誼：意義。

⑥玉篇、廣韻、集韻：玉篇：字書。梁顧野王（五一九——五八一）撰。三十卷。本書除可供研究字形、訓詁使用外，還可作爲音韻書來使用。是研究中古讀音形成的重要資料。廣韻：韻書。北宋陳彭年等奉詔撰。五卷。在王仁昫刊謬補缺切韻發現以前，是保存最完好、最早的切韻系統韻書。集韻：韻書。宋丁度（九九〇——一〇五三）等奉敕撰。十卷。收字遠遠超過切韻、廣韻，是確定生僻字、異讀字今讀的重要依據。

⑦雅：指正規的、標準的。

⑧著録：目録學術語，即把書名作系統記載。

⑨舊唐志：即舊唐書經籍志。是二十四史中繼漢書藝文志、隋書經籍志後，又一篇著録一代藏書的志書。

⑩「載天聖太后」三句：前兩句見舊唐書經籍志，後一句見新唐書藝文志。三部書皆已佚。

⑪意：推測。

曩者戴東原庶常①，朱笥河學士②，皆欲纂集傳注，以示學者，未及成編。吾師雲臺先生③，欲與孫淵如編修④，朱少河孝廉⑤共成之，亦未果。及先生督學浙江，乃手定體例，逐韻增收，總匯名流，分書類輯，凡歷二年之久，編成一百六十卷。展一韻而衆字畢備，檢一字而諸訓皆存，尋一訓而原書可識。所謂握六藝⑥之鈐鍵，廓九流之潭奥⑦者矣。

①戴東原庶常：即戴震（一七二三——一七七七）。字慎修，一號東原。清代傑出哲學家、音韻訓詁學家。曾任翰林院庶吉士。庶吉士通常稱爲庶常。

②朱笥河學士：即朱筠（一七二九——一七八一）。字竹君，號笥河。清代學者，官至侍讀學士。

③雲臺先生：即阮元。字伯元，號雲臺。清代著名學者，文學家。王引之幼年時曾就學於阮元。

④孫淵如編修：即孫星衍（一七五三——一八一八）。字伯淵，號淵如。清代文學家。乾隆進士，授編修。

⑤朱少河孝廉：即朱筠之子錫庚，字少白，又名少河。

⑥六藝：即六經：詩、書、禮、樂、易、春秋。

⑦九流之潭奧：九流：原指戰國時的九個學術流派，即儒家、道家、法家等。後泛指各學術流派。潭奧：原指幽深的內室，後引申爲深奧之處。

夫訓詁之旨，本於聲音，揆厥①所由，實同條貫。如周南關雎篇「左右芼之」，傳訓「芼」爲「擇」，後人不從，而不知「芼」、「苗」聲近義同。「左右芼之」之「芼」，傳以爲「擇」，猶「田苗蒐狩」之「苗」，白虎通以爲「擇取」。爾雅：「芼，搴也。」亦與擇取之義相近也②。召南甘棠篇「勿翦勿拜」，箋訓「拜」爲「拔」，後人不從，而不知「拜」與「拔」聲近而義同也③。邶風柏舟篇「不可選也」，傳訓「選」爲「數」，後人不從，而不知「選」與「算」古字通。朱穆絶交論作「不可算也」，鄭註論語「何足算也」，以「算」爲「數」，正與此義同也④。

①揆厥：揆（kuí），估量，揣測。厥：其。

②「周南」數句：「左右芼之」，毛傳：「芼，擇也。」據説文手部：「擇，柬選也。」「苗」據説文艸部：「草生於田者，從艸田。」「田苗蒐狩」爲古代田獵名稱。公羊傳桓公四年：「狩者何？田狩也。春曰田，夏曰苗，秋曰蒐，冬曰狩。」

白虎通田獵：「夏謂之苗何？擇去其懷任者也。」

③「召南」數句：「勿翦勿拜」，鄭箋：「拜之言拔也。」古代解釋詩經者認爲「拜」義爲「攀下其枝，如人之拜也。」

④邶風數句：「不可選也」，毛傳：「物有其容，不可數也。」按「數」、「算」字義本同。朱穆文集已佚，絶交論見後漢書朱穆傳注。論語子路：「斗筲之人，何足算也！」何晏集解：「鄭云算，數也。」

新臺篇「籧篨不鮮」，箋訓「鮮」爲「善」，後人不從，而不知爾雅「鮮」、「省」二字皆訓爲「善」，正是一聲之轉。且下云「籧篨不殄」，「殄」讀曰「腆」，其義亦爲善也①。小雅采緑篇「六日不詹」，傳訓「詹」爲「至」，後人不從，而不知「詹」之爲「至」載於爾雅，乃古之方言。是以方言亦云：楚語謂「至」爲「詹」也②。曲禮「急繕其怒」，鄭讀「繕」爲「勁」③，後人不從，而不知「繕」之爲「勁」，乃耕、仙二部之相轉，猶「辨秩東作」通作「平秩」④，「平平左右」亦作「便蕃左右」⑤也。學記「術有序」，鄭注云：「術」當爲「遂」，聲之誤也。後人不從，而妄改爲「州」，而不知「術」、「遂」古同聲，故月令「審端徑術」，注云：「術」，周禮作「遂」也⑥。

① 新臺篇數句：詩邶風新臺：「籧篨不鮮」，「籧篨不殄」。「籧篨」，粗竹席。「鮮」，鄭箋：「善也。」「不鮮」意思是「不值得贊美」。「殄」，王引之認爲讀曰「腆」，「不腆」是古代成語，作「不成體統」、「不體面」解。爾雅釋詁：「鮮、省，善也。」

②「小雅」數句：「六日不詹」，毛傳：「詹，至也。」爾雅釋詁：「摧、詹，至也。」郭注：「詹、摧，皆楚語方言云。」

③「曲禮」二句：「急繕其怒」，鄭注：「急猶堅也。繕讀曰勁。」「急繕其怒」意思是激勵軍隊的威怒。

④通作「平秩」：尚書堯典：「寅賓出日，平秩東作。」意思是在寅月，君王行祭天日之後，發動大家，按步就班地從事農業生産。「平秩東作」，孔安國曰：「平均次序東作之事，以務農也。」司馬貞史記索隱謂尚書大傳曰：「辯秩東作」，則是訓「秩」爲「程」，言便課其作程者也。

⑤「便蕃左右」：詩小雅采菽：「平平左右。」毛傳：「辨治也。」左傳襄公十一年引詩作：「便蕃左右。」

⑥「學記」數句：禮記學記：「術有序。」鄭玄注：「術當爲遂，聲之誤也。」禮記月令：「審端徑術。」注：「術」，周禮作「遂」。顧炎武認爲「術」古音爲「遂」。陳可大集説改「術」爲「州」，非也。詳見日知録卷六「術有序」條。

（汝企和）

文字蒙求序

雪堂①謂筠②曰：「人之不識字也，病於不能分。苟能分一字爲數字，則點畫必不可以增減，且易記而難忘矣。苟於童蒙時，先令知某爲象形，某爲指事，而會意字即合此二者以成之，形聲字即合此三者以成之，豈非執簡御緐③之法乎？惟是象形，則有純形，有兼意之形④，有兼聲之形⑤，有聲意皆兼之形⑥；指事，則有純事，有兼意之事⑦，有兼聲之事，有聲意皆兼之事⑧，不可不辨也。

〔文字蒙求簡介〕清王筠（一七八四——一八五四）撰。四卷。該書從說文解字中選字兩千個，分象形、指事、會意、形聲四類編排。每字先書楷體，後附篆體，以便對照。多數不注字音。釋義或先採說文原說，再加申說，或直接用作者己意。亦吸收他人之成果，大多平實允當，對許氏說法多有訂正。偶有牽强附會之處。本次注釋，據中華書局一九六二年影印本。

〔篇名簡介〕本篇爲王筠爲文字蒙求所作之自序。文中對六書剖析入理，堪爲一篇文字學佳作。

①雪堂：即陳山嵋，王筠之友，清代學者。

②筠：即本書作者，生於一七八四年，卒於一八五四年。字貫山，號菉友，山東安丘人，道光元年（一八二一年）舉人，曾任山西鄉寧知縣。對文字學研究精深，有說文釋例、說文句讀等著作多種。

③緐：即繁。

④如「母」：文字蒙求：「從女，象懷子形。一曰象乳。」

⑤如「舫」：意爲小船。既取「方」之形，又兼取其聲。

⑥如「金」：文字蒙求：「點象金形。從土，土生金也。今聲。」

⑦如「甘」：文字蒙求：「從口含一。不定爲何物，故以一指之。」

⑧如「牽」：文字蒙求：「從牛，從叀之古文厶。意兼聲，冖象引牛之縻也。」

至於會意，雖即合形、事以爲意，然有會兩形者，有會兩事者，有會一形一事者，亦有會形聲字者。且或以順遞爲意①，或以竝峙爲意②，或於字之部位見其意③，或從是字而小變其字之形以見其意，或以意而兼形④，或以意而兼事⑤，或所會不足見意而意在無字之處⑥，或所會無此意而轉由所從與從之者以得意⑦。而且本字爲象形、指事，而到⑧之即可成意，反之即可成意⑨，省之、增之又可以成意⑩，疊二⑪、疊三⑫無不可以成意。且有終不可會而兩體、三體各自爲意者⑬，此其變化又不可不詳辨也。

①順遞爲意：如天，文字蒙求：「從一大。此兩字順遞爲意者也，不可云從大一，亦不可云從一從大也。」

②竝峙爲意：竝：即并。如祝，文字蒙求：「從示從人、口，此并峙爲義者也。示，神也，人、口則祝之事也。」

③於字之部位見其意：如王，文字蒙求：「一貫三爲王，三者，天地人之道也，而叁通之者，王也。……是由部位見意者也。」然據今之研究，「王」爲大斧之象形，大斧象徵權力。

④如「牢」字。

⑤如「步」：文字蒙求：「此兩足相接，是步也。」

⑥如「爽」字：文字蒙求：「明也……取窗欞之意，其空白處乃字義也。」

⑦如「建」字：文字蒙求：「立朝律也……聿尚無律意，而建以從聿爲律者，因律從聿也。」

⑧「到」：通「倒」。如「帀」：文字蒙求：「子答切，周也，從倒『㞢』。『㞢』者，『出』也。」
⑨如「司」：文字蒙求：「臣司事於外者。從反『后』。」
⑩省之成意，如「支」：文字蒙求：「去竹之枝也，從又持半竹。」增之成意，如「豐」：文字蒙求：「豐從生而達於下，以見其盛也。」
⑪疊二：如「林」、「從」。
⑫疊三：如「晶」：精光也。「聶」：附耳私小語也。
⑬如「君」：文字蒙求：「尊也，從尹。發號，故從口。案此兩對立文，不可合爲一義。」

至於形聲，則由篆變隸，大異本形者，必採之；爲它字之統率者，必採之，不過三百字而盡。總四者而約計之，亦不過二千字。而盡當小兒四五歲時，識此二千字非難事也。而於全部説文九千餘字，固已提綱挈領、一以貫之矣。余久欲勒①爲一書，而夙②夜在公，未之能成，然終以爲訓蒙之捷徑也。於菉友何如？」筠曰：「善。」爰如雪堂意纂之，於象形、指事、會意，字雖無用者，亦皆搜輯。形聲字所收者四類，總二千餘字而已，誠約而易操者乎。説解取其簡或直不加注，兼以誘之讀説文也。篆文依鐘鼎，以説文傳寫有譌也。恒見字③不加音切，不欲其緐也。

既成，以示雪堂，雪堂曰：「善。」適銕菴爲我刊正字略，即以是書報謝之。」雪堂者，陳其姓，山嵋其名，筠之同年友也。銕菴者，楊其姓，承注其名，又雪堂之同年同部友也。皆奇士，與筠善。

道光十有八年戊戌十二月三日，安邱王筠序。

①勸：統率。
②夙：早。
③恒見字：即常見字。

（汝企和）

戰國時秦用籀文六國用古文説

余前作史籀篇疏證序①，疑戰國時秦用籀文、六國用古文，并以秦時古器遺文證之。後反復漢人書，益知此説之不可易也。班孟堅②言蒼頡、爰歷、博學三篇，文字多取諸史籀篇而字體復頗異，所謂秦篆者也。許叔重③言：「秦始皇帝初兼天下，丞相李斯乃奏同文字，罷其不與秦文合者。斯作蒼頡篇，中車府令趙高作爰歷篇，太史令胡母敬作博學篇，皆取史籀大篆，或頗省改，所謂小篆者也。」是秦之小篆本出大篆，而蒼頡三篇未出、大篆未省改以前，所謂秦文即籀文也。

〔觀堂集林簡介〕近人王國維撰，二十二卷，附别集二卷。國維（一八七七——一九二七）字靜安，號觀堂，浙江海寧人。清代秀才。一生從事中國古代史料、古文字學、古器物乃至天文、哲學的研究，尤致力於甲骨、金文、漢簡之研究，成就卓著，著述達六十餘種。該書爲作者後期學術論文匯編，爲其一生研究之精萃，是研究我國古代文學、史學等的重要成果。一九二三年烏程蔣氏刊本，二十卷。本次注釋，所據爲商務印書館一九四〇年版。

〔篇名簡介〕本文選自觀堂集林藝林卷七，爲王氏文字學論文中重要的一篇。

①史籀篇：春秋戰國之間秦人學童識字的課本，字體爲大篆。此書久佚。王國維曾作史籀篇疏證序，見觀堂集林卷二。

②班孟堅：即班固，字孟堅。以下引自漢書藝文志。

③許叔重：即許慎，字叔重。以下引自說文解字序。

司馬子長①曰：「秦撥去古文②。」揚子雲③曰：「秦剗滅古文④。」許叔重曰：「古文由秦絶。」案秦滅古文，史無明文，有之惟一文字與焚詩書二事⑤。六藝之書行於齊魯，爰⑥及趙魏，而罕流布於秦（猶史籀篇之不行於東方諸國）。其書皆以東方文字書之，漢人以其用以書六藝，謂之古文，而秦人所罷之文與所焚之書皆此種文字，是六國文字即古文也。

①司馬子長：司馬遷，字子長。

②語見史記太史公自序。

③揚子雲：揚雄，字子雲。
④語見劇秦美新。剗，玉篇：「削也。」
⑤焚詩書二事：見史記秦始皇本紀。
⑥爰：史記司馬相如傳：「文王改制，爰周郅隆。」索隱：「爰，於，及也。」

觀秦書八體①中，有大篆無古文，而孔子壁中書與春秋左氏傳，凡東土之書，用古文不用大篆，是可識矣。故古文籀文者，乃戰國時東西二土文字之異名，其源皆出於殷周古文。而秦居宗周②故地，其文字猶有豐③鎬之遺，故籀文與自籀文出之篆文，其去殷周古文反較東方文字（即漢世所謂古文）爲近。

①秦書八體：大篆、小篆、刻符、蟲書、摹印、署書、殳書、隸書。
②宗周：宗：爲天下所信仰與歸向也。周武王都鎬，稱鎬京爲宗周。
③豐：周文王舊都，今陝西長安縣西北。

自秦滅六國，席百戰之威，行嚴峻之法，以同一文字。凡六國文字之存於古籍者，已焚燒剗滅，而民間日用文字，又非秦文不得行用。觀傳世秦權、量①等，始皇二十六年詔後多刻二世元年詔，雖亡國一二年中，而秦法之行如此，則當日同文字之效可知矣。故自秦滅六國，以至楚漢之際十餘年間，六國文字遂遏而不行。漢人以六藝之書皆用此種文字，又其文字爲當日所已廢，故謂之古文。此語承用既久，遂若六國之古文即殷周古文，而籀篆皆在其後，如許叔重説文序所云者，蓋循名而失其實矣。

（汝企和）

①權、量：稱錘與度量衡器。

説文今叙篆文合以古籀説

許君説文序云：「今叙篆文合以古籀①。」段君玉裁②注之曰：「小篆因古籀而不變者多。」「其有小篆已改古籀，古籀異於小篆者，則以古籀附小篆之後，曰：古文作某，籀文作某。此全書之通例也。其變例則先古籀後小篆。」又於「皆取史籀大篆，或頗省改」下，注曰：「許所列小篆，固皆古文大篆，其不云古文作某，籀文作某者，古籀同於小篆也；其既出小篆，又云古文作某，籀文作某者，則所謂或頗省改者也。」此數語可謂千古卓識，二千年來治説文者，未有能言之明白曉暢如是者也。

〔篇名簡介〕本篇選自觀堂集林卷七，是王國維論述説文解字的重要文章，對讀説文幫助甚大。

①古籀：古文與籀文。

②段君玉裁（一七三五——一八一五）：字若膺，號茂堂。清代經學家兼文字訓詁學家。江蘇金壇人。乾隆二十五年（一七六〇）舉人。官任貴州玉屏縣和四川巫山縣知縣。政事之餘，著述不輟。四十六歲後，卜居蘇州楓橋，致力於文字、音韻等研究。著說文解字注，爲研究文字訓詁學之重要參考書。另著周禮漢讀考等多種小學專著。

雖然，段君所舉二例，猶未足以盡說文。何則？如段君之說，必古籀所有之字，篆文皆有而後可。然篆文者，乃秦并天下後所製定之文字。秦之政治文化皆自用而不徇人①，主今而不師古。其易籀爲篆，不獨有所省改，抑且有所存廢。凡三代之制度、名物②，其字僅見於六藝而秦時已廢者，李斯輩作字書時必所不取也。今蒼頡三篇雖亡，然足以窺其文字及體例者，猶有急就篇在。急就一篇，其文字皆蒼頡中正字，其體例先名姓字，次諸物，次五官，皆日用必需之字。而六藝中字十不得四五，故古籀中字篆文固不能盡有。且蒼頡三篇五十五章，章六十字，凡三千三百字，且尚有復字。加以揚雄訓纂③亦祇五千三百四十字，而說文正字多至九千三百五十三字，此四千餘字者，許君何自得之乎？曰：此必有出於古文、籀文者矣。

①不徇人：不輕易從他人之意。

②名物：事物的名稱物色。如白馬、青牛等。

③揚雄訓纂：揚雄（公元前五三——後一八），西漢著名哲學家，詞賦家、語言學家。字子雲。蜀郡成都（今屬四川）人。著有太玄、法言、方言等。訓纂：據漢書藝文志：「揚雄取其有用者以作訓纂篇，順續蒼頡，又易蒼頡中重復之字，凡八十九章。」

故說文通例，如段君說，凡古籀與篆異者則出於古文、籀文；至古籀與篆同，或篆文有而古籀無者，則不復識別。若夫古籀所有而篆文所無，則既不能附之於篆文後，又不能置而不錄。且說文又無於每字下各注此古文，此籀文、此篆文之例，則此種文字必爲本書中之正字審①矣。故叙所云：「今叙篆文合以古籀」者，當以正字言而非以重文言。重文中之古籀，乃古籀之異於篆文，及其自相異者；正字中之古籀，則有古籀篆文俱有此字者，亦有篆文所無而古籀獨有者。全書中引經以說之字②，大半當屬此第二類矣。然則說文解字實合古文、籀文、篆文而爲一書，凡正字中有引詩、書、禮、春秋以說解者，可知其爲古文；其引史篇者，可知其爲籀文；引杜林③、司馬相如④、揚雄說者，當出蒼頡、凡將、訓纂諸篇，可知其爲篆文。雖說文諸字中有此標識者十不逮⑤一，然可得其大略。昔人或以說文正字皆篆文，而古文、籀文惟見於重文中者，殆不然矣⑥。

①審：的確，果然。

②引經以説之字：説文引經有兩種情況：一是引經以説字，一是引經作注解。

③杜林（？——公元四七）：東漢經學家、文字學家。字伯山。扶風茂陵（今陝西興平）人。官至侍御史，大司空。治古文尚書。長於文字學，曾撰蒼頡訓纂、蒼頡故各一篇，今佚。

④司馬相如（前一七九——前一一七）：西漢著名詞賦家。字長卿。蜀郡成都（今屬四川）人。景帝時爲武騎常侍。武帝召爲郎。其作品語言流暢，詞匯豐富，文采横溢，被譽爲漢代詞宗，對漢賦發展影響很大。著有司馬文園集。

⑤逮：及，達到。

⑥「昔人或以」句：自漢書藝文志説史籀是周宣王的太史，許慎説文叙從之，籀文被理解爲一種獨立的書體。晉衛恒四體書勢亦應之，把籀文排在古文和隸書之間。王國維在史籀篇疏證叙録中指出：籀文和篆文的字體不能分立，籀文不是一種獨立的書體。

（汝企和）

「轉注」的幾種解釋

許慎説「轉注」道：「轉注者，建類一首，同意相受，考、老是也。」這個説法語焉不詳，後來研究説文的人，紛紛立説，絶大多數的人附合許氏的話，少數則抛開許説，自立新義。許氏的話既是那樣簡單，以至我們無從確知後來諸家是否真得許氏之意，其抛棄許氏的又是否恰當。古漢語通論於「轉注」缺而不說，就是爲此。但這樣做終究不能慰希望略知「轉注」之説者的意，所以這裡略舉清代以來較爲流行的解釋，以補通論之略，供尋究「六書」者參考。

「互訓」説是較早的有影響的説法，主之者爲戴震、段玉裁、王筠、劉師培等人。

戴震的答江慎修先生論小學書首先提出互訓之説，他説：

> 震謂「考、老」二字屬諧聲（即形聲）、會意者，字之體；引之言轉注者，字之用。「轉注」之云，古人以其語言立爲名類，通以今人語言，猶曰「互訓」云爾。轉相爲注，互相爲訓，古今語也。説文於「考」字訓之曰「老也」，於「老」字訓之曰「考也」，是以序（指説文叙）中論轉注舉之。爾雅釋詁有多至四十字共一義，其六書轉注之法歟？別俗異字，古雅殊語，轉注而可知，故曰「建類一首，同意相受」。
>
> 如「初、哉、首、基」之皆爲始，「卬、吾、臺、予」之皆爲我，其義轉相爲注，曰「轉注」。

戴震的弟子段玉裁，以及後來的説文學者王筠把「互訓」的説法更加附合於説文，區分説文裡有「同部轉注」和「異部轉注」（即兩個以上可以相互解釋的字在説文相同或不同的部裡），并分析爲許多條例，要之不出戴説的範圍。這個説法的内容很簡單，即：一、互相解釋的字爲轉注；二、同義字（詞）爲轉注。至於怎樣叫做「建類一首」，則戴氏未加説明。段氏爲之彌縫道：

> 「建類一首」，謂分立其義之類而一其首，如爾雅釋詁第一條①説「始」是也。（説文解字第十五篇注）

照段氏的話看來，凡屬同義字（詞）即爲「類」，而它們的義就是「首」。這實在是很勉强的。因爲這樣的「類」將多至無數，而且會瑣碎叢雜，無條例之可尋；而如「考，老也；老，考也」又將以何爲首呢？有人譏戴、段以釋詁來說轉注是「建類一足」而非「建類一首」，這是謔而近虐的譏評，但却是戴、段所很難自解的。再者，戴、段以釋詁爲例來說互訓，其實釋詁一條中的幾個字并非都能互相訓釋，例如：

話、猷、載、行、訛，言也。

「話」，案說文是「會合善言也」，毛詩傳是「善言也」，書盤庚中的「乃話民之弗率」，就是會合善言的意思；而「訛」是妖言、謠言。這兩個字怎麼能互訓呢？

劉師培論轉注，也以戴、段「互訓」之說爲據，而於用爾雅來解釋互訓則感覺其不可通，以爲是「泛濫而失厥歸②」，因此他在其轉注說裡對戴、段說作了修正，以爲祇有說文裡同部互訓的字纔算「轉注」，除老部「老、考」互訓以外，如草部「蔆（菱）、芰」互訓、「茅、菅」互訓，言部「諫、證」互訓，木部「柟、梅」互訓，「極、棟」互訓等都是。劉氏的說法雖然救正了戴、段泛濫之病，但仍然沒有說清楚甚麼是「建類一首」。而且「六書」的條例立於許慎之前，怎麼能根據說文的分部來立「轉注」的條例呢？可見，對戴、段說的補苴，是不能給我們以滿足的。

「互訓」說是企圖從訓詁方面來得到解釋的，另有一些人則從形體方面來解釋。爲了便於稱說，這裡擬將這些人分爲兩類，而稱之爲「省形」說和「分注」說。

持「省形」說者有錢大昭、曾國藩。錢氏在他的說文統釋自序裡述說了對轉注的看法，話說得很簡單，後來曾國藩在與朱太學孔揚論轉注書裡對此說作了詳細的闡述，他說：

不佞竊不自揆，謬立一說，篤守許氏「考、老」之旨，以爲：老者會意字也，考者轉注字也。部首之可指數者，如犛部、爨部、畫部、眉部、冓部、筋部、稽部、㯻部、㝱部、重部、老部、履部、㱃部、鹽部、弦部、酉部，皆轉注之部也。凡形聲之字，大抵以左體爲母，以右體之得聲者爲子，而母字從無省畫者。凡轉注之字，大抵以會意之字爲母，亦以得聲者爲子，而母字從無不省畫者。省畫則母字之形不全，何以知子之所自來，惟好學深思，精心研究，則形雖不全，而意可相受。如老字雖省去匕字，而可知考、耋等字之意從老而來；履字雖省去舟、夂，而可知屨屐等字之意從履而來；㯻字雖省去豕字，而可知囊、櫜等字之意從㯻而來；㝱字雖省去夢字，而可知寤、寐等字之意皆從㝱來；推之犛、爨、畫、眉等部，莫不皆然。其曰「建類一首」者，母字之形模尚具也；其曰「同意相受」者，母字之畫省而意存也。

這裡已經說得很清楚，如若要用我們的話來翻譯一遍，那就是，形符被省去一部分筆畫的形聲字，就是轉注字。

持「分注」說的有鄭珍、孫詒讓。鄭氏的說法見於他兒子知同的說文淺說所引，孫氏的說法見於他的名原的轉注楬櫫篇，舉鄭說可以該孫說：

蓋當文字少時，一字有數字之用，久之患其無別，於字義主分何字，即以何字注之。試舉說文示、玉兩部爲例：如示部「齋」訓「戒潔也。從示，齊省聲」，「禷」訓「以事類祭天神也。從示、類聲」，玉部「玠」訓「大圭也。從玉，介聲……」，「瑁」訓「諸侯執玉朝天子，天子執玉以冒之，似犂冠。……從玉冒，冒亦聲」。此等字尋常視之祇是形聲，推究其原，「齊、類、介、冒」即其本文，考諸經典，止作「齋戒」，止作「類於上帝」，止作「同冒」，其加示加玉爲之偏旁，皆「注」也。合諸真形聲字如「球、琳、琅、玕」等，成字時爲形聲兩旁併作，單舉「求、林、良、干」，則非此用矣。可知形聲字以形旁爲主，一形可造若干字，但各取聲旁配之。轉注大相別，字以聲旁爲主，一字分爲若干用，但各以形旁注之。轉注與形聲事正相反，而實相成。

這個説法也很清楚，用我們的話來説就是，凡以假借字作聲符（「齊、類、介、冒」不能就有齋戒、祭祀和玉器的意義）的形聲字，就是轉注。

「省形」説和「分注」説出發點不同，但是殊途同歸，都把形聲字説做了「轉注」。這也是欠妥的。既然承認省聲字是形聲，有甚麼理由不承認省去形符一部分的字也是形聲呢？説「球、琳、琅、玕」是真形聲，而「齋、禷、玠、瑁」是假形聲，前者以形旁爲主，後者以聲旁爲主，這也不免是强爲之説。形聲字總是應該以聲旁爲主的③，這裡給鄭氏立説以便利的是，古書有的是「齊、類、介、冒」作「齋、禷、玠、瑁」用，而没有以「求、林、良、干」作「球、琳、琅、玕」用，其實這完全是事出偶然，要是古人拿「求、林、良、干」當「球、琳、琅、玕」用，那又有甚麼不可以呢？從「烏」的字有「嗚、瑦、隖」（雖然説文不載「嗚」，但總不能不説它是一個字），而「嗚呼」字古書是作「烏」的，同樣是一形一聲的字，爲甚麼要派定「瑦、隖」是真形聲，「嗚」是假形聲呢？再推衍一下，「説、悦」的聲符是「兑」，古書通以「説」爲喜悦（yuè），不作「悦」，難道「悦」不是以聲旁爲主嗎？又難道「悦」不是真形聲嗎？可見拿聲旁或形旁爲主來判别形聲或轉注是很難成立的。既然「省形」和「分注」的字都是形聲字，那末就不應該從形聲字中拉出來管它們叫「轉注」。

「省形」說附合說文特別緊密，把「建類一首，同意相受」都說出個道理來了。但也不是不容置疑的。第一，說說文有「轉注之部」，這是强轉注服從說文，其病與劉師培的「同部轉注」同。第二，如所說，「首」是說文的部首。「首」是甚麽，許氏自己没有講，而衹說過說文的編制是「分別部首」的，「部首」之名尚在許氏之後，因而「首」是否就是部首也就無從質言了。

章炳麟也以同義之字爲轉注，而以聲音爲經（劉師培也有這個意思，從略），可以稱爲轉注的「音轉」說。他的轉注假借說道：

> 字之未造，語言先之矣。以文字代語言，各循其聲。方語雖殊，名義一也，其音或雙聲相轉，疊韻相迆④，則爲更制一字，此所謂轉注也。
>
> 何謂「建類一首」，「類」謂聲類。鄭君（玄）周禮序曰：「就其原文字之聲類。」夏官序官注曰：「『薙』讀如『鬀』小兒頭之『鬀』⑤，書或爲『夷』，字從類耳。」……「首」者，今所謂語基。管子曰：「凡將起五音凡首。」（地員篇）莊子曰：「乃中經首之會。」（養生主篇）此聲音之基也。

①爾雅釋詁第一條：「初、哉、首、基、肇、祖、元、胎、俶、落、權輿，始也。」

②歸，歸宿。

③參看古漢語通論。

④迆，演變。

⑤『鬀』，即今「剃」字。

「考、老」同在幽類，其義相互容變，其形小變，按形體，成枝別，審語言，同本株，雖制殊文，其實公族也。

章氏認爲在語言裡本是一個詞兒，由於聲音轉變，用文字寫下來，就成了形體不同，聲音上有一定聯繫的幾個字，這就是轉注。文字因語言轉變而不同，這是正確的，但這樣是不是轉注呢？可以看出，章氏比戴氏、段氏雖然多了個聲音上的限制，但他所說的轉注仍然是很泛濫的，任何象形、指事、會意、形聲的字，祇要意義相近或相同，字音有聯繫，都可以不加其他條件而稱爲轉注。這樣寬泛的說法也難於爲我們所接受。至於他解釋許慎的八個字，那更是他的一家之說。他的所謂「聲類」，實際是他在國故論衡文始裡建立和使用的古韻二十三部，這又是拿自己的律令來駕馭造字和用字的古人了。二十三部是清代以來很多古韻學家共同努力的結果，怎麼古人造字和用字的時候就先有了這個「類」呢？「首爲語基」尤其渺茫難以捉摸，和段氏的「分立其義之類而一其首」同樣不可指名，章氏在他的長達二千四五百言的轉注假借說裡，除了籠統地說出「語言根柢」是「首」以外，就沒有明白指出有怎樣一種「語言根柢」。

從戴氏到章氏，雖然解釋的角度不同，但他們都是從「建類一首，同意相受，考、老是也」出發或附合於這個定義和舉例的。說文學者朱駿聲拋棄了許說而特立一說，即「引伸」說，他在說文通訓定聲的敘論裡以兩句簡單扼要的話說明了他的主張：

> 轉注者，體不改造，引意相受，令、長是也。假借者，本無其意，依聲托字，朋、來是也。

這個說法也是很清楚的，即引伸就是轉注，聲借就是假借。說文通訓定聲裡的各個篆文下常常立有轉注一目，如「重」篆的「轉注」目中引禮記祭統「而又以重其國也」註：「猶尊也。」「尊」就是「重」的引伸義。

這樣講轉注，完全離開了許慎所說的話，從治說文的人看來，當然是「葉落而不糞本，狐死而不首丘」。假使從這樣的觀點看：象形、指事、會意、形聲是文字的結構，轉注、假借是文字的運用，那末以引伸爲轉注，以聲借爲假借，倒也是安排恰當，而能說明文字運用的問題的。但這祇能看作對六書的新見解，是否於古義有當，却無從證實了。要不要把引伸充當轉注，看來祇是一個名稱問題，但「引伸」既然足以明白了當地說明文字的運用，那又何必要把它塞入「六書」這張中藥抽屜的櫃子，而前無所據地强名之爲「轉注」呢？

這篇文章沒有甚麽結語，要結語，則是：在文獻不足的情況下，要構擬一說來充當古貨，這不過是聊以自慰而已。

（蔣禮鴻）

新注選篇·經部

周易

乾第一①

☰☰(乾下乾上)②

乾③：元亨。利貞④。

初九⑤：潛龍，勿用⑥。

九二：見龍在田，利見大人⑦。

九三：君子終日乾乾，夕惕若，厲無咎⑧。

九四：或躍在淵，無咎⑨。

九五：飛龍在天，利見大人。

上九：亢龍，有悔⑩。

用九：見群龍無首，吉⑪。

〔周易簡介〕又稱易經，簡稱易。儒家經典。舊傳伏羲做八卦，文王做辭，萌芽期可能早在殷周之際。書爲經、傳兩部分：六十四卦與三百八十四爻，附卦辭、爻辭爲經，作占卜之用，稱易經、古經。解釋卦辭與爻辭的七種文字，即彖（上、下）、象（上、下）、繫辭（上、下）、文言、説卦、序卦、雜卦共十篇，舊稱「十翼」，統稱爲易傳。經文以象徵八種自然現象的八卦形式推測自然和人事變化。把千變萬化的事物抽象概括爲陰、陽一對基本因素，認爲陰陽二氣交感是產生萬物的本源。又提出「剛柔相推，變在其中」的樸素辯證法觀點。從史學角度看，它記載的社會現象相當廣泛，諸如政治、經濟、社會制度、社會生活、思想意識等等，都有所涉及，因此是相當重要的上古社會史料。易傳則是古典哲學中異常重要的著作。西漢時經傳別行，後合而爲一。舊有鄭玄注，已佚。今通行本有魏王弼、晋韓康伯注，唐孔穎達周易正義，唐李鼎祚周易集解等。

底本據中華書局十三經注疏本（一九七九年）。

〔篇名簡介〕此篇即爲乾卦的卦象、卦辭與爻辭。

①周易共六十四卦，乾卦爲第一。

②六爻卦中，上三爻爲上卦，下三爻爲下卦。乾是三爻卦的卦名。

③這個乾是六十四卦的卦名。

④元，大。亨，即享。大享爲祭祀之名。貞，說文：「卜問也，從卜，貝以爲贄。」贄，禮物。利貞，卜問則結果有利。
⑤九，周易中凡遇陽爻則記爲九。六爻卦中，自下而上，陽爻分別記爲：初九、九二、九三、九四、九五、上九。
⑥潛，說文：「藏也。」勿用，高亨：「謂勿施行某事也。」故全句意爲：筮遇此爻，不可有所作爲。
⑦見，現。大人，易經中指貴族。全句意爲：筮遇此爻，大人到民間活動則有利，就象龍出現在地上一樣。
⑧乾乾，勤勉努力。惕若，惕然。惕，警惕。厲，危險。咎，灾難。全句意爲：君子白天勤勉努力，夜間保持警惕，即使在危險的環境中也不會有灾難。
⑨或，有時。此句承上文，省去主語龍。
⑩亢，王肅：「極高曰『亢』。」悔，較小的不幸。
⑪「用九」是乾卦特有的爻題，僅用於乾卦六爻皆動、變爲坤卦之時。見，現。全句意爲：群龍出現在天空，龍頭都被雲遮住了。用來比喻衆人都得志而高飛，所以吉。

（汝企和）

坤第二

☷☷（坤下坤上）①

坤②：元亨③。利牝馬之貞④。君子有攸往⑤，先迷後得主⑥，利，西南得朋⑦，東北喪朋⑧。安貞吉⑨。

初六⑩：履霜，堅冰至⑪。

六二：直方⑫大不習，無不利⑬。

六三：含章，可貞⑭。或從王事，無成有終⑮。

六四：括囊，無咎無譽⑯。

六五：黄裳，元吉⑰。

上六：龍戰於野，其血玄黄⑱。

用六：利永貞⑲。

〔篇名簡介〕此篇即爲坤卦的卦象、卦辭與爻辭。

①參見乾卦注②。坤是三爻卦的卦名。

②這個坤是六十四卦的卦名。

③參見乾卦注④。

④牝馬，母馬。貞，卜問。筮問有關母馬的事，遇到坤卦則有利。

⑤有攸往：有所往。

⑥迷，説文：「惑也。從辵，米聲。」廣雅釋詁：「迷，誤也。」此即迷路之意。主，主人。全句意為：君子有所往，先迷路，後得主人招待。

⑦朋，周易集解引崔憬曰：「雙貝為朋，價直二十大貝。」詩菁菁者莪：「錫我百朋。」鄭箋：「古者貨貝，五貝為朋。」王國維曰：「古貝五枚為系，二系為朋，釋二貝者言其系，釋五貝者舉其一系之數也。」另一説：朋為朋友。但易經中朋友稱「友」，如損六三：「一人行則得其友。」故釋朋貝為勝。

⑧喪，失。全句意為：向西南行則得朋貝，向東北行則喪失朋貝。

⑨安貞吉：占問平安則吉。

⑩六，周易中凡遇陰爻則記為六。六爻卦中，自下而上，陰爻分別記為：初六、六二、六三、六四、六五、上六。

⑪履，説文：「足所依也，從尸從彳從夂。」故其本義為鞋。此處活用為動詞，「踐踏」之義。全句意為：人在踏霜之時，堅冰將至。喻人事之吉凶皆為逐漸到來。

⑫直，持也。方，併船也。

⑬「大」疑為衍文。全句意為：人持方舟渡河，因方舟不易翻船，故雖不熟悉駕船之術，亦無不利。

⑭含章：含有文章。可貞：所占之事可行。意為人有文章在內，則占問之事可行。

⑮或：或許，有時。終：事情有好的結果。全句意為：如果從事於王者，不能成功，也會有好的結果。

⑯括：周易集解引虞翻曰：「括，結也。」括囊，即束結囊口。無咎，無災禍。全句喻人遇事而閉口不言，這樣既無災禍，也無美譽。

⑰裳：說文：「下帬也。」音cháng，即今之裙褲。元：大。全句意爲：穿黄色的裙褲，大吉。
⑱玄黄：青黄混合之色。全句意爲：龍相戰於郊野，流血染泥土，成青黄混合之色。喻人雙方作戰，俱有犧牲。
⑲用六：用當讀爲迵，通也。用六是坤卦特有的爻題，僅在坤卦六爻皆變時，纔以用六爻辭斷事。全句意爲：筮遇用六，利於占問長期的吉凶。

（汝企和）

繫辭（上）（節選）

天尊地卑，乾坤定矣①。卑高以陳，貴賤位矣②。動靜有常，剛柔斷矣③。方以類聚，物以群分，吉凶生矣④。在天成象，在地成形，變化見矣⑤。是故剛柔相摩，八卦相盪⑥。鼓之以雷霆，潤之以風雨⑦。日月運行，一寒一暑⑧。乾道成男，坤道成女⑨。乾知大始，坤作成物⑩。乾以易知，坤以簡能⑪。易則易知，簡則易從⑫。易知則有親，易從則有功⑬。有親則可久，有功則可大⑭。可久則賢人之德，可大則賢人之業。易簡而天下之理得矣。天下之理得，而成位乎其中矣⑮。

〔篇名簡介〕繫辭是解釋周易的七種文字之一，分上、下兩篇，舊傳爲孔子所作，但自宋歐陽修即疑非出孔子之手。

内容爲泛論易理，頗爲駁雜。

①尊，甲文作𦥑，雙手高舉酒器狀，後引伸出尊貴、長輩等義。此處作「高」講，接近其本義。卑，下。乾，天。坤，地。

②以，同已。陳，陳列。位，名詞活用爲動詞，確定位置。

③常，恒久。剛，天的屬性。柔，地的屬性。斷，分開。

④方，甲文作ち，似人形。說文：「方，併船也，像兩舟省總頭形。」後引申出方位等義。高亨：「方當作人，篆文人作ㄉ，方作ち，形似而誤。」俞樾：「方之言四方也。」

⑤象，此指日、月、風、雨等自然現象。形，此指山澤、草木、鳥獸等。

⑥剛柔，指陽爻陰爻所象的剛柔兩類物質。摩，說文：「研也，從手麻聲。」鄭玄：「摩，猶迫也，謂陰陽相薄(同搏)也。」盪，冲激。

⑦鼓，動。之，指萬物。霆，閃電。潤，滋潤。在八卦中，震爲雷，離爲電，巽爲風，坎爲雨。

⑧在八卦中，離爲日，坎爲月。

⑨乾，天。坤，地。成，爲。

⑩王念孫：「知猶爲也，爲亦作也。」大始，最開端。

⑪易，平易。知，即智。簡，簡易。乾以平易成其智，坤以簡易成其能。

⑫第一個易是平易，後兩個是容易。知，了解。從，遵從。

⑬親，親近天道的人。有功，發揮功效。

⑭久，永恒不絶。大，發揚光大。

⑮成位，確定位置。掌握了天下萬物之理，就可以在其中確定陽陰、剛柔、上下、貴賤的位置了。

（汝企和）

尚書

盤庚（上）

盤庚遷於殷①。民不適有居②，率籲衆戚出，矢言曰③：「我王來④，既爰宅於茲⑤，重我民⑥，無盡劉⑦。不能胥匡以生⑧，卜稽⑨，曰其如台⑩？先王有服⑪，恪謹天命⑫，茲猶不常寧⑬。不常厥邑⑭，於今五邦⑮。今不承於古⑯，罔知天之斷命⑰，矧曰其克從先王之烈⑱！若顛木之有由蘖⑲，天其永我命於茲新邑⑳，紹復先王之大業㉑，厎綏四方㉒。」

〔尚書簡介〕先秦稱書，入漢始稱尚書，又稱書經，尚通「上」，尚書，意即「上古之書」，是我國最早的一部歷史文獻匯編。相傳爲孔子所删定，按虞夏商周四代順序，以典、謨、訓、誥、誓、命等形式，記録了上起傳説時的堯舜禹，中經夏商周三代，下迄春秋中期的秦穆公時期的部分事迹，是學習和研究我國上古歷史的重要史料。

漢初，有由伏生傳授的今文尚書二十八篇，流傳至今。景帝時，魯恭王壞孔子宅，又得較伏生所傳多十六篇的古文尚書，後於魏晉間全部亡佚。東晉時梅賾所獻古文尚書，歷經明清學者考證，定爲僞作。清代十三經注疏本尚書，將今文尚書和古文尚書合編在一起，引用時必須慎重。

尚書不僅在内容上史料價值很高，在體例和編纂方法上，對後世亦有深遠的影響。尚書每篇有一標題，在標題之下，記一個完整的人或事件。它是記事本末體的萌芽。全書編排按朝代順序，每一朝代又按帝王順序排列文獻的先後，使人讀後能了解一個王朝的興衰歷史過程。這實際上又是我國編年史的開端。特别是禹貢一篇，既爲我國最早的一篇地理志，又爲後世書志體開其先例。

尚書的注本：①唐孔穎達尚書正義（十三經注疏本）。②清孫星衍尚書今古文注疏（萬有文庫本）。③今人曾運乾尚書正讀。④今人楊筠如尚書核詁。底本據中華書局十三經注疏本（一九七九年）。

〔篇名簡介〕尚書盤庚篇是盤庚遷都時對臣民的三次講話。但這三篇的排列次序，與盤庚講話的先後次序不相符。本文盤庚上，標題沿用舊稱，實則爲第三次講話。

①盤庚：商王名，成湯的十世孫，商代第十九世王。商王朝建立後，曾五次遷都，而第五次盤庚自奄（今山東曲阜）遷殷（今河南安陽市）後，國都再無遷移，直至商亡。故又稱商爲殷。盤庚遷於殷，盤庚要遷都於殷。

②適：往。有：名詞詞頭。居：指新都邑之居。

③率：皆。籲：呼。戚：親貴大臣。出：出來。矢：直。主語「民」一直貫到「曰」。從「我王來」至「厎綏四方」是

人民對衆戚說的話。

④我王：指遷奄的南庚。

⑤爰：因。宅：動詞，居。爰宅：猶詩經邶風擊鼓的「爰居爰處」。茲：此，指奄邑。

⑥重：重視。

⑦劉：殺，傷害。

⑧胥：互相。匡：救助。生：生存。

⑨卜：占卜。稽：卜以問疑。卜稽：占卜以決疑。

⑩曰：如今語「這樣說」。其：副詞。如台（yí）：如何。其如台：可怎麼樣呢？上句說南庚遷於此奄都，能重視我民。而今則政治上不能相救助以資生存，却要遷都，占卜也不能決。說這話作爲反對遷都的理由。

⑪先王：指盤庚以前的商王，如湯、仲丁等人。服：事。

⑫恪（kè）：敬。

⑬茲：此，這樣。猶：尚且。寧：安。

⑭厥：其。不常厥邑：不恒其都邑。

⑮於今五邦：從立國到現在，已經建都五地了。即湯始居亳（今河南商丘北），仲丁自亳遷於囂（即隞，今河南滎陽）；河亶甲自囂遷相（今河南內黄）；祖乙居庇（今山東定陶）；南庚自庇遷奄（今山東曲阜）。這是說遷都也要從天。先王能恪謹天命，奉天命行事，纔能不常厥邑。

⑯承：繼。古：指先王的規矩。

⑰罔：無。斷天：決定之命。

⑱矧（shěn）：況。克：能。烈：事業，功績。

⑲若：如。顛：倒。顛木：斫倒的樹。由蘖（niè）：說文引作「甹櫱（枿）」。蘖是「櫱」的或體。說文解：「甹，木生條也。」「櫱，伐木餘也。」伐木餘，即樹干斫倒，所餘根部一小段。這一小段叫蘖，今語樹兜。蘖身生芽長條，叫甹，今寫「由」。「由蘖」古人連用爲一詞，即萌蘖。

⑳永：延長。永我命：長久地延續我們的生命。

㉑紹：繼。復：光復。

㉒厎（zhǐ）：定。綏。這句是詰問語。顛木有由蘖，由生於蘖，比喻事物必有根源。這是說而今則不承於先王的規矩，不知上天的決意，何況說（更談不上）能從先王的事業，天還會延長我們的生命於新遷之邑，讓我們紹復先王大業，安定四方嗎？

盤庚斆於民由①乃在位，以常舊服②正法度③。曰：「無或敢伏小人之攸箴④！」

①斆（xué）：覺悟（說文），明白。民由：人民的情由。盤庚覺悟到人民反對遷都，實由對政治不滿。

②乃：副詞，就。在位：指君主及居高位的職官。以：用。常：經常。舊服：先王的舊制與故事。

③正：飭，整頓。法度：法制。

④曰：盤庚警告職官說。無：不要。或：有人。伏：壓制。小人：小民。攸：所。箴（zhēn）：諫（馬融說），規

誡。人民主要是對當時政治不滿。盤庚覺悟到這點，就與職官修舊職，正法度，盤庚警告説：誰都不許壓制人民的規誡。這樣就緩和了人民與君主、親貴大臣的矛盾。然後盤庚又爲遷都事命衆人至庭，誥誡説服，事見下文。

王命衆悉至於庭①。王若曰②：「格③，汝衆④！予告汝，訓汝猷⑤。黜乃心，無傲從康⑥。

①衆：臣民。悉：盡，都。庭：朝廷。
②若：乃。
③格：來。
④汝衆：你們大家。
⑤訓：解釋，説明。猷，謀。訓汝猷，給你們説明遷都的謀劃。
⑥黜：降。黜乃心：你們要降心相從。康：安樂。無傲從康：不要傲君上之命，從一時之安。

古我先王亦惟圖任舊人共政①，王播告之修②，不匿厥指③，王用丕欽④。罔有逸言⑤，民用丕變⑥。今汝聒聒⑦，起信險膚⑧。予弗知乃所訟⑨。

①古：昔。惟：是。圖：謀，考慮。任：任用。舊人：指世代做官的人。共（gōng）：動詞。共政：爲政，管理

政事。

②王：指先王。播：布。之：代指共政之舊人。修：行。

③匿：亡（說文），失。厥：其。指：意旨。不匿厥指：不失其意旨。

④用：因。丕：大。欽：敬。王用丕欽：王因此很敬重臣下。

⑤罔：無。逸言：猶後言。

⑥民用丕變：人民因而大變化。

⑦聒聒（guō）：說文引作「懖懖」，愚而自用的樣子。

⑧起：興。信：伸。險：邪惡。膚：浮淺之言。

⑨乃：你們。訟：爭辯。這句是責他們任意妄說，造出一些邪惡浮淺的話，我不知道你們所爭辯的是甚麽。

「非予自荒茲德①，惟汝含德，不愓予一人②。予若觀火③。予亦拙謀④，作乃逸⑤。

①荒：廢。茲德：指任用舊人之德。

②含德：存心。愓：敬（說文），敬畏。

③觀：與「爟」（guàn）音同義通。爟，舉火。觀火以比喻自己能燭照隱微。

④拙：說文引作「炪」（音與拙同），火光。炪謀：明示遷都的謀劃。

⑤作乃逸：作成你們的安逸，使你們得安逸。

「若網在綱①，有條而不紊②；若農服田③，力穡乃亦有秋④。汝克黜乃心⑤，施實德於民⑥，至於婚友⑦。丕乃敢大言汝有積德⑧。乃不畏戎毒於遠邇⑨。惰農自安⑩，不昬作勞⑪，不服田畝⑫，越其罔有黍稷⑬。

①綱：網上的總繩。
②條：條理。紊：亂。
③服：事，治。服田：治田。
④力：盡力。穡：耕作。乃：纔。秋：禾穀熟。這是比喻。綱喻君，網喻臣民。臣民聽從君主命令，如網繫在綱繩上，政事就會有條不紊。又如農夫治田，盡力耕作纔有好收成。
⑤克：能。黜：降。乃心：指私心。
⑥實德：實在的好處，指遷新都。
⑦婚：親戚。友：左右佐助的人。婚友是「汝」的婚友。至於婚友：施好處并及於你們的親戚和左右。
⑧丕：大。大言：放言。汝有積德：你們有積累的德行。
⑨乃：纔。不畏：不怕。戎：大。毒：害。遠邇：遠處和近處。以上句意爲你們大膽放言你們有積德，竟不怕大毒害遠近的臣民。
⑩惰：懶惰。自安：自己心安。
⑪昬（mǐn），勉。作勞：猶言作苦。作：動詞。

⑫服：事。

⑬越：句首助詞。其：副詞，表推斷語氣。罔有：没有。黍稷：指百穀。黍：粘米。稷：小米。

「汝不和吉言於百姓①，惟汝自生毒②，乃敗禍姦宄以自災於厥身③。乃既先惡於民④，乃奉其恫⑤，汝悔身何及⑥？相時憸民⑦，猶胥顧於箴言⑧，其發有逸口⑨，矧予制乃短長之命⑩！汝曷弗告朕⑪，而胥動以浮言⑫，恐沉於衆⑬？若火之燎於原⑭，不可嚮邇⑮，其猶可撲滅⑯？則惟汝衆自作弗靖⑰，弗予有咎⑱。

①和：諧。吉言：好話，指王遷都的話。於百姓：在百官當中。百姓：百官。

②惟：是。自生毒：自己種下禍根。

③乃：就。敗：危敗。禍：災禍。姦：在外作惡。宄（guǐ）：在內作惡。乃敗禍姦宄：就生出敗禍姦宄。自災：自害。厥：其。

④乃既：乃，你們。先惡：導惡。先惡於民：給民導惡。

⑤乃奉：乃，而。奉：承受。恫：痛苦。

⑥身：謂自身。句意爲你們既引導人民做壞事，而受其禍，到那時你們後悔也來不及了。

⑦相：看。時：是，這。憸（xiān）民：小民。

⑧猶：副詞，還。胥：相，互相。顧於：顧及。箴言：規誡的話。

⑨逸口：失言。

⑩矧：況。制：掌握。短長之命：指生死之命。句意爲看這些小民還互相顧及於箴言，唯恐失言，況我還掌握着你們的生死之命！

⑪曷弗：何不。

⑫胥：相。動：鼓動。浮言：無根據的流言。

⑬恐：懼。沉：陷溺。

⑭若：如。燎：燃燒。原：野。

⑮嚮：面向。邇：靠近。

⑯其：語氣副詞。這句是比喻那班亂臣的流言像野火一般在原野上燃燒，還可撲滅麽？

⑰靖：安。

⑱咎：過錯。這句爲你們自作不安，不是我的過錯。

「遲任有言曰①：『人惟求舊②，器非求舊③，惟新④。』古我先王暨乃祖乃父胥及逸勤⑤，予敢動用非罰⑥？世選爾勞⑦，予不掩爾善⑧。茲予大享於先王⑨，爾祖其從與享之⑩。作福作災⑪，予亦不敢動用非德⑫。

①遲任（rén）：鄭玄説：「遲任，古之賢史」。

②人惟求舊：用人要求舊人。

③器：器用。

④惟新：引以指國都也如器用，不合用了便不用，當徙新邑。惟：宜，應該。

⑤暨：與。胥及：相與。逸：安逸。勤：勤勞。言勞逸與共。

⑥非罰：不當的、非分的刑罰。此句反問。

⑦選：擇，稱舉的意思。勞：勤勞。

⑧掩：遮蓋。

⑨茲：今。大享：大祭。

⑩與（yù）：參與。從與享之：跟着受祭祀。

⑪作福作災：作善作惡。

⑫非德：不當的、非分的獎賞。不敢動用非罰非德，意爲秉承先王及爾祖的意志來處置。

「予告汝於難①，若射之有志②。汝無侮老成人③，無弱孤有幼④。各長於厥居⑤，勉出乃力⑥，聽予一人之作猷⑦。無有遠邇⑧，用罪伐厥死⑨，用德彰厥善⑩。邦之臧⑪，惟汝衆⑫；邦之不臧，惟予一人有佚罰⑬。凡爾衆，其惟致告⑭。自今至於後日，各恭爾事⑮，齊乃位⑯，度乃口⑰，罰及爾身，弗可悔⑱。

①於難：於，介詞，在。難：艱難。
②射：射箭。志：標識。
③侮：欺侮。老成人：老年人。
④弱：輕，小視。有：連詞，又。孤有幼：孤與幼。
⑤長：長遠。居：指新都的居所。
⑥勉：勤勉。
⑦猷：謀。
⑧遠邇：指關係的親疏。
⑨罪：刑罰。伐：懲處。死：當死，指惡。
⑩德：恩德，指爵祿。彰：表彰。
⑪邦：國家。臧：善。
⑫惟汝衆：是你們衆人的功勞。
⑬佚：失、過錯。罰：罪。有佚罰：有罪過。惟予一人有佚罰，是我一人有罪過。
⑭其：副詞，表祈使語氣。惟：思，考慮。
⑮恭：漢石經作「共」（gōng），行。
⑯齊：整飭。位：職事。
⑰度：本作「敷」，閉的意思，今借杜字。意即閉塞浮言之口。

⑱罰及爾身，弗可悔：意爲否則懲罰到你們身上，悔之無及。

（周 洪）

牧誓

時甲子昧爽①，王朝至於商郊牧野②，乃誓③。王左杖黃鉞④，右秉白旄以麾⑤，曰：「逖矣⑥，西土之人⑦！」

〔篇名簡介〕本篇選自尚書，記載了周武王在牧野戰前誓師之詞。史記在記述武王滅紂的歷史時，曾大量採用此篇，學習時可相互參考。

①時：其時。甲子：古代用來記日的干支。武王繼位十一年正月甲子日（周曆二月五日）。昧爽：說文「旦明」，即黎明。昧，暗；爽，會意字，「××」象古代窗欞，其空白處表示透進的光，所以其義爲「明」。兩字合用表示天欲明而未明。

②王：周武王。朝：早晨。至於：來到。於，介詞。商郊：商都郊外。牧野：牧地。

③乃：就。誓：誓師。

④杖：持。黃鉞（yuè）：黃銅製的大斧。

⑤秉：握。白旄（máo）：白色的旄牛尾。麾（huī）：說文作「靡」，「旌旗所以指麾也」。這裡是右手拿着旄指揮。

⑥逖（tì）：遠。

⑦西土：指周族發源地，今陝西西部岐山地區。人：指從征戰士。

王曰：「嗟！我友邦冢君御事①，司徒、司馬、司空②，亞旅、師氏③，千夫長、百夫長④，及庸、蜀、羌、髳、微、盧、彭、濮人⑤。稱爾戈⑥，比爾干⑦，立爾矛⑧，予其誓⑨。」

①嗟：嘆詞。友邦：稱聯盟各邦。冢（zhǒng）：「長」的借字。冢君：君長。御：用。這裡是稱呼友邦君長用事大臣。

②司徒、司馬、司空：皆官名。司徒管民，司馬管兵，司空管土地。

③亞旅：指地位比卿低的大夫。亞，次。旅，衆。師氏：中大夫。

④千夫長：統千人之帥。百夫長：統百人之帥。周禮夏官司馬：「二千有五百人爲師，師帥皆中大夫；五百人爲旅，旅帥皆下大夫。」千夫長即師帥，百夫長即旅帥。

⑤庸……濮人：皆西南方諸侯，武王率領的聯盟。庸：在今湖北竹山縣西南；蜀：在今四川成都；羌：在甘肅東南境；髳（máo）：在今山西平陸南；微：在今陝西眉縣境；盧：在今湖北襄樊市西南；彭：在今湖北房縣附近；濮：約在今四川、湖北交界處的長江北岸。

⑥稱：舉。

⑦比：排齊。干：盾。

⑧立：豎立。

⑨其：副詞，表鄭重語氣。

王曰：「古人有言曰：『牝鷄無晨①。牝鷄之晨，惟家之索②。』今商王受惟婦言是用③，昏棄厥肆祀弗答④，昏棄厥遺王父母弟不迪⑤，乃惟四方之多罪逋逃是崇是長⑥，是信是使⑦，是以爲大夫卿士⑧，俾暴虐於百姓⑨，以姦宄於商邑⑩。」

①牝（pìn）：雌，母。晨：晨啼。

②索：盡。

③受：即「紂」。二字古同音異寫。惟婦言是用：祇是聽用婦人的話。這句爲突出賓語，用「惟……是……」句式，下文「惟四方之多罪逋逃是崇……」句式同。

④昏（mǐn）：滅。昏棄：即左傳昭公二十九年之「泯棄」。昏，同泯。肆：大。肆祀：大祭。答：應，承。

⑤遺：留存。王父母：祖父母。王父母弟：同祖兄弟。迪：用。

⑥乃惟：却是。逋（bū）：亡。逋逃：逃亡，這裡指罪人。崇：尊重。長：敬。

⑦信：信任。使：使用。

⑧以爲大夫卿士：以這些罪人爲大夫卿士。

⑨俾（bǐ）：使。暴虐：施暴虐。

⑩姦宄（guǐ）：殘害。

今予發惟恭行天之罰①。今日之事，不愆於六步七步②，乃止齊焉③。夫子勖哉④！不愆於四伐五伐六伐七伐⑤，乃止齊焉。勖哉夫子！尚桓桓⑥，如虎如貔，如熊如羆⑦。於商郊，弗迓克奔⑧，以役西土⑨。勖哉夫子！爾所弗勖⑩，其於爾躬有戮⑪。

①發：武王自稱名。恭：共。共行：奉行。
②愆：注家皆以爲「過愆」的「愆」，即僭，誤。愆祇訓「過失」之「過」，不訓「超過」之「過」。這裡「愆」是「遷」（qiān）的同音假借字，超過。
③止齊：停下來整齊行陣。
④夫子：對人的敬稱。勖（xù）：勉勵。
⑤伐：刺殺。一擊一刺稱爲一伐。
⑥尚：副詞，表祈使語氣。桓桓：說文引作「狟狟」，音同，威武的樣子。
⑦貔（pí）：豹類。羆（pí）：似熊而大。「尚桓桓」至「如羆」句意已完整，「於商郊」意連下，作「弗迓」的狀語。
⑧弗迓：史記作「不御」，御古音迓。御，禁。克奔：指能奔來歸附的人。
⑨役：服役。西土：指周國。以役西土：以之服役於周國。
⑩所：代詞。爾所弗勖：你們有不努力的。
⑪其：副詞，表警告語氣。躬：身。戮：懲罰。

（周　洪）

七月

七月流火①，九月授衣②。一之日觱發③，二之日栗烈④；無衣無褐⑤，何以卒歲⑥！三之日於耜⑦，四之日舉趾⑧；同我婦子⑨，饁彼南畝⑩，田畯至喜⑪。

七月流火，九月授衣。春日載陽⑫，有鳴倉庚⑬。女執懿筐⑭，遵彼微行⑮，爰求柔桑⑯。春日遲遲⑰，采蘩祁祁⑱。女心傷悲，殆及公子同歸⑲。

七月流火，八月萑葦⑳。蠶月條桑㉑，取彼斧斨㉒，以伐遠揚㉓，猗彼女桑㉔。七月鳴鵙㉕，八月載績㉖。載玄載黄㉗，我朱孔陽㉘，爲公子裳。

四月秀葽㉙，五月鳴蜩㉚。八月其穫㉛，十月隕蘀㉜。一之日於貉㉝：取彼狐狸，爲公子裘㉞。二之日其同㉟，載纘武功㊱。言私其豵㊲，獻豜於公㊳。

五月斯螽動股㊴，六月莎鷄振羽㊵。七月在野㊶，八月在宇㊷，九月在户㊸，十月蟋蟀入我牀下㊹。穹窒熏鼠㊺，塞向墐户㊻，嗟我婦子㊼，曰爲改歲㊽，入此室處㊾。

六月食鬱及薁㊿，七月亨葵及菽(51)。八月剥棗(52)，十月穫稻。爲此春酒(53)，以介眉壽(54)。七月食瓜，八月斷壺(55)，九月叔苴(56)。采荼薪樗(57)，食我農夫(58)。

九月築場圃(59)，十月納禾稼(60)。黍稷重穋(61)，禾麻菽麥。嗟我農夫：我稼既同(62)，上入執宮功(63)！晝爾於茅(64)，宵爾索綯(65)。亟其乘屋(66)，其始播百穀(67)。

二之日鑿冰沖沖(68)，三之日納於凌陰(69)。四之日其蚤(70)，獻羔祭韭(71)。九月肅霜(72)，十月滌場(73)。朋酒斯饗(74)，曰殺羔羊(75)。躋彼公堂(76)，稱彼兕觥(77)，萬壽無疆(78)！

〔詩經簡介〕詩經是我國最早的一部詩歌總集。原衹稱詩，漢武帝立五經博士後，纔稱詩經，成爲儒家經典之一。漢代傳詩者有齊（轅固）魯（申培）、韓（韓嬰）、毛（亨）四家，東漢末鄭玄爲毛詩作箋，流傳漸廣，其他三家逐漸衰廢。唐初孔穎達等爲之作正義。

詩經收周代詩歌三百零五篇，分爲風、雅、頌三類。風包括周南、召南、邶、鄘、衛、王、鄭、齊、魏、唐、秦、陳、檜、曹、豳等十五國風，共一百六十篇。大部分是民間歌謠，小部分是貴族作品。雅分大雅、小雅。共一百零五篇。小雅大部分是貴族的作品，小部分是民間歌謠。大雅則全是貴族的作品。頌有周頌、魯頌、商頌，共四十篇。大多是西周、魯、宋的最高統治者用於宗廟祭祀的樂歌。詩經作品的形式，主要是四言。聲調多採用雙聲疊韻。表現手法分賦，直抒其情；比，借物言志；興，托物興辭三種。

詩經產生的時代，上自西周初期，下至春秋中期，共約五百多年，保存了豐富的社會歷史資料，是反映上古社會生活的百科全書，至爲寶貴。

詩經的通行本有清阮元刻十三經注疏本毛詩正義。一九八〇年上海古籍出版社出版高亨詩經今注等。

底本據中華書局一九八〇影印阮元十三經注疏本毛詩正義。

〔篇名簡介〕本詩是國風中的第一長篇。凡八章八十八句，描寫豳邑農民一年四季的農業勞動和勞役、田獵等事。他們飽受統治階級的剥削壓迫，過着悲慘的生活。是研究西周史的珍貴資料。

①七月：指夏曆七月。此詩用夏曆與周曆。凡言「月」指夏曆，凡言「某之日」指周曆。周曆建子、夏曆建寅，周曆比夏曆早兩個月。流：向下運行。火：星宿名，或稱大火。即心宿二，天蝎座的主星。每年夏曆五月黄昏，火星出現在正南方，方向最正，位置最高。到了七月，就偏西向下。

②授衣：指將衣授人，使之禦寒。一説將裁製冬衣的工作交給婦女。

③一之日：一月之日，指周曆的正月，即夏曆十一月。以下言日均類推之。觱發（bì bá）：大風觸物的聲音。雙聲聯綿詞。

④栗烈（lǐn liè）：寒氣逼人。雙聲聯綿詞。

⑤褐：用麻編織的粗衣。

⑥卒歲：度過冬天。

⑦於耜（sì）：修理農具。於，爲，修理。耜，挖土用犁。泛指農具。

⑧舉趾：開始耕地。趾，足趾，以趾指代下田耕種。

⑨同：與。我：家長自稱。婦子：女人和小孩子。

⑩饁（yè）彼南畝：把飯送到田頭，給農夫吃。饁：送飯。南畝：泛指農田。

⑪田畯（jùn）：農官。也稱農正或田大夫，古代貴族派到田間去監督農業勞動的下級官吏。喜（xī）：通『饎』，酒食。用酒食招待田畯。一説歡喜。

⑫載陽：載，始。天氣開始暖和。

⑬有：動詞詞頭。倉庚：鳥名，即黄鶯。也叫離黄或黄鸝。疊韻詞。

⑭懿筐：深深的籮筐。

⑮遵彼微行（háng）：順着桑間小道走去。遵：順，循。微行：小路。

⑯爰：動詞詞頭，於是。柔桑：柔嫩的桑葉。

⑰遲遲：緩慢的樣子。

⑱采蘩祁祁：蘩，菊科植物，即白蒿。據明徐光啓説：蠶子未孵化，煮白蒿葉汁澆它，容易孵化，當是一種蠶種催生術。祁祁：衆多貌。指採蘩的人很多。

⑲殆：副詞。也許、祇怕。公子：貴族子弟。同歸：一説被貴公子占有。一説陪同出嫁。

⑳萑（huán）葦：即蒹葭，也叫蘆荻。八月萑葦成長，收割曬乾，可做蠶箔，讓蠶在上面居歇。名詞作動詞用。雙聲詞。

㉑蠶月：指夏曆三月，養蠶時間。條桑：修剪桑枝，準備摘桑葉。

㉒斧斨（qiāng）：斧頭。斧柄孔圓的叫斧，方的叫斨。泛指斧頭。

㉓遠揚：指長得高大的枝條。

㉔猗（yǐ）：通掎，牽引、拉着。引申爲摘取。女桑：柔桑，指桑樹上的嫩葉。

㉕鵙（jú）：鳥名。即伯勞。表示天氣將寒。
㉖載績：開始績麻織布。
㉗載玄載黃：載，又，再。玄，黑紅色；黃，黃色。指將絲麻織品染成黑紅色、黃色。玄、黃均作動詞用。
㉘我朱孔陽：朱，大紅。孔，很。陽，鮮明。我：指示代詞，作彼講。一說作第一人稱代詞。這句意思是以大紅爲最鮮明。
㉙秀葽（yāo）：結子的苦葽。葽，說文：引劉向說它味苦，名苦葽，或是四月結子的某種苦菜。一說黃瓜或遠志。
㉚蜩（tiáo）：蟬，知了。
㉛其穫：收穫莊稼。其，動詞詞頭。
㉜隕蘀（yǔn tuò）：落葉。蘀：草木脫落的皮或葉。
㉝於貉（hé）：捕捉貉子。於，動詞詞頭。貉，貉子，也叫狸。其毛皮非常貴重。一說貉通禡，禡即禡祭，出兵時祭神。古代狩獵，也是「習兵之禮」，故貴族集合奴隸田獵前也用此禮。
㉞裘：皮袍。
㉟其同：指出獵前會合衆人。其，動詞詞頭。同，會合、集合。
㊱載纘（zuǎn）武功：繼續練習武功，指田獵之事。據崔述讀風偶識云：「一之日三句指『私獵』。（小規模的個別行動）二之日四句指『大獵』。（大規模的集體行動）。」
㊲言私其豵（zōng）：獵到的小野獸歸我們私有。言，動詞詞頭。私，私有。豵，一歲的小野豬。這裡泛指小獸。
㊳豜（jiān）：三歲的大野豬。泛指大野獸。大野獸要獻給公家。

㊴斯螽（zhōng）：昆蟲名，即螽斯，蝗類。振翅能發聲。古人以爲是兩腿摩擦出聲。動股：雙腿摩擦發聲。股，腿。

㊵莎（suō）鷄：昆蟲名，紡織娘。振羽：振動翅膀發聲。

㊶野：原野、田野。

㊷宇：屋檐下。

㊸户：屋裡。

㊹入：進入。以上「在野」、「在宇」、「在户」的主語都是蟋蟀，第四句「入我牀下」纔點明蟋蟀，用倒文句法。由蟋蟀鳴聲由遠而近，以示天氣逐漸寒冷。

㊺穹窒（qióng　zhì）薰鼠：把屋子裡的洞穴全部堵塞，用烟薰逐老鼠。穹，窮盡。窒：堵塞。

㊻塞向：塞好朝北的窗子。向，北向的窗。墐（jǐn）户：用泥漿塗抹柴門。墐：塗。

㊼嗟（jiē）：感嘆聲。這裡作吩咐講。

㊽日爲改歲：又算是過年了。曰：句首語氣詞。爲，是。改歲，更改年歲，指過年。這裡指周曆。

㊾處：居處。進室内居住以避寒。

㊿鬱（yù）薁（yù）都是植物名。鬱：鬱李，果實似李子，可吃。薁：野葡萄。果實可吃、可釀酒。

51亨：同烹，煮。葵：菜名，古稱「百菜之主。」是一種重要蔬菜。菽：大豆。也指稱各種豆類。

52剥（pū）棗：打棗子。剥，撲、打。

53春酒：以稻、棗爲原料，冬天釀造，經春纔成，故稱春酒。

(54)以介(gài)眉壽：祈求長壽。介：古丐字，求。眉壽：長壽。唐孔穎達疏說：人到老了，眉上長有毫毛，叫做秀眉，所以稱長壽爲眉壽。

(55)斷壺：摘斷瓠瓜。斷：摘斷。壺，通瓠，瓠瓜。葫蘆科草本植物，嫩果作菜，殼可作瓢。

(56)叔苴：叔，拾取。苴，大麻的雌株，也叫子麻，麻子可食。

(57)採荼(tú)薪樗(shū)：採苦菜，砍臭椿。荼，苦菜，葉有齒，嫩苗可食。樗：臭椿，苦木科落葉喬木，砍來當柴燒。薪，用如動詞。

(58)食(sì)：使動用法。給……吃。這裡指養活。

(59)場圃：打穀場，菜園。即築場於圃。古代場圃同地，春夏爲圃，秋冬爲場。

(60)納：指把糧食納入穀倉。禾稼：泛指一般穀物。

(61)重穋(chóng lǔ)：重，通穜，早種晚熟的穀。穋，通稑，晚種早熟的穀。

(62)既同：已經聚集。指把收獲物集中起來送進倉庫。

(63)上入執宮功：上，通尚，還要。執：執行，指服役。宮，指貴族的宮室。功，工作。句意是農事既畢，還要替貴族服家内勞役。

(64)晝爾於茅：白天去割茅草。爾，語助詞。於，動詞詞頭。一說割取。

(65)宵爾索綯(táo)：晚上搓繩子。宵，晚上。索：搓、絞。綯：繩子。

(66)亟其乘屋：趕快爬到屋頂去修理房子。亟，急。乘，升、登。

(67)其始：指歲始，即初春。

⑱沖沖（chēn chēn）：鑿冰的聲音。象聲詞。

⑲凌陰：冰窖。凌，聚集的冰。陰即窨，地窖。古代大夫以上貴族享有用冰祭祀和納凉的特權。

⑳蚤：通早。朱熹說即早朝，指下文的祭祖儀式。

㉑獻羔祭韭：用羔羊和韭菜祭祖。古禮，仲春二月（周曆四月）開冰獻羔，用以祭祀祖先。

㉒肅霜：天高氣爽。雙聲古聯綿字。

㉓滌場：天空澄淨。一説指農事完畢，把場地打掃乾淨。雙聲古聯綿字。

㉔朋酒斯饗（xiǎng）：朋酒，兩樽酒。斯，指示代詞。指酒。饗：享受。指鄉人在一起飲酒歡會。

㉕曰：句首語氣詞。

㉖躋（jī）彼公堂：躋，升、登。公堂：公共場所。一説貴族的廳堂。

㉗稱彼兕觥（sì gōng）：舉起酒杯。稱，舉起。兕觥：犀牛角酒器。

㉘萬壽無疆：頌祝之辭。萬壽：大壽。無疆，無邊界，引申爲無止境。

（來可泓）

東　山

我徂東山①，慆慆不歸②；我來自東③，零雨其濛④。我東曰歸⑤，我心西悲⑥！制彼裳衣⑦，勿士行枚⑧。蜎蜎者蠋⑨，烝在桑野⑩，敦彼獨宿⑪，亦在車下⑫。

我徂東山，慆慆不歸；我來自東，零雨其濛。果臝之實⑬，亦施於宇⑭？伊威在室⑮，蠨蛸在户⑯？町畽鹿場⑰，熠燿宵行⑱？不可畏也⑲，伊可懷也⑳！

我徂東山，慆慆不歸；我來自東，零雨其濛。鸛鳴於垤㉑，婦嘆於室㉒。灑掃穹窒㉓，我征聿至㉔！有敦瓜苦㉕，烝在栗薪㉖。自我不見㉗，於今三年！

我徂東山，慆慆不歸；我來自東，零雨其濛。倉庚於飛㉘，熠燿其羽㉙。之子于歸㉚，皇駁其馬㉛。親結其縭㉜，九十其儀㉝。其新孔嘉㉞，其舊如之何？

〔篇名簡介〕本詩四章，每章十二句，抒寫周公東征三年歸來，在濛濛細雨的歸途中漾起戰士的思緒。第一章泛言歸途中思家之可悲。第二章想像家園荒蕪之可畏。第三章想像初歸到家之情景，第四章想像室家重聚之欣幸。

①徂（cú）：到。東山：周公東征管、蔡、商、奄四國駐軍之地。

②慆慆（tāo tāo）：長久。

③我來自東：我們從東方回來。

④零雨其濛（méng）：落下的細雨是這樣的蒙蒙。零：落。濛：輕雨貌。蒙的異體字。

⑤我東曰歸：我在東方説起回家。

⑥西悲：西向而悲念家人。

⑦制彼裳衣：整理好那些寄給我的兵服。裳衣：兵服。一説平居之服。此句鄭玄説：「女製彼裳衣而來，謂兵服也。」

⑧勿士行枚（háng méi）：我已不再行陣銜枚進行戰爭了。士，事。行，陣。古時軍制二十五人爲一行。枚，形

狀如筷，銜在口中，用絲繩在項中縛住，防止士兵和軍馬行軍時喧嘩。

⑨蜎蜎（juān）：蠕蟲行動的樣子。蠋：桑尺蠖。如蠶而黑褐色。

⑩烝：發語詞。

⑪敦（duī）彼：一堆堆的士兵住着不移動。

⑫車：兵車。

⑬果蓏（luǒ）：植物名，即栝樓。蓏，裸的異體字。實，果實。疊韻。

⑭施（yì）：蔓延。宇：屋檐下。

⑮伊威：蟲名。亦作蛜蝛。一名鼠婦，一名委黍，狀似地鱉蟲，在墻根下，甕底土中生，俗名「濕生蟲」、「地鷄」。雙聲疊韻。

⑯蠨蛸：長脚的小蜘蛛。疊韻。

⑰町畽（tǐng tuǎn）：田舍旁空地。雙聲。鹿場：野鹿游憩的地方。指田地無人耕種，被野獸所踐踏，成了鹿場。

⑱熠燿（yì yào）：光彩閃爍鮮明貌。雙聲。宵行（háng）：蟲名。如蠶，夜行喉下有光如螢。燿，耀的異體字。

⑲畏：害怕、懼怕。

⑳伊：指家。代詞。懷：懷念、懷思。

㉑鸛（guàn）：白鸛。大型涉禽，形似鶴亦似鷺，嘴長而直，喜棲水邊，夜宿高樹。喜吃螞蟻。垤（dié）：螞蟻做窩時堆在洞口的小土堆。也叫蟻封、蟻冢。

㉒婦：妻子。
㉓穹窒（qióng zhì）：堵塞全部鼠穴。穹：窮盡。窒：堵塞。
㉔我征聿至：我家的征人忽然來到。我：此我字非歸士詩人自我。鄭玄箋云：「行者於陰雨尤苦，婦念之則嘆於室也。而我君子行役，述其日月，今且至矣。言婦望也。」
㉕有：動詞詞頭。敦（duī）：一團團。
㉖烝：發語詞。栗薪：栗樹的劈柴。也指栗樹，周土宜種栗。
㉗不見：不得相見。
㉘倉庚：鳥名，即黃鶯。也叫黃鸝。傳播婚嫁的信息鳥。鄭玄箋：「倉庚仲春而鳴，嫁娶之候也。」於飛：飛翔。
㉙熠燿其羽：倉庚的毛羽鮮明閃亮。
㉚之子于歸：這個女子要出嫁。之，這。子：女子、姑娘。古代子、女均可稱子。于歸：出嫁。
㉛皇駁其馬：皇，黃白色夾雜的馬。駁，紅白色身體，黑色鬃毛的馬。極言車服之盛。
㉜親結其縭（lí）：母親替她結好了佩巾。縭，古時女子出嫁時所繫的佩巾。
㉝九十其儀：指禮節之多。
㉞其新：指東征歸來的新婚戰士。孔嘉：非常美好。
㉟其舊：指東征歸來的已婚戰士。如之何：怎麼樣。久別如新婚，盡在不言中。

（來可泓）

公劉

篤公劉①！匪居匪康②。迺埸迺疆③，迺積迺倉④。迺裹餱糧⑤，於橐於囊⑥，思輯用光⑦。弓矢斯張⑧，干戈戚揚⑨，爰方啓行⑩。

篤公劉！於胥斯原⑪。既庶既繁⑫，既順迺宣⑬，而無永嘆⑭。陟則在巘⑮，復降在原⑯。何以舟之⑰？維玉及瑤⑱，鞞琫容刀⑲。

篤公劉！逝彼百泉⑳，瞻彼溥原㉑。迺陟南岡㉒，乃覯於京㉓。京師之野㉔，於時處處㉕，於時廬旅㉖，於時言言㉗，於時語語㉘。

篤公劉！於京斯依㉙。蹌蹌濟濟㉚，俾筵俾几㉛，既登乃依㉜。乃造其曹㉝，執豕於牢㉞；酌之用匏㉟，食之飲之，君子宗之㊱。

篤公劉！既溥既長㊲。既景迺岡㊳，相其陰陽㊴。觀其流泉㊵；其軍三單㊶，度其隰原㊷。徹田爲糧㊸；度其夕陽㊹，豳居允荒㊺。

篤公劉！於豳斯館㊻。涉渭爲亂㊼，取厲取鍛㊽。止基迺理㊾，爰衆爰有㊿，夾其皇澗(51)。遡其過澗(52)。止旅迺密(53)，芮鞫之即(54)。

〔篇名簡介〕本詩六章，每章十句。敘述周始祖后稷之曾孫公劉率領部落去邰遷豳，開創基業之詩。爲周人自叙開

①篤：厚。忠厚老實。公劉：姓姬名劉。公是國人對國君的尊稱，后稷的曾孫，開創周王業的第二個偉大人物。據史記周本紀載：「公劉雖在戎狄之間，復修后稷之業，務耕種，行地宜，自漆、沮度渭，取材用，行者有資，居者有畜積，民賴其慶。百姓懷之，多徙而保歸焉。周道之興自此始，故詩人歌樂思其德。」

②匪：通非，不。居：安。康：寧。句意是公劉不敢在邰安居享樂。

③迺：同乃。于是。埸（yì）：小田的邊界。疆：大田的邊界。意爲整治田畝。

④積：露天堆着。倉：用如動詞，把糧食存放在糧倉裡。

⑤裹：包紮，包裹。餱（hóu）糧：乾糧。

⑥於：介詞，在。槖（tuó）：没有縫底的口袋，裝物後，用繩紮緊兩頭。囊（náng）：縫底的口袋。

⑦思輯用光：思以輯和其人民，從而光顯其國家。輯，和睦。用，以。光，光顯、光大。

⑧弓矢：弓和箭。斯，指示代詞，復指弓矢。張：拉開弓弦。

⑨干戈：盾和平頭戟。戚揚：斧和鉞。指準備各種武器。

⑩爰：于是。方：始，開始。啓行（háng）：出發、啓程。指從邰遷往豳。

⑪於：動詞詞頭。胥：相也。即察看。斯原：這塊大平原。即豳地原野。

⑫庶：人口多。繁：物産盛。據朱熹詩經集傳云：「庶、繁，謂居之者衆也。」

⑬既順乃宣：民心歸順，民情舒暢。據朱熹詩經集傳説：「順，安。宣，遍也。言居之遍也。」

⑭永嘆：長嘆。

⑮陟(zhì):登。巘(yǎn)山頂。
⑯復降:又下來。原:平原。連上句指公劉上山下原,察看地勢。
⑰舟:帶,佩帶。通周。
⑱維:語氣詞。玉、瑤:美玉和寶石。
⑲鞞琫(bǐng běng):鞞,刀鞘的裝飾物。琫:刀柄的裝飾物。容刀:裝飾過的佩刀。雙聲詞。
⑳逝:往。百泉:許多泉水。百,虛數。
㉑瞻:看。溥(pǔ)原:廣大的平原。溥:大、廣大。
㉒南岡:南面的山岡。
㉓覯(gòu):看見。京,地方,豳的邑名。
㉔京師:許多人住在高地上。京:高地。師,人多。後人把皇帝住的地方稱做京師。
㉕於時:於是。處處:指住着的屋子。
㉖廬旅:指寄住的客人。
㉗言言:指把話直說出來。言,直言曰言。
㉘語語:指説話。與人商量,向人詢問。語,論難曰語。以上四句據朱熹詩經集傳説:「於是爲之居室,於是廬其賓旅,於是言其所言,於是語其所語,無不於斯焉。」表示人們在此安居樂業。
㉙依:安居。
㉚蹌蹌(qiǎng qiǎng):指許多人走路從容的樣子。濟濟(jǐ jǐ)指許多人有禮貌的樣子。朱熹詩經集傳:

「蹌蹌濟濟，群臣有威儀貌。」

㉛俾：使。筵（yán）：竹席。這裡用如動詞，指鋪席。几：矮桌。這裡用如動詞，指設几。

㉜登：指坐上筵席。依：指憑几如禮。

㉝造：到。即走到。曹：群。指養牲口的地方。

㉞執：捉。豕：猪。牢：關牲畜的屋子。指以猪肉爲菜肴。

㉟酌之：給衆賓客斟酒喝。匏：葫蘆殼。指用剖開的葫蘆殼當作舀酒器。

㊱君子：指君王，即公劉。宗：宗主。即公劉。之：指示代詞。指衆賓客，即群臣。

㊲既溥既長：指公劉芟夷墾辟，土地面積既廣且長。

㊳景：同影，日影。指測日影以定方向。岡：山岡。指爬上山岡，瞭望遠方。

㊴相：視，察看。陰陽：山北和山南。指辨別地氣冷暖。

㊵流泉：指水泉灌溉之利。

㊶三單：把軍隊分成三批，輪班服役。單，通襌，有更番代替之意。據鄭玄箋：「邰，后稷上公之封，大國之制三軍，以其餘卒爲羨。今公劉遷於豳，民始從之，丁夫適滿三軍之數。單者，無羨卒也。」

㊷隰原：低田和高田。

㊸徹田：周代稅制。收田裡收成十分之一的稅。一說開墾荒田。

㊹夕陽：指山西的地方。意思是爲了擴充土地，又勘測山西面地方。

㊺允荒：實在大得很。允：實在、確實。荒，大。

㊻於豳斯館：在豳地要營造他的宮室。館：用如動詞，指造宮室。

㊼渭：渭水。為亂：指船在水面上橫渡過去。水正常流動為順，橫渡時攪亂了水的順流故叫亂。朱熹詩經集傳：「涉渭取材，而為舟以來往。」

㊽厲：石料。鍛：鐵料。

㊾止基：定居的基礎。止，居。基，定。理：治理好。

㊿爰衆爰有：人民越來越多，錢越來越足。衆：人多。有：財足。

(51)皇澗：水名。指皇溪兩岸都住着人。

(52)遡：通溯。指向河的來源尋上去。過澗：水名。指過水的源頭也住着人。

(53)止旅：定居的人民。密：多、衆。

(54)芮（ruì）：水名。一作汭。鞫（jū）：水外面的地。之：指示代詞，指芮鞫。即，就。指人民又去芮河外面居住，極言人口繁盛。

（來可泓）

周禮

夏官司馬第四（節選）

惟王建國①，辨方正位②，體國經野③，設官分職④，以爲民極⑤。乃立夏官司馬⑥，使帥其屬而掌邦政⑦，以佐王平邦國⑧。政官之屬⑨：大司馬卿一人⑩，小司馬中大夫二人⑪，軍司馬下大夫四人⑫，輿司馬上士八人⑬，行司馬中士十有六人⑭，旅下士三十有二人⑮，府六人⑯，史十有六人⑰，胥三十有二人⑱，徒三百有二十人⑲。凡制軍⑳：萬有二千五百人爲軍。王六軍㉑，大國三軍㉒，次國二軍㉓，小國一軍㉔，軍將皆命卿㉕。二千有五百人爲師㉖，師帥皆中大夫。五百人爲旅，旅帥皆下大夫。百人爲卒，卒長皆上士。二十五人爲兩，兩司馬皆中士。五人爲伍，伍皆有長。一軍，則二府六史，胥十人，徒百人。司勳上士二人㉗，下士四人，府二人，史四人，胥二人，徒二十人。馬質中士二人㉘，府一人，史二人，賈四人㉙，徒八人。量人下士二人㉚，府一人，史四人，徒八人。小子下士二人㉛，史一人，徒八人。羊人下士二人㉜，史一人，賈二人，徒八人。司爟下士二人㉝，徒六人。掌固上士二人㉞，下士八人，府二人，史四人，胥四人，徒四十人。司險中士二人㉟，下士四人，史二人，徒四十人。掌疆中士八人㊱，史四人，胥十有六人，徒百有六十人。候人上士六人㊲，下士十有二人，史六人，徒百有二十人。環人下士六人㊳，史二人，徒十有二人。挈壺氏㊴，下士六人，史二人，徒十有二人。射人㊵，下大夫二人，上士四人，下士八人，府二人，史四人，胥二人，徒二十人。服不氏㊶，下士一人，徒四人。射鳥氏㊷，下士一人，徒四人。羅氏㊸，下士一人，徒八人。掌畜㊹，下士二人，史二人，胥二人，徒二十人。司士㊺，下大夫二人，中士六人，下士十有二人，府二人，史四人，胥四人，徒四十人。諸子㊻，下大夫二人，中士四人，府二人，史二人，胥二人，徒二十人。司右㊼，上士二人，下士二人，府四人，史四人，胥八人，徒八十人。虎賁氏㊽，下大夫二人，中士十有二人，府二人，史八人，胥八十人，虎士八百人㊾。旅賁氏㊿，中士二人，下士十有六人，史二人，徒八人。節服氏(51)，下士八人，徒四人。方相氏(52)，狂夫四人(53)。大僕(54)，下大夫二人。小臣(55)，上士四人。祭僕(56)，中士六人。御僕(57)，下士十有二人，府二人，史四人，胥二人，徒二十人。隸僕(58)，下士二人，府一人，史二人，胥四人，徒四十人。弁師(59)，下士二人，工四人(60)，史二人，徒四人。司甲(61)，下大夫二人，中士八人，府四人，史八人，胥八人，徒八十人。司兵(62)，中士四人，府二人，史四人，胥二人，徒二十人。司戈盾(63)，下士二人，府一人，史二人，徒四人。司弓矢(64)，下大夫二人，中士八人，府四人，史八人，胥八人，徒八十人。繕人(65)，上士二人，下士四人，府一人，史二人，胥二人，徒二十人。槀人(66)，中士四人，府二人，史四人，胥二人，徒二十人。戎右(67)，中大夫二人，上士二人。齊右(68)，下大夫二人。道右(69)，上士二人。大馭(70)，中大夫二人。戎僕(71)，中大夫二人。齊僕(72)，下大夫二人。道僕(73)，上士十有二人。田僕(74)，上士十有二人。馭夫[75]，中士二十人，下士四十人。校人[76]，中大夫二人，上士四人，下士十有六人，府四人，史八人，胥八人，徒八十人。趣馬[77]，下士皁一人[78]，徒四人。巫馬[79]，下士二人，醫四人，府一人，史二人，賈二人，徒二十人。牧師[80]，下士四人，胥四人，徒四十人。庾人[81]，下士閑二人[82]，史二人，徒二十人，圉師[83]，乘一人[84]，徒二人。圉人[85]，良馬匹一人[86]，駑馬麗一人[87]。職方氏[88]，中大夫四人，下大夫八人，中士十有六人，府四人，史十有六人，胥十有六人，徒百有六十人。土方氏[89]，上士五人，下士十人，府二人，史五人，胥五人，徒五十人。懷方氏[90]，中士八人，府四人，史四人，胥四人，徒四十人。合方氏[91]，中士八人，府四人，史四人，胥四人，徒四十人。訓方氏[92]，中士四人，府四人，史四人，胥四人，徒四十人。形方氏[93]，中士四人，府四人，史四人，胥四人，徒四十人。山師[94]，中士二人，下士四人，府二人，史四人，胥四人，徒四十人。川師[95]，中士二人，下士四人，府二人，史四人，胥四人，徒四十人。邍師[96]，中士四人，下士八人，府四人，史八人，胥八人，徒八十人。匡人[97]，中士四人，史四人，徒八人。撢人[98]，中士四人，史四人，徒八人。都司馬[99]，每都上士二人，中士四人，下士八人，府二人，史八人，胥八人，徒八十人。家司馬[100]，各使其臣以正於公司馬[101]。

〔周禮簡介〕周禮亦稱周官或周官經，儒學經典之一。漢書藝文志著録周官經六篇，相傳是西漢河間王劉德從民間收集的一部古書。

周禮的作者，從來學術界爭論很大，一説爲周公所作；一説爲西漢劉歆僞造；近人從周、秦銅器銘文所載官制，參證本書的政治經濟制度和學術思想，定爲戰國時作品。

周禮是一部爲改革和建立國家政治制度提出規劃方案的著作。涉及國家行政體制，政權組織形式、國家資源與農商制度、鄉里組織制度、司法制度、文教制度等衆多方面，文繁事富，規模宏大。全書將國家機構的官吏分爲六大系統，并與天、地、春、夏、秋、冬相配合。一曰天官「冢宰」，居六官之首，總理政務，其下屬官有六十三種。二曰地官「司徒」，其下屬官有七十八種。三曰春官「宗伯」，其下屬官有七十種。四曰夏官「司馬」，其下屬官有六十九種。五曰秋官「司寇」，其下屬官有六十六種。六曰冬官「司空」，久已亡佚，屬官不詳，漢人將内容相近的考工記補入。

周禮的通行本有四部叢刊東漢鄭玄周禮注本，清阮元校刻十三經注疏唐賈公彦周禮注疏本，清孫詒讓周禮正義本等。

底本據中華書局一九八〇年影印阮元校刻十三經注疏本周禮注疏。

〔篇名簡介〕夏官司馬是周禮的第四篇，首先記述夏官的首長爲六卿之一的大司馬，佐王掌軍政，統領全國軍隊。其次記述其屬官自副職小司馬至都司馬、家司馬等六十九種職官的官名、爵等、員額、職掌等。

①唯：發語詞，無義。建國：建立國城，即天子所居之城。

②辨方：辨别東南西北四方，使有分别。正位：正宮室朝廷之位。

③體國經野：劃分城中與郊野的疆域。

④設官分職：設置官員，各司其職。

⑤極：中。使天下之人各得其中，不失其所。

⑥立：設立、設置。夏官司馬：即大司馬，夏官之長。鄭玄云：「象夏所立之官。馬者，武也，言爲武者也。」

⑦帥：通率、率領。屬：部下。邦政：政，正也。指平諸侯、正天下之事。

⑧佐：輔佐、輔助。平：平治。

⑨政官之屬：指夏官的編制系統。

⑩大司馬：官名，夏官之長，六卿之一，掌武事，統率全國軍隊。卿：西周、春秋時天子、諸侯所屬的高級長官或爵位的稱謂。

⑪小司馬：官名，夏官之副，佐助大司馬處理軍政。中大夫：官或爵名，其地位次於卿，分上、中、下三等。

⑫軍司馬：官名。兼掌車卒。其職缺。

⑬輿司馬：官名，掌軍車。其職缺。上士：古代介於大夫與庶民中間的階層稱士，是貴族中的最低一級，分上士、中士、下士三等，初仕，則爲下大夫。多爲卿大夫家臣，有的有食田，有的以俸禄爲生。

⑭行司馬：官名，掌步卒。

⑮旅：官名。處理一般事務的官員。

⑯府：官名。掌保管文書及器物的官員。

⑰史：官名。掌主作文書的官員。

⑱胥（xū）：胥吏，有才智的小吏，徒之長。

⑲徒：供官員召呼役使的人。

⑳制軍：軍隊的編制。

㉑六軍：指天子的軍隊。後泛指國家的軍隊。
㉒大國：西周、春秋時指公、侯國。
㉓次國：西周、春秋時指伯國。
㉔小國：西周、春秋時指子、男國。
㉕軍將：軍的統帥。命卿：由天子所任命的諸侯之卿。
㉖師：師及下文的旅、卒、兩、伍，均爲西周、春秋時軍隊編制。當時兵制的基本原則是寓兵於農，兵制與行政體制鄉、州、黨、族、閭胥，比相配合，行政長官也就是軍事長官。
㉗司勳：官名。掌紀録賞賜功勳等事。
㉘馬質：官名。掌評定馬價，供應軍馬等事。
㉙賈：通價。官名，掌評定馬的價格。
㉚量人：官名。掌測量建國及國家土地。
㉛小子：官名。掌祭祀薦羞飾牲等事。
㉜羊人：官名。掌供羊牲及裝飾切割等事。
㉝司爟：官名。掌行火的政令。
㉞掌固：官名。掌修護城郭溝池樹渠等事。
㉟司險：官名。掌守護山林川澤險阻之地。
㊱掌疆：官名。其職缺。從其屬官職守看，當爲守衛防護邊疆之事。

㊲候人：官名。掌迎送賓客出入國境及修治道路等事。
㊳環人：官名。掌挑戰，除内姦、退敵兵等事。
㊴挈壺氏：官名。掌軍中穿井、懸壺、懸轡、懸畚以爲號令及守漏報時等事。
㊵射人：官名。掌射禮等事。
㊶服不氏：官名。掌馴猛獸及贊射等事。
㊷射鳥氏：官名。掌射鳥及祭祀時以弓驅鳥，取回射禮之矢等事。
㊸羅氏：官名。掌以羅網捕鳥等事。
㊹掌畜：官名。掌養鳥而使之繁殖，以鳥卵供祭祀等事。
㊺司士：官名。掌群臣名籍，黜陟、徵召、計比及正朝儀之位等事。
㊻諸子：官名。掌國子部隊的戒令與教治，辨等級、正朝位等事。
㊼司右：官名。車右之長，即戎右。掌政令。
㊽虎賁氏：官名。掌王者出入先後儀衛等事。
㊾虎士：衛士。即從徒衆中選擇有勇力者充任。
㊿旅賁氏：官名。掌王的守衛等事。
51節服氏：官名。掌王者的冠冕服裝。
52方相氏：戴假面具，行驅疫鬼之事，由狂夫四人充任。方相，可畏怖的樣子。
53狂夫：武士。無爵位。

(54)大僕：官名。掌正王之服位，出入王命等事。
(55)小臣：官名。輔佐大僕，掌王之小命，相王之小法儀等事。
(56)祭僕：官名。掌受王命處理祭祀之事。
(57)御僕：官名。掌群吏庶民之奏告及奉王命弔勞等事。以上大僕、小臣、祭僕、御僕均爲王者侍從之官，奉王者之命處理各項事務。
(58)隸僕：官名。掌王之宮室車乘打掃之事。
(59)弁師：官名。掌管王之冠冕。弁：冠之大者。
(60)工：工匠。
(61)司甲：官名。掌管衣甲兵仗等事。爲司兵、司戈盾、司弓矢諸官之長。
(62)司兵：官名。掌管兵械。
(63)司戈盾：官名。掌管戈戟盾牌等兵械。
(64)司弓矢：官名。掌管弓和箭等兵器。
(65)繕人：官名。掌王者所用之弓弩矢箙之事。繕，勁也、善也。
(66)槀人：官名。掌製造弓弩矢箙之監督及費用工資之出入等事。繕人、槀人爲司弓矢之屬官。
(67)戎右：官名。爲王戎路、木路之右。即防衛之官。
(68)齊右：官名。爲王玉路、金路之右。
(69)道右：官名。爲王象路之右。

⑦⓪大馭：官名。掌爲王御玉路以祀。馭，馭之最尊者。
⑦①戎僕：官名。掌馭王之戎路。
⑦②齊僕：官名。掌馭王之金路。
⑦③道僕：官名。掌馭王之象路。
⑦④田僕：官名。掌馭王之木路。
⑦⑤馭夫：官名。掌馭貳車、使車、從車。
⑦⑥校人：官名。掌馬匹及其政令。
⑦⑦趣（cù）馬：官名。掌養馬。校人屬官。
⑦⑧皁（zào）：皂的異體字。通槽。古代以馬十二匹爲一皂。皁一人：即每一槽馬由一人管理、飼養。
⑦⑨巫馬：官名。掌治馬疾病。
⑧⓪牧師：官名。掌放牧馬匹。
⑧①廋（sōu）人：官名。掌馴訓馬匹。
⑧②閑：馬欄。養馬的地方。天子有十二閑每閑二人掌管。
⑧③圉師：專管養馬者。
⑧④乘：四匹馬爲一乘。
⑧⑤圉人：專管養馬者。
⑧⑥良馬：善馬、好馬。

㊇駑馬：能力低下的馬。麗：耦。成對。

㊈職方氏：官名。掌四方職貢之事。

㊉土方氏：官名。掌四方邦國土地之事。

⑩懷方氏：官名。掌招致遠方人、物之事。

⑪合方氏：官名。掌四方道路、財利、度量、數器之事，使之統一和協。

⑫訓方氏：官名。掌四方之民的教化。

⑬形方氏：官名。掌制定邦國的地理疆域之事。

⑭山師：官名。掌邦國山林及其所産物貢。

⑮川師：官名。掌邦國河流湖澤及其所産物貢。

⑯邍（yuán）師：官名。掌邦國丘陵、墳衍、原濕等四方名物。邍，「原」的本字。地之廣平者。

⑰匡人：官名。掌布達法則，匡正諸侯。

⑱撢（tàn）人：官名。掌向諸侯國宣誦王之意志等事。撢，同探。

⑲都司馬：官名。掌都之軍職。都，王子弟所封及三公采地。

⑳家司馬：官名。掌卿大夫之家的軍賦。都、家司馬皆爲都、家私臣而受命於王者。

㉑公司馬：即國司馬。西周、春秋制，卿大夫之采地，王不特置司馬，各自使其家臣爲司馬，掌其地之軍賦，往聽政於王之司馬。

大司馬之職①，掌建邦國之九灋②，以佐王平邦國③。制畿封國④，以正邦國；設儀辨位，⑤以等邦國⑥；進賢興功⑦，以作邦國⑧；建牧立監，⑨以維邦國⑩；制軍詰禁⑪，以糾邦國⑫；施貢分職⑬，以任邦國⑭；簡稽鄉民⑮，以用邦國；均守平則⑯，以安邦國；比小事大⑰，以和邦國⑱。以九伐之灋正邦國⑲：馮弱犯寡則眚之⑳；賊賢害民則伐之㉑；暴内陵外則壇之㉒；野荒民散則削之㉓；負固不服則侵之㉔；賊殺其親則正之㉕；放弒其君則殘之㉖；犯令陵政則杜之㉗；外内亂㉘、鳥獸行，則滅之。正月之吉㉙，始和㉚，布政於邦國都鄙㉛，乃懸政象之灋於象魏㉜，使萬民觀政象，挾日而斂之㉝。乃以九畿之籍㉞，施邦國之政職㉟。方千里曰國畿㊱；其外方五百里曰侯畿；又其外方五百里曰甸畿；又其外方五百里曰男畿；又其外方五百里曰采畿；又其外方五百里曰衛畿；又其外方五百里曰蠻畿；又其外方五百里曰夷畿；又其外方五百里曰鎮畿；又其外方五百里曰蕃畿。凡令賦㊲，以地與民制之㊳。上地，食者參之二㊴，其民可用者家三人㊵。中地，食者半㊶，其民可用者二家五人。下地，食者參之一，其民可用者家二人。中春㊷，教振旅㊸。司馬以旗致民㊹，平列陳㊺，如戰之陳，辨鼓鐸鐲鐃之用㊻。王執路鼓㊼，諸侯執賁鼓㊽，軍將執晉鼓㊾，師帥執提㊿，旅帥執鼙(51)，卒長執鐃，兩司馬執鐸，公司馬執鐲，以教坐作(52)、進退、疾徐(53)、疏數之節(54)。遂以蒐田(55)。有司表貉誓民(56)，鼓(57)，遂圍禁(58)。火弊(59)，獻禽以祭社(60)。中夏(61)，教茇舍(62)，如振旅之陳，羣吏撰車徒(63)，讀書契(64)，辨號名之用(65)。帥以門名(66)，縣鄙各以其名。家以號名，鄉以州名，野以邑名。百官各象其事(67)，以辨軍之夜事(68)，其他皆如振旅。遂以苗田(69)，如蒐之灋，車弊(70)，獻禽以享礿(71)。中秋，教治兵

[72]，如振旅之陳，辨旗物之用[73]。王載大常[74]，諸侯載旂[75]，軍吏載旗[76]，師都載旜[77]，鄉遂載物[78]，郊野載旐[79]，百官載旟[80]，各書其事與其號焉。其他皆如振旅。遂以獮田[81]，如蒐田之灋。羅弊[82]，致禽以祀祊[83]。中冬，教大閱[84]。前期，群吏戒衆庶，修戰灋。虞人萊所田之野爲表[85]，百步則一[86]，爲三表。又五十步爲一表。田之日，司馬建旗於後表之中[87]，群吏以旗物鼓鐸鐲鐃，各帥其民而致[88]。質明[89]，弊旗[90]，誅後至者[91]。乃陳車徒，如戰之陳。皆坐。群吏聽誓於陳前，斬牲[92]，以左右徇陳[93]，曰：「不用命者斬之！」中軍以鼙令鼓，鼓人皆三鼓。司馬振鐸，羣吏作旗，車徒皆作。鼓行，鳴鐲，車徒皆行，及表乃止[94]。三鼓摝鐸[95]，羣吏弊旗，車徒皆坐。又三鼓，振鐸，作旗，車徒皆作。鼓進，鳴鐲，車驟徒趨，及表乃止，坐作如初。乃鼓，車馳徒走[96]，乃表乃止。鼓戒三闋[97]，車三發[98]，徒三刺，乃鼓，退。鳴鐃，且却，及表乃止，坐作如初。遂以狩田[99]。以旌爲左右和之門[100]，羣吏各帥其車徒，以叙和出[101]。左右陳車徒，有司平之[102]。旗居卒間[103]，以分地前後，有屯百步，有司巡其前後。險，野人爲主[104]，易，野車爲主[105]。既陳，乃設驅逆之車[106]，有司表貉於陳前。中軍以鼙令鼓，鼓人皆三鼓，羣司馬振鐸[107]，車徒皆作。遂鼓行，徒銜枚而進[108]。大獸公之，小禽私之，獲者取左耳。及所弊[109]，鼓皆駴[110]，車徒皆譟[111]。徒乃弊[112]，致禽饁獸於郊[113]。入[114]，獻禽以享烝[115]。及師，大合軍[116]，以行禁令，以救無辜，伐有罪。若大師[117]，則掌其戒令，涖大卜[118]，帥執事涖釁主及軍器[119]。及致，建大常，比軍衆[120]，誅後至者。及戰，巡陳，眡事而賞罰[121]。若師有功[122]，則左執律[123]，右秉鉞[124]，以先[125]，愷樂獻於社[126]。若師不功[127]，則厭而奉主車[128]。王弔勞士庶子[129]，則相[130]。大役，與慮事[131]。屬其植[132]，受其要[133]，以待考而

賞誅。大會同⑬④，則帥士庶子，而掌其政令。若大射⑬⑤，則合諸侯之六耦⑬⑥。大祭祀⑬⑦，饗食，羞牲魚⑬⑧，授其祭⑬⑨。大喪，平士大夫⑭⓪。喪祭，奉詔馬牲⑭①。

①職：職責、職務。
②九灋：即下文所指制畿封國等九種任務。灋，法的異體字。
③平：成也、正也。
④制畿封國：按諸侯國的等差，立封於疆爲界，固定疆域。
⑤設儀辨位：建立諸侯與諸臣之間的禮儀，辨别朝位。
⑥等：指尊卑之等差。
⑦興功：舉薦有功之臣。興，舉。
⑧作：振作，興起。指興起邦國人民勸善樂業之心。
⑨州：州牧。監：監察機構。鄭玄説：「監一國，謂君也。」作君主講。
⑩維：維繫、連結。
⑪制軍詰禁：設置軍隊，窮治違禁者。詰，窮治。
⑫糾：糾正。
⑬施貢分職：合理分配貢物和賦税的負擔。職，税也。
⑭任：事。指力能承擔其事。

⑮簡稽鄉民：計核鄉民人數。

⑯均守平則：諸侯有封土，遵守尊者守大、卑者守小的法則。使之相安無事。

⑰比小事大：使大國親小國，小國事大國。比，親。

⑱和：和合、和協。

⑲伐：出兵討伐。

⑳馮（píng）弱犯寡：欺陵弱國，侵犯小國。馮，欺陵。眚（shěng）：通省。削減土地。

㉑賊：作動詞用，賊害、戕害。

㉒壇：通墠。說文：「墠，野土地。」鄭玄注云：「置之空墠，以出其君。」指廢其君而幽囚之於空地。

㉓削：削地。

㉔負固不服：倚恃險固，不服事大國。

㉕正：指正其罪而殺之。

㉖放弒：放逐、殺害。殘：殺。

㉗陵政：藐視政法而不遵守。杜：杜塞。指使不得與鄰國交通。

㉘外內亂：在內、在外悖亂人倫。

㉙正月之吉：正月朔日。即周正建子之月之吉。吉，朔日，初一。

㉚始和：改變政令。賈公彦疏云：「凡政有故言始，和者，若改造云耳。」

㉛布政：發布政教命令。邦國都鄙：泛指全國各地。

㉜懸：懸挂。政象之法：即用文字書寫的政教法令。象魏：古代天子、諸侯宮門外的一對高建築，亦稱「闕」或「觀」。因其巍然而高，叫做「魏闕」。因其爲懸示教令的地方，叫做「象魏」。

㉝挾日：十月。斂：收藏。

㉞九畿之籍：自王城以外五千里爲界分九等記載貢賦等差之書。

㉟施：施行。政職：指施貢分職之事。

㊱國畿：王城，即天子所居之地。

㊲令賦：徵收軍賦。

㊳制：制定、規定。

㊴食者參之二：指一家土地每年三分之二耕種，三分之一休耕。參，通三。

㊵可用者：指可徵發爲兵丁者。

㊶食者半：指一家土地每年一半耕種，一半休耕。

㊷中春：仲春。中，通仲。

㊸振旅：作戰演習。古代師出曰「治兵」。入曰「振旅」，皆習戰也。

㊹以旗致民：用旗幟召集衆民。

㊺平列陣：整編隊形。

㊻辨：辨別、辨明。鼓，軍鼓，擊鼓進軍。鐸：形如鐃，鉦而有舌，是一種大鈴。在軍擊鼓，必先擊鐸，然後諸鼓齊鳴，發起攻擊。鐲，鐘狀的鈴。進軍時擊鐲以節鼓。鐃，即鉦，青銅製，體短而闊，中空有短柄，插入木柄可敲擊。

退軍時以金鐃止鼓。用這四種樂器來指揮軍隊進退行止。

㊼路鼓：鼓名。四面鼓，祭享宗廟時用之。古代有六種鼓，各有不同用途。

㊽賁鼓：鼓名。大鼓，長八尺，軍事用之。

㊾晉鼓：鼓名。長六尺六寸，作樂時先擊鐘鎛，然後以此鼓和之。

㊿執提：鼓名。馬上鼓。有曲木提，持鼓立馬髦上。

(51)鼙：小鼓，一說騎鼓。軍用所用。

(52)坐作：坐下，古代坐姿與跪相似，兩膝着地，臀部坐於足上。作：起立。

(53)疾徐：快慢。

(54)疏數：疏密、遠近。節：節度。

(55)蒐（sōu）田：打獵。春季打獵叫蒐。

(56)有司：指大司徒。主持行貉祭，即行大閱之禮。表貉：行貉祭之禮。誓民：宣誓言約束民衆。

(57)鼓：擊鼓。名詞作動詞用。

(58)圍禁：圍獵。

(59)火弊：焚草的火熄滅，停止田獵。

(60)社：宗社。

(61)中夏：仲夏。

(62)茇（bá）舍：也作拔舍。就地除草而為舍，即軍隊野戰宿營之法。

(63)撰車徒：從軍將到伍長，皆選擇配備每車甲士三人，步徒七十二人。

(64)讀書契：核校與簿書上記載的軍實是否相符。

(65)號名：指徽識。形如小旗，上寫職務、名稱，以資區别。或挂於胸，或垂於肩，或著於背，即今之符號、徽章。

(66)門名：古代命卿，居於國門，使爲軍將。如魯有東門襄仲，宋有桐門右師等，皆以上卿爲軍將。這裡指軍帥營門所樹大旌旗上所書之門名與其門名相符。下文縣鄙、家、鄉、野與之同例。

(67)各象其事：指以職事爲名號。

(68)夜事：指戒禦守備夜戰等事。

(69)苗田：打獵。夏季打獵叫苗。

(70)車弊：停止驅獸之車，結束打獵。

(71)礿：宗廟夏祭稱礿。非正祭。

(72)治兵：作戰演習。與振旅同義。

(73)旗物：旗幟和畫在旗上之名物，如云氣等。

(74)大常：王者之旗。太常。縿首畫日月，其下及旒、交畫升龍降龍。

(75)旂：旗的異體字。古時旗幟的一種，上畫交龍，飾以鈴。

(76)軍吏：指諸軍帥。旗：旗幟的總稱。這裡的旗上畫熊虎，是九旗中之一種。

(77)師都：師，指命卿爲軍帥者。都，指大、小都之長，即采邑之長。旜（zhān）：同旃。紅旗，無飾。畫熊象。

(78)鄉遂：指鄉大夫和遂大夫。物：指治民者，旗上畫成物之象。

(79)郊野：郊，鄉遂的州長。野，公邑大夫。旐（zhào）：古代九旗中的一種旗幟，上畫龜蛇。
(80)旟（yú）：古代九旗中的一種旗幟，上畫鳥隼。
(81)獮（xiǎn）田：打獵。秋季打獵叫獮。
(82)羅弊：收網，停止田獵。
(83)祊：鄭玄注：「祊當爲方，聲之誤也。秋田主祭四方，報成萬物。」即祭四方之神。
(84)大閱：作戰演習。古代冬季農隙，定期舉行大檢閱，以習戰陣。規模比春、夏、秋爲大。
(85)虞人：官名。掌山林川澤。萊：芟除、清除。表：表幟。
(86)百步則一：每隔一百步立一表幟。
(87)後表之中：指在最後的表幟和前一表幟的中間，即距第一表二百二十五步處。
(88)致：到達。
(89)質明：平明，天亮時。
(90)弊旗：撤去豎立的號旗。
(91)誅：懲罰。
(92)斬牲：斬殺祭旗的牲口。
(93)徇：對衆宣示。
(94)及：到。
(95)撓（lǔ）鐸：搖鐸。鄭玄注云：「掩上振之爲撓，撓者，止行息氣也。」賈公彦疏云：「以手在上，向下掩而執之。」

即搖鐸時以手執柄而搖之，其聲嘹亮，令欲止行，便以手執柄下掩而搖之，則其聲悶啞，以指示停止前進。

(96)走：奔、跑。

(97)鼓戒：鼓聲急驟以警戒軍衆。三闋（què）：闋：本意爲祭事已畢而閉門，引申爲止息。三闋，三次止鼓。

(98)發：指車上主射者發矢。

(99)狩田：打獵。冬季打獵叫狩。

(100)左右和之門：指左右軍門。和，壁壘之名，因於其壘立旌門，是爲左右和之門。

(101)敘和出：各按次序出入軍門。

(102)平：規正。

(103)旗居卒間：每卒之間樹立旗幟。卒，百人爲卒。

(104)野人：指步卒。

(105)野車：指兵車。

(106)驅逆：驅趕。

(107)羣司馬：指兩司馬。

(108)銜枚：銜枚於口，禁止出聲。枚，形如箸，橫銜口中，兩端繫繩縛於頸上。

(109)所弊：指田獵區的盡頭。

(110)駴（xiè）：同駭。鼓聲響而急促。

(111)譟：大聲歡呼。

(112)弊：停止田獵。

(113)饁（yè）：古代田獵時以獸祭神之稱。郊：指郊祭四方之神。

(114)入：指回到王城中。

(115)烝：冬季祭宗廟。

(116)大合軍：集合六軍。

(117)大師：王親自出師征伐。

(118)涖（lì）：莅的異體字。到、臨。大卜：官名，掌占卜。這裡作占卜凶吉講。

(119)釁（xìn）：古代出兵殺牲以祭，以血塗主及軍器等。主：神主。古代出兵，迎廟主及神主於軍，從而出征。

(120)比：校核。

(121)眡（shì）事：眡，視的異體字。查明事實。

(122)有功：指打勝仗。

(123)律：用以聽軍聲者。即軍律、戒令。

(124)鉞：用以爲將威者。即權力的象徵。

(125)以先：親身先導。先，導也。

(126)愷樂：得意而示喜之樂。

(127)不功：指打敗仗。

(128)厭：厭冠喪服。奉主車：送主歸廟與社。

⑫⑨弔勞：弔問慰勞死傷者。
⑬⓪相：相王之禮。
⑬①慮事：策劃，規劃築城之事。
⑬②屬：聚集徒衆。植：築城楨。古代築城必先置長版用以障土，而以植地之長木撐持之，謂之幹，亦謂之植。
⑬③受其要：收受工役之名册。
⑬④會同：一般指諸侯朝見天子。
⑬⑤大射：行大射之禮。古者天子之制，諸侯歲選貢士於天子，天子試之於射宫，中多者得與於祭。
⑬⑥六耦：王大射三侯，虎侯、熊侯、豹侯。以諸侯爲六耦。即令諸侯二人一對，分六對，二人共射一侯。
⑬⑦大祭祀：祭天地宗廟。這裡爲祭宗廟。
⑬⑧羞：進獻。牲魚：即魚牲。由大司馬進之。
⑬⑨授其祭：指以魚牲授屍祭，授賓祭。
⑭⓪平：正。指職掌之事及尊卑之位不使淆亂。
⑭①奉詔馬牲。王之喪以馬祭。即護送已經剖割的馬牲體到墓地，祝告棺柩，把它藏入壙中。

（來可泓）

士相見禮第三

士相見之禮①：摯②，冬用雉③，夏用腒④。左頭奉之⑤，曰：「某也願見⑥，無由達⑦。某子以命命某見⑧。」

主人對曰⑨：「某子命某見⑩，吾子有辱⑪。請吾子之就家也⑫，某將走見⑬。」

賓對曰⑭：「某不足以辱命⑮，請終賜見⑯。」

主人對曰：「某不敢爲儀⑰，固請吾子之就家也⑱，某將走見。」

賓對曰：「某不敢爲儀，固以請。」

主人對曰：「某也固辭，不得命，將走見⑲。聞吾子稱摯⑳，敢辭摯㉑。」

賓對曰：「某不以摯不敢見㉒。」

主人對曰：「某不足以習禮㉓，敢固辭。」

賓對曰：「某也不依於摯㉔，不敢見，固以請。」

主人對曰：「某也固辭，不得命，敢不敬從㉕。」出迎於門外，再拜㉖。賓答再拜㉗。主人揖㉘，入門右㉙。賓奉摯，入門左。主人再拜，受㉚。賓再拜，送摯。出㉛。主人請見㉜，賓反見㉝，退。主人送於門外，再拜。主人復見之以其摯㉞，曰：「嚮者㉟，吾子辱使某見㊱，請還摯於將命者㊲。」

主人對曰㊳：「某也既得見矣，敢辭。」

賓對曰：「某也非敢求見，請還摯於將命者。」

主人對曰：「某也既得見矣，敢固辭。」

賓對曰：「某不敢以聞㊴，固以請於將命者。」

主人對曰：「某也固辭，不得命，敢不從？」

賓奉摯入。主人再拜受。賓再拜送摯㊵，出。主人送於門外，再拜。士見於大夫㊶，終辭其摯㊷，於其入也，一拜其辱也㊸。賓退，送，再拜。

〔儀禮簡介〕儀禮，漢代稱禮、士禮，列於學官。唐文宗開成年間刻石經，始標儀禮之名。今本儀禮共十七篇。

儀禮的作者，傳統有三種説法：一説周公作，一説孔子作，一説周公作，孔子刪定。一般學者則認爲儀禮非一時一世之作，大致形成於西周末，春秋初，經孔子編定爲十七篇，爲歷代禮家所傳而流行。

儀禮是一部記述我國古代禮儀制度和行爲規範的著作。其主要內容在於闡述冠、婚、喪、祭、鄉、射、朝、聘八項禮儀制度及其執行規範。冠以明成人；婚以合男女；喪以仁父子；祭以嚴鬼神；鄉飲以合鄉里；燕射以成賓主；聘食以睦邦交；朝覲以辨上下。爲歷代所遵循，影響深遠。

儀禮的通行本有：清嘉靖甲戌黃丕烈重刊宋嚴州本。納蘭性德校通志堂本。四庫全書本。中華書局一九八〇年影印阮元校刻十三經注疏本等。

底本據中華書局一九八〇年影印阮元校刻十三經注疏本儀禮注疏。

〔篇名簡介〕士相見禮是儀禮的第三篇，記述士與士，士見大夫，大夫相見、士、大夫見君等禮節儀式。故不限於篇名所示「士」相見之禮，但以記述士與士初次相見的紹介、禮物、應對，復見諸禮節爲詳。

①士：古代介於大夫與庶民中間的階層，分上士、中士、下士三等，初仕，則爲下大夫。多爲卿大夫家臣，有的有食田，有的以俸禄爲生。

②摯：禮物。即進見之禮物。説文：「摯，握持也。」

③雉：雉鷄。取其耿介，交有時，别有倫。

④腒（jū）：干雉、雉脯。以防腐臭。

⑤左頭：雉頭向左面，左爲陽，故向左。奉，通捧，捧着。

⑥某：求見者自稱其名。願見：久願拜見。

⑦無由達：久無因緣以自達。古代初次相見，必須經人介紹。

⑧某子：指介紹人的姓名。命：前一命字指被見者的意旨。後一命字指介紹人的命令。此句意爲介紹人傳達了您準許相見之意，叫我前來拜見。

⑨主人：指被見者。對：答辭。

⑩某子：指介紹人。

⑪吾子：您、先生。有辱：謙詞，猶言承蒙屈駕。有，詞綴，無義。
⑫就家：返家、回家。
⑬走見：前往拜見。
⑭賓：求見者。
⑮辱命：謙詞。指不敢當回家待主人走訪之命。
⑯賜見：賜予拜見。
⑰儀：威儀。
⑱固：通故。引申爲再一次。
⑲將走見：這裡指將出門迎接。
⑳稱：舉、拿，引申爲携帶。
㉑辭：辭謝。
㉒以：用、拿。
㉓不足以習禮：指不敢當此崇高之厚禮。謙詞。
㉔不依：不依凭，不借助。
㉕敬從：謙詞。恭敬地聽從。
㉖再拜：拜兩次。拜，古時的一種禮節。一般指下跪叩頭。
㉗答：答謝。

㉘揖（yī）：拱手於胸，彎腰打恭爲禮。
㉙右：東面。按禮，出門以西爲右，以東爲左。入門則以東爲右，以西爲左。
㉚受：接受禮物。
㉛出：賓退出門外。
㉜主人請見：主人邀請賓，再次相見。
㉝賓反見：賓回來再次與主人相見。反，通返，返回。按禮，第一次見，要在行禮，賓主端敬恭肅，稱賓崇禮。第二次賓返見，則爲燕見，以展未盡之意，安坐暢敘，比較隨便。
㉞主人復見之以其摯：主人拿着賓送來的禮物到賓家回拜。按禮，士與士之間受禮者必須答拜，送還禮物。
㉟鄉：向的異體字。從前。這裡指不久前。
㊱辱使某見：謙詞。承蒙辱臨敝舍得以相見。
㊲將命者：傳達命令的人。指儐相。還摯於賓，不直接稱賓，是一種禮貌的說法。
㊳主人：此主人爲賓。主人到賓家，賓主關係對調。
㊴以聞：指用還禮物之事驚擾主人。
㊵送摯：送還禮物。按禮，士與士相見，有初辭、中辭、終辭三辭，辭其禮物，不能接受。
㊶大夫：古代貴族在國君之下有卿、大夫、士三級。大夫又有上、中、下之分，有采邑，稱家。
㊷終：結果，最後。這裡指推辭三次。
㊸一拜其辱：主人對賓屈尊駕臨一拜表示謝意。

若嘗爲臣者①，則禮辭其摯②，曰：「某也辭，不得命，不敢固辭。」賓入，奠摯③，再拜，主人答一拜。賓出。使擯者還其摯於門外④，曰：「某也使某還摯⑤。」賓對曰：「某也既得見矣，敢辭⑥。」擯者對曰：「某也命某：『某非敢爲儀也』。敢以請⑦。」賓對曰：「某也，夫子之賤私⑧，不足以踐禮⑨，敢固辭！」擯者對曰：「某也使某：『不敢爲儀也』，固以請。」賓對曰：「某固辭，不得命，敢不從？」再拜受⑩。

①若：如果。嘗：曾經。臣：大夫之家臣。
②禮辭其摯：指一次辭謝而許其以摯入門。并不親自答禮。
③奠摯：放下禮物。大夫與舊爲臣、今爲公士者身分尊卑不同，故不親自受禮物。
④擯者：擯，通儐。接引賓客的人。
⑤某：前一某字指大夫。後一某字爲儐者自稱。
⑥敢：謙詞，含冒昧、斗膽之意。
⑦請：請求。
⑧賤私：古代卿、大夫的家臣稱私。賤私：謙詞，卑賤的私人。

⑨踐禮：行禮。踐：行。指家臣不足以行賓客禮。

⑩受：指受禮物。

下大夫相見以鴈①，飾之以布②，維之以索③。如執雉④。上大夫相見以羔⑤，飾之以布，四維之⑥，結於面⑦。左頭⑧，如麛執之⑨，如士相見之禮。

①下大夫：士初仕爲下大夫。大夫中之第三等。以鴈：用雁作禮物，取其知時飛翔而有行列。鴈，雁的異體字。候鳥，似鵝，俗稱天鵝。這裡之雁即鵝。

②飾之以布：用布縫成衣裝飾大雁。

③維之以索：用繩子縛着雁的雙脚。

④如執雉：捧雁的禮節、姿勢與捧雁相同。即雙手横捧，頭向東。

⑤上大夫：大夫中之第一等，也指卿爲上大夫。以羔：用羊羔作禮物，取其帥群而不黨。羔：小羊。從出生到斷乳的小羊。

⑥四維之：用繩子拴着羊的前足和後足。

⑦結於面：繩子從羊的腹下交出背上，然後在胸前打上結子。

⑧左頭：捧時羊頭向左。

⑨麛（mí）：小鹿。執之：捧它時頭向左，一手執前足，一手執後足。

始見於君①，執摯至下②，容彌蹙③。庶人見於君④，不爲容⑤，進退走⑥。士大夫則奠摯，再拜稽首⑦；君答壹拜。若他邦之人⑧，則使擯者還其摯，曰：「寡君使某還摯。」賓對曰：「君不有其外臣⑨。臣不敢辭。」再拜稽首，受。

凡燕見於君⑩，必辯君之南面⑪。若不得，則正方⑫，不疑君⑬。君在堂⑭，升見無方階⑮，辯君所在⑯。

凡言⑰，非對也⑱，妥而後傳言⑲。與君言，言使臣⑳；與大人言㉑，言事君㉒；與老者言㉓，言使弟子㉔；與幼者言㉕，言孝弟於父兄；與衆言㉖，言忠信慈祥㉗；與居官者言㉘，言忠信㉙。凡與大人言㉚，始視面㉛，中視抱㉜，卒視面㉝，毋改㉞。衆皆若是㉟。若父㊱，則游目㊲，毋上於面㊳，毋下於帶。若不言，立則視足，坐則視膝。

①君：君主、國君。

②至下：到堂下。下，鄭玄註，下爲君所。胡培翬禮記正義，下爲堂下。今從之。

③容彌蹙（cù）：面容更加顯得恭敬誠信，局促不安的樣子。彌，更加。蹙，通促。

④庶人：平民。

⑤不爲容：不作趨翔之容。容：趨翔。趨走似飛鳥，是一種行步時表現莊敬的姿態。

⑥進退走：進見和退出要走得快。走：疾趨。

⑦稽首：古代一種跪拜禮，叩頭到地。是九拜中最恭敬者。

⑧他邦之人：其他諸侯國的人。

⑨外臣：他國之人稱外臣。按禮，本國之臣見君，君不還摯。外臣見君，則使擯者還摯。

⑩燕見：私見。指君臣私下會見，非公朝行禮，亦非燕飲。

⑪辯：通辨，正。君南面爲正，臣北面見君。

⑫正方：正向叩見。方，向。

⑬疑君：測度君所站立方向。即不可測度君之向位而斜向見君。

⑭堂：殿堂。

⑮升見：登堂見君。無方階：不一定從哪個臺階上堂。方，向。階，臺階。

⑯辯：通辨。辨别。即辨别君所在之處。近東，自東階上；近西，自西階上。

⑰言：指爲君言事。

⑱對：回答君主的提問。

⑲妥而後傳言：必待君安坐之後纔發言。妥，古文妥爲綏。安坐。傳言，出言、發言。

⑳言使臣：談論君使臣之禮。

㉑大人：泛指卿、大夫。

㉒言事君：談論臣事君盡忠之道。

㉓老者：指七十致仕的人。

㉔弟子：學生。

㉕幼者：指子弟或弟子。

㉖衆：衆人。

㉗忠信慈祥：忠誠、信實、慈愛、祥和。

㉘居官者：做官有位的人。

㉙忠信：忠於君、信於民。

㉚大人：指卿、大夫。

㉛始視面：開始時要看對方的臉。觀察對方臉以判定是否可以進言。

㉜中視抱：抱，領下至腰帶之間爲抱。言畢，目光看着對方領下至腰帶之間。讓聽者有所思考，并表示敬意。

㉝卒視面：卒，最後。最後看聽者臉面，觀察對方是否接納自己意見。

㉞毋改：指傳言相見，答應之間，當端正容體等待，不能變動改容。

㉟衆：指在座的卿、大夫。若是：指其儀容都是這樣。

㊱若父：如果對父親講話。

㊲游目：目光可以游動。

㊳毋：不要。

凡侍坐於君子①，君子欠伸②，問日之早晏③，以食具告④，改居⑤，則請退可也⑥。夜侍坐，問夜⑦，膳葷⑧，請退可也。

若君賜之食⑨，則君祭⑩，先飯⑪，遍嘗膳⑫，飲而俟。君命之食，然後食。若有將食者⑬，則俟君之食，然後食。若君賜之爵⑭，則下席⑮，再拜稽首受爵，升席祭⑯，卒爵而俟⑰。君卒爵，然後授虛爵⑱。退⑲，坐取屨⑳，隱辟而後屨㉑。君爲之興㉒，則曰：「君無爲興，臣不敢辭㉓。」君若降送之㉔，則不敢顧辭㉕，遂出。大夫則辭退下，比及門，三辭。

①侍坐：陪坐。君子：一般指有道德、有學問，或有地位的人。這裡指卿、大夫等有位者。
②欠申：打哈欠、伸懶腰。鄭玄說：「志倦則欠，體倦則伸。」
③問日：問時間。晏：晚。
④以食具告：將進餐的事詳細地告訴君子。以，介詞。具：俱、備。鄭玄注：「具，猶辨也。」
⑤改居：不斷變換坐的位置。從欠申、變居，都寫君子疲倦的表現。
⑥請退：請求告退。
⑦問夜：問夜裡的漏刻時數。
⑧膳葷：開始食用葷辛之物。葷辛物指葱、韭之類食物。意爲倦欲休息。
⑨君：君主。賜之食：即陪同君主進餐。
⑩君祭：古代禮制，國君飯前祭祀初造食之神，示不忘本。

⑪先飯：先吃黍稷，表示爲君嘗食。
⑫遍嘗膳：侍膳者爲君嘗遍所上的菜。古代凡君食，必有膳宰爲君嘗食。有臣陪食，則臣代膳宰嘗食。
⑬將食者：進食的人。指膳宰。有膳宰嘗食，則侍膳者不必嘗食。國君嘗食後，侍膳者纔嘗食。
⑭爵：酒。以裝酒之爵指代酒。
⑮下席：離開座位。
⑯升席祭：即席祭酒。
⑰卒爵：飲干爵中酒。即干杯。俟：等候。
⑱虛爵：空酒杯。
⑲退：告退。
⑳坐取屨：跪着取鞋。古代凡侍坐於長者，必須脱鞋於堂下，告退時，於堂下取鞋。坐，跪。
㉑隱辟：在隱蔽的地方。辟，通避。屨，作動詞用，穿鞋。表示恭敬。
㉒興：站起來。
㉓辭：推辭。
㉔降送：指下堂相送。
㉕不敢顧辭：不敢回過頭去表示辭謝。因禮太重，士不敢當。
㉖辭退下：指侍坐的大夫告辭時，君主下堂相送。就辭謝。
㉗比及門：到門前。比：等到。

㉘三辭：辭謝三次。

若先生異爵者請見之①，則辭。辭不得命②，則曰：「某無以見③，辭不得命，將走見。」先見之④。非以君命使⑤，則不稱寡，大夫士，則曰寡君之老⑥。凡執幣者⑦，不趨⑧，容彌蹙以爲儀⑨。執玉者⑩，則唯舒武⑪，舉前曳踵⑫。凡自稱於君，士、大夫則曰下臣。宅者在邦⑬，則曰市井之臣⑭；在野⑮，則曰草茅之臣。庶人則曰刺草之臣⑯。他國之臣則曰外臣。

①先生：指致仕者，也即辭官鄉居的卿大夫。異爵者：指卿大夫。之：代詞。士。

②辭不得命：推辭得不到允準。

③某無以見：指自己無德可以使賓屈尊來見。

④先見之：先出門拜來見的賓客。

⑤使：出使、派遣。指出使至他國。

⑥寡君之老：指擯者稱奉命出使的大夫。以上一句，記大夫出使他國，擯者對他的稱呼。按禮記玉藻所述，大夫奉君命出使他國，擯者稱上大夫爲「寡君之老。」下大夫爲「寡大夫」。大夫因私事至他國，則家臣爲擯，稱其名而不稱「寡君之老」或「寡大夫」。

⑦執幣：指執禮物見君的人。幣，禮物，指玉、馬、皮、圭、璧、帛等。

⑧不趨：不快步走。表示慎重小心。

⑨容彌蹙：容止顯得恭敬誠信，局促不安。儀：威儀。表示謹慎誠敬。

⑩執玉者：指捧皮馬錦帛禽摯等禮物的人。

⑪舒武：行走時脚步舒緩。武，通步、脚步。

⑫舉前曳踵（yì zhǒng）：先抬起脚尖，再拖着脚後跟。踵，足跟。表示恭謹，小步前進。

⑬宅者：致仕的官員。在邦：在王畿。

⑭井市：古代做買賣的地方。泛指國中。

⑮野：郊野，與國相對而言。古代王畿和封國的核心是邑，邑外有郊，郊外有牧。相對而言邑、郊、牧的部分爲國，牧以外的部分稱做郊。

⑯庶人：平民。

（來可泓）

禮記

大學

大學之道①，在明明德②，在親民③，在止於至善④。

知止而後有定⑤，定而後能靜⑥，靜而後能安⑦，安而後能慮⑧，慮而後能得⑨。

物有本末⑩，事有終始⑪，知所先後⑫，則近道矣⑬。

古之欲明明德於天下者⑭，先治其國；欲治其國者，先齊其家；欲齊其家者，先修其身；欲修其身者，先正其心；欲正其心者，先誠其意；欲誠其意者，先致其知⑮；致知在格物⑯。物格而後知至⑰，知至而後意誠，意誠而後心正，心正而後身修，身修而後家齊，家齊而後國治，國治而後天下平。

自天子以至於庶人⑱，壹是皆以修身爲本⑲。

其本亂而末治者⑳，否矣㉑。其所厚者薄㉒，而其所薄者厚㉓，未之有也。

〔禮記簡介〕禮記，亦稱小戴禮記，儒家經典之一。西漢初、劉向編定禮記一百三十篇。戴德刪其繁重，選定八十五篇，稱大戴禮記。戴聖又從大戴禮記選定四十九篇，稱小戴禮記。成爲戰國至西漢初期儒家各種論禮著作的選集。戴聖，字次君，梁（今河南商丘）人，曾任九江太守，與叔父戴德俱學禮於后蒼，西漢今文禮學「小戴學」的開創者。漢宣帝時立爲博士，參加石渠閣議，時稱「小戴」。

禮記的内容大致爲孔子弟子及其再傳、三傳弟子所記。記述禮的定義和各種禮的細節，特别喪禮、祭禮占十七篇之多；記述爵禄、賜田、朝聘、學校、教學、養老、燕射、服飾等社會制度；記述音樂原理和音樂作用；記述政治理想和治國、治學方法；記述春夏秋冬氣候及應時的各種措施等。是研究我國古代禮制、儒家思想的重要資料。

禮記的通行本有清朱彬禮記訓纂本、孫希旦禮記集解本、十三經注疏本等。

底本據中華書局一九八〇年影印阮元校刻十三經注疏本禮記正義。

〔篇名簡介〕大學原爲小戴禮記中的一篇，是儒家最有系統地論述治國平天下的學説。漢武帝時，隨禮記成爲五經之一而進入學官。宋以前並不單行。北宋程顥、程頤將其從小戴禮記中抽出，加以整理，單獨成篇。并與中庸、論語、孟子相配，合稱四書。南宋朱熹作四書章句集注，將它列爲四書之首。元以來，成爲科舉考試的必讀教科書。大學的作者已不可考。按傳統説法，是曾參所作。清以後一般學者都認爲成書於戰國末期至西漢之間。

①大學之道：大，舊音泰（tài）含至高至極之意。大學，古代天子所設學校，與小學對舉而言，教以窮理正心修己治人之道。道：儒家的道有多種解釋，大致指一定的人生觀，世界觀，政治主張和思想體系。這裡指宗旨、原則。

②明明德：前一明字爲使動詞，使……顯明。明德：美德，光明的德性。使光明的德性顯明起來。

③親民：程頤、朱熹認爲親當作「新」，形容詞作使動詞，使人民革舊布新。民：人民。王守仁認爲親仍作「親」解，親愛其人民。

④止於至善：止，達到。含有必至於是而不遷之意。至善：善的最高境界。至：極、最。

⑤知止：知道所當達到的最善境界。定：定向、目標。

⑥靜：心不妄動。

⑦安：所處而安。

⑧慮：思慮周詳。

⑨得：獲得。得其所止。

⑩物有本末：物：事物。本末：樹的根本和末梢。古文作𣎳朩，指事字，引申爲根本和枝節。這裡的本指明德，末指新民。

⑪終始：結局和開端。這裡的終指能得，始指知止。

⑫知所先後：能够知道和把握道德修養程序的主次先後，輕重緩急。所：結構助詞。

⑬道：指大學的道理，即至善之道。

⑭明德於天下：使天下之人皆有以明其明德。即平天下。

⑮先致其知：首先要獲得豐富的知識。致：推極也。知，猶識也。推極吾之知識，欲其所知無不盡也。

⑯致知：求得知識。致：達到，求得。知：知識。格物：推究事物的原理。格：至。一作正，正其不正。物：事。窮至事物之理。

⑰物格：遇事接物之間一一加以推究明白。知至：知識蘊藏於內心，無所不知。

⑱庶人：古代對農業勞動者的稱謂。秦、漢以後泛指没有官爵的平民。

⑲壹是：一切、一律。

⑳本：根本。指修身。亂：紊亂。含破壞之意。末治：指搞好齊家、治國、平天下之事。末：末節。這裡指齊家、治國、平天下之事。

㉑否：不。不可能。

㉒厚：豐厚，重視。

㉓薄：淡薄，輕視。

康誥曰①：「克明德②。」大甲曰③：「顧諟天之明命④。」帝典曰⑤：「克明峻德⑥。」皆自明也⑦。

湯之盤銘曰⑧：「苟日新⑨，日日新，又日新。」康誥曰：「作新民⑩。」詩曰⑪：「周雖舊邦⑫，其命維新⑬。」是故君子無所不用其極⑭。

詩云：「邦畿千里⑮，惟民所止⑯。」詩云：「緡蠻黃鳥⑰，止於丘隅⑱。」子曰⑲：「於止⑳，知其所止㉑。可以人而不如鳥乎！」詩云：「穆穆文王㉒，於緝熙敬止㉓。」爲人君，止於仁㉔；爲人臣，止於敬㉕；爲人子，止於孝㉖；爲人父，止於慈㉗；與國人交㉘，止於信㉙。」詩云：「瞻彼淇澳㉚，菉竹猗猗㉛。有斐君子㉜，如切如磋㉝，如琢如磨㉞。瑟兮僩兮㉟，赫兮喧兮㊱。有斐君子，終不可諠兮㊲！」如切如磋者，道學也㊳。如琢如磨者，自修也㊴。瑟兮僩兮者，恂慄也㊵。赫兮喧兮者，威儀也㊶。有斐君子，終不可諠兮者，道盛德至善㊷，民之不能忘也。詩云：「於戲㊸！前王不忘㊹。」君子賢其賢而親其親㊺，小人樂其樂而利其利㊻，此以沒世不忘也㊼。

子曰：「聽訟㊽，吾猶人也㊾，必也使無訟乎！」無情者㊿，不得盡其辭(51)，大畏民志(52)，此謂知本(53)。

此謂知本(54)，此謂知之至也(55)。

所謂誠其意者(56)，毋自欺也(57)。如惡惡臭(58)，如好好色(59)，此之謂自謙(60)。故君子必慎其獨也(61)。

小人閒居爲不善(62)，無所不至(63)。見君子而後厭然(64)，揜其不善而著其善(65)。人之視己，如見其肺肝然，則何益矣！此謂誠於中(66)，形於外(67)。故君子必慎其獨也。曾子曰(68)：「十目所視(69)，十手所指(70)，其嚴乎(71)！」富潤屋(72)，德潤身(73)，心廣體胖(74)，故君子必誠其意。

①康誥：尚書周書中的篇名，是周公對康叔受封於殷地時的訓辭。他教育康叔明德慎罰，治理好殷民。這是一篇探討周朝歷史和政治思想的重要文獻資料。

②克：能、能够。

③大甲：尚書商書中的篇名。大（tài），音泰。大甲，商代國王，商湯嫡長孫，大丁之子。既立，無道，不理國政。伊尹放之於桐，後大甲改悔，伊尹迎其復位，作大甲以戒之。

④顧諟（shì）天之明命：這是伊尹告誡大甲的話。顧：回顧，引申爲經常想念。諟：是、此。明命，即明德，天所賦予的美德。

⑤帝典：尚書中的篇名，即堯典，主要叙述堯、舜二帝的歷史。

⑥峻：堯典中作「俊」。偉大崇高之意。

⑦自明：自明己德。

⑧湯：指商湯。子姓，名履，商朝的建立者。盤銘：古代在青銅器上鐫刻的用以申戒的銘文。盤：青銅器製的盥洗器具。銘：鐫刻在青銅器上用以稱頌功德或鑒戒自警的文字，後成爲一種文體，稱金文。

⑨苟：誠，如果，假如。

⑩作：鼓之舞之之謂作，振作興起之意。

⑪詩：指詩經，是我國第一部詩歌總集，共三百零五篇，相傳曾經孔子刪訂。這裡所引兩句詩，出自詩經大雅文王，是一首歌頌周文王的詩篇。

⑫周：指周王國。周自后稷開國，居於西方，經夏、商兩朝，都是諸侯國，到文王時，國力逐漸强盛，奠定了滅商的基礎。至武王時，滅掉商朝，建立周朝。舊邦：古老的諸侯國。邦：古代諸侯封國之稱。

⑬命：上天的命令、意志。維新：更新，除舊布新。

⑭君子：這裡指統治者。極：盡。

⑮邦畿（jī）：古代天子之京都，方圓千里，包括京城及郊區。邦：都、京城。畿：郊區。

⑯惟民所止：爲人民居住之處。惟：爲。民：人民。所：處所。止：居住。言物各有所當止之處。這兩句詩引自詩經商頌玄鳥，這是一首祭祀時所唱的頌歌，叙述殷商始祖契因其母簡狄吞玄鳥卵而生的傳說，以及商王建立王業，武丁中興功績。所引兩句詩在於說明一切事物都應有個落脚點。

⑰緡（mín）蠻：鳥鳴聲。緡：原詩爲「緜」字。黃鳥：黃雀，一種小鳥。

⑱止於丘隅（yú）：停在山丘的一角。止：栖息。於：在。介詞。丘：多樹的土山。隅：原詩爲「阿」字，山坡。這兩句詩引自詩經小雅緜蠻，意在說明小鳥尚且知道選擇居住之處，何况人呢？

⑲子曰：孔子說。子：先生、老師。古代男子通稱。

⑳於止：進退居處。於：嘆詞，無義。止：居處。

㉑其：它，指代鳥。

㉒穆穆：端莊而深遠。

㉓緝熙敬止：光明而又做到恭敬。緝：繼續。熙：光明。敬：恭敬。止：語氣詞。這兩句詩引自詩經大雅文王，意在說明止於至善。

㉔仁：仁政，仁義。

㉕敬：尊敬、恭敬。

㉖孝：孝順父母。

㉗慈：慈愛子女。

㉘國人：住在都城裡的人。古代有國、野之分。也指周圍的人們。交：交往。

㉙信：誠信。講究信用。

㉚瞻彼淇澳（qí yù）：看那淇水岸邊。瞻：看、瞧。彼：它、那個。淇：淇水。在今河南北部，古代屬衛國。澳：原詩作奥。亦作隩。崖岸彎曲的地方。

㉛菉竹猗猗（yī yī）：菉：通綠。菉竹：綠色的竹子。猗猗：修美茂盛的樣子。

㉜有斐：有，助詞，無義。斐：斐然，才華豐茂的樣子。君子：指衛武公，曾爲周天子卿士，有善政。

㉝如切如磋：古代治骨器的不同方法。切：用刀切斷。磋：用銼剉平。爾雅釋器：「骨謂之切，象謂之磋。」比喻治學要像切剉骨器那樣嚴謹。

㉞如琢如磨：古代治玉石器的不同方法。琢：用刀雕刻。磨：用沙磨光。比喻修身應像琢磨玉石器那樣精細。

㉟瑟兮僩（xiàn）兮：莊重威武的樣子。瑟：璱的假借字。莊重。僩：威嚴、武毅。兮：語氣詞「啊」。

㊱赫兮喧（xuān）兮：光明盛大的樣子。赫：光明。喧：原詩作「咺」。顯揚。

㊲諠（xuān）：原詩作「諼」。忘記。以上九句詩引自詩經衛風淇奧。意在鼓勵人們以衛武公爲榜樣，不斷修身進德，止於至善。

㊳道學：道：言、說。學：治學的功夫。

㊴自修：自我修養。

㊵恂慄（xún lì）：惶恐顫栗。引申爲謙恭謹慎的樣子。

㊶威儀：威聲盛大，儀容肅穆。

㊷道：言、說。盛德至善：高尚的品德，達到了善的最高境界。

㊸於戲（wū hū）：同嗚呼，嘆詞。啊呀，唉。

㊹前王：指周文王、周武王。以上兩句詩引自詩經周頌烈文。意在説明後世蒙前王之澤，被前王之化，以見親民之極功。

㊺君子：指後賢，後王。賢其賢：前一「賢」字爲動詞，作重視講。後一「賢」字爲名詞，作賢人講。親其親：前一「親」字爲動詞，作親近、親愛講。後一「親」字爲名詞，作親人講。

㊻小人：指後世人民。樂其樂：前一「樂」字爲動詞，作享受講。後一「樂」字作名詞，作安樂講。利其利：前一「利」字爲動詞，作獲得講，後一「利」字爲名詞，作利益講。

㊼没世：終生、一輩子。

㊽聽訟：審理案件。聽：處理、判斷。訟：訴訟、爭訟。

㊾猶：同。

㊿無情：没有實情。情：實。

51辭：指狡辯，虚僞之言辭。

52民志：民心。引申爲人民的輿論。

53本：根本。指以德化民。

54此謂知本：這就叫做知道根本。程顥、程頤認爲這句是衍文。

55此謂知之至也：知：知識。至：最高境界。朱熹認爲「此句之上，别有缺文，此特其結語耳。」此缺文是釋格物、致知的文字。於是他取程顥、程頤的意思，補寫了「格物致知章」。由於此章非大學原文，故不列入。學習時可參考朱熹大學章句。

56誠：誠實。用如使動詞，使……誠實。

57毋：不。自欺：行有不慊於心，自己欺騙自己。

58惡（wù）惡（è）臭：前一「惡」字作動詞，作厭惡、厭恨講。後一「惡」字爲形容詞，臭惡的。惡臭：臭氣，難聞的氣味。

59好（hào）好色：前一「好」字作動詞，喜愛、喜歡。後一「好」字爲形容詞，美好的。好色：美好的顔色，指美女。

60謙（qiè）：同慊。歡快、滿足。自慊：自我滿足。

61慎獨：謹慎地警惕獨處時的行爲。

62閒居：平時獨居。

⑥③無所不至：沒有地方不到。引申爲甚麼壞事都幹。
⑥④厭（yā）然：隱蔽、掩藏的樣子。
⑥⑤揜（yán）：同掩。掩蔽、掩飾。著：顯示，彰明。
⑥⑥誠於中：裡邊有實在的東西。誠：實在。這裡指心中藏着惡念。
⑥⑦形於外：顯露在外面。形：顯露，表現。
⑥⑧曾子：姓曾名參，孔子弟子。
⑥⑨十目：虛數。極言監視目光之多。
⑦⓪十手：虛數。極言監視人之多。
⑦①嚴：嚴厲、嚴峻。
⑦②富潤屋：富貴可以使房屋華美。潤：滋潤，引申爲修飾。
⑦③德潤身：有道德則足以潤澤其身。
⑦④胖（pán）：舒坦安康。

所謂修身在正其心者：身有所忿懥①，則不得其正②；有所恐懼，則不得其正；有所好樂③，則不得其正；有所憂患，則不得其正。心不在焉④，視而不見，聽而不聞，食而不知其味。此謂修身在正其心。

所謂齊其家在修其身者：人之其所親愛而辟焉⑤，之其所賤惡而辟焉⑥，之其所畏敬而辟焉⑦，之其所哀矜而辟焉⑧，之其所敖惰而辟焉⑨。故好而知其惡，惡而知其美者，天下鮮矣⑩。故諺有之曰⑪：「人莫知其子之惡，莫知其苗之碩⑫。」此謂身不修不可以齊其家⑬。

所謂治國必先齊其家者：其家不可教⑭，而能教人者，無之。故君子不出家而成教於國⑮。孝者，所以事君也⑯；弟者⑰，所以事長也；慈者⑱，所以使衆也。康誥曰：「如保赤子⑲。」心誠求之⑳，雖不中㉑，不遠矣。未有學養子而後嫁者也。一家仁㉒，一國興仁㉓；一家讓㉔，一國興讓；一人貪戾㉕，一國作亂；其機如此㉖。此謂一言僨事㉗，一人定國。堯、舜率天下以仁而民從之㉘。桀、紂率天下以暴而民從之㉙。其所令反其所好㉚，而民不從。是故君子有諸己而後求諸人㉛，無諸己而後非諸人。所藏乎身不恕㉜，而能喻諸人者㉝，未之有也。故治國在齊其家。詩云：「桃之夭夭㉞，其葉蓁蓁㉟，之子于歸㊱，宜其家人㊲。」宜其家人，而後可以教國人㊳。詩云：「宜兄宜弟㊴。」宜兄宜弟，而後可以教國人。詩云：「其儀不忒㊵，正是四國㊶。」其爲父子兄弟足法㊷，而後民法之也。此謂治國在齊其家。

①身：指心。內心。忿懥（fèn zhè）：憤怒。
②得：能，能够。
③好樂：愛好逸樂。
④焉：此、這裡。代詞。

⑤之：介詞。對於。辟：偏向、偏見、偏私。

⑥賤惡：低賤和厭惡。

⑦畏敬：畏懼、尊敬。

⑧哀矜（jīn）：哀憐、同情。

⑨敖惰：簡慢、怠惰。

⑩鮮（xiǎn）：少。

⑪諺：諺語。人民在生產實踐中總結出來的，流傳於民間的簡練通俗而富有意義的語句。

⑫碩（shuò）：說文：「本謂頭大。」引申爲大。這裡有茂盛之意。

⑬齊：整齊、整頓。

⑭教：教育、教化。

⑮君子：這裡指治國者。成教於國：在國家內完成教化任務。於：在。介詞。

⑯事君：奉侍君主。

⑰弟（tì）：通悌。說文：「善兄弟也。」恭敬兄長，友愛弟弟。

⑱慈：慈愛。

⑲保：保護、愛護。赤子：初生的嬰兒。因初生嬰兒皮膚呈紅色，故稱赤子。這裡指老百姓。

⑳之：他，代詞。指保護赤子之心。

㉑中：中式，達到標準。

㉒仁：仁愛。

㉓興：興起、興盛。引申爲崇尚、追求。

㉔讓：謙讓、謙遜。

㉕貪戾：貪婪暴虐。

㉖機：作用。

㉗僨（fèn）事：敗事。僨：覆敗，敗壞。

㉘堯舜：傳説中原始社會後期部落聯盟首領。堯：陶唐氏，名放勳，史稱唐堯，禪位於舜。舜：有虞氏，名重華，史稱虞舜，禪位於禹。被譽爲兩位聖明的君主。

㉙桀紂（jié zhòu）：歷史上的兩個暴君。桀：夏代亡國之君，名履癸，荒淫暴虐，被商湯擊敗，放逐於南巢。紂：商代亡國之君，名辛，荒淫殘暴，被周武王擊敗，自焚於鹿臺。

㉚令：要人民從善的政令。反：違反，違背。

㉛有諸己：爲自己所有的。指自己有了善的品德。諸：之於的合音，通「之」。

㉜恕：恕道。即做到「己所勿欲，勿施於人」，以仁愛之心待人。

㉝喻：曉喻，開導。

㉞夭夭：草木茂盛的樣子。詩以桃花喻少女，指少女風華正茂，光彩照人。

㉟蓁蓁（zhēn zhēn）：樹葉繁茂的樣子。由桃葉喻女子將來室家之盛。

㊱之子于歸：這個姑娘要出嫁。之：這個。代詞。子：女子、姑娘。古代子、女均可稱子。于歸：出嫁。

㊲宜其家人：適宜於他的家人。使夫家和順吉祥。以上四句詩，引自詩經周南桃夭，這是一首祝賀女子出嫁及時之歌，意在說明家人相睦相親，纔能推而廣之使國人和睦相親。

㊳教：教化、教育。

㊴宜兄宜弟：家中兄弟之間和睦友愛。這句詩引自詩經小雅蓼蕭，是一首謝恩祝福的歌，意在說明兄弟之間相親相愛，纔能使國人相親相愛。

㊵其儀不忒（tè）：他的行義沒有差錯。儀：禮儀、儀容。忒：差錯。

㊶正是四國：可領導四方諸國。正是：亦作「是正。」含有糾正、匡正之意。四國：四方各國。以上兩句詩引自詩經曹風鳲鳩，這是一首表面誇美，實爲諷刺曹國國君之詩，意在說明祇有自身正直，纔能使人民效法。

㊷足法：足以爲榜樣。法：效法。

所謂平天下在治其國者①，上老老而民興孝②，上長長而民興弟③，上恤孤而民不倍④，是以君子有絜矩之道也⑤。

所惡於上⑥，毋以使下；所惡於下⑦，毋以事上；所惡於前，毋以先後⑧；所惡於後，毋以從前；所惡於右，毋以交於左⑨；所惡於左，毋以交於右，此之謂絜矩之道。

詩云：「樂只君子⑩，民之父母。」民之所好好之⑪，民之所惡惡之⑫，此之謂民之父母。

詩云：「節彼南山⑬，維石巖巖⑭，赫赫師尹⑮，民具爾瞻⑯。」有國者不可以不慎，辟則爲天下僇矣⑰！

詩云：「殷之未喪師⑱，克配上帝⑲。儀監於殷⑳，峻命不易㉑。」道得衆㉒，則得國；失衆，則失國。

是故君子先慎乎德㉓。有德此有人㉔，有人此有土，有土此有財，有財此有用㉕。德者，本也；財者，末也。外本內末㉖，爭民施奪㉗。是故財聚則民散，財散則民聚。是故言悖而出者㉘，亦悖而入；貨悖而入者㉙，亦悖而出。

康誥曰：「惟命不於常㉚。道善則得之，不善則失之矣。」楚書曰㉛：「楚國無以爲寶㉜，惟善以爲寶㉝。」舅犯曰㉞：「亡人無以爲寶㉟，仁親以爲寶㊱。」

秦誓曰㊲：「若有一個臣㊳，斷斷兮㊴，無他技㊵。其心休休焉㊶，其如有容焉㊷。人之有技，若己有之。人之彥聖㊸，其心好之㊹，不啻若自其口出㊺。寔能容之㊻，以能保我子孫黎民，尚亦有利哉㊼。人之有技，娼疾以惡之㊽。人之彥聖，而違之俾不通㊾。寔不能容，以不能保我子孫黎民，亦曰殆哉㊿！」

唯仁人放流之(51)，迸諸四夷(52)，不與同中國(53)。此謂唯仁人爲能愛人，能惡人。見賢而不能舉(54)，舉而不能先(55)，命也(56)。見不善而不能退(57)，退而不能遠(58)，過也(59)。好人之所惡，惡人之所好，是謂拂人之性(60)，菑必逮夫身(61)。

是故君子有大道(62)，必忠信以得之(63)，驕泰以失之(64)。生財有大道(65)，生之者衆，食之者寡，爲之者疾(66)，用之者舒(67)，則財恒足矣(68)！

仁者以財發身[69]，不仁者以身發財[70]。未有上好仁而下不好義者也；未有好義其事不終者也[71]；未有府庫財非其財者也[72]。

孟獻子曰[73]：「畜馬乘[74]，不察於鷄豚[75]；伐冰之家[76]，不畜牛羊；百乘之家[77]，不畜聚斂之臣[78]。與其有聚斂之臣，寧有盜臣[79]。」此謂國不以利爲利，以義爲利也。

長國家而務財用者[80]，必自小人矣[81]，彼爲善之[82]。小人之使爲國家，菑害並至，雖有善者[83]，亦無如之何矣。此謂國不以利爲利，以義爲利也。

①平天下：平治天下。

②上：在上位者，指國君或統治者。老老：尊敬老人。前一「老」字作動詞，作尊敬、尊重講。後一「老」字爲名詞。老人。也可作父母、長輩講。

③長長（zhǎng zhǎng）：敬重長輩。前一「長」字爲動詞，作敬重、尊重講。後一「長」字作名詞，作長輩講。

④恤（xù）孤：體恤、哀憐孤獨無依的人。倍：同背。違背。

⑤絜（xié）矩之道：絜：測量、計度。矩：方。製作方形的規矩。執矩以度天下一切的方形，即以己之意以度人。引申爲道德上的示範、榜樣作用。

⑥惡（wù）：厭惡。毋：同無。不。

⑦所：如果。連詞，表示假設。

⑧先後：先前的行爲施加於後者。

⑨交：加給、施加。

⑩樂只君子：快樂的君子啊！只：啊、哉，語氣詞。這兩句詩引自詩經小雅南山有臺。意在說明君主應從民所欲，與民同好惡，共甘苦，纔能無愧於民之父母。

⑪好（hào）：兩個好字均作喜愛講。

⑫惡（wù）：兩個惡字均作厭惡講。

⑬節彼南山：那座雄偉高峻的南山啊！節：高峻雄偉的樣子。彼：那。

⑭維石巖巖：累累堆積的巖層，高峻險巇。維：發語詞，無義。

⑮赫赫：光明顯耀的樣子。引申爲權勢顯赫。師尹：太師尹氏。師：太師，周王朝執政「三大」之一。

⑯民具爾瞻：人民的目光都注視着你。具：通俱。都。爾：你。瞻：懷着崇敬的心情去看。這裡有注視之意。以上四句詩引自詩經小雅節南山，這是一首譏刺周天子執政太師尹氏爲政不平，大失民望之詩。意在說明爲國者應謹慎施政，從民所望。

⑰辟：偏差、偏向。僇（lù）：通戮。殺戮。引申爲推翻。

⑱殷：殷朝。喪師：失去衆人。引申爲喪失民心。

⑲克配：能够配合。引申爲符合、秉承。

⑳儀監於殷：應該以亡殷爲借鑒。儀：原詩爲「宜」字。宜，應該。監：原詩爲「鑒」字。觀察。引申爲借鑒。

㉑峻命不易：獲得上天的大命不容易。峻：大。以上四句詩引自詩經大雅文王，意在教育有國者以亡殷爲鑒，爭取民心。

㉒道：説。

㉓是故：所以。愼：謹愼。

㉔此：這、這就。

㉕用：財用充足。

㉖外本内末：疏遠、輕視道德這個根本，親近、重視財富這個末節。外：疏遠、輕視。内：親近、重視。本：道德。末：財富。

㉗爭民：爭利於民。施奪：施劫奪之政於民。

㉘言悖：語言違背情理。悖：逆、背。

㉙貨悖：用違背情理的手段聚斂財富。

㉚惟：衹、衹有。命：天命。不於常：沒有一定的常規。

㉛楚書：楚國的古書。論寶之事見國語楚語王孫圉論國之寶一文。他認爲楚國觀射（yì）父、左史倚相等德纔兼優的名臣是寶。

㉜楚國：古國名。西周時立國於荆山一帶，春秋時併吞周圍五十多個小國，國力强大，成爲春秋五霸之一，戰國時被秦所滅。

㉝善：好。指道德好。

㉞舅犯：狐偃，字子犯。晉文公之舅，故稱舅犯。從晉文公流亡，有大功。

㉟亡人：流亡在外的人。這裡是晉文公自稱。晉文公，名重耳，晉獻公之子，公元前六三六——前六二八年在位。春秋五霸之一。公元前六五五年，晉文公避驪姬之讒，流亡在翟，時晉獻公卒，秦穆公使子顯弔之，因勸其復國。晉文公鑒於時機尚未成熟，不受秦命。這兩句話是舅犯教晉文公答秦使子顯的婉言報謝辭，表達了自己具有仁人之心。

㊱仁親：熱愛親人。指熱愛晉獻公。

㊲秦誓：尚書中的一篇。為秦穆公敗於晉而悔過自責之辭。這裡所引的話是秦穆公總結用人經驗。寧用有德少才之人，不用無德有才之人。

㊳個：原書作「介」。兩者均可通。

㊴斷斷兮：忠誠老實、勤勤懇懇的樣子。兮：啊。語助詞，無義。

㊵技：技藝、本領。

㊶休休：平易寬容的樣子。

㊷有容：有容人之量。

㊸彥聖：美好的德行。彥：美士也。聖：通明也。

㊹好：喜歡、喜愛。

㊺不啻(chì)：不僅、不但。

㊻寔：實的異體字。原書為「是」，可通。

㊼尚：庶幾、差不多。原書爲「職」。

㊽娼（mào）疾：嫉妒。娼：原書爲「冒」。忌也。

㊾違：拂戾也，壓抑也。俾（bǐ）：使。不通：不能通達於上。通：原書爲「達」。

㊿殆：危險。

51仁人：具有仁德的人。放流：放逐、流徙。

52迸（bǐng）：通屏。屏除、屏退。引申爲驅逐。四夷：東夷、西戎、南蠻、北狄。古代泛指四周邊遠地區的少數民族。

53與：和、跟、同。中國：當時指漢族所居住的黃河流域中原地區。

54舉：舉薦、推舉。

55先：盡先使用，引申爲信任、親近。俞樾群經平議說：「『先』蓋『近』字之誤。『見賢而不能舉，舉而不能近。』與『見不善而不能退，退而不能遠』正相對成文。『近』，古文作『岓』，篆文作『芷』，『先』字篆文作『光』，兩形相似，因而致誤耳。」可參考。

56命：鄭玄禮記大學注說：「『命』當爲『慢』，聲之誤也」。程子外書說：「『命』當作『怠』，字之誤也」。朱熹說：「未詳孰是」，不作定論。這裡似乎以慢爲妥。作輕慢、怠慢講。

57退：斥退、屏退。

58遠：指邊遠地區。

59過：過失、錯誤。

⑥⓪拂：拂逆、違背。性：人之本性。
⑥①菑：灾的異體字。灾禍。逮（dài）：及、到。
⑥②大道：重大的原則。指爲政以德。
⑥③忠信：忠誠、信實。
⑥④驕泰：驕縱恣肆。
⑥⑤大道：指以義爲利。
⑥⑥疾：快。引申爲積極性高。
⑥⑦舒：舒緩。引申爲節用。
⑥⑧恒：常、永遠。
⑥⑨以財發身：運用財富來發展自身的王業。
⑦⓪以身發財：運用自身的權力來聚斂財富。
⑦①終：終極。引申爲成功。
⑦②府庫：國家貯藏財富的地方。
⑦③孟獻子：魯國大夫仲孫蔑。
⑦④畜：養、豢養。引申爲擁有。馬乘（shèng）：四匹馬拉的車。古代士初試爲大夫，始得備車子，駕四馬。
⑦⑤察：察看，查看。引申爲關心。豚：小猪。這裡指猪。
⑦⑥伐冰之家：古代卿大夫喪祭時有用冰的特權，故以伐冰之家指代卿大夫。伐冰：鑿冰。

(77)百乘之家：擁有四百匹馬一百輛車的采邑。即卿大夫有封邑者。後指代卿大夫。
(78)聚斂之臣：搜括人民財富的家臣。
(79)盜臣：盜竊公家府庫財物的家臣。
(80)長（zhǎng）：掌握、領導。務：專門從事。
(81)自：由。指由小人誤導。
(82)彼爲善之：他們受到國君的重視。朱熹大學章句說：「此句上下，疑有缺文誤字。」
(83)善者：有賢德才能的人。

（來可泓）

中　庸

天命之謂性①，率性之謂道②，修道之謂教③。道也者④，不可須臾離也⑤；可離非道也。是故君子戒慎乎其所不睹⑥，恐懼乎其所不聞。莫見乎隱⑦，莫顯乎微⑧，故君子慎其獨也⑨。

喜怒哀樂之未發⑩，謂之中⑪；發而皆中節⑫，謂之和⑬。中也者，天下之大本也⑭；和也者，天下之達道也⑮。致中和⑯，天地位焉⑰，萬物育焉⑱。

〔篇名簡介〕中庸原爲小戴禮記中的一篇，是儒家學說中最早而最精密的一篇哲學論文，可以看作是儒家學說的思想理論基礎。以孔子爲代表的言天道與性的哲學思想，至此而一變，形成思孟學派。因此，受到歷代學者的重視，將它從禮記中輯出單行。北宋程顥、程頤認爲:「此篇乃孔孟傳授心法」,視爲儒學道統傳文。南宋朱熹把它與大學、論語、孟子合編爲四書,並爲之作注。元以後,成爲科舉考試必讀教科書,影響十分深遠。

中庸的作者,歷來都認爲是孔子的孫子子思。至清代始有人懷疑,認爲約成書於戰國末期至西漢之間。

中庸的中心思想,在於闡述不偏不倚、無過無不及的中庸之道是最高最完美的道德,是人道的正執,天道的真理。

①天命:由天所命。謂天能致命於人,決定人類的命運。這裡指自然的稟賦。性:人的本性。

②率(shuài):遵循。道:人道。指人遵着理行事。

③修道:修明道德。教:教化。這裡含有省察自己,教育他人之意。

④道:謂日常事物當行之理,蘊藏在內心。

⑤須臾(xū yú):片刻、一會兒。

⑥是故:所以。君子:中庸中的君子,有時指有德行的人,有時指有地位的人。這裡指有德行的人。戒慎:警戒、謹慎。睹(dǔ):見、察看。

⑦見(xiàn):同「現」,表現。隱:隱蔽,暗處。

⑧顯:顯現、明顯。微:細微。

⑨慎其獨:即慎獨。其:語氣助詞,無義。獨處時十分謹慎。

⑩喜:喜歡。怒:憤怒。哀:悲哀。樂(lè):快樂。四者均屬人的感情。發:表露。

⑪中:不偏不倚。

⑫中(zhòng)節:合於自然的道理。中:符合。節:法度、法則。

⑬和：無所乖戾，和洽。

⑭大本：大根源，指道之體。

⑮達道：天下人民共由之路。引申爲事物運動變化所應遵循的普遍規律。指道之用。

⑯致：到，達到。中和：指達到不偏不倚，無所乖戾，體用結合的境界。

⑰位：安於其所。

⑱育：生育，繁育。指萬物各按自己的本性生長。

仲尼曰①：「君子中庸②，小人反中庸③。君子之中庸也，君子而時中④；小人之（反）中庸也⑤，小人而無忌憚也⑥。」

子曰：「中庸其至矣乎⑦！民鮮能久矣⑧！」

子曰：「道之不行也⑨，我知之矣。知者過之⑩，愚者不及也。道之不明也⑪，我知之矣。賢者過之，不肖者不及也。人莫不飲食也，鮮能知味也⑫。」

子曰：「道其不行矣夫⑬！」

子曰：「舜其大知也與⑭！舜好問而好察邇言⑮，隱惡而揚善⑯，執其兩端⑰，用其中於民，其斯以爲舜乎⑱！」

子曰：「人皆曰：『予知』⑲，驅而納諸罟擭陷阱之中而莫之知辟也⑳。人皆曰：『予知』，擇乎中庸而不能期月守也㉑。」

子曰：「回之爲人也㉒，擇乎中庸㉓。得一善㉔，則拳拳服膺而弗失之矣㉕。」

子曰：「天下國家可均也㉖，爵祿可辭也㉗，白刃可蹈也㉘，中庸不可能也。」

子路問强㉙。子曰：「南方之强與㉚？北方之强與？抑而强與㉛？寬柔以教㉜，不報無道㉝，南方之强也；君子居之㉞。衽金革㉟，死而不厭㊱，北方之强也；而强者居之。故君子和而不流㊲，强哉矯㊳；中立而不倚㊴，强哉矯；國有道㊵，不變塞焉㊶，强哉矯；國無道㊷，至死不變，强哉矯」。

子曰：「素隱行怪㊸，後世有述焉㊹，吾弗爲之矣㊺。君子遵道而行㊻，半途而廢；吾弗能已矣㊼。君子依乎中庸，遯世不見知而不悔㊽，唯聖者能之㊾。」

①仲尼：孔子的字，即孔丘（前五五一——前四七九），春秋魯國陬邑（今山東曲阜東南）人，我國古代偉大的思想家、教育家，儒學的創始人。

②中庸：儒家的最高道德標準。「中」，就是不偏不倚，無過無不及。「庸」，平常。

③反：違背。

④而（néng）：通能，能够。古籍中而、能常通用。時中：應時制宜，言行處處符合中道。

⑤（反）：十三經注疏本禮記中庸篇無「反」字。唐陸德明經典釋文説王肅本作「小人之反中庸也。」程頤、朱熹均以爲當有反字。

⑥忌憚（jì dàn）：顧忌、害怕。

⑦至：極、最。

⑧鮮（xiǎn）：少。

⑨道：指中庸之道。行：實行、流行。

⑩知者：聰明、睿智的人。

⑪明：著明、明瞭。按此段「行」「明」二字當互易。因爲「知」「愚」就「知」言，「賢」「不肖」就「行」言。二字互易，意更明白。

⑫味：滋味。

⑬其：助詞。表示推測，含大概、或許意。矣夫（fú）：嘆詞。啊、吧。

⑭舜：傳説中父系氏族社會後期部落聯盟領袖，姓姚，有虞氏，名重華，史稱虞舜。知：同智，智慧。也與：語氣詞聯用。與同歟。

⑮好（hào）：喜歡。察：審察、體察。邇（ěr）言：淺近的話，即平常人的話。邇：近。

⑯隱惡揚善：包涵缺點，表揚優點。

⑰執其兩端：把握事物的兩個極端。如大小、厚薄之類。兩端：這裡指過與不及。

⑱斯：這個。

⑲予知：我是明智的。予：我。知：同智。明智。

⑳驅：驅逐、驅趕。納：納入。引申爲落入。罟擭（gǔ huò）：捕捉野獸的器具。罟：網的總稱。擭：裝有機關

的捕獸木籠。陷阱：捕捉野獸的地坑。罟擭陷阱：比喻禍害所伏。辟（bì）：通避。躲避。

㉑期（jī）：一整月。指時間短暫。

㉒回：顔回，字子淵，魯國人，孔子最得意的學生，最有德行。

㉓擇：選擇。含有仔細審察之意。

㉔善：指中庸的理。

㉕拳拳：亦作「惓惓」，牢牢握着不舍棄的樣子。服膺（yīng）：謹記在心，衷心信服。服：著。膺：胸。

㉖均：均平。引申爲平定治理。

㉗爵（jué）禄：爵位、俸禄。爵：古代按功勞的大小，地位的尊卑，分公、侯、伯、子、男五等爵制。歷代遵行而略有調整。辭：推辭、辭讓。

㉘白刃：明晃晃的利刃，快刀。蹈（dǎo）：踩、踏。

㉙子路：姓仲名由，字子路，也字季路。魯國人，孔子學生，好勇，故問强。强：剛强、堅强。含有武勇之意。

㉚與：呢。語氣詞，表疑問。

㉛抑：抑或。語氣詞，表示選擇。而：同爾。汝：指子路。

㉜寬柔：寬厚温柔。教：教育、教化。

㉝報：報復。無道：橫暴無理。

㉞居之：守着它。

㉟衽（rèn）金革：指卧在兵戈甲胄上，安心於此。衽：卧席。金：兵戈之類武器。革：頭盔鎧甲之類戰袍戰帽。

㊱不厭：不悔。

㊲和而不流：善於與人和協，又不無原則地遷就。和：和協、調和。流：隨波逐流。引申爲無原則地遷就。

㊳强哉矯（qiáo）：贊許之辭。矯：强盛、武勇的樣子。

㊴中立而不倚：指守中庸之道，無所偏倚。

㊵有道：指政治清明，天下太平。

㊶不變塞：不改變未達時的操守。塞：未達。

㊷無道：指政治黑暗，不太平。

㊸素隱行怪：指探求隱僻不正之理，做奇異怪誕之事，以欺世盗名。素：朱熹說：「按漢書當作索，蓋字之誤也。」按漢書藝文志方伎略神仙家引中庸云：「索隱行怪，後世有述焉，吾不爲之矣。」「素隱」作「索隱」。顔師古注：「索隱，求索隱暗之事，而行怪迂之道，妄令後人有所祖述，非我本志。」可見「索」誤爲「素」，尋求、探索之意。

㊹述：稱述、記述。

㊺爲：做。

㊻道：指中庸之道。

㊼已：停止、中止。

㊽遯（dùn）世：避世。這裡作終身講。遯：遁的異體字。

㊾聖者：聖人。

君子之道①，費而隱②。夫婦之愚可以與知焉③，及其至也④，雖聖人亦有所不能知。夫婦之不肖，可以能行焉，及其至也，雖聖人亦有所不能焉。天地之大也，人猶有所憾⑤。故君子語大，天下莫能載焉⑥；語小，天下莫能破焉⑦。詩云⑧：「鳶飛戾天⑨，魚躍於淵⑩。」言其上下察也⑪。君子之道，造端乎夫婦⑫，及其至也，察乎天地。

子曰：「道不遠人⑬，人之爲道而遠人⑭，不可以爲道。詩云⑮：『伐柯伐柯⑯，其則不遠⑰。』執柯以伐柯⑱，睨而視之⑲，猶以爲遠。故君子以人治人，改而止⑳。

「忠恕違道不遠㉑，施諸己而不願㉒，亦勿施於人。

「君子之道四㉓，丘未能一焉㉔。所求乎子以事父㉕，未能也；所求乎臣以事君，未能也。所求乎弟以事兄，未能也；所求乎朋友先施之㉖，未能也。庸德之行㉗，庸言之謹㉘，有所不足㉙，不敢不勉㉚，有餘不敢盡㉛。言顧行㉜，行顧言，君子胡不慥慥爾㉝！」

君子素其位而行㉞，不願乎其外㉟。素富貴，行乎富貴；素貧賤，行乎貧賤；素夷狄㊱，行乎夷狄；素患難，行乎患難。君子無入而不自得焉㊲。

在上位，不陵下㊳；在下位，不援上㊴。正己而不求於人㊵，則無怨，上不怨天，下不尤人㊶。故君子居易以俟命㊷，小人行險以徼幸㊸。子曰：「射有似乎君子㊹，失諸正鵠㊺，反求諸其身㊻。」

君子之道㊼，辟如行遠㊽，必自邇㊾；辟如登高，必自卑㊿。詩曰(51)：「妻子好合(52)，如鼓瑟琴(53)。兄弟既翕(54)，和樂且耽(55)。宜爾室家，樂爾妻帑(56)。」子曰：「父母其順矣乎(57)！」

子曰：「鬼神之爲德[58]，其盛矣乎[59]！視之而弗見，聽之而弗聞，體物而不可遺[60]。使天下之人，齊明盛服[61]，以承祭祀[62]，洋洋乎如在其上[63]，如在其左右。詩曰[64]：『神之格思[65]，不可度思[66]，矧可射思[67]！』夫微之顯[68]，誠之不可揜如此夫[69]！」

子曰：「舜其大孝也與[70]！德爲聖人[71]，尊爲天子[72]，富有四海之內[73]，宗廟饗之[74]，子孫保之[75]。故大德，必得其位[76]，必得其祿，必得其名[77]，必得其壽。故天之生物，必因其材而篤焉[78]，故栽者培之[79]，傾者覆之[80]。

「詩曰[81]：『嘉樂君子[82]，憲憲令德[83]。宜民宜人[84]，受祿於天。保佑命之，自天申之[85]。』故大德者必受命。」

子曰：「無憂者[86]，其惟文王乎[87]！以王季爲父[88]，以武王爲子[89]，父作之[90]，子述之[91]。武王纘大王[92]、王季、文王之緒[93]，壹戎衣而有天下[94]，身不失天下之顯名[95]，尊爲天子，富有四海之內，宗廟饗之，子孫保之。

「武王末受命[96]，周公成文[97]、武之德，追王太王、王季[98]，上祀先公以天子之禮[99]，斯禮也，達乎諸侯大夫[100]，及士庶人[101]。父爲大夫，子爲士，葬以大夫，祭以士。父爲士，子爲大夫，葬以士，祭以大夫。期之喪[102]，達乎大夫；三年之喪，達乎天子；父母之喪，無貴賤一也[103]。」

子曰：「武王、周公其達孝矣乎[104]！夫孝者，善繼人之志[105]，善述人之事者也[106]。春秋[107]，修其祖廟[108]，陳其宗器[109]，設其裳衣[110]，薦其時食[111]。

「宗廟之禮，所以序昭穆也⑫；序爵⑬，所以辨貴賤也；序事⑭，所以辨賢也；旅酬下爲上⑮，所以逮賤也⑯；燕毛⑰，所以序齒也⑱。

「踐其位⑲，行其禮，奏其樂；敬其所尊，愛其所親；事死如事生⑳，事亡如事存㉑，孝之至也㉒。

「郊社之禮㉓，所以事上帝也㉔；宗廟之禮，所以祀乎其先也㉕。明乎郊社之禮，褅嘗之義㉖，治國其如示之掌乎㉗！」

①道：指中庸之道。

②費（fèi）：道之用。指用之廣大無涯。隱：道之體。指道之體精細微妙。費和隱：是用和體的關係。

③夫婦：有二說。一指男人、女人，并非指夫妻。鄭玄主此說。一指夫妻。朱熹主此說。均可通。愚：愚笨。與：參預。

④至：最、極盡。指最精微之處。

⑤憾（hàn）：遺憾，不滿意。

⑥載：裝載、承載。

⑦破：看破。引申爲剖析。

⑧詩：指詩經大雅旱麓，這是一首贊揚有道德修養的人，求福得福，能培養人才的詩。

⑨鳶（yuān）：鳥名，屬鷹類，毛褐色，性凶猛，以蛇、鼠、蜥蜴等爲食。戾（lì）：到、達到。

⑩淵：深潭。
⑪察：至。含昭著明白之意。
⑫造端：開始、開端。造：開始。
⑬道：指率性講。遠人：遠離人們。
⑭人之爲道而遠人：指有的人在修道時專門好高騖遠，這樣，使本來離人不遠的道反而遠了。
⑮詩：指詩經豳風伐柯，這是一首描寫關於婚姻的詩。
⑯伐柯：砍斧柄。伐：砍。柯：斧柄。
⑰則：法則。引申爲做斧柄的方法。
⑱執：握、拿。
⑲睨（nì）：斜視。
⑳以人治人：即以人固有的道理去治理人，啓發人之明德以去其惡。改而止：直到他改正爲止。
㉑忠恕：儒家的倫理思想。盡己之心爲忠；推己及人爲恕。違道：離開中庸之道。
㉒施：加。己：自己。
㉓君子之道四：即下文所説孝、弟、忠、信四種道德。
㉔丘：孔子自稱其名。
㉕求：責、要求。事：奉侍、服侍。
㉖施：加，加給。

㉗庸德：平常的道德。行：實行。

㉘庸言：平常的言語。謹：謹慎。

㉙不足：不够。

㉚勉：勉勵。

㉛有餘：指言論方面自覺才力有餘。

㉜顧：回頭看。引申爲照顧、顧及。

㉝胡：何。慥慥（zào zào）：忠厚篤實的樣子。

㉞素：處在、安寧。位：地位。行：奉行。

㉟願：傾慕、羨慕。其外：指本位以外的東西。

㊱素夷狄：處在夷狄的地位上。夷狄：古代泛稱居住在東方和北方的少數民族。

㊲入：合於。引申爲安於。自得：無所不足於心。即隨遇而安，悠然自得，不作非分之望。

㊳陵：同凌。欺凌、欺壓。

㊴援：攀附、巴結。

㊵正己：端正自己。

㊶尤：怨。

㊷居易：處於平易而無危險的境地。易：平地。指素位而行。俟命：等待天命。即不願乎其外。

㊸行險：冒險。徼（jiǎo）幸：企圖以偶然的機會獲得成功，或意外地免除不幸。徼：僥的異體字。

㊹射有似乎君子：意爲以射箭的道理來比喻君子，正己而不求於人。射：射禮。

㊺失諸正鵠（zhēng gǔ）：箭未射中靶子。失：指没有射中。正鵠：箭靶。古代射禮時所張的箭靶叫「侯」。侯之中縫一塊皮叫「鵠」，鵠之中畫一個中心叫「正」。以射中正、鵠爲優。

㊻反：回過頭來。

㊼君子之道：指求取君子之道的方法。

㊽辟（pì）：同譬。譬如。

㊾邇：近。

㊿卑：下、低。

(51)詩：指詩經小雅棠棣，這是一首稱道家庭和睦、兄弟友愛的詩。

(52)好合：和合、融洽。

(53)鼓：彈奏。名詞作動詞用。瑟（sè）琴：古代兩種撥弦樂器的名稱。瑟，有五十弦，二十五弦，十五弦等，每弦有一柱，形似古琴，但無徽位，春秋時已流行。琴，有七弦，又稱「七弦琴」或「古琴」。周代已有，定型於漢代。琴瑟：比喻夫婦感情和諧。

(54)翕（xì）：聚合、和合。

(55)耽（dān）：樂，快樂。原詩爲「湛」字。

(56)妻孥（nú）：妻子兒女的統稱。孥：兒子。

(57)順：舒心和順。

(58)鬼神：鬼，古人認爲人死後精靈不滅，稱之爲鬼。一般指已死的祖先。神，宗教及古代神話中所幻想的主宰物質世界，超乎自然，具有人格和意志的精靈。德：功德。

(59)盛：美盛。興隆豐茂的樣子。

(60)體物：體察事物。遺：遺棄，遺忘。

(61)齊（zhāi）明：祭祀之前齋戒沐浴，以示虔敬。齊：同齋。齋戒。明：潔淨。盛服：穿戴整齊華美的冠服。

(62)承：奉，承奉。祭祀（sì）：指祭鬼祀神。祭，爲祀神、供祖或以某種儀式追悼死者的通稱。這裡的祭是吉祭，目的在於祈福，與凶祭之「奠」不同。祭：從示，示，古祇字。以手持肉以享神祇。會意字，祀：祀神。

(63)洋洋乎：流動、充滿、舒緩、飄忽的樣子。

(64)詩：指詩經大雅抑，原爲西周時衛武公刺厲王，亦以自警之詩。所引三句，旨在説明中庸之道用廣大而體精微。

(65)格思：至、來。思：語助詞，無意義。

(66)度（duó）思：測度、估計。

(67)矧（shěn）：況，況且。射（yì）思：厭棄。

(68)微：指鬼神之事虛無飄渺。顯：指鬼神降禍福於人間又很明顯。

(69)誠：誠信，至誠。揜（yǎn）：遮掩。夫（fú）：啊。語氣詞。

(70)與：同歟。吧，語氣詞。

(71)聖人：具有最高智慧和道德的人。

(72)尊：尊貴。

⑦③四海之内：泛指全國範圍内。

⑦④宗廟饗之：指在宗廟裡受祭獻。宗廟：古代天子、諸侯祭祀其祖先的廟。饗：祭獻。

⑦⑤保：保守、保持。

⑦⑥位：指至尊的天子之位。

⑦⑦名：名聲、名譽。

⑦⑧因：按照。材：質量、本質。篤：厚。

⑦⑨栽：栽植、栽培。培：培育。

⑧⓪傾：傾倒。覆：摧敗。

⑧①詩：指詩經大雅假樂，這是一首歌頌周成王的詩。引詩爲假樂篇中的第一章，重申有大德者必受天命觀點。

⑧②嘉樂：喜歡、快樂。嘉：原詩爲「假」字。嘉與假，同音假借字。君子：指周成王。

⑧③憲憲：顯著，盛明的樣子。原詩爲「顯顯」，意同。令德：美德。令：美、善。

⑧④民：指没有地位的平民。人：指士大夫以上，有地位的貴族。

⑧⑤申：重。指重申其命。

⑧⑥憂：憂愁、憂慮。

⑧⑦文王：姓姬名昌，季歷子，繼季歷爲諸侯，在位五十年，國力强盛，三分天下有其二，仍奉殷爲天子，爲武王滅紂打定堅實基礎。

⑧⑧王季：姓姬名季歷，周太王古公亶父第三子。因其子姬昌賢能，古公亶父欲以季歷繼位，然後傳昌。古公亶父

長子泰伯、次子虞仲明父意，便逃亡至荆蠻，斷髮文身，以讓季歷。古公亶父卒，由季歷即位，修太王遺業，篤行仁義，傳位於昌。武王建立周王朝，追尊季歷爲王季。

(89)武王：西周王朝的建立者，姓姬名發，文王之子。他繼承文王遺志，滅殷紂，建立周朝，定都於鎬（今陝西西安南澧水東岸）。

(90)作：開創、創業。

(91)述：繼承、紹述。

(92)纘（zuǎn）：繼承。大王：即王季之父古公亶父，周朝基業的創立者。周武王建立周朝，追封其爲大王，「大」古讀「太」。

(93)緒：事業。這裡指前人未竟之業。

(94)壹戎衣：有不同解釋。一作一著軍裝以伐紂。朱熹主此說。一作殲滅大殷。鄭玄、陳喬樅主此說。鄭玄中庸註說：「衣，讀如殷。」因爲古「衣」字作「㐆」，「殷」字亦從「㐆」聲。壹同「殪」，是誅滅之意。戎作「大」解。壹戎衣就是「滅大殷」。

(95)顯名：昭明於世的好名聲。

(96)末：老、晚年。

(97)周公：姓姬名旦，文王之子，武王之弟，故又稱「叔旦」，因采邑在周地（今陝西岐山北），又稱「周公」。西周初年政治家。曾助武王滅紂，鎮壓武庚及三叔叛亂，輔成王攝政，分封諸侯，制禮作樂建立西周一系列典章制度。

(98)追……王（wàng）：追尊……爲王。

99祀：祭祀。先公：指古公亶父之父組紺上溯到始祖后稷的歷代祖先，稱先公。

100達：至、到。諸侯：指西周、春秋時天子分封的各國國君。分公、侯、伯、子、男五等。大夫：周代國君之下有卿、大夫，管理國家政事。卿稱上大夫，大夫稱下大夫。一般泛稱大夫。

101士：周代級別最低的貴族階層。春秋時，士多爲卿、大夫家臣。有的有食田，有的以俸禄爲生。庶人：西周以後對農業生產者的稱呼，其地位次於士而高於工、商、皂、隸。一般指平民。

102期(jī)：指一整年。喪：喪禮。指喪葬祭奠之禮，古稱「凶禮」。

103一：一致、一律。

104其：大概。達孝：天下之人通稱之謂孝。達：通。

105善：善於。有委曲變通之意。

106述：遵循、依照。

107春秋：四季的代稱。這裡指祭祀的季節。

108修：灑掃清潔之意。祖廟：供祀祖先的宫廟。祖：古代祭祀祖先叫「祖」。

109陳：陳列。宗器：祭器。古代宗廟祭祀時所用的器物。

110設：陳設、擺設。裳衣：衣裙。古代上衣而下裳。裳：裙。

111薦：進獻。時食：時鮮食品。

112昭穆：古代的一種宗法制度。宗廟中排列神主的次序是有規定的。始祖廟居中，以下父子按左昭、右穆的次序排列。這裡指祭祀時，可以排列出父子、長幼、親疏的秩序。

(113)爵：爵位。

(114)事：祭祀時的職事。

(115)旅酬：旅：衆。酬：以酒相勸。古代在宗廟中一種飲酒的禮節。衆子弟舉杯爲自己的長輩敬酒。下爲上：從下到上敬酒。

(116)逮：及、及於。賤：指上文中的「下」者。

(117)燕毛：燕：同宴，宴會。毛：頭髮。祭祀完畢，舉行宴會時，以毛髮顔色來區别長幼，安排座次。

(118)序齒：按年齡大小排定座次或飲酒順序。齒：年齡。

(119)踐：登、履、升。其：指代先王、先公。以下的「其」所指均同。位：牌位、神主。

(120)死：剛死叫做死。

(121)亡：既葬叫做亡。存：活着。

(122)至：盡、極。

(123)郊社：周朝在冬至的時候於南郊舉行祭天的儀式，稱之爲「郊」或「郊天」。夏至的時候在北郊舉行祭地的儀式，稱之爲「社」或「郊社」。

(124)事：奉事。

(125)先：祖先。

(126)禘（dì）嘗：禘：古代一種極爲隆重的祭禮，衹有天子纔能舉行。這裡所説禘祭，應爲宗廟四時祭祀之一，於夏季舉行。嘗：四時宗廟祭禮之一，在秋季舉行。禮記王制：「天子、諸侯宗廟之祭，春曰礿，夏曰禘，秋曰嘗，冬曰烝。」

(127)示(zhì)之掌：放置在手掌上的東西，言極爲容易。示：有二說。鄭玄釋「置」，像放在手掌上一樣。朱熹釋「視」，像看自己手掌那樣容易。

哀公問政①。子曰：「文武之政②，布在方策③。其人存，則其政舉④；其人亡，則其政息⑤。人道敏政⑥，地道敏樹⑦。夫政也者，薄盧也⑧。

「故爲政在人⑨，取人以身⑩，修身以道⑪，修道以仁⑫。仁者，人也，親親爲大⑬。烏者⑭，宜也⑮，尊賢爲大⑯。親親之殺⑰，尊賢之等⑱，禮所生也⑲。

「在下位⑳，不獲乎上㉑，民不可得而治矣㉒。故君子不可以不修身；思修身，不可以不事親；思事親，不可以不知人㉓；思知人，不可以不知天㉔。

「天下之達道五㉕，所以行之者三。曰：君臣也，父子也，夫婦也，昆弟也㉖，朋友之交也。五者，天下之達道也。知㉗、仁㉘、勇三者㉙，天下之達德也㉚。所以行之者一也㉛。

「或生而知之㉜，或學而知之㉝，或困而知之㉞，及其知之一也㉟。或安而行之㊱，或利而行之㊲，或勉强而行之㊳，及其成功一也。」

子曰：「好學近乎知㊴，力行近乎仁，知耻近乎勇㊵。

「知斯三者㊶，則知所以修身㊷；知所以修身，則知所以治人；知所以治人，則知所以治天下國家矣。」

凡爲天下國家有九經[43]，曰：修身也；尊賢也；親親也；敬大臣也[44]；體群臣也[45]；子庶民也[46]；來百工也[47]；柔遠人也[48]；懷諸侯也[49]。

修身則道立[50]；尊賢則不惑[51]；親親則諸父昆弟不怨[52]；敬大臣則不眩[53]；體群臣則士之報禮重[54]；子庶民則百姓勸[55]；來百工則財用足；柔遠人則四方歸之[56]；懷諸侯則天下畏之[57]。

齊明盛服[58]，非禮不動，所以修身也；去讒遠色[59]，賤貨而貴德[60]，所以勸賢也；尊其位，重其祿，同其好惡[61]，所以勸親親也；官盛任使[62]，所以勸大臣也；忠信重祿，所以勸士也；時使薄斂[63]，所以勸百姓也；日省月試[64]，既稟稱事[65]，所以勸百工也；送往迎來，嘉善而矜不能[66]，所以柔遠人也；繼絕世[67]，舉廢國[68]，治亂持危[69]，朝聘以時[70]，厚往而薄來，所以懷諸侯也。凡爲天下國家有九經，所以行之者一也[71]。

凡事豫則立[72]，不豫則廢[73]。言前定，則不跲[74]；事前定，則不困[75]；行前定，則不疚[76]；道前定，則不窮[77]。

在下位，不獲乎上，民不可得而治矣。獲乎上有道[78]，不信乎朋友[79]，不獲乎上矣；信乎朋友有道，不順乎親[80]，不信乎朋友矣；順乎親有道，反諸身不誠，不順乎親矣；誠身有道，不明乎善[81]，不誠乎身矣。

誠者[82]，天之道也；誠之者[83]，人之道也。誠者，不勉而中[84]，不思而得[85]，從容中道[86]，聖人也。

誠之者，擇善而固執之者也(87)。

博學之(88)，審問之(89)，慎思之(90)，明辨之(91)，篤行之(92)。有弗學(93)，學之弗能弗措也(94)；有弗問，問之弗知弗措也；有弗思，思之弗得弗措也；有弗辨，辨之弗明弗措也；有弗行，行之弗篤弗措也。人一能之，己百之；人十能之，己千之。果能此道矣(95)，雖愚必明，雖柔必强(96)。

①哀公：魯國國君，名蔣，前四九四——前四六七年在位，卒謚「哀」。政：政治。即治理國家之事。

②文武：周文王和周武王。

③布：陳列。方策：指典籍。方，方版；策，同册，竹簡。古時書寫在木板和竹簡上。

④舉：舉起。引申爲推行。

⑤息：止息、停息。

⑥人道：指以人施政的道理。與天道相對。敏：迅速、敏捷。

⑦地道：指以沃土種植植物的道理。敏樹：樹木迅速成長。

⑧蒲盧：即蒲葦。「盧」同「蘆」。比喻以人施政成效迅速。

⑨故：所以。

⑩取人：選取人材。以：用。介詞。身：指修養自身。

⑪道：指中庸之道。

⑫仁：是孔子心目中的一種最高道德的名稱，有多種解釋。這裡指愛人，也就是人們之間相親相愛。

⑬親親爲大：指人們雖然相親相愛，但以愛自己的親人爲主。前一「親」字爲動詞，作愛字講。後一「親」字爲名詞，作親人講。

⑭義：仁義。

⑮宜：適宜。事得其宜。

⑯尊賢：尊敬賢人。

⑰殺（shài）：降等、減殺。

⑱等：等級。

⑲生：產生。

⑳下位：指處在臣子的地位。與君位對比而言。

㉑獲：獲得。

㉒民：人民。得：能。

㉓知人：了解人。

㉔知天：了解天。即知自然之理。

㉕達道：天下古今所共同必經的路，即五種倫常關係，靠知、仁、勇三者實行。

㉖昆弟：兄弟。昆：兄長。

㉗知：同智。智慧。

㉘仁：仁德。

㉙勇：勇敢。

㉚達德：天下古今所同得之理，即通行於天下的美德，落實在一個誠字上，依靠誠而實行。

㉛一：指誠實、至誠。

㉜或：有的。生而知之：天生就有知識。

㉝學而知之：通過學習掌握知識。

㉞困而知之：遇到困難而學習獲得知識。

㉟及：等到、及到。一：一樣。

㊱安：安適。

㊲利：利益。指爲利益所驅動。

㊳勉强：力量不够而强求。

㊴近：接近。

㊵耻：耻辱、羞耻。

㊶斯：這、此。指示代詞。三者：指好學、力行、知耻三事。

㊷所以：怎樣。

㊸爲：治理。九經：九條定理、九條常規、九條大綱。

㊹敬：敬重，尊敬。大臣：指掌重權而有威望的輔政重臣。

㊺體：體恤。

㊻子：作動詞用，即愛……如子。庶民：一般老百姓。

㊼來：招徠、招集。百工：西周時對工奴的總稱，後泛指各種手工業工匠。

㊽柔：懷柔、安撫。引申爲優待。遠人：有人指蕃國，有人指遠方商旅或外族人，均可通。

㊾懷：安撫、綏靖。

㊿道立：中庸之道建立。

(51)惑：迷惑。

(52)諸父：指伯父、叔父。怨：怨恨、怨望。

(53)眩（xuàn）：眼花。引申爲迷惑。

(54)報禮：報答。禮，含有敬意，即懷着崇敬之心加以報答。重：深厚。

(55)勸：勉勵。受到鼓勵。

(56)歸：歸順、歸附。

(57)畏：畏懼、畏服。

(58)齊（zhāi）明：指齋戒沐浴，淨化內心世界。齊：通齋。盛服：盛裝。指衣冠穿戴整齊，儀容端莊。

(59)去讒：摒棄讒佞小人的壞話。去：摒棄。讒：挑撥離間，說壞話的讒人。遠色：遠離女色。

(60)賤貨：輕視財物。貴德：珍貴道德。

(61)同其好惡：指用同一標準進行獎賞和懲罰，不因親疏而有異。

(62)官盛：官屬衆多。任使：聽任差使。

63 時使：使用百姓要適時，要不違農時。即「使民以時」。薄斂：減輕賦稅的徵收。

64 日省月試：古代對百工每日考察，每月試評其勤惰而發給報酬。

65 既稟（xì lǐn）：與「餼廩」同。薪資糧米。稱事：與工效相稱。事：工效。發給的工資與工作的效果相一致。

66 嘉善：嘉獎善的、好的。矜：同情、憐憫。不能：才能不足的。

67 絶世：已經絶禄的世家。古代卿大夫的宗邑由子孫世襲，絶世，就是指卿大夫子孫中已經失去世禄的人。

68 廢國：指已被廢滅的國家。

69 治亂持危：治平亂事，扶危爲安。

70 朝聘（pìn）：古代諸侯定期朝見天子。一年一小聘，三年一大聘，五年一朝。以時：按時進行。

71 一：指「誠」。

72 豫：豫備、準備。立：成功。

73 廢：廢棄。引申爲失敗。

74 跲（jiá）：絆倒、窒礙。這裡指説話不流暢。

75 困：困難、困惑。

76 疚（jiù）：内心慚愧悔恨。

77 道：道德。窮：完、盡，無出路。

78 道：這裡指方法。

79 信：信任、誠信。

⑧⓪順：順從、和順。
⑧①明：明白、懂得。
⑧②誠者：上天賦予人們的道理。
⑧③誠之者：人爲的道理。
⑧④勉：勉力、勉强。中：處事自然合理。
⑧⑤得：獲得。
⑧⑥從容：舉止行動自然安詳。中道：中庸之道。
⑧⑦固執：堅守不渝。執：握住。
⑧⑧博學：廣博地學習。
⑧⑨審問：審慎地詢問。
⑨⓪慎思：慎重地思考。
⑨①明辨：明晰地辨析。
⑨②篤行：篤實地履行。
⑨③弗：不。
⑨④措：放棄、廢棄。引申爲停止。
⑨⑤道：道理、原則。
⑨⑥柔：柔弱。

自誠明①，謂之性；自明誠②，謂之教。誠則明矣③，明則誠矣。

唯天下至誠④，爲能盡其性⑤；能盡其性，則能盡人之性⑥；能盡人之性，則能盡物之性⑦；能盡物之性，則可以贊天地之化育⑧；可以贊天地之化育，則可以與天地參矣⑨。

其次致曲⑩，曲能有誠，誠則形⑪，形則著⑫，著則明⑬，明則動⑭，動則變⑮，變則化⑯，唯天下至誠爲能化。

至誠之道⑰，可以前知⑱。國家將興，必有禎祥⑲；國家將亡，必有妖孽⑳。見乎蓍龜㉑，動乎四體㉒。禍福將至，善，必先知之；不善，必先知之。故至誠如神㉓。

誠者㉔，自成也㉕；而道㉖，自道也㉗。誠者，物之終始㉘；不誠，無物。是故，君子誠之爲貴㉙。誠者，非自成己而已也㉚，所以成物也。成己，仁也；成物，知也；性之德也㉛，合内外之道也㉜，故時措之宜也㉝。

故至誠無息㉞，不息則久，久則徵㉟，徵則悠遠㊱，悠遠則博厚㊲，博厚則高明㊳。博厚，所以載物也；高明，所以覆物也；悠久，所以成物也。博厚配地㊴，高明配天，悠久無疆㊵。如此者，不見而章㊶，不動而變，無爲而成㊷。

天地之道㊸，可壹言而盡也㊹：其爲物不貳㊺，則其生物不測㊻。天地之道，博也，厚也，高也，明也，悠也，久也。今夫天，斯昭昭之多㊼，及其無窮也，日月星辰繫焉㊽，萬物覆焉。今夫地，一撮土之多㊾，及其廣厚，載華嶽而不重㊿，振河海而不洩(51)，萬物載焉。今夫山，一卷石之多(52)，及其廣大，草木生之，禽獸居之，寶藏興焉(53)。今夫水，一勺之多(54)，及其不測，黿、鼉、蛟、龍、魚、鱉生焉(55)，貨財殖焉(56)。

詩云(57)：「維天之命，於穆不已(58)。」蓋曰(59)：「天之所以爲天也。」「於乎不顯(60)，文王之德之純(61)。」蓋曰：「文王之所以爲文也，純亦不已。」

大哉聖人之道(62)：洋洋乎發育萬物(63)，峻極於天(64)。優優大哉(65)！禮儀三百(66)，威儀三千(67)，待其人而然後行(68)。故曰：苟不至德(69)，至道不凝焉(70)。故君子尊德性而道問學(71)，致廣大而盡精微(72)，極高明而道中庸，温故而知新，敦厚以崇禮(73)。是故居上不驕，爲下不倍(74)。國有道，其言足以興(75)；國無道，其默足以容(76)。詩曰(77)：「既明且哲(78)，以保其身(79)。」其此之謂與(80)！

①自：由、從。誠明：誠先而後明。即由於內心誠實而明察事理，合於天道。
②明誠：明先而誠後。即由於明察事理而達到內心誠實，合於人道。
③則：就、就能。
④唯：只有。
⑤盡其性：盡量發揮自己天賦的本性。
⑥人之性：人的本性。
⑦物之性：萬物的本性。儒家學者認爲，人與萬物的本性，都包含着「明德」，衹有至誠的聖人，纔能充分發揮自己

以及一切人的本性，進而發揮萬物的本性。

⑧贊：助、幫助。化育：生化養育。

⑨參（sān）：并列。即和天地并列爲三。

⑩其次：指次於至誠的人，即通過學習達到至誠者。致曲：次於至誠的人，抓住善的一個方面努力去做，達到全體的至誠。致：推致。曲：達到至誠的一個方面，猶小小之事。

⑪形：指表露於外。

⑫著：顯著。

⑬明：光明。

⑭動：感動。

⑮變：轉變、改變。

⑯化：指化育萬物。

⑰道：原則、法則。

⑱前知：事先預知未來之事。

⑲禎（zhēn）祥：吉祥。

⑳妖孽：指事物反常的現象。

㉑見（xiàn）：同現。蓍（shī）龜：古代占卜用的蓍草和龜甲。

㉒四體：四肢。

㉓神：指靈驗如神明。
㉔誠者：至誠。這裡指天命之性。
㉕自成：指物之所以自然成就。
㉖道：道路。這裡指率性之理。
㉗自道：指自己所當行的路徑。
㉘終始：即始終。從頭至尾，包括整個事物發生、發展過程。
㉙貴：珍貴。
㉚成己：使自己有成就。
㉛德：仁德。
㉜合：符合。
㉝措：施行、實行。
㉞無息：不停息。
㉟徵：驗徵、證明。
㊱悠遠：久遠、久長。悠，久。
㊲博厚：廣博而深厚。
㊳高明：高大而光明。
㊴配：匹配、相配。

㊵無疆：没有疆界。指無邊無際。

㊶章：通彰。明顯、顯著。

㊷無爲：無所作爲。

㊸道：道理。

㊹盡：完。

㊺不貳：無二心。這裡指純一不二。

㊻不測：不能估計、測度。

㊼昭昭：小小的光明。

㊽星辰：星系的總稱。繫：懸挂、懸繫。

㊾撮（cuō）：用指爪取物，形容其所取之少。

㊿華瀍：西瀍華山。爲五瀍之一。

51振：收。引申爲收容、容納。洩：同泄。泄漏、滲漏。

52一卷（quán）石：一塊一塊的小石頭。卷，七經考文說：「卷，本作『拳』」。謂石小如拳」。

53興：開發、發掘。

54勺：勺子。古代舀酒的器具，青銅製，形如有曲柄的小斗。一勺：形容所取水之少。

55黿（yuán）：大鱉。鼉（tuó）：鰐魚的一種，又稱「揚子鰐」，爬行綱，鼉科。蛟：古代傳説龍一類的動物，能發水。龍：古代傳説中一種有鱗有須有爪能興云作雨的神異動物。

(56)殖：生殖、產生。

(57)詩：見詩經周頌維天之命，這是一首祭祀文王的樂歌。

(58)於：嘆詞。穆：肅穆、深遠。不已：不止。

(59)蓋：推原之詞。表示原因。

(60)於乎：同嗚呼，嘆詞。不：同丕。語氣詞。不顯：即丕顯，非常光明昭著。

(61)純：純潔無瑕。

(62)大哉：偉大啊！

(63)洋洋：充足盈滿的樣子。

(64)峻極：極其高峻。

(65)優優：寬裕充足的樣子。

(66)禮儀：經禮，典禮制度。如嘉、吉、喪、賓、軍之禮。

(67)威儀：曲禮，指禮的細節。古時典禮中的動作、儀文及待人接物的儀節，如升、降、揖、退之類。三千：指禮節條文之多。

(68)人：指聖人、賢人。

(69)苟：假使、如果。至德：最高的德性。

(70)至道：聖人之道，即指中庸之道。凝：凝聚，形成。

(71)尊德性而道問學：尊敬崇拜聖人自然至誠的德性，通過勤學好問，不懈努力達到至誠。

⑫致廣大而盡精微：使學問和天賦德性日臻廣大，達到精深高妙的境界。
⑬敦厚：加厚、篤厚。
⑭倍：同「悖」，違背。
⑮興：振興。指振興國家。
⑯其默足以容：指緘默不語，足以爲執政者所容，因而遠避災禍。
⑰詩：指詩經大雅烝民，這是一首歌頌周王室大臣仲山甫之詩。
⑱既明且哲：既高明又智慧。
⑲保：保全。
⑳其此之謂與：這句詩說的大概就是這個意思吧。

子曰：「愚而好自用①，賤而好自專②，生乎今之世，反古之道③；如此者，烖及其身者也④。」非天子，不議禮⑤，不制度⑥，不考文⑦。今天下，車同軌⑧，書同文⑨，行同倫⑩。雖有其位⑪，苟無其德，不敢作禮樂焉⑫；雖有其德，苟無其位，亦不敢作禮樂焉。

子曰：「吾說夏禮⑬，杞不足徵也⑭；吾學殷禮⑮，有宋存焉⑯；吾學周禮，今用之，吾從周⑰。」

王天下有三重焉⑱，其寡過矣乎⑲！上焉者⑳，雖善無徵㉑；無徵不信；不信民弗從。下焉者㉒，雖善不尊；不尊不信，不信民弗從。故君子之道，本諸身㉓，徵諸庶民，考諸三王而不繆㉔，建諸天地而不悖㉕，質諸鬼神而無疑㉖，百世以俟聖人而不惑。質諸鬼神而無疑，知天也。百世以俟聖人而不惑，知人也。

是故君子動而世爲天下道㉗，行而世爲天下法㉘，言而世爲天下則㉙。遠之則有望㉚，近之則不厭㉛。

詩曰㉜：「在彼無惡㉝，在此無射㉞。庶幾夙夜㉟，以永終譽㊱。」君子未有不如此，而蚤有譽於天下者也㊲。

仲尼祖述堯、舜㊳，憲章文、武㊴，上律天時㊵，下襲水土㊶。辟如天地之無不持載㊷，無不覆幬㊸。辟如四時之錯行㊹，如日月之代明㊺。萬物並育而不相害㊻，道並行而不相悖㊼，小德川流，大德敦化㊽，此天地之所以爲大也。

唯天下至聖㊾，爲能聰明睿知㊿，足以有臨也(51)。寬裕温柔，足以有容也(52)。發強剛毅(53)，足以有執也(54)。齊莊中正(55)，足以有敬也(56)。文理密察(57)，足以有別也(58)。

溥博淵泉(59)，而時出之(60)。溥博如天，淵泉如淵。見而民莫不敬，言而民莫不信，行而民莫不說(61)。

是以聲名洋溢乎中國(62)，施及蠻貊(63)；舟車所至，人力所通，天之所覆，地之所載，日月所照，霜露所隊(65)，凡有血氣者(66)，莫不尊親(67)；故曰配天(68)。

唯天下至誠，爲能經綸天下之大經(69)，立天下之大本(70)，知天地之化育，夫焉有所倚(71)？肫肫其仁(72)，淵淵其淵，浩浩其天(73)。苟不固聰明聖知達天德者(74)，其孰能知之(75)？

詩曰(76)：「衣錦尚絅(77)」。惡其文之著也(78)。故君子之道，闇然而日章(79)；小人之道，的然而日亡(80)。君子之道，淡而不厭(81)，簡而文(82)，温而理(83)，知遠之近(84)，知風之自(85)，知微之顯(86)，可與入德矣(87)。

詩云(88)：「潛雖伏矣(89)，亦孔之昭(90)。」故君子内省不疚(91)，無惡於志(92)。君子所不可及者，其唯人之所不見乎！」

詩云(93)：「相在爾室(94)，尚不愧於屋漏(95)。」故君子不動而敬(96)，不言而信(97)。

詩曰(98)：「奏假無言(99)，時靡有爭(100)。」是故君子不賞而民勸(101)，不怒而民威於鈇鉞(102)。

詩曰(103)：「不顯惟德(104)，百辟其刑之(105)！」是故君子篤恭而天下平(106)。

詩曰(107)：「予懷明德(108)，不大聲以色(109)。」子曰：「聲色之於以化民(110)，末也(111)。」詩曰(112)：「德輶如毛(113)。」毛猶有倫(114)。「上天之載(115)，無聲無臭(116)。」至矣(117)！

①好：喜歡。自用：衹憑自己主觀意圖行事。

②賤：卑賤。自專：按自己的主觀意志獨斷專行。

③反：同「返」。引申爲恢復、推行。

④烖（zāi）：同灾。灾禍。

⑤議禮：指制訂禮制。

⑥制度：制定法度。

⑦考文：考訂文字。指規定文字的筆劃和形體。

⑧軌：車子兩輪間的距離。古代造車，兩輪間的距離都有定制。如秦始皇定制爲六尺。

⑨書同文：書寫的是同樣書體的文字。

⑩倫：指倫理道德。

⑪位：職位。指天子之位。

⑫樂（yuè）：音樂。古代天子制禮作樂，以治理天下。

⑬説：講説、談論。

⑭杞（qǐ）：古國名，在今河南杞縣。相傳杞開國君主是夏禹後裔東樓公。

⑮殷禮：殷代禮法。

⑯宋：古國名。開國君主是商紂王的庶兄微子啓。建都於商丘（今河南商丘南）。

⑰從：遵從、聽從。

⑱王（wàng）：稱王，統治天下。三重：三件重大的事。指議禮、制度、考文。

⑲寡過：減少錯誤。

⑳上焉者：指遠於當今之世的禮儀制度，如前文所説的夏禮、殷禮。

㉑徵：驗徵、證明。

㉒下焉者：指身爲聖人而處於下位的人，即孔子，雖善於禮，而不在尊位。

㉓本諸身：以修身爲根本。
㉔三王：有不同說法，一指禹、湯、文武；一指禹、湯、周文王。繆（miù）：通謬。錯誤。
㉕建：建立。悖（bèi）：通背。違背。
㉖質：質問、詢問。也可作證實講。
㉗君子：指君主。動：指語言行動。道：道路。這裡引申爲遵行。
㉘法：法則、效法。
㉙則：準則。
㉚望：欽慕、景仰。
㉛厭：厭倦。
㉜詩：指詩經周頌振鷺，這是一首周王設宴招待來朝的諸侯時所唱的樂歌。原詩序說：「振鷺，二王之後來助祭也。」二王，指夏、殷之後代，杞、宋國君。
㉝彼：他。指諸侯所在國。惡（wù）：憎惡、厭惡。
㉞此：這。指周王所在地，即朝廷。射（yì）：通「斁」。厭恨、厭惡。
㉟夙（sù）夜：早晚。
㊱以永終譽：各諸侯長保衆多的名譽。永：長久。終：「衆」的假借字。譽：名譽，聲譽。
㊲蚤（zǎo）：通早。
㊳祖述：宗其道而傳述之。含遵循、效法之意。

㊴憲章：效法、取法。
㊵律：法，效法。天時：古時用意很廣泛，有時指節氣、氣候。有時指陰晴寒暑變化。這裡指自然變化的時序。
㊶襲：因，符合。水土：指地理環境。
㊷辟：同「譬」。譬如、譬方。持載：承載。
㊸覆幬（dào）：覆蓋的意思。幬：覆蓋。
㊹錯行：更迭交替運行。
㊺代明：交替照明。
㊻並育：同時生長。相害：互相妨害。
㊼道：天地之大道。隱指孔子中庸之道。悖：違背。
㊽敦化：樸實淳厚。
㊾至聖：最偉大的聖人。
㊿睿（ruì）知：明智、智慧。
(51)臨：臨民，居上而治民。
(52)容：容納、包容。
(53)發強：奮發自強。
(54)執：操持決斷，固守天下之正理。
(55)齊（zhāi）莊：莊重、恭敬，虔誠的樣子。中正：不偏不倚。

56敬：恭敬謹慎。
57文理：文章條理。密察：縝密明察。
58別：明辨是非邪正。
59溥（pǔ）博：普遍廣博。溥：普遍。淵泉：深潭。
60出：溢出、涌出。
61說（yuè）：同悦。喜悦、喜歡。
62洋溢：充滿。引申爲廣泛傳播。中國：古代中國指華夏地區。
63施（yì）：及、到，延續。引申爲傳播。蠻貊（mò）：指我國古代南蠻北貊等邊遠的少數民族。
64舟車：船和車。
65隊（zhuì）：同墜。物體從高處落下叫墜。
66血氣者：指有生命的人。
67尊親：尊重和親近。
68配天：與天相匹配。
69經綸：原指整理絲縷。引申爲治理、創制。大經：指常道、法則。
70大本：根本大德。
71倚：偏倚、倚傍。
72肫肫（zhūn）：誠懇、誠摯的樣子。

(73)浩浩：原指水勢浩大的樣子，引申爲廣闊無際。

(74)固：實實在在。達天德者：通達天賦美德的人。天德：指天賦的仁義禮智信。

(75)孰：誰、哪一個。

(76)詩：指詩經衛風碩人和詩經鄭風豐，碩人叙述莊姜初嫁莊公時的情景。豐叙述男方迎親而女方父母變志、女不得行而悔恨之詩。

(77)衣（yì）錦尚絅（jiǒng）：穿着錦綉衣服，外罩粗麻單衣。衣：穿，作動詞。尚：加在上面。絅：粗麻單衣。比喻真道藴藏在内。

(78)惡：厭惡。文：文彩。著：顯著。引申爲耀眼。

(79)闇然：暗淡的樣子。闇：同暗。日章：日漸彰明。章：同彰。

(80)的然：鮮艷的樣子。的：鮮艷、顯著。

(81)淡：平淡、恬淡。

(82)簡：簡約、簡樸。

(83)理：條理。

(84)知遠之近：要往遠處去，必須從近處開始。

(85)知風之自：教化别人，必須從自己做起。風：風教。

(86)知微之顯：從微小苗子中推知顯著的結果。微：小。

(87)入德：進入道德之門。

(88)詩：指詩經小雅正月，這是一首大夫刺周幽王的詩。

(89)潛：潛藏、潛伏。伏：隱匿。

(90)孔：很、甚。昭：明白、清楚。

(91)内省（xǐng）不疚（jiù）：經常在内心省察自己，不感到慚愧。疚，原意爲久病，引申爲憂慮不安、慚愧。

(92)無惡：無愧。志：心。

(93)詩：指詩經大雅抑，這是一首衛武公刺厲王，亦以自警之詩。

(94)相：看、注視。爾室：你的居室。指一人獨居於室。

(95)屋漏：屋的西北角。古代室内西北隅施設小帳，安藏神主，爲人所不見的地方。這裡實指能慎獨。

(96)動：行動。敬：恭敬。

(97)信：誠信、信任。

(98)詩：指詩經商頌烈祖，這是一首祭祀商王中宗太戊的樂歌。

(99)奏假（gé）：原詩作「鬷假」。禱告。指進祭而感格於神明。奏：通鬷。作進解。假：同「格」。無言：默默無聲。引申爲潛移默化。

(100)靡有：没有。

(101)賞：賞賜。勸：受到鼓勵。

(102)鈇鉞（fū yuè）：原指古代軍法用以殺人的斧子。同「斧鉞」。這裡引申爲刑殺。鈇：鍘刀，古時用以腰斬的刑具。鉞：古代一種兵器。青銅製，圓刃或平刃，安裝木柄，持以砍斫。

⑩③詩：指詩經周頌烈文，這是一首周成王親政告祖，諸侯前來助祭，祭畢告戒諸侯之詩。

⑩④不顯：充分顯揚。不：通丕，大。

⑩⑤百辟：指衆諸侯。辟：君主。刑：同「型」，法則，榜樣。

⑩⑥篤恭：篤實、恭敬。

⑩⑦詩：指詩經大雅皇矣，這是一首叙述周朝祖先開國創業的史詩。

⑩⑧予：我。

⑩⑨以：與、和。

⑪⓪聲色：言論和儀容。這裡指厲聲厲色。化：教化、感化。

⑪①末：細微末節。

⑪②詩：指詩經大雅烝民，這是一首歌頌周宣王大臣仲山甫之詩。

⑪③德輶（yóu）如毛：德行很輕好比一根毫毛。德：指德的微妙深奧。輶：古時一種輕便的車。引申爲輕。毛：羽毛、毫毛。

⑪④倫：比較、類比的意思。

⑪⑤載：事

⑪⑥臭（xiù）：氣味。「上天之載，無聲無臭」兩句詩，引自詩經大雅文王，這是一首歌頌周文王的詩。

⑪⑦至：極、最。

（來可泓）

春秋三傳

左傳

鄭伯克段於鄢

初①，鄭武公娶於申②，曰武姜③，生莊公及共叔段④。莊公寤生⑤，驚姜氏，故名曰「寤生」，遂惡之⑥。愛共叔段，欲立之。亟請於武公⑦，公弗許。及莊公即位⑧，爲之請制⑨。公曰：「制，巖邑也⑩，虢叔死焉⑪。佗邑唯命⑫。」請京⑬，使居之，謂之京城大叔⑭。

祭仲曰⑮：「都城過百雉⑯，國之害也。先王之制：大都，不過參國之一⑰；中，五之一；小，九之一。今京不度⑱，非制也⑲。君將不堪⑳。」公曰：「姜氏欲之，焉辟害㉑？」對曰：「姜氏何厭之有㉒？不如早爲之所㉓，無使滋蔓㉔！蔓，難圖也㉕。蔓草猶不可除㉖，況君之寵弟乎？」公曰：「多行不義㉗，必自斃㉘，子姑待之㉙。」

既而大叔命西鄙㉚、北鄙貳於己㉛。公子呂曰㉜：「國不堪貳㉝，君將若之何㉞？欲與大叔，臣請事之；若弗與，則請除之，無生民心㉟。」公曰：「無庸㊱，將自及㊲。」

大叔又收貳以爲己邑㊳，至於廩延㊴。子封曰：「可矣。厚將得衆㊵。」公曰：「不義，不暱㊶，厚將崩㊷。」

大叔完聚㊸，繕甲兵㊹，具卒乘㊺，將襲鄭。夫人將啓之㊻。公聞其期㊼，曰：「可矣」！命子封帥車二百乘以伐京㊽。京叛大叔段。段入於鄢。㊾公伐諸鄢㊿。五月辛丑(51)，大叔出奔共(52)。

書曰(53)：「鄭伯克段於鄢。」段不弟(54)，故不言弟；如二君，故曰「克(55)」；稱「鄭伯」，譏失教也(56)：謂之鄭志(57)。不言出奔，難之也(58)。

遂寘姜氏於城潁(59)，而誓之曰(60)：「不及黃泉(61)，無相見也！」既而悔之。潁考叔爲潁谷封人(62)，聞之(63)，有獻於公(64)。公賜之食。食舍肉(65)。公問之。對曰：「小人有母，皆嘗小人之食矣，未嘗君之羹(66)。請以遺之(67)。」公曰：「爾有母遺，繄我獨無(68)！」潁考叔曰：「敢問何謂也(69)？」公語之故，且告之悔。對曰：「君何患焉(70)？若闕地及泉(71)，隧而相見(72)，其誰曰不然(73)？」公從之。公入而賦(74)：「大隧之中，其樂也融融(75)。」姜出而賦(76)：「大隧之外，其樂也洩洩(77)。」遂爲母子如初。

君子曰(78)：「潁考叔，純孝也(79)。愛其母，施及莊公(80)。詩曰(81)：『孝子不匱(82)，永錫爾類(83)。』其是之謂乎(84)？」

〔左傳簡介〕左傳，春秋左氏傳的省稱，原稱左氏春秋。是我國先秦時期一部形式完備的編年體史書，也是一部文學名著。古文經學派以爲它是專爲解釋春秋而作。記事上溯周宣王二十三年（前八〇五），早於春秋所記八十三年。

書中編年記事起自魯隱公元年（前七二二），止於魯悼公四年（前四六四），共二百五十九年，比「續經」多出十七年。又記事下延至周貞定王十六年（前四五三），已在孔子卒後二十六年。左傳作者和成書年代，說法不一，史記載魯人左丘明作，唐以前無異詞。中唐後學者提出疑問。現在一般學者認爲春秋末左丘明草創此書，而後由授受者逐步寫定於戰國中期以前。

左傳主要記述春秋時期各諸侯國的史事及其相互關係，內容涉及政治、經濟、軍事、外交、文化和各方面代表人物，兼及西周時期部分史事和夏、商以前的古史傳說。取材甚廣，包括各國舊史，故志及訓、典、語、令、世等書，口碑傳說。是研究春秋史的最重要典籍。

左傳的通行本有清阮元刻十三經注疏附校勘記本，一九八一年中華書局出版楊伯峻春秋左傳注本等。

底本據中華書局一九八〇年影印阮元校刻十三經注疏本春秋左傳正義。

〔篇名簡介〕本篇選自左傳隱公元年，標題爲後人所加。記述了鄭莊公與其弟公叔段爭奪君位的鬥爭。反映了春秋時期諸侯國內部貴族之間矛盾的加劇。刻畫了鄭莊公僞善的面貌和陰險毒辣的手段。

①初：當初。這是左傳追記往事的習慣說法，這裡指鄭伯克段於鄢以前之事。

②鄭武公：姓姬，名掘突。前七七〇至前七四四年在位，都於今河南新鄭縣。申，國名，姜姓，在今河南南陽縣。

③武姜：武公之妻。武是她丈夫的謚號，姜是母家的姓。

④莊公：鄭莊公，前七四三至前七〇一年在位，鄭爲伯爵，故稱鄭伯。爲春秋初年勢力强大的諸侯。共（gōng）叔段：共，國名，在今河南輝縣。叔，表示弟輩的排行。段，名字。因段逃到共國，故稱共叔段。

⑤寤（wù）生：寤，通牾，逆，倒。寤生，即逆生，足先頭後的難産。
⑥惡（wù）：厭惡、厭恨。
⑦亟（qì）：屢次、多次。
⑧及：到了、等到。即位：天子或諸侯就職叫即位。
⑨制：地名。即虎牢，在今河南滎陽縣汜水鎮。原爲東虢國領地，爲鄭所占。
⑩巖邑：險要的城邑。
⑪虢叔：東虢國的國君。焉：那裡。
⑫佗：通他。唯命：唯命是聽。
⑬京：鄭邑名，在今河南滎陽縣東。
⑭大（tài）：通太。
⑮祭（zhài）仲：字足，鄭國大夫。
⑯都：指國都以外的都邑。城：城墻。百雉：量詞。高一丈，長三丈。百雉：高一丈，長三百丈。侯伯之城，方五里，徑三百雉，故其大都不得超過百雉。
⑰參國之一：國都的三分之一。參，同三。國，國都。
⑱不度：不合法度。
⑲非制：不是先王的制度。
⑳不堪：受不了。堪，經得起。

㉑辟：同避。避開、避免。
㉒厭：通饜。飽、滿足。
㉓早爲之所：及早替段安排個便於控制的地方。所，處所。
㉔滋蔓：滋長蔓延。指勢力不斷擴張。
㉕圖：圖謀。指設法對付。
㉖蔓草：蔓延的野草。
㉗不義：不正義的事情。
㉘斃：踣(bó)也，跌倒。
㉙姑：姑且、暫且。
㉚既而：不久。鄙：邊邑。
㉛貳於己：指使原屬莊公管轄的邊邑，同時臣屬於自己。貳，兩屬，臣屬於二主。
㉜公子呂：鄭國大夫，字子封。
㉝國不堪貳：國家受不了兩屬的情况。
㉞若之何：對它怎麽辦。
㉟無生民心：不要使人民產生二心。
㊱無庸：用不着。庸，用。常與否定副詞無、勿等連用。
㊲自及：自己招來禍患。

㊳貳：指上文的兩屬之地。

㊴廩延：鄭邑名。在今河南延津北。

㊵厚：指擴大土地。衆，指取得民心。

㊶暱（nì）：親近。這裡指爲團結。這二句意爲不義則不能團結民衆。

㊷崩：原義爲山崩塌。引申爲崩潰。

㊸完：修固城墻。聚：聚集百姓。一説囤聚糧食。

㊹繕：製造。廣雅：「繕，治也。」甲兵：鎧甲和武器。

㊺具卒乘（shèng）：準備好步卒和兵車。乘，四馬拉的兵車。

㊻夫人：指姜氏。啓之：指打開城門，爲段作内應。

㊼期：指段準備偷襲鄭的日期。

㊽帥：通率，率領。車二百乘：兵車二百乘。古代兵制，兵車一乘，配備甲士三人，步卒七十二人。二百乘，有甲士六百人，步卒一萬四千四百人。

㊾鄢（yān）：鄭邑名。在今河南鄢陵縣境。

㊿諸：之於合詞。

(51)五月辛丑：魯隱公元年五月二十三日。

(52)奔：跑，逃亡。

(53)書：指春秋經。下文引號内「鄭伯克段於鄢」六字，爲春秋經原文。隨後幾句解釋春秋經何以要這樣記載的原因。

(54)不弟：不遵守做弟弟之禮。

(55)克：克服、攻克。

(56)譏：譏諷、譏刺。失教：失於教誨弟弟之責。

(57)鄭志：指殺段是鄭莊公本意。

(58)難之：責難莊公。

(59)寘（zhì）：安置。這裏含放逐之意。城潁：城邑名。在今河南臨潁縣西北。

(60)誓之：向她發誓。

(61)不及黃泉：不到死亡。黃泉，地下的泉水，黃色。這裏指墓穴，借指死亡。

(62)潁考叔：鄭國大夫。潁谷：鄭邊邑，在今河南登封縣西南。封人：官名。掌管邊疆事務。

(63)聞之：聽到莊公有後悔之意。

(64)有獻：有物進獻。

(65)舍（shě）肉：將肉放置一邊。舍，通釋，放置。

(66)羹：熟肉。爾雅釋器：「肉謂之羹」。

(67)遺（wèi）：留給、贈給。之，他。指潁考叔之母。

(68)繄（yī）：語氣詞，無義。

(69)敢：謙詞。膽敢、敢於。

⑩患：憂患、憂心。

⑪闕：通掘。挖掘。及泉：達到地下水。

⑫隧：用如動詞，挖隧道。

⑬其：語氣詞。加强反問。不然：不是這樣。指挖黄泉相見之事。

⑭入：進入隧道的一側入口處。賦，賦詩。

⑮融融：和洽快樂的樣子。

⑯出：指姜氏從隧道的另一側入口處進入隧道，母子在隧道中相見，然後一起出來。

⑰洩洩（yì yì）：和睦快樂的樣子。與融融文意相似，可互相爲文。

⑱君子曰：作者假托君子對所記史事的評論。這是左傳習用的評論方式。後來史書中的論、贊，即導源於此。

⑲純孝：大孝。純，大。

⑳施（yì）：延、延及。指影響到。

㉑詩：指詩經大雅既醉篇。

㉒孝子不匱：孝子的孝道没有窮盡。匱，盡、匱乏。

㉓永錫爾類：永遠賜影響給你的同類。錫，通賜。賜予、給予。類：同類、族類。

㉔其是之謂乎：大概説的就是這種情況吧。其，語氣詞，表委婉。是，這、這個。

（來可泓）

召陵之盟

四年春①，齊侯以諸侯之師侵蔡②。蔡潰③，遂伐楚④。楚子使與師言曰⑤：「君處北海，寡人處南海⑥，唯是風馬牛不相及也⑦。不虞君之涉吾地也⑧，何故？」管仲對曰⑨：「昔召康公命我先君大公曰⑩：『五侯九伯⑪，女實征之⑫，以夾輔周室⑬。』賜我先君履⑭：東至於海⑮，西至於河⑯，南至於穆陵⑰，北至於無棣⑱。爾貢包茅不入⑲，王祭不共⑳，無以縮酒㉑，寡人是徵㉒；昭王南征而不復㉓，寡人是問㉔。」對曰：「貢之不入，寡君之罪也㉕；敢不供給？昭王之不復，君其問諸水濱㉖！」

師進㉗，次於陘㉘。

夏，楚子使屈完如師㉙。師退，次於召陵㉚。

齊侯陳諸侯之師㉛，與屈完乘而觀之㉜。齊侯曰：「豈不穀是爲㉝？先君之好是繼㉞！與不穀同好㉟，如何？」對曰：「君惠徼福於敝邑之社稷㊱，辱收寡君㊲，寡君之願也。」齊侯曰：「以此衆戰㊳，誰能禦之㊴！以此攻城，何城不克！」對曰：「君若以德綏諸侯㊵，誰敢不服？君若以力㊶，楚國方城以爲城㊷，漢水以爲池㊸，雖衆，無所用之！」

屈完及諸侯盟㊹。

〔篇名簡介〕本篇選自左傳僖公四年。公元前六五六年，齊桓公爲稱霸天下，親率八國聯軍攻楚，但楚也毫不示弱，向齊國開展針鋒相對的外交鬬爭，不卑不亢，最終達成協議，簽訂盟約。

①四年：魯僖公四年，公元前六五六年。

②齊侯：齊桓公，姓姜名小白，前六八五—前六四三年在位。春秋五霸之一。齊屬侯爵，故稱齊侯。諸侯之師：據春秋記載，指齊、魯、宋、陳、衛、鄭、許、曹八國諸侯軍隊。蔡：國名。姬姓，武王時所封。在今河南汝南、上蔡等地。齊桓公侵蔡原因，據左傳僖公三年載：「齊侯與蔡姬乘舟於囿，蕩公。公懼，變色；禁之，不可。公怒，歸之，未之絶也。蔡人嫁之。」

③潰：潰敗、潰散。

④遂伐楚：於是就討伐楚國。據史記管晏列傳，伐楚爲管仲之謀。管仲覺得桓公以私怨侵蔡，不光明正大，而伐楚却是名正言順。

⑤楚子：楚成王。子爵。羋姓，名熊頵，前六七一——前六二六年在位，自稱王，都丹陽（今湖北秭歸）。使與師言：派使臣到諸侯聯軍中去對齊桓公談判。

⑥處：居住。北海、南海：泛指北方、南方，不必實考其地。寡人：謙詞。君王自稱。禮記孔穎達疏：「寡人者，言己是寡德之人。」

⑦風馬牛不相及：牛馬發性相誘，也不會到達對方。比喻兩國相距遥遠，彼此互不相干。風，放。指牝牡相誘。

⑧不虞：不料。涉：本爲淌水過河之意，引申爲進入。以涉代侵，是委婉外交辭令。

⑨管仲：齊國大夫，姓管名夷吾，字仲。相桓公霸諸侯。

⑩召（shào）康公：召公奭。周成王時太保。因其封地在召（今陝西岐山縣），故稱召公。康是謚號。先君：後代

君臣對本國已故君王的稱呼。大公：即姜太公，姓姜，名尚。輔佐武王滅紂建國，封於齊，爲齊之始祖。大（tài），後寫作太。

⑪五侯九伯：泛指所有諸侯。五侯，指公、侯、伯、子、男五等爵。九伯，指九州之長。

⑫女實征之：你都可以征討。女（rǔ），同汝，你。實，語氣詞，表示命令或期望。

⑬夾輔：輔佐。

⑭履：踐踏，指足迹可踐踏的地方。即可以征討的範圍。

⑮海：指黄海和渤海。

⑯河：黄河。

⑰穆陵：地名，在楚境内。今湖北麻城西北一百里有穆陵山，疑即此地。與楚使之言針鋒相對，有權征討。

⑱無棣：地名。據楊伯峻春秋左氏傳説，在今河北盧龍縣一帶。

⑲包茅：包束成捆的菁茅。茅，菁茅。楚地特産。入：納，納貢。

⑳共：通供。供給、供應。

㉑縮酒：縮，同湑。濾去酒糟。祭祀時儀式之一，把酒倒在菁茅上滲透下去，像神飲酒一樣。

㉒徵：徵求、徵取。

㉓昭王南征而不復：昭王，周昭王，成王之孫，名瑕。南征：南巡、南行。復，返。周昭王晚年荒於國政，人民厭惡他，當他南巡渡漢水時，當地人民故意將一只用膠粘合的船讓他乘坐，船至江心解體，昭王被溺死。這是齊伐楚的一個借口。

㉔問：責問、追究。
㉕寡君：古代臣子對别國人謙稱自己的國君爲寡君。
㉖君其問諸水濱：你還是到水邊去問吧！其，語氣詞，表示委婉。諸，之於合詞。水濱，水邊。
㉗師進：部隊向前開進。
㉘次於陘（xíng）：次，軍隊臨時駐扎。陘，山名。在今河南郾城縣南。
㉙屈完：楚大夫。楚之同姓公族，其先人采邑在屈，故以屈爲氏。如師：去到聯軍中。
㉚召陵：地名。在今河南郾城縣東四十五里。因楚遣使求盟，故聯軍又退。
㉛陳：古陣字。指擺開諸侯之軍，向楚示威。
㉜乘：乘車。
㉝豈不穀是爲：這難道是爲了我？不穀，不善，謙詞，古代國君自稱的謙詞。
㉞先君之好是繼：這是爲了繼續我們先人的友好關係罷了。以上兩句都是外交辭令。
㉟同好：共同友好。
㊱君惠徼（yāo）福於敝邑之社稷：蒙您賜惠爲敝國的社稷求福。外交辭令，實意是你不毁滅我國。惠，敬詞。賜惠。徼，求。敝邑：謙詞，我們的國家。社稷：土神和穀神，借指國家。
㊲辱：謙詞。承你蒙辱。收，收容，接納。
㊳衆戰：這麽多英勇的將士作戰。
㊴禦：抵禦、抵擋。

㊵綏（suí）：安撫。

㊶力：武力。

㊷方城：山名。在今河南葉縣南有方城山，相傳楚人在春秋時因山築長城以拒中原，即此地。

㊸漢水：長江最長支流，源出陝西省西南部寧强縣，流經武漢市入長江。池：護城河。

㊹盟：結成召陵之盟。

（來可泓）

宮之奇諫假道

晉侯復假道於虞以伐虢①。宮之奇諫曰②：「虢，虞之表也③。虢亡，虞必從之。晉不可啟④，寇不可翫⑤，一之謂甚，其可再乎⑥！諺所謂『輔車相依⑦，脣亡齒寒』者，其虞、虢之謂也。」公曰：「晉，吾宗也⑧，豈害我哉？」對曰：「大伯、虞仲，大王之昭也⑨，大伯不從，是以不嗣⑩。虢仲、虢叔，王季之穆也⑪，為文王卿士，勳在王室，藏於盟府⑫。將虢是滅，何愛於虞？且虞能親於桓、莊乎⑬？其愛之也，桓、莊之族何罪？而以為戮，不唯偪乎⑭？親以寵偪，猶尚害之，況以國乎⑮？」公曰：「吾享祀豐絜，神必據我⑯。」對曰：「臣聞之，鬼神非人實親，惟德是依。故周書曰⑰：『皇天無親，惟德是輔⑱』。又曰：『黍稷非馨，明德惟馨⑲』，又曰：『民不易物，惟德繄物⑳。』如是則非德，民不和、神不享矣。神所馮依㉑，將在德矣。若晉取虞而明德以薦馨香㉒，神其吐之乎？」弗聽，許晉使。宮之奇以其族行㉓，曰：「虞不臘矣㉔！在此行也，晉不更舉矣㉕。」

〔篇名簡介〕魯僖公五年（公元前六五五），晉國國君獻公向虞國借道征伐虢。虞國大夫宮之奇勸諫虞君無效，祇有舉族逃亡。而虞國也就在借道之後被滅虢回師的晉軍消滅了。

①晉侯：晉獻公詭諸。魯莊公十八年（公元前六九三）立，魯僖公九年（公元前六五一）卒，在位二十六年。復假道：又借路。魯僖公二年，晉國曾向虞國借道征伐虢國，滅虢邑下陽。虞，姬姓國，在今山西平陸縣東北。虢，指北虢，建都上陽（今河南陝縣東南）。

②宮之奇：虞國大夫。

③表：外屏，屏障。

④啟：開，指引起晉國的貪心。

⑤寇：外寇。翫（wán）：同「玩」，輕視。

⑥一之謂甚：一次就已經過分了。指魯僖公二年借道給晉伐虢。再：第二次。

⑦輔車相依：輔，朱熹集傳：「輔，如今人縛杖於輔，以防輔車也（防輔皆動詞）。」即車箱兩旁的板。車依輔，依之以防輔；輔依車，輔附著於車也。是謂輔車相依。杜預注：「輔，頰輔。車，牙車。」誤。輔即為詩經小雅正月：「其車既載，乃棄爾輔」之輔。

⑧晉，吾宗也：晉、虞、虢都是姬姓，同宗。

⑨大：同「太」。大伯：周太王古公亶（dǎn）父的長子。虞仲，周太王的次子。大王，即古公亶父。昭：古代宗廟

規定，始祖神位居中，子在左，叫昭；孫在右，叫穆。

⑩大伯不從，是以不嗣：大伯知道大王想傳位給小兒子季歷，就跟虞仲出走到吳國，没有繼承王位。

⑪虢仲、虢叔：王季的次子和三子，文王的弟弟。虢的開國始祖。王季之穆：王季居昭位，故兒子虢仲、虢叔居穆位。王季，即季歷。

⑫文王：周國王，姬姓，名昌，號西伯，王季的長子。卿士：執掌國政的大臣。勳：功勳。盟府：主管功勳盟誓的官署。勳在王室，藏於盟府，指虢仲、虢叔對王室有功，功勳還記載收藏在盟府。

⑬將虢是滅，何愛於虞：虢國對王室有功，且與晉國的關係比虞國與晉國的關係近，晉尚且要滅虢，怎能不滅虞呢？且虞能親於桓、莊乎：再説晉獻公愛虞國，還能比對待桓公的後代更親近嗎？桓：曲沃桓叔，晉獻公的曾祖。莊：曲沃莊伯，晉獻公的祖父。

⑭桓、莊之族：指桓叔、莊伯的後代，即晉獻公的從祖兄弟。而以爲戮：晉獻公爲了加强集權，用士蔿之計，盡殺這些同祖兄弟。偪：惠棟補注、洪亮吉詁、王引之經義述聞、俞樾群經平議、沈欽韓補注、劉文淇疏證都無解。杜預注偪爲「偪迫」，楊伯峻春秋左傳註解偪爲「壓迫」，都是憑後起的詞義推測，不確。偪是後起字，古字爲「畐」。説文：「畐，滿也。從高省，象高厚之形。讀若伏。」方言六：「偪，滿也。」廣韻畐：芳逼切；偪，逼：彼側切，同在職韻，實是一音(芳古音旁)。據左傳、國語所記，桓、莊之族雖然是晉獻公同曾祖、祖父的宗族，又爲統一晉國立了功勞，但並没有侵逼獻公的事實。如果有侵逼獻公的事實，那就除之有因，宮之奇不應當以此爲例説明晉君的貪心並用同情的口吻説「不唯偪乎？」即不就是因爲勢力大纔遭屠戮嗎？

⑮親以寵偪，猶尚害之：以寵，介賓結構。這是説桓、莊之族是至親，祇因寵愛而力量强盛，獻公尚且憂慮。況以

國乎：何況別的國家强盛呢？因為虞、虢相聯就强，反之就弱，這可從「虢，虞之表也」中體會出。而晉獻公是容不得別人或別國强的。所以偪在這兩例中，都是高厚强盛義的形容詞，不是逼迫義的動詞。

⑯享祀：泛指祭祀。豐：指祭品豐盛。絜：同潔。指祭品潔气。據：依靠，此指保佑。

⑰周書：此周書秦以後失傳，或稱逸書。

⑱皇天無親，惟德是輔：這兩句與「鬼神非人實親，唯德是依」意思相同，是說皇天鬼神祇幫助那些有德之人。偽古文尚書採入蔡仲之命。

⑲黍稷非馨，明德惟馨：黍稷做的祭品並不馨香，祇有光明的德行纔馨香。偽古文尚書採入君陳。

⑳易：變換。緊：通「是」。民不易物，惟德緊物：人們不必變換自己的祭品，祇有有德之人供的祭品纔會被神享用。

㉑馮：同「憑」。

㉒明德：使德明。薦：獻，指向神薦獻。馨香：泛指各種祭祀品。

㉓以其族行：率領族人離開虞國。以，率領。

㉔臘：臘祭，在夏曆十二月舉行的年終祭祀。

㉕晉不更舉：晉不需再舉兵。

冬十二月丙子朔①，晉滅虢。虢公丑奔京師②。師還，館於虞③，遂襲虞，滅之。

①此用周曆，晉用夏曆，為十月初一。

②丑：虢公名。京師：周王城，今洛陽。

③館：駐扎。

晉公子重耳之亡

（周　洪）

晉公子重耳之及於難也①，晉人伐諸蒲城②。蒲城人欲戰，重耳不可，曰：「保君父之命而享其生祿③，於是乎得人④。有人而校⑤，罪莫大焉。吾其奔也⑥。」遂奔狄⑦。從者狐偃⑧、趙衰⑨、顛頡⑩、魏武子⑪、司空季子⑫。狄人伐廧咎如⑬，獲其二女，叔隗、季隗，納諸公子⑭。公子取季隗⑮，生伯鯈⑯、叔劉；以叔隗妻趙衰⑰，生盾。將適齊⑱，謂季隗曰：「待我二十五年不來，而後嫁。」對曰：「我二十五年矣，又如是而嫁，則就木焉⑲。請待子⑳。」處狄十二年而行㉑。

〔篇名簡介〕本篇選自左傳僖公二十三年，二十四年。記叙晉公子重耳遭驪姬之讒，流亡在外十九年，經過種種磨鍊，然後回國為君的過程，艱苦的鍛鍊，豐富的閱歷，奠定了重耳成為霸主的基礎。

①重耳：即晉文公，姓姬名重耳（前六九七——前六二八）。晉國國君，前六三六——前六二八在位，春秋五霸之一。及於難，涉及到驪姬讒害太子申生之難。據左傳載：晉獻公五年伐驪戎，得驪姬，生子奚齊，欲廢太子申生而立奚齊。獻公二十一年，驪姬以讒言陷害申生，申生在新城（今山西聞喜）被迫自殺。驪姬又陷害公子重耳和

夷吾，重耳出奔蒲城，夷吾逃亡到曲(今山西曲縣)。

②晉人：指寺人披。奉晉獻公之命伐蒲，欲殺重耳。蒲城：地名。今山西隰縣。

③保：依恃、依靠。享：享受。生祿：養生的俸祿。

④得人：招集人衆，得其擁護。

⑤校(jiào)：同較。較量、抵抗。

⑥奔：逃、跑。

⑦狄：中國古代北方的種族名，春秋時散處於北方各諸侯國之間。因狄是重耳母親的娘家，故重耳奔狄。

⑧狐偃：字子犯，重耳的舅父，也稱舅犯。

⑨趙衰(cuī)字子餘，晉大夫。

⑩顛頡：晉大夫。晉文公攻曹時，他焚僖負羈宅，違紀被誅。

⑪魏武子：名犨(chōu)，晉大夫。

⑫司空季子：一名胥臣臼季。胥氏，臣名，封邑在臼，字季子，名、氏互見。司空，官名。

⑬廧咎(qiáng gāo)如：狄人的別種，隗姓。

⑭納諸：送給。諸，之於合詞。

⑮取：通娶。

⑯伯儵(tiáo)又讀：(yóu)晉文公與季隗所生之子。

⑰妻：作動詞。嫁給。

⑱適：往、到。齊，齊國，國都在臨淄，今山東淄博市。
⑲就木：進棺材。死的婉轉説法。
⑳子：你，指晉文公，尊稱。
㉑處：居住。

過衛①，衛文公不禮焉②。出於五鹿③，乞食於野人④，野人與之塊⑤。公子怒，欲鞭之。子犯曰：「天賜也⑥。」稽首⑦，受而載之⑧。

及齊⑨，齊桓公妻之⑩，有馬二十乘⑪。公子安之⑫，從者以為不可。將行，謀於桑下。蠶妾在其上⑬，以告姜氏⑭。姜氏殺之，而謂公子曰：「子有四方之志⑮，其聞之者，吾殺之矣！」公子曰：「無之。」姜曰：「行也⑯！懷與安⑰，實敗名⑱！」公子不可。姜與子犯謀，醉而遣之⑲。醒，以戈逐子犯⑳。

及曹㉑，曹共公聞其駢脅㉒，欲觀其裸㉓。浴，薄而觀之㉔。僖負羈之妻曰㉕：「吾觀晉公子之從者，皆足以相國㉖；若以相，夫子必反其國㉗；反其國，必得志於諸侯㉘；得志於諸侯，而誅無禮，曹其首也。子盍蚤自貳焉㉙！」乃饋盤飧㉚，寘璧焉㉛。公子受飧而反璧。

及宋㉜，宋襄公贈之以馬二十乘㉝。

及鄭㉞，鄭文公亦不禮焉㉟。叔詹諫曰㊱：「臣聞天之所啟㊲，人弗及也。晉公子有三焉㊳，天其或者將建諸㊴？君其禮焉！男女同姓，其生不蕃㊵。晉公子，姬出也㊶，而至於今㊷，一也；離外之患㊸，而天下不靖晉國㊹，殆將啟之㊺，二也；有三士㊻，足以上人㊼，而從之，三也㊽。晉、鄭同儕㊾，其過子弟㊿，固將禮焉(51)，況天之所啟乎！」弗聽。

及楚(52)，楚子饗之(53)，曰：「公子若反晉國，則何以報不穀(54)？」對曰：「子、女、玉、帛，則君有之(55)；羽、毛、齒、革(56)，則君地生焉。其波及晉國者(57)，君之餘也(58)。其何以報君？」曰：「雖然(59)，何以報我？」對曰：「若以君之靈(60)，得反晉國，晉、楚治兵(61)，遇於中原，其辟君三舍(62)。若不獲命(63)，其左執鞭、弭(64)，右屬櫜、鞬(65)，以與君周旋(66)。」子玉請殺之(67)。楚子曰：「晉公子廣而儉(68)，文而有禮(69)。其從者肅而寬(70)，忠而能力(71)。晉侯無親(72)，外內惡之。吾聞姬姓，唐叔之後(73)，其後衰者也(74)，其將由晉公子乎(75)？天將興之，誰能廢之？違天(76)，必有大咎(77)。」乃送諸秦(78)。

秦伯納女五人(79)，懷嬴與焉(80)，奉匜沃盥(81)，既而揮之(82)。怒(83)，曰：「秦、晉，匹也(84)，何以卑我(85)？」公子懼，降服而囚(86)。他日，公享之。子犯曰：「吾不如衰之文也(87)，請使衰從。」公子賦河水(88)。公賦六月(89)。趙衰曰：「重耳拜賜(90)！」公子降(91)，拜，稽首。公降一級而辭焉(92)。衰曰：「君稱所以佐天子者命重耳(93)，重耳敢不拜？」

①衛：國名。周武王之弟康叔始封於衛，建都朝歌，今河南淇縣。
②衛文公：姓姬名燬，衛國國君，前六五九—前六三五年在位。不禮：無禮。

③五鹿：地名。在今河南濮陽沙鹿城，屬衛。
④野人：指農夫。
⑤塊：土塊。
⑥天賜：天所賜予。土塊是土地的象徵，有土始有國，這是得國的吉兆，故說天賜。
⑦稽首：九拜中最重的禮節，叩頭至地。
⑧載：裝在車上。
⑨齊：國名。姜尚始封於齊，建都臨淄，今山東淄博市。
⑩齊桓公：姓姜，名小白，齊國國君，前六八五—前六四三年在位。春秋時期第一個霸主。妻之：為他娶妻。
⑪乘：古代四馬駕一車為乘。故乘有「四」之義。
⑫安之：安於現狀。史記晉世家載，重耳留齊五年。
⑬蠶妾：採桑葉的女奴隸。
⑭姜氏：重耳妻。
⑮子：您。尊稱。四方之志：遠大的志向。實指離開齊國的打算。
⑯行也：走吧。
⑰懷與安：留戀妻子與貪圖安逸。
⑱實敗名：確實會敗壞一個人的事業。
⑲醉：用酒灌醉重耳。遣之：打發他上路。

⑳戈：古代兵器，青銅製，橫刃，安裝長柄，可擊、可鈎。

㉑曹：國名。周武王之弟叔振鐸始封於曹，建都陶丘，今山東定陶西南。

㉒曹共公：姓姬名襄，曹國國君，前六五二—六一八年在位。駢(pián)脅：肋骨相連，狀如一塊。駢，兩物相併。脅，肋骨。

㉓裸：赤身裸體。

㉔薄：簾子。一說作迫近解。

㉕僖負羈：曹國賢大夫。

㉖相國：國家的輔佐。

㉗夫子：指重耳。反：通返。返晉為君。

㉘得志：達到他的志願。

㉙子：指僖負羈。盍：何。蚤：通早。自貳：自己表示與曹國其他人有所區別。貳，區別。

㉚饋：送、贈。盤飧(sūn)：用盤子盛着晚上吃的飯。

㉛寘璧：在飯中藏着平圓形，中間有孔的玉器。一國大夫不能私自與別國人交往，故藏璧飯中，不使人見。寘，同置。

㉜宋：國名。子姓，周公平定武庚反叛後，將商都周圍之地分封給微子啟，建都於商丘，今河南商丘。

㉝宋襄公：子姓，名茲父，宋國國君，前六五〇—前六三七年在位。春秋五霸之一。

㉞鄭：國名。姬姓。前八〇六年，周宣王始封其弟友於鄭(今陝西華縣東)，是謂鄭桓公。周幽王時，桓公見西周

將亡，遷於東虢和鄶之間。鄭武公即位，滅鄶和東虢，建立鄭國，都新鄭，在今河南新鄭縣。

㉟鄭文公：名捷。鄭國國君。前六七二—前六二八年在位。

㊱叔詹：鄭國賢大夫。

㊲天之所啟：天所開導、佑助的人。啟，開，作開導、佑助講。

㊳有三焉：有三件特殊的事。

㊴其、或者：均為表示不肯定副詞，兩者連用，加强語氣。建：建立。指建國為君。諸，猶「之乎」。之，指重耳。

㊵蕃（fán）：蕃殖。引申為旺盛。

㊶姬出：晉文公之母是戎族的狐姬，與晉都是同姓姬，故稱為姬姓所生。

㊷於今：指活到今天。指男女同姓，其生不蕃，晉文公能活到今天，是第一件特殊的事。

㊸離外之患：重耳遭到出奔在外的災難。離，通罹。遭遇。

㊹不靖：不安定、不安寧。

㊺殆：大約、大概。

㊻三士：據國語晉語四：三士指狐偃、趙衰、賈佗三人。

㊼上人：超過一般人。

㊽三也：指第三件特殊的事。

㊾儕（chái）：等、輩。

㊿其過子弟：指晉國子弟來往經過鄭國。

(51)固：本來。

(52)楚：國名。芈姓。始祖鬻熊，西周時立國於荆山一帶，建都丹陽（今湖北秭歸東南）。

(53)楚子：楚成王熊惲。饗：同享。大飲賓客為享。

(54)報：報答。報謝。不穀：謙詞。不善。古代國君自稱的謙詞。

(55)子、女：男女奴隸。

(56)羽、毛、齒、革：指鳥羽、獸毛、象牙、犀牛皮。

(57)波：通播。播及、散及。

(58)餘：剩餘、多餘。

(59)雖然：即使如此、盡管如此。

(60)靈：威靈。有托福之意。

(61)治兵：演習軍事。作戰的委婉説法。

(62)辟：同避。退避。三舍：九十里。舍，三十里。古代行軍，行三十里宿歇，故三十里為一舍。「退避三舍」成語語源即此。

(63)不獲命：不能獲得楚國的諒解而退兵的命令。

(64)鞭：馬鞭。弭：没有邊緣的弓。泛指弓。

(65)屬：挂、佩。櫜（gāo）：盛箭的器具。鞬：盛弓的器具。上兩句意為手持武器。

(66)周旋：應對酬答。意為交戰。

⑥⑦子玉：名得臣。楚國令尹。

⑥⑧廣而儉：志向廣大而生活儉約。儉通檢。

⑥⑨文而有禮：文辭華美而合乎禮儀。

⑦⓪肅而寬：態度嚴肅而待人寬大。

⑦①忠而能力：忠誠而能為重耳出力。

⑦②晉侯：指晉惠公，名夷吾。

⑦③唐叔：名靚，周武王子，成王弟。成王封叔靚於唐，為唐侯。叔靚子臼父改國號為晉。

⑦④後衰：最後衰落。意為仍將興盛。

⑦⑤晉公子：指重耳。

⑦⑥違天：違背天意。

⑦⑦大咎：大的災禍。

⑦⑧秦：國名。嬴姓。秦襄公護送周平王東遷有功，被封為伯，建都於雍（今陝西鳳翔東南）。

⑦⑨秦伯：秦穆公，名任好。秦國國君，前六五九—前六二一年在位。春秋五霸之一。納女五人：送給重耳五個女子為妾媵。

⑧⓪懷嬴：秦穆公之女，曾嫁給晉惠公的太子圉。即晉懷公，故稱懷嬴。嫁文公後為辰嬴。與：指在五人之內。

⑧①奉：通捧。捧着。匜（yí）：盛水器具。沃盥（guàn）：倒水盥洗。

⑧②揮之：指重耳以濕手揮之使乾。按禮，應接受手巾拭乾，重耳不用手巾揮之使乾，非禮。

(83)怒：發怒。省略主語懷嬴。

(84)匹：匹敵、對等。

(85)卑我：輕視我。

(86)降服而囚：重耳脱去上衣，自囚以謝罪。

(87)文：指文辭華美，談吐得體。

(88)河水：逸詩的篇名。晉杜預註：「河水，逸詩，義取河水朝宗於海。海喻秦。」以小朝大，表示對秦的尊敬。古代在宴會上常常賦詩言志，是一種制度。

(89)六月：見詩經小雅六月篇。是歌頌尹吉甫輔佐周宣王北伐取勝之詩。秦穆公以尹吉甫隱喻重耳，預祝他必能歸國，並勉勵他霸諸侯，匡佐天子。

(90)拜賜：意指拜謝秦穆公的勉勵。

(91)降：降階至堂下。

(92)降一級：下階一級。辭：辭謝。表示不敢當重耳下階下拜稽首的大禮。

(93)君稱：指秦穆公稱引六月之詩。佐天子：輔佐天子。命：命令。

二十四年春王正月①，秦伯納之②。不書③，不告入也④。

及河⑤，子犯以璧授公子，曰：「臣負羈絏從君巡於天下⑥，臣之罪甚多矣！臣猶知之⑦，而況君乎？請由此亡⑧。」公子曰：「所不與舅氏同心者，有如白水⑨！」投其璧於河⑪。

濟河⑫，圍令狐⑬，入桑泉⑭，取臼衰⑮。

二月甲午⑯，晉師軍於廬柳⑰。秦伯使公子縶如晉師⑱。師退，軍於郇⑲。辛丑⑳，狐偃及秦、晉之大夫盟於郇㉑。壬寅㉒，公子入於晉師。丙午㉓，入於曲沃㉔。丁未㉕，朝於武宮㉖。戊申㉗，使殺懷公於高粱㉘。不書，亦不告也。

①二十四年：指魯僖公二十四年，即公元前六三六年。王正月：指周曆正月。王，周王。

②納之：送重耳回晉國。之，指重耳。

③不書：指重耳回國之事魯史春秋中無記載。

④不告入：不來報告重耳回國之事。

⑤河：黃河。

⑥臣負羈絏（jì xiè）：我用肩背牽挽韁繩。這是從行者的套話。羈，馬籠頭。絏，同紲。馬韁繩。意為我奉侍您巡行於各地。

⑦猶：還、尚且。

⑧亡：出奔。這裡指離開。

⑨所：若、如果。假設連詞，誓詞中多用之。同心：一心。

⑩有如白水：有河神為證。

⑪投其璧於河：國語晉語四作「沈璧以質」。意為以璧為質，取信於河神。
⑫濟河：渡過黃河。
⑬令狐：地名。在今山西臨猗縣西。
⑭桑泉：地名。在今山西解州西。
⑮臼衰（cuī）地名。在今山西解州東南。
⑯甲午：初四。
⑰軍：駐軍。廬柳：在今山西臨猗西北。
⑱公子縶：秦國公子，名縶，字子顯。如晉師：到晉懷公的軍隊裡去陳說利害。
⑲郇（xún）：地名。在今山西臨猗西南。
⑳辛丑：十一日。
㉑盟：結盟。
㉒壬寅：十二日。
㉓丙午：十六日。
㉔曲沃：地名。在今山西聞喜縣。
㉕丁未：十七日。
㉖武宮：晉武公的神廟。曲沃自武公始為晉侯，晉侯每即位，必朝之。武公為重耳祖父。
㉗戊申：十八日。

㉘懷公：即公子圉，晉文公的侄兒。高粱：地名。在今山西臨汾。

呂、郤畏偪①，將焚公宮而弒晉侯②。寺人披請見③，公使讓之④，且辭焉⑤，曰：「蒲城之役⑥，君命一宿⑦，女即至⑧。其後余從狄君以田渭濱⑨，女為惠公來求殺余，命女三宿，女中宿至⑩。雖有君命，何其速也？夫袪猶在⑪，女其行乎⑫！」對曰：「臣謂君之入也⑬，其知之矣⑭。若猶未也⑮，又將及難⑯。君命無二⑰，古之制也⑱。除君之惡，唯力是視⑲。蒲人、狄人，余何有焉⑳？今君即位，其無蒲、狄乎㉑？齊桓公置射鉤而使管仲相㉒。君若易之㉓，何辱命焉㉔？行者甚衆㉕，豈唯刑臣㉖！」公見之，以難告㉗。三月，晉侯潛會秦伯於王城㉘。己丑晦㉙，公宮火。瑕甥、郤芮不獲公㉚，乃如河上㉛，秦伯誘而殺之㉜。

晉侯逆夫人嬴氏以歸㉝。秦伯送衛於晉三千人㉞，實紀綱之僕㉟。

初，晉侯之豎頭須㊱，守藏者也㊲。其出也㊳，竊藏以逃㊴，盡用以求納之㊵。及入㊶，求見。公辭焉以沐㊷。謂僕人曰：「沐則心覆㊸，心覆則圖反㊹，宜吾不得見也。居者為社稷之守㊺，行者為羈絏之僕㊻，其亦可也，何必罪居者㊼？國君而讎匹夫㊽，懼者其衆矣。」僕人以告，公遽見之㊾。

狄人歸季隗於晉，而請其二子㊿。文公妻趙衰(51)，生原同、屏括、摟嬰。趙姬請逆盾與其母(52)，子餘辭(53)。姬曰：「得寵而忘舊，何以使人(54)？必逆之！」固請，許之。來(55)，以盾為才(56)，固請於公(57)，以為嫡子，而使其三子下之(58)；以叔隗為內子(59)，而己下之。

①呂：呂甥，因其封邑在瑕，又稱瑕甥。郤：郤芮。兩人均為晉惠公舊臣。畏偪：畏懼晉文公逼害。偪，同逼。

②焚，焚燒。公宮：公室。晉侯：即重耳，即位後，是謂文公。

③寺人披：即閹人勃鞮。

④讓之：責備他。

⑤辭：推辭。引申為拒絕。

⑥蒲城之役：即魯僖公五年，晉獻公使寺人披伐蒲，重耳越牆逃走，被斬斷衣袖之事。

⑦一宿：一夜。

⑧女：同汝。你。下文均同。

⑨以田渭濱：在渭水邊打獵。田，打獵。

⑩中宿：第二夜。

⑪袪（qū）：衣袖。指被斬斷的衣袖。

⑫行乎：走吧。

⑬入：指回國為君。

⑭知之：知，通智。增長才智。引申為懂得為君之道。

⑮未：指尚未懂得為君之道。

⑯及難：碰到禍難。

⑰無二：無二心。

⑱制：制度、原則。

⑲唯力是視：看自己的力量如何。即盡力而為。

⑳何有：古人習慣用語，有何的倒裝。有甚麼。這句意為蒲人、狄人對我有甚麼關係呢？

㉑其無蒲、狄乎：大概也會同我心中所想一樣沒有蒲人、狄人了吧。

㉒齊桓公置射鉤而使管仲相：事見左傳莊公九年。齊襄公無道被殺，國內大亂。管仲奉公子糾，自魯回齊；鮑叔等奉齊桓公自莒回齊。兩軍在乾地相遇，管仲用箭射中桓公衣上的鉤帶。後桓公即位，置射鉤之事不問，任管仲為相，終成霸業。

㉓易：指與齊桓公的做法相反。

㉔何辱命焉：何必屈尊您下命令驅逐我呢？

㉕行者：指懼得罪而離開的人。

㉖刑臣：刑餘之人的省稱。此是寺人披自稱，因為他是閹人。

㉗以難告：把呂、郤焚宮室的計劃告訴晉文公。

㉘潛：偷偷地。王城：秦國地名。在今陝西大荔縣東。

㉙己丑：三月之末日（月大為三十、月小為二十九）。晦：陰曆每月的最後一天。

㉚不獲公：找不到晉文公。

㉛如：到。河上：黃河邊上。

㉜誘：騙。
㉝逆：通迎。迎接。
㉞送衛於晉：送衛士給晉文公。秦穆公怕晉内部未定，人心未安，故派人保護重耳。
㉟綱紀之僕：得力的僕人。綱紀：網上的總繩稱綱，治絲稱紀，用以比喻有經營治理能力。
㊱豎：小臣。頭須：人名。
㊲守藏者：看守庫藏的人。藏，庫藏。
㊳出：指晉文公出亡時。
㊴竊藏：偷了庫藏的財物。
㊵盡用以求納之：指頭須把庫中財貨都為了爭取接納重耳回國而花費了。
㊶入：指晉文公回國即位。
㊷沐：洗頭。
㊸沐則心覆：洗頭時低頭向水，心就倒反了。
㊹圖反：考慮問題就相反。圖：想。
㊺居者：留在國内的人。指頭須等人。
㊻行者：從亡的人。指狐偃等人。
㊼罪：用如動詞。以(居者)為有罪。
㊽讎：仇視。匹夫：普通的人。

㊾遽（jù）：急、立即。
㊿請其二子：請求留下她兩個兒子。二子，即伯儵、叔劉。
(51)文公妻趙衰：晉文公把自己的女兒嫁給趙衰。妻，用如動詞，嫁。
(52)趙姬：即重耳的女兒。盾：趙盾。其母：趙盾之母叔隗。
(53)子餘：趙衰字。辭：辭謝。表示不同意。
(54)使人：使用別人。即領導人民。
(55)來：指叔隗和趙盾母子回到晉國。
(56)才：才能。以下各句主語均為趙姬。
(57)公：晉文公。
(58)下：指居於趙盾之下。
(59)內子：正妻。鄭玄注：「內子，大夫妻也。」「內子，卿之適妻也。」

晉侯賞從亡者①，介之推不言祿②，祿亦弗及。推曰：「獻公之子九人，唯君在矣③！惠、懷無親④，外內棄之⑤。天未絕晉，必將有主。主晉祀者⑥，非君而誰？天實置之⑦，而二三子以為己力⑧，不亦誣乎⑨？竊人之財⑩，猶謂之盜；況貪天之功以為己力乎⑪？下義其罪⑫，上賞其姦⑬；上下相蒙⑭，難與處矣⑮。」其母曰：「盍亦求之⑯？以死，誰懟⑰？」對曰：「尤而效之⑱，罪又甚焉！且出怨言，不食其食。」其母曰：「亦使知之，若何？」對曰：「言，身之文也⑲；身將隱，焉用文之？是求顯也⑳。」其母曰：「能如是乎？與女偕隱㉑。」遂隱而死。晉侯求之不獲，以緜上為之田㉒，曰：「以志吾過㉓，且旌善人㉔。」

①從亡者：跟隨重耳流亡的人。

②介之推：姓介名推，「之」是語助詞。重耳的小臣，從文公出亡十九年。文公回國賞從亡者，推不言祿，文公將他遺忘，便與母隱居於綿山。後文公求之，不出，文公焚山逼其出，竟抱木而死。為紀念介之推，是日不舉火，此為寒食節之來歷。

③君：指晉文公。

④惠：指晉惠公夷吾。懷：指晉懷公子圉。

⑤棄：拋棄。

⑥主晉祀者：主持晉國祭祀的人。即繼承晉國為君者。

⑦置：立。

⑧二三子：指從亡者。

⑨誣：誣罔、欺騙。

⑩竊：偷竊。

⑪貪：貪圖。

⑫下義其罪：在下的人把罪惡當作正義的行為。

⑬上賞其姦：在上的人對他們所做的壞事加以贊揚、獎賞。
⑭相蒙：互相欺蒙。
⑮處：相處，在一起。
⑯盍：何不之合音。
⑰懟(duì)：怨恨。
⑱尤而效之：明知他們有錯誤而去仿效。尤，過失、錯誤。
⑲文：文飾。
⑳顯：顯達。這裡指為人所知。
㉑偕：一起。
㉒緜上：地名。在今山西介休縣南。為之田：作為他的祭田。田，祭田。
㉓志：同誌。記。
㉔旌：表揚。

（來可泓）

城濮之戰

冬，楚子及諸侯圍宋①，宋公孫固如晉告急②。先軫曰③：「報施，救患④，取威、定霸，於是乎在矣。」狐偃曰⑤：「楚始得曹而新昏於衛⑥，若伐曹、衛，楚必救之，則齊、宋免矣⑦。」於是乎蒐於被廬⑧，作三軍⑨，謀元帥。趙衰曰⑩：「郤縠可⑪。臣亟聞其言矣，說禮樂而敦詩書⑫。詩書，義之府也。禮樂，德之則也。德義，利之本也⑬。夏書曰：『賦納以言，明試以功，車服以庸⑭。』君其試之。」乃使郤縠將中軍，郤溱佐之⑮。使狐偃將上軍，讓於狐毛而佐之。命趙衰為卿⑯，讓於欒枝、先軫，使欒枝將下軍，先軫佐之。荀林父御戎，魏犨為右⑰。

〔篇名簡介〕城濮之戰，是魯僖公二八年（公元前六三二），晉、楚兩國為爭奪霸權，在城濮發生的一次大戰。當時，國力強盛的楚國實力超過晉國，但由於楚方主將子玉的剛愎自用和恃強輕敵，結果被戰前準備充分、戰中指揮正確且採取高明外交策略的晉國打得大敗。成為中國戰爭史上一次著名的以少勝多、以弱勝強的戰爭。

①楚子：指楚成王。楚率陳、蔡、鄭、許諸國圍宋。

②公孫固：宋莊公的孫子，曾任宋大司馬。

③先軫：晉大夫，因食採邑於原，亦稱原軫。

④報施：報答恩施。晉文公重耳當年流亡經過宋國時，宋襄公曾贈馬二十乘，見左傳僖公二十三年。救患：解救現在宋國被楚國包圍的患難。

⑤狐偃：晉大夫，字子犯，晉文公的母舅，故又稱舅犯。狐偃和其兄狐毛曾隨從晉文公流亡。

⑥得曹：得到曹國的歸附。昏：同「婚」。

⑦齊、宋免矣：指齊、宋兩國都可以免去患難。去年（公元前六三四年）楚伐齊，侵占齊谷邑，命申公叔侯留戍，以

威脅齊國。狐偃估計晉伐曹、衛，齊、宋兩國都可以解除威脅了。

⑧蒐（sōu）：本義是狩獵，此指軍事演習。被廬：晉地。

⑨三軍：上、中、下三軍。按周禮夏官司馬：「大國三軍，次國二軍，小國一軍。」閔公元年晉獻公作二軍，文公乘此機會建立三軍。

⑩趙衰：晉大夫，字子餘。

⑪郤縠（hú）：晉大夫。城濮之戰時，據國語記載，他年已五十。

⑫說：同「悦」。敦：熟悉。

⑬義之府：道義的府庫。德之則：德行的法則。利之本：利益的根本。

⑭夏書：尚書中關於夏代的部分。引文見於尚書益稷。賦納：采納，聽取。明試：清楚地考察。功：工，具體的任務。車服：車馬服飾。庸：功績。意謂採納有益的建議，考察其後果，用車馬服飾酬勞其功績。

⑮使郤縠將中軍：使郤縠為中軍將，即元帥。晉國三軍各置將、佐，稱為六卿。中軍主將為元帥，正卿，是最高執政官。郤溱：晉大夫。佐：副手。

⑯為卿：為下軍將、佐。

⑰荀林父：又稱中行桓子、荀伯。御戎：指給晉文公駕御兵車。魏犫（chóu）：魏武子，晉大夫。右：車右，指給晉文公做車右。

晉侯始入而教其民①，二年，欲用之。子犯曰：「民未知義，未安其居②。」於是乎出定襄王③，入務利民。民懷生矣④，將用之。子犯曰：「民未知信，未宣其用。」於是乎伐原以示之信⑤。民易資者⑥，不求豐焉，明徵其辭⑦。公曰：「可矣乎？」子犯曰：「民未知禮，未生其共⑧。」於是乎大蒐以示之禮，作執秩以正其官⑨。民聽不惑，而後用之⑩。出穀戍，釋宋圍，一戰而霸，文之教也⑪。

①晉侯：即晉文公重耳，曾流亡國外十九年，公元前六三六年回國即位。教其民：訓練百姓作戰。

②二年：指晉文公回國為君的第二年，即魯僖公二十五年（公元前六三五）。下文的「出定襄王」、「伐原」，都是在魯僖公二十五年。未安其居：生活未安定。

③出定襄王：魯僖公二十四年，周襄王被其弟叔帶趕走，逃居於鄭。次年，晉文公出兵殺叔帶，護送襄王歸國復位。

④務：努力從事。懷生：指人民懷戀故土，各安生計。

⑤伐原以示之信：原，小國名。在今河南濟源縣西北。據左傳僖公二十五年記載，晉文公命士兵帶三天糧伐原，糧盡未下，盡管諜報原將降，文公為取信於軍民，仍下令撤軍。

⑥易資：交換物質。

⑦豐：多利。明徵其辭：猶言明碼實價。徵：驗。辭：此指價格。

⑧共：同「恭」，恭敬。

⑨示之禮：申明禮儀。作：設置。執秩：掌爵祿秩位的官。

⑩聽：聽從命令。

⑪出穀戍：指楚軍撤除了齊國穀地的駐軍。釋宋圍：指解除了楚軍對宋國的圍困。一戰而霸：指城濮之戰晉勝楚後，確立了自己的霸主地位。文之教：文德的教化。這幾句是預言城濮之戰的結果。

二十八年春，晉侯將伐曹，假道於衛①，衛人弗許，還自南河濟②，侵曹伐衛。正月戊申，取五鹿③。二月，晉郤穀卒，原軫將中軍，胥臣佐下軍，上德也④。

①假道：借路。曹國在衛國東，晉軍從西攻曹，衛是必經之路，故向衛國借路。

②還：繞道。自南河濟：晉軍本想經衛境東渡黃河伐曹，因衛不許，衹有從今河南淇縣南渡，出衛南轉東北攻曹。

③五鹿：衛地名。今河南濮陽東北。

④胥臣：又名臼季，司空季子，曾隨重耳流亡。上德：崇尚德行。原軫本為下軍佐，位列第六。因為有德行，被晉文公提升為中軍帥，位列第一。

晉侯、齊侯盟於斂盂①。衛侯請盟，晉人弗許②。衛侯欲與楚，國人不欲，故出其君以說於晉③。衛侯出居於襄牛④。公子買戍衛⑤，楚人救衛，不克。公懼於晉，殺子叢以說焉⑥。謂楚人曰：「不卒戍也⑦。」

①齊侯：即齊昭公，名潘，桓公之子。斂盂：衛地名。今河南濮陽東南。
②衛侯：即衛成公，名鄭，文公之子。
③與楚：指投靠楚國。出其君：趕走衛君。
④襄牛：衛地名。今河南睢縣。
⑤公子買：字子叢，魯大夫。當時魯與楚同盟，故派子叢率魯軍駐守衛國。
⑥公：魯僖公。殺子叢以說：此時晉、楚主力還未交鋒，魯國弱，便採取兩面手法，殺子叢以取悅晉。
⑦不卒戍：是說子叢沒有盡職完成駐防任務，所以殺他。

晉侯圍曹，門焉①，多死。曹人尸諸城上②，晉侯患之。聽輿人之謀，稱「舍於墓③。」師遷焉，曹人凶懼，為其所得者棺而出之④。因其凶也而攻之。三月丙午，入曹。數之，以其不用僖負羈而乘軒者三百人也，且曰：「獻狀⑤！」令無入僖負羈之宮而免其族，報施也⑥。魏犫，顛頡怒曰：「勞之不圖，報於何有？」爇僖負羈氏⑦。魏犫傷於胸，公欲殺之而愛其材。使問，且視之。病⑧，將殺之。魏犫束胸見使者，曰：「以君之靈，不有寧也⑨？」距躍三百，曲踴三百⑩。乃舍之，殺顛頡以徇於師，立舟之僑以為戎右⑪。

①門：攻打曹國城門。名詞活用為動詞。

②尸諸城上：將晉軍尸體陳列在城上。尸，陳尸，動詞。

③輿人：衆人。稱：揚言。舍：駐扎。舍於墓：晉軍將駐扎曹國墓地，意為要掘曹人祖墳作為報復。

④凶懼：恐懼。說文「凶，擾恐也。」為其所得者棺而出之：把得到的晉軍尸體裝入棺木送出來。棺：入棺，動詞。

⑤數之以其不用僖負羈而乘軒者三百人也：數：責備。僖負羈：曹大夫。晉文公重耳為公子時流亡過曹，曹共公聽說他駢脅（肋骨緊連），便趁重耳沐浴時「薄而觀之」（見左傳僖公二十三年），僖負羈聽了妻子的勸告，郤饋贈食物給重耳。軒：大夫所乘的車。這句是晉文公斥責曹共公不用賢臣僖負羈而朝中大夫郤多至三百人。且曰：「獻狀」：晉文公並且辱罵曹共公「死狗樣子！」說文：「獻，宗廟犬，名羹獻。犬肥者以獻之。從犬，鬳聲。」說文：「鬳，鬲屬。」從說文可知獻的本義是可以入鬲蒸煮以供祭祀的肥狗。古時犬同豬一樣為祭祀之牲。禮記曲禮下有「犬曰羹獻」，禮記玉藻有「士無故不殺犬豕。」注：「故，謂祭祀之屬。」狀：樣子。為甚麽用獻狀而不直接用犬狀，狗狀？這是因為犬將宰殺作羹獻時定是惶恐顫栗的樣子，正如孟子裡觳觫之狀的釁鐘之牛。曹共公當年在晉文公落難時無禮，現在成了文公的俘虜，命運叵測，惶恐顫栗如同羹獻之犬，所以罵他獻狀。這個獻狀形象地表現了曹共公狼狽不堪的丑相，也準確地表達了晉文公這個戰勝者報惡泄忿的神態及對曹共公厭惡鄙視的心情。

⑥報施：報答僖負羈的恩施。

⑦爇（ruò）：燒。

⑧病：傷重。

⑨靈：威靈。不有寧也：不是很安寧嗎？

⑩距躍：向前跳躍。曲踴：曲膝向上跳。百：通「拍」，表示邊跳邊拍掌三次。

⑪徇於師：在軍中示衆。舟之僑：原是虢國舊臣，魯閔公二年逃奔晋國。立舟之僑，即撤魏犫車右之職，改由舟之僑擔任。

宋人使門尹般如晋師告急①。公曰：「宋人告急，舍之則絶，告楚不許②。我欲戰矣，齊、秦未可，若之何？」先軫曰：「使宋舍我而賂齊、秦，藉之告楚③。我執曹君而分曹、衛之田以賜宋人。楚愛曹、衛，必不許也。喜賂、怒頑④，能無戰乎？」公説，執曹伯，分曹、衛之田以畀宋人⑤。

①門尹般：宋大夫。門尹：官名。般：人名。

②舍之則絶：舍宋不救，則宋與晋關係斷絶。告楚不許：求楚釋宋圍楚又不同意。

③藉之告楚：讓齊、秦兩國替宋向楚請求退兵。藉：憑借。

④楚愛曹、衛，必不許也：楚國愛惜曹、衛兩個盟邦，一定不會接受齊、秦兩國的調解。喜賂，怒頑：齊、秦喜得宋國的賄賂，惱怒楚國不聽調解的頑固。

⑤説（yuè）：高興。曹伯：曹共公。畀（bì）：給與。

楚子入居於申①，使申叔去穀②，使子玉去宋。曰：「無從晋師③。晋侯在外，十九年矣，而果得晉國。險阻艱難，備嘗之矣；民之情偽④，盡知之矣。天假之年，而除其害⑤。天之所置，其可廢乎？軍志曰：『允當則歸⑥。』又曰：『知難而退。』又曰：『有德不可敵。』此三志者，晉之謂矣。」子玉使伯棼請戰⑦，曰：「非敢必有功也，願以間執讒慝之口⑧。」王怒，少與之師，唯西廣、東宮與若敖之六卒實從之⑨。

①申：國名。原姜姓國，後為楚滅，地在今河南南陽。楚子入居於申：楚成王由伐宋退居申地。

②申叔：楚大夫。即申公叔侯，侵齊穀邑的楚將。去：撤離。

③從：追逼。

④晉侯在外，十九年矣：晉文公於魯僖公五年出奔，二十四年入晉，整十九年。情偽：真偽。情，實。

⑤天假之年：是説晉文公十九年流亡國外，猶能生存，是天賜其壽。假，借。除其害：指與晉文公對立的惠公、懷公、呂甥、郤芮等都被除掉。

⑥軍志：古兵書，已失傳。允當則歸：即適可而止。玉篇：「允，當也。」

⑦伯棼（fen）：楚大夫。即鬬椒，又字子越。

⑧間執：堵塞。讒慝之口：指説人壞話。此暗指去年蔿賈説子玉「過三百乘其不能以入矣」的話。

⑨西廣：楚軍有左右廣，西廣即右軍。東宮：太子的衛隊。若敖：楚武王之祖。楚君無謚號，都稱敖，再加上葬地名。若敖葬於若，故稱若敖，也是子玉祖父。若敖之六卒：即子玉的宗族親兵六百人。楚成王不同意子玉出戰，因此不肯給子玉足够的兵力，但又對此戰抱有僥幸心理，故又少與之師。

子玉使宛春告於晉師曰①：「請復衛侯而封曹②，臣亦釋宋之圍。」子犯曰：「子玉無禮哉！君取一，臣取二，不可失矣③。」先軫曰：「子與之④！定人之謂禮，楚一言而定三國，我一言而亡之。我則無禮，何以戰乎？不許楚言，是棄宋也。救而棄之，謂諸侯何？楚有三施，我有三怨⑤，怨讎已多，將何以戰？不如私許復曹、衛以携之⑥，執宛春以怒楚，既戰而後圖之。」公說，乃拘宛春於衛，且私許復曹、衛，曹、衛告絕於楚。子玉怒，從晉師，晉師退。軍吏曰：「以君辟臣，辱也。且楚師老矣⑦，何故退？」子犯曰：「師直為壯，曲為老，豈在久乎？微楚之惠不及此，退三舍辟之，所以報也⑧。背惠食言，以亢其讎⑨，我曲楚直，其衆素飽，不可謂老。我退而楚還，我將何求？若其不還，君退臣犯，曲在彼矣。」退三舍。楚衆欲止⑩，子玉不可。

①宛春：楚大夫。

②復衛侯：衛成公出居襄牛，故曰恢復衛侯的君位。封曹：曹已為晉所滅，故子玉要求重新建立曹國。

③君取一：君指晉文公，一指釋宋圍。臣取二：臣指子玉，二指復衛、封曹。不可失矣：不可失去進攻楚國的好借口。

④子與之：您答應他。

⑤三施：指曹、衛、宋都可得利。三怨：晉不答應子玉的要求，三國都將怨晉。

⑥携：離間。

⑦軍吏：軍官。辟：同「避」。老：疲困。

⑧微：無，没有。三舍：九十里。古代行軍，三十里為一舍。所以報也：以此報答楚國。當年晉文公流亡至楚，楚成王盛宴招待，並送他到秦國。楚成王曾問文公，如果回到晉國，怎麼報答楚國。文公回答：「晉楚治兵，遇於中原，其辟君三舍。」

⑨亢（kàng）：庇護。其讎：指楚的敵國宋。

⑩楚衆：楚國士兵。

夏四月戊辰①，晉侯、宋公、齊國歸父、崔夭、秦小子憖②，次於城濮③。楚師背酅而舍④，晉侯患之。聽輿人之誦曰：「原田每每，舍其舊而新是謀⑤。」公疑焉。子犯曰：「戰也！戰而捷，必得諸侯。若其不捷，表裡山河⑥，必無害也。」公曰：「若楚惠何？」欒貞子曰：「漢陽諸姬，楚實盡之⑦。思小惠而忘大耻，不如戰也。」晉侯夢與楚子搏，楚子伏己而盬其腦⑧，是以懼。子犯曰：「吉。我得天，楚伏其罪，吾且柔之矣⑨。」

①戊辰：初一。

②宋公：宋成公。國歸父、崔夭：均齊大夫。秦小子憖（yìn）：秦穆公之子。

③次：臨時駐扎。古文次為𠓛（説文八下），正如張開的帳篷。（此陸宗達説）

④鄰(xī)：城濮附近的地名，是一個丘陵險阻之地，楚軍憑險而軍。
⑤原田每每：如同詩經大雅緜的「周原膴膴」，意即原野土地肥美。每、膴古音同。舍其舊而新是謀：拋棄舊的，謀取新的。意為文公喜新厭舊，拋棄楚恩。故下文有「公疑焉」。
⑥表裡山河：晉外有黃河，內有太行山。
⑦漢陽諸姬，楚實盡之：漢水北面的姬姓國，都被楚國吞併了。陽：山南水北稱陽。
⑧盬(gǔ)：吮吸。
⑨楚伏其罪：楚子伏，臉朝下，這是伏罪的表示。柔：柔服。動詞。因腦髓柔軟，故引申為柔服。這是子犯為消除晉文公疑慮編造出來的謊話。

子玉使鬬勃請戰①，曰：「請與君之士戲②，君馮軾而觀之，得臣與寓目焉③。」晉侯使欒枝對曰：「寡君聞命矣。楚君之惠，未之敢忘，是以在此。為大夫退，其敢當君乎？既不獲命矣，敢煩大夫謂二三子④：戒爾車乘，敬爾君事，詰朝將見⑤。」

①鬬勃：楚大夫。
②戲：角力。
③馮(píng)軾：靠着車前扶手的橫木。馮，同憑。寓目：寄目，觀看。
④二三子：意謂「你們將領」。

⑤詰(jié)朝：明天早晨。

晉軍七百乘，韅、靷、鞅、靽①。晉侯登有莘之虛以觀師②，曰：「少長有禮，其可用也③！」遂伐其木以益其兵④。己巳，晉師陳於莘北⑤，胥臣以下軍之佐當陳、蔡⑥。子玉以若敖之六卒將中軍，曰：「今日必無晉矣！」子西將左，子上將右⑦。胥臣蒙馬以虎皮，先犯陳、蔡，陳、蔡奔，楚右師潰。狐毛設二旆而退之⑧，欒枝使輿曳柴而偽遁⑨，楚師馳之，原軫、郤溱以中軍公族橫擊之。狐毛、狐偃以上軍夾攻子西，楚左師潰。楚師敗績，子玉收其卒而止，故不敗⑩。晉師三日館穀⑪，及癸酉而還⑫。

①韅(xiǎn)、靷(yǐn)、鞅(yāng)、靽(bàn)：馬身上的皮甲、繮繩、絡頭之類。此句形容晉軍裝備整齊。
②莘：古國名。有莘之虛：莘國遺址。在今山東曹縣西北。虛：同墟。觀師：檢閱軍隊。
③少長有禮：指晉軍士兵懂得軍禮。古代軍禮，少壯者在前，老弱者在後。
④益：增加。兵：兵器。
⑤己巳：四月初四。陳：列陣。莘北，有莘古城之北，即城濮。
⑥陳、蔡：陳：蔡聯軍，即子上統帥的右軍。
⑦子西：楚大夫鬬宜申。子上：即鬬勃。
⑧設二旆(pèi)而退之：旆，大旗。軍中唯中軍主帥設二旆。狐毛為上軍將，卻故意設二旆，偽裝中軍退卻，以迷惑楚軍。

⑨輿：車。曳：拖。使輿曳柴而偽遁：用戰車拖着樹枝，使塵土飛揚，假裝逃跑。

⑩楚師馳之：楚軍以為晉軍不敵逃跑便急速追擊晉軍，正被晉中軍攔腰攻打。中軍公族：由晉貴族子弟組成的中軍。

⑪三日館穀：休整三天，吃楚軍留下的糧。館，動詞，住扎。

⑫癸酉：四月初六。

（周　洪）

秦晉殽之戰

冬①，晉文公卒。庚辰②，將殯於曲沃③。出絳④，柩有聲如牛⑤。卜偃使大夫拜⑥，曰：「君命大事⑦，將有西師過軼我⑧，擊之，必大捷焉。」

杞子⑨自鄭使告於秦曰：「鄭人使我掌其北門之管⑩，若潛師以來⑪，國可得也。」穆公訪諸蹇叔⑫。蹇叔曰：「勞師以襲遠⑬，非所聞也⑭。師勞力竭，遠主備之⑮，無乃不可乎⑯？師之所為⑰，鄭必知之，勤而無所⑱，必有悖心⑲。且行千里，其誰不知⑳？」公辭焉㉑。召孟明、西乞、白乙㉒，使出師於東門之外。蹇叔哭之曰：㉓「孟子㉔！吾見師之出而不見其入也！」公使謂之曰㉕：「爾何知㉖？中壽㉗，爾墓之木拱矣㉘！」

蹇叔之子與師㉙，哭而送之，曰：「晉人禦師必於殽㉚。殽有二陵焉㉛：其南陵㉜，夏后皋之墓也㉝；其北陵㉞，文王之所辟風雨也㉟。必死是間㊱，余收爾骨焉㊲！」秦師遂東㊳。

〔篇名簡介〕本篇選自左傳僖公三十二、三十三年。記叙秦、晉殽之戰的原因、經過和結果。反映了春秋時期大國爭霸的史實。

①冬：魯僖公三十二年冬天（前六二八年）

②庚辰：十二月十日。

③殯：停棺待葬。古代風俗，人死後先置棺中，停放於別處，然後擇日安葬。曲沃：在山西聞喜縣。晉國舊都，祖墳所在。周代君王的棺柩要「朝於祖考之廟」，因此在曲沃暫時停放，以便擇日安葬。

④絳（jiàng）：晉國國都，在今山西翼城縣東南。

⑤柩（jiù）：裝進屍體的棺材。也稱靈柩。

⑥卜偃：晉卜筮之官。姓郭名偃。拜：古代的一種禮節。跪下後雙手合抱在胸前，頭低到手上。

⑦君：指晉文公。大事：這裡指軍事。

⑧西師：西方的軍隊，指秦軍。過軼：越過的意思。軼（yì）：原指後車超過前車。與過連用作經過、越過講。

⑨杞子：秦國將領。魯僖公三十年，秦、晉聯軍攻鄭，鄭派燭之武到秦軍陳說滅鄭與存鄭對秦國的利害關係。為秦穆公所接受，便單獨撤軍，并留杞子、逢孫、楊孫三將領幫助鄭國守城。使：派人。

⑩管：鎖鑰。

⑪潛師：秘密出軍。潛，原指隱藏在水下，引申爲隱蔽的秘密行動。

⑫穆公：秦穆公。訪：訪問、咨詢。蹇（jiǎn）叔：秦國的元老。

⑬勞師以襲遠：使軍隊很疲勞地去偷襲遠方的鄭國。

⑭非所聞也：我没有聽到過。這是委婉説法，意爲我不贊成。

⑮遠主：指鄭君。

⑯無乃：大概、恐怕。

⑰爲：指行動。

⑱勤而無所：勞苦而無所收獲。

⑲悖心：背逆怨恨的思想。

⑳其：語氣詞，加强反問。

㉑辭：拒不接受。

㉒孟明：秦元老百里奚之子，姓百里，名視，字孟明。西乞：復姓，名術。白乙：名丙。三人都是秦國大將。

㉓之：指師。軍隊。

㉔孟子：孟明視。子是對孟明視的尊稱。

㉕謂之曰：對他説道。

㉖爾：你。

㉗中壽：大約活到六七十歲光景。這時蹇叔約七八十歲。

㉘爾墓之木：你墳上的樹。古代墳上栽樹，據白虎通崩薨篇引禮緯含文嘉云：「天子墳高三仞，樹以松；諸侯半之，樹以柏；大夫八尺，樹以欒；士四尺，樹以槐；庶人無墳，樹以楊柳。」拱：兩手合抱。這句是駡人的話，駡蹇叔老而無知，早該死去。

㉙蹇叔之子：蹇叔的兒子，一名申，一名視。與師：參加出征。

㉚殽（yáo）：同崤。山名。在今河南洛寧縣北。地勢險要，是晉之要道關塞。古代禮制，征伐朝聘，過人之國，必遣使假道。秦不假道，故晉軍在此伏擊秦軍。

㉛二陵：指東崤山與西崤山。陵：大阜也。

㉜南陵：指西崤山。

㉝夏后皋：夏后，猶言夏代的天子。皋：人名，桀的祖父。

㉞北陵：指東崤山。

㉟文王：周文王。所：處所、地方。

㊱是間：這個地方。

㊲焉：在那裡。

㊳遂東：就向東進發。

三十三年春，秦師過周北門①，左右免胄而下②，超乘者三百乘③。王孫滿尚幼④，觀之，言於王曰：「秦師輕而無禮⑤，必敗。輕則寡謀，無禮則脫⑥。入險而脫，又不能謀，能無敗乎？」

及滑⑦，鄭商人弦高將市於周⑧，遇之⑨。以乘韋先⑩，牛十二犒師⑪。曰：「寡君聞吾子將步師出於敝邑⑫，敢犒從者⑬。不腆敝邑⑭，爲從者之淹⑮，居則具一日之積⑯，行則備一夕之衛⑰。」且使遽告於鄭⑱。

鄭穆公使視客館⑲，則束載⑳、厲兵㉑、秣馬矣㉒。使皇武子辭焉㉓，曰：「吾子淹久於敝邑㉔，唯是脯資餼牽竭矣㉕，爲吾子之將行也，鄭之有原圃㉖，猶秦之有具囿也㉗，吾子取其麋鹿㉘，以間敝邑㉙，若何？」杞子奔齊㉚，逢孫、楊孫奔宋。

孟明曰：「鄭有備矣㉛，不可冀也㉜。攻之不克，圍之不繼㉝，吾其還也㉞。」滅滑而還。

①周北門：周王都城洛邑的北門。在今洛陽市西。

②左右：戰車的左右衛。古代戰車，若非將帥，則御者居中，射者在左，戈盾勇力之士在右。這裡指射者和勇力之士。免胄（zhòu）：脱帽。下：下車。表示對周天子的敬意。胄：頭盔。又名兜鍪。

③超乘（shèng）：一躍上車。指車左右衛剛下車即一躍登車，這是輕狂無禮的舉動。

④王孫滿：周共王的玄孫，姓姬名滿。

⑤輕：輕率放肆。

⑥脱：粗忽、大意。

⑦滑：國名。姬姓小國，在今河南滑縣。

⑧弦高：姓弦名高。鄭國愛國商人。市：用如動詞，經商。
⑨之：代詞，指秦國軍隊。
⑩以乘韋先：先送四張熟牛皮爲禮物。乘，古代四馬駕一車，故乘爲四的代稱。韋，熟牛皮。先，古代送禮，先以輕物爲引子，然後再送重物。先輕後重。
⑪犒師：以食物慰勞軍隊。
⑫步師：行軍。出於敝邑：到我國去。
⑬敢：謙詞。猶言冒昧。從者：指將士。
⑭不腆（tiǎn）敝邑：我國雖然不很富厚。腆，厚、多。
⑮淹：淹留、耽擱。指久住在外。
⑯居：住下來。具：準備。積：指人、馬所需的米、菜、柴、草之類。
⑰行：動身。指軍隊開拔。一夕：一夜。衛：守衛、保衛。
⑱且使遽（jù）告於鄭：弦高並且派人用接力的快馬駕了車給鄭國去送信。遽，驛車。每過一驛站，就換一次馬。
⑲鄭穆公：名蘭，文公庶子，前六二七—前六〇七年在位。客館：招待外賓的住所。即杞子等人居住之處。
⑳束載：整理行裝。
㉑厲兵：磨快兵刃。厲，通礪。磨礪。
㉒秣馬：喂馬。秣：飼料。
㉓皇武子：鄭國大夫。辭：辭謝杞子等人，讓他們離開鄭國。

㉔吾子：尊稱。你們。淹久：滯留長久。
㉕唯是：因此。唯，猶以，因為。脯（fǔ）：干肉。資：同粢。食糧。餼（xì）：已宰殺了的牲畜。牽：没有宰殺的牲畜。竭：完，盡。
㉖原圃：鄭國的獵場。在今河南中牟縣西北。
㉗具圃：秦國的獵場。在今陝西鳳翔縣。
㉘麋鹿：鹿類動物，比鹿體大。
㉙以間敝邑：使我國得到閑暇。
㉚奔：逃亡。
㉛備：準備、防備。
㉜不可冀：没有希望了。冀：希、希望。
㉝繼：續。指增援部隊。
㉞還：回去。指回師。

晉原軫曰：①「秦違蹇叔，而以貪勤民②，天奉我也③。奉不可失，敵不可縱④。縱敵患生⑤，違天不祥⑥。必伐秦師！」欒枝曰⑦：「未報秦施⑧，而伐其師，其為死君乎⑨？」先軫曰：「秦不哀吾喪⑩，而伐吾同姓⑪，秦則無禮，何施之為⑫！吾聞之：『一日縱敵，數世之患也。』謀及子孫⑬，可謂死君乎！」遂發命，遽興姜戎⑭。子墨衰絰⑮，梁弘御戎⑯，萊駒為右⑰。

夏四月辛巳⑱，敗秦師於殽，獲百里孟明視、西乞術、白乙丙以歸⑲。遂墨以葬文公⑳。晉於是始墨㉑。

文嬴請三帥㉒，曰：「彼實構吾二君㉓，寡君若得而食之㉔，不厭㉕；君何辱討焉㉖！使歸就戮於秦，以逞寡君之志㉗，若何㉘？」公許之。

先軫朝㉙，問秦囚㉚。公曰：「夫人請之，吾舍之矣㉛。」先軫怒，曰：「武夫力而拘諸原㉜，婦人暫而免諸國㉝。墮軍實而長寇讎㉞，亡無日矣㉟！」不顧而唾㊱。

公使陽處父追之㊲。及諸河㊳，則在舟中矣。釋左驂㊴，以公命贈孟明。孟明稽首曰㊵：「君之惠㊶，不以累臣釁鼓㊷，使歸就戮於秦，寡君之以為戮，死且不朽㊸！若從君惠而免之㊹，三年，將拜君賜㊺。」

秦伯素服郊次㊻，鄉師而哭㊼，曰：「孤違蹇叔㊽，以辱二三子㊾，孤之罪也。」不替孟明㊿，曰：「孤之過也(51)，大夫何罪？且吾不以一眚掩大德(52)。」

①原軫（zhěn）：即先軫。晉中軍元帥，因食采邑於原，故又稱原軫。

②以貪勤民：因貪婪於得鄭國而使人民遭受勞苦。

③奉：助。幫助。

④縱：放。

⑤縱敵患生：放走敵人，就會產生後患。
⑥不祥：不吉利。
⑦欒枝：晉大夫。
⑧未報秦施：沒有報答秦國施給的恩惠。指晉文公在秦伯幫助下回國即位之事。
⑨其：語氣詞。難道。為：作有字講。死君：指晉文公。意為難道心目中有先君的遺命嗎！
⑩哀：悲痛、悲傷。
⑪同姓：指滑國。滑與晉均為姬姓。
⑫何施之為：還講甚麼恩施。
⑬謀及子孫：替子孫後代打算。
⑭遽興姜戎：用驛車傳令通知姜戎興兵。姜戎，居於秦、晉間的一個種族，因受秦國壓迫，故與晉友好。
⑮子：指晉文公之子晉襄公，名驩。因文公未葬，故稱「子」。墨：黑色。衰絰（cuī dié）：喪服。衰，未縫邊麻布喪衣。絰，麻腰帶。因喪衣為白色，行軍時不吉利，故染成黑色。
⑯梁弘：晉大夫。御戎：駕馭兵車。
⑰萊駒：晉大夫。右：車右武士。
⑱辛巳：十三日。
⑲獲：擒獲。捉住。
⑳墨：墨色喪服。

㉑始墨：從這時開始晉以黑色衰絰代替白色衰絰。

㉒文嬴：秦穆公女兒，晉文公夫人，晉襄公嫡母。請三帥：替孟明、西乞、白乙請求。

㉓彼實構吾二君：他們實在是挑撥離間秦、晉兩國國君的人。構：指進讒言挑撥離間。

㉔寡君：指秦穆公。

㉕不厭：不滿足。厭：滿。

㉖辱：勞駕、屈尊。討：懲罰。

㉗逞：快意、滿足。

㉘若何：怎麼樣。

㉙朝：朝見襄公。

㉚秦囚：秦國的俘虜。指孟明等人。

㉛舍：同捨。釋放。

㉜武夫：戰士們。力：出力。拘：捉住、拘獲。原：戰場。

㉝婦人：指文嬴。暫：通漸。欺詐。免諸國：在國都釋放。

㉞墮軍實：毀傷晉國的軍資。墮，毀棄。長寇讎：長敵人的志氣。

㉟亡無日矣：距離亡國的時間没有多久了。

㊱不顧而唾：不回頭而吐痰。顧：回頭。古代禮制，在尊長面前不敢吐痰、擤鼻涕。先軫面向襄公吐痰，極言其氣忿。

㊲陽處父：晉大夫，又稱陽子。
㊳及：到。河：黃河。
㊴釋：解開。左驂：左邊拉車的馬。
㊵稽首：九拜中的最重的一種禮節，下跪後，叩頭至地。
㊶惠：恩惠。
㊷纍（lěi）臣：被俘之臣。纍，通縲。囚繫。釁（xìn）鼓：殺人用血塗鼓。古代製成重要器物，必殺牲祭神，以血塗之，叫做釁。
㊸死且不朽：身雖死猶如不死。即不忘大恩。
㊹君惠：蒙受晉君的恩惠。免：免死。
㊺拜君賜：拜領晉君所賜禮物。言外之意為報仇雪耻。
㊻素服：凶服。郊次：在郊外等待。
㊼鄉師：面向軍隊。鄉，通向。
㊽孤：我。君主自稱。違：違背。
㊾辱：蒙受耻辱。二三子：指孟明等將領。
㊿不替：不撤換。替：更、廢。
[51]過：過失、錯誤。
[52]眚（shěng）：本意為眼翳，引申為過失。掩大德：抹殺大功德。

（朱可泓）

晏嬰叔向論齊晉季世

三年春王正月①，……齊侯使晏嬰請繼室於晉②。……既成昏③，晏子受禮④，叔向從之宴⑤，相與語。叔向曰：「齊其何如？」晏子曰：「此季世也⑥，吾弗知⑦。齊其為陳氏矣⑧。公棄其民⑨，而歸於陳氏。齊舊四量⑩，豆、區、釜、鍾⑪。四升為豆，各自其四⑫，以登於釜⑬。釜十則鍾⑭。陳氏三量⑮，皆登一焉⑯，鍾乃大矣⑰。以家量貸⑱，而以公量收之⑲。山木如市⑳，弗加於山㉑；魚、鹽、蜃、蛤㉓，弗加於海㉓。民參其力㉔，二入於公㉕，而衣食其一㉖。公聚朽蠹㉗，而三老凍餒㉘。國之諸市，屨賤踊貴㉙。民人痛疾，而或燠休之㉚。其愛之如父母㉛，而歸之如流水㉜。欲無獲民㉝，將焉辟之㉞？箕伯、直柄、虞遂、伯戲，其相胡公、大姬已在齊矣㉟。」

叔向曰：「然㊱。雖吾公室㊲，今亦季世也。戎馬不駕㊳，卿無軍行㊴；公乘無人㊵，卒列無長㊶。庶民罷敝㊷，而宮室滋侈㊸。道殣相望㊹，而女富溢尤㊺。民聞公命，如逃寇讎。欒、郤、胥、原、狐、續、慶、伯㊻，降在皂隸㊼。政在家門㊽，民無所依。君日不悛㊾，以樂慆憂㊿。公室之卑(51)，其何日之有？讒鼎之銘曰(52)：『昧旦丕顯(53)，後世猶怠(54)。』況日不悛，其能久乎？」

晏子曰：「子將若何(55)？」叔向曰：「晉之公族盡矣。肸聞之，公室將卑，其宗族枝葉先落，則公從之(56)。肸之宗十一族(57)，唯羊舌氏在而已(58)。肸又無子，公室無度(59)，幸而得死(69)，豈其獲祀(61)。」

〔篇名簡介〕本篇選自左傳昭公三年。記叙齊國晏嬰與晉國叔向的一番對話。反映齊、晉兩國奴隸主貴族没落和新興地主階級興起的史實。

①三年：指魯昭公三年，前五三九年。王，指周曆。因魯尊周，以周曆為王曆。

②齊侯：齊景公，姓姜名杵臼，前五四八—前四九〇年在位。晏嬰：字平仲，夷維（今山東高密）人，齊景公相。繼室：續娶夫人。昭公二年四月，晉平公娶齊女少姜，同年秋，少姜去世。齊景公想與晉國保持婚姻關係，故派晏嬰去晉，請求續娶齊女。

③成昏：訂婚。昏，通婚。

④受禮：接受賓享之禮。

⑤叔向：名肸（xī），羊舌氏。晉國大夫。從：跟從，引申為陪同。

⑥季世：末代。衰微之世。

⑦弗知：猶言不敢保證。一說仍作不知講。

⑧其：語氣詞。大概。陳氏：即田氏。陳、田二字古音相通。其祖先陳完即田敬仲，為陳厲公子，陳國内亂，逃奔齊國。齊桓公任命他為工正。其後代逐漸强大，專齊國政，至陳和時，由田齊取代姜齊。

⑨公：指齊景公。也可指姜齊公室。

⑩四量：四種量器。

⑪豆、區（oū）、釜（fǔ）、鐘：齊國四種量器名稱。

⑫各自其四：指升、豆、區逢四進位。

⑬以登於釜：四進位制到釜爲止。登，升。

⑭釜十則鍾：十釜爲鍾。以十進位。每釜六斗四升，每鍾爲六斛四斗。

⑮三量：指豆、區、釜三種量器。

⑯皆登一：都在舊量中增加一，即改舊量四升爲豆爲五升爲豆；四豆爲區爲五豆爲區，四區爲釜爲五區爲釜。登，加。

⑰鍾乃大矣：鍾的容量就大了。

⑱家量：指陳氏加大的新量器。貸，借。指借給人民。

⑲公量：指齊國的舊量器。收，收回。上文指陳氏以大斗出，小斗進收買人心。

⑳如市：到市場貿易。

㉑弗加於山：其價格不高於山上。

㉒蜃（shèn）蛤（gě）：蜃，大蛤。蛤，蛤蜊。

㉓弗加於海：其價格不高於海邊。以上做法是陳氏收買人心？還是齊君用强制手段剥削奴隸？前人多主前說。惟郭沫若奴隸社會主後說。

㉔參：同三。

㉕公：公室。

㉖衣食其一：其中一份作爲維持生活的費用。衣食，穿衣吃飯，借指維持生活。

㉗公聚朽蠹：公室聚斂太多，年久腐朽，或生蛀蟲。

㉘三老：老人。原有三解。杜預說：「三老謂上壽、中壽、下壽，皆八十以上，不見養遇。」孔穎達說：「三老者，工老、商老、農老。」鄭玄說：「三老五更各一，皆年老更事致仕者也。」凍餒：挨凍受餓。

㉙屨賤踊貴：鞋子便宜，假脚昂貴。屨，鞋。踊，假脚。說明刑罰多而重。

㉚或：有人。指陳氏。燠休（yǔ xǔ）：亦作噢咻。厚加賞賜，以示安撫。燠，厚。休，賜。

㉛其：指代陳氏。之：指代百姓。

㉜歸之：指人民歸心陳氏。

㉝獲民：獲得人民的擁護。

㉞辟：同避。躲避。

㉟箕伯、直柄、虞遂、伯戲：舜的後代，均為陳氏的祖先。周武王時，封舜後於陳。胡公、大姬：胡公，陳始封之君。大姬，周武王之女，嫁胡公為妻。這句的意思是，陳氏的祖先神靈已在齊國，陳氏將取代姜齊了。

㊱然：對，是這樣。

㊲雖：即使。

㊳戎馬不駕：國君所乘戰車的馬不再駕戰車。指晉國力衰弱，無力出征。

㊴卿無軍行（háng）：卿不掌握軍隊，没有軍權。軍行，又作戎行。軍隊。

㊵公乘無人：指公室的車乘無御者與戎右。

㊶卒列無長：軍隊裡没有稱職的長官。卒：古代軍隊編制，百人為一卒。列：步兵的行列。

㊷庶民：普通平民。罷（pí）敝：疲困。

㊸滋侈：愈加奢侈。滋，更、益。

㊹道殣（jìn）相望：餓死人淺埋於路邊的墳堆互相看見。極言餓死於路者之多。殣：餓死。

㊺女富溢尤：嬖寵之家的財富多得裝不下。女，嬖寵之家。溢，盈、滿。尤，同訧，過也。

㊻欒、郤、胥、原、狐、續、慶、伯：為晉國姬姓的八大卿、大夫家族。其祖依次為欒枝、郤缺、胥臣、先軫、狐偃、續簡伯、慶鄭、伯宗。

㊼皂隸：低賤役吏。

㊽政在家門：指卿大夫專政。家門：私門，指卿大夫之家。

㊾不悛（quān）：不知改悔。

㊿以樂慆（tāo）憂：以娛樂度過憂患。慆，通韜。隱藏。

(51)卑：卑微。

(52)讒鼎：鼎名。本為魯有，齊伐魯，取之。銘：鐫刻在鼎上的銘文。

(53)昧旦丕顯：黎明即起，致力於聲名顯赫。昧旦：早起。丕，大。

(54)後世猶怠：後代仍會懈怠。

(55)若何：怎麽辦。

(56)從之：跟着凋零。

(57)宗：同祖為宗。

(58)羊舌氏：以羊舌爲氏。羊舌，食邑名。叔向以叔爲族，以羊舌爲氏。

(59)無度：没有法度。

(60)得死：即獲死、獲終。指以老壽而善終。

(61)豈其獲祀：難道還能享受子孫的祭祀。

（來可泓）

齊晉鞌之戰

二年春①，齊侯伐我北鄙②，圍龍③。頃公之嬖人盧蒲就魁門焉④。龍人囚之⑤。齊侯曰：「勿殺！吾與而盟⑥，無入而封⑦。」弗聽，殺而膊諸城上⑧。齊侯親鼓⑨，士陵城⑩。三日，取龍，遂南侵，及巢丘⑪。

衛侯使孫良夫⑫、石稷⑬、甯相⑭、向禽將侵齊⑮，與齊師遇。石子欲還。孫子曰：「不可！以師伐人，遇其師而還，將謂君何⑯？若知不能，則如無出。今既遇矣，不如戰也。」……⑰

石成子曰：「師敗矣！子不少須⑱，衆懼盡⑲。子喪師徒⑳，何以復命？」皆不對。又曰：「子，國卿也㉑。隕子㉒，辱矣㉓。子以衆退，我此乃止㉔。」且告車來甚衆㉕。齊師乃止，次於鞫居㉖。新築人仲叔于奚救孫桓子㉗，桓子是以免㉘。既㉙，衛人賞之以邑㉚，辭。請曲縣㉛、繁纓以朝㉜，許之㉝。

仲尼聞之㉞，曰：「惜也，不如多與之邑！惟器與名㉟，不可以假人㊱，君之所司也㊲。名以出信㊳，信以守器㊴，器以藏禮㊵，禮以行烏㊶，烏以生利㊷，利以平民㊸，政之大節也㊹。若以假人，與人政也。政亡，則國家從之，弗可止也已㊺。」

〔篇名簡介〕本篇選自左傳成公二年。記叙了齊、晉鞌之戰的起因、經過，結果的全過程。展示了齊軍驕傲而敗，晉軍團結而勝的道理。

①二年：魯成公二年，即公元前五八九年。
②齊侯：齊頃公，名無野。前五九八—前五八二年在位。我，指魯國。北鄙：北部邊邑。
③龍：地名。在今山東泰安東南。
④嬖（bì）人：受寵愛的人。盧蒲就魁：盧蒲是氏，本為姜姓，齊桓公之後。就魁是名字。門焉：攻打城門。
⑤囚：囚禁。
⑥而：同爾，你。盟：訂立盟約。
⑦封：封境。即境土。
⑧膊：曝。暴屍。
⑨鼓：用如動詞，擊鼓。
⑩陵城：爬上城牆。

⑪巢丘：地名。在今山東泰安附近。

⑫衛侯：姓姬，名遬。前五九九—前五八九年在位。孫良夫：衛大夫，即孫桓子。

⑬石稷：即石成子。衛國名臣石碏四世孫。

⑭甯向：衛公族大夫甯俞兒子。

⑮向禽將：衛臣。一説向禽爲名，將連下讀，作將要講。

⑯將謂君何：指將何以向國君復命。

⑰……：原文有闕脱。此段應述齊、衛新築之戰。

⑱子：你，指孫良夫。少須：少待。

⑲衆懼盡：士兵恐怕要被全部殲滅了。

⑳師徒：軍士卒徒。

㉑國卿：執政的上卿。

㉒隕子：損傷您。隕，損失。

㉓辱矣：使國家蒙受耻辱。

㉔我此乃止：即我乃止此的倒裝句。意爲我留在這裡抵抗。

㉕且告：指石成子通告衛軍。車來甚衆：救援的兵車來得很多，以安定軍心。

㉖次：駐扎。鞫(jū)居：地名。在今河北大名縣附近。

㉗仲叔於奚：新築大夫。

㉘免：免於禍難。
㉙既：事後。副詞，表時間。
㉚之：指代仲叔于奚。邑，采邑。指土地。
㉛曲縣：縣同懸。懸挂在架上的樂器。曲懸，諸侯所用樂器，去其南面，東西北三面懸挂，又名軒懸。
㉜繁（pán）纓：馬鬃毛前的裝飾，諸侯的禮飾。以上兩物，均爲諸侯所用，邑宰用此，乃是僭禮。
㉝許之：衛侯答應仲叔于奚的請求。
㉞仲尼：孔子的字。
㉟器：指曲縣、繁纓等器物。名：指爵位名號。
㊱假人：假借給別人。
㊲司：主管、掌握。
㊳名以出信：名號用來賦予人們威信。
㊴信以守器：威信用來保守器物。
㊵器以藏禮：器物用來體現禮制。
㊶禮以行義：禮制用來推行道義。
㊷義以生利：道義用來産生利益。
㊸利以平民：利益用來治理人民。
㊹政：政權。大節：重大的關鍵問題。

㊺止：制止。

孫桓子還於新築①，不入②，遂如晉乞師。臧宣叔亦如晉乞師③。皆主郤獻子④。晉侯許之七百乘。郤子曰：「此城濮之賦也⑤。有先君之明⑥，與先大夫之肅⑦，故捷⑧。克於先大夫，無能為役⑨！」請八百乘。許之。郤克將中軍⑩，士燮將上軍⑪，欒書將下軍⑫，韓厥為司馬⑬，以救魯、衛。臧宣叔逆晉師⑭，且道之⑮。季文子帥師會之⑯。及衛地，韓獻子將斬人⑰，郤獻子馳⑱，將救之，至，則既斬之矣。郤子使速以徇⑲，告其僕曰⑳：「吾以分謗也㉑。」師從齊師於莘㉒。

①新築：衛邑名，在今河北大名縣附近。

②入：指不回朝廷。

③臧宣叔：名許，魯國大夫。

④主：主人。因郤克為中軍帥，主持國政，故衛、魯兩卿直接找他。郤獻子：郤克，跛一足，曾出使齊國，為齊國後宮婦女所笑，深以為恨，發誓報仇。

⑤城濮：地名，在今山東鄄城西南。這裡指發生在公元前六三二年的晉、楚城濮之戰。賦：指軍隊兵車、士卒數目。

⑥先君：指晉文公。明：英明。

⑦先大夫：指先軫、狐偃等人。肅：敏捷，才具敏捷。

⑧捷：勝利。
⑨役：僕役。
⑩將：統率、率領。
⑪士燮：士會之子，即吳文子，一稱吳叔。佐：輔佐。即上軍副帥。
⑫欒書：晉大夫，下軍主帥。
⑬韓厥：晉大夫。司馬：掌軍法事宜。
⑭逆：迎。
⑮道：通導。作向導。
⑯季文子：名行父，魯公族。
⑰韓獻子：即韓厥。
⑱馳：驅馬趕去。
⑲徇：示衆。
⑳僕：御者。
㉑分謗：分擔別人的毀謗、指責。
㉒莘：衛國地名。在今山東莘縣境內。

六月壬申①，師至於靡笄之下②。齊侯使請戰，曰：「子以君師辱於敝邑，不腆敝賦③，詰朝請見④。」對曰：「晉與魯、衛，兄弟也，來告曰⑤：『大國朝夕釋憾於敝邑之地⑥』。寡君不忍，使群臣請於大國⑦，無令輿師淹於君地⑧；能進不能退，君無所辱命⑨！」齊侯曰：「大夫之許，寡人之願也。若其不許，亦將見也⑩。」齊高固入晉師⑪，桀石以投人⑫；禽之⑬，而乘其車⑭，繫桑本焉⑮，以徇齊壘⑯。曰：「欲勇者賈余餘勇⑰！」

癸酉⑱，師陳於鞌⑲。邴夏御齊侯⑳，逢丑父為右㉑。晉解張御郤克㉒，鄭丘緩為右㉓。齊侯曰：「余姑翦滅此而朝食㉔！」不介馬而馳之㉕。郤克傷於矢㉖，流血及屨㉗，未絶鼓音㉘，曰：「余病矣㉚！」張侯曰：「自始合㉛，而矢貫余手及肘㉜，余折以御㉝，左輪朱殷㉞，豈敢言病？吾子忍之！」緩曰：「自始合，苟有險㉟，余必下，推車。子豈識之㊱？然子病矣！」張侯曰：「師之耳目，在吾旗鼓，進退從之㊲。此車，一人殿之㊳，可以集事㊴。若之何其以病敗君之大事也㊵？擐甲執兵㊶，固即死也㊷，病未及死，吾子勉之㊸！」左并轡㊹，右援枹而鼓㊺，馬逸不能止㊻。師從之㊼。齊師敗績㊽。逐之，三周華不注㊾。

①壬申：十六日。
②靡笄（jī）：山名。在今濟南市千佛山。
③不腆（tiǎn）敝賦：敝國的兵員很少。腆：厚、豐厚。敝，謙詞，敝國。賦，指將士兵員。
④詰朝：明天早晨。

⑤來告：指來求救援。

⑥大國：指齊國。朝夕：不分晝夜。釋憾：洩忿、發洩怒氣。敝邑：魯、衛自稱。

⑦請：請求。

⑧輿師：衆多的軍隊。淹：久留。

⑨君無所辱命：猶言不致辱君命。表示許戰的話。

⑩見：指兵戎相見。

⑪高固：齊大夫。即高宣子。

⑫桀石：舉起石頭。桀，舉。

⑬禽：通擒。捉、抓。

⑭車：戰車。

⑮桑本：桑樹根。將桑樹根繫在從晉人手中奪來的戰車上，以示區別。

⑯徇：巡行示威。

⑰賈：買。

⑱癸酉：十七日。

⑲陳：擺開陣勢。鞌：齊地名。在今濟南附近。

⑳邴夏：齊大夫。御：駕車。即御者。

㉑逢丑父：齊大夫。右：車右，又稱驂乘。古代制度，一車乘三人，尊者在左，御者在中，驂乘在右。但君王或戰

爭時的主帥居中，御者在左。車右都是勇力之士，執干戈以禦敵，並負責推車等力役之事。

㉒解（xiè）張：晉將。

㉓鄭丘緩：晉將。鄭丘為複姓。

㉔姑：姑且。翦滅：消滅。朝食：吃早飯。

㉕不介馬：不給馬披上甲。介，甲。馳之：驅馬進攻。

㉖傷於矢：被箭射傷。

㉗屨：鞋。

㉘絶：斷。鼓音：擊鼓的聲音。古代戰爭，主帥居中擊鼓掌旗，指揮三軍，鼓聲是前進的號令。

㉙病：指受重傷。

㉚張侯：即解張。

㉛始合：一開始交戰。

㉜貫：穿。

㉝余折以御：我把箭折斷了繼續駕車。

㉞朱殷（yān）：暗紅色。朱，紅色。殷，黑紅色。

㉟險：危險。

㊱識（zhì）：知道、了解。

㊲進退從之：進軍和撤退都聽從中軍旗鼓的指揮。

㊳殿：鎮守。
㊴集事：成事。
㊵若之何：奈何、怎麼。病，痛苦。敗，敗壞。
㊶擐甲執兵：穿上盔甲，拿起武器。
㊷固：本來、原來。
㊸勉之：努力吧。
㊹左并轡：左手握着馬繮繩。并，動詞。
㊺援枹（fú）而鼓：拽過鼓槌擊鼓。枹，鼓槌。鼓，用如動詞，擊鼓。
㊻逸：狂奔。
㊼師從之：晉國的軍隊跟着主帥的戰車衝上去。
㊽敗績：大敗。
㊾三周：三圈。華不注：山名。在今濟南東北。

韓厥夢子輿謂己曰①：「且辟左右②。」故中御而從齊侯③。邴夏曰：「射其御者，君子也。」公曰：「謂之君子而射之，非禮也。」射其左，越於車下④；射其右，斃於車中⑤。綦毋張喪車⑥，從韓厥曰：「請寓乘⑦。」從左右⑧，皆肘之⑨，使立於後。韓厥俛定其右⑩。逢丑父與公易位⑪。將及華泉⑫，驂絓於木而止⑬。丑父寢於轏中⑭，蛇出於其下，以肱擊之⑮，傷而匿之⑯，故不能推車而及⑰。韓厥執縶馬前⑱，再拜稽首⑲，奉觴加璧以進⑳，曰：「寡君使群臣為魯、衛請，曰：『無令輿師陷入君地』。下臣不幸㉑，屬當戎行㉒，無所逃隱㉓。且懼奔辟㉔，而忝兩君㉕。臣辱戎士㉖，敢告不敏㉗，攝官承乏㉘。」丑父使公下㉙，如華泉取飲㉚。鄭周父御佐車㉛，宛茷為右㉜，載齊侯以免㉝。韓厥獻丑父，郤獻子將戮之，呼曰㉞：「自今無有代其君任患者㉟，有一於此㊱，將為戮乎㊲？」郤子曰：「人不難以死免其君㊳，我戮之，不祥㊴。赦之以勸事君者㊵。」乃免之。

齊侯免，求丑父，三入三出㊶。每出，齊師以帥退㊷。入於狄卒㊸，狄卒皆抽戈楯冒之㊹。以入於衛師，衛師免之㊺。遂自徐關入㊻。齊侯見保者，曰㊼：「勉之㊽，齊師敗矣！」辟女子㊾。女子曰：「君免乎？」曰：「免矣。」曰：「銳司徒免乎㊿？」曰：「免矣。」曰：「苟君與吾父免矣，可若何(51)？」乃奔(52)。齊侯以為有禮。既而問之(53)，辟司徒之妻也(54)。予以石窌(55)。

①子輿：韓厥的父親。
②辟：同避。避開。左右：指兵車的左右兩側。
③中御：站在中間駕車。從：跟從，引申為追趕。
④越：墜，墜落。
⑤斃：僕倒。死。
⑥綦（qí）毋張：晉大夫，姓綦毋，名張。喪車：丟失戰車。

⑦寓乘：搭車。寓，寄，搭附。乘，乘車。

⑧從左右：指站立在左邊或右邊。

⑨肘之：用手肘推他。即示意綦毋張站在自己身後，不要站在兩邊。

⑩俛：同俯，低下身子。定：放穩。

⑪易位：交換位置。

⑫華泉：泉名。在華不注山下，流入濟水。

⑬驂：驂馬。古代用三馬駕車，轅馬兩旁的馬叫驂，左驂和右驂。絓：通挂。絆住。

⑭轏（zhàn）：棚車。用木條橫排編成車廂的輕便車。

⑮肱（gōng）：由肘至臂的手臂。

⑯匿：隱瞞。

⑰及：被趕上。

⑱執縶：拿着絆馬索。縶，絆馬索。

⑲再拜稽首：先拜二拜，再叩頭至地。是一種比稽首更重的禮。

⑳奉觴：捧着酒器。璧：圓平形而中間有孔的玉器。進：奉獻。以上三句是韓厥對齊侯執行「殞命」之禮。即俘獲敵國國君的禮儀。

㉑下臣：韓厥自稱。謙詞。

㉒屬：恰巧、恰好。當：遇。戎行（háng）：兵車的行列。意爲剛巧和您國君的兵車在同一條路上碰到了。

㉓隱：躲藏。

㉔奔辟：逃避。辟，通避。

㉕忝（tiǎn）：辱。兩君：指晉君和齊君。

㉖臣辱戎士：自謙之詞。言自己濫竽充數為戰士，有辱戰士名聲。

㉗不敏：不敏慧。

㉘攝官：擔任職務。承乏：人材缺乏，我衹好承擔充數。以上各句都是外交辭令。言外之意是俘虜齊君是我的職務，就不客氣動手了。

㉙公：齊侯。下：下車。

㉚如：往，到。飲：水。用如名詞。

㉛鄭周父：齊將。佐車：副車。

㉜宛茷（fèi）：齊將。

㉝免：免於被俘。

㉞呼：叫。省主語丑父。

㉟任患：承擔患難。

㊱有一於此：有一個能替國君承擔患難的人在這裡。

㊲為：被。

㊳不難：不懼怕。

㊴不祥：不吉利。
㊵勸：勉勵、鼓勵。
㊶三入三出：三次衝進晉軍，三次殺出重圍。
㊷齊師以帥退：齊軍擁護着齊侯後退。
㊸狄卒：狄人的軍隊。
㊹戈楯：泛指武器。楯，通盾，盾牌。冒：覆。引申為遮攔、庇護。
㊺免：指不傷害。
㊻徐關：地名。在今山東淄博西。
㊼保者：齊國守護城邑的將吏。
㊽勉之：努力吧。
㊾辟女子：驅逐路上的女人，叫她回避齊侯的車子。辟，同闢，驅除、驅逐。
㊿銳司徒：官名。指掌管矛、戈等銳利武器的官員。
51可若何：還要怎麼樣呢？
52奔：跑開。
53既而：後來。問：指查詢。
54辟司徒：官名。掌管軍中壁壘的官員。辟，通壁。
55予之石茆：賜給她石茆作為封地。石茆：地名，在今山東長清縣東南。

晉師從齊師①，入自丘輿②，擊馬陘③。齊侯使賓媚人賂以紀甗、玉磬與地④。不可，則聽客之所為⑤。賓媚人致賂，晉人不可，曰：「必以蕭同叔子為質⑥，而使齊之封内盡東其畝⑦。」對曰：「蕭同叔子非他，寡君之母也。若以匹敵⑧，則亦晉君之母也。吾子布大命於諸侯⑨，而曰必質其母以為信，其若王命何⑩？且是以不孝令也。詩曰⑪：『孝子不匱⑫，永錫爾類⑬。』若以不孝令於諸侯，其無乃非德類也乎⑭？先王疆理天下⑮，物土之宜⑯，而布其利⑰。故詩曰⑱：『我疆我理，南東其畝⑲。』今吾子疆理諸侯，而曰盡東其畝而已，唯吾子戎車是利⑳，無顧土宜，其無乃非先王之命也乎㉑？反先王則不烏，何以為盟主？其晉實有闕㉒！四王之王也㉓，樹德而濟同欲焉㉔；五伯之霸也㉕，勤而撫之㉖，以役王命㉗。今吾子求合諸侯，以逞無疆之欲㉘。詩曰㉙：『布政優優㉚，百祿是遒㉛。』子實不優，而棄百祿，諸侯何害焉㉜！不然㉝，寡君之命使臣，則有辭矣㉞。曰：『子以君師辱於敝邑，不腆敝賦，以犒從者㉟；畏君之震㊱，師徒橈敗㊲。』吾子惠徼齊國之福，不泯其社稷㊳，使繼舊好，唯是先君之敝器、土地不敢愛，子又不許。請收合餘燼㊴，背城借一㊵。敝邑之幸㊶，亦云從也；況其不幸，敢不唯命是聽。」

魯、衛諫曰：「齊疾我矣㊷！其死亡者㊸，皆親暱也㊹。子若不許，讎我必甚。唯子則又何求？子得其國寶，我亦得地，而紓於難㊺，其榮多矣㊻。齊、晉亦唯天所授，豈必晉？」晉人許之，對曰：「群臣帥賦輿㊼，以為魯、衛請，若苟有以藉口㊽，而復於寡君，君之惠也㊾。敢不唯命是聽。」

禽鄭自師逆公㊿。

秋七月，晉師及齊國佐盟於爰婁51。使齊人歸我汶陽之田52。公會晉師於上鄍53，賜三帥先路三命之服54，司馬、司空、輿師、候正、亞旅，皆受一命之服55。

①從：追趕。
②丘輿：齊邑名。在今山東益都西南。
③馬陘（xíng）：地名。在今山東益都西南。陘，山脈中斷的地方。
④賓媚人：齊大夫。即國佐。賂：賂遺、致送。紀甗：紀國的一件古物。紀，國名，為齊所滅，甗被齊國所奪。甗（yǎn）：古代一種炊飪器，有陶土製，有青銅製，其形狀上體圓而兩耳似鼎，一體三款足似鬲，中設箄（bēi），有半環可握着開閉。箄上有十字穿或直綫穿四五。有上下體可分，或不可分的。玉磬（qìng）：古代樂器，用玉或石雕成，懸於架上，擊之使鳴。地：土地。還給魯、衛之侵地。
⑤客：指晉人。
⑥蕭同叔子：齊頃公的母親。蕭，蕭國。同叔：蕭國國君的字。即齊頃公外祖父。子：女兒。古代兒、女均可稱子。質：抵押。
⑦封內：封國的境內。盡東其畝：田壟全部向東。畝，田田高畦，即壟。便於晉國進軍。
⑧匹敵：對等。
⑨吾子：指郤克。布大命：發布重大命令。
⑩王命：指周天子之命令。

⑪詩：見詩經大雅既醉篇。
⑫匱：盡、匱乏。
⑬錫：同賜。賜與。爾類：同類的人。
⑭其：大概。無乃：不是、恐怕。德類：猶言道德法則。
⑮疆理：劃分經界，區分地理。
⑯物土之宜：考察土地之所宜種植者。物，用如動詞，考察、根據。
⑰布其利：作有利於生產的布置、安排。
⑱詩：見詩經小雅信南山篇。
⑲南東其畝：視其所利、向南、向東開闢田隴。
⑳戎車：兵車。
㉑命：指政令。
㉒闕：過失、錯誤。
㉓四王：指禹、湯、周文王、周武王。王，指王天下。用如動詞。
㉔樹德：樹立德行。同欲：共同的欲望。濟，滿足。
㉕五伯：伯，同霸。杜預認為五霸是指夏的昆吾、商的大彭、豕韋，周的齊桓公，晉文公。這裡似不宜指齊桓、晉文、宋襄、秦穆、楚莊五人，因此說至戰國始有。
㉖勤：勤勞。撫：安撫。之：指諸侯國。

㉗以役王命：使大家為天子之命而服役。

㉘無疆之欲：没有止境的欲望。

㉙詩：見詩經商頌長發篇。

㉚布政優優：施行寬大和緩的政教。

㉛百祿：各種幸福。遒（qiú）：聚集、積聚。

㉜何害：有甚麼害處。

㉝不然：如果你們不答應。

㉞有辭：有話可説。

㉟以犒從者：犒，犒勞。此為外交辭令，意為與晉人作戰。

㊱震：威嚴。

㊲橈（náo）敗：失敗。

㊳泯：滅。

㊴收合餘燼：燼，燒殘的灰。比喻殘餘部隊。收拾整頓殘餘的部隊。

㊵背（bēi）城借一：背對自己城牆決最後一戰。

㊶幸：指戰勝。

㊷疾：怨恨、疾恨。

㊸死亡：戰死和逃亡。

㊹親暱：親近。

㊺紓：緩和、緩解。

㊻榮：光榮、榮耀。

㊼賦輿：兵車。

㊽若苟：同義詞連用，表假設。如果，假使。藉口：借口。此句意為如果有話可以向寡君覆命。

㊾惠：恩惠。

㊿禽鄭：魯國大夫。自師：從晉、魯、衛聯軍中出來。公：魯成公。請他來與齊簽訂盟約。

(51)爰婁：地名。在山東淄川。

(52)我：魯國。汶陽之田：汶水南面的土地。汶陽，在今山東寧陽北。

(53)上鄍：地名。在今山東陽谷縣境。

(54)三帥：郤克、士燮、欒書。先路：路，同輅。即卿所乘的正車。三命之服：古代卿大夫有三命、再命、一命的區別，命多則尊貴，以三命為限。三命的服飾。

(55)司馬：主管甲兵、軍法的大夫。司空：主管營壘的大夫。輿師：主管兵車的大夫。侯正：主管巡邏哨兵偵探的大夫。亞旅：次於卿，上大夫之別稱。

晉師歸，吴文子後入①，武子曰②：「無為吾望爾也乎③？」對曰：「師有功，國人喜以逆之，先入，必屬耳目焉④，是代帥受名也⑤，故不敢。」武子曰：「吾知免矣⑥。」

郤伯見⑦。公曰⑧：「子之力也夫⑨！」對曰：「君之訓也⑩，二三子之力也⑪，臣何力之有焉？」
吳叔見⑫，勞之如郤伯⑬。對曰：「庚所命也⑭，克之制也⑮，燮何力之有焉？」欒伯見⑯，公亦如之。
對曰：「燮之詔也⑰，士用命也⑱，書何力之有焉？」

①吳文子：即士燮。
②武子：即士會。士燮之父。
③無為吾望爾也乎：你難道不因為我盼望你而早些回來嗎？
④屬耳目：使衆人耳目集中於我。
⑤代帥受名：代替主帥接受有功之名。
⑥免：避免禍患。
⑦郤伯：郤克。見：拜見。
⑧公：晉景公。
⑨力：指功勞。
⑩訓：教訓、教導。
⑪二三子：指其他將領。
⑫吳叔：即士燮。
⑬勞：慰勞、慰問。

⑭庚：荀庚。荀林父之子。荀寅此時將上軍，未出動，士燮爲上軍佐，代荀庚出兵。命：指奉荀庚之命出師。
⑮克之制：自己受中軍帥郤克的節制。
⑯欒伯：欒書。
⑰詔：指示。
⑱士用命：將士服從命令。

（來可泓）

公羊傳

宋及楚平

夏五月①，宋人及楚人平②。外平不書③，此何以書？大其平乎己也④。何大乎其平乎己？莊王圍宋⑤，軍有七日之糧爾⑥，盡此不勝⑦，將去而歸爾⑧。於是使司馬子反乘堙而闚宋城⑨，宋華元亦乘堙而出見之⑩。司馬子反曰：「子之國何如？」華元曰：「憊矣⑪！」曰：「何如？」曰：「易子而食之⑫，析骸而炊之⑬。」司馬子反曰：「嘻⑭！甚矣憊⑮！雖然⑯，吾聞之也，圍者，柑馬而秣之⑰，使肥者應客⑱，是何子之情也⑲？」華元曰：「吾聞之：君子見人之厄則矜之⑳，小人見人之厄則幸之㉑。

吾見子之君子也㉒，是以告情於子也㉓。」司馬子反曰：「諾㉔，勉之矣㉕！吾軍亦有七日之糧爾，盡此不勝，將去歸爾。」揖而去之㉖。

反於莊王㉗。莊王曰：「何如？」司馬子反曰：「憊矣！」曰：「何如？」曰：「易子而食之，析骸而炊之。」莊王曰：「嘻！甚矣憊！雖然，吾今取此㉘，然後而歸爾」。司馬子反曰：「不可。臣已告之矣，軍有七日之糧爾。」莊王怒曰：「吾使子往視之，子曷爲告之㉙？」司馬子反曰：「以區區之宋㉚，猶有不欺人之臣，可以楚而無乎？是以告之也㉛。」莊王曰：「諾。舍而止㉜。雖然，吾猶取此㉝，然後歸爾。」司馬子反曰：「然則君請處於此㉝，臣請歸爾。」莊王曰：「子去我而歸㉞，吾孰與處於此㉟？吾亦從子而歸爾㊱！」引師而去之。故君子大其平乎己也。此皆大夫也㊲，其稱「人」何㊳？貶㊴。曷爲貶，平者在下也㊵。

〔公羊傳簡介〕公羊傳，亦作春秋公羊傳，或公羊春秋。舊題戰國時公羊高撰。是一部着重闡發春秋「微言大義」的儒家重要經典。漢武帝時立爲五經博士之一，研究公羊傳的學者大增。西漢董仲舒撰春秋繁露，專治公羊傳，此後形成春秋公羊學。

公羊傳的主要思想内容大致有以下幾個方面。首先，公羊傳認爲孔子作春秋，以微言體現王道一統的大義。因而大一統是春秋的基本思想。其次，公羊傳主三統説，三統指黑統（夏）、白統（商）、赤統（周）。認爲這三統循環造成歷史的遞嬗。其三，公羊傳主異内外説，强調春秋注重華夷之别。認爲華夷之别不在於種族，而在於文化，尤其是倫理道德。因此該書是研究戰國秦漢間儒家思想演變的重要資料。

公羊傳的通行本有東漢何休春秋公羊解詁本、唐徐彦公羊傳疏本，（均收入十三經注疏）清陳立公羊義疏本等。

底本據中華書局一九八〇年影印阮元校刻十三經注疏本春秋公羊傳注疏。

〔篇名簡介〕本篇選自公羊傳宣公十五年。記叙楚圍宋戰爭中，宋大夫華元與楚大夫子反各信於對方而議和的史實。

通篇純用復筆而不感累贅重復。

①五月：指魯宣公十五年五月，前五九四年。

②平：議和。和而不盟叫做平。

③外平不書：春秋記魯國史事，外國之間講和的事是不記載的。書，記載。

④大：尊重、注重。己：指華元、子反兩大夫。此句意爲：尊重這次和議是由二大夫促成的。因爲古代大夫無遂事，無決策權。

⑤莊王：楚莊王，羋姓，名旅，楚國國君。前六一三——前五九一年在位。春秋五霸之一。宋：國名。子姓，周公封商舊都周圍土地給紂王庶兄微子啓，建都商丘（今河南商丘南）。

⑥爾：通耳，語氣助詞。了。

⑦此：指代七日之糧。

⑧去：離開。

⑨司馬：官名。掌軍政。子反：人名，即公子側。當時任圍宋楚軍中軍主帥。堙（yīn）：用以登高上城的戰具。

闚：即窺，暗暗地看。窺的異體字。
⑩華元：人名。宋大夫，執宋國政。
⑪憊：疲乏、疲困。
⑫易子：交換子、女。
⑬析骸（hái）而炊：拆散屍骨用以燒食物。
⑭嘻（xī）：嘆詞。表示驚懼。
⑮甚矣憊：甚憊矣的倒裝句。非常疲困了。
⑯雖然：即使這樣。
⑰柑馬而秣之：用木銜馬口中，而將糧秣喂馬口中。馬口動而不能吃，以示糧秣甚多。
⑱肥者：指肥馬。應客：讓敵人看。以示飽足。
⑲情：實、實情。意爲，你爲甚麽告以實情。
⑳厄：困厄、苦難。矜：矜憫、憐憫。
㉑幸：幸災樂禍。
㉒君子：這裡指有道德、有同情心的人。
㉓是以：所以。
㉔諾（nuò）：答應聲。
㉕勉之矣：勉力堅守吧。

㉖揖（yī）：古時的一種禮節。兩手相拱於胸前，欠身爲禮。

㉗反：通返。回去。

㉘吾今取此：我今天將攻拔這座城池。

㉙曷：何，爲甚麼。

㉚區區：猶小小。

㉛是以：所以。

㉜舍而止：命子反築舍於此，停留不走。

㉝然則：那麼。處於此：停留在這裡。

㉞去：離開。

㉟孰與：與誰，與哪一個。

㊱從：跟從，跟隨。

㊲大夫：一般任官職者之稱。西周、春秋時國君之下有卿、大夫、士三級。大夫又分上、中、下三等，以佐助國君處理政務。

㊳其稱人何：爲甚麼稱宋人、楚人呢？人，指宋人、楚人。意爲爲甚麼不稱宋國、楚國。

㊴貶：降低。

㊵平者：指議和的人。下：指大夫。議和本爲國君之事，現在由大夫主持此事，故降低其規格。

（來可泓）

虞師晉師滅夏陽

非國而曰「滅」①，重夏陽也②。虞無師③，其曰「師」④，何也？以其先晉⑤，不可以不言師也。其先晉，何也？為主乎滅夏陽也⑥。夏陽者，虞虢之塞邑也⑦，滅夏陽而虞、虢舉矣⑧。

虞之為主乎滅夏陽，何也？晉獻公欲伐虢⑨，荀息曰⑩：「君何不以屈產之乘⑪，垂棘之璧⑫，而借道乎虞也⑬？」公曰：「此晉國之寶也。如受吾幣而不借吾道⑭，則如之何？」荀息曰：「此小國之所以事大國也⑮。彼不借吾道，必不敢受吾幣。如受吾幣而借吾道，則是我取之中府而藏之外府⑯，取之中廄而置之外廄也⑰。」公曰：「宮之奇存焉⑱，必不使受之也。」荀息曰：「宮之奇之為人也，達心而懦⑲，又少長於君⑳。達心則其言略㉑；懦則不能強諫㉒；少長於君，則君輕之㉓。且夫玩好在耳目之前㉔，而患在一國之後㉕。此中知以上乃能慮之㉖。臣料虞君，中知以下也。」公遂借道而伐虢。宮之奇諫曰：「晉國之使者，其辭卑而幣重㉗，必不便於虞。」虞公弗聽。遂受其幣而借之道。宮之奇又諫曰：「語曰㉙：『脣亡則齒寒。』其斯之謂與㉚？」挈其妻子以奔曹㉛。

獻公亡虢，五年㉜，而後舉虞。荀息牽馬操璧而前曰㉝：「璧則猶是也㉞，而馬齒加長矣㉟！」

〔穀梁傳簡介〕穀梁傳，亦稱春秋穀梁傳。舊題戰國初年穀梁赤撰。實為穀梁赤口述並與其後學編纂而成。穀梁赤，一名俶，字元始，戰國魯國人，受經於孔子弟子子夏。穀梁傳為春秋三傳之一，與公羊傳相似，以發揮春秋的「微言大義」為主，漢初不受重視，漢宣帝好穀梁傳，纔著帛成書，廣行於世，後為歷代封建王朝列入儒家經學之經典，對後世有重要影響。

穀梁傳用自設問答體例，訓釋春秋經義，述事釋義起自魯隱公元年（前七二二），迄於魯哀公十四年（前四八一），與春秋記事同。然解說較為簡潔，較少引證史實。其內容主要是傳經之義，講求貴義信道，與正不與賢。注重辨正尊卑之等、名分之異；推崇君子親親之道。提倡為親者、尊者、賢者諱；提倡婦女「三從」。强調君主代表上天統治人民；强調君主應愛惜民力，不與民爭利。

穀梁傳的通行本有晉范甯春秋穀梁集解本，清侯康穀梁傳疏正本，四部備要本、十三經注疏本等。

底本據中華書局一九八〇年影印阮元校刻十三經注疏本春秋穀梁傳注疏。

〔篇名簡介〕本篇選自穀梁傳僖公二年。記叙晉獻公以厚幣賂虞公假道以伐虢。虞公目光短淺，貪晉厚賂，不顧虞、虢唇齒相依關係，不聽賢臣宮之奇諫阻，招來與虢一起被晉所滅命運。反映了春秋時期大國兼併小國的歷史事實。

①非國：並非國家。指夏陽乃虢國的城邑。滅：滅亡。

②重：尊重、重視。夏陽：虢國城邑，地勢險要，為虞、虢兩國要塞。

③虞無師：指晉出兵滅虢，虞並未出師。

④其曰師：指為甚麽説虞師晉師滅夏陽。

⑤先晉：指滅虢之舉，虞為首惡，故先於晉。

⑥為主：為首。

⑦虞：國名。周武王封大王之子虞仲後代於虞，在今山西平陸縣東北六十里。虢：國名。又名北虢。周文王封其弟仲於陝西寶鷄附近，為西虢。北虢是虢的別姓，在今平陸。塞邑：要塞城邑。

⑧舉：舉拔，攻取。

⑨晉獻公：晉國國君，姓姬，名詭諸。前六七六——前六五一年在位。

⑩荀息：晉大夫。

⑪屈産之乘：北屈出産的良馬。屈，北屈，在今山西吉縣東北，地産良馬。乘：指代馬。

⑫垂棘之璧：垂棘地方出産的美玉。垂棘，地名。在今山西潞城北，地産美玉。璧，圓而扁平，中有孔的美玉。

⑬借道：借路。古代朝聘或出師，經過別國，要借道。否則為非禮。

⑭幣：指禮物。

⑮事：奉事。

⑯中府：内庫。指王藏財物地方。外府：外庫。指朝廷藏財物地方。與中府相對稱。

⑰中廐：指王畜馬的馬棚。外廐：指朝廷畜馬的馬棚。

⑱宫之奇：虞國賢大夫。存：在。焉：那裡。

⑲達心：心中明白事理。懦：懦於事。

⑳少長於君：自小在公宮中長大。一說稍大於晉獻公。
㉑略：簡略。
㉒强諫：强行勸阻。
㉓輕：輕視。
㉔玩好：指馬、璧等玩物。耳目之前：耳邊眼前。指利在近前，聽得到、看得到。
㉕患：禍患。一國：指滅國。指禍害遠而一時看不到。
㉖中知：中等智力。知，通智。慮：思考、考慮。
㉗辭卑而幣重：語言謙遜而禮物厚重。意為晉國別有用心。
㉘不便：不利。
㉙語：指諺語。
㉚其：語氣詞。表示要委婉。大概、恐怕。斯：指示代詞。指虞、虢之間的關係就是脣齒相依的關係。
㉛挈：率領、携帶。妻子：妻和子女。曹：國名。姬姓。周武王分封弟叔振鐸為諸侯。都陶丘，今山東定陶西南。
㉜五年：指魯僖公五年。
㉝操：拿。
㉞猶是：還是這樣。
㉟馬齒加長：指馬的年齡增大了。

（來可泓）

論語

為政

子曰①：「爲政以德②，譬如北辰③，居其所而衆星共之④。」

子曰：「詩三百⑤，一言以蔽之⑥，曰：『思無邪⑦。』」

子曰：「道之以政⑧，齊之以刑⑨，民免而無耻⑩。道之以德⑪，齊之以禮⑫，有耻且格⑬。」

子曰：「吾十有五而志於學⑭；三十而立⑮；四十而不惑⑯；五十而知天命⑰；六十而耳順⑱；七十而從心所欲⑲，不踰矩⑳。」

孟懿子問孝㉑。子曰：「無違㉒。」樊遲御㉓，子告之曰：「孟孫問孝於我㉔，我對曰：『無違』。」樊遲曰：「何謂也？」子曰：「生㉕，事之以禮㉖；死，葬之以禮，祭之以禮。」

孟武伯問孝㉗。子曰：「父母唯其疾之憂㉘。」

子游問孝㉙。子曰：「今之孝者，是謂能養㉚。至於犬馬，皆能有養；不敬㉛，何以別乎㉜？」

子夏問孝㉝。子曰：「色難㉞。有事㉟，弟子服其勞㊱；有酒食㊲，先生饌㊳：曾是以爲孝乎㊴？」

子曰：「吾與回言終日㊵，不違如愚㊶。退而省其私㊷，亦足以發㊸。回也不愚。」

子曰：「視其所以㊹，觀其所由㊺，察其所安㊻。人焉廋哉㊼？人焉廋哉？」

子曰：「温故而知新㊽，可以爲師矣㊾！」

子曰：「君子不器㊿。」

子貢問君子(51)。子曰：「先行其言而後從之(52)。」

子曰：「君子周而不比(53)，小人比而不周」。

子曰：「學而不思則罔(54)，思而不學則殆(55)。」

子曰：「攻乎異端(56)，斯害也已(57)！」

子曰：「由，誨女知之乎(59)？知之爲知之(60)，不知爲不知，是知也(61)。」

子張學干祿(62)。子曰：「多聞闕疑(63)，慎言其餘，則寡尤(64)。多見闕殆(65)，慎行其餘，則寡悔(66)。言寡尤，行寡悔(67)，祿在其中矣(68)。」

哀公問曰(69)：「何爲則民服(70)？」孔子對曰：「舉直錯諸枉(71)，則民服。舉枉錯諸直，則民不服。」

季康子問(72)：「使民敬忠以勸(73)，如之何(74)？」子曰：「臨之以莊則敬(75)，孝慈則忠(76)，舉善而教不能則勸(77)。」

或謂孔子曰(78)：「子奚不爲政(79)？」子曰：「書云(80)：『孝乎！惟孝，友於兄弟(81)，施於有政(82)。』是亦爲政(83)，奚其爲爲政？」

子曰：「人而無信(84)，不知其可也。大車無輗(85)，小車無軏(86)，其何以行之哉？」

子張問：「十世可知也(87)？」子曰：「殷因於夏禮(88)，所損益(89)，可知也；周因於殷禮，所損益，可知也；其或繼周者(90)，雖百世可知也。」

子曰：「非其鬼而祭之(91)，諂也(92)。見義不爲(93)，無勇也。」

〔論語簡介〕論語是一部傳世的儒家經典，由孔子的弟子及其再傳弟子根據當時孔子的言行記録整理而成。約成書於戰國前期。漢代把論語看作是傳記，漢文帝設傳記博士，傳授論語，成爲專門學科。漢武帝以來，隨着儒家被定爲一尊，孔子地位的提高，東漢時列爲七經之一。魏、晉以後各朝均把論語列入學官，設博士教授。到了南宋，朱熹把論語、孟子、大學、中庸集爲「四書」，作四書章句集注。從元仁宗起直至明清，欽定爲科舉考試必讀的教科書。在中國古代思想文化領域產生重大而深遠的影響。

現存論語共二十篇，內容非常廣泛。記載了孔子關於政治、哲學、教育、倫理、文學、美學、藝術、理財和道德修養等各個方面的言論，是研究孔子思想的主要材料，始終如一地貫穿着「仁」、「禮」的思想學說；强調一個「學」字，教育人們如何爲人處世，如何學做人，在「學」字上下功夫。

論語的版本很多，通行本有：宋刻遞修九經正義二卷本，明經廠刻朱熹論語集注本，清嘉慶二十一年（一八一六）揚州阮元文選樓刻十三經注疏（附校勘記）本，一九八〇年中華書局楊伯峻論語譯注本等。

底本據中華書局一九九〇年出版朱熹四書章句集注本。

〔篇名簡介〕爲政是論語的第二篇，先提出「爲政以德」的觀點，然後圍繞它開展如何以德爲治的討論，講清了兩方面的問題：一、爲政必須把教化放在首位，用孝、敬、信、勇等道德感化人、教育人、培養人，提高人們的道德品質。二、爲政必須得人，有賢人君子來施行德治。這種人一定要有很高的道德修養，豁達大度，善於總結經驗，知人善任，誠信待人，實事求是并具有大智大勇的犧牲精神。

①子：先生、老師。古代男子通稱。論語中「子曰」的「子」，均指孔子。

②爲政以德：用道德來治理國家，即德治。以：介詞。用、拿。

③北辰：北極星。此喻君主。

④所：處所、位置。共（gǒng）：同拱。圍繞、環抱。

⑤詩三百：指詩經的篇數。實際是三百零五篇，這裡舉其整數。

⑥蔽：概括。

⑦思無邪：思想純正而無邪。源出詩經魯頌駉：「思無邪，思馬斯徂」。原意是專誠一志以牧馬，馬長得壯，跑得快。這裡用了它的引申義，指誠、正之意。

⑧道：通導，誘導、引導、疏導。政：政令、政法。

⑨齊：規範、統制。刑：刑法。

⑩民免而無耻：人民爲了避免刑罰而存無耻之心。

⑪德：道德。指用道德感化。

⑫禮：禮儀、禮制。指用禮加以規範。

⑬格：糾正。引申爲歸服、歸化。

⑭有：又。志於學：立志向學，追求學問。古代十五歲入大學，學習窮理、正心、修己、治人之道。

⑮立：站穩脚跟。引申爲説話行事有獨立見解，能立足於社會。

⑯不惑：遇事不迷惑。

⑰知天命：歷代注疏家有不同解釋：有的説：「知天命之始終。」有的説：「即天道之流行而賦於物者，乃事物所以當然之故也。」有的説：「窮理盡性。」有的説：「人受生於天，有哲命，有禄命。」有的説：「命，使也。言天使己如此也。」等等。其實指上天的命令，人們應接受上天的主宰和安排。

⑱耳順：聽人説話能判明是非。

⑲從心所欲：順從心裡所想的去做。

⑳不踰（yú）矩：不會超越規矩。踰：超越、超過。矩：規矩、法度。

㉑孟懿子：魯國大夫孟孫何忌。「懿」是謚號。

㉒無違：不要違背禮制。古人凡違背禮制均稱「違」，賓語省略。

㉓樊遲：姓樊，名須，字子遲，孔子的學生。御：駕車。

㉔孟孫：即孟懿子。

㉕生：活着。

㉖事：奉侍。

㉗孟武伯：孟懿子之子孟孫彘。「武」是謚號。

㉘父母唯其疾之憂：歷來有兩種解釋：一爲父母衹爲兒子的疾病擔憂。一爲子女衹爲父母的疾病擔憂。均可

通。其原因在於對指示代詞「其」的理解上。一說指代父母，一說指代兒子。

㉙子游：姓言名偃，字子游。孔子的學生。

㉚能養（yǎng）：能够養活父母。

㉛敬：孝敬。

㉜別：區別、分辨。

㉝子夏：姓卜名商，字子夏，孔子學生。

㉞色難：兒子經常和顏悅色地侍奉父母是件難事。也就是說色養最難。色：臉色、表情。

㉟有事：有了事情。

㊱弟子：子女。

㊲食（sì）：食物。

㊳先生：父兄、長輩，饌（zhuàn）：吃喝。

㊴曾（céng）：竟、竟然。副詞。

㊵回：姓顏名回，字子淵。孔子最得意的學生。終日：整天，從早到晚。

㊶不違：意不相背，受聽而不提出反對意見和問題。愚：愚笨。

㊷省（xǐng）：觀察、省察。私：這裡指顏回個人的言行。

㊸發：發明、發揮。

㊹視、觀、察：都是看的意思，但有程度深淺的不同。一般看看爲視，深入地看爲觀，更進一步地審察爲察。

以：所作所爲。

㊺所由：所有的經歷。

㊻所安：所安心從事的事業。

㊼焉：何，怎麼。廋（sōu）：隱藏、掩蓋。

㊽故：舊，過去的人和事。

㊾師：老師。

㊿君子：論語中的君子一般指有道德、有學問、有地位的人。器：器具、器皿。

(51)子貢：姓端木名賜，字子貢，孔子學生。

(52)先行其言：先實行自己要想說的言論。從：跟從。這裡指行而後言。

(53)周：團結。比（bì）：勾結。

(54)罔（wǎng）：迷罔、受騙。

(55)殆（dài）：疑惑、神思枯竭。

(56)攻：攻習、學習。異端：背離正統的學說、觀點。關於異端，有不同解釋：有人認爲是指諸子百家之類的雜書。有人認爲是技藝等「小道」。有人認爲指楊朱、墨子。有人認爲是背離正道的邪說。

(57)斯：這、這就。已：停止、消除。

(58)由：姓仲名由，字子路，也作季路。孔子學生。

(59)誨：教誨、教育。女（rǔ）：通汝。你。下文「女」，均作女。知：指知與不知的正確態度。

(60)爲：就是。

(61)是知也：這就是對待知與不知的正確態度。

(62)子張：姓顓孫名師，字子張。孔子學生。干祿：謀求做官得俸祿。干：求。

(63)闕疑：存疑。

(64)寡尤：減少過失，錯誤。尤：過失。

(65)闕殆：與闕疑對稱，也爲存疑。

(66)寡悔：減少追悔。

(67)行（xìng）：行動。

(68)祿：俸祿。

(69)哀公：魯國國君姬蔣。前四九四—前四六七年在位。卒謚「哀」。

(70)何爲：做些甚麽事。

(71)舉直錯（cù）諸枉：推舉正直的人，放在邪惡的人上面。舉：推舉、選拔。直：正直。錯：同「措」，放、置。枉：邪曲。

(72)季康子：魯哀公時正卿季孫肥，「康」是謚號。

(73)敬忠以勸：嚴肅認真、竭盡忠誠而互相勸勉。

(74)如之何：怎麽辦。

(75)臨：靠近。上對下靠近爲臨。莊：莊重、嚴肅。

(76)孝慈：孝順、慈愛。子女對父母孝、父母對子女慈。
(77)舉：推舉、提拔。不能：能力薄弱的人。勸：勸勉。這裡有自勉之意。
(78)或：有人。
(79)奚（xī）：爲甚麽。疑問詞。爲政：參與政治。
(80)書：指尚書。以下三句是尚書的佚文，被採入僞古文尚書。
(81)友於：兄弟之間友愛的意思。借指兄弟。
(82)施：延及、影響。
(83)是亦爲政：這也就是參與政治。
(84)信：信譽、信用。
(85)大車：牛車。輗（ní）：牛車轅前橫木兩端的木銷。
(86)小車：馬車。軏（yuè）：馬車轅前橫木兩端的木銷。
(87)十世：十代。古代以三十年爲一世。
(88)因：因襲、沿襲。
(89)損益：廢除和增添。
(90)繼周：繼承周朝的朝代。
(91)鬼：人死叫鬼。這裡指自己的祖先。
(92)諂（chǎn）：諂媚、奉承。

（來可泓）

(93)見義不爲：見到正義的事而不去做。

述　而

子曰：「述而不作①，信而好古②，竊比於我老彭③。」

子曰：「默而識之④，學而不厭⑤，誨人不倦，何有於我哉⑥？」

子曰：「德之不修⑦，學之不講，聞義不能徙⑧，不善不能改，是吾憂也！」

子之燕居⑨，申申如也⑩，夭夭如也⑪。

子曰：「甚矣⑫，吾衰也⑬！久矣，吾不復夢見周公⑭！」

子曰：「志於道⑮，據於德⑯，依於仁⑰，游於藝⑱。」

子曰：「自行束脩以上⑲，吾未嘗無誨焉⑳。」

子曰：「不憤㉑，不啓㉒；不悱㉓，不發㉔；舉一隅㉕，不以三隅反，則不復也㉖。」

子食於有喪者之側㉗，未嘗飽也。子於是日哭㉘，則不歌㉙。

子謂顏淵曰：「用之則行㉚，舍之則藏㉛，唯我與爾有是夫㉜！」

子路曰：「子行三軍㉝，則誰與？」子曰：「暴虎馮河㉞，死而無悔者，吾不與也㉟。必也臨事而懼㊱，好謀而成者也㊲。」

子曰：「富而可求也㊳，雖執鞭之士㊴，吾亦爲之㊵，如不可求，從吾所好㊶。」

子之所慎㊷：齋㊸，戰㊹，疾㊺。

子在齊聞韶㊻，三月不知肉味，曰：「不圖爲樂之至於斯也㊼。」

冉有曰㊽：「夫子爲衛君乎㊾？」子貢曰：「諾㊿，吾將問之。」入曰：「伯夷、叔齊何人也(51)？」曰：「古之賢人也。」曰：「怨乎(52)？」曰：「求仁而得仁(53)，又何怨？」出曰：「夫子不爲也。」

子曰：「飯疏食飲水(54)，曲肱而枕之(55)，樂亦在其中矣！不義而富且貴(56)，於我如浮雲(57)。」

子曰：「加我數年(58)，五十以學易(59)，可以無大過矣(60)。」

子所雅言(61)，詩書執禮(62)，皆雅言也。

葉公問孔子於子路(63)，子路不對。子曰：「女奚不曰：(64)『其爲人也，發憤忘食，樂以忘憂，不知老之將至云爾(65)。』」

子曰：「我非生而知之者(66)，好古敏以求之者也(67)。」

子不語怪(68)，力(69)，亂(70)，神(71)。

子曰：「三人行(72)，必有我師焉(73)。擇其善者而從之，其不善者而改之。」

子曰：「天生德於予(74)，桓魋其如予何(75)！」

子曰：「二三子以我爲隱乎(76)？吾無隱乎爾(77)。吾無行而不與二三子者(78)，是丘也(79)。」

子以四教(80)：文(81)，行(82)，忠(83)，信(84)。

子曰：「聖人[85]，吾不得而見之矣[86]；得見君子者，斯可矣[87]。」子曰：「善人[88]，吾不得而見之矣；得見有恒者[89]，斯可矣。亡而爲有[90]，虚而爲盈[91]，約而爲泰[92]，難乎有恒矣。」

子釣而不綱[93]，弋不射宿[94]。

子曰：「蓋有不知而作之者[95]，我無是也。多聞，擇其善者而從之；多見而識之[96]，知之次也[97]。」

互鄉難與言[98]，童子見[99]，門人惑。子曰：「與其進也[100]，不與其退也，唯何甚[101]！人絜己以進[102]，與其絜也，不保其往也[103]。」

子曰：「仁遠乎哉[104]？我欲仁[105]，斯仁至矣。」

陳司敗問[106]：「昭公知禮乎[107]？」孔子曰：「知禮。」孔子退，揖巫馬期而進之[108]，曰：「吾聞君子不黨[109]，君子亦黨乎？君取於吴[109]，爲同姓，謂之吴孟子[111]。君而知禮，孰不知禮？」巫馬期以告。子曰：「丘也幸[112]，苟有過[113]，人必知之。」

子與人歌而善，必使反之[114]，而後和之[115]。

子曰：「文[116]，莫吾猶人也，躬行君子[117]，則吾未之有得[118]。」

子曰：「若聖與仁[119]，則吾豈敢？抑爲之不厭[120]，誨人不倦，則可謂云爾已矣。」公西華曰[121]：「正唯弟子不能學也[122]。」

子疾病[123]，子路請禱[124]。子曰：「有諸[125]？」子路對曰：「有之。誄曰[126]：『禱爾於上下神祇[127]。』」子曰：「丘之禱久矣。」

子曰：「奢則不孫⑫⑧，儉則固⑫⑨。與其不孫也，寧固。」

子曰：「君子坦蕩蕩⑬⓪，小人長戚戚⑬①。」

子溫而厲⑬②，威而不猛⑬③，恭而安⑬④。

〔篇名簡介〕述而是論語的第七篇。圍繞孔子的學問修養開展論述。首先論述孔子以「仁」爲核心的學問之道。第二，論述孔子不是生而知之，而是學而知之的謙遜好學精神。第三，論述孔子的教育思想與教學原則。第四，論述孔子道德、禮儀修養。

①述而不作：整理、闡述前人的著作而不創新。

②古：指古代文化。

③竊：私下。謙辭。老彭：傳説中的一位長壽老人，活了八百歲。有幾種説法。一、殷朝的賢大夫。二、是老子和彭祖二人。三、是彭祖一人。

④識（zhì）：記住。不言而心解。

⑤厭：滿足。

⑥何有：有甚麽。

⑦德：品德。修：修養、修習。

⑧徙：遷移。引申爲親身實踐。

⑨燕居：在家閑居。

⑩申申：整飭的樣子。
⑪夭夭：和樂的樣子。
⑫甚：極、嚴重。
⑬衰：衰老。
⑭周公：姓姬名旦，周文王之子。周禮的創制者，孔子心目中最敬佩的聖人之一。
⑮志：立志、志向。道：人倫日常所當行之理。即修己治人之道。
⑯據：根據。德：道德規範。
⑰依：依靠。仁：仁愛。
⑱游：游學。藝：技藝。這裡指禮、樂、射、御、書、數六門學科。
⑲束脩（xiū）：十條乾肉。脩：乾肉，十條爲一束。古人用作初次見面的禮物，即今之學費。
⑳誨：教誨、教育。
㉑憤：思考問題而未想通。
㉒啓：啓發。
㉓悱（fěi）：想說話而表達不出來。
㉔發：開導。
㉕一隅：一個角落。
㉖復：再、重復。

㉗有喪者：辦喪事的人家或有喪服在身的人。側：旁邊。

㉘是日：這一天。

㉙歌：唱歌。

㉚行：行道、行動起來。

㉛舍：舍棄。這裡指不爲世用。藏：指將學問收藏起來，不爲人知。隱居。

㉜是：這個。

㉝行：指揮、統率。三軍：古代大國有上、中、下三軍，這裡泛指軍隊。

㉞暴虎馮（píng）河：空手與老虎搏斗，赤足淌水過河。

㉟與：共事。

㊱臨事：面對任務。

㊲好謀：善於謀劃。

㊳富：財富。

㊴執鞭之士：有兩說，一指手執皮鞭維持市場秩序的人，比喻賤役。一指天子或諸侯外出，有二至八人手執皮鞭清道的人。指賤吏。

㊵爲：做。

㊶從吾所好，幹自己所喜愛的事。好：喜愛、喜好。

㊷愼：小心謹愼。

㊸齋（zhāi）：齋戒。

㊹戰：戰一。

㊺疾：疾病。

㊻齊：齊國。韶：韶樂。歌頌舜的樂章。

㊼不圖：想不到。圖：圖謀、估計。

㊽冉有：姓冉名求，字子有。孔子學生。

㊾爲：幫助、贊成、贊許。衛君：指衛出公輒，曾與其父蒯聵爭奪君位。

㊿諾：答應的聲音。

51伯夷、叔齊：商朝末年孤竹國君的兩個兒子。父親死後，互相讓位而出逃。周滅商，他們不吃周朝糧食餓死在首陽山。他們讓位出逃的行爲，正好與衛出公、蒯聵父子爭奪王位的行爲相反。

52怨：悔恨。指讓王位之事是否追悔。

53仁：仁德、仁義。

54飯：吃。名詞作動詞用。疏食：粗糧。

55曲肱（gōng）：彎着胳膊。枕：枕頭。

56不義，不正當。

57浮雲：飄浮在天空的雲，聚散無常。

58加：增加。

(59)易：易經。我國古代一部用來占筮的書。

(60)大過：大錯誤。

(61)所：連詞，指易。據清焦循論語補註：「因此章承上章而來，『所』字即指易言。乃不獨易也，若詩、書、執禮皆雅言也。」雅言：有二種解釋：一解釋正，正言其音，相當於今天的普通話。一解釋爲常，經常之意。

(62)執禮：行禮。

(63)葉（shè）公：楚國葉地的地方長官，姓沈，名諸梁，字子高。葉：地名。在今河南葉縣南三十里。

(64)奚：爲甚麼。

(65)云爾：罷了。爾：同耳。

(66)生：天生。知：知識。

(67)好古：喜歡古代文獻。敏：勤奮。

(68)怪：怪異。

(69)力：暴力。

(70)亂：叛亂。

(71)神：神鬼。

(72)三人：幾個人。三：虛數。

(73)師：老師

(74)德：品德。予：我。

(75)桓魋（tuí）：宋國司馬，姓向名魋，因其是宋桓公後代，，又稱桓魋。據史記孔子世家載：「孔子去衛過曹，去曹適宋，與弟子習禮大樹下。宋司馬桓魋欲殺孔子，拔其樹。」孔子在桓魋的暴力面前，說了這句話，表現了臨危不懼、對事業充滿信心的大無畏精神。

(76)二三子：學生們。隱：隱瞞。

(77)爾：你們。

(78)行：行動。與：給與、授與。引申爲告訴。

(79)丘：孔子的名字。

(80)四教：四種教育内容。

(81)文：古代文獻。

(82)行：躬行。引申爲社會實踐。

(83)忠：忠誠。

(84)信：誠信、守信。

(85)聖人：具有最高智慧和道德的人。

(86)得：能、能够。

(87)斯：就、那麽。

(88)善人：有道德的、良善的人。

(89)有恒者：有恒心、有操守的人。

(90)亡（wú）：通無。没有。

(91)虚：空虚。盈：充實。

(92)約：窮困、貧乏。泰：富有。

(93)釣：釣魚。綱：網上的大繩，這是指撒網捕魚。

(94)弋（yì）：用帶生絲的箭發射。宿：回巢歇宿的鳥。

(95)不知：不懂。作：著作。

(96)識（zhì）：記住。

(97)次：次一等、第二等。指次於「生而知之」的知識。

(98)互鄉：地名。不詳所在。難與言：難以與他們對話。

(99)童子：少年。

(100)與：贊成。

(101)唯何甚：何必做得太過分呢？

(102)絜己：把自己的污點洗刷乾淨。

(103)保：保持、保證。關於「不保其往也」有兩種解釋。一種認爲不必去追究其過去的污點。一種認爲不必保證其今後的行動如何。

(104)仁：仁德。

(105)欲：要想、希望。

(106)陳司敗：陳國主管司法長官，即司寇。一説陳司敗爲人名。

(107)昭公：魯國國君姬裯。前五四一—前五一〇年在位。卒謚「昭。」

(108)巫馬期：姓巫馬，名施，字子期。孔子學生。

(109)黨：偏袒。

(110)取：同娶。娶親。

(111)吴孟子：魯昭公夫人，娶於同姓的吴國，違反同姓不婚原則，故不稱吴姬而稱吴孟子。

(112)幸：幸運。

(113)苟：如果。

(114)反之：請他再唱一遍。

(115)和：合唱。

(116)文：文獻。指書本知識。關於文、莫，有幾種解釋。有的釋爲黽勉，認爲是燕、齊語，即勤奮學習之意。有的釋「莫」爲無，文莫，即文不，言文不勝於人。有的以莫爲疑問辭，意爲文或許可以及人。以第三説較爲合理。

(117)躬行：親身實踐。

(118)得：收獲。引申爲完善。

(119)聖與仁：聖人與仁人。

(120)抑：不過、或許。

(121)公西華：姓公西，名赤，字子華。孔子學生。

⑫正唯：這正是。
⑬疾病：指病重。
⑭禱：祈禱。向神祈福。
⑮有諸：有這種事嗎。諸：通之。指向神祈福之事。
⑯誄（lěi）：一種向神鬼祈禱的文體。
⑰神祇（qí）：天神和地祇。祇：神。
⑱奢：奢侈。孫：同遜，謙遜。
⑲固：寒傖，固陋。
⑳坦蕩蕩：襟懷坦白的樣子。
㉑戚戚：憂愁不安的樣子。
㉒溫：溫和。厲：嚴厲。
㉓威：威嚴。猛：凶猛。
㉔恭：莊重。安：安詳。

（來可泓）

孟子

孟子見梁惠王（第一章）

孟子見梁惠王①。王曰：「叟②！不遠千里而來③，亦將有以利吾國乎④？」

孟子對曰：「王何必曰利？亦有仁義而已矣⑤。王曰『何以利吾國？』大夫曰⑥『何以利吾家⑦？』士庶人曰⑧，『何以利吾身？』上下交征利而國危矣⑨。萬乘之國⑩，弑其君者⑪，必千乘之家⑫；千乘之國，弑其君者，必百乘之家⑬。萬取千焉⑭，千取百焉，不爲不多矣。苟爲後義而先利⑮，不奪不饜⑯。未有仁而遺其親者也⑰，未有義而後其君者也⑱。王亦曰仁義而已矣⑲，何必曰利。」

〔孟子簡介〕孟子是儒家學派的一部重要著作。由戰國時孟軻及其弟子萬章等共同撰著。西漢文帝時設傳記博士，傳授孟子，不久被取消。從宋代開始，孟子的地位升格，被列入儒家的十三經之中。南宋朱熹作孟子集注，列爲四書之一。從元仁宗起直至明清，四書欽定爲科舉考試必讀的教科書，因此它對中國古代思想文化界產生難以估量的影響。

現存孟子共七篇，每篇分上下，共十四卷。内容非常廣泛，主要的有四個方面：一、心性學説。這是孟子全部思想的基礎。認爲人性本善，具有天賦的仁、義、禮、智「四端」和不慮而知的「良知」，不學而能的「良能。」二、仁政思想。他繼承并發揚了孔子「仁」的觀點，提出了「仁政王道」的政治學說，「民貴君輕」的政治觀點。三、理想人格。提出人皆可以成堯舜和富貴不能淫，貧賤不能移，威武不能屈，舍生取義等培養理想人格的名言。四、排斥「異端」。孟子以儒學的捍衛者自居，善於雄辯，對當時各家學說進行了批判。

孟子的通行本有：宋刻大字本附趙岐注。清乾隆間武英殿刻十三經注疏附考證本一九六〇年中華書局楊伯峻孟子譯注本等。

底本據中華書局一九九〇年出版朱熹四書章句集注本。

〔篇名簡介〕此篇選自孟子梁惠王章句上之第一章，闡述孟子的仁政思想，堅持仁義，反對利，尊王道，賤霸道。孟子：名軻，字子輿（約前三七二—前二八九年），戰國時鄒（今山東鄒縣東南）人，受業於子思門人，繼承孔子的政治思想體系，是儒家學派的一位大師，後人尊之爲「亞聖」。他游歷齊、宋、滕、魏諸國，欲行仁政於天下，但不爲時用，退而與弟子萬章、公孫丑等著書立說。

①見：拜見。梁惠王：姓魏名罃（公元前三七〇—前三三四年在位）即魏惠王。因避秦兵威脅，從安邑（今山西安邑）遷都大梁（今河南開封），故魏國又稱梁國，魏王又稱梁王，惠是謚號。魏惠王三十五年（前三三六）卑禮厚幣以招賢者，孟軻至梁。

②叟（sŏu）：長老之稱。即老丈。

③不遠千里：遠字爲意動詞。不以千里爲遠。

④利：指富國强兵之術。

⑤仁義：仁：心之德，愛之理，重在思想。義：心之制，事之宜，重在行爲。此句乃本章之大要。

⑥大夫：官名。周代官制，分卿、大夫、士三個等級。大夫中又分上、中、下三等，他們有食邑。

⑦家：指卿、大夫的家族和政權組織。

⑧士：周代士也分上、中、下三個等級，他們有的有食田。庶人：老百姓。古時也稱小官吏爲庶人，這裡指小官吏。

⑨上下：指從王到庶人，即全國範圍内。交：互相。征：取，求取。利：財利、私利。

⑩萬乘（shèng）之國：一車駕四馬叫乘。古代以兵車多少來衡量國家的大小、强弱。能出兵車萬乘的叫萬乘之國。按規定祇有天子纔能有萬乘。諸侯有千乘、百乘不等。

⑪弑（shì）：古代下殺上叫弑。如臣殺君，子女殺父母等。

⑫千乘之家：古代執政大夫有一定封邑，又叫采地，可以出兵車千乘的執政大夫之家，後指諸侯之國。

⑬百乘之家：指卿、大夫之家。

⑭萬取千焉：在具有萬輛兵車的國家中獲取一千輛兵車的利益。焉：從那裡。

⑮苟：假若、如果。後義：把公義放在後面。先利：把私利放在前面。

⑯奪：奪取國君産業。饜（yàn）：滿足。

⑰遺：遺棄。

⑱後：不急。指把國事放在後面。
⑲亦：祇。

許行

（來可泓）

有爲神農之言者許行①，自楚之滕②，踵門而告文公曰③：「遠方之人聞君行仁政④，願受一廛而爲氓⑤。」文公與之處⑥。其徒數十人。皆衣褐⑦，捆屨織席以爲食⑧。

陳良之徒陳相與其弟辛負耒耜而自宋之滕⑨，曰：「聞君行聖人之政⑩，是亦聖人也，願爲聖人氓」。陳相見許行而大悦，盡棄其學而學焉⑪。

〔篇名簡介〕此篇選自孟子滕文公章句上之第四章，孟子用堯、舜、孔子的治國之道，駁斥農家許行「賢者與民並耕而食，饔飧而治」的觀點，提出「勞心者治人，勞力者治於人；治於人者食人，治人者食於人」的體力勞動者與腦力勞動者分工見解，影響十分深遠。本篇還保存了先秦農家的材料。

①爲：研究、研習。神農：古代傳説中的炎帝神農氏，始爲耒耜，教民稼穡。言：學説。先秦農家將自己的學説假托爲神農之言。許行：姓許名行，先秦農家代表人物，其事蹟不見他書，難以詳考。

②滕：國名。姬姓，侯爵，周文王子叔綉所封。故城在今山東滕縣西南。
③踵門：足至門。踵：本指脚後跟，作動詞用，作到，登講。文公：滕國國君，文爲謚號。
④遠方之人：許行等自稱。仁政：指行井地之法。
⑤廛：古代城市平民的房地。氓：邊人，即都鄙之民。這裡指從異地遷來的老百姓。
⑥處：住所。
⑦衣褐（hè）：穿着未績過的麻編織成的粗短衣。這裡指貧苦老百姓所穿衣服。衣：名詞作動詞穿講。
⑧捆屨（kǔn jù）：用麻、葛等編織草鞋。以爲食：賣以供食。
⑨陳良：楚國的儒者。徒：門人、弟子。耒耜（lěi sì）：古代一種像犂的農具。耒是犂之柄。
⑩聖人：具有最高道德與智慧的人。
⑪其：指代陳相。學：指陳良之儒學。

陳相見孟子①，道許行之言曰②：「滕君，則誠賢君也③；雖然，未聞道也④。賢者與民並耕而食⑤，饔飧而治⑥。今也滕有倉廩府庫⑦，則是厲民而以自養也⑧，惡得賢⑨？」

孟子曰：「許子必種粟而後食乎？」

曰：「然。」

「許子必織布然後衣乎？」

曰："否，許子衣褐。"

"許子冠乎⑩？"

曰："冠。"

曰："奚冠⑪？"

曰："冠素⑫。"

曰："自織之與⑬？"

曰："否；以粟易之⑭。"

曰："許子奚爲不自織？"

曰："害於耕⑮。"

曰："許子以釜甑爨⑯，以鐵耕乎⑰？"

曰："然。"

"自爲之與？"

曰："否；以粟易之。"

"以粟易械器者⑱，不爲厲陶冶⑲；陶冶亦以械器易粟者，豈爲厲農夫哉？且許子何不爲陶冶，舍皆取諸其宮中而用之⑳？何爲紛紛然與百工交易㉑？何許子之不憚煩㉒？"

曰："百工之事固不可耕且爲也㉓。"

「然則治天下獨可耕且爲與？有大人之事㉔，有小人之事㉕。且一人之身，而百工之所爲備㉖，如必自爲而後用之，是率天下而路也㉗。故曰，或勞心㉘，或勞力㉙；勞心者治人，勞力者治於人；治於人者食人㉚，治人者食於人，天下之通義也㉛。」

①見：求見。
②道：轉述。
③誠：確實，的確。
④道：真理。
⑤食：自食其力。
⑥饔飧（yōng sūn）：熟食。早餐曰饔，晚餐曰飧。治：治理，管理。這句的意思是當身自具食兼治民事。
⑦倉廩府庫：糧倉，穀廩，銀府，錢庫。指國家藏錢物的地方。
⑧厲民：厲，病。引申爲損害老百姓。
⑨惡（wū）：怎麽。疑問代詞。
⑩冠（guàn）：戴帽。動詞。
⑪奚冠：戴甚麽帽子。奚：甚麽。
⑫素：白絹。
⑬與：嗎。同歟。語氣助詞。

⑭易：交換。

⑮害：妨礙、耽誤。

⑯以釜甑爨（fǔ zēng cuàn）：用釜、甑來做飯。釜：古代用來煮食物的金屬容器。甑：瓦罐。爨：燒火煮飯。

⑰鐵：指鐵製耕具。

⑱械器：指釜、甑之類。

⑲陶冶：指製陶工和冶鐵工。

⑳舍：同啥。甚麽。朱熹注「舍讀屬上句，謂作陶冶之處也。」宮：家。釋文云：「古者貴賤同稱宮。秦漢以來，惟王者所居稱宮焉」。

㉑紛紛然：忙忙碌碌地。

㉒憚：怕、害怕。

㉓固：本來。耕且爲：指一邊耕種，一邊幹百工之事。

㉔大人：指做官當政的人。

㉕小人：老百姓。

㉖爲備：製造提供。

㉗率：率領。路：同露，敗也。趙歧注謂「羸困之路」。有奔走道路，得不到休息之意。

㉘勞心：腦力勞動。

㉙勞力：體力勞動。

㉚食(sì)人：養活人。

㉛通義：通行的法則。

「當堯之時，天下猶未平，洪水橫流，氾濫於天下，草木暢茂①，禽獸繁殖，五穀不登②，禽獸偪人③，獸蹄鳥跡之道交於中國④。堯獨憂之，舉舜而敷治焉⑤。舜使益掌火⑥，益烈山澤而焚之⑦，禽獸逃匿。禹疏九河⑧，瀹濟漯而注諸海⑨，決汝漢，排淮泗而注之江⑩，然後中國可得而食也。當是時也，禹八年於外，三過其門而不入，雖欲耕，得乎？」

「后稷教民稼穡⑪，樹藝五穀⑫；五穀熟而民人育⑬。人之有道也⑭，飽食、煖衣、逸居而無教⑮，則近於禽獸。聖人有憂之⑯，使契爲司徒⑰，教以人倫⑱：父子有親，君臣有義，夫婦有別，長幼有敘，朋友有信。放勳曰⑲：『勞之來之⑳，匡之直之㉑，輔之翼之㉒，使自得之㉓，又從而振德之㉔。』聖人之憂民如此，而暇耕乎㉕？」

「堯以不得舜爲己憂，舜以不得禹、皋陶爲己憂㉖。夫以百畝之不易爲己憂者㉗，農夫也。分人以財謂之惠，教人以善謂之忠，爲天下得人者謂之仁。是故以天下與人易，爲天下得人難。孔子曰㉘：『大哉堯之爲君！惟天爲大，惟堯則之，蕩蕩乎，民無能名焉！君哉舜也！巍巍乎，有天下而不與焉！』堯舜之治天下，豈無所用其心哉？亦不用於耕耳㉙。」

①暢茂：茂草豐盛。暢，通長，盛也。

②登：升、成。

③偪：古逼字。逼迫。

④交：交錯。中國：古代多指中原地區，黄河流域一帶。

⑤敷治：分治。

⑥益：舜的臣子。初任火正，後任掌管山林沼澤的虞官。火：火正。

⑦烈：熾烈。

⑧疏：疏通。九河：指徒駭、太史、馬頰、覆釜、胡蘇、簡、絜、鉤盤、鬲津九條河流。

⑨瀹（yuè）：疏通。濟：濟水。發源於河南濟源縣西王屋山，故道經黄河而南，東流到山東，與黄河並行入海。現下游爲黄河所占，衹有河北發源處還存在。漯（tà）：漯水。古漯水在山東境内，自宋代黄河決口於商胡，舊迹被淹没。

⑩決汝漢，排淮泗而注之江：開鑿汝河、漢水，排放淮河、泗水疏導它們流入長江。汝、漢、淮、泗均爲水名。此句古今爭論最多，原因是除漢水外，汝水、淮河、泗水都不流入長江。我們以爲孟子在於申述禹治水之功，未必都爲實指，故不必拘泥。

⑪后稷：相傳名棄，姬姓，爲周朝始祖，堯時爲農師。稼穡：種植莊稼。

⑫樹藝：種植栽培。五穀：指稻、黍、稷、麥、菽。

⑬民人：指老百姓。

⑭道：指生活規律。

⑮飽食、煖衣、逸居而無教：過去讀作兩句，在煖衣下斷句。實誤。據清崔述論語餘説云：「飽食煖衣逸居而無教九字一句，謂衣食居三者俱全而惟無教也。」意思是吃飽、穿暖、住得舒適祇是没有教育。

⑯有：又。

⑰契（xiè）：舜的臣子，相傳爲商朝的祖先。司徒：官名。掌教化。

⑱人倫：人與人之間的倫常關係，道德準則。

⑲放勳：帝堯名。曰：據臧琳經義雜記引孫奭孟子音義並按趙岐註，謂此「曰」字乃「日」字之誤。乃形近而誤。以「日」爲是。

⑳勞之來之：勞、來兩字意義近似，都有慰勞、慰問之意。

㉑匡之直之：匡、直兩字意義近似，都有匡正、糾正之意。

㉒輔之翼之：輔、翼兩字意義近似，都有輔佐、幫助之意。

㉓得：獲得。引申爲領悟。

㉔振德：提攜鞭策而施加恩德。

㉕暇：空閑。

㉖皋陶（gāo yáo）：一作咎繇。虞舜時士，即司法官。

㉗易：治理、管理。

㉘孔子曰等句：是孟子引孔子贊頌堯舜的話，原文見論語泰伯：「子曰：巍巍乎舜禹之有天下也，而不與焉。」「子曰：大哉堯之爲君也，巍巍乎唯天爲大，唯堯則之。蕩蕩乎民無能名焉。巍巍乎其有成功也！煥乎其有文章！」孟子引用時將二處合併而有所取舍。則：效法。蕩蕩：寬廣無際的樣子。民無能名焉：人民簡直找不到適當的詞語來贊美他。巍巍：巍峨高大的樣子。與：參與。引申爲享受、私有之意。

㉙亦：祗是。副詞。

「吾聞用夏變夷者①，未聞變於夷者也②。陳良，楚産也③，悦周公、仲尼之道④，北學於中國。北方之學者，未能或之先也⑤。彼所謂豪傑之士也⑥。子之兄弟事之數十年，師死而遂倍之⑦！昔者孔子没⑧，三年之外⑨，門人治任將歸⑩，入揖於子貢，相嚮而哭⑪，皆失聲⑫，然後歸。子貢反，築室於場⑬，獨居三年，然後歸。他日，子夏⑭、子張⑮、子游以有若似聖人⑯，欲以所事孔子事之，强曾子⑰。曾子曰：『不可；江漢以濯之⑱，秋陽以暴之⑲，皜皜乎不可尚已⑳。』今也南蠻鴃舌之人㉑，非先王之道㉒，子倍子之師而學之，亦異於曾子矣。吾聞出於幽谷遷於喬木者㉓，未聞下喬木而入於幽谷者。魯頌曰㉔：『戎狄是膺㉕，荆舒是懲㉖。』周公方且膺之，子是之學，亦爲不善變矣。」

「從許子之道㉗，則市賈不貳㉘，國中無僞㉙；雖使五尺之童適市㉚，莫之或欺。布帛長短同，則賈相若㉛；麻縷絲絮輕重同，則賈相若；五穀多寡同，則賈相若；屨大小同㉜，則賈相若。」

曰：「夫物之不齊㉝，物之情也㉞；或相倍蓰㉟，或相什百，或相千萬㊱。子比而同之㊲，是亂天下也。巨屨小屨同賈㊳，人豈爲之哉？從許子之道，相率而爲僞者也㊴，惡能治國家㊵。」

①夏：指中國的禮義教化。變夷：變化夷人的禮儀風俗。
②變於夷：被夷人所同化。
③産：出生。
④悦：喜愛。道：學説。
⑤或之先：有人能够超過他。
⑥豪傑：才德出衆之人。
⑦倍：同背。假借字。違背、背叛。意指陳良用夏變夷，陳相變於夷。
⑧没：去世。
⑨三年：古代爲師心喪三年，好像喪父一樣但無喪服。外：指喪期已滿。
⑩治任：收拾行李擔子。任：本義「抱」，此指擔、載東西。
⑪相向：相對。
⑫失聲：悲極氣咽，泣不成聲。
⑬場：指孔子的墓地。
⑭子夏：姓卜名商，字子夏，春秋衛國人，孔子學生。
⑮子張：姓顓孫，名師，字子張，春秋陳國人，孔子學生。

⑯子游：姓言名偃，字子游，春秋吳國人，孔子學生。有若：姓有名若，字子有，春秋魯國人，孔子學生。

⑰强：勉强。曾子：姓曾名參，字子輿，春秋魯國人，孔子學生。

⑱濯：洗滌。

⑲秋陽：實指夏天的陽光。因周正建子，夏正建寅，所以周曆的七、八月，即夏曆五、六月，正爲夏季。暴（pù）：同曝。曬。

⑳皜皜乎：光輝潔白的樣子。尚：加，引申爲超過。以上三句比喻孔子道德明著，光輝潔白，非有若所能比擬。

㉑鴃舌之人：指許行。鴃（jué）：即伯勞鳥，鳴叫聲爲人所厭，孟子借以比喻許子，言語不中聽。

㉒非：指責，否定。

㉓幽谷：幽暗的深谷。喬木：高大的樹木。

㉔魯頌：見詩經魯頌閟宫，這是一首頌美魯僖公保衛疆土，修建周公廟之詩。

㉕膺：擊、攻擊。

㉖荆、舒：楚國和舒國。懲：懲罰。

㉗道：學説。

㉘賈：同價，價格。貳：兩樣。

㉙僞：虚僞，弄虚作假。

㉚五尺童子：指幼小無知的孩子。適：去。

㉛相若：相同。

㉜屨：鞋子。
㉝夫物之不齊：各種東西的品種質量不一致。夫：發語詞，無義。
㉞情：本性。引申爲自然現象。
㉟倍：一倍。蓰（xǐ）：五倍。
㊱什百、千萬：均指相差倍數。百或作伯。
㊲比（bǐ）：有强合在一起之意。
㊳巨屨小屨：製作粗糙的鞋子和製作精細的鞋子。
㊴率：率領。僞：虚僞，弄虚作假。
㊵惡（wū）：怎麽。

（來可泓）

離 婁（下）

孟子曰：「舜生於諸馮①，遷於負夏，卒於鳴條，東夷之人也②。文王生於岐周③，卒於畢郢④，西夷之人也。地之相去也，千有餘里；世之相後也，千有餘歲。得志行乎中國⑤，若合符節⑥，先聖後聖，其揆一也⑦。」

子產聽鄭國之政⑧，以其乘輿濟人於溱洧⑨。孟子曰：「惠而不知爲政⑩。歲十一月⑪，徒杠成⑫；十二月，輿梁成⑬，民未病涉也⑭。君子平其政⑮，行辟人可也⑯，焉得人人而濟之？故爲政者，每人而悦之，日亦不足矣⑰。」

孟子告齊宣王曰⑱：「君之視臣如手足⑲，則臣視君如腹心；君之視臣如犬馬，則臣視君如國人⑳；君之視臣如土芥㉑，則臣視君如寇讎㉒。」

王曰：「禮㉓，爲舊君有服㉔，何如斯可爲服矣？」

曰：「諫行言聽㉕，膏澤下於民㉖；有故而去㉗，則使人導之出疆㉘，又先於其所往㉙；去三年不反㉚，然後收其田里㉛。此之謂三有禮焉。如此，則爲之服矣。今也爲臣，諫則不行，言則不聽；膏澤不下於民；有故而去，則君搏執之㉜，又極之於其所往㉝；去之日，遂收其田里㉞。此之謂寇讎。寇讎，何服之有㉟？」

〔篇名簡介〕本篇較爲集中地反映了孟子關於應如何治理國家的思想。

①在本章中孟子强調從舜到文王儒家道統前後一致。舜：傳説中父系氏族社會後期部落聯盟首領，姚姓，有虞氏，名重華，史稱虞舜，禪位於禹。諸馮、負夏、鳴條：皆爲地名。已無法確考，據孟子文意，當在東方。

②東夷：東方九夷族。

③岐周：指岐山下周之舊邑，在今陝西岐山縣東北。

④畢郢（yǐng）：地名。故址在今陝西咸陽市東。

⑤得志行乎中國：他們得志稱帝後在中國推行自己的理想。

⑥符節：符和節都是古代表示印信之物，以玉、角、銅、竹爲之，篆刻文字而中分之，形狀有龍、虎、人之别，彼此各藏一半，有故則左右相合以爲信。若合符節，言其同也。

⑦揆（kuí）：準則，原則。

⑧在本章中孟子認爲爲政者應講求大德，從根本上爲人民辦事，不要拘泥於小恩小惠。子産：（？—前五二二年）姓公孫，名僑，字子産，一字子美，鄭國執政，卓著成效。爲春秋時期著名政治家。聽：主持、掌握。

⑨乘輿：自己所乘之車。輿，本指車箱，此處指代車子。濟：渡。溱洧（zhēn wěi）：鄭國二水名。溱水發源於河南密縣東北聖水峪，東南會合洧水爲雙洎河，東流入賈魯河。洧水源出河南登封縣東陽城山，東流經密縣與溱水會合。

⑩惠：恩惠。

⑪歲十一月：指夏曆九月。

⑫徒杠（gāng）：供人徒步行走的獨木橋。杠：獨木橋。

⑬輿梁：可通車馬的大橋。梁：橋。

⑭病：擔憂。

⑮平：治。

⑯辟：通避。回避。行辟人，叫行人讓路。

⑰日：時間。

⑱在本章中孟子諷齊宣王應以禮厚待臣下。齊宣王：（？——前三〇一年）姓田，名辟疆，齊威王之子。曾繼其祖桓公、父威王在稷下廣置學宫，招攬學者，任其講學。

⑲之：據王引之經傳擇詞云：「之」猶「若」也。作如果講。

⑳國人：普通百姓。

㉑土芥：泥土小草。

㉒寇讎：敵寇讎人。

㉓禮：指按禮制規定。

㉔舊君有服：舊君，過去曾奉侍過的君主。服，穿喪服。離職的臣子要爲舊日的君主服喪。這句另轉話題，與上文意思不相承接，可能齊宣王覺得孟子的話説得過重，故意岔開話題。

㉕諫行言聽：遵行勸諫，聽從建議。

㉖膏澤：恩惠。

㉗故：原因、原故。去：離開。

㉘導：引導。疆：國境。

㉙先：先派人去。所往：所要去的國家。

㉚反：通返。回來。

㉛田里：采地房屋。

㉜搏執：捆綁阻止。

㉝極：窮困。作使動用法。使之窮困萬分。

㉞遂：就、使。

㉟服：服喪。

孟子曰：「無罪而殺士①，則大夫可以去②；無罪而戮民③，則士可以徙④。」

孟子曰：「君仁⑤，莫不仁；君義⑥，莫不義。」

孟子曰：「非禮之禮⑦，非義之義，大人弗爲⑧。」

孟子曰：「中也養不中⑨，才也養不才⑩，故人樂有賢父兄也⑪。如中也棄不中⑫，才也棄不才，則賢不肖之相去⑬，其間不能以寸⑭。」

孟子曰：「人有不爲也⑮，而後可以有爲⑯。」

孟子曰：「言人之不善⑰，當如後患何⑱？」

孟子曰：「仲尼不爲已甚者⑲。」

孟子曰：「大人者⑳，言不必信㉑，行不必果㉒，惟義所在。」

孟子曰：「大人者，不失其赤子之心者也㉓。」

孟子曰：「養生者不足以當大事㉔，惟送死可以當大事。」

孟子曰：「君子深造之以道㉕，欲其自得之也㉖。自得之，則居之安㉗；居之安，則資之深㉘；資之深，則取之左右逢其原㉙，故君子欲其自得之也。」

孟子曰：「博學而詳説之㉚，將以反説約也㉛。」

孟子曰：「以善服人者㉜，未有能服人者也；以善養人㉝，然後能服天下。天下不心服而王者㉞，未之有也。」

孟子曰：「言無實不祥㉟。不祥之實㊱，蔽賢者當之㊲。」

徐子曰㊳：「仲尼亟稱於水㊴，曰：『水哉㊵，水哉！』何取於水也？」

孟子曰：「源泉混混㊶，不舍晝夜㊷，盈科而後進㊸，放乎四海。有本者如是㊹，是之取爾㊺。苟爲無本，七八月之間雨集㊻，溝澮皆盈㊼；其涸也㊽，可立而待也。故聲聞過情㊾，君子耻之。」

①本章中孟子認爲士大夫應見機而作。士：士人。周時士分三等：上士、中士、下士，有的有禄田，作卿大夫家臣。士也爲士、農、工、商四民之首。

②去：離開。

③戮：殺。

④徙：遷居，搬走。

⑤在本章中孟子認爲君主是人民的表率。仁：仁愛、仁德。

⑥義：道義、正義。

⑦在本章中孟子認爲君子應明辨是非，不爲事物的表面現象所蒙蔽。非禮：似是而非之禮。

⑧大人：有道德的人。

⑨在本章中孟子認爲賢德的人應以培養教誨他人爲自己的職責。中：指無過無不及。引申爲有道德的人。養：涵育薰陶，俟其自化。

⑩才：才能。指有才能的人。

⑪樂：喜歡。賢：有德有才者。父兄：父親和兄長。泛指長輩。

⑫棄：拋棄、厭棄。

⑬相去：相互之間的距離。

⑭其間不能以寸：賢不肖之間的距離小得幾乎不能用寸量了。此句省略了動詞「量」字。

⑮在本章中孟子認爲人們做事應有所選擇。不爲：不做。知道有所選擇。

⑯有爲：有所作爲。

⑰在本章中孟子告誡人們勿在背後講人壞話。不善：不好的地方。

⑱後患：後來的憂患。

⑲在本章中孟子贊揚孔子不做過份之事。仲尼：孔子的字。已：太。

⑳在本章中孟子認爲大人言行不必先期於信、果，義之所在，則必從之。大人：有道德的人。

㉑必：期。

㉒果：果決徹底。

㉓在本章中孟子認爲純潔的本性是做人的根本。赤子：嬰兒。赤子之心純一無僞。
㉔在本章中孟子教育人們應終生慎重對待父母。養生：養活父母。
㉕在本章中孟子認爲學問貴在自己用力追求。深造：進之不已。造：詣。道：指正確的方法。
㉖自得：自己獲得。
㉗居：守護。
㉘資之深：積累得深厚。
㉙左右逢其原：比喻做事得心應手，順暢無比。
㉚在本章中孟子説明學問要融會貫通，由博返約。博學：廣博地學習。詳説：詳細地解説。
㉛反：通返。約：精簡。
㉜在本章中孟子認爲應以王道治天下，不以霸道爭天下。服人：制服别人。
㉝以善養人：拿美德來薰陶教養人。
㉞王：指統一天下。名詞作動詞用。
㉟在本章中孟子主張言符其實，進賢任能。無實：説話無實際内容。不祥：不好。
㊱實：結果。
㊲蔽賢者：阻礙賢才進用的人。當：承當。此章有二説。一、天下之言無有實不祥者，惟蔽賢爲不祥之實。二、言而無實者不祥，故蔽賢爲不祥之實。
㊳在本章中孟子教育人們爲學要打定堅實的基礎。徐子：徐辟，孟子弟子。

㊴亟（qì）：屢次。
㊵水哉：水啊！贊嘆水之美。
㊶混混：説文：混，豐流也。古音讀衮，俗字作滚。
㊷舍：停止。
㊸盈科：注滿低窪的地方。
㊹本：根本、本源。
㊺是之取爾：是强調賓語的提賓倒裝句式。即「取是爾」。爾，同耳。
㊻七八月：孟子用周曆，夏曆爲五六月。
㊼澮（kuài）：田間的水溝。
㊽涸（hé）：水乾枯、乾涸。
㊾聲聞過情：名譽超過實際。

孟子曰：「人之所以異於禽獸者幾希①，庶民去之②，君子存之③。舜明於庶物④，察於人倫⑤，由仁義行⑥，非行仁義也⑦。」

孟子曰：「禹惡旨酒而好善言⑧。湯執中⑨，立賢無方⑩。文王視民如傷⑪，望道而未之見⑫。武王不泄邇⑬，不忘遠⑭。周公思兼三王⑮，以施四事⑯；其有不合者⑰，仰而思之，夜以繼日，幸而得之，坐以待旦⑱。」

孟子曰：「王者之跡熄而詩亡⑲，詩亡然後春秋作⑳。晉之乘㉑，楚之檮杌㉒，魯之春秋，一也：其事則齊桓、晉文㉓，其文則史㉔。孔子曰：『其義則丘竊取之矣㉕。』」

孟子曰：「君子之澤五世而斬㉖，小人之澤五世而斬㉗。予未得為孔子徒也，予私淑諸人也㉘。」

孟子曰：「可以取㉙，可以無取，取傷廉㉚；可以與㉛，可以無與，與傷惠㉜；可以死，可以無死，死傷勇㉝。」

逢蒙學射於羿㉞，盡羿之道㉟，思天下惟羿為愈己㊱，於是殺羿。孟子曰：「是亦羿有罪焉。」

公明儀曰㊲：「宜若無罪焉㊳。」

曰：「薄乎云爾㊴，惡得無罪？鄭人使子濯孺子侵衛㊵，衛使庾公之斯追之㊶。子濯孺子曰：『今日我疾作㊷，不可以執弓，吾死矣夫！』問其僕曰㊸：『追我者誰也？』其僕曰：『庾公之斯也。』曰：『吾生矣㊹。』其僕曰：『庾公之斯，衛之善射者也；夫子曰吾生，何謂也？』曰：『庾公之斯學射於尹公之他㊺，尹公之他學射於我。夫尹公之他端人也㊻，其取友必端矣㊼。』庾公之斯至，曰：『夫子何為不執弓？』曰：『今日我疾作，不可以執弓。』曰：『小人學射於尹公之他㊽，尹公之他學射於夫子。我不忍以夫子之道反害夫子㊾。雖然，今日之事，君事也，我不敢廢㊿。』抽矢，扣輪(51)，去其金(52)，發乘矢而後反(53)。」

①在本章中孟子認為人與禽獸的區別在於人知仁義，君子植仁義於心，由仁義行。幾希：少，很少。

②庶民：平民、衆人。去：拋棄。
③存之：保存仁義。
④明：識、了解。庶物：衆多的事物。
⑤察：體察。人倫：人類之常情。倫，類。
⑥由仁義行：仁義根於心中，所行皆從仁義出。
⑦非行仁義：不是以仁義爲美而後勉强行之。
⑧在本章中孟子認爲儒家仁道代代相傳。禹：傳説中古代部落聯盟領袖，姓姒，名文命。夏后氏，治水有功，受舜禪。其子啓建立了我國歷史上第一個奴隸制國家夏代。旨酒：美酒。戰國策：「儀狄作酒，禹飲而甘之，遂疏儀狄而絶旨酒。」
⑨湯：商朝的建立者。子姓，名履。任伊尹爲執政，積蓄力量，滅夏而建立商朝。執中：堅持中庸之道。
⑩立賢：舉拔賢才。方：常、常規。
⑪文王：姓姬名昌。商紂時爲西伯，任用賢才，國力强盛，奠定滅商的基礎，在位五十年。傷：病。指對人民像有傷病一樣，衹加撫慰，不加侵擾。
⑫道：仁道。引申爲真理。
⑬武王：姓姬名發，文王之子，周王朝的建立者。泄邇：侮慢近臣。泄，狎。邇，近。
⑭遠：指散在四方的遠臣。
⑮周公：西周初年政治家，姓姬名旦，武王之弟，采邑在周，稱周公。助武王滅紂，又輔成王，鞏固周朝統治，相傳

他制禮作樂，建立典章制度。三王：禹，湯，文武。

⑯四事：指禹、湯、文、武之事。

⑰不合：不符合禹、湯、文、武的情況。

⑱坐以待旦：坐着等待天明，急於付諸行動。

⑲在本章中孟子説明孔子作春秋以褒善貶惡，維護道統。王者：聖王。跡：説文解字丌部云：「辺古之遒人，以木鐸記詩言。」朱駿聲説文通訓定聲云：「跡，即辺之誤。」辺即古代王者派出的採詩官，也叫遒人，他們摇着木鐸採録民間好詩，聞於天子，故王者不出户而盡知天下民情。

⑳春秋：書名。相傳為孔子所作。孔子把魯史官所記春秋，按他正名分、寓褒貶的觀點，整齊書法，加以删修，上起魯隱公元年（前七二二年），下迄魯哀公十四年（前四八一年），共二百四十二年史事。是我國最早的編年史，也就是儒家經典之一的春秋經。但該書文字簡單，意義隱晦，很難讀通。

㉑乘：記載車馬田賦之事。用作晉國歷史書名。

㉒檮杌（táo wù）：原為古代傳説中的神名，又為古代四個兇人之一的名字。用作楚國歷史書名。

㉓事：指春秋所記史事内容。齊桓、晉文：齊桓公、晉文公。春秋之時，五霸迭興，以齊桓、晉文為最著名，故以他們為代表。

㉔文：指修史筆法。

㉕其義：指詩三百篇中寓褒貶善惡的大義。竊取：謙辭。借用。

㉖在本章中孟子自認為孔子道統傳人。君子：指聖賢在位者。澤：朱熹集註云：「猶言流風餘韻也。」五世：五

代。父子相繼爲一世。三十年也爲一世。斬：絶，斷絶。

㉗小人：指聖賢不在位者。

㉘私淑：私下取人之善。謙辭。趙岐注：「淑，善也。我私善之於賢人耳，蓋恨其不得學於大聖也。」

㉙在本章中孟子教人以道義爲標準辨别事理。取：拿。

㉚傷廉：損害廉潔。

㉛與：給、施與。

㉜惠：恩惠、惠愛。

㉝勇：勇敢。

㉞在本章中孟子教育人們要慎重交友授藝。逄(péng 又音龐)蒙：羿的家人，又從羿學射，是羿的學生，後來叛變，幫助寒浞殺羿。左傳襄公四年載：羿「將歸自田，家衆殺而亨之。」逄蒙乘羿打獵回來，没有準備，便聯合家人將他殺死烹煎。羿：夏代諸侯有窮國的君主，逐夏王太康，篡位爲王，善射，後爲家臣寒浞所殺。

㉟盡：完全。道：技巧。

㊱愈：超過。

㊲公明儀：孟子學生。

㊳宜：似乎。

㊴薄：言其罪不大。云爾：罷了。

㊵子濯孺子：鄭國大夫。

㊶庾公之斯：衛國大夫。之：語助詞。
㊷疾：瘧疾。
㊸僕：駕車的人。
㊹生：活。
㊺尹公之他：衛國人。之：語助詞。
㊻端人：正派的人。
㊼取友：選擇朋友。
㊽小人：庾公之斯自稱。謙辭。
㊾夫子：先生。道：技巧。
㊿廢：廢棄。
(51)抽矢扣輪：抽出長箭，在車輪上敲擊。
(52)去其金：去掉箭的鐵鏃。金：鐵。古代金、銀、銅、鐵、錫泛稱金。
(53)乘（shèng）矢：四枝箭。反：通返。回去。

孟子曰：「西子蒙不潔①，則人皆掩鼻而過之；雖有惡人②，齋戒沐浴③，則可以祀上帝④。」

孟子曰：「天下之言性也⑤，則故而已矣⑥。故者以利爲本⑦。所惡於智者⑧，爲其鑿也⑨。如智者若禹之行水也⑩，則無惡於智矣。禹之行水也，行其所無事也⑪。如智者亦行其所無事，則智亦大矣。天之高也，星辰之遠也，苟求其故，千歲之日至⑫，可坐而致也⑬。」

公行子有子之喪⑭，右師往弔⑮。入門，有進而與右師言者⑯，有就右師之位而與右師言者⑰。孟子不與右師言，右師不悅曰：「諸君子皆與驩言，孟子獨不與驩言，是簡驩也⑱。」

孟子聞之，曰：「禮，朝廷不歷位而相與言⑲，不踰階而相揖也⑳。我欲行禮，子敖以我爲簡，不亦異乎㉑？」

孟子曰：「君子所以異於人者㉒，以其存心也㉓。君子以仁存心，以禮存心。仁者愛人，有禮者敬人。愛人者，人恒愛之㉔；敬人者，人恒敬之。有人於此，其待我以横逆㉕，則君子必自反也㉖：我必不仁也，必無禮也，此物奚宜至哉㉗？其自反而仁矣，自反而有禮矣，其横逆由是也㉘，君子必自反也，我必不忠。自反而忠矣，其横逆由是也，君子曰：『此亦妄人也已矣㉙。如此，則與禽獸奚擇哉㉚？於禽獸又何難焉㉛？』是故君子有終身之憂㉜，無一朝之患也㉜。乃若所憂則有之㉞：舜，人也；我，亦人也。舜爲法於天下㉟，可傳於後世，我由未免爲鄉人也㊱，是則可憂也。憂之如何？如舜而已矣。若夫君子所患則亡矣㊲。非仁無爲也㊳，非禮無行也。如有一朝之患，則君子不患矣。」

禹、稷當平世㊴，三過其門而不入，孔子賢之㊵。顔子當亂世㊶，居於陋巷㊷，一簞食㊸，一瓢飲；人不堪其憂㊹，顔子不改其樂，孔子賢之。孟子曰：「禹、稷、顔回同道㊺。禹思天下有溺者㊻，由己溺之也；稷思天下有饑者，由己饑之也，是以如是其急也㊼。禹、稷、顔子易地則皆然㊽。今有同室之人鬥者㊾，救之，雖被髮纓冠而救之㊿，可也；鄉鄰有鬥者(51)，被髮纓冠而往救之，則惑也(52)；雖閉户可也[53]。」

①在本章中孟子用比喻告戒人們不可以喪失善心，而勉人以自新。西子：西施。古代美女。泛指美婦人。不潔：污穢之物。

②惡人：面目醜陋的人。惡：醜。

③齋(zhāi)戒：古人在祭祀之前或舉行典禮前，不飲酒，不吃葷，沐浴更衣，以示誠敬，稱爲「齋戒」。

④祀：祭。

⑤在本章中孟子從批評自作聰明的人出發，闡明治國之道應順乎天理，合乎自然。性：人性。朱熹集註云：「性者，人、物所得以生之理也。」

⑥故：已然之跡。指事物的本來的面目。

⑦利：順。即順其自然之勢。本：根本、基礎。

⑧惡：厭惡。智者：聰明的人。這裡指自作聰明的人。

⑨鑿：穿鑿。

⑩行水：使水順自然之勢運行。

⑪行其所無事：完全按水的潤下之性因勢利導運用。無事：指順其自然之性。

⑫日至：孟子中兩處提到日至。在告子章句上第七章「至於日至之時，皆熟矣。」是指夏至。此處指冬至。因周正以冬至日爲元日。

⑬致：達、到。這裡引申爲推算出來。

⑭在本章中叙述孟子以禮對待權臣王驩，表現了獨立人格。公行子：齊國大夫。子之喪：死了兒子。按儀禮：父爲長子斬衰三年，孟子與右師及齊諸臣皆往弔唁。

⑮右師：官名。齊權貴王驩，字子敖。弔：弔唁。

⑯進：走上前去。

⑰就：靠近。位：席位。

⑱簡：簡慢、輕視。

⑲朝廷：公行子之子喪，齊卿、大夫以君命會，故云朝廷之禮。歷位：跨越位次。

⑳踰階：跨越臺階。

㉑異：奇怪。

㉒在本章中孟子論君子永葆仁義之心，循禮而行，不存私念的美德。異：區別、不同。

㉓存心：保持仁、禮之心而不忘。

㉔恒：常、經常。

㉕横逆：强暴無理。

㉖自反：自我反省。

㉗物：事。奚宜：爲甚麽。

㉘由是：仍然如此。由：同猶。

㉙妄人：狂妄的人。

㉚擇：區別。朱熹集註云：「奚擇，何異也。」

㉛難：責難、責備。

㉜終身：一生。指長期。

㉝一朝之患：突然發生的患難。

㉞乃若：至於。連詞。表示提出另一話題。

㉟法：榜樣、楷模。

㊱鄉人：鄉里的普通人。

㊲亡：没有。

㊳無爲：不幹、不做。

㊴在本章中孟子認爲聖賢殊途同歸，遭事或異，其心一也。平世：政治清明的時代。

㊵賢：贊美。

㊶顔子：顔回，字子淵，孔子最得意學生。亂世：政治昏亂時代。

㊷陋巷：簡陋的小巷。

㊸一簞食（dān sì）：一筐飯。簞：古代盛飯的圓形竹筐。

㊹不堪：不能忍受。

㊺同道：原則相同。朱熹集註云：「聖賢之道，進則教民，退則修己，其心一而已矣。」

㊻溺：被水淹没。
㊼急：急迫。朱熹集註云：「禹、稷身任其職，故以爲己責而救之急也。」
㊽易地：交換地方。
㊾同室之人：同屋居住的人。
㊿被髮纓冠：披頭散髮，連帽帶也不結。朱熹集註云：「不暇束髮而結纓往救，言急也。以喻禹、稷。」被同披。纓本義是「冠繫」，這裡作動詞用。
(51)鄉鄰：同鄉鄰居。
(52)惑：迷惑。引申爲糊塗。
(53)閉户可也：關門不予理睬是可以的。朱熹集註云：「喻顏子也。」

公都子曰①：「匡章②，通國皆稱不孝焉③，夫子與之游④，又從而禮貌之⑤，敢問何也？」

孟子曰：「世俗所謂不孝者五⑥，惰其四支⑦，不顧父母之養⑧，一不孝也；博奕好飲酒⑨，不顧父母之養，二不孝也；好貨財⑩，私妻子⑪，不顧父母之養，三不孝也；從耳目之欲⑫，以爲父母戮⑬，四不孝也；好勇鬭很⑭，以危父母，五不孝也。章子有一於是乎？夫章子，子父責善而不相遇也⑮。責善，朋友之道也⑯；父子責善，賊恩之大者⑰。夫章子，豈不欲有夫妻子母之屬哉⑱？爲得罪於父，不得近，出妻屏子⑲，終身不養焉⑳。其設心以爲不若是㉑，是則罪之大者，是則章子而已矣。」

①在本章中孟子認爲對於人的評價，要全面了解人的思想和事情原委，不能祇看現象。公都子：孟子學生。

②匡章：齊國人。曾任齊威王將軍。

③通國：全國、整個國家。

④游：交游、結交。

⑤從而：因而。

⑥世俗：一般人。

⑦四支：四肢。支通肢。

⑧養：供養。

⑨博奕：下棋。

⑩好：喜愛。

⑪私：偏袒，偏愛。

⑫從：同縱。放縱。耳目之欲：指滿足聲色的欲望。

⑬戮：羞辱。

⑭很：狠的本字。同狠，忿戾也。

⑮子父責善而不相遇：父子相責以善而不相合，故爲父所逐。據戰國策齊策載齊威王之言說：「章子之母啓得罪其父，其父殺之，而埋馬棧之下。吾使章子將也，勉之曰：『夫子之强，全兵而還，必更葬將軍之母。』對曰：『臣非不能更葬先妾也，臣之母啓得罪臣之父，臣之父未教而死。夫不得父之教而更葬母，是欺死父也。故不

敢。』夫爲人子而不欺死父，豈爲人臣欺生君哉？」説明了父子責善而不合的原因。

⑯道：原則、方法。

⑰賊恩：傷害感情。父子責善，則害天性之恩。

⑱屬：本義爲連接。引申爲團聚。

⑲出妻屏子：趕走妻子，送走兒子。

⑳養：奉養。指不要妻子奉養。

㉑設心：設想。

曾子居武城①，有越寇②。或曰：「寇至，盍去諸③？」曰：「無寓人於我室④，毀傷其薪木⑤。」寇退，則曰：「修我墻屋，我將反⑥。」寇退，曾子反。左右曰⑦：「待先生如此其忠且敬也⑧，寇至，則先去以爲民望⑨；寇退，則反，殆於不可⑩。」沈猶行曰⑪：「是非汝所知也⑫。昔沈猶有負芻之禍⑬，從先生者七十人，未有與焉⑭。」

子思居於衛⑮，有齊寇⑯。或曰：「寇至，盍去諸？」子思曰：「如伋去，君誰與守？」

孟子曰：「曾子、子思同道⑰。曾子，師也，父兄也；子思，臣也，微也⑱。曾子、子思易地則皆然。」

儲子曰⑲：「王使人瞷夫子⑳，果有以異於人乎？」孟子曰：「何以異於人哉㉑？堯、舜與人同耳。」

齊人有一妻一妾而處室者㉒，其良人出㉓，則必饜酒肉而後反㉔。其妻問所與飲食者，則盡富貴也。其妻告其妾曰：「良人出，則必饜酒肉而後反；問其與飲食者，盡富貴也，而未嘗有顯者來㉕，吾將瞷良人之所之也㉖。」

蚤起㉗，施從良人之所之㉘，徧國中無與立談者㉙。卒之東郭墦間㉚之祭者㉛，乞其餘㉜；不足，又顧而之他；此其爲饜足之道也㉝。

其妻歸，告其妾，曰：「良人者，所仰望而終身也㉞，今若此！」與其妾訕其良人㉟，而相泣於中庭㊱，而良人未之知也，施施從外來㊲，驕其妻妾㊳。

由君子觀之，則人之所以求富貴利達者㊴，其妻妾不羞也，而不相泣者，幾希矣㊵。

①在本章中孟子闡明聖賢處事原則一致，但因時、地不同而方法各異。曾子：姓曾名參，字子輿。春秋魯國人，孔子學生。武城：地名，今山東費縣。

②越寇：指越王句踐軍隊。因句踐曾建都於山東琅琊，故常侵魯。

③盍（hé）：何不、何故。

④寓：居住。

⑤薪木：樹木。

⑥反：同返。返回、回來。

⑦左右：曾子的學生。

⑧忠且敬：指武城的地方官對待曾子忠誠而且恭敬。

⑨民望：人民的榜樣。這裡有給人民做了壞樣之意。

⑩殆：恐怕。

⑪沈猶行：孟子學生。姓沈猶，名行。

⑫知：知道、理解。

⑬負芻之禍：指當時有個名叫負芻的人作亂，進攻沈猶氏。朱熹集註云：「言曾子嘗舍於沈猶氏，時有負芻者作亂，來攻沈猶氏，曾子率其弟子去之，不與其難。言師賓不與臣同。」

⑭與：過問，參與。

⑮子思：姓孔名伋，字子思。孔子孫子，曾子學生。

⑯齊寇：齊國的軍隊。

⑰同道：遵循同一原則。

⑱微：微賤，引申爲小官。臣有守土之責。

⑲在本章中孟子向儲子說明，聖賢與普通人在外表上沒有甚麼不同。儲子：齊國人，曾任齊國卿相。

⑳瞯（jiàn）：窺視。

㉑異：區別、不同。

㉒在本章中孟子諷刺爲謀取富貴而不知羞耻的人。妾：小老婆。處室：同住一家。

㉓良人：丈夫。王念孫廣雅疏證云：「『良』與『郎』聲之侈弇耳，猶古者婦稱夫曰『良』，而今謂之『郎』也。」

㉔饜：吃飽。反：同返。回來。

㉕顯者：有錢財、有地位的人。

㉖瞷（jiàn）：窺視。

㉗蚤：通早。早晨。

㉘施（yí）：古斜字。含有轉彎抹角緊跟之意。

㉙徧：遍的異體字。國中：城中。

㉚東郭：東城郊區。墦（fán）：墳墓。

㉛祭：祭墳。

㉜餘：剩餘菜飯。

㉝道：方法。

㉞仰望：含依靠之意。

㉟訕：咒駡、怨駡。

㊱中庭：即庭中。院子裡。

㊲施施（shī shī）：得意洋洋的樣子。

㊳驕：含有炫耀之意。

（來可泓）

㊴富貴利達：升官發財。

㊵幾希：很少。

盡　心（上）（前十章）

孟子曰：「盡其心者①，知其性也②。知其性，則知天矣③。存其心④，養其性⑤，所以事天也⑥。殀壽不貳⑦，修身以俟之⑧，所以立命也⑨。」

孟子曰：「莫非命也⑩，順受其正⑪；是故知命者不立乎巖墻之下⑫。盡其道而死者⑬，正命也；桎梏死者⑭，非正命也。」

孟子曰：「求則得之⑮，舍則失之⑯，是求有益於得也⑰，求在我者也⑱。求之有道⑲，得之有命⑳，是求無益於得也，求在外者也㉑。」

孟子曰：「萬物皆備於我矣㉒。反身而誠㉓，樂莫大焉㉔。強恕而行㉕，求仁莫近焉㉖。」

孟子曰：「行之而不著焉㉗，習矣而不察焉㉘，終身由之而不知其道者㉙，衆也㉚。」

孟子曰：「人不可以無耻㉛，無耻之耻㉜，無耻矣。」

孟子曰：「耻之於人大矣㉝，爲機變之巧者㉞，無所用耻焉。不耻不若人㉟，何若人有㊱？」

孟子曰：「古之賢王好善而忘勢㊲，古之賢士何獨不然㊳？樂其道而忘人之勢㊴，故王公不致敬盡禮，則不得亟見之㊵。見且由不得亟，而況得而臣之乎㊶？」

孟子謂宋句踐曰㊷：「子好遊乎㊸？吾語子遊。人知之㊹，亦囂囂㊺；人不知，亦囂囂。」

曰：「何如斯可以囂囂矣？」

曰：「尊德樂義㊻，則可以囂囂矣。故士窮不失義㊼，達不離道㊽。窮不失義，故士得己焉㊾；達不離道，故民不失望焉㊿。古之人，得志，澤加於民(51)；不得志，修身見於世(52)。窮則獨善其身，達則兼善天下(53)。」

孟子曰：「待文王而後興者(54)，凡民也(55)。若夫豪傑之士(56)，雖無文王猶興(57)。」

〔篇名簡介〕本篇反映出孟子關於如何修身養性、反躬自省的思想。

①在本章中孟子論述自己修身養性，安身立命的天命觀和內省方法。盡其心：充分發揮自己良善的本心。因爲心是制約衆理而應萬事的。

②性：人的本性。具有天賦的仁、義、禮、智四端。

③天：天命。引申爲自然。

④存：指操持而不舍。

⑤養：指順而不害。

⑥事：奉承而不違。

⑦殀壽：壽命的短長。殀，夭的異體字。不貳：不三心兩意。貳：疑也。

⑧俟：等待。

⑨立命：安身立命。朱熹集註云：「謂全其天之所付，不以人爲害之。」

⑩在本章中孟子論述慎守正道，安於天命。命：命運。

⑪順受其正：順理而行接受命運的正道。趙岐說：「命有三名：行善得善曰受命；行善得惡曰遭命；行惡得惡曰隨命。惟順受命，爲受其正也。」

⑫知命：懂得命運。巖墻：將要倒坍的高墻。

⑬盡其道：竭力按正道行事。

⑭桎梏（zhì gù）：脚鐐手銬。古時用來拘繫罪人的刑具。借指犯罪非命而死。

⑮在本章中孟子教育人們要加强自我修養，淡泊名利的追求。求：追求、尋求、探求。

⑯舍：放棄、舍棄。

⑰得：指獲得仁義。

⑱在我：在於自己。朱熹集註云：「在我者，謂仁、義、禮、智，凡性之所有者。」

⑲道：方法。

⑳命：命運。

㉑在外者：指富、貴、利、達等身外之物。

㉒在本章中孟子教育人們萬物之理具於吾心，體之而實，則道在我而樂有餘；行之以恕，則私不容而仁可得。萬

物：萬事萬物的道理。

㉓反身：反躬自省。誠：實。

㉔樂：快樂。

㉕强恕而行：努力地執行推己及人的恕道。

㉖莫近：没有比這更近的路了。

㉗在本章中孟子認爲不追求仁道的人，盲目地度過一生。著：明白。知之明。

㉘習：習慣。察：了解。識之精。

㉙由之：從這裡經過。

㉚衆：一般的人民大衆。

㉛在本章中孟子認爲知道甚麽是耻辱，也就知道怎樣避免耻辱。無耻：没有羞耻之心。

㉜耻：耻辱。

㉝在本章中孟子告誡人們不要喪失羞耻之心。耻：指羞耻之心。

㉞機變之巧者：機巧權變的奸詐人。

㉟不若人：不及人，趕不上人家。

㊱何若人有：何能有及人之事。

㊲在本章中孟子論述古代賢德之士自尊自重的品德。勢：富貴權勢。

㊳賢士：賢德的士人。不然：不這樣。

㊴樂其道：樂於走自己的路。
㊵亟：多次，屢次。
㊶而況：何況。得而臣之：得到他作爲自己的臣子。
㊷在本章中孟子論述内重而外輕，則無往而不善。宋句踐：其人未見他書，不可考。
㊸遊：遊説。
㊹知：理解、知道。
㊺囂囂：自得其樂的樣子。朱熹集註云：「囂囂，自得無欲之貌。」
㊻尊德樂義：尊重道德，熱愛義理。朱熹集註云：「德，謂所得之善。尊之，則有以自重，而不慕乎人爵之榮。義，謂所守之正。樂之，則有以自安，而不徇乎外物之誘矣。」
㊼窮：窮困。
㊽達：通達。引申爲得志。
㊾得己：自得其樂。
㊿失望：失去希望。
51澤：恩澤、恩惠。
52見：通現。表現。
53兼善：同時幫助人民行善。
54在本章中孟子鼓勵人們時時奮發有爲。文王：周文王。興：感動奮發之意。

㊺凡民：普通人民。
㊻若夫：至於。豪傑之士：有過人才智的人。
㊼猶：仍、仍然。

（來可泓）

古漢語語法

古漢語語法，即古漢語的結構規則。它的範圍較爲廣泛。我們僅就語法中詞類的活用和賓語的倒置分别加以介紹。

在古漢語裡，某類詞有某種詞性及其在句中的作用，通常是固定的。但在一定條件下，有些詞可以按照一定的語言習慣而靈活運用，臨時具有另一類詞的語法功能，此即詞類的活用。詞類活用中較常出現的有以下幾種：一是名詞用作一般動詞；二是動詞、形容詞、名詞的使動用法；三是形容詞、名詞的意動用法；四是名詞用作狀語；五是動詞用作狀語。

名詞用作一般動詞，具有跟原名詞意義有着密切聯繫的動詞的一般意義。可細分爲普通名詞與方位名詞兩類，分别觀看它們用作一般動詞的情況。

普通名詞用作一般動詞有以下幾種情況：一種是代詞前面的名詞用作動詞，如：論語述而：「曲肱而枕之」，「枕（zhèn）」，以頭枕物，用作動詞，「之」為代詞。又如：史記留侯世家：「父曰：『履我！』」「履」，穿鞋，用作動詞，「我」代指老父。第二種是賓語前面的名詞用作動詞，如：蘇軾石鐘山記：「微風鼓浪」，「鼓」，吹動，振動，用作動詞，「浪」，是賓語。又如：戰國策趙策：「鄂侯爭之急，辯之疾，故脯鄂侯。」「脯」，做成乾肉，用作動詞，「鄂侯」，是賓語。第三種是在副詞後，用作動詞，如：左傳隱公元年：「今京不度，非制也。」「不」，是否定副詞，意為「不合」，「度」，法度，用作動詞。又如：史記項羽本紀：「范增數目項王。」「數（shuò）」，屢次，副詞。「目」，用作動詞，即「以目示意」。第四種是名詞後邊帶有介詞結構或處所名詞，如：左傳僖公三十年：「晉軍函陵，秦軍汜南。」「軍」，用作動詞，意為「駐軍」，「函陵」、「汜南」，都是處所名詞。又如：國語越語勾踐棲會稽：「請勾踐女女於王，大夫女女於大夫，士女女於士。」此句中的「於」是介詞，緊靠它的「女（nǚ）」，用作動詞，意為「以女嫁人」，實為作奴婢。

方位名詞用作動詞在古書中亦常見。例如：史記項羽本紀：「漢敗楚，楚以故不能過滎陽而西。」「西」，往西走，方位名詞作動詞。又如：後漢書鄭玄傳：「融喟然謂門人曰：『鄭生今去，吾道東矣。』」「東」，即往東去，亦是方位名詞用作動詞。又如：史記商君列傳：「（孝公）不知膝之前於席也。」「前」，向前移動，「前」，也是方位名詞用作動詞。

動詞、形容詞、名詞的使動用法，都屬於古漢語語法的重要特點之一。所謂動詞的使動用法，意即主語所代表的人物並不施行這個動詞所表示的動作，而是使賓語所代表的人或事物施行這個動作。

所謂形容詞的使動用法，就是使賓語所代表的人或事物具有這個形容詞所表示的性質或狀態，意即「使……具有……」的意思。名詞的使動用法，在古漢語裡較為少見，它是在詞匯意義方面帶有「使……成為……」的意思。

動詞的使動用法可分為及物動詞和不及物動詞兩種情況。及物動詞本來是帶賓語的，在它作為一般動詞用時，賓語是它支配的對象，在它作為使動用法時，它所表示的動作則是主語所代表的人物使賓語所代表的人物有這種動作。例如：孟子公孫丑上：「武丁朝諸侯，有天下，猶運之掌也。」「朝」，及物動詞，是使動用法，是使諸侯來朝見武丁，而不是武丁朝見諸侯。又如戰國策齊策：「左右以君賤之也，食以草具。」這句中的「食（sì）」，是及物動詞，意為使他吃，是使動用法。又如：左傳宣公二年：「晉侯飲趙盾酒。」「飲（yìn）」，意為使趙盾飲酒，是及物動詞的使動用法。不及物動詞本來不帶賓語，但在古漢語中，它常以使動用法出現於句子中，因而也就帶有賓語了。例如：論語先進：「求也退，故進之；由也兼人，故退之。」此句中的「進」，是使之進取，「故退之」中的「退」，是使之後退，「進」、「退」都是不及物動詞的使動用法。又如：馬中錫中山狼傳：「先生之恩，生死而肉骨也。」「生」，使死者復生，亦為不及物動詞的使動用法。論語季氏：「故遠人不服，則修文德以來之。」此句中的「來」，是招致的意思。以上幾例是不及物動詞以使動用法出現在句中時，後邊都帶有賓語。除此外，不及物動詞的後面雖然不帶賓語，但從上下文的意思看，仍是使動用法，這樣的例子也是有的。如論語季氏：「遠人不服，而不能來也。」「來」，意為「使遠人來」。使動用法造成了一些本來反義的字詞却意義相同的結果，例如：「勝」字被用爲一般及物動詞時，「勝之」，意爲「戰勝了他」；「敗」字在使動用法時，「敗之」，意爲「打敗了他」（或説使他打了敗仗），這樣一來，「勝」與「敗」本來意思完全相反的兩個詞，祇是用法不同，便可使之意思完全相同。

形容詞活用爲使動詞，是古漢語裡常有的現象。舉例來説，論語堯曰：「君子正其衣冠」，「正」即用作使動詞，「正其衣冠」，是「使其衣冠正」。「衣冠」是賓語，「正」是整齊，「正」在使動用法下，是使其衣冠（賓語）具有整齊的狀態。又如：史記魏其武安侯列傳：「能富貴將軍者，上也。」「富貴」，用作使動，「將軍」是賓語，「富貴將軍」，使將軍富貴。又如：孟子告子下：「必先苦其心志，勞其筋骨」，「苦」、「勞」，都是使動用法，「苦其心志」，是「使其心志苦」，「勞其筋骨」，是「使其筋骨勞」。

名詞活用爲使動用法，在古漢語裡也偶然出現。如：左傳襄公二十二年：「吾見申叔，夫子所謂生死而肉骨也。」此句中「生死」是動賓結構，「肉骨」也是動賓結構，不同點在於：「生」是不及物動詞用作使動詞，「肉」是名詞用作使動詞，「生死」是「使死者復生」，「肉骨」是「使白骨生肉」。又如：史記項羽本紀：「縱江東父兄憐而王我，我何面目見之？」句中的「王我」，是「使我爲王」，「王」是使動用法。又如：韓非子問田：「楚將宗骫而失其政，魏相馮離而亡其國。」這句中的「將」、「相」，都是名詞用作使動詞，意爲「使宗骫爲將」、「使馮離爲相」。名詞中的方位詞也有用作使動詞的，如：詩經小雅斯干：「築室百堵，西南其户。」此句中的「西南」，是方位名詞用於使動，「西南其户」，是「使其門户向着西方或南方」。又如：史記蘇秦列傳：「故王不如東蘇子。」此句中的「東蘇子」，是「使蘇子向東去」，「東」是方位名詞作使動用法。方位名詞用作使動，使賓語所代表的事物依方位詞所表示的方位而動。

形容詞、名詞都可用作意動詞。含有「認爲、以爲、以……爲」意義的動詞叫做意動詞。它表示當事人主觀上認爲、以爲人和事物是意動詞所表示的性質或狀態。

形容詞用作意動詞，它後面的成分就是它的賓語。如：老子：「甘其食，美其服，安其居，樂其俗。」「甘」、「美」、「安」、「樂」，均是形容詞用作意動詞。「甘其食」，即「以其食爲甘」；「美其服」，即「以其服爲美」；「安其居」，即「以其居爲安」；「樂其俗」，即「以其俗爲樂」。又如：孟子盡心上：「孔子登東山而小魯，登泰山而小天下。」「小」，是形容詞用作意動詞，「小魯」，「以魯爲小」；「小天下」，「以天下爲小」。又如：晁錯論貴粟疏：「是故明君貴五穀，賤金玉。」這句中的「貴」、「賤」，都是形容詞的意動用法，即「以五穀爲貴」，「以金玉爲賤」。「貴」、「賤」後面的成分就是它們各自的賓語。

鑒別同一個形容詞在句中是使動用法還是意動用法，須根據上下文來分辨。例如，「賤」字曾在戰國策齊策中出現：「左右以君賤之，食以草具。」又在孟子告子上這篇文章中出現：「趙孟之所貴，趙孟能賤之。」齊策中的「賤之」，是「認爲他賤」，不是「使之賤」，故「賤」字用作意動詞；告子上所說的「賤之」，是「使之賤」，「賤」字用作使動詞。如離開上下文，單獨就「賤之」去區分，祇能斷定「之」前邊的「賤」是形容詞用作動詞。一般地說，代詞是不被形容詞修飾的，如出現形容詞在代詞前的情況，那麽，這個形容詞一定是被活用了，不是被活用作使動詞，就是被活用爲意動詞。

名詞用作意動詞，意思是把賓語所代表的人或事物看成爲這個名詞所表示的人或事物。例如：

荀子賦篇名賦：「友風而子雨。」其中的「友風」，是「把風當作朋友」；「子雨」，是「把雨當作兒子」。「友」、「子」都是名詞用作意動詞。又如：史記信陵君列傳：「公子乃自驕而功之」，此處的「功之」，即「以之爲功」，認爲自己所做的事是自己的功勞。又如：穀梁傳僖公八年：「夫人之，我可以不夫人之乎？」這句中的「夫人之」，是「把她(之)看作夫人」，「夫人」是名詞作意動詞。

古漢語中的普通名詞，常常可以直接修飾動詞做狀語，有的甚至具有濃厚的修辭色彩。其具體表現形式大體可分爲五種。

第一種是以作狀語的名詞所表示的人或事物的行動特徵，去描繪動詞所表示的行動的方式或狀態，即比喻法。例如：戰國策秦策：「嫂蛇行匍伏。」「蛇行」，意即像蛇爬那樣往前走。又如：史記魏公子列傳：「其後秦稍蠶食魏。」「蠶食」，即像蠶吃桑葉似的。「蛇行」、「蠶食」都是用動物的行爲特徵做比喻。左傳莊公八年：「豕人立而啼。」說的是豕(shǐ)像人似的站着啼哭。表示比喻的意義，常用「像……一樣」、「跟……似的」來解釋。

第二種是把動詞賓語所代表的人或物，當作用作狀語的那個名詞所表示的人或物來對待，即表示對人或物的態度。例如：史記項羽本紀：「君爲我呼入，我得兄事之。」「兄事之」，把他當作哥哥那樣來侍奉。又如：史記孫子吳起列傳：「齊將田忌善而客待之。」這句的「客待之」，即用對待客人的態度來對待他。上述兩例表示對人的態度。荀子天論：「大天而思之，孰與物畜而制之。」這句中的「物畜而制之」，意爲像對待萬物那樣對待(畜養)天，支配天。這是對物的態度。古漢語中表示對人或物的態度，可釋爲「像對待……那樣」、「當作……那樣」、「用對待……的態度」。

第三種是把普通名詞直接置於動詞前做狀語，表示動作所用的工具或依據。例如：史記商君列傳：「秦王車裂商君以徇。」「車裂」，用車把肢體拖裂（這是古代的酷刑）。又如：史記信陵君列傳：「朱亥袖四十斤鐵椎，椎殺晋鄙。」此句中「椎殺」，用鐵椎打死。上述二例表示動作所用工具，即「用……」。史記陳涉世家：「失期，法當斬。」這句中的「法當斬」，是説依照法律應當斬首。有「依據……」的意思。

第四種也是把普通名詞直接置於動詞前做狀語，表示動作發生或進行的處所。例如：國語魯語：「舜勤於民而野死。」「野死」，就是在野外死去。又如：史記廉頗藺相如列傳：「卒廷見相如，畢禮而歸之。」「廷見」，即在朝廷上接見。又如：史記陳涉世家：「扶蘇以數諫故，上使外將兵。」「外將兵」，即在外邊統率軍隊。上述各例均有「在……」的意思，以表示處所。

第五種是表示動作進行的方式，也是直接將普通名詞直接置於動詞前做狀語。例如：戰國策齊策：「群臣吏民能面刺寡人之過者，受上賞。」「面刺」，是當面指責。又如：漢書龔遂傳：「遂入見王，涕泣膝行。」這句中的「膝行」，是用膝蓋行走。

表示處所、表示工具、表示方式等由普通名詞用作狀語時，其用法基本相同，要做最恰當的解釋，就要注意其語言環境。

古漢語中時間名詞用作狀語以表示時間修飾，這是時間狀語經常性的職務之一。史書中此類用法不勝枚舉。例如：左傳僖公三十年：「朝濟而夕設版焉。」文中的「朝」、「夕」都是時間狀語。又如：左傳隱公元年：「五月辛丑，大叔出奔共。」這句中的「五月辛丑」也是時間狀語，即五月二十三日。

按照古漢語的習慣，「歲」、「月」、「日」等字常被用作狀語，此時它們所表示的意義與平時就會有所不同。有這樣三種情況：第一種，把「歲」、「月」、「日」放在具有行動性的動詞前面時，可表示行動的經常性，有「歲歲」（每年）、「月月」（每月）、「日日」（每日）的意思。例如：史記信陵君列傳：「魏王日聞其毀，不能不信。」此句的「日」，即每日。又如：莊子養生主：「良庖歲更刀，割也；族庖月更刀，折也。」這句中的「歲」，指每年，「月」，指每月。第二種表示情況的逐漸發展，有「逐漸地」、「一天天地」的意思。此時，「日」放在動詞或形容詞的前面。例如：史記魏其武安侯列傳：「事日急。」「日」，即一天天地。又如：三國志諸葛亮傳：「於是與亮情好日密。」「日密」，一天天地親密。第三種是把「日」用在句首主語的前面，用以追溯過去，有「從前」、「往日」的意思。例如：國語晉語四：「日吾來此也，非以狄為榮，可以成事也。」此句中的「日」，意為往日。又如：左傳昭公十六年：「日起（韓起自稱）請夫環，執政弗義，弗敢復也。」這句中的「日」也是追溯過去，意為從前。

動詞用作狀語可細分為下列三種情況：第一種，不及物動詞做狀語。例如：史記李將軍列傳：「生得一人，果匈奴射雕者也。」「生」，即活捉。又如：漢書卜式傳：「富豪皆一匿財。」「一」，一着。上述兩例都是把不及物動詞直接加在謂語動詞前面作狀語。第二種，是用「而」或者用「以」把作狀語的動詞與動詞謂語連接起來。例如：戰國策燕策：「箕踞以罵」，「箕踞」是像簸箕似地蹲坐在地上（這是一種傲慢的姿態）。又如：史記陳涉世家：「傭者笑而應曰」，「笑」後面緊跟「而」，使動詞狀語通過「而」與動詞謂語相連接。第三種，用動賓詞組作狀語。例如：左傳宣公二年：「觸槐而死」，「觸槐」是表示行爲方式的。同樣的例子如：孟子梁惠王上：「挾太山以超北海」，「挾太山」即動賓詞組作狀語，也用來表示方式。下面兩例則是表示時間，例一：楊惲報孫會宗書：「故君父至尊親，送其終也，有時而既。」「有時」，即表示時間的狀語。又如：三國志諸葛亮傳：「先帝知臣謹慎，故臨崩寄臣以大事也。」這句中的「臨崩」，也是表示時間的狀語。上述動詞或動賓詞組用作狀語，是修飾動詞謂語的，在意思上有主有次。

賓語倒置於謂語之前是古漢語裡常見的現象。「賓語前置」和「賓語提前」是賓語倒置的兩種體現方式。

賓語前置，是指賓語放在動詞前面的現象。其一，是疑問代詞作賓語，使賓語前置，例如：左傳閔公二年：「寡人有子，未知其誰立焉。」這句中的「誰」是賓語，也是疑問代詞，其後面的「立」字是動詞，「誰立」是把疑問代詞做賓語放在動詞之前，構成賓語前置的現象。又如：史記項羽本紀：「大王來何操？」這句中的「何」是疑問代詞，在句中做賓語，「操」是動詞，「何操」，構成疑問代詞做賓語，賓語前置。在古漢語中，「誰」、「何」、「安」、「奚」、「孰」等疑問代詞做賓語的時候，一般都會出現賓語前置的現象。直到漢代以後，疑問代詞做賓語才逐漸由前置改爲後置。但在仿古作品中，仍沿用賓語前置。第二，否定句中，「不」、「未」、「莫」、「毋」等否定詞置於代詞做賓語的前面，賓語一般放在動詞前面，構成賓語前置的語法格式。例如：論語學而：「不患人之不己知，患不知人也。」這句中的「不己知」，是賓語前置結構，「不」是否定詞，「己」是代詞賓語，「知」是動詞。又如：左傳宣公二年：「諫而不入，則莫之繼也。」這句中的「莫之繼」，是賓語前置結構，「莫」是否定詞，「之」是代詞賓語，「繼」是動詞。第三，賓語用「是」、「之」等代詞復指，位於動詞之前。例如：左傳僖公五年：「將虢是滅，何愛於虞？」這句中「虢是滅」的格式屬賓語前置，「虢」爲賓語，「是」具有復指提前的賓語的作用，是代詞，由於它與被指的賓語（虢）連在一起，故可以不把它譯出來，它在句中置於動詞「滅」之前，成賓語前置格式。又如：左傳莊公三十二年：「虢多涼德，其何土之能得？」這句中的「何土之能得」是賓語前置格式，「何土」是賓語詞組，「之」是復指代詞，「得」是動詞，「能」是助動詞。「之」與上文「是」的作用、性質相同，都是復指而使賓語前置。在上述賓語前面再加副詞「唯」（惟），即可表示動作行爲對象的單一性或排他性。例如：列子湯問：「當臣之臨流持竿時，心無雜慮，唯魚之求。」又如：左傳宣公十二年：「率師以來，唯敵是求。」上述「唯……是……」、「唯……之……」，作爲一種固定格式，現仍在沿用，常見的如：「唯利是圖」、「唯你是問」、「唯命是從」，等等。此外，「是之謂」、「此之謂」等用「之」復指前置的代詞賓語的格式，早在先秦就已成爲固定的結構。例如：左傳隱公元年：「詩曰：『孝子不匱，永錫爾類。』其是之謂乎？」又如：孟子公孫丑上：「詩云：『自西自東，自南自北，無思不服。』此之謂也。」

賓語提前是指古漢語中有時爲了强調賓語而將其提到動詞前面的現象。例如：史記項羽本紀：「臣死且不避，卮酒安足辭！」這句中的「死且不避」、「卮酒安足辭」，都是賓語提前句式。「死」是「避」

的賓語，「卮酒」是「辭」的賓語，都是爲了强調它們而提到動詞之前。又如：漢書晁錯傳：「故民可得而有也。」這句中的「民」是賓語，「可得而有」是動詞詞組，「民可得而有」即賓語提前句式。又如，蒲松齡著聊齋促織：「並蟲亦不能行捉矣。」此句中的「蟲」爲賓語，「捉」是動詞，賓語提前在這句中也較爲明顯。

此外，「賓語前置」和「賓語提前」在有些情况下可以互通。如前所述，用「之」或「是」復指而使賓語前置，這是把「之」或「是」做爲代詞看待；若把「之」或「是」做爲助詞看待，那麽它們在句中即起指明詞序倒置的作用，成爲賓語提前的標誌。

古漢語中，代詞賓語「是」在不復指的情况下，也可直接放在動詞之前，這與用「是」復指前置賓語的格式相似。下舉二例説明。例一，左傳僖公五年：「將虢是滅，何愛於虞？」此句中「是」爲復指，是代詞，置於動詞「滅」之前。例二，左傳僖公四年：「爾貢包茅不入，王祭不共，無以縮酒，寡人是徵；昭王南征而不復，寡人是問。」這句中的「寡人是徵」和「寡人是問」中的「是」，都是代詞賓語，雖不是復指，也可做前置的賓語。對此，必須認真分辨。

（劉淑英）

實習系列

學習古代漢語，是一項實踐性較强的任務。本教材突出文字學、音韻學、訓詁學内容。學習這些知識更需要在實踐中提高。爲此本教材特設實習系列。

本書共三册，若分三個學期講授，則每學期可安排實習二至三次；若學制爲兩學期，則每學期可講一册半的内容，實習則可進行三至四次。

實習系列共計九次，均可采取小測驗形式進行。（下列實習方案，將在實踐中不斷發展與完善）。

實習一：工具書（一）——學會查辭海、辭源等工具書

①教師在課堂上講授運用辭海、辭源查找字詞的方法——拼音檢字法、舊部首檢字法等；

②布置課下到實習室、圖書館練習；

③選擇六至十個漢字，限定時間，讓學生在實習室查閲辭海、辭源等，記下每個字的前五個義項。

教師根據查找情況評分；

④比較兩部辭書的解説，總結出二者各有甚麼特點；

⑤分小組討論二者特點，然後每組推選一人在全班發言；

⑥教師對發言加以講評、總結。

實習二：工具書（二）——學會查説文解字、古文字類編等

①教師在課堂上介紹説文解字、古文字類編的作者、時代背景、學術價値等，以及查閲方法；

②同實習一之②；

③選擇四至六個漢字，限時在實習室查找説文解字和古文字類編，記下其解説和古文字字形。教師評分；

④將説文解字與辭海、辭源比較，總結出其特點；

⑤⑥同實習一之⑤⑥。

實習三——文字學(二)

①在課堂上講解文字學常識與選篇;

②在實習室運用辭海、辭源,限時查出實習二中所查的四至六個漢字,記下前五個義項;

③運用文字學知識,分析這些漢字各屬於「六書」的哪一種;并分析五個義項中,哪個是其本義,哪些是引申義,并盡可能説明這些含義是如何引申的;

④在上述分析的基礎上,寫出自己對「六書」、對漢字的結構與發展的認識,嘗試總結出漢字字義引申的一些途徑;

⑤教師對上述各項評分;

⑥同實習一之⑤⑥。

白文選篇

魏　書

釋老志（節選）

大人有作司牧生民結繩以往書契所絕故靡得而知焉自羲軒已還至於三代其神言秘策蘊圖緯之文範世率民垂墳典之迹秦肆其毒滅於灰燼漢採遺籍復若丘山司馬遷區別異同有陰陽儒墨名法道德六家之義劉歆著七略班固志藝文釋氏之學所未曾紀案漢武元狩中遣霍去病討匈奴至皐蘭過居延斬首大獲昆邪王殺休屠王將其衆五萬來降獲其金人帝以爲大神列於甘泉宮金人率長丈餘不祭祀但燒香禮拜而已此則佛道流通之漸也及開西域遣張騫使大夏還傳其旁有身毒國一名天竺始聞有浮屠之教哀帝元壽元年博士弟子秦景憲受大月氏王使伊存口授浮屠經中土聞之未之信了也後孝明帝夜夢金人項有日光飛行殿庭乃訪羣臣傅傅毅始以佛對帝遣郎中蔡愔博士弟子秦景等使於天竺寫浮屠遺範愔仍與沙門攝

摩騰竺法蘭東還洛陽中國有沙門及跪拜之法自此始也愔又得佛經四十二章及釋迦立像明帝令畫工圖佛像置清涼臺及顯節陵上經緘於蘭臺石室愔之還也以白馬負經而至漢因立白馬寺於洛城雍門西摩騰法蘭咸卒於此寺浮屠正號曰佛陀佛陀與浮圖聲相近皆西方言其來轉爲二音華言譯之則謂淨覺言滅穢成明道爲聖悟凡其經旨大抵言生生之類皆因行業而起有過去當今未來歷三世識神常不滅凡爲善惡必有報應漸積勝業陶冶粗鄙經無數形澡練神明乃致無生而得佛道其間階次心行等級非一皆緣淺以至深藉微而爲著率在於積仁順蠲嗜慾習虛靜而成通照也故其始修心則依佛法僧謂之三歸若君子之三畏也又有五戒去殺盜淫妄言飲酒大意與仁義禮智信同名爲異耳云奉持之則生天人勝處虧犯則墜鬼畜諸苦又善惡生處凡有六道焉諸服其道者則剃落鬚髮釋累辭家結師資遵律度相與和居治心修淨行乞以自給謂之沙門或曰桑門亦聲相近總謂之僧皆胡言也僧譯爲和命衆桑門爲息心比丘爲行乞俗人之信憑道法者男曰優婆塞女曰優婆夷其爲沙門者初修十誡曰沙彌而終於二百五十則具足成大僧婦入道者曰比丘尼其誡至於五百皆以□爲本隨事增數在於防心攝身正口心去貪忿癡身除殺淫盜口斷妄雜諸非正言總謂之十善道能具此謂之三業清淨凡人修行粗爲極云可以達惡善報漸階聖迹初階聖者有三種人其根業各差謂之三乘聲聞乘緣覺乘大乘取其可乘運以至道爲名此三人惡迹已盡但修心盪累濟物進德初根人爲小乘行四諦法中根人爲中乘受十二因緣上根人爲大乘則修六度雖階三乘而要由修進萬行拯度億流彌歷長遠乃可登佛境矣所謂佛者本號釋迦文者譯言能仁謂德充道備堪濟萬物也釋迦前有六佛釋迦繼六佛而成道處今賢劫文言將來有彌勒佛方繼釋迦而降世釋迦即天竺迦維衛國王之子天竺其總稱迦維

別名也初釋迦於四月八日夜從母右脅而生既生姿相超異者三十二種天降嘉瑞以應之亦三十二其本起經説之備矣釋迦生時當周莊王九年春秋魯莊公七年夏四月恒星不見夜明是也至魏武定八年凡一千二百三十七年云釋迦年三十成佛導化羣生四十九載乃於拘尸那城娑羅雙樹間以二月十五日而入般涅槃涅槃譯云滅度或言常樂我淨明無遷謝及諸苦累也諸佛法身有二種義一者真實二者權應真實身謂至極之體妙絶拘累不得以方處期不可以形量限有感斯應體常湛然權應身者謂和光六道同塵萬類生滅隨時修短應物形由感生體非實有權形雖謝真體不遷但時無妙感故莫得常見耳明佛生非實生滅非實滅也佛既謝世香木焚尸靈骨分碎大小如粒擊之不壞焚亦不燋或有光明神驗胡言謂之舍利弟子收奉置之寶瓶竭香花致敬慕建宮宇謂爲塔塔亦胡言猶宗廟也故世稱塔廟於後百年有王阿育以神力分佛舍利役諸鬼神造八萬四千塔布於世界皆同日而就今洛陽彭城姑臧臨淄皆有阿育王寺蓋承其遺迹焉釋迦雖般涅槃而留影迹爪齒於天竺於今猶在中土來往並稱見之初釋迦所説教法既涅槃後有聲聞弟子大迦葉阿難等五百人撰集著録阿難親承囑授多聞總持蓋能綜覈深致無所漏失乃綴文字撰載三藏十二部經如九流之異統其大歸終以三乘爲本後數百年有羅漢菩薩相繼著論贊明經義以破外道摩訶衍大小阿毗曇中論十二門論百法論成實論等是也皆傍諸藏部大義假立外問而以内法釋之漢章帝時楚王英喜爲浮屠齋戒遣郎中令奉黄縑白紈三十匹詣國相以贖愆詔報曰楚王尚浮屠之仁祠潔齋三月與神爲誓何嫌何疑當有悔吝其還贖以助伊蒲塞桑門之盛饌因以班示諸國桓帝時襄楷言佛陀黄老道以諫欲令好生惡殺少嗜慾去奢泰尚無爲魏明帝曾欲壞宮西佛圖外國沙門乃金盤盛水置於殿前以佛舍利投之於水乃有五色光起於

是帝歎曰自非靈異安得爾乎遂徙於道東爲作周閣百間佛圖故處鑿爲濛汜池種芙蓉於中後有天竺沙門曇柯迦羅入洛宣譯誡律中國誡律之始也自洛中構白馬寺盛飾佛圖畫迹甚妙爲四方式凡宮塔制度猶依天竺舊狀而重構之從一級至三五七九世人相承謂之浮圖或云佛圖晉世洛中佛圖有四十二所矣漢世沙門皆衣赤布後乃易以雜色晉元康中有胡沙門支恭明譯佛經維摩法華三本起等微言隱義未之能究後有沙門常山衛道安性聰敏日誦經萬餘言研求幽旨慨無師匠獨坐瑀室十二年覃思構精神悟妙賾以前所出經多有舛駁乃正其乖謬石勒時有天竺沙門浮圖澄少於烏萇國就羅漢入道劉曜時到襄國後爲石勒所宗信號爲大和尚軍國規謨頗訪之所言多驗道安曾至鄴候澄澄見而異之澄卒後中國紛亂道安乃率門徒南遊新野欲令玄宗在所流布分遣弟子各趣諸方法汰詣揚州法和入蜀道安與慧遠之襄陽道安後入苻堅堅素欽德問既見宗以師禮時西域有胡沙門鳩摩羅什思通法門道安思與講釋每勸堅致羅什什亦承安令問謂之東方聖人或時遙拜致敬道安卒後二十餘載而羅什至長安恨不及安以爲深慨道安所正經義與羅什譯出符會如一初無乖舛於是法旨大著中原魏先建國於玄朔風俗淳一無爲以自守與西域殊絕莫能往來故浮圖之教未之得聞或聞而未信也及神元與魏晉通聘文帝久在洛陽昭成又至襄國乃備究南夏佛法之事太祖平中山經略燕趙所逕郡國佛寺見諸沙門道士皆致精敬禁軍旅無有所犯帝好黃老頗覽佛經但天下初定戎車屢動庶事草創未建圖宇招延僧衆也然時時旁求先是有沙門僧朗與其徒隱於泰山之琨珊谷帝遣使致書以繒素旃罽銀鉢爲禮今猶號曰朗公谷焉天興元年下詔曰夫佛法之興其來遠矣濟益之功冥及存沒神蹤遺軌信可依憑其敕有司於京城建飾容範修整宮舍令信向之徒有所居止是歲始作五級佛圖

耆闍崛山及須彌山殿加以繢飾別構講堂禪堂及沙門座莫不嚴具焉太宗踐位遵太祖之業亦好黃老又崇佛法京邑四方建立圖像仍令沙門敷導民俗初皇始中趙郡有沙門法果誡行精至開演法籍太祖聞其名詔以禮徵赴京師後以爲道人統綰攝僧徒每與帝言多所愜允供施甚厚至太宗彌加崇敬永興中前後授以輔國宜城子忠信侯安成公之號皆固辭帝常親幸其居以門小狹不容輿輦更廣大之年八十餘泰常中卒未殯帝三臨其喪追贈老壽將軍趙胡靈公初法果每言太祖明叡好道即是當今如來沙門宜應盡禮遂常致拜謂人曰能鴻道者人主也我非拜天子乃是禮佛耳法果四十始爲沙門有子曰猛詔令襲果所加爵帝後幸廣宗有沙門曇證年且百歲邀見於路奉致果物帝敬其年老志力不衰亦加以老壽將軍號是時鳩摩羅什爲姚興所敬於長安草堂寺集義學八百人重譯經本羅什聰辯有淵思達東西方言時沙門道彤僧略道恒道檦僧肇曇影等與羅什共相提挈發明幽致諸深大經論十有餘部更定章句辭義通明至今沙門共所祖習道彤等皆識學洽通僧肇尤爲其最羅什之撰譯僧肇常執筆定諸辭義注維摩經又著數論皆有妙旨學者宗之又沙門法顯慨律藏不具自長安天竺歷三十餘國隨有經律之處學其書語譯而寫之十年乃於南海師子國隨商人汎舟東下晝夜昏迷將二百日乃至青州長廣郡不其勞山南下乃出海焉是歲神瑞二年也法顯所逕諸國傳記之今行於世其所得律通譯未能盡正至江南更與天竺禪師跋陀羅辯定之謂之僧祇律大備於前爲今沙門所持受先是有沙門法領從揚州入西域得華嚴經本定律後數年跋陀羅共沙門法業重加譯撰宣行於時世祖初即位亦遵太祖太宗之業每引高德沙門與共談論於四月八日輿諸佛像行於廣衢帝親御門樓臨觀散花以致禮敬先是沮渠蒙遜在凉州亦好佛法有罽賓沙門曇摩讖習諸經論於姑臧與沙門智嵩等譯涅

槃諸經十餘部又曉術數禁呪歷言他國安危多所中驗蒙遜每以國事諮之神䴥中帝命蒙遜送讖詣京師惜而不遣既而懼魏威責遂使人殺讖讖死之日謂門徒曰今時將有客來可早食以待之食訖而走使至時人謂之知命智嵩亦爽悟篤志經籍後乃以新出經論於涼土教授辯論幽旨著涅槃義記戒行峻整門人齊肅知涼州將有兵役與門徒數人欲往胡地道路飢饉絕糧積日弟子求得禽獸肉請嵩强食嵩以戒自誓遂餓死於酒泉之西山弟子積薪焚其屍骸骨灰燼唯舌獨全色狀不變時人以爲誦說功報涼州自張軌後世信佛教敦煌地接西域道俗交得其舊式村塢相屬多有塔寺太延中凉州平徙其國人於京邑沙門佛事皆俱東象教彌增矣尋以沙門衆多詔罷年五十已下者世祖初平赫連昌得沙門惠始姓張家本清河聞羅什出新經遂詣長安見之觀習經典坐禪於白渠北晝則入城聽講夕則還處靜坐三輔有識多宗之劉裕滅姚泓留子義真鎮長安義真及僚佐皆敬重焉義真之去長安也赫連屈丐追敗之道俗少長咸見坑戮惠始身被白刃而體不傷衆大怪異言於屈丐屈丐大怒召惠始於前以所持寶劍擊之又不能害乃懼而謝罪統萬平惠始到京都多所訓導時人莫測其迹世祖甚重之每加禮敬始自習禪至於没世稱五十餘年未嘗寢卧或時跣行雖履泥塵初不汙足色愈鮮白世號之曰白脚師太延中臨終於八角寺齊潔端坐僧徒滿側凝泊而絕停屍十餘日坐既不改容色如一舉世神異之遂瘞寺内至真君六年制城内不得留瘞乃葬於南郊之外始死十年矣開殯儼然初不傾壞送葬者六千餘人莫不感慟中書監高允爲其傳頌其德迹惠始冢上立石精舍圖其形像經毁法時猶自全立世祖即位富於春秋既而鋭志武功每以平定禍亂爲先雖歸宗佛法敬重沙門而未存覽經教深求緣報之意及得寇謙之道帝以清淨無爲有仙化之證遂信行其術時司徒崔浩博學多聞帝每訪以大事浩奉謙之道

尤不信佛與帝言數加非毀常謂虛誕爲世費害帝以其辯博頗信之會蓋吴反杏城關中騷動帝乃西伐至於長安先是長安沙門種麥寺内御騶牧馬於麥中帝入觀馬沙門飲從官酒從官入其便室見大有弓矢矛盾出以奏聞帝怒曰此非沙門所用當與蓋吴通謀規害人耳命有司案誅一寺閲其財産大得釀酒具及州郡牧守富人所寄藏物蓋以萬計又爲屈室與貴室女私行淫亂帝既忿沙門非法浩時從行因進其説詔誅長安沙門焚破佛像敕留臺下四方令一依長安行事又詔曰彼沙門者假西戎虚誕妄生妖孽非所以一齊政化布淳德於天下也自王公已下有私養沙門者皆送官曹不得隱匿限今年二月十五日過期不出沙門身死容止者誅一門時恭宗爲太子監國素敬佛道頻上表陳刑殺沙門之濫又非圖像之罪今罷其道杜諸寺門世不修奉土木丹青自然毁滅如是再三不許乃下詔曰昔後漢荒君信惑邪僞妄假睡夢事胡妖鬼以亂天常自古九州之中無此也夸誕大言不本人情叔季之世闇君亂主莫不眩焉由是政教不行禮義大壞鬼道熾盛視王者之法蔑如也自此以來代經亂禍天罰亟行生民死盡五服之内鞠爲丘墟千里蕭條不見人迹皆由於此朕承天緒屬當窮運之弊欲除僞定真復羲農之治其一切盪除胡神滅其蹤迹庶無謝於風氏矣自今以後敢有事胡神及造形像泥人銅人者門誅雖言胡神問今胡人共云無有皆是前世漢人無賴子弟劉元真吕伯强之徒接乞胡之誕言　用老莊之虚假附而益之皆非真實至使王法廢而不行蓋大姦之魁也有非常之人然後能行非常之事非朕孰能去此歷代之僞物！有司宣告征鎮諸軍刺史諸有佛圖形像及胡經盡皆擊破焚燒沙門無少長悉坑之是歲真君七年三月也恭宗言雖不用然猶緩宣詔書遠近皆豫聞知得各爲計四方沙門多亡匿獲免在京邑者亦蒙全濟金銀寶像及諸經論大得秘藏而土木宫塔聲教所及莫不畢毁矣始謙之與浩同從

車駕苦與浩彛浩不肯謂浩曰卿今促年受戮　滅門户矣後四年浩誅備五刑時年七十浩既誅死帝頗悔之業已行難中修復恭宗潛欲興之未敢言也佛淪廢終帝世積七八年然禁稍寬弛篤信之家得密奉事沙門專至者猶竊法服誦習焉唯不得顯行於京都矣

先是沙門曇曜有操尚又爲恭宗所知禮佛法之滅沙門多以餘能自效還俗求見曜誓欲守死恭宗親加勸喻至於再三不得已乃止密持法服器物不暫離身聞者歎重之

太平詔書

原道醒世訓

從來福大則量大量大則爲大人福小則量小量小則爲小人是以泰山不辭土壤故能成其高河海不擇細流故能就其深　王者不卻衆庶故能成其德凡此皆量爲之也無如時至今日亦難言矣世道乖漓人心澆薄所愛所憎一出於私故以此國而憎彼國以彼國而憎此國者有之甚至同國以此省此府此縣而憎彼省彼府彼縣以彼省彼府彼縣而憎此省此府此縣者有之更甚至同省府縣以此鄉此里此姓而憎彼鄉彼里彼姓以彼鄉彼里彼姓而憎此鄉此里此姓者有之世道人心至此安得不相陵相奪相鬬相殺而淪胥以亡乎無他其見小故其量小也其以此國而憎彼國以彼國而憎此國者其見在國國以外則不知故同國則愛之異國則憎之其以此省此府此縣而憎彼省彼府彼縣以彼省彼府彼縣而憎此省此府此縣者其見在省府縣省府縣

以外則不知故同省同府同縣則愛之異省異府異縣則憎之其以此鄉此里此姓則憎彼鄉彼里彼姓以彼鄉彼里彼姓而憎此鄉此里此姓者其見在鄉里姓鄉里姓以外則不知故同鄉同里同姓則愛之異鄉異里異姓則憎之天下愛憎如此何其見未大而量之不廣也遐想唐虞三代之世天下有無相恤患難相救門不閉户道不拾遺男女別塗舉選尚德堯舜病博施何分此土彼土禹稷憂溺饑何分此民彼民湯武伐暴除殘何分此國彼國孔孟殆車煩馬何分此邦彼邦蓋實見夫天下凡間分言之則有萬國統言之則實一家　皇上帝天下凡間大共之父也近而中國是　皇上帝主宰化理遠而番國亦然遠而番國是　皇上帝生養保佑近而中國亦然天下多男人盡是兄弟之輩天下多女子盡是姊妹之羣何得存此疆彼界之私何可起爾吞我併之念是故孔丘曰大道之行也天下爲公選賢與能講信修睦故人不獨親其親不獨子其子使老有所終壯有所用幼有所長鰥寡孤獨廢疾者皆有所養男有分女有歸貨惡其棄於地也不必藏於己力惡其不出於身也不必爲己是故奸邪謀閉而不興盜竊亂賊而不作故外户而不閉是謂大同而今尚可望哉然而亂極則治暗極則光天之道也於今夜退而日升矣惟願天下凡間我們兄弟姊妹跳出邪魔之鬼門循行　上帝之真道時凛天威力遵天誡相與淑身淑世相與正己正人相與作中流之底柱相與挽已倒之狂瀾行見天下一家共享太平幾何乖離澆薄之世其不一旦變而爲公平正直之世也幾何陵奪鬥殺之世其不一旦變而爲强不犯弱衆不暴寡智不詐愚勇不苦怯之世也在易同人於野則亨量大之謂也同人於宗則吝量小之謂也况量大則福大而人亦與之俱大量小則福小而人亦與之俱小凡有血氣者安可傷天地之和而貽井底蛙之誚哉　詩云

上帝原來是老親　水源木本急尋真
量寬異國皆同國　心好天人亦世人
獸畜相殘還不義　鄉鄰互殺斷非仁
天生天養和爲貴　各自相安享太平

原道覺世訓

天下總一家凡間皆兄弟何也自人肉身論各有父母姓氏似有此疆彼界之分而萬姓同出一姓一姓同出一祖其原亦未始不同若自人靈魂論其各靈魂從何以生從何以出皆禀　皇上帝一元之氣以生以出所謂一本散爲萬殊萬殊總歸一本孔伋曰天命之謂性詩曰天生蒸民書曰天降下民昭昭簡編洵不爽也此聖人所以天下一家時廑民吾同胞之懷而不忍一日忘天下而近代則有閻羅妖注生死邪説閻羅妖乃是老蛇妖鬼也最作怪多變迷惑纏捉凡間人靈魂天下凡間我們兄弟姊妹所當共擊滅之惟恐不速者也而世人偏伸頸於他何其自失天堂之樂而自求地獄之苦哉論道有真諦大凡可通於今不可通於古可通於近不可通於遠者僞道也邪道也小道也摭怪人妄説閻羅妖注生死且問中國經史論及此乎曰無有番國聖經載及此乎曰無有無有則何以起怪人佛老之徒出自陷迷途貪圖射利誑人以不可知之事以售己詐誘人作福建醮以肥己囊兼之魔鬼入心遂造出無數怪誕邪説迷惑害累世人如秦政時怪人誑言東海有三神山秦政遂遣入海求之此後代神仙邪説所由起也究其始不過一秦政受其惑所謂差之毫釐而後代則叠效尤於後至

於固結不可解所謂失之千里者也又如漢武時怪人誑言祠竈丹砂可化黃金漢武遂信而祠之於是燕齊怪誕怪人多來言神仙怪事矣又如近代有怪人誑言東海龍妖發雨東海龍妖即是閻羅妖變身雨從天降衆目所視者也孟軻云天油然作雲沛然下雨則苗浡然興之矣周詩云天上同雲雨雪雰雰益之以霢霂既優既渥既沾既足生我百穀又考番國舊遺詔書當挪亞時　皇上帝因世人背逆罪大連降四十日四十夜大雨洪水橫流沉没世人此皆鑿鑿可據且衆目所視實降於天者也而世人亦多信怪誕不經之怪說即一雨論而世人既多良心死盡大瞞天恩矣又遑論其他哉又如近代有怪和尚誑言閻羅妖怪事且有玉曆記怪書訛傳於世而世之讀死書者亦多惑其說獨不思注生死一事豈是等閒既不是等閒宜爲中國番國各前聖所論及且筆於書以傳後世而於今歷考中國番國各前聖所論及且筆於書以傳後世者祇說天生天降　皇上帝生養保佑人未嘗說及閻羅妖也祇說死生有命亦是命於　皇上帝已耳毫無關於閻羅妖也祇說　皇上帝審判世人陰隲下民臨下有赫又毫無關於閻羅妖也而世人之讀死書者不信古今遠近通行各經典而信怪人無端突起之怪書不亦惑哉此無他好生惡死慕福懼禍恒情也以恒情而中人心則具入之也必易是以邪說一倡而天下多靡然信之從之信從久則見聞熟見聞熟則膠固深膠固深則難尋其罅漏難尋其罅漏則難出其範圍　皇上帝縱歷生聰明聖智於其間亦莫不隨風而靡矣此近代所以多惘然不識　皇上帝悍然不畏　皇上帝盡中蛇魔閻羅妖詭計陷入地獄沉淪而不自知者也噫後之人雖欲諳天地人之道其孰從而求之甚矣人之好怪也不求其端不訊其末惟怪之欲聞予想夫天下凡間人民雖衆總爲　皇上帝所化所生生於　皇上帝長亦　皇上帝一衣一食并賴　皇上帝　皇上

帝天下凡間大共之父也死生禍福由其主宰服食器用皆其造成仰觀夫天一切日月星辰雷雨風雲莫非 皇上帝之靈妙俯察夫地一切山原川澤飛潛動植莫非 皇上帝之功能昭然可見灼然易知如是乃謂 真神如是乃爲天下凡間所當朝朝夕拜有執拗者説曰 皇上帝當拜矣必然有帮 皇上帝保佑人者譬如君王主治國中豈無官府輔治也不知君王之官府是其親手設立調用故能輔君王以治事也至若凡人所立一切木石坭團紙畫各偶像且問爾是 皇上帝旨意設立否乎非也類皆凡人被魔鬼迷懞靈心據愚意愚見人手造出各等奇奇怪怪也況 皇上帝當初六日造成天地山海人物已設有其神使千千萬萬在天上任其差遣何用得凡人所造各等奇奇怪怪者乎且叛逆 皇上帝實甚考舊遣詔書 皇上帝當初下降西奈山親手繕寫十款天條在石碑上付卑摩西 皇上帝親口吩咐摩西曰我乃 上主皇上帝爾凡人切不好設立天上地下各偶像來跪拜也今爾凡人設立各偶像來跪拜正是違逆 皇上帝旨意爾凡人反説各偶像是幫 皇上帝保佑人何其被魔鬼迷懞靈心懞懂之極乎爾不想 皇上帝當初六日造成天地山海人物尚不要人幫助豈今日保佑人又要誰幫助且問爾設使 皇上帝當初造天不造地爾足猶有所企立且猶有田畝開墾否乎曰無也且又問爾今荷 皇上帝之恩既造天地矣設使 皇上帝不造成地上桑麻禾麥菽豆及草木水火金鐵等物又不造成水中魚蝦空中飛鳥 山中野獸家中畜牲等物爾身猶有所穿口猶有所食饔飧猶有所炊爨器械猶有所運用否乎曰無也且又問爾今荷 皇上帝之恩萬物備足矣設使 皇上帝一年不出日照耀爾凡人一年不降雨滋潤爾凡人一年不發雷替爾凡人收妖一年不吹風散爾凡人鬱氣爾凡人猶有收成平安否乎曰

無也且又問爾今荷　皇上帝之恩既有收成平安矣設使　皇上帝一旦怒爾斷絕爾靈氣生命爾口猶能講目猶能視耳猶能聽手猶能持足猶能行心猶能謀畫否乎曰斷斷不能也且又問爾天下凡間欲一時一刻不沾　皇上帝恩典得乎曰斷斷不得也由是觀之天下凡間欲一時一刻不沾　皇上帝恩典亦不得此便是　皇上帝明明白白保佑人矣既是　皇上帝明明白白保佑人爾凡人卻另立各偶像另求保佑有得食有得穿曰我菩薩靈明明　皇上帝恩典卻誤認爲邪魔恩典其邪魔敢冒天恩者該誅該滅無論矣爾凡人良心死盡大瞞天恩究與妖魔同犯反天之罪何其愚哉嗟呼明明有至尊至貴之　真神天下凡間大共之　天父所當朝朝夕拜而不拜而拜專迷惑纏捉人靈魂之妖鬼愚矣明明有至靈至顯之　真神天下凡間大共之　天父求則得之尋則遇著扣門則開所當朝朝夕拜而不拜而拜無知無識之木石坭團紙畫各偶像有口不能言有鼻不能聞有耳不能聽有手不能持有足不能行之蠢物抑又愚矣雖然流之濁山源之不清後之差由前之不謹天下凡間無人一時一刻不沾　皇上帝恩典何至於今竟罕有知謝　皇上帝恩典者其禍本何自始哉歷考中國史册自盤古至三代君民一體皆敬拜　皇上帝也壞自少昊時九黎初信妖魔禍延三苗效尤三代時頗雜有邪神及有用人爲尸之錯然其時君民一體皆敬拜　皇上帝仍如故也至秦政出遂開神仙怪事之厲階祀虞舜祭大禹遣入海求神仙狂悖莫甚焉　皇上帝獨一無他也漢文以爲有五其亦暴悖之甚矣漢武臨老雖有悔悟之言曰始吾以爲有神仙今乃知皆虛妄也然其始祠竈祠泰乙遣方士求神仙其亦秦政之流亞也他若漢宣祠后土遣求金馬碧雞漢明崇沙門遣求天竺佛法漢桓祠老聃梁武三捨身唐憲迎佛骨至宋徽出又改稱　皇上帝爲昊天金闕

玉皇大帝夫稱昊天金闕猶可說也乃稱玉皇大帝則誠褻瀆　皇上帝之甚者也　皇上帝天下凡間大共之父也其尊號豈人所得更改哉宜乎宋徽身被金虜同其子宋欽俱死漠北焉總而論之九黎秦政作罪魁於前歷漢文武宣明桓梁武唐憲接迹效尤於後至宋徽又更改　皇上帝尊號自宋徽至今已歷六七百年則天下多惘然不識　皇上帝悍然不畏　皇上帝又何怪焉嗚呼天地之中人爲貴萬物之中人爲靈人何貴人何靈　皇上帝子女也貴乎不貴靈乎不靈木石坭團紙畫各偶像物也人貴於物靈於物者也何不自貴而貴於物乎何不自靈而靈於物乎近千百年間能不惑神仙怪事者非無其人究之知其一莫知其他明於此轉暗於彼卒無有高出眼孔徹始徹終而洞悉乎魑魅魍魎之詭秘也北朝周武廢佛道毀淫祠唐狄仁傑奏焚淫祠一千七百餘所韓愈諫迎佛骨宋胡迪焚毀無數淫祠明海瑞諫建醮之數人者不可謂無特識矣第其所毀所焚所諫僅曰淫祠曰佛曰建醮則其所不毀不焚不諫者仍在不知彼所毀所焚所諫者固當毀當焚當諫即彼所不毀不焚不諫者又何獨非當毀當焚當諫乎何也　皇上帝之外無神也世間所立一切木石坭團紙畫各偶像皆後起也人爲也被魔鬼迷懞靈心顛顛倒倒自惹蛇魔閻羅妖纏捉者也故今瀝膽披肝實情諭爾等爾凡人何能識得　神乎　皇上帝乃是　真神也爾凡人跪拜各偶像正是惹鬼何也爾凡人所立各偶像其或有道德者既昇天堂久矣何曾在人間受享其一切無名腫毒者類皆四方頭紅眼睛蛇魔閻羅妖之妖徒鬼卒自秦漢至今一二千年幾多凡人靈魂被這閻羅妖纏捉磨害俗語云豆腐是水閻羅是鬼爾等還不醒哉及今不醒恐怕遲矣實情諭爾等爾凡人何能識得　帝乎　皇上帝乃是帝也雖世間之主稱王足矣豈容一毫僭越於其間哉　救世主耶穌　皇上帝太子

也亦祇稱主已耳天上地下人間有誰大過　耶穌者乎　耶穌尚不得稱帝他是何人敢靦稱　帝者乎祇見其妄自尊大自干永遠地獄之灾也噫吁敬拜　皇上帝則爲　皇上帝子女生前皇上帝看顧死後昇升天堂永遠在天上享福何等快活威風溺信各邪神則變成妖徒鬼卒生前惹鬼纏死後被鬼捉永遠在地獄受苦何等羞辱愁煩孰得孰失請自思之天下凡間我們兄弟姊妹可不醒哉若終不醒則真生賤矣真鬼迷矣真有福不知享矣明明千年萬萬載在天上永遠快活威風如此大福都不願享情願大犯天條與魔鬼同犯反天之罪致惹　皇上帝義怒罰落十八重地獄受永苦深可憫哉良足慨已

曾文正公集卷五（節選）

内河水師三獲勝仗摺　咸豐四年十二月三十日

奏爲内河水師三獲勝仗恭摺馳奏仰慰

聖懷事竊水師於十二日焚燒湖口卡内賊船乘勝衝入内河業經另摺具奏蕭捷三段瑩器等及各營長龍三板百二十餘號挂帆上駛行至大姑塘尚無賊艅即行宿泊十三日上至平鳳地方見賊戰船民船共二百餘號突起擊之該逆自恃在湖口卡内百里不虞我軍之猝至也大礟羣鎗抵死抗拒我軍先燒其民船賊陣既亂乃焚其戰舟凡焚船二百餘號奪獲三十五號奪礟七十餘位各三板自先日出隊小艇不便宿食至是始得一餐十四日該逆以前夕所搶我軍之船冒爲官兵自湖口駛上襲我内河之師輔以小划百餘號時蕭捷三段

瑩器等已聞十二夜老營被燒之信矣因約各哨寂靜以待逆船撲近衆礮齊發羣子噴飛該逆立刻敗下紛紛鳧水擊沈燒去小划三板共五十餘號追至湖口見該逆搭浮橋二道舊卡一道關鎖牢固勢難衝出收隊回泊大姑塘以上各營官以十三所搶民船恐其累重爲賊所乘至是盡數焚之外既與九江大營隔絕內又與江省遠離銀兩子藥俱無所出不得已就取於南康十九日入至吳城鎮探悉逆匪由彭澤湖口而來者約有數千人竄據都昌縣城築城挖濠據有大小船隻四百餘號停泊縣河裝載輜重二十六日水軍各營官在灌子口熟商以都昌既有逆船竄踞倘我軍一出仍復滋擾轉不能一律肅清不如趁此時燒盡因派定三板划船四十餘隻營官蕭捷三孫昌國段瑩器賀虎臣鄧翼升親督之於二十七日五更即開行並派熟悉河路之翟秉懋前往指引是晨烟霧迷漫嚴戒各船不准放一礮出其不意突而襲之巳刻抵都昌縣見逆船排於河面大小數百號黃旗飄拂該逆尚未驚覺各營蜂擁而前鎗礮齊施　火毬火箭并發時值東南風頃刻之間火光貫日將逆匪輜重船數百號燒毀淨盡賊匪擊死者撲水死者不計其數生擒五十一名即時正法餘匪奔入縣城因無陸兵不敢上岸窮追師還路過雞公湖有小划船三百餘號各營官帶勇下水概行燒盡免爲賊有此搜勦都昌河內大獲全勝之實在情形也伏查水師自衝入內河日夜辛勤三獲全勝搜洗鄱湖支河勞勩可嘉然冒險衝入與外江水師相隔疏失實甚目下外江苦乏小船即擬趕添民划內河水師飭令決戰衝出兩面會剿以期力破湖口一關所有內河水師屢勝緣由謹會同江西撫臣陳啓邁恭摺由驛馳奏伏乞

皇上聖鑒訓示施行謹

奏

水師三次獲勝兩次敗挫摺 咸豐四年十二月三十日

奏爲水師三次獲勝兩次敗挫恭摺馳奏仰祈

聖鑒事竊水師攻破賊簰陸軍在梅家洲獲勝業經馳奏在案初十日胡林翼羅澤南等鋭意欲攻破梅家洲賊壘負布袋囊土人持火包一擁而前衝突於賊礮攢簇之間前者雖傷後者猶進逼近賊墻超躍而入已入數十人矣拋擲火包誤傷同入之侣以數人負送而出在外者誤認爲敗退適南頭一壘賊隊衝出西路官軍相率退奔入壘者恐外隊挫失亦即退出奔潰至三四里之遥始行卓旗駐立迴軍與戰該逆亦反奔我軍追之更急殺賊三十餘人該逆遁入堅壘固匿不出水師自初六日攻破賊簰後該逆連夜將大船鑿沈江心實以砂石僅西岸留一隘口攔以篾纜初十日陸軍攻壘之時約水師同攻此卡彭玉麟孫昌國蕭捷三等督三板各船斬纜衝入焚其戰船三十餘號民船三百餘號斃賊約數百名我軍受其隘口三面之礮傷亡亦數十人十二日陸軍復攻賊壘攻逼終日以礮多壘堅卒不能破水師復衝入卡内燔賊戰舟三十餘號民船約五十號自是賊所奪江西戰舟焚燒略盡僅餘夾洲内十餘船自湖口至姑塘四十里賊艅肅清矣此初十十二日陸軍攻壘水師戰勝之實在情形也營官蕭捷三段瑩器孫昌國等欲肅清鄱湖以内遂乘勝追至姑塘以上從之者各營長龍三板百二十餘號皆輕便之舟勇鋭之士揚帆内駛日暮不歸詎料該逆窺我軍小船衝入内河即出小划二十餘號突出卡外圍我軍快蟹大船保升都司史久立首當其衝被圍良久船隻延燒力戰死之是夜三更該逆復

用小划三四十號攢入老營燒我船隻兩岸賊匪數千火箭噴筒迷離施放呼聲震天我軍以內河百餘小船未歸無以禦之被焚大戰船九號小者數號雜色坐船三十餘號各勇狃於屢勝之餘變起倉卒快蟹長龍等船挂帆上駛李孟羣彭玉麟不能禁止次日悉回九江大營臣國藩聞信之下不勝憤懣戰船焚失雖屬無多而百餘輕捷之船二千精健之卒陷入鄱湖內河業被賊卡隔絕外江所存多笨重船隻運棹不靈如鳥去翼如蟲去足實覺無以自立副將楊載福自攻破田鎮後即在武穴養病因飛調來營十七日力疾往下游進勦行抵潯城十五里之張家洲頭賊船已分兩路上犯楊載福派哨官張榮貴陳金鼇等由新河下擊自率各哨由老河下擊澄海營官何敦五亦由老河隨剿鏖戰良久該逆敗退下竄追至老灣其快蟹船貼靠北岸陸賊護之不能奪取礮斃賊數十名我軍哨官沈光雲陣亡　張榮貴等自新河下者遇賊三板及小划約三十隻我軍九船勝之追至湖口縣繞出老河與楊載福會合兩路凡焚船二十六號奪船五號四更收隊此十二夜水師敗挫十七日進勦獲勝之實在情形也自十二夜水師失利後賊之凶燄頓長梅家洲之賊夜夜往撲胡林翼羅澤南等營賴併力堅守得挫凶鋒湖口之賊渡江上犯紮營九江對岸之小池口二十一日臣等派副將周鳳山渡江擊之四更渡畢黎明開仗該逆猝不及防踏平賊營一座殺賊百餘江邊一枝追出街外堤內一枝因搶奪馬匹衣物爲賊所乘先勝後挫被追七八里之遥臣等酌商以水師既陷於內河陸軍復挫於小池口遂調胡林翼羅澤南二軍由湖口回勦九江二十五日駐紮南岸官牌夾是夜三更潯城與小池口兩岸之賊各抬小划數十隻入江乘月黑迷漫攢入我軍船夾內火彈噴筒百枝齊放右營被燒戰船一隻各哨慌亂挂帆上駛臣國藩坐三板督禁黑夜不許開船江闊船多莫能禁止該逆已用小划數十將臣坐船圍住管駕官廣東把總劉盛槐李子成監印官安

鄉縣典史潘兆奎文生葛榮册陣亡文案全失臣國藩遂飭各戰船與羅澤南陸營緊相依護而遣人四出追回上駛之船黎明陸續歸隊復將賊船追擊奪回船三只此二十一日陸軍先勝後挫二十五夜水軍復挫之實在情形也伏查水師自岳州以來屢獲大捷武漢田鎮聲威尤震自至湖口苦戰經月破簰焚船費盡氣力賊舟所存無幾詎意各營長龍三板過於勇鷙衝入内河竟夜不歸而外江老營兩次爲該逆所偷襲實堪憤恨皆臣國藩調度無方所致應請

旨飭部將臣國藩交部嚴加議處廣東保升藍翎把總劉盛槐保升把總李子成典史潘兆奎請交部照例議卹哨官保升都司史久立奮勇忠直爲闔營所推服請照都司例從優議卹候補把總李允升李選衆或中礮陣亡或燒傷殞命均請交部議卹藍翎軍功沈光雲田鎮案内擬保把總尚未出奏文生葛榮册襄辦勞勩田鎮案内擬保主簿尚未出奏籲懇

天恩沈光雲即照把總例

賜卹葛榮册即照主簿例

賜卹其餘查明察例辦理除内河水師屢獲勝仗另摺奏報處所有水師三勝兩挫緣由謹會同湖廣總督臣楊霈江西巡撫臣陳啓邁恭摺由驛具奏伏乞

皇上聖鑒訓示施行謹

奏

第二册

汝企和 主编
張 升 副主编

中國歷史文選

國家教育委員會立項項目

國家圖書館出版社

中國歷史文選（全三册）

主　編
汝企和
副主編
張　升
編著者
來可泓　張富祥　梁方健
邱居里　周　洪
劉淑英　張　升　汝企和

第二册目録

音韻學常識……一
音韻學選篇……九
切韻序……九
毛詩古音考自序……一三
古無輕唇音（節選）……一八
古音類隔之説不可信（節選）……二二
古十七部本音説……二六
古今字音之變遷……三〇
新注選篇·史部……三四
史記……三四

秦始皇本紀(節選) …… 三四
六國年表序 …… 五三
留侯世家(節選) …… 五八
孫子吴起列傳 …… 七三
淮陰侯列傳(節選) …… 八八
貨殖列傳序 …… 一〇一
漢書 …… 一〇七
高帝紀(求賢詔) …… 一〇七
藝文志序(節選) …… 一〇九
叔孫通傳 …… 一二九
司馬遷報任安書 …… 一三六
後漢書 …… 一五三
劉玄傳(節選) …… 一五三
張衡傳(黜圖讖書) …… 一六七
黨錮列傳序 …… 一七一
范滂傳 …… 一八四

逸民列傳序……一九三
三國志……一九七
讓縣自明本志令……一九七
諸葛亮傳(節選)……二〇五
周瑜傳……二一六
隋書……二二八
經籍志序……二二八
牛弘傳(請開獻書之路表)……二四三
舊唐書……二五〇
一行傳……二五〇
黃巢傳(節選)……二五六
新唐書……二六七
魏徵傳(節選)……二六七
宋史……二七八
朱熹傳(節選)……二七八
明史……二八九

戚繼光傳……二八九
資治通鑑……三〇五
司馬光論三家分晉……三〇五
赤壁之戰……三一四
建炎以來繫年要録……三二五
誅岳飛詔……三二五
明實録……三二八
作鐵榜申誡公侯……三二八
通鑑紀事本末……三三四
貞觀君臣論治（節選）……三三四
古文獻常識（二）……三五三
天文……三五三
曆法……三六〇
地理……三七四
職官……三八〇

實習系列

實習四：文字學(二)……三九七
實習五：音韻學(一)……三九七
實習六：音韻學(二)……三九八

音韻學常識

音韻學又叫聲韻學。它是分析研究漢字的字音及其歷史變化的一門科學。它跟語音學不一樣，衹有漢語纔有。

要學習音韻學，首先應明白這樣一個道理：語音是有變化的。語音的變化，在時間上表現爲古今音的差別，在空間上表現爲現代方言的差別。這一點其實我們很好理解，因爲方言的差別是明擺着的，而古今音的差別從古書中就可以看出來。

傳統上的音韻學分爲三類：古音學、今音學和等韻學。所謂古音學，就是上古音韻系統，主要指詩經音韻，以研究詩經爲主。所謂今音學，指的是隋唐宋時期的語音，其中以研究廣韻爲主。等韻學是以宋元以來等韻圖作爲研究對象、分析切韻語音系統爲主，可以説是中國古代的普通語音學，是探討語音學的一般原理的。

音韻學範圍那麽廣，應如何入手呢？應先從反切、聲母、韻母、聲調這些基本概念入手。

一　反切

「反切」是中國古代的一種註音方法，它是用兩個漢字註出另一個漢字的讀音。如：當孤切都。反切的基本原理是：上一個字取聲（聲母），下一個字取韻（韻母，包括調）。一開始古代人並不知道如何取聲、取韻，衹是把兩個字聯起來，連讀快一點，便切出這個字的讀音。

關於反切的起源，一般都認爲是在漢末。漢末佛教傳入中國，佛經是由梵文寫的。梵文是一種拼音文字，中國學者在翻譯佛經過程中，受到梵文拼音的啓發，於是創造了反切註音法。

反切早期不用「切」字，衹叫「某某反」，或「某某翻」。到了唐代，皇帝很忌諱「反」字，怕老百姓造反，纔將「反」字改爲「切」字。反和切的意思是一樣的，都是反反覆覆。反覆切摩的意思。

各個時代有各個時代的反切用字，所以有些反切，我們切不出正確的讀音。如：古紅切，上字取 g，下字取 óng，切出來的字，普通話沒有這個音。這是爲甚麼呢？原來因爲近現代的平聲字有陰、陽之分，古代則沒有。那麼，依古代的平聲怎樣讀出現在的陰平、陽平來呢？這就有個規定（這些規定是前輩音韻學家總結出來的）：反切上字是清聲母，切出陰平；是濁聲母，切出陽平。「古」的聲母是 g，清聲母，所以應念陰平 gōng（公）。又如：同都切，同是濁聲母，陽平，切出「徒」字。我們再看看另一個例子：古奚的 gī，普通話中也沒這個音，原來古代的 g、k、h，後來在齊齒呼或撮口呼的前邊變成 j、q、x，所以這裡 gī 應念 jī，古奚切鷄。所以，我們要看懂古代的反切註音，或者自己要切出古代的註音，就必須知道一些反切規則。

反切註音較之以往的註音方法是一大進步，但仍存在着很大的局限性，如：必須是反切上、下字都會念；古今音和方言的問題，反切不好解決；反切用字太多，記起來很麻煩；等等。因此，長期以來，人們在不斷改進着反切註音方法。明末呂坤交泰韻、清初潘耒類音等韻書中，設計了一套新的反切：①講究用字了。如：四呼一致，開口切開口，齊齒切齊齒，合口切合口，撮口切撮口。這種方法便於切出字音。②將反切下字改用以元音開頭的字（即零聲母字），如：篤翁切東（原來是德紅切東），翁wōng是零聲母字，這樣也便於切音。但是，元音字母開頭的字不好找，有時衹好用生僻字，如：中，竹硐切。這樣反而又增加了麻煩。後來，清人李光地音韻闡微一書中，在前人基礎上作了一些改進，盡量不用生僻字。如碰到上面那種情況，寧可用非零聲母的常用字。舊版辭海、辭源都採用李光地的方法。

但不管怎樣改良，仍然擺脱不了用不拼音的漢字去給另外一個漢字註音這樣一種局面。唯一的出路是用拼音字母來註音。

二　聲母　韻母　聲調

一個漢字所代表的語音單位叫音節，任何一個漢語音節均包括聲母、韻母、聲調三部分內容。古代人並無所謂聲母、韻母的概念，他們稱聲母爲聲、聲紐、紐，韻母爲韻、韻部、部，聲調爲調。

聲母。古代沒有音標，就用一個漢字來代表一個聲母，共有三十六個：①幫、滂、并、明，重唇。②非、敷、奉、微，輕唇。③端、透、定、泥，舌頭。④知、徹、澄、娘，舌上。⑤見、溪、群、疑，牙音。⑥精、清、從、心、邪，齒頭。⑦照、穿、牀、審、禪，正齒。⑧曉、匣、影、喻，喉音。⑨來，半舌音；日，半齒音。以上把發音部位相同或相近的並列爲一組，一組叫一「系」，如「幫系」、「昭系」，以此類推。討論古代的聲母，都是從這三十六字出發的。我們現代人利用古人定的發音部位、發音方法，并參照現代方言，大致能猜出這些字所代表的音。

韻母。前面提到的三十六個聲母，它們一出現，基本沒甚麼變化，後人研究韻書提及聲母，都用這三十六個字。而韻母的情况比較復雜，各個朝代都有不同。如：廣韻有二百零六韻，平水韻爲一百零六韻。又有把廣韻合併爲十六攝的，也就是十六個大類：通、江、止、遇、蟹、臻、山、效、果、假、宕、梗、曾、流、深、咸。此外還有中原音韻，還有十三轍。所以我們看中古時代一個字屬某一韻，應該先瞭解這個韻是據哪種分類的。

上面是中古時代有關韻的分類。各個時期一般都有各自的標準用韻，如平水韻出現前依廣韻，後依平水韻或十六攝，如明清兩代作詩都依平水韻。這是有韻書作標準。而關於上古的韻部則更爲復雜，各個人研究成果不一樣，因而分類並不同。我們看上古某字屬某韻，一定要看它是從哪一家之說。

聲調。現代普通話有四個聲調：陰平、陽平、上聲、去聲。古代也有四聲，起於南北朝時代：平、上、去、入。它們之間的關係如下圖所示：

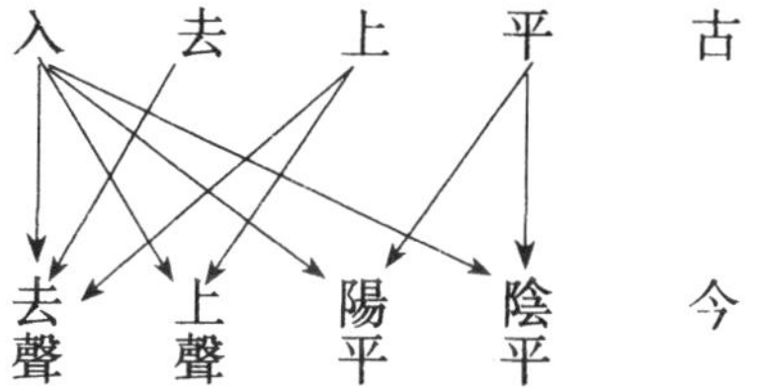

古代的「平」聲字分化爲現代的陰平、陽平字。

古代的「上」聲字絕大部分在現代仍爲上聲字，少數演變爲去聲字。

古代的「去」聲字發展到現代全爲去聲字。

古代的「入」聲字現代四聲中均有。

掌握了聲調的知識，對於我們分辨古音的平仄有十分重要的作用。平指平聲，仄指上去入三聲。

詩歌講究平仄，就是爲了使其產生抑揚頓挫的美感。

三　上古音韻系統

上古音的研究是從韻部開始的。漢代以後人們讀詩經、楚辭等先秦韻文，發現很多詩歌都已不押韻。這到底是甚麼原因造成的呢？最先來解釋這種現象的是宋朝的朱熹。他認爲，古代爲了相押，在讀時臨時改變一個字的讀音（即葉音）。如詩經大雅：「乃召司空，乃召司徒，俾立室家。」「家」因葉音而念「ku」。朱熹還在詩經中找到與家相葉的字如「豝」、「圖」等。

顯然，朱熹的認識是不對的，因爲他根本就不承認語音有古今之分，祇是古人臨時改變一個字的字音來押韻而已。到了明末，陳第對詩經不押韻的原因有了中肯的解釋：「時有古今，地有南北，字有更革，音有轉移。」他認爲不是古人臨時改變讀音，將家 jiā 念爲〔ku〕，而是上古時家本來就念〔ku〕。陳第的觀點，爲古音學的建立奠定了理論基礎。

爲了研究上古的韻，後人把在上古經常用來相押的字綜合歸納起來，從而構成上古韻母系統。這方面研究的奠基人是明末清初的顧炎武。他作有音學五書，把古韻分爲十部：東、陽、庚、蒸、支、魚、歌、真、蕭、侵。顧氏的十部雖然還很粗疏，但奠定了古韻分部的基礎。顧氏之後，比較有代表性的爲段玉裁、黃侃、王力三人的分部。

段玉裁在六書音韻表中將古韻分爲十七部：之、宵、幽、侯、魚、蒸、侵、談、東、陽、耕、真、文、元、脂、支、歌。段氏分部的特點有三，後來都成定論：①支、脂、之分部。②真、文分部。③侯部獨立。

黄侃在音略中分古韻爲二十八部，稱「古本韻」。他在其老師章炳麟二十三部的基礎上進一步發展，即從支部分出錫部，從之部分出德部，從魚部分出鐸部，從侯部分出屋部，從宵部分出沃部。黄氏的古韻分部從大體上説可能是比較接近於先秦書面語言的實際的。

王力漢語史稿分古韻爲二十九部，在他主編的古代漢語裡又增爲三十部。這三十個韻部又可以概括爲十一類，按陰、陽、入排列如下：

	第一類	第二類	第三類	第四類	第五類	第六類	第七類	第八類	第九類	第十類	第十一類
陰聲韻	之部	幽部	宵部	侯部	魚部	支部	脂部	歌部	微部		
入聲韻	職部	覺部	藥部	屋部	鐸部	錫部	質部	月部	物部	緝部	盍部
陽聲韻	蒸部	冬部		東部	陽部	耕部	真部	元部	文部	侵部	談部

上古音韻系統研究對古韻部的劃分達到了相當完善的地步，對古聲母的研究却没有取得相應的成果。研究古音的學者，因爲首先所接觸到的是詩經和楚辭的韻讀問題，所以在古韻部上用的工夫多，在古聲類上用的工夫少些。祇有錢大昕在上古聲母系統研究方面是很突出的。他作的古無輕唇

音和舌音類隔之説不可信，都很有創見，是研究上古聲母系統的重要文獻。

錢氏在古無輕唇音中説：「凡輕唇之音，古皆爲重唇。」舉了一百多條證據來説明他的論斷，如：詩經：「凡民有喪，匍匐救之。」檀弓引詩作「扶服」。「匍」，今讀重唇，「扶」，今讀輕唇。又説：古音「負」如「背」，釋名：「負，背也，置項背也。」漢書高帝紀：「常從王媼武負貰酒。」古稱老媼爲「負」，若今稱「婆」，「武負」即「武婆」。「負」，輕唇，「背」、「婆」皆重唇。錢氏説：「六朝以後，轉重唇爲輕唇。後世不知有正音，乃强爲類隔之説，謬矣。」其論證是十分確鑿可信的。

錢氏在舌音類隔之説不可信中説：「古無舌頭舌上之分，『知徹澄』三母，以今音讀之，與『照穿牀』無别也；求之古音，則與『端透定』無異。」錢氏用大量的例證來説明了自己的觀點。依據這一觀點和古無輕唇音一文的内容，説明了在上古聲母中，「三十六字母」中的「非、敷、奉、微」應該歸入「幫、滂、并、明」，「知、徹、澄」應該歸入「端、透、定」。

後來，章炳麟接受了錢氏的學説，又作了古音娘日二紐歸泥説，主張上古聲母分爲二十一類：見溪群疑曉匣影（喻）端（知）透（徹）定（澄）泥（娘日）來照（精）穿（清）牀（從）審（心）禪（邪）幫（非）滂（敷）并（奉）明（微）。在此基礎上，黄侃又定古聲爲十九紐：影（喻爲）曉匣見溪（群）疑端（知照）透（徹穿審）定（澄神禪）泥（娘日）來精（莊）清（初）從（牀）心（邪疏）幫（非）滂（敷）并（奉）明（微）。黄侃把十九紐視爲古本聲，括號内的字母是變聲。這樣，上古聲母系統也就大體形成了。

（張　升）

音韻學選篇

切韻序

昔開皇初①，有劉儀同臻、顔外史之推、盧武陽思道、魏著作彥淵、李常侍若、蕭國子該、辛咨議德原、薛吏部道衡等八人②，同詣法言門宿。夜永酒闌，論及音韻。以古今聲調既自有別，諸家取舍亦復不同③。吳楚則時傷輕淺，燕趙則多涉重濁④；秦隴則去聲爲入，梁益則平聲似去⑤。又支（章移反）、脂（旨夷反），魚（語俱反）、虞（遇俱反）共爲不韻⑥；先（蘇前反）、仙（相然反）、尤、侯俱論是切⑦。欲廣文路，自可清濁皆通；若賞知音，即須輕重有異⑧。

〔切韻簡介〕隋陸法言撰。共五卷，平聲二卷，上去入各一卷。平聲五十四韻，上聲五十一韻，去聲五十六韻，入聲三十二韻，合計一百九十三韻。切韻是現存的最早韻書（殘卷），是我國語言學史上極重要的一部韻書。研究切韻不僅對於研究中古漢語有重大價值，而且是研究上古和近古漢語的必要途徑。唐代有孫愐增訂本唐韻。宋代又出現了根據唐韻增訂的廣韻。廣韻流行以後，切韻唐韻都漸失傳了。本次註釋據倫敦博物館藏本切韻。

〔篇名簡介〕本文是切韻作者解釋該書寫就情況的重要文獻，對我們瞭解切韻音系性質有極大的參考價值。

①開皇：隋文帝年號。開皇元年為公元五八一年。

②劉臻：沛國相人，隋文帝時進位儀同三司。顏之推，山東臨沂人，音韻家。盧思道，河北琢縣人，詩人。魏彥淵，河北晉縣人，隋高祖時遷著作郎。李若，頓丘人，乾鳳初兼散騎常侍。蕭該，蘭陵人，開皇初拜國子博士。辛德源，隴西狄道人，為蜀王咨議參軍。薛道衡，河東臨汾人，大定八年除吏部侍郎。

③諸家：指陸法言以前六朝時期的音韻學家。

④吳楚、燕趙：泛指當時南北不同的地域方言。

⑤秦隴：即今陝西、甘肅等地，所謂西北方言。梁益：指古代漢中巴蜀等處。

⑥「又支」句：魚虞不分，支脂不分為北方洛陽一帶語音特點。

⑦「先（蘇前反）」句：指聲母混淆。切韻所依據的幾家韻書中，的確有先仙不分，尤侯不分者，故於此特意表出。

⑧「欲廣文路」句：切韻為正音而作，音類分析當然要做到剖析毫釐、分別黍累。詩文用韻，順耳上口即可，故分類無須苛細。

呂静韻集，夏侯該韻略，陽休之韻略，周思言音韻，李季節音譜，杜臺卿韻略等，各有乖互①，江東取韻與河北復殊②。因論南北是非，古今通塞③；欲更捃選精切，除削疏緩，蕭、顏多所決定④。魏著作謂法言曰：向來論難，疑處悉盡，何不隨口記之？我輩數人，定則定矣。法言即燭下握筆，略記綱紀，博問英辯，殆得精華。

①呂静，晉代任城（今山東濟寧）人，韻集是仿照李登聲類而編制的韻書，今已不傳。夏侯該，生平不詳，其韻略亦已佚。陽休之，河北薊縣人，韻略已佚。周思言，生平不詳，音譜已佚。李季節名概，平棘人（今河北），音譜已佚。杜臺卿，曲陽人（今河北），韻略已佚。陸法言等人酒闌論韻，即以此五家韻書為主要參考依據。

②「江東取韻」句：晉室南遷，流入建康的大批士人本來操洛陽方言，然南北長期阻隔，時移音遷，建康、洛陽遂各自形成獨立方言。各地經師音讀，往往雜有土音，師承家傳，各有流派，大率北方以洛陽音為主，南方以建康音為主。

③「因論南北」句：切韻之前所流傳的各種韻書反切和經師音讀是編纂切韻的重要依據，但是往往由於古今語殊或者南北音異，與切韻不甚一致。切韻並無綜合方音之想，更無保存古音之意，其目的僅在正音，故陸法言以金陵、洛下一帶的書音為審音標準，古今語殊者，以當時通行讀音為準；南北音異者，視相承書音而定。

④蕭顔：蕭該、顔之推。此八人中兩人世居建康，且精於審音，所以對於切韻寫作大綱的制訂，所起作用特大。

於是更涉餘學，兼從薄宦，十數年間，不遑修集。今返初服①，私訓諸弟子。凡有文藻，即須明聲韻。屏居山野，交游阻絶，疑惑之所，質問無從。亡者則生死路殊，空懷可作之嘆；存者則貴賤禮隔，以報絶交之旨②。遂取諸家音韻，古今字書，以前所記者，定之為切韻五卷。剖析毫釐，分別黍累③。

何煩泣玉？未得懸金④。藏之名山，昔怪馬遷之言大⑤；持以蓋醬，今嘆揚雄之口吃⑥。非是小子專輒，乃述群賢遺意。寧敢施行人世，直欲不出户庭。於時歲次辛酉大隋仁壽元年也⑦。

①今返初服：即去官為民。據隋書陸爽傳，開皇二十年（六〇〇），隋文帝因皇太子楊勇之廢而追怒陸爽，并累及法言，竟坐除名。

②「可作之嘆」：典出禮記檀弓下：「趙文子與叔譽觀於九原。文子曰：死者如可作也，吾誰與歸。」其時盧思道、魏彥淵、劉臻已卒，李若、蕭該無法考出。辛德原如果還健在，那一定與陸氏「交游阻絶」，不相來往。薛道衡當時還在做官，陸氏所説「貴賤禮隔」，恐怕是指薛氏而言。

③切韻參考了六朝時期各家的韻書，並對當時南北方音的異同，捃選精切，詳加斟酌，因而分韻細密。

④泣玉：用韓非子和氏篇「和氏哭璞」的典故。懸金：用史記呂不韋傳「懸金改字」的典故。

⑤藏之名山：語出司馬遷報任安書：「僕誠已著此書，藏之名山，傳之其人。」

⑥持以蓋醬：典出漢書揚雄傳贊：「劉歆嘗觀其太玄，謂雄曰：空自苦，今學者有禄利，然尚不能明易，又如玄何？吾恐後人用覆醬瓿也。雄笑而不應。」

⑦隋仁壽元年即公元六〇一年。

（張　升）

毛詩古音考自序

夫詩，以聲教也，取其可歌，可咏，可長言嗟嘆，至手舞足蹈而不自知①，以感竦其興、觀、群、怨、事父、事君之心②，且將從容以紬繹③夫鳥獸草木之名義，斯其所以爲詩也。若其意深長而於韻不諧，則文而已矣。故士人篇章，必有音節；田野俚曲，亦各諧聲；豈以古人之詩而獨無韻乎？蓋時有古今，地有南北，字有更革，音有轉移，亦勢所必至④。故以今之音讀古之作，不免乖剌而不入，於是悉委之葉⑤。

〔毛詩古音考簡介〕陳第撰。陳第（一五四一——一六一七），字季立，明福州連江人。本書從詩經中提出五百字（實數四百九十八），通過本證和旁證兩種研究方法，來考定這些字是「合於古而異於今」的，即上古音不同於唐宋音。從而有力地批駁了葉音説之謬。陳第的音韻著作尚有讀詩拙言、屈宋古音義等。本次註釋據音韻學叢書初編本毛詩古音考。

〔篇名簡介〕本文爲毛詩古音考序文。作者首先指出詩必有韻，進而認爲語音有時代的差别和地域的差别。詩經自有其韻，不能以今音代古音而説詩經是葉音成韻。其中「蓋時有古今，地有南北，字有更革，音有轉移，亦勢所必至」幾句反映了音韻學上的重要原理。

①禮記樂記云：「故歌之爲言也，長言之也。說之故言之，言之不足，故長言之，長言之不足，故嗟嘆之，嗟嘆之不足，故不知手之舞之，足之蹈之也。」

②感竦：感動。論語陽貨云：「小子何莫學夫詩？詩可以興，可以觀，可以群，可以怨，邇之事父，遠之事君，多識於鳥獸草木之名。」

③紬繹：引出條理。

④這幾句話爲陳第在音韻學上提出的重要觀點。

⑤剌（là）：同「乖」。葉（xié）：葉韻。

夫其果出於葉也，作之非一人，採之非一國，何母必讀米，非韻杞韻止，則韻祉韻喜矣①；馬必讀姥，非韻組韻黼，則韻旅韻土矣②；京必讀疆，非韻堂韻將，則韻常韻王矣③；福必讀逼，非韻食韻翼，則韻德韻億矣④。厥類實繁，難以殫舉；其矩律之嚴，即唐韻不啻⑤此其故何耶？又左、國、易象⑥、離騷、楚辭、秦碑、漢賦，以至上古歌謠箴銘贊誦，往往韻與詩合，實古音之證也。

①母字韻杞韻止：詩小雅四牡：「翩翩者鵻，載飛載止，集於苞杞，王事靡盬，不遑將母。」韻祉韻喜：詩周頌雝：「綏我眉壽，介以繁祉，既右烈考，亦右文母。」又，魯頌閟宮：「魯侯燕喜，令妻壽母。」

②馬字韻組韻黼：詩鄭風大叔於田：「大叔於田，乘乘馬。執轡如組，兩驂如舞。」又，小雅採菽：「雖無予之，路車

乘馬，又何予之，玄衮及黼。」韻旅韻土：詩周頌有客：「有客有客，亦白其馬。有萋有且，敦琢其旅。」詩大雅崧高：「王遣申伯，路車乘馬。我圖爾居，莫如南土。」

③京字韻堂韻將：詩鄘風定之方中：「望楚與堂，景山與京。」詩小雅正月：「民之訛言，亦孔之將，念我獨兮，憂心京京。」韻常韻王：詩大雅文王：「侯服於周，天命靡常，殷士膚敏，裸將於京。」詩大雅大明：「有命自天，命此文王，於周於京。」

④福字韻食韻翼，韻德韻億：詩小雅天保：「神之吊矣，詒爾多福，民之質矣，日用飲食，群黎百姓，遍為爾德。」又，楚茨：「我黍與與，我稷翼翼，我倉即盈，我庾維億。以為酒食，以饗以祀。以妥以侑，以介景福。」

⑤啻(chì)：止。

⑥易象：即易經。

或謂：三百篇，詩辭之祖，後有作者，規而韻之耳。不知魏晉之世，古音頗存，至隋唐漸盡矣。唐宋名儒，博學好古，間用古韻，以炫異耀奇，則誠有之。若讀垤為侄，以與日韻，堯戒也①；讀明為芒，以與良韻，皋陶歌也②。是皆前於詩者，夫又何放③？且讀皮為婆，宋役人謳也④；讀邱為欺，齊嬰兒語也⑤；讀户為甫，楚民間謠也⑥；讀裘為基，魯侏儒謔也⑦；讀作為詛，蜀百姓辭也⑧；讀口為苦，漢白渠誦也⑨。又家，姑讀也，秦夫人之占⑩；懷，回讀也，魯聲伯之夢⑪；旂，斤讀也，晉滅虢之徵⑫；瓜，孤讀也，衛良夫之噪⑬。彼其閭巷贊毀之間，夢寐卜筮之頃⑭，何暇屑屑模擬，若後世吟詩者之限韻邪？

①堯戒：淮南子人間訓云：「堯戒云：戰戰栗栗，日慎一日，人莫蹪於山，而蹪於垤。」註：「蹪，躓也。」

②皋陶歌：尚書益稷：「（皋陶）乃賡載歌曰：元首明哉！股肱良哉！庶事康哉！」

③放：同「仿」，摹仿。

④宋役人謳：左傳宣公二年：「宋城……城者謳曰……（華元）使其驂乘謂之曰：『牛則有皮，犀兕尚多，棄甲則那。』役人曰：『從其有皮，丹漆若何？』」

⑤齊嬰兒語：戰國策齊策六：「齊嬰兒謠曰：大冠若箕，修劍拄頤，攻狄不能下壘枯丘。」

⑥楚民間謠：毛詩古音考卷二「户」字下引楚人謠：「楚雖三户，亡秦必楚。」此文原出自史記項羽本紀。

⑦魯侏儒謔：左傳襄公四年：「冬十月……國人誦之曰：臧之狐裘，敗我於狐駘，我君小子，侏儒是使。侏儒侏儒，使我敗於邾。」

⑧蜀百姓辭：後漢書廉範傳載：成都舊制禁民夜作以防火災，廉範為蜀郡太守解除禁令，百姓為便，乃歌之曰：「廉叔度（範字），來何暮，不禁火，民安作。平生無襦今五絝。」

⑨漢白渠誦：漢書溝洫志載白渠歌曰：「且溉且糞，長我禾黍，衣食京師，億萬之口。」

⑩秦夫人之占：左傳僖公十五年載晉嫁伯姬於秦，占辭曰：「侄其從姑，六年其逋，逃歸其國，而棄其家。」

⑪魯聲伯之夢：左傳成公十七年：「初聲伯夢涉洹，或與己瓊瑰食之，泣而為瓊瑰盈其懷。從而歌之曰：『濟洹之

水，贈我以瓊瑰。歸乎歸乎！瓊瑰盈吾懷乎！」

⑫晉滅虢之徵：左傳僖公五年，晉卜偃述童謠預言能滅虢，「童謠云：丙之晨，龍尾伏辰。均服振振，取虢之旂。……虢公其奔。」

⑬衛良夫之噪：左傳哀公十七年，「衛侯夢於北宮，見人登昆吾之觀，被發北面而噪曰：『登此昆吾之虛，綿綿生之瓜，余為渾良夫，叫天無辜。』」

⑭此段話為駁斥「或謂」之說。

愚少受詩家庭，竊嘗留心於此。晚年獨居海上，慶吊盡廢，律絕近體既所不嫻，六朝古風企之益遠①，惟取三百篇日夕讀之；雖不能手舞足蹈契古人之意，然可欣可喜可戚可悲之懷，一於讀詩泄之②。又懼子侄之學詩而不知古音也，於是稍為考據，列本證旁證二條。本證者，詩自相證也；旁證者，採之他書也。二者俱無，則宛轉以審其音，參錯以諧其韻，無非欲便於歌咏，可長言嗟嘆而已矣。蓋為今之詩，古韻可不用也；讀古之詩，古韻可不察乎？嗟夫！古今一意，古今一聲；以吾之意而逆古人之意③，其理不遠也；以吾之聲而調古人之聲，其韻不遠也。患在是今非古，執字泥音，則支離日甚，孔子所刪，幾於不可讀矣。愚也聞見孤陋，考究未詳，姑籍之以請正明達君子。閩三山陳第季立題。

①企：提起脚跟來看。此二句指：唐人近體詩沒有做過，六朝古風又學不會。

②從「晚年」到「泄之」幾句指：斷絶社會一切應酬，不做詩，專讀詩經。

③逆：孟子萬章上：「故説詩者，以意逆志，是爲得之。」朱熹註：「逆，迎也。言説詩之法，當以己意迎取作者之志，乃可得之。」即是順着原意推求的意思。

（張　升）

古無輕唇音（節選）

凡輕唇之音，古讀皆爲重唇。詩：「凡民有喪，匍匐救之。」①檀弓引詩作扶服，家語引作扶伏②。又，「誕實匍匐。」釋文：「本亦作扶服。」③左傳昭十三年：「奉壺飲冰，以蒲伏焉。」釋文：「本文作匍匐；蒲，本亦作扶。」昭二十一年：「扶伏而擊之。」釋文：「本或作匍匐。」史記蘇秦傳：「嫂委蛇蒲服。」范睢傳：「膝行蒲服。」淮陰侯傳：「俛出袴下蒲伏。」④漢書霍光傳：「中孺扶服叩頭。」皆匍匐之異文也⑤。

〔十駕齋養新録簡介〕清錢大昕（一七二八—一八〇四）撰。錢氏江蘇嘉定人，乾隆十九年進士，官至少詹事。其治學廣博，精研經史，於小學、金石、地理、算術等皆有較高造詣。此書爲其讀書筆記，其中對音韻訓詁的論述，多有創見。本次註釋所據爲上海書店一九八三年版十駕齋養新録。

〔篇名簡介〕本篇選自十駕齋養新録卷五。錢氏根據經典異文、古書音註、聲訓及方言等資料，論證凡後世輕唇之音，古皆讀爲重唇。

①引文見詩經邶風谷風。

②家語：即孔子家語。廣韻模韻，匍與蒲同音，簿胡切。德韻，匐，蒲北切。屋韻，伏與服同音，房六切。按三十六字母反切上字分紐，匍匐同屬並母，扶服同屬奉母，錢氏據異文證明輕唇音古讀重唇。

③誕實匍匐：詩經大雅生民文。釋文：即經典釋文。

④俛：同「俯」。

⑤匍匐的異文有扶服、扶伏、蒲伏、蒲服四種。

古讀弗如不。廣韻不與弗，同分勿切。説文：吴謂之不律，燕謂之弗，秦謂之筆，筆弗聲相近也①。

①所引弗、不同音的切語見廣韻物韻。分字讀輕唇音爲非母，讀重唇音爲邦母。不字有平（甫鳩切）、上（甫九切）、去（甫救切）三音見尤韻。錢氏按不，筆二音證明弗字古讀重唇音。

古讀方如旁。書：「方鳩僝功。」①説文兩引：一作「旁逑僝功」，一作「旁救孱功」②。史記作「方聚布功。」③……方又讀如謗。論語：「子貢方人」④。鄭康成本作謗人⑤。廣雅：「方，表也。」「邊，方也。」說文：「方，並船也。」古人讀方重唇，與邊、表、并聲相近。字林：「䄙，方遥反。襮，方沃反。邡，方代反。」⑥呂忱，魏人，其時初引反語，即反語可得「方」之正音。六朝以後，轉重唇爲輕唇，後世不知有正音，乃强爲類隔之説，謬矣⑦！

①見尚書堯典。

②引文分別見於説文解字辵部逑字下、人部僝字下。惟這裡所引有誤字，逑字句的僝字當作孱，救字句的孱字當作僝。

③見史記五帝本紀。方字當作旁。

④見論語憲問。

⑤鄭康成：東漢經學家鄭玄，曾給論語作註。

⑥字林已佚，任大椿有字林考逸。䄙字音見詩經周頌戴芟釋文，襮、邡二音見考逸。

⑦這一段錢氏根據異文和訓詁用字證明漢魏以前輕唇讀重唇。

古讀封如邦。論語：「且在邦域之中矣。」釋文：「邦或作封。」「而謀動干戈於邦內。」釋文：「鄭本作封內。」釋名：「邦，封也。有功，於是故封之也。」①

古文妃與配同②。詩：「天立厥配」。釋文：「本亦作妃。」③易：「遇其配主。」鄭本作妃④。

①以上引論語文，見季氏篇。
②配：滂佩切。滂母隊韻。妃配同音，見隊韻。妃，又音芳非切，敷母微韻。
③引文見詩經大雅皇矣。
④見易經豐卦。釋文云：鄭玄註的易經本子配作妃。此例説明滂母敷母古讀不分。

古讀無如模。説文：「𣞤，或説規模字。」①漢人規模字或作橅。易：「莫夜有戎」②。鄭讀莫如字，云：無也。無夜，非一夜。詩：「德音莫違。」③箋：「莫，無也。」廣雅：「莫無也。」曲禮：「毋不敬。」釋文云：「古人言毋，猶今人言莫也。」④釋氏書多用南無字，讀如曩謨。梵書入中國，翻譯多在東晉時，音猶近古，沙門守其舊音不改，所謂禮失而求諸野也⑤。無又轉如毛，後漢書馮衍傳：「饑者毛食。」註云：「按衍集，毛字作無。」⑥漢書功臣侯表序：「靡有孑遺，耗矣。」註：「孟康曰：耗音毛。師古曰：今俗語猶謂無爲耗。」大昕案：今江西湖南方音讀無如冒，即毛之去聲⑦。

①𣞤：篆文「無」字。
②見易經夬卦。

③見詩經邶風谷風。
④引曲禮，見禮記第一句。「古人言毋。」「言」字釋文原作「云」字。
⑤語出漢書劉歆傳。喻古音不存，可以從佛典翻譯音求之。
⑥衍集：指馮曲陽集，有漢魏六朝百三名家集本。
⑦這一段說明古音明微二母不分。

古讀房如旁。廣韻：「阿房，宮名，步光切」。釋名：「房，旁也。在堂兩旁也。」史記六國表：秦始皇二十八年「爲阿房宮」，二世元年「就阿房宮」，宋本皆作旁。旁房古通用①。

①旁：步光切，唐韻并母。史記秦始皇本紀三十五年，正義曰：「房，白郎反。」這一段說明古音並奉不分。

（張　升）

古音類隔之說不可信（節選）

古無舌頭舌上之分。知、徹、澄三母，以今音讀之，與照穿牀無別也；求之古音，則與端透定無異。說文：「沖讀若動。」①書：「惟予沖人。」②釋文：「直忠反。」古讀直如特，沖子猶童子也③。字母家不識古音，讀沖爲蟲，不知古讀蟲亦如同也。爾：「蘊隆蟲蟲。」釋文：「直忠反，徐徒冬反。」爾雅作爞爞，郭都冬反。韓詩作烔，音徒冬反。」④是蟲與同音不異。（春秋成五年。同盟於蟲牢。杜註：「陳留封邱縣北有桐牢。」是蟲桐同音之證。

〔篇名簡介〕本篇選自十駕齋養新録卷五。錢氏認為，古人制反切，以二類聲紐字互切者，其聲本同，而後人不諳古音，强生區別，謂之「類隔」，這是錯誤的。錢氏根據經典異文、古書音註等資料作了論證。

①引文見説文解字水部。

②見書經金縢。

③冲子：見書經洛誥。偽孔傳譯冲子為童子。

④引詩經文見大雅云漢。釋文原文云：「蟲直忠反，徐徒冬反。爾雅作爞，云熏也。郭又徒冬反。韓詩作烔。音徒東反。」

⑤括號内為錢氏自註。

古音直如特。詩：「實維我特。」釋文：「韓詩作直，云相當值也。」孟子：「直不百步耳。」直，但也。但直聲相近①。

①引詩經文見鄘風柏舟。但，徒案切，定母翰韻。直，除力切，澄母職韻。特，徒得切，定母德韻。

古音竹如篤①。詩：「緑竹猗猗。」②釋文：「韓詩竹作澱，音徒沃反。」（今北音定母去聲字多誤入端母，古音當不甚遠。詩：「麟之定」，「定之方中」，皆丁佞反③。）與篤音相近，皆舌音也。篤竺並從竹得聲。論語：「君子篤於親。」汗簡云：「古文作竺。」④書曰：「篤不忘。」⑤釋文云：「本又作竺。」釋詁：「竺，厚也。」釋文云：「本又作篤。」按說文：「竺，厚也。」篤厚字本當作竺。經典多用篤，以其形聲同耳⑥。漢書西域傳：「無雷國北與捐毒接。」師古曰：「捐毒即身毒、天毒也。」張騫傳：「吾賈人轉市之身毒國。」鄧展曰：「毒音督。」李奇曰：「一名天竺。」後漢書杜篤傳：「推天督。」註：「即天竺國。」然則竺、篤、毒、督四文同音。

①竹：張六切，知母屋韻。這一段說明古音知母讀為端母。
②見詩經衛風淇奧。
③「麟之定」，見詩經周南麟之趾。釋文：「定，都佞反。」「定之方中」，見詩經鄘風定之方中。釋文：「丁佞反。下同。定，星名。」都丁同母。自註說明澱，徒沃反，定母字可以讀為端母。
④引論語文見泰伯篇。汗簡三卷，北宋郭忠恕撰。所謂古文，指古論語。
⑤見尚書偽古文微子之命。
⑥竺字見說文二部：「厚也，從二，竹聲。」徐鉉音冬毒切。篤字見說文馬部，「馬行頓遲也」，從馬，竹聲。亦音冬毒

切。

古讀抽如搯。詩：「左旋左抽。」釋文云：「抽，敕由反。說文作搯。他牢反。」①

①這是說明徹母古讀如透母。按後世三十六字母分聲母，敕字屬徹母，他字屬透母。引詩經文見鄭風清人。

廣韻每卷後附出「新添類隔，今更音和切。」①上平聲八字：卑，必移切（本府移切）；陴，並之切（本符之切）；眉，目悲切（本武悲切）；邳，並悲切（本符悲切）；悲，卜眉切（本府眉切）；肧，偏杯切（本芳杯切）；頻，步真切（本符真切）；彬，卜巾切（本府巾切）。下平聲六字：綿，名延切（本武延切）；[illegible]，中全切（本丁全切）；閍，北盲切（本甫盲切）；平，僕兵切（本符兵切）；凡，符芝切（本符咸切）；芝，敷凡切（本匹凡切）。上聲五字：否，並鄙切（本符鄙切）；貯，知呂切（本丁呂切）；縹，偏小切（本敷沼切）；摽，頻小切（本符小切）；褾，邊小切（本方小切）。去聲二字：裱，賓廟切（本方廟切）；窆，班驗切（本方驗切）。不知何人所附。古人制反切，皆取音和，如方、府、甫、武、符等，古人皆讀重脣，後儒不識古音，謂之類隔，非古人之意也。依今音改用重脣字出切，意在便於初學，未爲不可。但每韻類隔之音甚多，僅改此二十餘字，其餘置之不論，既昧於古音，而於今音亦無當矣。

①切韻指掌圖檢例下云："「凡切字，以上者爲切，下者爲韻。取同音、同母、同韻、同等四者皆同，謂之音和；取脣重、脣輕，舌頭、舌上，齒頭、正齒，三音中清濁同者，謂之類隔。」切韻考卷六云："「音和者，謂切語上字與所切之字雙聲也；類隔者，謂非雙聲也。……然府卑非雙聲者乃後世之音，古音則府卑雙聲。陸氏沿用古書切語，宋人以其不合當時之音謂之類隔。」又，卷四云："「類隔者，古音之遺。後人不解古音，謂之類隔。」

（張　升）

古十七部本音說

三百篇音韻，自唐以下不能通，僅以爲「協音」，以爲「合韻」，以爲「古人韻緩，不煩改字」而已①。自有明三山陳第，深識確論，信古本音與今音不同。如鳳鳴高岡，而啁噍之喙盡息也②。自是顧氏作詩本音，江氏作古韻標準③，玉裁保殘守闕，分別古音爲十七部。凡一字而古今異部，以古音爲本音，以今音爲音轉。如「尤」讀「怡」，「牛」讀「疑」，「丘」讀「欺」必在第一部而不在第三部者，古本音也④。今音在十八尤者，音轉也⑤。舉此可以隅反矣！

〔六書音均表簡介〕爲段玉裁研究古音學的代表作。該書以說文諧聲系統證古韻分部，得六類十七部。「支」、「脂」、「之」三部分立，「真」、「文」二部分立，「侯」部獨立，均是該書的創見。段玉裁（公元一七三五——一八一五）字若膺，號茂堂。江蘇金壇人，清代著名的經學家、文字訓詁學家。著作尚有說文解字註、周禮漢讀考、經韻樓集等。本次註釋所據爲中華書局一九八三年版六書音均表。

〔篇名簡介〕段氏在前輩音韻學者研究的基礎上，將古韻擬定爲十七部，提出了自己的看法，並加以論證。在古韻分部方面，比顧炎武、江永更精細。

①自唐代以前，一般學者並不意識到語音的歷史演變，以葉韻爲隨意轉讀之法，不復知其本音矣。

②啁（cháo）噍：燕雀之聲。

③顧氏：顧炎武。江氏：江永。

④段氏把「尤」「丘」「牛」等這類尤韻字，和之、哈兩韻一樣歸屬第一部——之部，稱爲「古本音」。

⑤所謂音轉，即在上古某部的某些字，到了中古轉入廣韻的某韻。如「尤」「丘」「牛」等這類在上古歸屬古韻之部的字，在中古音系（今音）則歸入廣韻十八尤韻裡面。

第一部之韻，音轉入於尤。第三部尤、幽韻，音轉入於蕭、宵、肴、豪①。第四部侯韻，音轉入於虞②。第五部魚、虞、模韻，音轉入於麻③。第六部蒸韻，音轉入於侵④。第七部侵、鹽韻，音轉入於覃、談、咸、銜、嚴、凡⑤。第二部至第五部，第六部至第八部，音轉皆入於東、冬、鐘⑥。第九部東、冬、鐘韻，音轉入於陽唐⑦。第十部陽唐韻，音轉入於庚⑧。第十一部庚、耕、清、青韻，音轉入於真⑨。第十二部真、先韻，音轉入於文、欣、魂、痕⑩。第十三部文、欣、魂、痕韻，音轉入於元、寒、桓、刪、山、仙⑪。第十三部，第十四部，音轉皆入於脂、微⑫。第十五部脂、微、齊、皆、灰韻，音轉入於支佳⑬。第十六部支佳韻，音轉入於脂、齊、歌、麻⑭。第十七部歌、戈韻，音轉亦多入於支、佳。此音轉之大較也。

①段氏古韻十七部的第三部幽部，包括中古音尤、幽兩韻類以及第二部宵部蕭宵肴豪四個韻類裡的一部分字，所以說「音轉入於蕭宵肴豪。」

②第四部侯部，包括中古音侯和虞之半，兩個韻類，所以說「音轉入於虞」。

③第五部魚部，包括中古音魚、虞之半、模以及麻之半諸韻類，所以說「音轉入於麻」。

④第六部蒸部是陽聲韻部，包括中古音蒸、登兩個韻類和東韻類裡的一部分字。而蒸部裡的某些字與第七部侵部裡的侵韻字音韻上有聯繫，通押相諧。所以說「音轉入於侵」。

⑤第七部侵部，包括中古音侵、鹽、添三個韻類以及第八部覃部—覃、談、咸、銜、嚴、凡諸韻類裡的一部分字。另外，還有東韻的「風」字。

⑥按古韻母系統陰聲與入聲相配，第二部宵部其中有入聲韻覺韻；第三部幽部有入聲韻沃、屋韻；第四部侯部有入聲屋、燭韻。這些入聲韻在中古韻母系統與陽聲韻東、冬、鐘、江相配。

⑦第九部東部，包括中古音東、冬、鐘、江各韻。其中江韻類裡有些字與第十部陽部裡陽、唐音韻上至關密切，出現「音轉入於陽、唐」的音韻現象。

⑧第十部陽部，包括中古音三個韻類：唐、陽和庚韻的一部分字。在詩韻和諧聲裡，唐、陽與庚韻的一部分字通押相諧，按古本音則不存在差別，而與庚韻的另外一部分字就有差別，所以說「音轉入於庚」。

⑨第十一部耕部，包括中古音庚（大部分字）、耕、清、青四個韻類。可是耕部裡某些字與第十二部真部（真、臻、先）

在音韻上至關密切，出現「音轉入於真」的音韻現象。

⑩第十二部真部，包括中古音真臻先三個韻類的一部分字，以及第十三部諄部的一部分字，所以說「音轉入於文欣魂痕。」

⑪第十三部諄部，包括中古音文、欣、魂、痕諸韻類和諄的一部分字，以及真、臻、先三個韻類裡的一部分字。可是，在詩經時代，諄部的某些字和第十四部元部（元、寒、桓、刪、山、仙）裡的某些字音韻上至關密切，可以通押，所以說「音轉入於元、寒、桓、刪、山、仙。」

⑫第十三部諄部、第十四部元部和第十五部的陰聲脂部（脂、微、齊、皆、灰）音韻上也有聯繫，所以說「音轉皆入於脂、微」。

⑬第十五部脂部，包括中古音脂、微、齊、皆、灰諸韻類，但它和第十六部支部（支、佳）音韻上至關密切，所以說「音轉入於支、佳」。

⑭第十六部支部，其中支、佳不但與第十五脂部裡的脂、齊通押，而且和第十七部歌部裡的歌、麻也有音韻聯繫。

四江一韻，東、冬、鐘轉入陽、唐之音也，不以其字襍厠於陽、唐而別爲一韻①。繫諸一東二冬三鐘之後，別爲一韻，以著今韻也；繫諸一東二冬三鐘之後，以存古音也。長孫納言所謂「酌古沿今」者是也。其例甚善而他部又未能準是例，惟二十幽一韻，爲尤韻將轉入蕭之音②。十九臻一韻，爲真韻將轉入諄之音③。亦用此例之意。

①古音東、冬、鍾與陽、唐不通。江韻既通東、冬、鍾，又通陽、唐。

②幽韻在中古音系為獨立四等韻。在古韻系統，幽與尤韻至關密切。

③中古音系的臻韻在段氏古音十七部歸屬第十二真部。

說文而下，字林所載即多說文所無。苟有合於指事、象形、形聲、會意之法，考文者所不廢也。三百篇後孔子贊易，老子言道德五千餘言，用韻即不必皆同詩①。漢代用韻甚寬，離為十七者，幾不可別識。晉宋而降，迄於梁陳，音轉、音變，積習生常，區別既多，陸韻遂定。皆古今聲音之自然，考文者不能變今音而一反諸三代也。

①詩經以後的韻文與詩韻不一致，亦即段氏所云「音韻隨時代變遷」。

（張　升）

古今字音之變遷

古今字音，變遷甚多。試就可考者言之，可分為六期。茲用世界通曆（欲稱西曆）表明其每期之起迄，而附註帝王之朝名於下，以便參考。

第一期　紀元前十一世紀——前三世紀（周秦）

第二期　前二世紀——二世紀（兩漢）
第三期　三世紀——六世紀（魏晉南北朝）
第四期　七世紀——十三世紀（隋唐宋）
第五期　十四世紀——十九世紀（元明清）
第六期　二十世紀初年（現代）

以上所述各期之起迄，非有精密之劃分，但略示其界限而已。

茲將各期不同之點略述於左。

第一期　此期之音，習慣上稱為「古音」。以無韻書之故，自來皆不能詳言其真相。近三百年來，治古音者輩出，據詩經、楚辭、諸子、秦碑用韻之處，及說文解字，參校考訂，而後此期之音乃炳焉大明。原來古者諧聲字之音讀，必與聲母相同，聲母在某韻，從其聲者皆與之同韻　此期字形尚用籀篆，體正聲顯，故雖無韻書，而文中用韻之界限甚嚴。欲知此期音韻之大概，可參考段玉裁之六書音均表、嚴可均之說文聲類諸書。

第二期　此期承第一期而漸變。籀篆省為隸草，則字形淆亂，諧聲字之聲漸漸不可審知。而韻書未作，字音無標準，故任情變易，用韻甚寬。今觀漢人所作韻文，猶可知其大概。

第三期　此為韻書之初期。周秦以聲母為標準之法，至此期已完全不適用。而字音任情變易，則妨礙甚多，故韻書興焉。作韻書者，逐字定音，記以反切，此與今之希望國音統一者命意相似。此期韻書（即聲類、韻集諸書）今無存者，不知其分韻分紐與後世之廣韻異同如何。今據以考見此期字音之反切者，惟陸德明之經典釋文而已。

第四期　此期爲韻書全盛之期。切韻、唐韻、廣韻、集韻四書，爲此期最有價值之韻書。今切韻、唐韻雖亡，而廣韻、集韻具在。廣韻一書，兼賅古今南北之音，凡平仄、清濁、洪細、陰陽諸端，分別甚細。今日欲研究古音，當以廣韻爲階梯。欲制定國音，亦當以廣韻爲重要之參考物。

第五期　廣韻（集韻大致相同）之音，兼賅古今南北。以之審音，則信美矣。然紐韻繁多，實際上斷非一人所能盡讀，故在應用方面，不能不有他種韻書。此期文學，以北曲爲主，於是有以北音爲主之韻書發生，如元周德清之中原音韻，及菉斐軒詞林韻釋之類。彼時惟用古代死語所作之詩，尚沿唐宋之舊韻。至用當時活語所作之曲，即用中原音韻一派之新韻。此派新韻，其始雖限於方隅，然其潛伏之勢力甚大，明初之洪武正韻即本於此。明清之文人學士所作韻文，多喜排斥正韻，仍守唐宋用韻之舊。然唐宋舊韻，雖時時爭持於紙上，而實則節節失敗於口中。此六百年之普通口音，即爲中原音韻、洪武正韻等韻書之音。其故因此期南北混一，交通頻繁，集五方之人而共處於一堂，彼此談話，必各犧牲其方音之不能通用者，而操彼此可以共喻之普通音。此普通音之條件有二：一、全國中多數人能發之音。二、紐韻最簡少之音。多數則普及易；簡少則學習易也。就南北中三部之中而擇取合於上列兩條件之普通音，實爲直隸、山東、山西、河南、陝西、甘肅及江蘇、安徽北部之音。因此類之音，紐韻最爲簡少。而其所占之區域，則甚爲廣大也（此類之音，泛稱可曰「北音」）。由此而發生一種普通語言，即欲稱「官話」者是。「官話」之名，甚不雅馴。或即以此爲京話，尤非其實。實則此種語言，爲六百年來一種不成文之國語。

第六期　近二十年來，國人有感於中華字音之無一定之標準，爲教育前途之大障礙。於是有王照之官話字母、勞乃宣之簡字譜等發生，欲以音標之形式代舊日之反切。其用意甚美。惜其以京兆一隅之音爲全國之標準音。而所作音標又甚不美觀，未能通行。民國二年（通曆一九一三年），教育部開讀音統一會，徵集各省代表審定國音，遂制成「註音字母」三十九文，音讀沿第五期之趨勢，以所謂「北音」者爲準。自此以後，中華字音將脱離韻書時代，而入於音標時代矣。會事既畢，由會員吳敬恒編爲國音字典，其書今已告成，聞教育部不久即將公布。今後國音國語之統一，胥賴是書矣。

依上所述，此六期又可括爲三期。即第一第二合爲一期，以第二期包括於第一期之中，此期之音，以聲母爲準。第三第四合爲一期，以第三期包括於第四期之中，此期之音，以韻書爲準。第五第六合爲一期，以第五期包括於第六期之中，此期之音，以音標爲準。

茲所講述，但舉其大要，不暇詳説。而注重之點，尤在應用的方面，不以考古爲重。故於所謂「古音」一部分，叙述最略。而「註音字母」則言之較詳。至廣韻一書，含音至博。三代之古音，今後之新音，悉賴廣韻而明其源流分合。是廣韻於考古通今，其用甚大，故首先叙述，而所叙亦較其他兩者爲詳。

（錢玄同）

新注選篇·史部

史記

秦始皇本紀（節選）

秦始皇帝者，秦莊襄王子也①。莊襄王爲秦質子於趙②，見呂不韋姬③，悦而取之④，生始皇。以秦昭王四十八年正月生於邯鄲⑤。及生，名爲政，姓趙氏⑥。年十三歲，莊襄王死，政代立爲秦王。當是之時，秦地已并巴、蜀、漢中、越宛有郢⑦，置南郡矣⑧；北收上郡以東⑨，有河東、太原、上黨郡⑩；東至滎陽，滅二周⑪，置三川郡⑫。呂不韋爲相，封十萬户⑬，號曰文信侯，招致賓客游士，欲以并天下。李斯爲舍人⑭，蒙驁、王齮、麃公等爲將軍⑮。王年少，初即位，委國事大臣。……

〔史記簡介〕　本書是我國第一部紀傳體通史著作。原稱太史公書，東漢以後始稱今名。作者司馬遷（約前一四五——約前八六），字子長，西漢夏陽（今陝西韓城南）人，出身史官世家，漢武帝時曾任郎中、太史令、中書令。早承父業，又因晚年觸怒武帝而受酷刑，遂發憤撰爲是書。傳世本全書計有十二本紀、十表、八書、三十世家、七十列傳（包括書末太史公自序），凡一百三十篇，記述「五帝」時代以至漢武帝太初年間近三千年史事，體大思精，規模宏偉。作者「善序事理，辨而不華，質而不俚，其文直，其事核，不虚美，不隱惡」，史家謂之「實録」，保存了極其豐富而可靠的歷史資料。又以「究天人之際，通古今之變，成一家之言」爲著述宗旨，將歷史從神的束縛中剥離出來，着力表現人的社會活動，對當時流行的天人感應學説提出公開的懷疑；注重歷史進化和時勢的遞嬗發展，肯定國家的政治統一和社會變革，不以成敗論英雄，並留意於社會各階層人物在歷史進程中的作用；强調君主任賢使能，重德兼聽，抨擊苛法敗政，愛憎分明；闡禮樂而重經濟，倡「富利」而羞貧賤，主張在農本基礎上自由發展工商業，反對與民爭利的國家壟斷政策。這些都表現出作者廣闊的文化史觀和進步的史學思想。是書在學術上兼收並蓄，崇尚黄老之學而不主於一家；在體裁和體例上創立紀表誌傳的大規模，又善寓論斷於叙事，標誌着我國古代史學的成熟，在文學上被稱爲「無韻之離騷」，尤爲史傳文學的典範；在古史記載的範圍上亦超出中國地域，具有一定的世界史著的性質。全篇雖時有微瑕，而不害其爲豐碑式的歷史巨著。其書舊註，以南朝宋裴駰的集解、唐司馬貞的索隱及張守節的正義三家最爲有名；近世日本學者瀧川資言的史記會注考證收羅註釋資料甚富，較便參考。

本書所選史記原文，均據目前通行的中華書局版點校本。自此以下，凡選自漢書、後漢書等歷代正史之文，亦皆據此種版本，不再另作説明。

〔篇名簡介〕　紀傳體史書中的「本紀」，是編年記述古代帝王生平及當時國家大事的專篇。本篇選自史記卷六，詳紀秦始皇一生的事蹟，大體反映了秦統一全國及秦王朝建立的過程；下又接述秦二世事蹟，迄至秦亡。這裡僅節録其中有關秦始皇身世及反映秦初并天下後的集權制度與焚書坑儒等重大事件的段落。

①秦莊襄王(前二七八——前二四七)：戰國末秦國國君。孝文王庶子。初名異人(一稱子異)，後被孝文王后華陽夫人認爲己子，改名楚(一稱子楚)。前二四九年由太子繼王位，在位三年。

②質子：猶言人質。古時被派往別國(或別處)爲人質者，多爲國君世子或支子，故有「質子」之稱。或單稱「質」，可兼指作人質的貴臣等。異人爲質於趙在秦昭王晚年。

③吕不韋(？——前二三五)：戰國末秦國大臣。衛國濮陽(今河南濮陽)人。原爲陽翟(今河南禹縣)大商賈，因賄賂華陽夫人，謀立秦莊襄王有功，被任爲國相。嬴政(即秦始皇)繼承王位後，被尊稱爲仲父，繼續執秦政。後被罷相，在流放川蜀途中自殺。姬：史亦稱趙姬。此實指妾。

④取：通「娶」。

⑤秦昭王：即秦昭襄王(前三二四——前二五一)。名稷(或作則、側)，武王異母弟。前三〇六年即王位，在位五十六年。重用能臣，强化王權，遠交近攻，擴大疆土，爲秦統一奠定堅實基礎。昭王四十八年：即前二五九年。邯鄲：戰國時趙都，故址在今河北邯鄲。

⑥姓趙氏：指嬴政初從母姓。初，其父子楚在吕不韋幫助下由趙國逃回秦國，政與其母未能脱身隨行，被人藏匿得活。及孝文王即位，子楚被立爲太子，趙始送其母子歸秦，政亦從此改從秦王室之本姓曰嬴政，時年十歲。

⑦越：奪取。宛(yuān)：原爲韓邑(史又載爲楚邑)，即今河南南陽。有：占領。郢(yǐng)：春秋戰國時楚都，在今湖北江陵西北。

⑧南郡：郡名，秦昭王二十九年(前二七八)置。初治郢，後遷江陵(今湖北江陵)，轄境約當今湖北武漢以西、監利

以北、四川巫山以東、湖北襄樊以南地區。

⑨上郡：郡名。戰國魏文侯初置，後屬秦。秦昭王三年（前三〇四年）復置，治膚施（今陝西榆林東南），轄境擴大，約當今陝西黄陵及宜川以北、内蒙古伊金霍洛旗及烏審旗以東、東勝及準葛爾旗以南地區。

⑩河東、太原、上黨：皆戰國時郡名。河東郡，魏初置，後屬秦，治臨汾（今山西曲沃北），轄境約當今山西西南部黄河以東、以北及沁水以東、霍山以南地區。太原郡，秦置，與復置上郡在同時，治晉陽（今山西太原西南），轄境約當今山西五臺及陽泉以西，霍山以北，黄河以東，管涔山五臺山以南地區。上黨郡，韓初置，後趙亦置，變動不常；秦昭王、莊襄王時皆曾攻占韓上黨，至秦王政十一年（前二三六）攻占趙上黨，始合兩國上黨郡為一，治長子（今山西長子西），轄境約當今山西沁水以東、榆社及和順以南地區。

⑪二周：指戰國時周考王分封的小諸侯國西周及後來復由此西周分裂出來的小國東周。此西周都河南（今河南洛陽西），前二五六年為秦所滅；東周都鞏（今河南鞏縣東南），前二四九年亦滅於秦。

⑫三川郡：戰國時韓初置，秦莊襄王元年（前二四九）為秦所吞并，治洛陽（或説治滎陽），轄境約當今河南黄河以南、中牟以西、北汝河上游及靈寶以東地區。因境内有伊水、洛水、黄河而得名。

⑬封十萬户：指封地上有十萬繳納賦税的民户。言其分封規格極高。

⑭李斯（？——前二〇八）：秦大臣。戰國末楚上蔡（今河南上蔡西南）人。初為郡小吏，後從荀卿學帝王之術，入秦為吕不韋舍人。佐秦王政統一天下，長期為廷尉。秦王朝建立後出任丞相，秦始皇死後為趙高所殺。其事蹟詳見本册所選李斯列傳。

⑮蒙驁（áo）（？——前二四〇）：秦大將蒙恬祖父。本為齊人，事秦昭王、莊襄王、秦王政為將領，屢立戰功，官至

上卿。王齮（yǐ）（？——前二四四）：即王齕（hé）。秦昭王時歷爵左庶長、五大夫，與蒙驁同爲一時名將。麃（biāo）公：姓名失傳，因封於麃（今河南洛川東南）而有此稱。

（二十六年）秦初并天下①，令丞相、御史曰②：「異日韓王納地效璽③，請爲藩臣，已而倍約④，與趙、魏合從畔秦⑤，故興兵誅之⑥，虜其王。寡人以爲善，庶幾息兵革⑦。趙王使其相李牧來約盟⑧，故歸其質子，已而倍盟，反我太原，故興兵誅之，得其王。趙公子嘉乃自立爲代王，故舉兵擊滅之⑨。魏王始約服入秦⑩，已而與韓、趙謀襲秦，秦兵吏誅⑪，遂破之。荆王獻青陽以西⑫，已而畔約，擊我南郡，故發兵誅，得其王，遂定其荆地。燕王昏亂⑬，其太子丹乃陰令荆軻爲賊⑭，兵吏誅，滅其國。齊王用後勝計⑮，絶秦使，欲爲亂，兵吏誅，虜其王，平齊地。寡人以眇眇之身⑯，興兵誅暴亂，賴宗廟之靈，六王咸伏其辜⑰，天下大定。今名號不更，無以稱成功⑱，傳後世。其議帝號⑲。」丞相綰、御史大夫劫、廷尉斯等皆曰⑳：「昔者五帝地方千里，其外侯服、夷服諸侯或朝或否㉑，天子不能制。今陛下興義兵，誅殘賊，平定天下，海内爲郡縣，法令由一統，自上古以來未嘗有，五帝所不及。臣等謹與博士議曰㉒：『古有天皇，有地皇，有泰皇，泰皇最貴。』臣等昧死上尊號，王爲『泰皇』。命爲『制』，令爲『詔』，天子自稱曰『朕』。」王曰：「去『泰』，著『皇』㉓，採上古『帝』位號，號曰『皇帝』。他如議。」制曰：「可」。追尊莊襄王爲太上皇。制曰：「朕聞太古有號毋謚㉔，中古有號，死而以行爲謚，如此則子議父，臣議君也，甚無謂，朕弗取焉。自今已來㉕，除謚法。朕爲始皇帝。後世以計數，二世、三世至於萬世，傳之無窮。」

①二十六年：即公元前二二一年。史文仍承上用秦王政紀年，若依後世紀年法，則此年當稱秦始皇元年。以下紀年可順推。

②丞相、御史：據下文，此指丞相王綰、御史大夫馮劫。綰生平不詳，劫在秦將亡時被下獄而自殺。御史：此爲御史大夫的簡稱。秦以御史大夫掌監察與司法，兼掌重要文書圖籍，地位僅次於丞相。

③異日：猶言往日。韓王：指韓王安，戰國時韓國末代國君。納地效璽：獻出土地，送上玉璽。秦滅韓在公元前二三〇年。

④已而：不久。倍約：背盟。倍，通「背」，下同。

⑤合從：同「合縱」。畔：通「叛」，下同。

⑥誅：討伐。下同。

⑦庶幾：表可能與希望之詞。兵革：代指戰爭。

⑧趙王：指趙幽穆王遷，戰國時趙國末代國君。秦滅趙後被流放死。李牧（？——前二二八年）：趙王遷時大將，封武安君。後因趙王中秦反間計，被殺。此所述趙秦結盟事在公元前二三三年。

⑨公子嘉：趙王遷異母兄。公元前二二八年秦軍攻破趙都邯鄲，趙王遷降秦，公子嘉奔代（今河北蔚縣），稱代王。前二二二年，秦滅代，置代郡。

⑩魏王：指魏王假，戰國時魏國末代國君。公元前二二五年，秦軍攻破魏都大梁後出降，被殺。

⑪兵吏：亦稱「士吏」，反言之即「吏士」，猶今言「官兵」。

⑫荆王：指楚王負芻，戰國時楚國末代國君。公元前二二三年，秦滅楚時被俘。秦人避子楚諱，稱楚為荆。青陽：古地區名。一說指今湖南長沙一帶，一說指今河南新蔡青陂之陽。

⑬燕王：指燕王喜，戰國時燕國末代國君。初為秦軍所敗，徙居遼東（今遼寧遼陽）。公元前二二二年，秦破遼東，被俘。

⑭燕太子丹使荆軻刺秦王事在公元前二二七年。

⑮齊王：指齊王建，戰國時齊國末代國君。公元前二二一年，秦滅齊後被遷於共（今河南輝縣）。後勝：齊王建時相國。先是多受秦國賄賂，使齊王朝秦。及秦攻齊，復勸齊王不戰而降。此處所稱「絶秦使，欲為亂」云云，指齊國倉促發兵守西界事，乃秦人飾詞。

⑯眇眇（miǎo）：渺小。

⑰辜：罪。

⑱稱（chèn）：與……相稱，配得上。

⑲其：表命令。

⑳廷尉：秦九卿之一，掌刑獄。斯：李斯。

㉑侯服、夷服：相傳周天子直轄的近都方千里之地稱王畿，其外有侯、甸、男、采、衛、蠻、夷、鎮、藩共「九服」為藩屬，由近及遠各相距五百里。此舉其二，實用以概指上古中心王朝週邊的諸侯。或朝或否：「朝」指朝見，「否」指不朝見。

㉒博士：秦代官名。掌書籍，備顧問，參與論議典章政事。
㉓著：同「着」，加。此指保留。
㉔太古：遠古，上古。毋，通「無」，下同。
㉕已來：同「以來」，猶今言「以後」。

始皇推終始五德之傳①，以爲周得火德，秦代周德，從所不勝②。方今水德之始，改年始，朝賀皆自十月朔③。衣服、旄旌、節旗皆上黑④。數以六爲紀⑤，符、法冠皆六寸⑥，而輿六尺，六尺爲步，乘六馬，更名河曰德水⑦。以爲水德之始，剛毅戾深⑧，事皆決於法，刻削毋仁恩和義⑨，然後合五德之數⑩。於是急法，久者不赦。

①終始五德之傳（zhuàn）：指戰國時齊國稷下學宮鄒衍一派所創立的五德終始學說。其說附會金、木、水、火、土「五行」相生相克的轉化和制約規律，用來解釋人事，並以之與王朝興衰、帝王代換相對應，以爲每朝都有一特定的「五行」之「德」，如周爲「火德」之類。終始，猶言「循環」。德，實指國運。傳，相次運行。
②從所不勝：意謂仍從周之「火德」則國運不能昌盛。所，承接連詞，猶言「則」。不勝，猶言「不盛」。
③十月朔：十月初一。周曆以十一月爲歲首，秦曆改以十月爲歲首，故十月一日爲一年之始（猶如夏曆的正月初一），並在是日舉行朝見天子、慶賀升平的儀式。
④衣服、旄旌、節旗：各種服飾、旗幟和符節裝飾物。上黑：同「尚黑」，崇尚黑色。依「五行」之說，與水相對應的

顏色是黑，秦以「水德」王，故尚黑。

⑤數以六爲紀：數字以「六」爲尊貴。紀，綱紀。依「五行」說，水爲陰德，「六」爲陰數，故相對應。尚存遠古計數三進位的痕迹。

⑥符：古代朝廷用以傳達命令或調遣兵將的憑證。以竹木或金玉爲之，中剖爲二，雙方各執一半，以驗真假。傳世秦兵符爲銅虎符，做成虎的形狀。法冠：又稱惠文冠、解豸冠。本爲楚王之冠，秦以爲御史冠，後爲執法者專服。

⑦河：黄河。

⑧剛毅戾深：强硬、果决、凶暴、深文周納。

⑨刻削（qiào）：苛酷。削，通「峭」。仁恩和義：仁慈、寬厚、温和、德義。

⑩數：規律、法則。秦自以爲得「水德」，而水爲陰，陰主刑殺，故採用「五德」之説作爲所行嚴酷法治的理論根據。

丞相綰等言：「諸侯初破，燕、齊、荆地遠，不爲置王，毋以填之①。請立諸子，唯上幸許！」始皇下其議於群臣，群臣皆以爲便②。廷尉李斯議曰：「周文武所封子弟同姓甚衆③，然後屬疏遠④，相攻擊如仇讎，諸侯更相誅伐，周天子弗能禁止。今海内賴陛下神靈一統，皆爲郡縣，諸子功臣以公賦税重賞賜之，甚足易制。天下無異意⑤，則安寧之術也。置諸侯不便。」始皇曰：「天下共苦戰鬭不休，以有侯王。賴宗廟，天下初定，又復立國，是樹兵也⑥，而求其寧息，豈不難哉！廷尉議是」。

①填：通「鎮」。句意謂王綰等上言，請立秦始皇諸子爲王，以鎮守故燕、齊、楚等邊遠地區。

②便：有利。

③同姓：此指周文王、武王所封同姓諸侯國。

④後屬：後代族屬。周代實行宗法封建制，王族内部按大宗、小宗作等級分封，故其始封諸侯關係尚近，愈後則愈疏遠。

⑤無異意：無二心。此特指無諸侯反叛之事。

⑥樹兵：培植軍事勢力。

分天下以爲三十六郡①，郡置守、尉、監②。更名民曰「黔首」③。大酺④。收天下兵，聚之咸陽，銷以爲鐘鐻⑤，金人十二，重各千石，置廷宫中。一法度衡石丈尺⑥，車同軌，書同文字。地東至海既朝鮮，西至臨洮、羌中⑦，南至北向户⑧，北據河爲塞，並陰山至遼東⑨。徙天下豪富於咸陽十二萬户。諸廟及章臺、上林皆在渭南⑩。秦每破諸侯，寫放其宫室⑪，作之咸陽北阪上，南臨渭。自雍門以東至涇、渭⑫，殿屋複道周閣相屬⑬，所得諸侯美人、鐘鼓以充入之。……

①三十六郡：見於史書記載者名目有出入，歷來學者考證甚多，亦紛歧無定説。王國維秦郡考與譚其驤秦郡新考均認爲有秦一代共四十八郡，其初置之三十六郡，譚氏所考爲：上、巴、漢中、蜀、河東、隴西、北地、南、南陽、上黨、三川、太原、東、云中、雁門、潁川、邯鄲、巨鹿、上谷、漁陽、右北平、遼西、碭、泗水、薛、九江、遼東、

代、會稽、長沙、齊、琅琊、黔中、廣陽、陳、閩。另有十二郡為後來所置和析置，而尚不包括京師咸陽所在的內史。

②守、尉、監：全稱郡守、都尉、監御史。分掌一郡之政務、軍事、監察。

③黔首：猶言黎民、庶民。疑本為中原之人對古黔中地區居民的俗稱，後此稱流行於秦地，故秦王朝建立後取以為對庶民的統一稱呼。黔中原為楚郡，故治在今湖南沅陵西；戰國末入秦，轄境擴大，約當今湖南沅江及澧水流域、湖北清江流域、重慶黔江（烏江下游）流域及貴州東北部地區。一說秦人尚黑，平民用黑布包頭，故有「黔首」之稱。

④酺（pú）：聚會飲酒。秦漢之際，統治者為防止民衆起事，禁止平日聚飲。此「大酺」指秦始皇為宣揚統一之功，特許大衆在規定日期內聚飲。

⑤鐘鐻（jù）：鐘和鐘架。鐻，亦作「虡」，本義指懸鐘的架子兩旁的柱子，此泛指鐘架。

⑥一法度衡石丈尺：統一度量衡的標準。一，統一；法，標準；「一法」連用為動詞。

⑦羌中：古羌族居住的地區。約指今甘肅臨洮以西以至青海東部。

⑧北向户：泛指今五嶺以南地區。一說指今越南中部。因當地居民多向北開門户，故稱。

⑨並：通「傍」，沿着。

⑩諸廟：秦王室諸祖廟。章臺，秦離宮臺名。上林：即上林苑，秦王室園林名。

⑪寫放：摹仿。放，同「仿」。

⑫雍門：地名。一說在今陝西高陵西，一說在今鳳翔西南。按：疑以後說為是。句意蓋指自故雍城以至涇、渭交匯處，由西而東，凡數百里之地（皆在渭水以北）。

⑬殿屋複道周閣相屬：殿屋及殿屋間的複道，都圍繞高大的樓閣相連接。複道，下文作「復道」，指樓閣間架於空中的通道。屬(zhǔ)，連接。

（三十四年）始皇置酒咸陽宮，博士七十人前爲壽①。僕射周青臣進頌曰②：「他時秦地不過千裡，賴陛下神靈明聖，平定海内，放逐蠻夷，日月所照，莫不賓服。以諸侯爲郡縣，人人自安樂，無戰爭之患，傳之萬世，自上古不及陛下威德。」始皇悦。博士齊人淳于越進曰：「臣聞殷周之王千餘歲，封子弟功臣，自爲枝輔③。今陛下有海内，而子弟爲匹夫，卒有田常、六卿之臣④，無輔拂⑤，何以相救哉？事不師古而能長久者，非所聞也。今青臣又面諛以重陛下之過，非忠臣。」始皇下其議。丞相李斯曰：「五帝不相復，三代不相襲，各以治，非其相反，時變異也。今陛下創大業，建萬世之功，固非愚儒所知。且越言乃三代之事，何足法也？異時諸侯並爭⑥，厚招游學。今天下已定，法令出一，百姓當家則力農工，士則學習法令辟禁⑦。今諸生不師今而學古，以非當世，惑亂黔首。丞相臣斯昧死言：古者天下散亂，莫之能一，是以諸侯並作，語皆道古以害今，飾虛言以亂實，人善其所私學，以非上之所建立。今皇帝並有天下，别黑白而定一尊。私學而相與非法教，人聞令下，則各以其學議之。入則心非，出則巷議，誇主以爲名⑧，異取以爲高⑨，率群下以造謗。如此弗禁，則主勢降乎上，黨與成乎下。禁之便。臣請史官非秦記皆燒之⑩。非博士官所職⑪，天下敢有藏詩、書、百家語者⑫，悉詣守、尉雜燒之⑬。有敢偶語詩、書者棄市⑭。以古非今者族⑮。吏見知不舉者與同罪。令下三十日不燒，黥爲城旦⑯。

所不去者，醫藥、卜筮、種樹之書⑰。若欲有學法令，以吏為師⑱。」制曰：「可」。

①壽：祝壽。此為敬詞，實指敬酒。

②僕射（yè）：官名。秦於中央各部門多置僕射為主管官。此指博士僕射，即博士之長。

③自為枝輔：使各自為枝條輔助主干。此以天子比作大樹的主干，受封諸侯比作輔助主干的枝條。亦兼指傳統宗法分封體系。按周代宗法制度，嫡長子所代表的大宗為主干，其餘王室子弟為分支，皆有封土。異姓諸侯的分封亦如此。枝輔，李斯列傳作「支輔」。

④卒：通「猝」，突然。田常：即田恒、田成子。春秋末齊國大夫。殺齊簡公，立齊平公，自為相國，為田氏篡奪姜氏政權的關鍵人物。六卿：指春秋時晉國范氏、中行氏、智氏、趙氏、魏氏、韓氏六家貴族。六家皆世代為卿，各自發展私家勢力，削弱晉公室，最後導致趙、魏、韓三家分晉。

⑤拂：通「弼」。輔佐。

⑥異時：往時。

⑦辟禁：刑法禁令。

⑧誇主以為名：意謂借助人主之令，出其誇誕之詞，嘩衆取寵以獲得名譽。

⑨異取：意謂標新立異。取，通「趣」，意旨。

⑩秦記：秦國的國史。

⑪職：掌管。

⑫百家語：指先秦諸子之書。
⑬雜：共。
⑭偶語：二人或二人以上在一起談論。棄市：處死刑。
⑮族：滅族之刑。
⑯黥：在犯人臉上刺字，指處刑。城旦：刑期四年，强迫從事築城苦役的刑名。
⑰種樹之書：指農書。種樹，並列動詞詞組，概指耕稼、種菜、植樹等作業。
⑱以吏爲師：秦禁私學，乃復古制，使求學士人入官府爲役，從官吏受學。所學則唯有法令，禁讀傳世經典及百家書。

三十五年，除道①，道九原抵云陽②，斬山堙谷，直通之。於是始皇以爲：咸陽人多，先王之宫廷小，吾聞周文王都豐③，武王都鎬，豐鎬之間，帝王之都也。乃營作朝宫渭南上林苑中。先作前殿阿房④，東西五百步，南北五十丈，上可以坐萬人，下可以建五丈旗。周馳爲閣道，自殿下直抵南山，表南山之顛以爲闕⑤。爲復道，自阿房渡渭，屬之咸陽，以象天極、閣道絶漢抵營室也⑥。阿房宫未成；成，欲更擇令名名之⑦。作宫阿房，故天下謂之阿房宫。隱宫徒刑者七十餘萬人⑧，乃分作阿房宫，或作麗山⑨。發北山石椁⑩，乃寫蜀、荆地材皆至⑪。關中計宫三百，關外四百餘。於是立石東海上朐界中⑫，以爲秦東門。因徙三萬家麗邑⑬，五萬家云陽，皆復不事十歲⑭。

①除道：修道路。

②道：由。九原：秦郡名，故治在今内蒙古包頭市西北。云陽：秦縣名，故治在今陝西淳化西北。

③豐：故址在今陝西長安縣西南灃河西岸。鎬：與豐相對，在灃河東岸。

④阿房（ē páng）：近旁。房，通「旁」。此宮故址在今西安市西，其前殿建於高大的夯土臺基上，故下文云「上可以坐萬人，下可以建五丈旗」。豐、鎬故址在其南。

⑤表：樹立標誌。南山：今秦嶺終南山。闕：古代宮殿前兩旁的高大建築物。此句意謂在終南山頂樹立標誌，象徵性地把其山作爲阿房宮的門闕。

⑥天極：指北極星，像帝王起居之所。閣道：古星名，像「飛閣之道」即復道。絶：渡過。漢：天河。營室：古二十八宿之一，像野營。全句是説：自阿房宮以至咸陽，架起一條空中通道跨過渭水，象徵天帝由「天極」通過「閣道」天橋，跨過天河而到達「營室」。

⑦令名：美名。

⑧隱宫：即宫刑、腐刑，閹割男子外生殖器的刑罰。一説當從云楚秦簡作「隱官」，指收容受肉刑以後，因立功又被赦免的罪人的機關。

⑨麗山：即驪山，在今陝西臨潼東南。「作麗山」，指修建秦始皇陵墓之役。

⑩北山：指關中平原北面諸山。石椁（guǒ）：石棺。椁，棺材外面套的大棺材。

⑪乃：疑當作「及」。寫：通「瀉」，指水路運輸。材：木材。

⑫立石東海上朐（qú）界中：指立碑於東海郡朐縣境内上朐一帶海邊上。朐縣，在今江蘇連云港西南。上朐，當

指朐縣海濱一帶。
⑬麗邑：古邑名，在今陝西臨潼東北陰盤城。
⑭復：免除瑶役。

盧生説始皇曰：「臣等求芝奇藥、仙者常弗遇①，類物有害之者②。方中③，人主時為微行以辟惡鬼④，惡鬼辟，真人至⑤。人主所居而人臣知之，則害於神。真人者，入水不濡⑥，入火不爇⑦，陵雲氣，與天地久長。今上治天下，未能恬倓⑧。願上所居宮毋令人知，然後不死之藥殆可得也」。於是始皇曰：「吾慕真人，自謂『真人』，不稱『朕』。」乃令咸陽之旁二百里内，宮觀二百七十，復道、甬道相連⑨，帷帳、鐘鼓、美人充之，各案署不移徙⑩。行所幸⑪，有言其處者，罪死。始皇帝幸梁山宮⑫，從山上見丞相車騎衆，弗善也⑬。中人或告丞相⑭，丞相後損車騎。始皇怒曰：「此中人泄吾語。」案問莫服⑮。當是時，詔捕諸時在旁者，皆殺之。自是後，莫知行之所在。聽事，群臣受决事，悉於咸陽宮。

①芝：靈芝草，一種菌類植物。古人以為瑞草、奇藥，傳為仙人所種。
②類：好像。
③方中：方術書中記載。古代用於書寫的木板稱「方」，亦代指書籍，後又轉指醫家藥案或神仙家符籙之類為「方」。「方士」一詞，初指記録及掌管王公貴族訟辭之人，後亦泛指神仙家術士及醫、卜、星、相之流。

④微行：隱秘身份，便裝出行。　辟：通「避」。
⑤真人：道家所稱存養本性的得道之人。此實指所稱的仙人。
⑥不濡（rú）：不會被沾濕。
⑦不爇（ruò）：不會被燒傷。「爇」字本義爲燃燒。説文：「蓺，燒也。從火，蓺聲。」徐鉉等註：「説文無蓺字，當從火、從艸，熱省聲。」按：説文有「蓺」字，當即「蓺」之本字，徐説似不可從。
⑧恬倓（tián dàn）：同「恬惔」，亦作「恬淡」，淡泊寧靜。其義近於道家所稱的「無爲」。
⑨甬（yǒng）道：樓閣建築間有頂棚的通道。此與「復道」對舉，分指地面通道與空中通道。
⑩案署：設置專人管理。案，几案；署，辦公處所。此用爲動詞，指設置機構。
⑪所幸：所至。古代以「幸」字特指皇帝到某處。
⑫梁山宫：秦宫名，在今陝西乾縣西北梁山南麓。
⑬弗善：不高興。
⑭中人：指宦官。
⑮案問：審問。

侯生、盧生相與謀曰：「始皇爲人，天性剛戾自用①。起諸侯，並天下，意得欲從②，以爲自古莫及己。專任獄吏，獄吏得親幸。博士雖七十人，特備員弗用③。丞相諸大臣皆受成事，倚辨於上④。上樂以刑殺爲威⑤，天下畏罪持禄⑥，莫敢盡忠。上不聞過而日驕，下懾伏謾欺以取容。秦法，不得兼方⑦，不驗，輒死⑧。然候星氣者至三百人⑨，皆良士，畏忌諱諛，不敢端言其過⑩。天下之事無小大皆決於上，上至以衡石量書⑪，日夜有呈，不中呈不得休息⑫。貪於權勢至如此，未可爲求仙藥。」於是乃亡去。始皇聞亡，乃大怒曰：「吾前收天下書，不中用者盡去之。悉召文學方術士甚衆，欲以興太平，方士欲練以求奇藥⑬。今聞韓衆去不報⑭，徐市等費以巨萬計⑮，終不得藥，徒姦利相告日聞⑯。盧生等吾尊賜之甚厚，今乃誹謗我，以重吾不德也。諸生在咸陽者，吾使人廉問⑰，或爲訞言以亂黔首⑱」。於是使御史悉案問諸生，諸生傳相告引⑲，乃自除犯禁者四百六十餘人，皆阬之咸陽，使天下知之，以懲後。益發謫徙邊⑳。始皇長子扶蘇諫曰：「天下初定，遠方黔首未集㉑。諸生皆誦法孔子，今上皆重法繩之，臣恐天下不安。唯上察之。」始皇怒，使扶蘇北監蒙恬於上郡㉒。……

①剛戾自用：强毅凶暴，自以爲是。

②從（zòng）：同「縱」，放縱。

③特：衹是。　備員：虚占員額，凑數。

④倚辨於上：完全聽憑秦始皇的命令辦事。辨，通「辦」。

⑤樂（yào）：喜歡，猶言「好」（hào）。

⑥天下：指各級官吏。　畏罪持禄：害怕得罪，尸位素餐，僅求保住俸禄。

⑦兼方：兼用兩種或兩種以上煉長生不死藥的方子。方，參見上段註③。

⑧輒死：就判死刑。
⑨候星氣者：指以占星望氣推測禍福的方士。候，觀察。
⑩端言：正言。秦諱嬴政之名，以「端」代「正」。
⑪以衡石量書：以稱重用具量取待批閱的文件（竹木簡）。衡石，指稱重用具和單位，一石爲一百二十斤。
⑫呈：通「程」，定量。中（zhòng）呈：完成定量。
⑬欲練以求：集解引徐廣曰：「一云『欲以練求』」。練，通「煉」。
⑭韓衆：亦作「韓終」。秦方士。不報：無回音。
⑮徐市（fú）：亦作「徐福」。秦方士。
⑯徒：白白地，祇有。姦利：指方士費公家錢物而獲利。告：告發。聞：使主上聽到，義同報告。
⑰廉問：察訪。
⑱訞言：同「妖言」。
⑲傳：通「轉」，輾轉。告引：告發檢舉。
⑳益發謫徙邊：增發被判有罪者遷戍邊地。
㉑集：通「輯」，安定。
㉒監：指監軍。時蒙恬爲大將，領兵數十萬在北邊修長城，禦匈奴，故始皇遣扶蘇爲監軍。公元前二一〇年，始皇死後，二人皆被趙高等矯命迫令自殺。

（張富祥）

六國年表序

太史公讀秦記①，至犬戎敗幽王②，周東徙洛邑③，秦襄公始封為諸侯④，作西畤用事上帝⑤，僭端見矣⑥。禮曰：天子祭天地，諸侯祭其域内名山大川⑦。今秦雜戎、翟之俗⑧，先暴戾⑨，後仁義，位在藩臣而臚於郊祀⑩，君子懼焉。及文公踰隴⑪，攘夷狄⑫，尊陳寶⑬，營岐、雍之閒⑭；而穆公修政，東竟至河⑮，則與齊桓，晉文中國侯伯侔矣⑯。是後陪臣執政⑰，大夫世祿，六卿擅晉權⑱，征伐會盟，威重於諸侯。及田常殺簡公而相齊國⑲，諸侯晏然弗討，海内爭於戰功矣。三國終之卒分晉⑳，田和亦滅齊而有之㉑，六國之盛自此始。務在彊兵並敵㉒，謀詐用，而從衡短長之說起㉓。矯稱蠭出㉔，誓盟不信，雖置質剖符㉕，猶不能約束也。秦始小國僻遠，諸夏賓之㉖，比於戎、翟；至獻公之後，常雄諸侯。論秦之德義，不如魯、衛之暴戾者㉗；量秦之兵，不如三晉之彊也。然卒并天下，非必險固便，形勢利也，蓋若天所助焉。

或曰：「東方，物之所生；西方，物之成孰。」㉘夫作事者必於東南㉙，收功實者常於西北。故禹興於西羌㉚，湯起於亳㉛，周之王也以豐鎬伐殷㉜，秦之帝用雍州興，漢之興自蜀漢㉝。

秦既得意，燒天下詩書，諸侯史記尤甚，為其有所刺譏也㉞。詩書所以復見者，多藏人家；而史記獨藏周室㉟，以故滅，惜哉、惜哉！獨有秦記，又不載日月，其文略不具㊱。然戰國之權變，亦有可頗采者，何必上古。秦取天下多暴，然世異變，成功大。傳曰：「法後王」㊲，何也？以其近己而俗變相類，議卑而易行也。學者牽於所聞，見秦在帝位日淺，不察其終始，因舉而笑之，不敢道，此與以耳食無異㊳，悲夫！

余於是因秦記，踵春秋之後，起周元王，表六國時事，訖二世，凡二百七十年㊴，著諸所聞興壞之端。後有君子，以覽觀焉。

〔篇名簡介〕本篇是史記六國年表的序言，由周平王東遷言及秦國的發展、列國形勢及秦的統一，以說明作表之意。原表共分周秦魏韓趙楚燕齊八欄，除周一欄大致僅用於紀年外，其餘綜列七國攻戰大事，實是戰國年表，可以補充本紀和列傳記事的不足。因意在展示秦滅六國的過程，故以「六國」標題。表末略附秦朝大事，迄至秦亡。

①太史公：本爲官職稱謂，指太史令，此處司馬遷用爲自稱。秦記，秦國的史記，即秦統一中國以前的國史。

②犬戎：即畎戎，上古部族名。殷周時游牧於涇渭流域，公元前七七一年，與申侯聯合攻殺周幽王，迫使周王室東遷。

③指公元前七七〇年周平王東遷事。洛邑，亦作雒邑，故址在今河南洛陽洛河北岸。

④秦襄公因護送周平王東遷有功，被平王封爲諸侯。

⑤畤（zhì）：古代祭祀天地五帝之所。其字本義是基址，近於除地而祭的「墠」，後亦包括祭壇及其周圍的矮墻等。秦有西畤、鄜畤、密畤、上畤、下畤、畦畤等名（見封禪書），以西畤的建造爲最早。按五行學說，西方屬金，對應的顏色是白色，秦處西部地區，故首作西畤，後來又專用於祠祭白帝。一說「西」爲縣名，其地在秦之西陲，即西犬丘。事，祭祀。

⑥僭（jiàn）：超越本分。按古代禮制，祭祀天地的宗教權力爲天子所專有，諸侯祇可祭其領地範圍內的名山大川（見下引禮記之文），故秦作西畤祭上帝，被認爲是僭越之舉。

⑦見禮記王制篇。原文作「天子祭天地，……諸侯祭名山大川之在其地者。」

⑧翟：通「狄」。句意謂秦處西部地區，接納、吸收了戎狄等族的文化風俗。

⑨戾（lì）：凶暴。説文謂本義爲「曲」，指「犬出户下」而「身曲」。疑本爲綜合會意字，指凶、暴、狠、猛及勁疾之貌等，曲、乖、反、背、貪、忿、罪、灾戾等皆爲引申義。古籍又多以其字通借爲「至」。

⑩藩臣：指諸侯，兼封地及其臣屬天子的關係而言之。臚，陳列。郊祀，古代帝王在南郊祭天的活動。句意謂秦爲諸侯，祭祀陳設比於天子且舉行郊祀，是僭越等級名分。一説秦襄公初封時勢力尚弱，未得用天子之禮，僭越之説出於漢人的附會。

⑪踰隴：越過隴山（在今陝西隴縣東南）一帶。

⑫擯：排斥、驅逐。

⑬陳寶：神名。公元前七四七年，秦文公在陳倉（今陝西寶鷄東）北阪城得雉形玉石，以爲是神物，得之可以稱霸西戎，遂築祠祀之，因名「陳寶」。

⑭營：經營。岐雍之間，即今陝西岐山鳳翔一帶。閒，「間」（空隙）的本字。

⑮竟：同「境」。河，黄河。

⑯中國：中原，此泛指潼關以東地區。伯，通「霸」。侔，相等。

⑰陪臣：隔一層之臣。古代諸侯之卿大夫對於天子，卿大夫之家臣對於諸侯皆自稱陪臣。

⑱六卿：參見本册秦始皇本紀注。

⑲同上條註。

⑳三國：指趙、魏、韓。亦稱三晉，見下文。

㉑田和：田常曾孫。繼其祖、父為齊相。公元前三九一年，放逐齊康公於海上，成為實際上的齊國國君；前三八六年，被周王正式承認為諸侯，是為田齊正式取代姜齊之始。

㉒彊：通作「强」。説文：「彊，弓有力也。從弓，畺聲。」「强，蚚也。從蟲，弘聲。𧖣，籀文强，從䖵從彊。」徐鍇曰：「弘與强聲不相近，秦刻石文從口。疑從籀文省。」按：徐鍇説當是。蓋「彊」為有力之「强」的本字，加「䖵」符而為「𧖣」，指米中的一種小黑甲蟲，「𧖣」省寫為「𢐞」，又以「口」置換其省略符「厶」而變為「强」。

㉓從衡：同「縱横」。短長，亦指縱横家言，蓋取意於説長道短而短可使長、劣可使優。

㉔矯稱：假借名義。𧖴，同「蜂」。

㉕置質：交换人質，參見本册秦始皇本紀注①。剖符，亦指信守約定。符即契符，是古代作憑證的物件，一般以竹、木或金屬材料製成，中剖為兩半，雙方各執其一，以備勘驗。

㉖諸夏：指中原各國。賓，同「擯」，排斥、疏遠。

㉗句意謂有道之國的暴戾君主，其德義亦在秦之上。此處極言秦之暴。

㉘孰：同「熟」。

㉙作事：指事情的開始。

㉚西羌：泛指古羌人居住的西部地區。傳説禹生於石紐（在今四川北部）。

㉛亳：當是指漢人所知的杜縣（今陝西西安東南）之亳亭。按：古時名亳（其字或又作薄、蕃等）之地甚多，率由商代子姓部族聚居地或封國的亳社（社稷通名）得稱。商人興起於東方，其初都之地大都在今豫東魯西，杜縣之亳應是晚出地名，以此指證商湯起於西方，不確。

㉜豐鎬（hào）：均爲西周國都，並在今陝西西安西南。豐又作酆。

㉝蜀漢：指巴蜀、漢中地區。漢高祖劉邦初據其地稱漢王。

㉞有所刺譏：指對秦人多所指斥。

㉟句意謂各諸侯國史都由周王室收藏。近世學者或據此以爲各國史官皆自周出，恐未必然。

㊱不具：不完備。

㊲傳（zhuàn）：解釋經典的文字。此泛指歷史記載及諸子著作等。法後王，即效法傳說時代以後的王者制度。戰國時荀況一派主張「王者之制，道不過三代，法不貳後王」（荀子王制），反對一味遵從三代以前無從稽考的古先王法度之説。

㊳耳食：喻不加審察而輕信傳聞，猶如以耳進食而不能知味。

㊴此表起於周元王元年（前四七五），終於秦亡，下限實超出秦二世之死數月，按秦曆可列在前二〇六年，故總言二百七十年。

（張富祥）

留侯世家（節選）

留侯張良者①，其先韓人也。大父開地，相韓昭侯、宣惠王、襄哀王②。父平，相釐王、悼惠王③。悼惠王二十三年，平卒。卒二十歲，秦滅韓④。良年少，未宦事韓。韓破，良家僮三百人⑤，弟死不葬，悉以家財求客刺秦王，爲韓報仇，以大父、父五世相韓故⑥。良嘗學禮淮陽⑦，東見倉海君⑧，得力士，爲鐵椎重百二十斤⑨。秦皇帝東游，良與客狙擊秦皇帝博浪沙中⑩，誤中副車⑪。秦皇帝大怒，大索天下，求賊甚急⑫，爲張良故也。良乃更名姓，亡匿下邳⑬。

〔篇名簡介〕本篇選自史記卷五十五。「世家」初見於世本，原是周代各封國諸侯的宗譜。史記中的「世家」，自吳太伯世家以至田敬仲完世家，皆記先秦各諸侯國的歷史；自孔子世家、陳涉世家以下，則皆爲人物傳記。本篇原記漢高祖劉邦的主要謀士張良一生的事蹟，這裡節選的是他輔佐劉邦奪取天下時期的部分。

①張良，字子房，出身韓國貴族。相傳他的祖籍在城父（今河南郟縣東；一說今安徽亳縣東南）。他的生年不詳，約卒於公元前一八九年。

②大父：祖父。開地：其祖父之名。韓昭侯、宣惠王、襄哀王：皆戰國時韓國國君，分別於公元前三六二—前三三三、前三三二—前三一二、前三一一—前二九六年在位。

③平：張平，韓非子作張譴。釐王、悼惠王（韓世家及世本並作桓惠王）：分別於前二九五—前二七三、

前二七二—前二三九年在位。
④秦滅韓在公元前二三〇年。
⑤家僮：家僕。
⑥五世相韓：指為韓國五代國君的相國。
⑦學禮淮陽：於淮陽從師學禮。
⑧倉海君：漢書張良傳顏註以為是當時賢者之號。或即張良本師。
⑨為鐵椎（chuí）：造鐵槌。椎，同「槌」，敲擊用的棒槌。
⑩狙（jū）擊：猶言伏擊，埋伏在隱蔽地點伺機襲擊。狙，伺機。博浪沙：地名，在今河南原陽東南。
⑪中（zhòng）：擊中。副車：亦稱「屬車」，隨從之車。
⑫賊：殺人者。此指刺客。
⑬下邳：秦縣名，在今江蘇睢寧西北。

良嘗閒從容步游下邳圯上①。有一老父衣褐至良所②，直墮其履圯下③，顧謂良曰：「孺子下取履。」④良愕然，欲毆之，為其老，彊忍下取履。父曰：「履我。」⑤良業為取履⑥，因長跪履之⑦。父以足受，笑而去，良殊大驚，隨目之。父去里所⑧，復還，曰：「孺子可教矣⑨。後五日平明，與我會此。」良因怪之，跪曰：「諾。」五日平明，良往，父已先在，怒曰：「與老人期⑩，後，何也？」去曰：「後五日早會。」五日鷄鳴，良往，父又先在，復怒曰：「後，何也？」去曰：「後五日復早來」。五日，良夜未半往，有頃，父亦來，喜曰：「當如是。」出一編書，曰：「讀此，則為王者師矣。後十年興，十三年，孺子見我濟北，谷城山下黃石即我矣⑪。」遂去，無他言，不復見。旦日視其書，乃太公兵法也⑫。良因異之，常習誦讀之。

①閒：同「間（jiàn）」，抽空，私下裡。　圯（yí）：橋。
②老父：猶言老翁。　褐：粗布衣。
③直：特地，故意。句意謂故意使鞋子掉到橋下。
④顧：回頭。　孺子：兒童。此猶言「小子」，是對年青人的不尊重稱呼。
⑤履我：給我穿上鞋！
⑥業：既已。
⑦長跪：直身而跪。表示莊重。
⑧里所：里許，約一里地。
⑨孺子可教：猶言年青人可造就。
⑩期：約會。
⑪濟北：郡名，秦時治所在今山東泰安東南。楚漢相爭時為濟北國。　谷城山：又稱黃山，在今山東平陰西南。
按：此述黃石公傳說來歷。本篇末又云：「後十三年，（良）從高帝過濟北，果見谷城山下黃石，取而葆（寶）祠

之。留侯死，並葬黄石冢（爲黄石造一墳），每上冢伏臘（夏冬兩季）祠黄石」。

⑫太公兵法：正義引七録謂一帙三卷，當即指後世所傳黄石公三略。相傳源出於姜太公。漢書藝文誌道家類著録太公二百三十七篇，疑三略原是其中的一種，故亦稱太公兵法。其書當成於戰國末，推源於姜太公係假托。

居下邳，爲任俠①。項伯嘗殺人②，從良匿。後十年，陳涉等起兵③，良亦聚少年百餘。景駒自立爲楚④，假王在留⑤，良欲往從之，道遇沛公⑥。沛公將數千人略地下邳西，遂屬焉⑦。沛公拜良爲厩將⑧，良數以太公兵法説沛公，沛公善之，常用其策。良爲他人言，皆不省⑨，良曰：「沛公殆天授」。⑩故遂從之，不去見景駒。及沛公之薛，見項梁⑪。項梁立楚懷王⑫，良乃説項梁曰：「君已立楚後，而韓諸公子横陽君成賢⑬，可立爲王，益樹黨⑭。」項梁使良求韓成，立以爲韓王，以良爲韓申徒⑮，與韓王將千餘人西略韓地。得數城，秦輒復取之，往來爲游兵潁川⑯。沛公之從洛陽南出轘轅⑰，良引兵從沛公，下韓十餘城，擊破楊熊軍⑱。沛公乃令韓王成留守陽翟，與良俱南攻下宛⑲，西入武關⑳。沛公欲以兵二萬人擊秦嶢下軍㉑，良説曰：「秦兵尚彊，未可輕。臣聞其將屠者子㉒，賈豎易動以利㉓，願沛公且留壁㉔，使人先行爲五萬人具食㉕，益爲張旗幟諸山上，令酈食其持重寶啗秦將㉖」。秦將果畔㉗，欲連和俱西襲咸陽。沛公欲聽之，良曰：「此獨其將欲叛耳，恐士卒不從。不從必危，不如因其解擊之㉘。」沛公乃引兵擊秦軍，大破之，遂北至藍田㉙。再戰，秦兵竟敗，遂至咸陽，秦王子嬰降沛公㉚。

①任俠：行事崇尚俠義。

②項伯（？—前一九二）：名纏，字伯，項羽叔父。與張良友善。因楚漢相爭時曾迴護劉邦，故劉邦建漢後賜姓劉氏，封射陽侯。項氏故籍本在今河南項城、沈丘一帶，後項梁因有罪殺人，攜項羽逃居下相（今江蘇宿遷西），疑項伯從張良避匿事即在此時。伯、梁爲兄弟。

③陳涉：即秦末農民起義領袖陳勝。勝是其名，涉是其字。

④景駒（？—前二〇八）：戰國時楚國貴族景氏後裔。秦末響應陳涉起義，聚衆起兵於郢（今湖北江陵東南），隨後輾轉東進。及陳涉軍敗，他被另一支起義軍首領李嘉擁立爲楚王，不久被項梁擊殺。

⑤假王在留：暫攝王號，聚衆在留。「假」爲代理之義，其時雖傳陳王已死，而尚不能確知，故稱「假王」。留，地名，在今江蘇沛縣東南。項羽本紀謂秦嘉「立景駒爲楚王，軍彭城東」，彭城即今徐州。

⑥沛公：即劉邦。劉邦爲沛豐邑（今江蘇沛縣）人，初聚衆起義時稱沛公。陳涉死後，他曾一度從屬景駒及秦嘉。

⑦屬焉：屬之，指張良以衆從屬劉邦。

⑧廄將：別將名號，主管軍中馬匹。

⑨不省（xǐng）：不能領悟。

⑩殆：近於。天授：天賦。

⑪薛：薛城，在今山東滕州南。項梁（？—前二〇八）：項羽叔父。秦末與項羽等起兵響應陳涉起義，被任爲張楚政權上柱國。聞陳涉死，招集各路義軍首領會集於薛，立楚懷王，自號武信君。由此聲威大振，然亦因此而驕傲

輕敵，不久被秦將章邯擊殺。此言「沛公之薛」，實指從項梁之招而赴薛。張良隨同前往，故得見項梁。

⑫楚懷王（？—前二〇五）：戰國時楚懷王之孫。芈姓，熊氏，名心。楚亡後在民間爲人牧羊，秦末項梁起義軍聞陳涉死，遂立他爲楚懷王。後項羽自立爲西楚霸王，尊他爲義帝，不久又派人殺之。

⑬橫陽君：韓成在韓國未亡時的封號。張良本爲韓國貴族，故勸說項梁立韓成爲韓王。項羽入關後分封諸侯，仍封之爲韓王，使領韓故地，但未遣其之國。前二〇六年爲項羽所殺，事見本篇下文。

⑭益樹黨：增樹自己的勢力。

⑯申徒：官名，即司徒。集解謂「語音訛轉，故字亦隨改」。實爲封國相職。

⑯爲游兵潁川：在潁川一帶流動作戰。潁川，戰國秦漢時郡名，治陽翟（今河南禹縣）。原爲韓國地。

⑰轘轅：古山名，在今河南偃師東南，接鞏縣、登封兩縣界。山路險隘，盤桓十二曲，將去復還，故曰轘轅。歷代爲控守要地。

⑱楊熊（？—前二〇七）：秦朝將領。因敗於劉邦，被秦二世派使者斬殺。

⑲宛（yuān）：古邑名，即今河南南陽。秦以後歷代爲南陽郡治所。

⑳武關：古關名，故址在今陝西商南東南丹江北岸。

㉑嶢下軍：指守嶢關的秦軍。嶢關，故址在今陝西商縣西北。

㉒屠者子：屠夫的兒子。

㉓賈（gǔ）竪：對商人的蔑稱。

㉔壁：軍營，營寨。

㉕具食：準備飯食。此言爲五萬人具食，與下句益張旗幟云云，皆爲虚張軍威聲勢。

㉖酈食其（lì yì jī）（？—前二〇三）：又稱酈生，陳留高陽（今河南杞縣西）人。秦末已六十餘歲，以縱横之策説劉邦，得劉邦禮遇，常爲奔走於諸侯間。後因游説齊王田廣歸漢，不果，被田廣烹殺。啗：同「啖」、「噉」。本義爲吃，引申爲利誘、引誘。

㉗畔：同「叛」。

㉘解：通「懈」。

㉙藍田：古縣名，治今陝西藍田西灞河西岸。

㉚秦王子嬰（？—前二〇六）：秦末代王。或説爲始皇弟，或説爲始皇弟之子，或説爲秦二世兄之子。學者多從後説。秦將亡時即位，去帝號，族滅宦官趙高，在位僅四十六日而降於劉邦。後被項羽暗殺。

沛公入秦宫，宫室帷帳、狗馬、重寶、婦女以千數，意欲留居之。樊噲諫沛公出舍①，沛公不聽。良曰：「夫秦爲無道，故沛公得至此。夫爲天下除殘賊，宜縞素爲資②，今始入秦即安其樂，此所謂助桀爲虐。且忠言逆耳利於行，毒藥苦口利於病，願沛公聽樊噲言。」沛公乃還軍霸上③。

①樊噲（？—前一八九）：劉邦將領。沛（今江蘇沛縣）人。少以屠狗爲業，秦末隨劉邦起義，屢建戰功。漢王朝建立後官至相國，卒謚武侯。

②縞素爲資：以儉約爲憑借。縞素，白色絲織品，此喻儉約、儉樸。

③軍：駐扎。霸上：古地名，一作「灞上」，又稱霸頭、霸陵。在今陝西西安東白鹿原北首。

項羽至鴻門下①，欲擊沛公，項伯乃夜馳入沛公軍，私見張良，欲與俱去。良曰：「臣爲韓王送沛公，今事有急，亡去，不義。」乃具以語沛公。沛公大驚，曰：「爲將奈何？」良曰：「沛公誠欲倍項羽邪②？」沛公曰：「鯫生教我距關無内諸侯③，秦地可盡王④，故聽之。」良曰：「沛公自度能却項羽乎？」沛公默然良久，曰：「固不能也。今爲奈何？」良乃固要項伯⑤。項伯見沛公，沛公與飲，爲壽結賓婚⑥，令項伯具言沛公不敢倍項羽，所以距關者，備他盜也⑦。及見項羽，後解⑧，語在項羽事中⑨。

①鴻門：古邑名，在今陝西臨潼東北陰盤鎮東。

②倍：通「背」，背叛。

③鯫（zōu）生：索隱引臣瓚語，謂楚漢春秋記「鯫生本姓解」。其事未詳。距關：拒諸侯於關外。實指發兵守潼關。距，通「拒」。内：同「納」。

④盡王（wàng）：足以稱王。

⑤要（yāo）：約請，邀。

⑥爲壽：祝酒。此指以干杯約盟。結賓婚：賓服（歸順）及結成婚姻關係。此指漢對楚而言，非指劉邦對項伯。

⑦他盜：實指當時其他武裝力量。

⑧後解：指後來劉邦在鴻門宴上得以逃脱。

⑨語在項羽事中：指事見項羽本紀。

漢元年正月①，沛公爲漢王②，王巴蜀。漢王賜良金百鎰③、珠二斗，良具以獻項伯。漢王亦因令良厚遺項伯，使請漢中地④。項王乃許之，遂得漢中地。漢王之國⑤，良送至褒中⑥，遣良歸韓。良因說漢王曰：「王何不燒絕所過棧道，示天下無還心，以固項王意？」乃使良還行燒絕棧道。良至韓，韓王成以良從漢王，故項王不遣成之國，從與俱東。良說項王曰：「漢王燒絕棧道，無還心矣。」乃以齊王田榮反書告項王⑦。項王以此無西憂漢心，而發兵北擊齊。項王竟不肯遣韓王，乃以爲侯，又殺之彭城。良亡，間行歸漢王⑧。

①漢元年：公元前二〇六年。
②漢王：項羽入關，大封諸侯王，劉邦封漢王。
③鎰（yì）：古代重量單位。二十四兩（一說二十兩）爲一鎰。
④漢中：郡名，秦漢之際治所在南鄭（今陝西漢中東）。
⑤之國：到封國去。
⑥褒中：古邑名，在今陝西勉縣東北褒城東。漢於此置縣。境内有褒谷道，連接南、北棧道，爲往來秦嶺南北的交通要道。

⑦田榮（？—前二〇五）：戰國時齊公室後裔。秦漢之際，他先是逐走齊王假，立田市，自爲相。及項羽分封三齊（齊王、濟北王、膠東王），他不得封，遂怒而殺逐三齊王，自立爲齊王。不久被項羽擊殺。

⑧間行：秘密逃走。

漢王亦已還定三秦矣①，復以良爲成信侯，從東擊楚。至彭城，漢敗而還。至下邑②，漢王下馬踞鞍而問曰③：「吾欲捐關以東等，棄之誰，可與共功者？」④良進曰：「九江王黥布⑤，楚梟將，與項王有郄⑥；彭越⑦，與齊王田榮反梁地。此兩人可急使⑧，而漢王之將，獨韓信可屬大事⑨，當一面。即欲捐之，捐之此三人，則楚可破也。」漢王乃遣隨何說九江王布⑩，而使人連彭越。及魏王豹反⑪，使韓信將兵擊之，因舉燕、代、齊、趙⑫。然卒破楚者，此三人力也。

①三秦：古地區名，約當今陝西秦嶺以北及甘肅東部地區。因秦亡後，項羽分封，三分其地，故稱三秦。

②下邑：秦漢時縣名，故治在今安徽碭山縣東。

③踞鞍：踞坐在置地的馬鞍上。

④此「問曰」是說：我想捐棄關東之地，應該棄給誰。可使他與我共濟滅楚之功？按：所謂「捐」、「棄」，實指欲以分封土地拉攏諸武裝勢力集團。

⑤黥布（？—前一九五）：即英布，六縣（今安徽六安北）人。本姓英，因秦時曾被刺面罰作驪山苦役，故稱黥布。秦末率驪山徒逃入長江爲盜，後投項梁、項羽，大破秦軍。後又背楚歸漢，封淮南王。漢高祖十一年舉兵反，次

年兵敗被殺。
⑥郄：即「郤」字，通「隙」，嫌隙。
⑦彭越（？—前一九六）：字仲，昌邑（今山東金鄉西北）人。秦末起兵，衆至三萬。楚漢戰爭時投劉邦爲將，掠定梁地（今河南東南部），後封梁王。漢高祖末年被廢爲庶人，呂后時又被人誣告謀反，被族誅。
⑧急使：事急時可以利用。
⑨屬（zhǔ）：托付。
⑩隨何：秦漢之際儒生。初爲劉邦謁者，後爲護軍中尉。
⑪魏王豹（？—前二〇四）：戰國末魏國貴族。秦末初投陳勝，後投項楚，攻占故魏地，自立爲魏王。楚漢戰爭時降漢，及項羽擊破漢軍，復叛漢，被韓信擊敗俘獲。後爲漢將周苛所殺。參見本册淮陰侯列傳。
⑫舉：占領。

漢三年①，項羽急圍漢王滎陽②。漢王恐憂，與酈食其謀橈楚權③。食其曰：「昔湯伐桀，封其後於杞④；武王伐紂，封其後於宋⑤。今秦失德棄義，侵伐諸侯社稷，滅六國之後，使無立錐之地。陛下誠能復立六國後世，畢已受印，此其君臣百姓必皆戴陛下之德，莫不鄉風慕義⑥，願爲臣妾⑦。德義已行，陛下南鄉稱霸，楚必斂衽而朝漢。」漢王曰：「善。趣刻印⑧，先生因行佩之矣⑨。」食其未行，張良從外來謁⑩。漢王方食，曰：「子房，前客有爲我計橈楚權者。」具以酈生語告於子房，曰：「何如？」良曰：「誰爲陛下畫此計者？陛下事去矣！」漢王曰：「何哉？」張良對曰：「臣請藉前箸爲大王籌之⑪。」曰：「昔者湯伐桀而封其後於杞者，度能制桀之死命也。今陛下能制項籍之死命乎⑫？」曰：「未能也。」「其不可一也。武王伐紂，封其後於宋者，度能得紂之頭也。今陛下能得項籍之頭乎？」曰：「未能也。」「其不可二也。武王入殷，表商容之閭⑬，釋箕子之拘⑭，封比干之墓⑮。今陛下能封聖人之墓，表賢者之閭，式智者之門乎⑯？」曰：「未能也。」「其不可三也。發鉅橋之粟，散鹿臺之錢⑰，以賜貧窮。今陛下能散府庫，以賜貧窮乎？」曰：「未能也」。「其不可四矣。殷事已畢，偃革爲軒⑱，倒置干戈，覆以虎皮⑲，以示天下不復用兵。今陛下能偃武行文，不復用兵乎？」曰：「未能也。」「其不可五矣。休馬華山之陽⑳，示以無所爲。今陛下能休馬無所用乎？」曰：「未能也。」「其不可六矣。放牛桃林之陰，以示不復輸積㉑。今陛下能放牛不復輸積乎？」曰：「未能也。」「其不可七矣。且天下游士離其親戚，棄墳墓，去故舊，從陛下游者，徒欲日夜望咫尺之地㉒。今復六國，立韓魏燕趙齊楚之後，天下游士各歸事其主，從其親戚，反其故舊、墳墓，陛下與誰取天下乎？其不可八矣。且夫楚唯無彊，六國立者復橈而從之，陛下焉得而臣之㉓？誠用客之謀，陛下事去矣。」漢王輟食吐哺㉔，罵曰：「豎儒，幾敗而公事㉕！」令趣銷印。

①漢三年：公元前二〇四年。

②滎陽：秦縣名，治今河南滎陽東北。

③橈楚權：對付項楚的辦法。橈，同「撓」，有干擾、削弱、摧折、使屈服等義，權，權宜之計，猶言策劃。

④杞：古國名，夏代王族後裔的封國。相傳爲商湯滅夏桀後所封，不可考。史籍載周武王封大禹之後東樓公於杞（今河南杞縣），後其國遷至今山東境内，公元前四四五年爲楚所滅。

⑤宋：即兩周時宋國。周武王所封，開國君主是商紂王庶兄微子啓，都商丘（今屬河南）。公元前二八六年爲齊所滅。

⑥鄉：通「向」。下「南鄉」同此。

⑦臣妾：義同「臣僕。」

⑧趣：通「促」，趕快。下同。

⑨因行佩之：就請出行，去給他們佩戴封印。意謂馬上就封六國之後。

⑩謁：拜見。

⑪藉：同「借」。前箸：此前招待客人的筷子。句意謂借筷子作籌策以説明其意，實用以數計下文所稱的「不可」者「八」。句中「籌」字爲動詞，指籌劃、説明。

⑫項籍：即項羽。籍是其名，羽是其字。

⑬表商容之閭：立碑表於商容的故裡。商容，相傳爲殷紂王時賢臣，典禮樂。後被紂王罷職，欲舉兵伐紂，未成，遂退隱太行山中。周武王滅殷，命之爲三公，不受，乃命復主禮樂，並派人表彰其門閭。

⑭釋箕子之拘：解除對箕子的囚禁。「拘」一作「囚」。箕子，殷紂王叔父，爲太師。屢諫紂王，不見聽，懼禍而佯狂爲奴，遭紂王囚禁。周武王滅殷，釋其囚，咨以國事。

⑮封比干之墓：在比干墓上加土。意謂重修比干之墓而大其規模，以示表彰。比干，又稱王子比干，殷紂王叔父，爲少師。相傳他以死諫紂王，被紂王剖腹觀心。

⑯式智者之門：此用戰國魏文侯典故。相傳魏文侯欲起用段干木，登門拜訪，不得見，後每乘車過其門，必伏軾以致敬。式，通「軾」，此用爲動詞，表示伏軾致敬。

⑰此二句亦用周武王故事。相傳周武王滅商後，散發鉅橋之粟、鹿臺之錢以賑貧民。鉅橋，殷紂王糧倉名，在今河北平鄉東南。鹿臺，殷紂王所築臺名，在今河南湯陰朝歌鎮南。

⑱偃革爲軒：把兵車改爲平時所乘的軒車。偃，停止使用。革，兵車。

⑲覆以虎皮：用虎皮蓋起來。表示如同有猛虎看守，不準人再使用。

⑳史記周本紀：「縱馬於華山之陽，牧牛於桃林之虛。」亦周武王故事。華山之陽，即華山之南，約當今洛南至西安一帶。桃林，又稱桃原。下文所稱「桃林之陰」，約當今河南靈寶以西、陝西潼關以東地區。按：以上周武王故事均見於史記周本紀。

㉑輸積：指運送收積軍餉。

㉒望咫尺之地：指望得到一小塊封地。實指希望取得一定地位。

㉓此處全句是説：而且對於項楚政權，祇希望它不能强盛，如果又立六國之後爲封國。他們復屈服於强楚而跟隨之，那麽陛下您又有甚麽辦法使他們稱臣？

㉔輟食吐哺：停止進食，吐出口中食物。

㉕豎儒：對儒士的蔑稱。　而公事：猶今言「你老頭子的事」。而，第二人稱代詞。漢書張良傳作「迺（乃）公事」。

漢四年，韓信破齊，而欲自立爲齊王。漢王怒，張良説漢王，漢王使良授齊王信印①，語在淮陰事中。其秋，漢王追楚至陽夏南②，戰不利而壁固陵③，諸侯期不至④。良説漢王，漢王用其計，諸侯皆至，語在項籍事中。

漢六年正月，封功臣。良未嘗有戰鬬功，高帝曰：「運籌策帷帳中，决勝千里外，子房功也。」自擇齊三萬户⑤。良曰：「始臣起下邳，與上會留，此天以臣授陛下。陛下用臣計，幸而時中⑥，臣願封留足矣，不敢當三萬户。」乃封張良爲留侯，與蕭何等倶封⑦。

①信印：信符和璽印。信符，指封王的文件。
②陽夏（jiǎ）：秦以後縣名，治今河南太康。
③壁：扎營。　固陵：古聚邑名，在今河南太康南。
④期不至：約定會集而到期不至。
⑤自擇齊三萬户：指漢高祖親自選擇有三萬納税户的齊地作爲張良的食邑。
⑥幸：僥倖。此爲謙詞。　時中（zhòng）：偶爾有中。
⑦蕭何：漢初大臣，劉邦建漢後爲丞相。時封酇侯，論爲首功。

（張富祥）

孫子武者，齊人也①，以兵法見於吴王闔廬②。闔廬曰：「子之十三篇③，吾盡觀之矣，可以小試勒兵乎④？」對曰：「可。」闔廬曰：「可試以婦人乎？」曰：「可。」於是許之，出宫中美女，得百八十人。孫子分為兩隊，以王之寵姬二人各為隊長，皆令持戟⑤。令之曰：「汝知而心與左右手、背乎⑥？」婦人曰：「知之。」孫子曰：「前則視心⑦，左視左手，右視右手，後即視背。」婦人曰：「諾。」約束既布⑧，乃設鈇鉞⑨，即三令五申之⑩。於是鼓之右⑪，婦人大笑。孫子曰：「約束不明，申令不熟，將之罪也。」復三令五申而鼓之左，婦人復大笑。孫子曰：「約束不明，申令不熟，將之罪也；既已明而不如法者，吏士之罪也。」乃欲斬左右隊長。吴王從臺上觀，見且斬愛姬，大駭。趣使使下令曰⑫：「寡人已知將軍能用兵矣。寡人非此二姬，食不甘味，願勿斬也。」孫子曰：「臣既已受命為將，將在軍，君命有所不受。」遂斬隊長二人以徇⑬。用其次為隊長，於是復鼓之。婦人左、右、前、後、跪、起皆中規矩繩墨⑭，無敢出聲。於是孫子使使報王曰：「兵既整齊，王可試下觀之。唯王所欲用之，雖赴水火猶可也。」吴王曰：「將軍罷休就舍，寡人不願下觀。」孫子曰：「王徒好其言，不能用其實。」於是闔廬知孫子能用兵，卒以為將。西破彊楚入郢⑮，北威齊、晉⑯，顯名諸侯，孫子與有力焉。

〔篇名簡介〕本篇為史記的第六十五卷，屬於紀傳體史書中列傳的一個類型——合傳。合傳有別於類傳，是把某些方面相近的歷史人物記在一起，便於作綜合的、比較的閱讀和研究。如本篇所記的幾位著名軍事家，他們的生平時代相隔百餘年，通讀全篇，有助於瞭解春秋戰國時期我國軍事思想和作戰指揮藝術的發展。

①孫子武：姓孫，名武，「子」是尊稱。字長卿，春秋時齊國樂安（治所在今山東惠民縣境；或說在博興、廣饒縣境）人。生卒年不詳。相傳為齊大夫田書（字子占）之孫，書伐莒有功，齊景公賜姓孫。其父名馮（字起宗），亦為齊卿。武本人早年在齊，後因族人謀亂，避居吳地，潛心著書。又經伍員推薦，被吳王闔廬任為將，以兵法名於世。其生平活動主要在吳國，故又稱吳孫子。

②闔廬：一作「闔閭」，名光。春秋末吳國國君，公元前五一四—前四九六年在位。

③十三篇：即孫子兵法一書。漢書藝文志著錄吳孫子兵法八十二篇、圖九卷，然自南宋以來所傳者，已祇有正文十三篇，圖盡佚。篇目包括計、作戰、謀攻、形、勢、虛實、軍爭、九變、行軍、地形、九地、火攻、用間。此為我國現存最早的兵書，也是世界性的軍事理論名著。過去或疑其作者為孫臏，自臨沂銀雀山漢墓中同時出土孫子兵法與孫臏兵法兩部竹簡書，舊疑盡釋。

④勒兵：部分統領軍兵。此指軍事演習。

⑤戟：古代長兵器。一般其尖似矛，頭有橫刃，兼作刺，鈎兩用。

⑥而：你們的。此句以「心」（胸前）代表正前方，「左手」代表正左方，「右手」代表正右方，「背」代表正後方。

⑦前則視心：命令向前，就朝正對前心的方向行進。前，動詞，指向前。視，比照，表判斷。下「左」「右」「後」等句同此。

⑧約束：指演習紀律。　布：發布。

⑨鈇鉞：行刑用的鍘刀和大斧。鈇用於腰斬，鉞用於砍頭。

⑩三令五申：再三申明命令。

⑪鼓之左：擊鼓使向左。

⑫趣使使：急忙派使者。趣，通「促」。前一「使」字為動詞，後一「使」字為名詞。因是軍事演習，君主傳令必須仿照實戰，故稱「使使」。

⑬徇（xùn）：示衆。古亦作「㣺」。說文：「㣺，行示也。從彳，勻聲。」司馬法：「斬以㣺。」

⑭中（zhòng）：合乎。　規矩繩墨：代指軍令法度。

⑮西破彊楚入郢（yǐng）：自闔廬三年（前五一二）起，吳屢敗楚軍，奪取楚邑；九年（前五〇六），乃聯合唐、蔡，大舉攻楚，五戰五勝，遂入楚都郢。按：孫武為吳將伐楚事，不見於春秋、左傳，唯史記吳太伯世家言之，未詳所本。

⑯北威齊、晉：此為吳王夫差事。夫差十二年（前四八四），吳大敗齊兵於艾陵（今山東萊蕪東北）；十四年，又大會諸侯於黃池（今河南封丘西南），與晉爭為盟主。然其時伍子胥因諫止伐齊被殺，孫武事亦無考。

孫武既死，後百餘歲有孫臏①。臏生阿鄄之間②，臏亦孫武之後世子孫也。孫臏嘗與龐涓俱學兵法③。龐涓既事魏，得為惠王將軍，而自以為能不及孫臏，乃陰使召孫臏。臏至，龐涓恐其賢於己，疾之④，則以法刑斷其兩足而黥之⑤，欲隱勿見⑥。

①孫臏：又稱齊孫子。戰國時齊人。其生平事蹟主要見於本篇，生卒年亦不詳。因其曾受臏刑，故稱孫臏，「臏」當不是其本名。

②阿鄄之間：大致指今山東陽穀東北的阿城鎮至鄄城北的舊城集一帶。近年學者或考證孫臏故里在今鄄城孫老家。

③龐涓：戰國時魏將領。主要活動在魏惠王時期（前三六九—前三一九年），事蹟略見於本篇。相傳曾與孫臏同學兵法於鬼谷子。

④疾：嫉妒，忌恨。

⑤以法刑：找借口加罪處以刑。以，因，假借。　斷其兩足：指臏刑。古代臏刑實是剔去膝蓋骨，此言「斷」乃因處此刑而猶如折斷雙腿之義，非指砍去兩脚（砍去兩脚則是刖刑）。　黥之：在臉上刺字，表明是罪犯。

⑥欲隱勿見：欲使他隱没而不露面。見，同「現」。

齊使者如梁①，孫臏以刑徒陰見②，説齊使。齊使以爲奇，竊載與之齊，齊將田忌善而客待之③。忌數與齊諸公子馳逐重射④，孫子見其馬足不甚相遠⑤，馬有上、中、下輩⑥，於是孫子謂田忌曰：「君弟重射⑦，臣能令君勝。」田忌信然之，與王及諸公子逐射千金。及臨質⑧，孫子曰：「今以君之下駟與彼上駟，取君上駟與彼中駟，取君中駟與彼下駟。」既馳三輩畢，而田忌一不勝而再勝，卒得王千金。於是忌進孫子於威王⑨。威王問兵法，遂以爲師。

①如梁：到魏國。魏原都安邑（今山西夏縣西北），魏惠王時遷都大梁（今河南開封西北），故史亦稱魏爲梁。

②陰見：秘密相見。

③田忌：亦稱田期、田期思、徐州予期。齊國公族。威王、宣王時爲將領，桂陵、馬陵之戰皆爲主將。後受齊相鄒忌排擠，逃亡於楚。　客待之：把他作爲上等的賓客對待。

④馳逐重射：比賽車馬，下大賭注。射，猜度射利，猶言賭博。

⑤馬足：馬的脚力，轉義爲奔馳速度。　不甚相遠：差不多。此以雙方每輪比賽的用馬横向比較而言之。

⑥上、中、下輩：此以雙方各輪比賽的用馬縱向比較而言之。輩，等。

⑦弟：通「第」，但，盡可。

⑧臨質：下賭注的時候。質，下賭注。説文：「質，以物相贅。從貝從所。」「贅，以物質錢。從敖、貝。」賭博言「射」，其義重在猜度；言「質」，則指具體下押，義偏在交换。

⑨進：薦進。　威王：齊威王。田姓，名因齊（金文作因資）。前三五六—前三二〇年在位。用鄒忌、田忌、孫臏等整頓軍政，國勢大振，自稱爲王，號令天下，並復興稷下之學。

其後魏伐趙，趙急，請救於齊。齊威王欲將孫臏，臏辭謝曰：「刑餘之人不可①。」於是乃以田忌爲將，而孫子爲師②，居輜車中③，坐爲計謀。田忌欲引兵之趙，孫子曰：「夫解雜亂糾紛者不控捲④，救鬭者不搏撠⑤，批擣虚⑥，形格勢禁⑦，則自爲解耳。今梁趙相攻，輕兵鋭卒必竭於外，老弱罷於內⑧。君不若引兵疾走大梁，據其街路⑨，衝其方虛，彼必釋趙而自救。是我一舉解趙之圍而收弊於魏也⑩。」田忌從之，魏果去邯鄲，與齊戰於桂陵⑪，大破梁軍。

①刑餘之人：受過肉刑而肢體殘缺的人。

②師：軍師。

③輜車：古時有帷蓋可坐臥的車。

④捲：通「拳」。句意謂解亂絲不可握緊拳頭去擊打。

⑤撠（jǐ）：義同「擊」。句意謂要使人停止私鬭，不可參與搏擊。

⑥批亢擣虛：打擊敵方要害，攻擊其空虛之處。批，用手掌擊打，引申爲打擊。亢，通「吭」（háng），喉嚨，喻要害。擣，同「搗」。

⑦形格勢禁：使形勢互相牽制。此作爲軍事術語，特指運用兵力部署、作戰態勢、攻擊方向的改變等控制或調動對方。格，阻礙。禁，阻止。

⑧罷：通「疲」。

⑨街路：指交通要道。

⑩收弊於魏：收到使魏國疲弊的效果。

⑪桂陵：戰國魏邑，在今河南長垣西北。齊魏桂陵之戰發生在公元前三五三年。

後十三歲①，魏與趙攻韓，韓告急於齊。齊使田忌將而往，直走大梁。魏將龐涓聞之，去韓而歸，齊軍既已過而西矣②。孫子謂田忌曰：「彼三晉之兵素悍勇而輕齊③，齊號為怯，善戰者因其勢而利導之④。兵法，百里而趣利者蹶上將⑤，五十里而趣利者軍半至⑥。使齊軍入魏地為十萬竈，明日為五萬竈，又明日為三萬竈。」龐涓行三日，大喜，曰：「我固知齊軍怯，入吾地三日，士卒亡者過半矣。」乃棄其步軍，與其輕銳倍日併行逐之⑦。孫子度其行，暮當至馬陵⑨。馬陵道陝⑩，而旁多阻隘，可伏兵，乃斫大樹，白而書之曰⑪：「龐涓死於此樹下。」於是令齊軍善射者萬弩⑫，夾道而伏，期曰：「暮見火舉而俱發。」龐涓果夜至斫木下，見白書，乃鑽火燭之⑬。讀其書未畢，齊軍萬弩俱發，魏軍大亂相失。龐涓自知智窮兵敗，乃自剄，曰：「遂成豎子之名⑭！」齊因乘勝盡破其軍，虜魏太子申以歸⑮。孫臏以此名顯天下，世傳其兵法。

①後十三歲：指桂陵之戰後十三年，即公元前三四一年。
②過而西：指越過齊魏邊界而西入魏境。西，方位詞用作動詞。
③三晉：本指韓、趙、魏，此特指魏。
④利導之：向對自己有利的方面引導之。
⑤趣：通「趨」。　蹶：跌倒。此作使動用法，意謂使……斃命。　上將：優秀的將領。
⑥軍半至：祇有一半軍士能到達。以上兩句見於孫子兵法軍爭篇，引文稍有出入。

⑦倍日併行：兩天的路程併作一天走。猶言晝夜兼程。

⑧度（dúo）：估計。

⑨馬陵：戰國時齊邑，在今河南范縣西南；一說在今河北大名東南。

⑩陝：通「狹」。

⑪白：形容詞用作動詞，使……變白。

⑫弩（nǔ）：用機械發箭或箭簇的遠射武器。此泛指强弓。

⑬鑽火：意為取火。　燭：照。

⑭豎子：古代罵人的話，猶言小子。

⑮太子申：魏惠王太子，名申。被俘後死於齊。

⑯兵法：指傳世孫臏兵法。漢書藝文志著録齊孫子八十九篇、圖四卷，今所見銀雀山竹簡本計有三十篇，無圖。

吴起者①，衛人也，好用兵。嘗學於曾子②，事魯君③。齊人攻魯，魯欲將吴起，吴起取齊女為妻，而魯疑之。吴起於是欲就名④，遂殺其妻，以明不與齊也⑤。魯卒以為將，將而攻齊，大破之。

魯人或惡吴起曰⑥：「起之為人，猜忍人也⑦。其少時，家累千金，游仕不遂⑧，遂破其家⑨，鄉黨笑之⑩。吴起殺其謗己者三十餘人而東出衛郭門⑪。與其母訣，齧臂而盟曰⑫：『起不為卿相，不復入衛。』遂事曾子。居頃之，其母死，起終不歸。曾子薄之⑬，而與起絶。夫魯小國，而有戰勝之名，則諸侯圖魯矣。且魯衛兄弟之國也⑭，而君用起，則是棄衛⑮。」魯君疑之，謝吴起⑯。

吴起於是聞魏文侯賢⑰，欲事之。文侯問李克曰⑱：「吴起何如人哉？」李克曰：「起貪而好色⑲，然用兵，司馬穰苴不能過也⑳。」於是魏文侯以為將，擊秦，拔五城。

①吴起（？—前三八一）：戰國時衛國左氏（今山東曹縣北）人，其生平事蹟主要見於本篇。

②曾子：（前五〇五—？）：春秋戰國之際魯國南武城（今山東費縣西南）人。名參，字子輿，孔子弟子。以孝著稱，相傳孝經為其所作。其卒年不詳，一説年五十餘卒於魯，一説年九十餘始卒。若從後説，則以時代推算，吴起可得師事之；若從前説，則吴起不得親接，故或疑此處曾子指曾參之次子曾申。

③魯君：當指魯穆公。穆公名顯，公元前四〇七—前三七六年在位。

④就名：成名。此指維護其事魯之名。

⑤不與齊：不與齊人同伙。與，黨與，與……為同伙。

⑥惡（wù）：譖毁，説人壞話。

⑦猜忍：猜忌殘忍。

⑧不遂：不成，指未得官。

⑨遂破其家：因此而用盡家産。破，破産。

⑩鄉黨：鄰里鄉親。

⑪郭門：外城城門。

⑫齧臂而盟：咬破手臂發誓。齧，「嚙」的異體字，咬。疑「齧臂」實指「齧指」。

⑬薄之：看不起他。

⑭魯衛兄弟之國：魯始封之君周公旦與衛始封之君康叔封皆爲周武王同母兄弟，故稱。

⑮棄衛：放棄和衛國的親睦關係。

⑯謝：辭退。

⑰魏文侯：戰國初魏國國君。名都（一作斯），公元前四四五—前三九六年在位。招賢納士，改革内政，富國强兵，爲一時霸主。

⑱李克（約前四五五—前三九五）：戰國初年人，子貢弟子。一説即李悝（kuī），爲魏文侯相，佐文侯富國强兵，並編有我國第一部較完整的法典法經。一説與李悝非一人。

⑲貪而好色：據本篇上下文所述，此當指吴起貪於榮進而好求名譽。色，名色，名號。

⑳司馬穰苴（ráng jū）：春秋時齊國將領，即田穰苴。善治軍，齊景公時曾任大司馬。有兵法傳世，戰國齊威王時附入司馬法中，稱司馬穰苴兵法。

起之爲將，與士卒最下者同衣食。臥不設席①，行不騎乘②，親裹贏糧③，與士卒分勞苦。卒有病疽者④。起爲吮之，卒母聞而哭之。人曰：「子卒也，而將軍自吮其疽，何哭爲？」母曰：「非然也。往年吴公吮其父，其父戰不旋踵⑤，遂死於敵。吴公今又吮其子，妾不知其死所矣，是以哭之。」

文侯以吴起善用兵，廉平盡能得士心⑥，乃以爲西河守⑦，以拒秦、韓。

魏文侯既卒，起事其子武侯⑧。武侯浮西河而下⑨，中流，顧而謂吳起曰：「美哉乎山河之固，此魏國之寶也！」起對曰：「在德不在險。昔三苗氏左洞庭⑩，右彭蠡⑪，德義不修，禹滅之。夏桀之居⑫，左河濟，右泰華，伊闕在其南，羊腸在其北⑬，修政不仁，湯放之⑭。殷紂之國，左孟門，右太行，常山在其北，大河經其南⑮，修政不德，武王殺之。由此觀之，在德不在險。若君不修德，舟中之人盡爲敵國也⑯。」武侯曰：「善。」即封吳起⑰。爲西河守，甚有聲名。

①席：指茵褥，即草席、草墊。
②騎乘：騎馬或乘車。
③裹：捆縛。此指以糧袋纏於身。　贏糧：隨身携帶的軍糧。
④病疽（jū）：此指創傷化膿。病，傷。疽，化膿而成瘡的傷口。
⑤不旋踵：不回身，喻一往無前。旋，轉。踵，脚跟。
⑥廉平：廉正公平。　盡能：盡其才能。猶言盡心盡力，克盡職守。
⑦西河：戰國時魏郡，亦稱河西郡。轄境約當今陝西華陰以北、黄龍以南、洛河以東、黄河以西地區。　守：官名，郡的長官。
⑧武侯：魏武侯，名擊，公元前三九六—前三七〇年在位。
⑨浮西河：此指乘船過西河郡東部邊界的一段黄河。
⑩三苗氏：上古南方部落名。相傳原分布於江、淮、荆州（約當今河南南部至湖南洞庭湖、江西鄱陽湖一帶），後經

舜的拉攏分化，為禹所滅。　左：東。

⑪右：西。　彭蠡：即今鄱陽湖。

⑫夏桀：夏朝末代君主。

⑬以上四句言夏代都城的位置，實指夏王朝中心統治區的範圍。　河濟：指古黄河、濟水的交匯處，約當今豫東、冀南、魯西北交界地區。　泰華：山名，即南華山，在今陜西華陰。　伊闕：闕塞名，在今河南洛陽南。　羊腸：太行山上坂道名。古羊腸有三：一在今山西晉城縣南天井關内，一在今壺關東南，一在今平順縣東南。或說戰國時羊腸指在晉城縣南者。

⑭放：流放。相傳湯伐桀，放桀於南巢(今安徽巢縣東南)。一說桀敗，奔南巢而死。

⑮以上四句言紂都朝歌(在今河南淇縣東北)的位置，亦實指商末中心統治區的範圍。　孟門：山名，在今河南焦作東北；又為古隘道名，在今河南輝縣西。　索隱引劉伯莊云：「紂都朝歌，則孟山在其西。今言左，則東邊别有孟門也。」按：此「孟門疑指孟諸(亦作孟猪、盟諸、望諸、明都等)，為古澤名，在今河南商丘東北、虞城西北。商丘、虞城一帶曾是上古商人部落的中心活動區。　太行：即今太山行。　常山：即恒山，在今河北阜平東北。　大河：即黄河。

⑯此句是說：倘若君主您不靠謹修恩德來治理國家，那麼現在和您同在船上的近侍之臣也都會成為給敵國效力的人。

⑰即封吴起：疑指即以西河之邑封吴起。或疑「即封」二字為衍文，而以「吴起」二字連下讀，恐不妥。

魏置相，相田文①，吴起不悦，謂田文曰：「請與子論功，可乎？」田文曰：「可」。起曰：「將三軍，使士卒樂死，敵國不敢謀，子孰與起②？」文曰：「不如子。」起曰：「治百官，親萬民，實府庫，子孰與起？」文曰：「不如子。」起曰：「守西河而秦兵不敢東鄉③，韓趙賓從④，子孰與起？」文曰：「不如子」。起曰：「此三者，子皆出吾下，而位加吾上，何也？」文曰：「主少國疑⑤，大臣未附，百姓不信。方是之時，屬之於子乎⑥，屬之於我乎？」起默然良久，曰：「屬之子矣。」文曰：「此乃吾所以居子之上也。」吴起乃自知弗如田文。

田文既死，公叔爲相⑦，尚魏公主⑧，而害吴起⑨。公叔之僕曰：「起易去也。」公叔曰：「奈何？」其僕曰：「吴起爲人，節廉而自喜名也。君因先與武侯言曰：『夫吴起賢人也，而侯之國小，又與彊秦壤界，臣竊恐起之無留心也。』武侯即曰：『奈何？』君因謂武侯曰：『請延以公主⑩，起有留心則必受之，無留心則必辭矣。以此卜之⑪。』君因召吴起而與歸，即令公主怒而輕君⑫。吴起見公主之賤君也⑬，則必辭。」於是吴起見公主之賤魏相，果辭魏武侯。武侯疑之而弗信也，吴起懼得罪，遂去，即之楚。

①田文：吕氏春秋作商文，其事未詳。疑即田子方。蓋田氏名文，字子方，「商」或爲其封邑。魏襄王時國相田需當是其後人。

②子孰與起：您與我吴起誰更强？

③鄉：同「向」。

④賓從：賓服，如賓客之服從主人。猶言歸附。

⑤主少國疑：繼嗣之主（魏武侯）年少，國人尚有疑慮。

⑥屬（zhǔ）：托付。

⑦公叔：即公叔痤，亦稱公孫痤。魏國公族。先後相魏武王、惠王，商鞅曾為其家臣。

⑧尚：古時娶君主女兒之稱，義指「上配」。　公主：當指魏文侯女兒。

⑨害：妒忌。

⑩延以公主：招請他娶公主為妻。此公主當亦指魏文侯女兒。

⑪卜：試探之意。

⑫怒而輕君：發脾氣而輕視您。

⑬賤：看不起，與上「輕」字同義。為意動用法。

楚悼王素聞起賢①，至則相楚。明法審令，捐不急之官②，廢公族疏遠者③，以撫養戰鬬之士。要在彊兵，破馳說之言縱橫者④。於是南平百越⑤，北併陳蔡、卻三晉，西伐秦⑥。諸侯患楚之彊，故楚之貴戚盡欲害吳起。及悼王死，宗室大臣作亂而攻吳起，吳起走之王尸而伏之。擊起之徒因射刺吳起⑦，並中悼王。悼王既葬，太子立⑧，乃使令尹盡誅射吳起而並中王尸者⑨。坐射起而夷宗死者七十餘家⑩。

①楚悼王：名疑（一作「類」），公元前四〇一—前三八一年在位。
②捐：棄。此指撤銷。不急之官：指冗餘的官職。
③句意指廢除公室家族中親緣關係已較疏遠的各支派的爵禄和特權。
④句意指破除馳騁游説之士的合縱連横之言。從横，同「縱横」。
⑤百越：泛指長江中下游以南地區的古越族各部。
⑥以上四句概言楚悼王用吴起時國勢之擴張，所舉諸事不盡確實。楚滅陳在公元前四七九年，滅蔡在前四四七年，皆非悼王時事。「卻三晉」當指前三八一年楚救趙伐魏事，是役楚軍一直攻到黄河沿岸。「西伐秦」事未詳。
⑦射刺：射穿。
⑧太子：名臧。即楚肅王，公元前三八〇—前三七〇年在位。
⑨令尹：楚官名，職同國相。
⑩坐：因某事而株連被論罪。夷宗：滅族。

太史公曰：世俗所稱師旅①，皆道孫子十三篇，吴起兵法世多有，故弗論，論其行事所施設者②。語曰：「能行之者未必能言，能言之者未必能行。」孫子籌策龐涓明矣③，然不能蚤救患於被刑④。吴起説武侯以形勢不如德，然行之於楚，以刻暴少恩亡其軀⑤，悲夫！

①師旅：軍隊。此代指軍事。

②句意謂衹論其所作所爲而採取的措施。施設，同「設施」，猶言措施。

③籌策：猶言計算。指前述擊殺龐涓事。

④蚤：通「早」。　被刑：指被龐涓處臏刑事。

⑤刻暴少恩：苛暴少寬貸。此指責吳起在楚行法治。

（張富祥）

淮陰侯列傳（節選）

淮陰侯韓信者，淮陰人也①。始爲布衣時，貧無行②，不得推擇爲吏③，又不能治生商賈④，常從人寄食飲⑤，人多厭之者。常數從其下鄉南昌亭長寄食⑥，數月，亭長妻患之，乃晨炊蓐食⑦，食時信往⑧，不爲具食，信亦知其意，怒，竟絕去⑨。信釣於城下，諸母漂⑩。有一母見信饑，飯信⑪，竟漂數十日⑫。信喜，謂漂母曰：「吾必有以重報母。」母怒曰：「大丈夫不能自食，吾哀王孫而進食⑬，豈望報乎！」淮陰屠中少年有侮信者⑭，曰：「若雖長大⑮，好帶刀劍，中情怯耳⑯。」衆辱之，曰：「信能死⑰，刺我，不能死，出我袴下⑱。」於是信孰視之⑲，俛出袴下⑳，蒲伏㉑。一市人皆笑信㉒，以爲怯。

〔篇名簡介〕本篇選自史記卷九十二。原文記漢初軍事家韓信一生的事蹟，這裡節選的僅是他拜漢王劉邦大將，與張耳等滅趙、代以前事。

①淮陰：古縣名，治今江蘇淮陰西南甘羅城。

②無行：不正干而無善行。

③推擇：推舉選拔。

④治生商賈：猶言務農經商。治生，指從事生産而積累産業。商賈，用作動詞，指經商。

⑤寄食飲：寄住人家傭工討飯吃。

⑥常：通「嘗」，曾經。　數（shuò）：屢次。　下鄉：秦漢時淮陰縣鄉名，在甘羅城北。　南昌亭：一作「新昌亭」，下鄉所屬亭（基層組織）。亭有長，爲半差役性吏人。

⑦晨炊蓐食：一大清早就做好飯，在床上吃。蓐，通「褥」，卧睡的墊具。

⑧食時：該吃早飯的時候。

⑨絶去：斷絶關係離去。

⑩諸母：幾個老太太。　漂：指漂洗絲絮。

⑪飯信：給韓信飯吃。

⑫句意謂韓信竟跟從老太太漂洗數十天。

⑬王孫：猶言公子，對年青人的尊稱。

⑭屠中：屠宰場中。

⑮若：第二人稱代詞，你。　長大：身材高大。

⑯中情：内心之情。
⑰信能死：如果真敢拼命。信，確實。死，此作動詞，指拼死爭鬬。
⑱袴：通「胯」。
⑲孰：通「熟」，仔細。
⑳俛：「俯」的異體字。
㉑蒲伏：同「匍匐」，趴在地上。
㉒一市人：滿市之人。

及項梁渡淮①，信仗劍從之，居戲下②，無所知名。項梁敗，又屬項羽，羽以爲郎中③。數以策干項羽④，羽不用。漢王之入蜀⑤，信亡楚歸漢，未得知名。爲連敖⑥，坐法當斬⑦。其輩十三人皆已斬，次至信。信乃仰視，適見滕公⑧，曰：「上不欲就天下乎？何爲斬壯士！」滕公奇其言，壯其貌，釋而不斬。與語，大悦之，言於上。上拜以爲治粟都尉⑨，上未之奇也。信數與蕭何語，何奇之。至南鄭⑩，諸將行道亡者數十人⑪。信度何等已數言上，上不我用⑫，即亡。何聞信亡，不及以聞⑬，自追之。人有言上曰：「丞相何亡。」上大怒，如失左右手。居一二日，何來謁上⑭。上且怒且喜，罵何曰：「若亡，何也？」何曰：「臣不敢亡也，臣追亡者。」上曰：「若所追者誰？」何曰：「韓信也。」上復罵曰：「諸將亡者以十數，公無所追，追信，詐也。」何曰：「諸將易得耳，至如信者，國士無雙。王必欲長王漢中⑮，無所事信；必欲爭天下，非信無所與計事者。顧王策安所決耳。」王曰：「吾亦欲東耳⑰，安能鬱鬱久居此乎？」何曰：「王計必欲東，能用信，信即留；不能用，信終亡耳。」王曰：「吾爲公以爲將。」何曰：「雖爲將，信必不留。」王曰：「以爲大將。」何曰：「幸甚！」於是王欲召信拜之。何曰：「王素慢無禮，今拜大將如呼小兒耳，此乃信所以去也。王必欲拜之，擇良日，齋戒設壇場，具禮乃可耳。」王許之，諸將皆喜，人人各自以爲得大將。至拜，乃信也，一軍皆驚。

①項梁：參見本册留侯世家第三部分註⑪及註②。

②戲下：通「麾下」。本義指軍旗下，引申指所屬爲部下。

③郎中：官名。秦漢時爲供事宮中的侍衛近臣之稱。

④策：計謀，策略。　干：求。此指進用其計以求用。

⑤漢王：指劉邦。

⑥連敖：官名。春秋戰國時楚國所置，秦末起義軍沿置，爲主管倉庫的軍吏。敖，同「廒」，本指敖倉（在今河南滎陽東北），後泛指倉庫。一說連敖爲連尹、莫敖兩官合稱而來，職主迎送賓客。

⑦坐法：犯法。

⑧滕公：即夏侯嬰（？—前一七二）。初與劉邦爲知己，後從劉邦起兵反秦，累功封汝陰侯。高后死後曾參與平諸呂之亂，立文帝，爲太僕。以曾任滕令，故稱滕公。

⑨治粟都尉：官名。當由秦所置治粟內史沿化而來，其時主管軍糧徵集事。

⑩南鄭：秦漢時漢中郡治所，又爲縣名，在今陝西漢中東。
⑪行道亡：行軍途中逃亡。
⑫不我用：不用我。
⑬不及以聞：來不及以其事告訴劉邦。
⑭謁：拜見。
⑮句中上一「王」字爲名詞，指漢王劉邦；下一「王」字爲動詞，讀去聲，指在漢中封國爲王。
⑯顧：祇看……。表選擇。
⑰東：東向攻略。方位詞作動詞。

信拜禮畢，上坐①。王曰：「丞相數言將軍，將軍何以教寡人計策？」信謝，因問王曰：「今東鄉爭權天下②，豈非項王邪③？」漢王曰：「然。」曰：「大王自料勇悍仁强孰與項王？」漢王默然良久，曰：「不如也。」信再拜賀，曰：「惟信亦以爲大王不如也。然臣嘗事之，請言項王之爲人也。項王喑噁叱咤④，千人皆廢⑤，然不能任屬賢將⑥，此特匹夫之勇耳⑦。項王見人恭敬慈愛，言語嘔嘔⑧，人有疾病，涕泣分飲食，至使人有功當封爵者，印刓弊忍不能予⑨，此所謂婦人之仁也。項王雖霸天下而臣諸侯，不居關中而都彭城⑩，有背義帝之約而以親愛王⑪，諸侯不平。諸侯之見項王遷逐義帝置江南⑫，亦皆歸逐其主而自王善地。項王所過無不殘滅者，天下多怨，百姓不親附，特劫於威彊耳⑬。名雖爲霸，實失天下心，故曰其彊易弱。今大王誠能反其道，任天下武勇，何所不誅？以天下城邑封功臣，何所不服？以義兵從思東歸之士，何所不散⑭？且三秦王爲秦將⑮，將秦子弟數歲矣，所殺亡不可勝計；又欺其衆降諸侯，至新安，項王詐坑秦降卒二十餘萬⑯，獨邯、欣、翳得脱，秦父兄怨此三人痛入骨髓。今楚彊以威王此三人，秦民莫愛也。大王之入武關⑰，秋毫無所害，除秦苛法，與秦民約法三章耳⑱，秦民無不欲得大王王秦者。於諸侯之約⑲，大王當王關中，關中民咸知之，大王失職入漢中⑳，秦民無不恨者。今大王舉而東，三秦可傳檄而定也㉑。」於是漢王大喜，自以爲得信晚，遂聽信計，部署諸將所擊。八月，漢王舉兵東出陳倉㉒，定三秦。

①上坐：居上座。

②鄉：通「向」。爭權：爭衡，猶言爭勝。

③項王：項羽。

④喑噁（yīn wū）叱咤：形容憤怒發威的呼喊聲。噁，通「嗚」。

⑤廢：伏，嚇倒。

⑥任屬（zhǔ）：任用並托付事權。

⑦特定：祇是。

⑧嘔嘔（wū）：和悦貌。漢書韓信傳作「姁姁」。

⑨刓（wán）弊：破敗。此指印璽的棱角磨損。

⑩彭城：今江蘇徐州。項羽本紀：「項羽自立爲西楚霸王，王九郡，都彭城。」

⑪背義帝之約：指廢殺楚懷王熊心。項羽歸彭城後，既尊熊心爲義帝，使遷居長沙郴縣（今屬湖南），旋又使人擊殺義帝於江中。以親愛王：以自己親近喜愛之人受封爲王。「愛」下「王」字讀去聲。

⑫置江南：安置義帝於江南。

⑬劫：被挾持。

⑭句下索隱引劉氏云：「用東歸之兵擊東方之敵，此敵無不敗散也。」句意蓋謂舉兵東向，順從部下皆欲東歸的軍心，則所到之處，敵兵無不潰敗逃散。

⑮三秦王：指秦將章邯、司馬欣、董翳。三人初率秦軍鎮壓起義軍，後均降項羽，分別被封爲雍王、塞王、翟王，時稱關中三王或三秦王。劉邦還定三秦時，章氏敗死，司馬氏、董氏降漢。後司馬氏、董氏復叛漢歸楚，被漢軍擊殺。

⑯新安：秦漢縣名，治今河南澠池東。項羽本紀：「楚軍夜擊，阬秦卒二十餘萬人新安城南。」

⑰武關：見本册留侯世家第三部分註⑳。

⑱約法三章：指劉邦攻占秦都咸陽後，與秦民的約法三條：「殺人者死，傷人者刑，及盜抵罪。」（此據漢紀高祖紀。史記高祖本紀作「殺人者死，傷人及盜抵罪」。或說「抵罪」指笞刑。）

⑲於諸侯之約：指項羽曾假借楚懷王熊心的名義與諸將約定，先破秦入咸陽者爲天下王。

⑳失職入漢中：指項羽入關後，劉邦未得按本來約定稱王天下，而僅被封爲漢王，遣蒞在漢中的封國。

㉑檄（xí）：軍事文告。

㉒陳倉：秦漢縣名，治今陝西寶鷄東渭河北岸。

漢二年①，出關收魏②，河南、韓、殷王皆降③，合齊、趙共擊楚④。四月，至彭城，漢兵敗散而還⑤。信復收兵，與漢王會滎陽⑥，復擊破楚京、索之間⑦，以故楚兵卒不能西。漢之敗卻彭城⑧，塞王欣、翟王翳亡漢降楚，齊、趙欲反漢與楚和。六月，魏王豹謁歸視親疾⑨，至國即絶河關反漢⑩，與楚約和。漢王使酈生説豹⑪，不下。其八月，以信爲左丞相，擊魏。魏王盛兵蒲坂⑫，塞臨晋⑬。信乃益爲疑兵⑭，陳船欲渡臨晋，而伏兵從夏陽以木罌缻渡軍，襲安邑。魏王豹驚，引兵迎信，信遂虜豹⑰，定魏爲河東郡。漢王遣張耳與信俱引兵東北擊趙、代⑱。後九月，破代兵，禽夏説、閼與⑲。

①漢二年：即公元前二〇五年。

②出關：指出函谷關（在今河南靈寶東北）。魏：楚漢之際諸侯國。項羽所封，即魏豹之國，都平陽（今山西臨汾西南）。

③河南、韓、殷王：皆楚漢之際諸侯王。河南王即申陽，項羽所封，都洛陽（今河南洛陽東北白馬寺之東）；韓王即韓王信（戰國韓襄王庶孫），先後爲項羽、劉邦所封，都陽翟（今河南禹縣）；殷王即司馬卬，項羽所封，都朝歌（今河南淇縣）。均於漢三年（前二〇四）被劉邦收降，漢廢其國而置郡。

④齊、趙：亦楚漢之際諸侯國。時項羽所封齊、濟北、膠東三國為田榮所併，榮自立為齊王。趙本為武臣自立之國，項羽分封時離析為常山、代兩國，以張耳為常山王，趙歇為代王。劉邦東下時，二國均曾助攻項楚。後張耳降漢，趙歇復被陳餘擁立為趙王。

⑤項羽本紀：「四月，漢已皆入彭城，收其貨寶美人，日置酒高會。項王乃西從蕭（今安徽蕭縣）晨擊漢軍而東，至彭城，日中，大破漢軍。漢軍皆走，相隨入谷、泗水，殺漢卒十餘萬人。……」

⑥滎陽：秦漢縣名，又為郡名，治今河南滎陽東北。

⑦京、索：均古邑名。京在今滎陽東南，索即滎陽治所本稱。

⑧敗卻：敗退。卻，同「却」。

⑨謁歸視親病：請假回家探視父母疾病。

⑩國：指魏豹舊所封國。 絕河關：阻斷河關。河關，古關名，又稱蒲津關，在今陝西大荔朝邑鎮東黃河上。

⑪酈生：即酈食其，見本冊留侯世家第三部分註㉖。

⑫蒲坂：秦漢縣名，治今山西永濟西蒲州鎮。

⑬塞：以……為要塞。 臨晉：秦漢縣名，治今陝西大荔朝邑鎮西南，與河關相對。

⑭益為疑兵：增加旗幟等以為疑兵。

⑮夏陽：秦漢縣名，治今陝西韓城南。 木罌缻：在橫木上拴縛腹大口小的陶器製成的浮水渡河工具。一說為木製的罌缶狀器物。

⑯安邑：秦漢縣名，治今山西夏縣西北禹王城。

⑰魏豹被俘，劉邦復令之守滎陽。隨後項羽圍攻滎陽甚急，漢將周苛懼豹復叛，遂殺之。
⑱張耳：是年爲陳餘所破，投漢反楚。與韓信率軍破趙，斬陳餘，追殺趙歇，被劉邦封爲趙王。不久病卒。
⑲禽：通「擒」。下同。夏說（yue）：趙王歇屬官。趙歇立陳餘爲代王，陳餘不之國，留輔趙王，使夏說以相國身份守代（今河北蔚縣東北代王城），爲韓信所俘，被殺。閼（yān）與：指馮解敢。原爲代國太尉（又稱大與），韓信滅代時降漢，被任爲雁門守、將軍。漢八年（前一九九）封閼氏侯，在位四年卒。

信之下魏破代，漢輒使人收其精兵，詣滎陽以距楚。信與張耳以兵數萬，欲東下井陘擊趙①。趙王成安君陳餘聞漢且襲之也②，聚兵井陘口③，號稱二十萬。廣武君李左車說成安君曰④：「聞漢將韓信涉西河，虜魏王，禽夏說，新喋血閼與⑤。今乃輔以張耳，議欲下趙，此乘勝而去國遠鬭，其鋒不可當。臣聞千里餽糧，士有饑色；樵蘇後爨⑥，師不宿飽⑦。今井陘之道，車不得方軌⑧，騎不得成列，行數百里，其勢糧食必在其後。願足下假臣奇兵三萬人，從間路絶其輜重⑨，足下深溝高壘，堅營勿與戰。彼前不得鬭，退不得還，吾奇兵絶其後，使野無所掠，不至十日，而兩將之頭可致於戲下⑩。願留意臣之計，否必爲二子所禽矣⑪。」成安君儒者也，常稱義兵，不用詐謀奇計，曰：「吾聞兵法，十則圍之⑫，倍則戰之。今韓信兵號數萬，其實不過數千，能千里而襲我，亦以罷極⑬。今如此避而不擊，後有大者，何以加之？則諸侯謂吾怯而輕我伐我⑭。」不聽廣武君策，廣武君策不用。韓信使人間視⑮，知其不用，還報，則大喜，乃敢引兵遂下⑯。未至井陘口三十里止舍，夜半傳發⑰。選輕騎二千人，人持一赤幟，從間道萆山而望趙軍⑱。誡曰：「趙見我走，必空壁逐我⑲。若疾入趙壁⑳，拔趙幟，立漢赤幟。」令其裨將傳飧曰㉑：「今日破趙會食。」諸將皆莫信，詳應曰「諾」㉒，謂軍吏曰：「趙已先據便地爲壁㉓，且彼未見吾大將旗鼓，未肯擊前行，恐吾至阻險而還。」信乃使萬人先行，出背水陣㉔，趙軍望見而大笑。平旦，信建大將之旗鼓，鼓行出井陘口。趙開壁擊之，大戰良久，於是信、張耳詳棄鼓旗，走水上軍㉕。軍開，入之，復疾戰㉖，趙果空壁爭漢鼓旗，逐韓信、張耳。韓信、張耳已入水上軍，軍皆殊死戰，不可敗。信所出奇兵二千騎，共候趙空壁逐利㉗，則馳入趙壁，皆拔趙旗，立漢赤幟二千。趙軍已不勝，不能得信等，欲還歸壁。壁皆漢赤幟，而大驚，以爲漢皆已得趙王將矣。兵遂亂，遁走，趙將雖斬之，不能禁也。於是漢兵夾擊，大破虜趙軍，斬成安君泜水上㉘，禽趙王歇。信乃令軍中毋殺廣武君，有能生得者，購千金㉙。於是有縛廣武君而致戲下者，信乃解其縛，東鄉坐，西鄉對㉚，師事之。諸將效首虜休㉛，畢賀，因問信曰：「兵法：右倍山陵，前左水澤㉜。今者將軍令臣等反背水陣，曰：『破趙會食』。臣等不服，然竟以勝，此何術也？」信曰：「此在兵法，顧諸君不察耳㉝。兵法不曰：陷之死地而後生，置之亡地而後存㉞。且信非得素拊循士大夫也㉟，此所謂驅市人而戰之，其勢非置之死地，使人人自爲戰㊱。今予之生地，皆走，寧尚可得而用之乎㊲？」諸將皆服曰：「善，非臣所及也。」

①井陘：古山名，在今河北井陘西北。其山四面高峻，中央低下如井，有井陘關，爲太行山區進入華北平原之要隘。

②陳餘：是時爲趙王歇大將軍，封成安君、代王，大敗於韓信後被殺。
③井陘口：即井陘關。
④李左車：楚漢之際謀士。初仕趙，封廣武君，多謀略，而陳餘不能用。趙亡後歸附韓信，信用其計，連下燕、齊諸地。漢書藝文志兵家類著録廣武君一篇。
⑤喋血：指血戰滅敵。亦作「蹀血」，踏血。
⑥樵蘇後爨：臨時打柴取草而後做飯。樵，打柴。蘇，割草。
⑦宿飽：常飽。宿，久、常。
⑧方軌：併軌，兩車併行。
⑨間路：隱蔽的小道。絶：斷。
⑩戲下：見前第二段註②。下同。
⑪否：否則。
⑫十則圍之：兵力十倍於敵則圍之。
⑬罷：通「疲」。
⑭輕我伐我：集解謂「一本作輕來伐我」。
⑮間視：暗地偵察。
⑯遂下：指即入井陘關狹道。
⑰傳發：傳令出發。

⑱萆(bì)山：隱蔽山中。說文：「萆，蔽也。從竹，卑聲。」

⑲空壁：使軍營一空。猶言傾巢出動。

⑳若：你們。

㉑裨將：副將。　傳飧：傳令小餐。

㉒詳：通「佯」。下同。

㉓便地：有利地形。

㉔出背水陣：排出背水作戰的陣形。據正義，所背之水爲綿蔓水，又稱阜將水、回星水，自並州界流入井陘。

㉕走水上軍：奔向先已背水而陣的軍兵。

㉖疾戰：力戰。

㉗逐利：此指趙兵皆欲乘機立功。

㉘泜水：即今河北槐河。

㉙購：懸賞徵求。此猶言賞。

㉚鄉：同「向」。秦漢時座次以東向爲上，尊者坐之，陪者坐東而西向。

㉛效首虜：報上斬敵首及俘獲敵人之數。　休：結束。

㉜右倍山陵，前左水澤：意謂作戰應背靠山而前臨水。若山在西(右)，水在東(左)，則西背山而東臨水。倍，通「背」。

㉝顧：祇是。

㉞此二句引見孫子兵法。
㉟拊循：同「撫循」，關心、愛護。此句韓信自謂一向領兵，用兵作戰之事非同於撫循士大夫，不可總是以仁慈爲心。
㊱句意謂非置之死地，使人人自爲戰不可。
㊲寧尚：難道還……

（張富祥）

貨殖列傳序

老子曰：「至治之極①，鄰國相望，鷄狗之聲相聞，民各甘其食，美其服，安其俗，樂其業，至老死不相往來②。」必用此爲務，輓近世塗民耳目，則幾無行矣③。

太史公曰：夫神農以前④，吾不知已⑤。至若詩、書所述虞、夏以來，耳目欲極聲色之好，口欲窮芻豢之味⑥，身安逸樂而心誇⑦，矜執能之榮⑧，使俗之漸民久矣⑨，雖户説以眇論⑩，終不能化。故善者因之⑪，其次利道之⑫，其次教誨之⑬，其次整齊之⑭，最下者與之爭⑮。

〔篇名簡介〕本篇選自史記卷一百二十九。「貨殖」一詞，本指貨物的生産和交換，司馬遷用爲列傳名目，主要指商業活動。但原篇除集録一些富商大賈的簡要事蹟外，還兼記各地物産、風俗及經濟都市等，並隨文闡釋自己的觀點，實具有春秋末年以至漢景帝年間社會經濟史專篇的意義。其寫法不拘於傳記體，大致以論說爲主，而以人物史料及其他資料爲輔，開後世正史食貨志的先河。這裡節選的是本篇的序。

①至治之極：社會治理的理想狀態。

②引文見今本老子第八十章，文字略有不同。

③全句意謂：治世必用此爲務，那麽從晚近之世民情風俗的所聞所見來看，幾乎無法實行。輓，通「晚」。塗，通「途」，途民猶言百姓。

④神農：即炎帝，傳說中「五帝」時代西夏部族的宗神。

⑤已：通「矣」。

⑥刍豢（chú huàn）：泛指各種畜肉。刍，以草料飼養的牲畜，如牛羊。豢，以糧食飼養的牲畜，如猪狗。

⑦心誇：指心理放縱荒誕。說文：「誇，譀也。」「譀，誕也。」

⑧矜：誇耀。埶，同「勢」。

⑨俗：此種風氣。漸，浸漬，薰染。

⑩户說以眇論：挨家挨户地勸說以微妙的道理。眇論，實指老子之言。

⑪因：指因任順從民情風俗。

⑫利道：以利引導。道，通「導」。

⑬教誨：教化。

⑭整齊：指以法令刑政加以裁制，使趨於一致。

⑮爭：指與民爭利。

夫山西饒材、竹、穀、纑、旄、玉、石①；山東多魚、鹽、漆、絲、聲色②；江南出枏、梓、薑、桂、金、錫、連、丹沙、犀、瑇瑁、珠璣、齒革③；龍門、碣石北多馬、牛、羊、旃裘、筋角④；銅、鐵則千里往往山出棊置⑤：此其大較也，皆中國人民所喜好⑥，謠俗被服飲食奉生送死之具也⑦。故待農而食之，虞而出之⑧，工而成之，商而通之。此寧有政教發徵期會哉⑨！人各任其能，竭其力，以得所欲。故物賤之徵貴⑩，貴之徵賤，各勸其業，樂其事，若水之趨下，日夜無休時。不召而自來，不求而民出之，豈非道之所符⑪，而自然之驗邪⑫？

①山西：戰國秦漢時指華山（在今陝西境内）或崤山（在今河南境内）以西，猶言關中地區。饒：富有。材：木材。穀（gǔ）：即楮樹，古亦稱構樹。其皮可以造紙。纑：野紵麻，其皮可以織布。旄：指旄牛尾，可作舞具或旗幟裝飾物。

②山東：與山西而言，泛指黄河中下游流域以至東海岸。聲色：泛指各種可供聲色娱樂之物，亦兼指好聲色之俗。

③江南：長江流域及其以南。枏：同「楠」，楠木。木質堅硬。梓：梓木。木質輕軟，與楠木均爲貴重木材。連：同「鏈」，鉛礦石。丹沙：即朱砂。犀：指犀牛角。瑇瑁（dài mào）：亦作「玳瑁」一種海中動

物，形似龜而大，其甲殼花紋美觀，可作裝飾品。珠璣：圓及不圓的寶珠。齒革：象牙、貴重皮革。

④龍門：山名，在今山西河津西北，陝西韓城東北。碣石：山名，在今河北昌黎北。或說在今河北盧龍，又有說在今河北樂高西南者。旃裘：毛氈和皮衣。筋角：製造弓弩用的動物筋角。

⑤山出棊置：山山有出產，採礦點如星羅棋布。棊，「棋」的異體字。

⑥中國人民：中原人民。泛指華夏地區居民。

⑦謠俗：風俗。此猶言日常。被服：即穿戴。

⑧虞而出之：由畜牧及開採產出。虞，古代掌管畜牧及山林川澤的官員。

⑨句意謂物產雖有地有時而無固定規律，國家的徵收亦不當限定期限及價格等。寧：難道。政教：代指國家。發徵：賦斂徵收。期會：指定期按約定徵收。

⑩物之賤徵貴：物價過低時應提高徵收價格。

⑪道之所符：符合「道」的措施。

⑫自然之驗：因任自然之理的驗證。

周書曰①：「農不出則乏其食，工不出則乏其事，商不出則三寶絕②，虞不出則財匱少，財匱少而山澤不辟矣。」此四者，民所衣食之原也④。原大則饒，原小則鮮⑤。上則富國，下則富家。貧富之道，莫之奪予⑥，而巧者有餘，拙者不足。故太公望封於營丘⑦，地瀉鹵⑧，人民寡，於是太公勸其女功⑨，極技巧，通魚鹽，則人物歸之，繦至而輻湊⑩。故齊冠帶衣履天下⑪，海岱之閒斂袂而往朝焉⑫。其後齊中衰，管子修之，設輕重九府⑬，則桓公以霸，九合諸侯⑭，一匡天下⑮；而管氏亦有三歸⑯，位在陪臣⑰，富於列國之君。是以齊富强至於威、宣也⑱。

①周書：疑泛指周代所傳官府文獻。此下文所引不見於尚書。周書，或爲逸篇之文。
②三寶：此指金錢、珠寶、貨物。
③山澤不辟：山林川澤不能利用。辟，開通，此猶言利用。
④四者：指農、工、商、虞。原：同「源」。
⑤鮮：少。與「饒」相對，指財富之多少。
⑥此四句意謂從治國到治家，都有一定的致貧致富的規律，而不可人爲改變。
⑦指周初姜太公初封齊，都營丘。營丘：一般認爲在今山東臨淄北。
⑧潟鹵（xì lǔ）：指鹽鹼地。
⑨女功：婦女刺綉紡織等事。
⑩繦至而輻湊：如繩索貫穿錢幣一般絡繹而至，如輪輻集於車轂一般湊聚而來。繦（qiǎng）：穿錢繩。
⑪句意謂齊國出産的冠帶衣履行銷天下。
⑫海岱之閒：大海和泰山之間，指今山東半島地區。閒，同「間」。斂袂而往朝：整理衣袖（表示恭敬）而前往朝見齊君。
⑬設輕重九府：管仲相齊桓公治齊時採取的統治措施。大意指在各地積貯輕重不同的貨幣以調節物價。今本

管子尚有輕重篇，而九府篇已佚。據周禮，周代掌管錢幣的官府有大府、玉府、內府、外府、泉府、天府、職內、職金、職幣。
⑭九合諸侯：多次召集諸侯會盟爲盟主。
⑮一匡天下：獨以大國地位匡扶天下。
⑯三歸：無確解。或説指齊國商稅的三分之一歸於管仲爲俸禄。
⑰陪臣：隔一層的臣子之稱。諸侯的卿大夫對天子自稱陪臣，卿大夫的家臣對諸侯也自稱陪臣。
⑱威：齊威王。姓田氏，名因齊（今文作因資），公元前三五六—前三二〇年在位。　宣：齊宣王。威王之子，公元前三一九年—前三一〇年在位。

故曰：「倉廩實而知禮節，衣食足而知榮辱」①。禮生於有而廢於無。故君子富，好行其德；小人富，以適其力②。淵深而魚生之，山深而獸往之，人富而仁義附焉。富者得埶益彰，失埶則客無所之，以而不樂，夷狄益甚③。諺曰：「千金之子，不死於市。」④此非空言也。故曰：「天下熙熙，皆爲利來；天下壤壤，皆爲利往。」⑤夫千乘之王，萬家之侯⑦，百室之君⑧，尚猶患貧，而况匹夫編户之民乎⑨！

①引文見管子牧民篇。
②適：調節。

③此處全句意爲：財富豐厚者得勢則更加顯赫，失勢則貴客不到其門，因而不得歡悦，其行爲準則傾向於夷狄，也就比無財富者更加嚴重。客，指貴客。無所之，没有人到。以而，因而。夷狄，用作動詞，與上「仁義」對言，指夷狄化，亦即指富而失勢者棄仁義而行同夷狄的傾向。

④諺語是説：家累千金的豪富之子，没有因爲犯罪而被砍頭棄市的。棄市，古代死刑之稱。此斥以錢財賄賂亂法之行。

⑤熙熙、壤壤：皆擁擠嘈雜貌。壤，通作「攘」，亦作「穰」。後世常連用作「熙熙攘攘」。

⑥千乘之王：指有千輛戰車的中等諸侯國之主。

⑦萬家之侯：指有萬户食邑的封侯者。

⑧百室之君：指有百户食邑的受封者。

⑨編户之民：編入國家户籍的平民。

（張富祥）

漢　書

高帝紀（求賢詔）

蓋聞王者莫高於周文，伯①者莫高於齊桓，皆待②賢人而成名。今天下賢者智能豈特③古之人乎？患在人主不交故也，士奚由進！今吾以天之靈，賢士大夫定有天下，以爲一家，欲其長久，世世奉宗廟亡絕也。賢人已與我共平之矣，而不與吾共安利之，可乎？賢士大夫有肯從我游者，吾能尊顯之。布告天下，使明知朕意。御史大夫昌④下相國，相國酇侯⑤下諸侯王，御史中執法⑥下郡守，其有意稱明德⑦者，必身勸，為之駕⑧，遣詣相國府，署行、義、年⑨。有而弗言，覺，免⑩。年老癃⑪病，勿遣。

〔漢書簡介〕本書是我國第一部紀傳體斷代史，東漢班固（三二—九二）撰。固字孟堅，東漢扶風安陵（今陝西咸陽東北）人，出身貴族。初因改編其父班彪所作史記後傳，被人告發以私改國史罪名，被捕入獄；後受明帝賞識，得任蘭臺令史，歷時二十五年，大體完成是書。晚年受外戚竇憲案牽連，再次被捕，死於獄中。其生前未完稿的八表和天文志，由其妹班昭和當時學者馬續補成。全書由十二紀、八表、十志、七十列傳組成，共一百篇，釐為一百二十卷。記錄西漢歷史，上起漢高祖元年（前二〇六），下至王莽新朝地皇四年（二十三）。主要編纂特點是：一、體例基本上依仿史記而有所變更，如改「書」為「志」，取消「世家」而併入列傳等；二、創立紀傳體斷代史的規模，為後世史家所仿效，唯志、表的某些篇章仍貫通前代；三、文贍而事詳，武帝以前的部分多襲用史記原文而有所增補，武帝以後的部分據班彪後傳改寫而成新編，保存了極為豐富的西漢一代史料，尤其十志的記載比史記的八書擴出很多，對少數民族歷史的記載也較詳備；四、撰述謹嚴、精煉，不少篇章兼具較高的文學價值，但行文多用古字古義，較難懂。作者的史學思想浸透着濃厚的正統儒學意識，鼓吹綱常名教，宣揚皇權神授、天人感應、五德循環、陰陽災異，與史記的主體史學思想形成鮮明的對立。歷來註漢書甚多，其中最流行的是唐人顏師古的註本，清人王先謙的漢書補註保存有關資料較豐。

〔篇名簡介〕本篇選自漢書高帝紀，是劉邦於公元前一九六年下達的求賢詔書。

①伯：音（bà），通「霸」。
②待：通「恃」。
③特：特殊，不同。
④昌：周昌，任御史大夫。一說，周昌時已改任趙國相，御史大夫爲趙光。
⑤酇（zàn）侯：蕭何封酇侯。關於蕭何的封地所在及讀音，歷來衆説不一。
⑥御史中執法：即御史中丞，爲御史大夫的副手。
⑦意稱明德：意，美好。明德，美德。
⑧必身勸爲之駕：一定親自前往勸行並爲之駕車相送。
⑨署行、義、年：署，書面上報。行：行狀，事蹟介紹。義：通「儀」，指儀表、外貌等。年：年齡。
⑩覺，免：一旦被發覺，則罷官。
⑪癃（lóng）：衰弱多病。

（汝企和）

藝文志序（節選）

昔仲尼没而微言絶①，七十子喪而大義乖②。故春秋分爲五，詩分爲四，易有數家之傳。戰國從衡③，真僞分爭，諸子之言，紛然殽亂。至秦患之，乃燔滅文章④，以愚黔首。漢興，改秦之敗⑤，大收篇籍，廣開獻書之路。迄孝武世⑥，書缺簡脱⑦，禮壞樂崩，聖上喟然而稱曰：「朕甚閔焉⑧！」於是建藏書之策⑨，置寫書之官，下及諸子傳説，皆充祕府⑩。至成帝時，以書頗散亡，使謁者陳農求遺書於天下⑪。詔光禄大夫劉向校經傳、諸子、詩賦⑫，步兵校尉任宏校兵書⑬，太史令尹咸校數術⑭，侍醫李柱國校方技⑮。每一書已，向輒條其篇目，撮其指意⑯，録而奏之。會向卒，哀帝復使向子侍中奉車都尉歆卒父業⑰。歆於是總群書而奏其七略，故有輯略⑱，有六藝略⑲，有諸子略，有詩賦略，有兵書略，有術數略，有方技略。今删其要，以備篇籍⑳。

〔篇名簡介〕本篇選自漢書卷三十。原篇系在劉歆七略的基礎上編成，爲我國現存第一部完整的目録書，並兼有學術史的性質，開後世官修目録編制正史藝文志的先例。所録尚保留七略原書六略三十八種的分類體系及全部著録書籍，唯增入劉向、揚雄、杜林三家著作。凡所改移、删補等處，均註有「出」、「入」、「省」等字。這裡節選的僅是全篇總序及六藝略的大小序。

①仲尼：孔子的字。　微言：含意精微深遠的言論。

②七十子：指孔子的七十二大弟子。史籍或稱「賢人七十」，乃舉其成數言之。　喪：死。　大義：指儒家要旨。　乖：相互背離，不一致。

③從衡：同「縱横」，指縱横家言論。

④燔滅文章：指秦焚書。燔，燒。

⑤敗：義同「弊」。

⑥孝武：漢武帝。

⑦書缺簡脱：書籍缺少，簡編脱落。
⑧閔：憂。此爲古代帝王詔令套語。
⑨建藏書之策：設置藏書的登記簿。策，同「册」。意指建立和完善藏書制度。
⑩祕府：宫廷藏書之處。
⑪謁者：官名。掌賓贊受事。陳農：生平未詳。
⑫劉向（？—前六）：西漢文獻學家。本名更生，字子政，高祖異母弟楚元王劉交之後。成帝時官至光禄大夫、中壘校尉。河平三年（前二十六），奉命校國家圖書，主持其事近二十年。匯集校讎成果編成别録一書，爲我國目録學的奠基性著作。另著有五經通義、新序、説苑、列女傳等，均有較高史料價值。
⑬步兵校尉：官名。西漢武帝時始置，掌上林苑門屯兵。
⑭太史令：秦漢官名。掌天時、星曆及時節禁忌等，並有修史之任。尹咸：西漢末汝南（今河南上蔡西南）人。尹更始之子。通左傳，劉歆曾從其受學。數術：指天文、曆法、占卜、五行之類的書。
⑮侍醫：皇帝的御醫。方技：指醫藥衛生之類的書。
⑯撮其指意：概括其旨意。指，同「旨」。
⑰歆：劉歆（？—二三）。西漢文獻學家，字子駿，劉向子。精通經學。推重古文經。哀帝平帝時，歷官騎都尉、奉車都尉、光禄大夫、中壘校尉、羲和京兆尹等職。繼其父總校群書，撰成七略。又著有三統曆譜等。王莽稱帝，奉爲國師。後因謀誅王莽，事泄自殺。
⑱輯略：七略的第一部分，爲其他六略的總要。漢書藝文志在改編時，已删除「輯略」之名而保留其内容，將總序

列於六略之前，大、小序分列於六略及三十八種之後。

⑲六藝略：即儒家經典類。「六藝」即六經，此用爲經典總名。其下實分易、書、詩、禮、樂、春秋、論語、孝經、小學九個小類。

⑳以備篇籍：以爲記録書籍的專門篇章。按：以上爲全篇總序，此下九段爲六藝略各小類的序。

易曰：「宓戲氏仰觀象於天，俯觀法於地，觀鳥獸之文與地之宜，近取諸身，遠取諸物，於是始作八卦，以通神明之德，以類萬物之情。」①至於殷、周之際，紂在上位，逆天暴物，文王以諸侯順命而行道，天人之占可得而效②，於是重易六爻，作上下篇③。孔氏爲之彖、象、繫辭、文言、序卦之屬十篇④。故曰易道深矣，人更三聖，世歷三古⑤。及秦燔書，而易爲筮卜之事，傳者不絶。漢興，田(和)「何」傳之⑥。訖於宣、元，有施、孟、梁丘、京氏列於學官⑦，而民間有費、高二家之説⑧。劉向以中古文易經校施、孟、梁丘經⑨，或脱去「無咎」、「悔亡」⑩，唯費氏經與古文同。

①引文見易繫辭下。宓戲氏，即伏羲氏，參見本册百官公卿表序第一段註①。又，引文末二句意謂：通過八卦來通曉萬事萬物變化的性質，分類歸納萬事萬物的情狀。

②天人之占可得而效：意謂通過占卜溝通天人關係，可得效法天地以助人事。効，同「效」。

③此二句述周文王演易傳説。相傳易書在周以前已有，但多用單卦，每卦三爻（爻即構成卦的「—」「--」兩種筆畫形符號），故衹有八卦（包括☰乾、☷坤、☳震、☴巽、☵坎、☲離、☶艮、☱兑）。周文王將八卦兩兩交錯重叠，配合為六十四卦，故每卦有六爻。重卦之後，簡帙重大，故又分為上下篇。後世所傳周易前三十卦為上篇，後三十四卦為下篇。

④此句指周易的「十翼」，包括彖上下、象上下、繫辭上下及文言、序卦、説卦、雜卦，共十篇。「十翼」又總稱易傳，相傳為孔子所作，不可信，當是戰國晚期作品。

⑤此處全句是説：以易經占卜之道流傳久遠，其書曾經伏羲、周文王、孔子「三聖」的制作，歷上古、中古、近古「三世」數千年。

⑥田何：字子裝，齊人。戰國末從孫虞學易，漢初徙杜陵（今陝西長安東南），號杜田生。漢代易學的傳授從他開始。

⑦施：施讎，字長卿，西漢沛（今安徽濉溪西北）人。從田王孫受易，宣帝時為博士。孟：孟喜。字長卿，東海蘭陵（今山東蒼山縣蘭陵鎮）人。亦從田王孫受易，官至相掾，因改師法而未得為博士。梁：梁丘賀。字長翁，琅邪諸（今山東諸城）人。先後從京房、田王孫受易，官至少府。京：京房（前七七—前三七）。字君明，本姓李，推律自改為京氏。東郡頓丘（今河南清豐西南）人。從焦延壽受易，元帝初元末舉孝廉為郎。以陰陽災異之學，諫元帝考課官吏、斥佞用賢，為宦官石顯和佞臣五鹿充宗所排擠，出為魏郡太守。月餘，被誣陷下獄死。

列於學官：指列入官學，設博士收徒傳授。

⑧費：費直。字長翁，東萊（今山東龍口）人。治易爲郎，官至單父令。高：高相。沛（今江蘇沛縣東）人，與費直同時。二家説易無章句，均未得列入學官。費氏所傳爲古文經。

⑨中：指宫内。此指皇家藏書處。

⑩句意指施、孟、梁丘諸家易經，與古文易經本相校，時或脱去易經中常用的「無咎」、「悔亡」等術語。中古文易經，指皇家圖書館所藏用古文傳鈔的易經。

易曰：「河出圖，雒出書，聖人則之。」①故書之所起遠矣，至孔子篹焉②。上斷於堯，下訖於秦，凡三百篇，而爲之序，言其作意。秦燒書禁學，濟南伏生獨壁藏之③。漢興，亡失，求得二十九篇，以教齊魯之間。訖孝宣世④，有歐陽、大小夏侯氏立於學官⑤。古文尚書者，出孔子壁中。武帝末，魯共王壞孔子宅，欲以廣其宫，而得古文尚書及禮記、論語、孝經凡數十篇，皆古字也⑥。共王往入其宅，聞鼓琴瑟鐘磬之音，於是懼，乃止不壞。孔安國者⑦，孔子後也，悉得其書，以考二十九篇，得多十六篇。安國獻之，遭巫蠱事⑧，未列於學官。劉向以中古文校歐陽、大小夏侯三家經文，酒誥脱簡一，召誥脱簡二⑨。率簡二十五字者，脱亦二十五字，簡二十二字者，脱亦二十二字。文字異者七百有餘，脱字數十。書者，古之號令⑩，號令於衆，其言不立具，則聽受施行者弗曉⑪。古文讀應爾雅，故解古今語而可知也⑫。

①引文見易繫辭上。相傳伏羲時有龍馬負圖出於黄河，伏羲依其圖而作八卦，是為易經的起源。又傳夏禹時有神龜負書出於洛水，禹依其書而作洪範九疇，是為尚書的起源。此實以河圖、洛書追溯文字的起源，以為尚書的歷史源流作證。

②篹：同「纂」，編纂。

③伏生：名勝，字子賤，秦漢之際濟南（今山東章丘）人。秦時為博士，因秦焚書而藏尚書於壁中，漢初取出教授，即今文尚書（用漢代通行的隸體字書寫的尚書）。漢文帝曾使晁錯就其家受業。

④孝宣：即漢宣帝。

⑤歐陽：指歐陽生、歐陽高等。歐陽生，字和伯，漢初千乘（今山東高青東南）人。從伏生受今文尚書，傳同郡倪寬，寬復傳於歐陽生之子。歐陽氏世傳其業，至歐陽生曾孫高（字子陽），得立於學官。大小夏侯氏：指夏侯勝、夏侯建。勝字長公，西漢東平（今山東東平東）人。始從族父始昌受尚書，後轉益多師。武帝時官至長信少府、太子太傅。建字長卿，勝從兄子。始從勝及歐陽高受尚書，後自撰章句，成一家之學。宣帝時徵為議郎博士，官至太子太傅。

⑥古文尚書：用先秦古文字書寫的尚書。其書在魏晉之際已散佚，非今本古文尚書。魯共王：即魯恭王劉餘，景帝之子。

⑦孔安國：字子國，孔子後裔。漢初受詩於申公，又受尚書於伏生。武帝時歷任諫議大夫、臨淮太守。考定古文尚書，又著有古文孝經傳、論語訓解等。後世所傳尚書孔氏傳一般認為是偽作。

⑧巫蠱事：漢武帝時，方士與神巫多聚京師，女巫出入宮中，教宮人埋木偶祭祀以免災。適遇武帝有病，江充欲誣太子據，遂上言巫蠱作祟，因於宮中掘地搜查，又稱又太子宮中得木偶甚多。太子憤而舉兵殺充，已亦戰敗自殺。後武帝知充詐，夷其三族。時稱「巫蠱之獄」，事在徵和初。巫蠱，舊謂巫師以邪術害人。

⑨酒誥、召誥：皆尚書篇名。

⑩句意謂尚書所集録的，都是上古朝廷發號施令的文件。

⑪此全句是說：發號施令於衆，若號令之言不能以文件的形式確定下來，則所從、接受並實行號令的人就不能通曉。立具，猶言確定下來並使之形成文件。

⑫此全句是說：古文經的語詞與爾雅的解釋相應，因此衹要瞭解了古今語詞的變化，就可以通曉古文經。讀，誦習，此代指古文語詞。

書曰：「詩言志，歌詠言。」①故哀樂之心感，而歌咏之聲發。誦其言謂之詩，咏其聲謂之歌。故古有採詩之官，王者所以觀風俗，知得失，自考正也②。孔子純取周詩③，上採殷，下取魯④，凡三百五篇。遭秦而全者，以其諷誦，不獨在竹帛故也⑤。漢興，魯申公為詩訓故⑥，而齊轅固、燕韓生皆為之傳⑦。或取春秋，採雜説，咸非其本義與！不得已，魯最為近之⑧。三家皆列於學官。又有毛公之學，自謂子夏所傳，而河間獻王好之，未得立⑨。

①語出尚書舜典。原文「詠」作「永」，訓長。孔傳：「謂詩言志以導之，歌咏其義以長其言。」大意是說：詩是用精煉語言表達心志的，歌則因詩義加長其音節而形成樂聲。

②自考正：考察自身行政之失而修正之。

③純：皆。

④上採殷，下取魯：指詩經中的商頌和魯頌。

⑤此全句是說：詩經在秦時雖遭焚禁而能完整流傳下來，是因爲誦習者多且易於背誦，不單是由於著在竹帛的緣故。

⑥申公：名培，漢初魯人。少師齊人浮丘伯受詩，後爲楚夷王劉郢所聘，傅其太子劉戊。及戊爲王，不好學，使服賤役。申公耻而歸魯，居家教授，爲詩訓故，時稱所傳爲魯詩。武帝時復被詔爲太中大夫。訓故，即訓詁，解釋文字音義之學。

⑦轅固：漢初齊人。景帝時爲博士，治詩，時稱所傳爲齊詩。以廉直著稱，曾爲清河王太傅。韓生：即韓嬰，漢初燕人。文帝時爲博士，景帝時爲常山王太傅。推詩之意，著內外傳數萬言，時稱韓詩。後內傳亡佚，唯韓詩外傳行於世。

⑧「或取」以下是說：魯、齊、韓三家詩說或取春秋之義，或採雜說，大抵都已與詩經的本義有出入。如果迫不得

已，一定要選擇其中的一種的話，那麼魯詩要算是最接近詩經本義的一種。

⑨毛公之學：漢初毛亨、毛萇的詩學。二人生平均不詳。漢書儒林傳僅言毛公趙人，治詩，爲河間獻王博士；鄭玄詩譜始云魯人大毛公爲訓詁傳，河間獻王得而獻之，以小毛公爲博士；至三國以後，學者乃稱大毛公爲魯人毛亨，小毛公爲趙人毛萇。現存詩經乃毛亨作傳、鄭玄箋註本，自此本通行，齊、魯、韓三家漸廢。河南獻王，即劉德，景帝子，好古文經。

易曰：「有夫婦、父子、君臣、上下，禮義有所錯。」①而帝王質文，世有損益②。至周，曲爲之防，事爲之制③，故曰：「禮經三百，威儀三千。」④及周之衰，諸侯將踰法度，惡其害己，皆滅去其籍。自孔子時而不具⑤，至秦大壞。漢興，魯高堂生傳士禮十七篇⑥。訖孝宣世，後倉最明⑦，戴德、戴聖、慶普皆其弟子，⑧三家立於學官。禮古經者，出於魯淹中及孔氏，（學七十）（與十七）篇文相似，多三十九篇⑨。及明堂陰陽、王史氏記所見⑩，多天子、諸侯、卿大夫之制，雖不能備，猶瘉倉等推士禮而致於天子之說⑪。

①引文系節括易序卦之文。原文是：「有天地然後有萬物，有萬物然後有男女，有男女然後有夫婦，有夫婦然後有父子，有父子然後有君臣，有君臣然後有上下，有上下然後禮義有所錯。」錯，同「措」，措置，施行。

②質文：質樸與文飾。此爲偏正詞，實指文飾即禮儀。損益：減少和增加。

③曲爲之防，事爲之制：委曲周到地爲之防範，事事爲之定制。按：禮記有曲禮篇，雜記春秋前後貴族飲食、起居、喪葬等各種禮制的細節，即「曲爲之防，事爲之制」之意。

④語出禮記中庸。意指禮制條文有數百條，所規定的儀容動作有數千項。

⑤不具：不完備。暗指孔子所稱「禮壞樂崩」。

⑥高堂生：漢初魯人。傳士禮之學，授蕭奮，奮授孟卿，孟卿授後倉，倉授戴德、戴聖等，爲治禮者所崇。士禮十七篇，即今本儀禮。

⑦後倉：「倉」亦作「蒼」。字近君，西漢東海郯（今山東郯城北）人。傳授高堂生士禮，説禮數萬言，自成一家，時號後氏曲臺記。兼通齊詩，亦多授徒。爲博士，官至少府。

⑧戴德：字延君，西漢梁（今河南商丘南）人。從後倉學禮，删禮記爲八十五篇，時稱大戴禮。曾爲信都太傅。戴聖：字次君，戴德兄子。與戴德同師後倉，復删禮記爲四十九篇，時稱小戴禮，即今本禮記。宣帝時曾爲博士，官至九江太守。慶普：字孝公，沛（今安徽濉溪西北）人。從後倉學禮，以禮傳家，世稱「慶氏學」。曾爲東平太傅。

⑨禮古經：用古文寫成的禮經。見於本篇著録者爲五十六篇。故云較儀禮十七篇多出三十九篇。淹中：魯國里名，當在曲阜附近。孔氏：即曲阜孔氏。

⑩明堂陰陽：本篇著録爲三十三篇。班固自註：「古明堂遺事。」王史氏記：本篇著録爲二十一篇。班固自

註：「七十子後學者。」顏師古註引劉向別録謂「六國時人」。

⑪瘉：同「愈」，勝過。

易曰：「先王作樂崇德，殷薦之上帝，以享祖考。」①故自黄帝下至三代，樂各有名。孔子曰：「安上治民，莫善於禮；移風易俗，莫善於樂。」②二者相與並行，周衰，俱壞。樂尤微眇③，以音律爲節，又爲鄭衛所亂，故無遺法④。漢興，制氏以雅樂聲律，世在樂官，頗能紀其鏗鏘鼓舞，而不能言其義⑤。六國之君，魏文侯最爲好古，孝文時得其樂人竇公⑥，獻其書，乃周官大宗伯之大司樂章也。武帝時，河間獻王好儒，與毛生等共採周官及諸子言樂事者，以作樂記，獻八佾之舞⑦，與制氏不相遠。其内史丞王定傳之，以授常山王禹。禹，成帝時爲謁者，數言其義，獻二十四卷記。劉向校書，得樂記二十三篇，與禹不同，其道寖以益微⑧。

①引文見易豫卦的象辭。殷薦之上帝：用盛大的禮樂獻祭上帝。殷，盛。薦，進獻。

②引文見孝經廣要道章。

③微眇：精微奥妙。此指樂理、樂律等複雜難以掌握。

④鄭衛：指春秋戰國時期鄭衛地方的民間音樂。儒家以爲鄭衛桑間濮上之音亂雅樂，故此謂雅樂「無遺法」。

⑤制氏：禮樂志顏註引服虔曰：「魯人也，善樂事。」句意謂制氏因通曉雅樂聲律，世爲樂官，對樂器演奏及編合樂

奏之道頗有記録，然不能解説各種樂舞的製作源流及用途、意義等。

⑥竇公：顔註引桓譚新論。謂其人一百八十歲而見漢文帝。事出傳聞，蓋不可信。考魏文侯之卒距漢文帝登基已二百餘年，則文侯之樂人不得仍在世。疑此處「樂人竇公」當作「樂人之後竇公」或「樂人竇公之後。」

⑦八佾(yì)之舞：古時天子所用樂舞。八八六十四人爲行列奏樂起舞。

⑧寖以益微：漸而更加不顯。

古之王者世有史官，君舉必書，所以慎言行，昭法式也①。左史記言，右史記事，事爲春秋，言爲尚書，帝王靡不同之②。周室既微，載籍殘缺，仲尼思存前聖之業，乃稱曰：「夏禮吾能言之，杞不足徵也；殷禮吾能言之，宋不足徵也。文獻不足故也，足則吾能徵之矣。」③以魯周公之國，禮文備物，史官有法④，故與左丘明觀其史記，據行事，仍人道⑤，因興以立功，就敗以成罰⑥，假日月以定曆數，藉朝聘以正禮樂⑦。有所褒諱貶損，不可書見，口授弟子，弟子退而異言⑧。丘明恐弟子各安其意，以失其真，故論本事而作傳，明夫子不以空言説經也⑨。春秋所貶損，大人當世君臣有威權勢力，其事實皆形於傳，是以隱其書不宣，所以免時難也⑩。及末世口説流行，故有公羊、穀梁、鄒、夾之傳⑪。四家之中，公羊、穀梁立於學官，鄒氏無師，夾氏未有書⑫。

①昭法式：彰明法度準則。

②靡：無。

③引文見論語八佾篇。孔子認爲三代之禮前後傳承，皆相因而有損益，故據周禮可以推言夏、殷禮制。雖然杞、宋爲夏、殷後裔，但兩國現存禮制皆不足以作爲徵求夏、殷禮制的根據。這是由於文獻不足的緣故，如果有充分的文獻資料，則夏、殷禮制就可以徵求。

④禮文備物，史官有法：指魯國禮樂制度及相應的禮器儀物特完備，史官的記録亦較各諸侯國更有法度。史載周初封周公於魯，因周公爲王朝重臣，故特賜以大批珍貴禮器文物及史官等，後又準許魯國行天子之禮，故魯國禮樂制度隆盛，直到春秋末仍以完備地保存周禮著稱。

⑤據行事，仍人道：根據魯國具體的歷史行事，就人事規律加以衡量裁制。仍，因、就。

⑥此二句是說：因其功業興盛之實而著録其功，就其行事過敗之舉而顯其懲罰。此言春秋書法，上句指「褒」，下句指「貶」。

⑦此二句是說：通過修史的編年繫月、時日推算以確定周魯曆法的準度，借朝聘會盟等史實以典正禮樂制度。按：以上總言孔子修春秋之事。相傳孔子從左丘明觀魯春秋，鑒於當時篡弑頻仍、禮壞樂崩的社會狀況，乃重加修訂以寓褒貶。然現存春秋所録大致仍是春秋時魯國國史原文，是否曾經孔子的修訂尚難定論。

⑧以上是說：孔子與左丘明重修魯春秋，因有所褒貶抑揚，不可盡顯於記録，故而以修史之意口授弟子，而弟子退而習之，各生出不同的見解。

⑨以上言左丘明著左傳之事。意謂：左丘明恐弟子各適己意而解之，從而失去重修春秋的本真，於是論述春秋所記本來事實而作左傳，以明孔子非是以空言解說魯春秋原文。按：左傳成書於戰國初，當亦不出於左丘明

之手，漢人的推測未可全據。

⑩以上是說：春秋所貶損的一些人物，有一些是當時尚在世的王公大人和諸侯君臣，皆有威權勢力，而他們的事蹟卻形於左傳，因此左丘明秘藏其書而不使傳布，以便不致造成觸犯當時權貴的禍端。

⑪「故有」句：漢世傳春秋者有五家，即左傳、公羊傳、穀梁傳、鄒氏傳、夾氏傳。相傳公羊傳傳自戰國齊人公羊高，至漢公羊壽而定本；穀梁傳傳自戰國魯人穀梁赤（子夏弟子，赤亦作俶、憙等），大約亦在漢代定本。今二書皆存，與左傳共稱「春秋三傳」。鄒氏，齊人；夾氏，不詳。二家書皆已失傳。

⑫此二句指西漢末鄒氏傳尚存，但無學者爲師傳授；夾氏傳則當時已不存其書。

論語者，孔子應答弟子時人及弟子相與言而接聞於夫子之語也。當時弟子各有所記，夫子既卒，門人相與輯而論篹，故謂之論語。漢興，有齊、魯之說。傳齊論者，昌邑中尉王吉、少府宋畸、御史大夫貢禹、尚書令五鹿充宗、膠東庸生。唯王陽名家。傳魯論語者，常山都尉龔奮、長信少府夏侯勝、丞相韋賢、魯扶卿、前將軍蕭望之、安昌侯張禹②，皆名家，張氏最後而行於世。

①王吉：字子陽，一稱王陽。西漢琅邪皋虞（今山東即墨北）人。昭帝末爲昌邑中尉，宣帝時官至博士、諫大夫，元帝初卒。宋畸：生平未詳。貢禹（前一二四—前四四）：字少翁，西漢琅邪（今山東諸城）人。以明經潔行著稱，元帝初官至御史大夫。五鹿充宗：複姓五鹿，字君孟。通易學，有略說三篇傳世。元帝時官至少府、尚

書令，阿附宦官石顯爲心腹。及顯敗，左遷玄菟太守。　庸生：名譚，膠東（今山東平度東南）人。曾從孔安國弟子都尉朝受古文尚書。

②龔奮：未詳。疑當作蕭奮。儒林傳載瑕丘蕭奮傳魯高堂氏禮學，復以其學授孟卿，孟卿授後倉。　夏侯勝：見前第三段註⑤。　韋賢：字長孺，西漢魯國鄒（今山東鄒縣東南）人。兼通禮、書，以詩教授，時稱鄒魯大儒。宣帝初官至丞相，致仕卒，年八十二。　魯扶卿：論衡正説篇記爲「魯人扶卿」，曾從孔安國受古文本論語。按：漢世論語實有齊論、魯論、古論三種，後二者較接近。相傳古論亦出於孔子宅壁中。　蕭望之（？—前四七）：字長倩，西漢東海蘭陵（今山東蒼山蘭陵鎮）人。幼學齊詩、論語，宣帝時累官至大鴻臚、太子太傅。受詔顧命，佐元帝，被宦官誣陷，下獄自殺。　張禹（？—前五）：字子文，西漢河内軹（今河南濟源南）人。從施讎受易，又從夏侯氏受魯論語，從王陽、庸生受齊論語，應試爲博士。成帝時官至丞相，封安昌侯。其論語之學以魯論二十篇爲定，並參考齊論、古論擇善而從，時號張侯論，即今本論語。

孝經者，孔子爲曾子陳孝道也。夫孝，天之經，地之義，民之行也。舉大者言，故曰孝經。漢興，長孫氏、博士江翁、少府後倉、諫大夫翼奉、安昌侯張禹傳之①，各自爲家。經文皆同，唯孔氏壁中古文爲異。「父母生之，續莫大焉」，「故親生之膝下」，諸家説不安處，古文字讀皆異②。

①長孫氏：未詳。本篇孝經類著録長孫氏説二篇。又儒林傳趙子傳有博士長孫順，治韓詩，受業於王吉，疑即其

人。江翁：又稱瑕丘江公，西漢時魯人。受詩及穀梁春秋於魯申公，武帝時爲博士。精通魯詩，時號「魯詩宗」。又著有孝經說。後倉：見前第五段註⑦。翼奉：字少君，東海下邳（今江蘇睢寧西北）人。治齊詩，元帝初徵待詔宦者署，官至博士、諫大夫。

②句意謂諸如今文本的「續莫大焉」、「生之膝下」等處，各家解說不能妥貼一致的，古文本的字逗都不一樣。讀，通「逗」，指斷句。

易曰：「上古結繩以治，後世聖人易之以書契，百官以治，萬民以察，蓋取諸夬。」①「夬，揚於王庭」②，言其宣揚於王者朝廷，其用最大也。古者八歲入小學，故周官保氏掌養國子③，教之六書，謂象形、象事、象意、象聲、轉注、假借，造字之本也。漢興，蕭何草律，亦著其法，曰：「太史試學童，能諷書九千字以上，乃得爲史④。又以六體試之⑤，課最者以爲尚書、御史史書令史⑥。吏民上書，字或不正，輒舉劾。」六體者，古文、奇字、篆書、隸書、繆篆、蟲書，皆所以通知古今文字，摹印章，書幡信也⑦。古制，書必同文，不知則闕，問諸故老；至於衰世，是非無正，人用其私。故孔子曰：「吾猶及史之闕文也，今亡矣夫！」⑧蓋傷其寖不正⑨。史籀篇者⑩，周時史官教學童書也，與孔氏壁中古文異體。蒼頡七章者，秦丞相李斯所作也；爰歷六章者，車府令趙高所作也；博學七章者，太史令胡母敬所作也：文字多取史籀篇，而篆體復頗異，所謂秦篆者也。是時始造隸書矣，起於官獄多事，苟趨省易，施之於徒隸也。漢興，閭里書師合蒼頡、爰歷、博學三篇，斷六十字以爲一章，凡五十五章，並爲蒼頡篇。武帝時，司馬相如作凡將篇，無復字⑪；元帝時，黃門令史游作急就篇；成帝時，將作大匠李長作元尚篇：皆蒼頡中正字也，凡將則頗有出矣⑫。至元始中，徵天下通小學者以百數，各令記字於庭中。揚雄取其有用者以作訓纂篇，順續蒼頡，又易蒼頡中重復之字，凡八十九章；臣復續揚雄作十三章⑬，凡一百二章，無復字，六藝群書所載略備矣。蒼頡多古字，俗師失其讀⑭，宣帝時徵齊人能正讀者，張敞從受之⑮；傳至外孫之子杜林，爲作訓故，並列焉⑯。

①引文見易繫辭下。書契，指文字。蓋取諸夬，是說以書契易結繩大概是從夬卦的卦象中受到啓示纔學會的。

②此爲易夬卦的卦辭。按：此卦的卦體是下乾上兑(䷪)。彖辭云：「夬，决也，剛决柔也。健而說(悦)，决而和。」意謂此卦的五個陽爻取决於最上面的一個陰爻，剛柔諧和，故云「揚於王庭」。夬，舊讀如「快」，實可讀如「决」。

③周禮原文：「保氏，掌諫王惡，而養國子以道，乃教之六藝：一曰五禮，二曰六樂，三曰五射，四曰五馭，五曰六書，六曰九數。」國子，指公卿大夫子弟。

④學童：亦作「學僮」，指學生。說文解字敘：「尉律：學僮十七已上始試，諷籀書九千字，乃得爲史。」諷，背誦，「諷書」猶言默寫。史，地方各級官員的佐吏，主管起草文書。

⑤六體：即下文所述六種書寫字體。按：「六體」乃王莽時所定，由秦時「八體」變來，故或疑蕭何草律時當沿秦「八體」，此作「六體」係誤記。秦「八體」是：大篆、小篆、刻符(刻在器物上的字體)、蟲書(旗幟上用的字體)、摹

印（即「六體」的繆篆）、署書（書寫官府榜牌用的字體）、殳書（兵器上用的字體）、隸書。

⑥課最者：考試成績最好的。　史書令史：官名，此指尚書、御史屬官中專掌用隸書起草公文的令史。　史書，即隸書，漢人以隸書爲史吏的通用字體，故名。

⑦幡信：説稱信幡，傳達命令用的一種長方形的旗子。猶符節之類，唯幡上須書寫命令者的官號。

⑧語出論語衛靈公篇。意爲：「原先我還看到史書上常有缺字，現在卻全没有了。」

⑨傷：憂。　寖：同「浸」，漸。不正：指上文所説人各以私意用字，甚至亂填史之闕文，致使用字越來越不規範。

⑩史籀篇：古代習字用書，相傳爲周宣王時太史籀所作，字體爲大篆。按：下文所説各篇名，皆爲此類作品。

⑪無復字：無重複字。

⑫頗有出：頗有超出蒼頡篇者。

⑬臣：班固自稱。

⑭讀：包括讀音和字義。

⑮張敞：字子高，本爲河東東陽（今山西臨汾西南）人，後徙杜陵（今陝西長安東北）。宣帝時累典州郡，爲京兆尹、冀州刺史等，抨擊豪强，以治績稱。元帝即位初卒。

⑯杜林：字伯山，茂陵（今陝西興平東北）人。張敞外孫杜鄴子。東漢建武中歷位列卿，官至大司空。著有蒼頡故，爲東漢言小學之始，班固以其書補入藝文志。

六藝之文：樂以和神，仁之表也；詩以正言，義之用也；禮以明體，明者著見，故無訓也；書以廣聽，知之術也；春秋以斷事，信之符也。①五者，蓋五常之道②，相須而備③，而易爲之原。故曰：「易不可見，則乾坤或幾乎息矣。」④言與天地爲終始也。至於五學⑤，世有變改，猶五行之更用事焉⑥。古之學者耕且養，三年而通一藝，存其大體⑦，玩經文而已⑧，是故用日少而畜德多，三十而五經立也⑨。後世經傳既已乖離，博學者又不思多聞闕疑之義，而務碎義逃難，便辭巧說，破壞形體⑩；說五字之文，至於二三萬言⑪。後進彌以馳逐，故幼童而守一藝，白首而後能言；安其所習，毀所不見，終以自蔽。此學者之大患也。序六藝爲九種⑫。

①以上大意爲：樂以諧和精神，是「仁」的表徵；詩以典正言論，是「義」的應用；禮以明人際大體，所明者即「禮」，故無須解釋；書以增廣聽聞，是「智」的途徑；春秋以斷是非。是「信」的標準。

②五常之道：指上述五經之要旨在闡釋仁、義、禮、智、信五種常行不變之理。

③相須而備：相輔相成而建立起完備的體系。

④引文見易繫辭上。

⑤五學：此指前述五經之學（不包括易經）。

⑥五行：指金、木、水、火、土。更（gēng）用事：交替發生作用。按：此處以易經之理爲其餘五經之義的本原，而易道陰陽變化，統制五行，故言王經之教隨世變改，亦猶五行之交替發生作用。句意側重古今制度的變遷，非

是說五經之教皆循環往復如五行。
⑦存其大體：保持通經致用的大宗旨。
⑧玩經文：習讀經文。
⑨三十而五經立：古時一般十五歲開始致力於讀經，三年通一經，則年三十可五經皆通。
⑩破壞形體：指用支離破碎之說解釋經文，以致離析文字形體，失去了經文的本義。
⑪桓譚新論載，秦延君尚書，講「堯典」二字多至十餘萬言，講「日若稽古」四字多至三萬言。
⑫序六藝爲九種：分六藝略爲九個小類。按：本段爲六藝略的大序。

（張富祥）

叔孫通傳

叔孫通，薛人也①。秦時以文學徵待詔博士②。數歲，陳勝起，二世召博士諸儒生問曰：「楚戍卒攻蘄入陳，於公何如？」③博士諸生三十餘人前曰：「人臣無將，將則反④，罪死無赦。願陛下急發兵擊之。」二世怒，作色。通前曰：「諸生言皆非。夫天下爲一家，毀郡縣城，鑠其兵⑤，視天下弗復用⑥。且明主在上，法令具於下，吏人人奉職，四方輻輳，安有反者！此特群盜鼠竊狗盜，何足置齒牙間哉！郡守尉今捕誅，何足憂？」二世喜，盡問諸生，諸生或言反，或言盜。於是二世令御史按諸生言反者下吏⑦，非所宜言，諸生言盜者皆罷之。乃賜通帛二十疋，衣一襲⑧，拜爲博士。通已出，反舍，諸生曰：「生何言之諛也？」通曰：「公不知，我幾不免虎口！」乃亡去，之薛，薛已降楚矣⑨。

〔篇名簡介〕本篇選自漢書卷四十三。叔孫通一生通權達變，不拘細節，直承先秦齊學的傳統遺風，漢王劉邦號之爲稷嗣君是很恰當的。同時他用秦朝儀作漢朝儀，又對惠帝説「人主無過擧」等，也表現出「尊君卑臣」的極權思想。

①薛：秦漢縣名，治今山東滕州南皇殿崗。

②待詔博士：在博士官中爲「待詔」。秦漢時，因德才技藝被徵召至京師，擬任以官職而尚未被正式任命者稱「待詔」，類似今之「候補」。

③蘄、陳：皆秦漢縣名。蘄治今安徽宿縣南，陳治今河南淮陽。公：指公意，猶言輿論。

④人臣無將，將則反：意謂人臣不得有欲弑其君之意，有即謀反。將，將欲弑其君親的省略諱稱。語出公羊傳莊公二十三年：「君親無將，將而誅焉」。同書昭公元年亦用此語，唯「誅」上有「必」字。按：本篇載諸生引此諱語，觸及弑君之事，故秦二世怒形於色。又，「將則反」之「則」字，義同「即」，史記叔孫通傳作「即」。

⑤鑠（shuò）：熔化銷毁。

⑥視：通「示」。

⑦按：案問，審查。下吏：交獄吏處理。

⑧襲：量詞，一套。

⑨楚：指陳勝起義軍建立的張楚政權。

及項梁之薛①，通從之。敗定陶，從懷王②。懷王爲義帝，徙長沙，通留事項王。漢二年，漢王從五諸侯入彭城③，通降漢王，通儒服④，漢王憎之，乃變其服，服短衣，楚制，漢王喜。

通之降漢，從弟子百餘人，然無所進，剸言諸故群盜壯士進之⑤。弟子皆曰：「事先生數年，幸得從降漢，今不進臣等，剸言大猾，何也？」通乃謂曰：「漢王方蒙矢石爭天下，諸生寧能鬬乎？故先言斬將搴旗之士。諸生且待我，我不忘矣。」漢王拜通爲博士，號稷嗣君⑥。

①項梁之薛：參見本册所選史記留侯世家第三部分註⑪。

②敗定陶：指項梁在定陶（今山東定陶西北）被秦將章邯擊殺事。懷王：指楚懷王熊心，參見本册史記留侯世家第三部部分註⑫。下述懷王爲義帝並徙長沙事，參見本册史記淮陰侯列傳第三部分註⑪。

③五諸侯：諸説不一。高帝紀顔師古註以爲指常山、河南、韓、魏、殷，當是。參見本册史記淮陰侯列傳第四部分註②③④⑤。

④儒服：一種長儒衣，蔽至膝，自春秋戰國以降即爲儒者的習慣性服飾。

⑤剸：同「專」。

⑥稷嗣君：意爲嗣承先秦齊國稷下學風的學者。

漢王已併天下，諸侯共尊爲皇帝於定陶，通就其儀號①。高帝悉去秦儀，法爲簡易。群臣飲，爭功，醉或妄呼，拔劍擊柱，上患之。通知上益饜之②，説上曰：「夫儒者難與進取，可與守成，臣願徵魯諸生，與臣弟子共起朝儀。」高帝曰：「得無難乎？」通曰：「五帝異樂，三王不同禮。禮者，因時世人情爲之節文者也。故夏、殷、周禮所因損益可知者，謂不相復也。臣願頗採古禮與秦儀雜就之。」上曰：「可試爲之，令易知，度吾所能行爲之。」於是通使③，徵魯諸生三十餘人。魯有兩生不肯行，曰：「公所事者且十主，皆面諛親貴。今天下初定，死者未葬，傷者未起，又欲起禮樂。禮樂所由起，百年積德而後可興也。吾不忍爲公所爲。公所爲不合古，吾不行。公往矣，毋污我！」通笑曰：「若真鄙儒，不知時變。」遂與所徵三十人西。及上左右爲學者④，與其弟子百餘人，爲緜蕞野外習之⑤。月餘，通曰：「上可試觀。」上使行禮，曰：「吾能爲此。」乃令群臣習肄，會十月⑥。

①就其儀號：指擬定了劉邦稱帝的儀式和尊號。

②饜：通「厭」，厭惡。

③使：爲使者。

④上左右爲學者：皇帝近臣中有學術者。

⑤緜蕞（zuì）：此指束草爲標誌，使綿延相連以表明尊卑位次。蕞，通「蕝」。古代朝會時束茅以濾酒，稱「茅蕝」。

⑥會十月：在十月舉行朝會。漢初尚承秦制，以十月爲歲首，故朝會在十月。

漢七年，長樂宮成，諸侯群臣朝十月。儀：先平明①，謁者治禮②，引以次入殿門。廷中陳車騎戍卒，衛官設兵張旗誌③。傳曰：「趨」，殿下郎中俠陛④，陛數百人。功臣、列侯、諸將軍、軍吏以次陳西方，東鄉⑤；文官丞相以下陳東方，西向。大行設九賓，臚句傳⑥。於是皇帝輦出房⑦，百官執戟傳警⑧，引諸侯王以下至吏六百石以次奉賀。自諸侯王以下，莫不震恐肅敬。至禮畢，盡伏⑨，置法酒⑩。諸侍坐殿上皆伏抑首⑪，以尊卑次起上壽⑫。觴九行⑬，謁者言「罷酒」。御史執法，舉不如儀者輒引去。竟朝置酒⑭，無敢讙譁失禮者⑮。於是高帝曰：「吾乃今日知爲皇帝之貴也。」拜通爲奉常。賜金五百斤。

通因進曰：「諸弟子儒生隨臣久矣，與共爲儀，願陛下官之。」高帝悉以爲郎。通出，皆以五百金賜諸生。諸生乃喜曰：「叔孫生聖人，知當世務。」

①先平明：天亮之前。
②謁者治禮：指職掌賓贊受事的謁者安排禮儀。
③衛官：指統轄宫廷衛士的衛尉。史記叔孫通傳作「衛宫」。旗誌：同「旗幟」。
④俠陛：同「夾陛」，即分列殿階左右。
⑤鄉：同「向」。
⑥句意謂大行令安排贊禮的儐相九人，負責傳達禮儀指令。賓，同「儐」，指儐相。臚句傳，亦稱「臚傳」，依次傳告

之稱。一説上傳語告下為臚，下傳語告上為句；一説「句」字為衍文。
⑦輦：本指人拉的車，秦漢以後多用以專指皇帝乘坐的車。
⑧百官執戟傳警：指百官由郎中唱聲傳號而戒備肅静。執戟，郎中的别稱，亦稱「執矛」、「執職」。
⑨伏：身體前傾。
⑩法酒：朝廷舉行大禮時的宴飲。
⑪抑首：低頭。
⑫上壽：敬酒。
⑬觴九行：行酒九巡。
⑭竟朝：至朝會結束。
⑮讙譁：喧嘩。

九年，高帝徙通為太子太傅。十二年，高帝欲以趙王如意易太子①，通諫曰：「昔者晉獻公以驪姬故，廢太子，立奚齊，晉國亂者數十年，為天下笑。秦以不早定扶蘇，胡亥詐立，自使滅祀，此陛下所親見。今太子仁孝，天下皆聞之；吕后與陛下攻苦食啖③，其可背哉！陛下必欲廢適而立少④，臣願先伏誅，以頸血汙地。」高帝曰：「公罷矣，吾特戲耳。」通曰：「太子天下本，本一摇，天下震動，奈何以天下戲！」高帝曰：「吾聽公。」及上置酒，見留侯所招客從太子入見，上遂無易太子志矣⑤。

①趙王如意：漢高祖子，戚夫人所生。高祖九年封趙王，十二年被呂后毒死。太子：即漢惠帝，呂后所生。

②春秋時，晉獻公寵愛驪姬，聽驪姬讒言而廢太子申生，復立驪姬之子奚齊為太子。由此導致內亂，申生自殺，公子重耳及夷吾出亡，時在公元前六五六年。至前六三六年，重耳返國即位，是為晉文公，晉國復趨盛。

③攻苦食啖：意謂服侍辛苦而食不甘味。攻，通「供」，指服侍。苦，形容詞作動詞。

④適：通「嫡」。

⑤呂后用留侯張良之計，招「四皓」為太子輔翼，高祖遂罷易太子之心。事見張良傳。

高帝崩，孝惠即位，乃謂通曰：「先帝園陵寢廟①，群臣莫習。」徙通為奉常，定宗廟儀法。及稍定漢諸儀法②，皆通所論著也。惠帝為東朝長樂宮，及間往③，數蹕煩民④，作復道⑤。方築武庫南，通奏事，因請間曰：⑥「陛下何自築復道高帝寢⑦？衣冠月出游高廟⑧，子孫奈何乘宗廟道上行哉！」惠帝懼，曰：「急壞之。」通曰：「人主無過舉。今已作，百姓皆知之矣。願陛下為原廟渭北⑨，衣冠月出游之，益廣宗廟，大孝之本。」上乃詔有司立原廟。

惠帝常出游離宮，通曰：「古者有春嘗菓⑩。方今櫻桃熟，可獻，願陛下出，因取櫻桃獻宗廟。」上許之。諸菓獻由此興。

①園陵寢廟：陵墓和宗廟。古代帝王的宗廟由兩部分組成，前曰廟，後曰寢，廟供祀神主，寢放置衣冠。此處實指

園陵寢廟的祭祀禮儀。

②稍：逐漸。

③東朝長樂宮：指朝見呂太后於長樂宮。間往：平日偶或前往探視。

④數蹕煩民：因屢次警蹕而造成居民行動不便。數（shuò），屢次。蹕，皇帝經過之處禁止行人往來。

⑤復道：架於空中的通道。

⑥請間：趁機。

⑦築復道高帝寢：據下文，此實指復道從高祖之廟與寢之間的道路上方通過。當接近於寢。

⑧衣冠月出游高廟：此指「游衣冠」之儀。漢制，祖宗衣冠各藏其寢，每月具威儀出游於廟，然後再歸藏於寢。

⑨原廟：正廟之外別立的廟。「原」爲「再」之義。其廟在今陝西咸陽東北白廟村東長陵旁。

⑩嘗：以新鮮穀物或菓品獻祭之稱。

（張富祥）

司馬遷報任安書

少卿足下①：曩者辱賜書，教以慎於接物、推賢進士爲務，意氣勤勤懇懇②，若望僕不相師用，而流俗人之言③。僕非敢如是也，雖罷駑④，亦側聞長者遺風矣⑤。顧自以爲身殘處穢⑥，動而見尤⑦，欲益反損⑧，是以抑鬱而無誰語⑨。諺曰：「誰爲爲之？孰令聽之！」⑩蓋鐘子期死，伯牙終身不復鼓琴⑪。何則？士爲知己用，女爲説己容⑫。若僕，大質已虧缺矣⑬，雖才懷隨和⑭，行若由夷⑮，終不可以爲榮，適足以發笑而自點耳⑯。書辭宜答，會東從上來⑰，又迫賤事⑱，相見日淺⑲，卒卒無須臾之間得竭指意⑳。今少卿抱不測之罪㉑，涉旬月，迫季冬㉒，僕又薄從上上雍㉓，恐卒然不可諱㉔，是僕終已不得舒憤懣以曉左右㉕，則長逝者魂魄私恨無窮㉖。請略陳固陋。闕然久不報㉗，幸勿過。

〔篇名簡介〕本篇選自漢書卷六二司馬遷傳，標題爲歷來選篇者所定（或稱報任少卿書）。任安，字少卿，滎陽（今河南滎陽東北）人。初爲大將軍衛青舍人，後被舉薦爲郎中，遷益州刺史，與司馬遷友善。他在益州刺史任上，曾給當時任中書令的司馬遷寫信，勸司馬遷效法古賢臣，以推賢進士爲務。不久任安得罪入獄，司馬遷因復此信，痛述自己所遭受的奇耻大辱，並引古論今，指斥當時，連帶表出自己忍辱含垢，發憤著書的曲折心迹。後任安遇赦出獄，復爲太子太傅、北軍使者護軍，至武帝徵和二年（前九一），因「巫蠱之禍」受牽連而被殺。司馬遷的散作文字傳世極少，唯此書沉鬱悲壯，感人肺腑，遂成千古名篇。

①少卿足下：書信開頭稱呼。因是友人書信，故稱對方之字，且加常用敬詞「足下」。昭明文選録此文，於此四字前尚有「太史公牛馬走司遷再拜言」十二字。爲古人書信格式用語，兼表自謙，漢書本傳未録。

②意氣勤勤懇懇：心意和態度殷勤懇切。有反復叮嚀之意。

③二句意爲：好像抱怨我不聽從您的話，把您的話當成凡夫俗子的言論了。望，抱怨。師用，遵從。而，假設連詞，用法同「猶」、「如」。

④罷駑：猶今言無能、駑鈍。罷，同「疲」。駑，劣馬。

⑤側聞：自謙之詞。側，側陋，猶言孤陋寡聞，用於「聞」字前作謙詞詞頭。

⑥顧：念，祇是，表輕微轉折。身殘處穢：意指因受腐刑而身殘有穢名。
⑦動而見尤：動輒得罪。猶言被人看不起。
⑧欲益反損：意謂欲有爲反而受挫折。
⑨無誰語：不曾對誰說甚麽。誰語，「語誰」之倒裝。
⑩諺語猶言：「爲誰爲之？令誰聽之！」「誰爲」、「孰令」皆倒裝語，「爲之」、「聽之」皆指傾訴苦衷而言。嘆無知己！
⑪鍾子期、伯牙：皆春秋時楚國人。相傳伯牙鼓琴，子期聽之，知伯牙志在高山、志在流水。及子期死，伯牙失知音，遂絕弦破琴，終身不復鼓。鼓，猶今言彈。
⑫説：通「悦」。容：打扮。
⑬大質：指身體。
⑭隨和：指傳説的隨侯之珠、和氏之璧。此以寶物喻高才。
⑮由夷：指古史上的高潔之士許由和伯夷。此以古賢例高行。
⑯自點：自污、自辱。説文：「點，小黑也。」廣雅釋詁：「點，污也。」文選報任少卿書註：「點，辱也。」字又作「蔵」，與「玷」字通。
⑰會東從上來：正逢剛隨從皇帝東行歸來。
⑱迫賤事：忙於繁瑣的事務。賤事，對自己所從事的貶稱。
⑲相見日淺：指看來信的時間很少。見信如見人，故言「相見」；匆匆粗讀猶如見面不能深談，故言「日淺」。淺，

短也。

⑳卒卒（cù）：匆迫貌。句意謂竟抽不出一點閑暇得以詳盡領會來信的旨意。

㉑不測之罪：結局難料的罪名。

㉒涉旬月，迫季冬：再過一個多月，就到了冬末。迫，接近。季冬，隱指朝廷處決囚犯的日期。漢律規定十二月處死囚。

㉓薄從上上雍：近日又要隨從皇帝到雍城去上祭。薄，接近。雍，即雍城，在今陜西鳳翔南。

㉔卒然：即「猝然」。不可諱：「死」的諱稱，指萬一任安被處死。

㉕曉左右：使您知道。左右，指任安。古人表謙敬，往往不直接稱呼對方。而以稱對方左右之人代之。

㉖長逝者：死者，指任安。私恨無窮：指遺憾無終期。倘魂魄有靈，亦當存此憾。實反襯作者本人遺憾。

㉗闕然：指其事當做而一直未做。闕，缺。

僕聞之：「修身者，智之府也；愛施者，仁之端也；取予者，義之符也；耻辱者，勇之決也；立名者，行之極也。」①士有此五者，然後可以托於世，列於君子之林矣。故禍莫憯於欲利②，悲莫痛於傷心，行莫丑於辱先③，詬莫大於宫刑④。刑餘之人，無所比數，非一世也，所從來遠矣。⑤昔衛靈公與雍渠同載，孔子適陳⑥；商鞅因景監見，趙良寒心⑦；同子參乘，爰絲變色⑧：自古而耻之！夫中材之人，事關於宦豎，莫不傷氣，况慷慨之士乎！如今朝廷雖乏人，奈何令刀鋸之餘薦天下豪俊哉⑨！

①引文意爲：「修身養性是明智的積庫，愛人施善是成仁的發端，可取而予是立義的憑據，知耻不辱是勇者的先決，立身揚名是處世的終點。」

②憯：同「慘」，痛。古文觀止報任安書註：「須利贖罪，而家貧，最憯也。」

③辱先：辱没祖先。

④詬：耻辱。宮刑：亦稱腐刑，古時閹割男性外生殖器或破壞女性生殖機能的酷刑。

⑤此全句是說：受宮刑之人，無法和常人相比，其被輕視非一世之俗，來歷已很久遠了。刑餘之人，此特指宦者。比數，比較列舉。

⑥「昔衛靈公」句：相傳孔子在衛時，衛靈公偕夫人南子同車出游，讓宦官雍渠陪乘，而讓孔子坐在後面的車子上。孔子感到羞耻，遂去衛而適陳。

⑦「商鞅」句：商鞅西行入秦，由嬖人景監引薦而見秦孝公，賢者趙良以爲大不光彩，爲之寒心。

⑧「同子」句：漢文帝出行，由宦官趙同陪乘，郎中爰盎認爲不成體統，爲之變臉，伏車前諫阻。趙同，即趙談，司馬遷避父諱稱其名爲同。爰絲，即爰盎，亦作袁盎，絲是其字。

⑨刀鋸之餘：義同刑餘之人。此句答任安書中「推賢進士」之語，自謂虧身辱先，不足以薦士。

僕賴先人緒業，得待罪輦轂下①，二十餘年矣。所以自惟②：上之，不能納忠效信，有奇策才力之譽自結明主；次之，又不能拾遺補闕，招賢進能，顯岩穴之士③；外之，不能備行伍，攻城野戰，有斬將搴旗之功；下之，不能累日積勞，取尊官厚禄，以爲宗族交游光寵。四者無一遂④，苟合取容，無所短長之效可見於此矣⑤。鄉者僕亦嘗厠下大夫之列⑥，陪外廷末議⑦；不以此時引維綱，盡思慮⑧，今已虧形，爲埽除之隸，在闒茸之中⑨，乃欲卬首信眉⑩，論列是非，不亦輕朝廷，羞當世之士邪？嗟乎，嗟乎！如僕，尚何言哉！

①待罪輦轂下：指供職京師。待罪，謙詞。輦轂下，皇帝車駕之下，代指京師。
②惟：思忖。
③岩穴之士：隱士。
④遂：成。
⑤無所短長：遇事不説短、不説長。猶言無所事事。效：驗證。此句亦就任安書中責以有爲之義言之。
⑥鄉者：同「向者」，以往。厠：置身於。下大夫：居於下位的大夫。秦漢時秩六百石至千石的官吏約當先秦的下大夫。司馬遷曾爲太史令，秩六百石。
⑦陪外廷末議：參與朝堂議事，陪位在群臣之末。與上句同爲自謙之語。外廷，即外朝，與皇帝設在宮中的內朝對稱。
⑧引維綱，盡思慮：意謂據綱常法紀，盡心於朝政。
⑨闒茸（tà róng）：卑賤。
⑩卬：同「昂」。信：同「伸」。

且事本末未易明也。僕少負不羈之才①，長無鄉曲之譽，主上幸以先人之故，使得奉薄技，出入周衛之中②。僕以爲戴盆何以望天？故絶賓客之知，忘室家之業，日夜思竭其不肖之才力，以求親媚於主上，而事乃有大謬不然者！夫僕與李陵，俱居門下③，素非相善也。趣舍異路④，未嘗銜杯酒接殷勤之歡。然僕觀其爲人，自奇士，事親孝，與士信，臨財廉，取予義，分別有讓⑤，恭儉下人，常思奮不顧身，以徇國家之急⑥。其素所畜積也⑦，僕以爲有國士之風。夫人臣出萬死不顧一生之計，赴公家之難，斯已奇矣。今舉事壹不當。而全軀保妻子之臣隨而媒孽其短⑧，僕誠私心痛之！且李陵提步卒不滿五千，深踐戎馬之地，足歷王庭⑨，垂餌虎口，横挑强胡，卬億萬之師⑩，與單于連戰十餘日，所殺過當⑪。虜救死扶傷不給⑫，旃裘之君長咸震怖⑬，乃悉徵左右賢王，舉引弓之民，一國共攻而圍之。轉鬭千里，矢盡道窮，救兵不至，士卒死傷如積。然陵壹呼勞軍，士無不起躬流涕，沬血飲泣⑭，張空拳⑮，冒白刃，北首爭死敵⑯。陵未没時，使有來報，漢公卿王侯皆奉觴上壽⑰。後數日陵敗，書聞，主上爲之食不甘味，聽朝不怡，大臣憂懼，不知所出⑱。僕竊不自料其卑賤，見主上慘悽怛悼⑲，誠欲效其款款之愚⑳，以爲：李陵素與士大夫絶甘分少㉑，能得人之死力，雖古名將不過也；身雖陷敗彼，觀其意，且欲得其當而報漢㉒；事已無可奈何，其所摧敗，功亦足以暴於天下㉓。僕懷欲陳之，而未有路。適會召問，即以此指推言陵功，欲以廣主上之意，塞睚眦之辭㉔。未能盡明，明主不深曉，以爲僕沮貳師㉕，而爲李陵游説，遂下於理㉖。拳拳之忠終不能自列㉗，因爲誣上，卒從吏議㉘。家貧，財賂不足以自贖㉙，交游莫救，左右親近不爲壹言。身非木石，獨與法吏爲伍，深幽囹圄之中，誰可告愬者

㉚！此正少卿所親見，僕行事豈不然邪？李陵既生降，隤其家聲㉛，而僕又茸以蠶室㉜，重爲天下觀笑。悲夫！悲夫！

①少負不羈之才：少年時欠缺高遠不羈的才質。羈，約束。

②出入周衛之中：指司馬遷初仕爲郎。周衛，宿衛。郎中屬宿衛侍從官。

③門下：皇帝侍從官的俗稱。因領受尚書事諸曹在宮門内，故稱。漢時官員屬吏亦多冠以「門下」之名。

④趣舍異路：志向不同。趣，同「趨」。李陵習武，司馬遷尚文，固不同路。

⑤分別有讓：知尊卑長幼、進退揖讓之禮。

⑥徇：從。

⑦畜積：指道德修養的積累。畜，同「蓄」。

⑧媒孽：媒，酒母；孽，亦作「櫱」，通「糵」，酒麯。二字連用，引申爲滋事哄傳，誣陷構害。

⑨王庭：指匈奴單于王庭。

⑩卬：同「迎」。

⑪所殺過當：殺敵之數超過部下兵數。

⑫不給：無暇，來不及。

⑬旃裘之君長：指匈奴各部落的酋長。旃，同「氈」。

⑭沬（huì）血飲泣：滿面血泪交下，流入口中如飲。沬，通「頮」、「靧」，洗面。泣，泪。

⑮弮（quān）：弓弦。

⑯北首：北向。死敵：拼死與敵人決戰。

⑰上壽：祝酒。此指祝捷。

⑱按：李陵，字少卿，名將李廣孫。其率步卒五千擊匈奴在漢武帝天漢二年（前九九），戰敗後降匈奴，匈奴單于以爲右校王。在匈奴中二十餘年，死於漢昭帝元平元年（前七四）。

⑲慘悽怛（dá）悼：悲戚憂傷之貌。

⑳款款：忠誠之貌。

㉑絶甘分少：指李陵愛撫將士，甘美之食不入口，財物缺少亦分享。

㉒得其當：待有適當機會。

㉓暴（pù）：顯。

㉔睚眦之辭：出於瑣碎積怨的構陷之詞。

㉕沮：貶毀。貳師：指貳師將軍李廣利。天漢二年出兵擊匈奴時，李廣利爲主將。

㉖下於理：下於大理治罪。大理，漢中央執法機構。

㉗拳拳：亦作「惓惓」，懇切之貌。自列：自陳，表白。

㉘因爲誣上，卒從吏議：因此被定爲欺騙皇上之罪，終於聽從法吏判決（而施以宮刑）。

㉙財賂：財貨，錢財。贖：贖罪，用錢財解除刑罰。

㉚誰可告愬者：可向誰訴告！愬，同「訴」。

㉛隤（tuí）：喪落，敗壞。

㉜茸以蠶室：受辱低賤到居於蠶室。茸，猶前文所稱「在闒茸之中」。蠶室，受宮刑者愈傷之處。

事未易一二爲俗人言也①。僕之先人，非有剖符丹書之功②，文史星曆，近乎卜祝之間，固主上所戲弄，倡優畜之，流俗之所輕也③。假令僕伏法受誅，若九牛亡一毛，與螻螘何異④？而世又不與能死節者比⑤，特以爲智窮罪極，不能自免，卒就死耳。何也？素所自樹立使然⑥。人固有一死，死有重於泰山，或輕於鴻毛，用之所趨異也⑦。太上不辱先⑧，其次不辱身⑨，其次不辱理色⑩，其次不辱辭令⑪；其次詘體受辱⑫，其次易服受辱，其次關木索、被箠楚受辱⑭，其次鬄毛髮、嬰金鐵受辱⑮，其次毁肌膚、斷支體受辱⑯；最下腐刑⑰，極矣。傳曰：「刑不上大夫。」此言士節不可不厲也⑱。猛虎處深山，百獸震恐；及其在穽檻之中⑲，摇尾而求食：積威約之漸也⑳。故士有畫地爲牢，勢不入；削木爲吏，議不對：定計於鮮也㉑。今交手足㉒，受木索，暴肌膚，受榜箠㉓，幽於圜墻之中㉔，當此之時，見獄吏而頭槍地㉕，視徒隸則心惕息㉖。何者？積威約之勢也㉗。及已至此，言不辱者，所謂强顔耳㉘，何足貴乎！且西伯，伯也，拘牖裡㉙；李斯，相也，具五刑㉚；淮陰，王也，受械於陳㉛；彭越、張敖，南鄉稱孤，繫獄具罪㉜；絳侯誅諸吕，權傾五伯，囚於請室㉝；魏其，大將也，衣赭，關三木㉞；季布爲朱家鉗奴㉟；灌夫受辱居室㊱。此人皆身至王侯將相，聲聞鄰國，及罪至罔加㊲，不能引決自財㊳。在塵埃之中㊴，古今一體，安在其不辱也！由此言之，勇怯，勢也；强弱，形也㊵。審矣㊶，曷足怪乎！且人不能蚤自財繩墨之外㊷，已稍陵夷至於鞭箠之間㊸，乃欲引節㊹，斯不亦遠乎！古人所以重施刑於大夫者㊺，殆爲此也。

①一二：猶今言「一一」。

②剖符丹書：古代帝王授予諸侯或功臣的特製竹符和鐵券。皆用以書寫誓言，表信用。竹符一分爲二，雙方各執其一；鐵券用紅漆填寫，故稱丹書。誓言内容均爲優遇條件，受符券者子孫有罪可以赦免。

③以上司馬遷自述家世地位，以爲：家世掌文書、史記、星象、曆法，地位近似於占卜和祭祝之職，本來就是供人主戲弄的，和戲子樂工一樣被豢養着，固爲世俗所輕視。

④螘：「蟻」的本字。

⑤死節者：爲節義而死者。

⑥素所自樹立使然：猶言向來自己的爲人使如此。本爲流俗所輕，而又欲樹節盡忠，是以被指爲「不能自免」。

⑦用之所趨異也：因爲各自走向死亡的途徑不同。用，因爲。之，用法同「其」。

⑧太上不辱先：意謂人生一世，首先是要不使先人的名聲因自己的過失而辱没。

⑨不辱身：不使自身因涉嫌犯法而受辱。

⑩不辱理色：不因被下於大理提起訴訟而受辱。理，大理，參上段註㉖。色，種類，指各種科罪。

⑪不辱辭令：不因被判决有罪而受辱。辭令，指司法機關的判决書。

⑫詘體受辱：因被捆綁拘押而受辱。詘，同「屈」。

⑬易服受辱：因被换上囚服而受辱。

⑭關木索，被箠楚受辱：因被戴上刑具、箠笞拷打而受辱。

⑮鬄毛髮、嬰金鐵受辱：因被剃光頭髮，頸套鐵圈而受辱。鬄，同「剃」。嬰：纏繞。分指古時髡刑和鉗刑。

⑯毁肌膚，斷支體受辱：因受各種肉刑使身體損傷而受辱。如刺面、劓鼻、抽舌、割耳等則毁肌膚，斬手、砍脚、去掉膝蓋骨等則斷肢體。支，同「肢」。

⑰最下腐刑：最大的屈辱是受腐刑。按：此段言辱，每况愈下，皆後辱包括前辱，如辱身則並辱先等。至於腐刑而衆辱皆包，「極矣」。是知人趨死之途固種種不一。

⑱厲：激勵。這個意義亦寫作「勵」。

⑲穽檻（jǐng jiàn）：陷阱和柵欄。

⑳積威約之漸：猶言「威約之積漸」，意謂由威風之盛轉爲被束縛牢籠非一日造成。

㉑此全句意爲：注重風節之士，即使在地上劃圈爲牢獄，他也决不進入；即使刻木人爲獄吏，他也决不面對：這是爲了防微杜漸。勢、議，皆言「必」。鮮（xiǎn），「鮮克有終」的縮語，猶言「漸」。

㉒今：表假設。交手足：指手足被捆縛。

㉓榜（péng）箠：亦作「榜棰」，指刑杖。

㉔圜墻：監獄。周禮稱爲「圜土」。

㉕頭槍地：以頭撞地。槍，同「搶」（qiāng）。

㉖徒隸：指監獄的犯人。惕息：驚懼不敢喘息之貌。

㉗積威約之勢：由威福至窘迫的積勢造成。

㉘强（qiǎng）顔：勉强露出笑臉。

㉙西伯：周文王。商末周文王爲西伯（西方諸侯），曾被殷紂王拘禁於牖里（亦作羑里，在今河南湯陰北）。

㉚李斯具五刑事，參見本册所選史記李斯列傳。

㉛淮陰：即淮陰侯韓信。信被告發謀反，劉邦假托南游，至陳（今河南淮陽）而捕之。

㉜彭越、張敖：皆漢初功臣，分封梁王、趙王，後均被告發謀反而逮捕下獄。南鄉稱孤：指王侯身份。古時王侯坐北面南朝見臣下，自稱孤。鄉，同「向」。

㉝絳侯：即漢初丞相周勃。勃與陳平定計誅諸吕，迎立文帝。後被人誣告謀反，下廷尉治罪。五伯：泛指諸侯王。請室：古稱大臣待罪（請罪）之所。實爲專門的囚室。

㉞魏其（jī）：即漢景帝時大將魏其侯竇嬰。嬰平定七國之亂有功，武帝初曾任丞相，被竇太后斥罷。後因上書救灌夫，被下獄處死。赭：指赭色囚衣。三木：指加於頸、手、足的刑具。

㉟季布：楚漢之際原爲項羽部將，曾屢次圍困劉邦。漢朝建立後逃匿，爲避劉邦追捕，遂隱名賣身到大俠朱家手下爲奴。後經朱家游説，得赦，文帝時官至河東太守，號爲名將。鉗奴：脖子上套鐵圈的奴隸。

㊱灌夫：漢景帝、武帝時將領。歷任郎中將、代相、淮陽大守、太僕、燕相。性直而屢犯法，家族横行鄉里。因得罪丞相田蚡，被誣下獄，族誅。居室：漢拘訊犯罪貴族之所。其事務歸少府管理。

㊲罔加：誣罔陷害所加。

㊳引決自財：自殺。引決，亦作「引訣」，訣别人生之意。財，通「裁」。

㊴塵埃：指囚室污穢之地。
㊵形：指客觀形勢所造成。
㊶審矣：這是明明白白的。
㊷蚤：通「早」。繩墨：指法刑。
㊸已稍陵夷：已經逐漸落到……。
㊹引節：爲名節而自殺。
㊺重：慎重對待。

夫人情莫不貪生惡死，念親戚①，顧妻子。至激於義理者不然，乃有不得已也。今僕不幸蚤失二親，無兄弟之親，獨身孤立，少卿視僕於妻子何如哉②？且勇者不必死節，怯夫慕義，何處不勉焉！僕雖怯耎欲苟活③，亦頗識去就之分矣④，何至自湛溺累紲之辱哉⑤！且夫臧獲婢妾⑥，猶能引決，況若僕之不得已乎？所以隱忍苟活，函糞土之中而不辭者⑦，恨私心有所不盡⑧，鄙没世而文采不表於後也。古者富貴而名摩滅，不可勝記，唯倜儻非常之人稱焉⑨。蓋西伯拘而演周易；仲尼厄而作春秋；屈原放逐，乃賦離騷；左丘失明，厥有國語；孫子髕脚，兵法修列；不韋遷蜀，世傳吕覽；韓非囚秦，説難、孤憤。詩三百篇，大氐聖賢發憤之所爲作也⑩。此人皆意有所鬱結，不得通其道，故述往事，思來者⑪。及如左丘無目，孫子斷足，終不可用，退論書策以舒其憤，思垂空文以自見⑫。僕竊不遜，近自託於無能之辭⑬，網羅天下放失舊聞⑭，考之行事，稽其成敗興壞之理⑮。［上計軒轅，下至於茲，爲十表、本紀十二、書八章、世家三十、列傳七十］⑯，凡百三十篇，亦欲以究天人之際，通古今之變，成一家之言。草創未就，適會此禍，惜其不成，是以就極刑而無愠色。僕誠已著此書，藏之名山⑰，傳之其人，通邑大都⑱，則僕償前辱之責⑲，雖萬被戮，豈有悔哉！然此可爲智者道，難爲俗人言也。

①親戚：指父母兄弟等，義同「宗親」。
②句意謂自己並非只是顧念妻子兒女。
③耎：同「愞」，即「懦」字。文選作「懦」。
④去就之分：舍生取義的道理。
⑤湛（chén）溺：同「沉溺」，猶言深陷於。累紲：同「縲紲」（léi xiè）。拘縛罪人的繩索，引申爲牢獄。
⑥臧獲：古代對奴僕的鄙稱。取意於逃亡竄藏可以抓獲。本專用於指男僕，後亦用於兼指奴和婢。
⑦函：掩埋於。
⑧私心：猶言自己的志向抱負。
⑨倜儻非常之人：才氣豪邁不拘，非同於凡常之人。
⑩按：以上概言古人發憤著書，以寄托作者之意，所説不盡合於史實。相傳周文王曾推演前世易書的八卦爲六十四卦，是爲周易，「拘」指前述拘於牖里；孔子周游列國，屢遭困厄，乃返回魯國而修春秋；屈原被放逐而作離騷，事最可據；左丘明爲魯國瞽史（盲人史官），舊説國語爲他所編；孫臏被龐涓施以臏刑（去掉膝蓋骨），後

事齊而敗魏，成爲著名軍事家，有兵法傳世；然呂不韋組織門人著呂覽（即呂氏春秋），在他被秦王政流放蜀地之前；韓非著説難、孤憤等篇（實指韓非子一書；句中僅舉篇名，無動詞，乃承上句省「世傳」二字），亦在他入秦被下獄毒死以前。詩經中有一些政治諷刺詩，大抵可以説是因出於對黑暗政治的激憤而作的。

⑪述往事，思來者：撰述往古之事，以爲將來人的借鑒。

⑫空文：指於自身遭遇無補的文字。

⑬近自託於無能之辭：近時自寄托於毫不能有所作爲的文字著述。指著史記。

⑭放失舊聞：散佚的歷史記載。失，同「佚」。

⑮稽：考察。

⑯中括號內二十六字，漢書本傳不載，今據文選報任少卿書補入。

⑰臧：同「藏」。

⑱通邑大都：指交通發達的城邑和大都市。此句無動詞，亦承上句省「傳」字，如上文説難、孤憤之文例。

⑲責：同「債」。

且負下未易居，上流多謗議①。僕以口語遇遭此禍，重爲鄉黨戮笑②，污辱先人，亦何面目復上父母之丘墓乎？雖累百世，垢彌甚耳③！是以腸一日而九回，居則忽忽若有所亡④，出則不知所如往。每念斯恥，汗未嘗不發背霑衣也。身直爲閨閤之臣⑤，寧得自引深臧於岩穴邪？故且從俗浮湛⑥，與時俯仰，通其狂惑⑦。今少卿乃教以推賢進士爲務，無乃與僕之私指謬乎？今雖欲自雕瑑⑧，曼辭以自解⑨，無益於俗，不信，祇取辱耳。要之死日然後是非乃定。書不能盡意，略陳固陋。謹再拜。

①此二句是說：輦轂之下未易居處，供職上層多遭毀謗。負下，猶言「轂下」，人臣之於人主如牛馬，故言「負下」。按：别本「上流」或作「下流」，故一説二句意爲：負侮辱之名未易自處，品位低下多遭毀謗。
②鄉黨：鄉親。戮笑：羞辱耻笑。
③此二句是說：雖經百世，耻辱日甚一日。彌，更。
④忽忽：恍惚。
⑤閨閤之臣：猶言供職後宫者，即宦官。
⑥浮湛：同「浮沉」。
⑦通其狂惑：疏通内心的矛盾和積憤。
⑧雕瑑（zhuàn）：雕琢。謙稱自我裝飾、辯解。
⑨曼辭：美詞。仍謙指辯解之語。

（張富祥）

後漢書

劉玄傳（節選）

劉玄字聖公，光武族兄也①。弟為人所殺，聖公結客欲報之。客犯法，聖公避吏於平林②。吏繫聖公父子張。聖公詐死，使人持喪歸舂陵③，吏乃出子張，聖公因自逃匿。

〔後漢書簡介〕後漢書是紀傳體東漢史，共一百二十卷。其中帝紀十卷，列傳八十卷，南朝宋范曄撰；志三十卷，晉司馬彪撰。

范曄（三九八—四四五）字蔚宗，南朝宋順陽（今河南淅川東）人。曾歷任尚書吏部郎、宣城太守、左衛將軍、太子詹事等官。元嘉二十二年，因孔熙先等謀迎彭城王劉義康一案牽涉，以謀反罪被殺。在范曄前，記載東漢歷史的著作已有多種，但他認為都不能令人滿意，乃在諸家東漢史的基礎之上，刪繁補略，從事著作。死時僅完成紀、傳，原定十志尚未完成。南朝梁時，劉昭取司馬彪續漢書的八志加以註釋增補，附在范書後面，但紀傳仍往往單獨流行。直到北宋，纔將范書與司馬彪的八志重新校勘，合為今本。

後漢書在體例方面，基本與漢書相同，但亦有所創新。如在「帝紀」後另立了「皇后紀」；「列傳」中創立了黨錮、宦者、文苑、獨行、方術、逸民、列女七種類傳。對於東漢學者有價值的論著，傳中亦注重收錄。

後漢書問世後頗得學者好評，其他各家後漢史書除袁宏後漢紀外則逐漸散佚，故此書爲研究東漢歷史的重要資料。然書中無表，司馬彪的八志雖稱「詳實」，但無食貨、藝文等志，則其不足。後漢書通行的注釋，紀傳部分有唐章懷太子李賢注，志有梁劉昭註。清惠棟撰後漢書補註，及王先謙以惠書爲基礎，所撰後漢書集解。

本書所用爲中華書局一九六五年版後漢書。

〔篇名簡介〕劉玄傳，選自後漢書卷十一。篇中記載了西漢遠支皇族劉玄參加反對王莽的農民起義，被推爲更始皇帝，及新莽政權滅亡後更始政權的腐化、内部爭鬬及滅亡的史實。

①光武：東漢開國皇帝劉秀的謚號。

②平林：地名，在今湖北隨縣東北。

③春陵：鄉名，當時屬南陽郡蔡陽縣，在今湖北棗陽縣西。

王莽末，南方饑饉，人庶群入野澤，掘鳧茈而食之①，更相侵奪。新市人王匡、王鳳爲平理諍訟②，遂推爲渠帥③，衆數百人。於是諸亡命馬武、王常、成丹等往從之；共攻離鄉聚④，臧於緑林中⑤，數月間至七八千人。地皇二年⑥，荆州牧某發奔命二萬人攻之⑦，匡等相率迎擊於云杜⑧，大破牧軍，殺數千人，盡獲輜重，遂攻拔竟陵⑨。轉擊云杜、安陸⑩，多略婦女⑪，還入緑林中，至有五萬餘口，州郡不能制。

①鳧茈（fú cí）：即荸薺。
②新市：地名，今湖北京山縣東。諍訟：爭論是非。諍，通「爭」。
③渠帥：首領，舊時多指武裝反抗者的首領或都落酋長。渠，通「巨」，大。
④離鄉聚：在今湖北京山縣北。聚，村落。
⑤臧，通「藏」。綠林：山名，即今湖北鐘祥、京山、隨縣間的大洪山。
⑥地皇：王莽的第三個年號。地皇三年當公元二十二年。
⑦荆州：漢武帝所置十三刺史部之一，轄境約當今湖北、湖南地區。州牧原名刺史，漢成帝時改稱州牧，爲一州之長。此稱「荆州牧某」，李賢註：「史闕名也」。奔命：指急速奔赴前方的隊伍。
⑧云杜：縣名，在今湖北京山。
⑨竟陵：縣名，在今湖北潛江西北。
⑩安陸：縣名，在今湖北安陸北。
⑪略：通「掠」，掠奪。

三年，大疾疫，死者且半，乃各分散引去。王常、成丹西入南郡①，號下江兵②；王匡、王鳳、馬武及其支黨朱鮪、張卬等北入南陽③，號新市兵：皆自稱將軍。七月，匡等進攻隨④，未能下。平林人陳牧、廖湛復聚衆千餘人，號平林兵，以應之。聖公因往從牧等，爲其軍安集掾⑤。

①南郡：漢郡名，治所在江陵（今湖北江陵）。

②下江兵：古稱長江自南郡以下爲下江，王常等率衆進入南郡，故稱下江兵。

③南陽：漢郡名，治所在宛縣（今河南南陽市）。

④隨：縣名，屬南陽郡，即今湖北隨縣。

⑤安集掾：李賢註：「欲其安集軍衆，故權以爲官名」。掾（yuàn）爲古代屬官的通稱。

是時光武及兄伯升亦起舂陵①，與諸部合兵而進。四年正月，破王莽前隊大夫甄阜、屬正梁丘賜，斬之，號聖公爲更始將軍。衆雖多而無所統一，諸將遂共議立更始爲天子。二月辛巳，設壇場於淯水上沙中，陳兵大會。更始即帝位，南面立，朝群臣。素懦弱，羞愧流汗，舉手不能言。於是大赦天下，建元曰更始元年。悉拜置諸將，以族父良爲國三老，王匡爲定國上公，王鳳成國上公，朱鮪大司馬，伯升大司徒，陳牧大司空，餘皆九卿、將軍②。五月，伯升拔宛③。六月，更始入都宛城④，盡封宗室及諸將，爲列侯者百餘人。

①伯升：劉秀兄劉縯字。

②九卿：秦漢通常以奉常（太常）、郎中令（光禄勳）、衛尉、太僕、廷尉、典客（大鴻臚）、宗正、治粟内史（大司農）、少

府爲九卿。

③宛：南陽郡郡治宛縣。

④都(dū)：用作動詞。立都。

更始忌伯升威名，遂誅之，以光禄勳劉賜爲大司徒。前鐘武侯劉望起兵，略有汝南①。時王莽納言將軍嚴尤、秩宗將軍陳茂既敗於昆陽②，往歸之。八月，望遂自立爲天子，以尤爲大司馬，茂爲丞相。王莽使太師王匡③、國將哀章守洛陽。更始遣定國上公王匡攻洛陽，西屏大將軍申屠建、丞相司直李松攻武關④，三輔震動⑤。是時海内豪桀翕然響應⑥，皆殺其牧守⑦，自稱將軍，用漢年號，以待詔命，旬月之間，偏於天下。

①汝南：漢郡名，治所在上蔡(今河南上蔡西南)。

②敗於昆陽：公元二十三年，更始政權所占的昆陽(今河南葉縣北)被王莽數十萬大軍包圍，城中義軍僅八、九千人，劉秀等十三騎突圍求援。各地義軍進援昆陽時，劉秀乘莽軍輕敵懈怠，率精兵三千集中突破敵軍中堅，擊斃敵軍主帥王尋。城内守軍乘機出擊，内外夾攻，大破敵軍，殲滅了王莽的主力。祇有王邑、嚴尤、陳茂等少數將領逃脱。

③王匡(?—二三)：王莽侄，封功建公，拜太師。與更始政權的王匡非一人。

④武關：在今陜西丹鳳東南。

⑤三輔：漢景帝時分内史爲左、右内史，與主爵中尉（主爵都尉）同治長安城中，所轄皆京畿之地，故合稱「三輔」。武帝時改左、右内史，主爵都尉爲京兆尹、左馮翊、右扶風。轄境相當今陝西中部地區。

⑥豪桀：桀，通「杰」。翕（xì）然：一致的樣子。

⑦牧守：州牧和郡守。此當指各級地方官。

長安中起兵攻未央宫①。九月，東海人公賓就斬王莽於漸臺②，收璽綬，傳首詣宛。更始時在便坐黄堂③，取視之，喜曰：「莽不如是，當與霍光等④。」寵姬韓夫人笑曰：「若不如是，帝焉得之乎？」更始悦，乃懸莽首於宛城市⑤。是月，拔洛陽，生縛王匡、哀章，至，皆斬之。十月，使奮威大將軍劉信擊殺劉望於汝南，並誅嚴尤、陳茂。更始遂北都洛陽，以劉賜爲丞相。申屠建、李松自長安傳送乘輿服御⑥，又遣中黄門從官奉迎遷都⑦。二年二月，更始自洛陽而西。初發，李松奉引，馬驚奔，觸北宫鐵柱門，三馬皆死。

①未央宫：故址在今陝西西安西北郊漢長安故城内西南隅，爲漢初丞相蕭何主持修建，宫成後常爲朝見之處。

②東海：漢郡名，治所在郯（今山東郯城北）。公賓就：公賓，復姓。漸臺：臺名。漢武帝作建章宫，太液池中有漸臺，高二十餘丈，因爲水所漸潤，故名。

③便坐黄堂：便殿。

④霍光（？—前六八）：西漢大臣，字子孟。河東平陽（今山西臨汾西南）人。武帝時爲奉車都尉。昭帝幼年即位，光以大司馬大將軍受遺詔輔政。昭帝死，迎立昌邑王劉賀爲帝，不久即廢，又迎立宣帝。前後執政凡二十年。漢書有傳。霍光有輔政迎立之功，而王莽於西漢末，以外戚掌握政權，毒死平帝，又立年僅二歲的劉嬰爲太子，後終於奪取西漢政權。故劉玄說：「王莽不如此，當與霍光相等」。

⑤市：市場。

⑥乘輿服御：指帝王后妃所用的車馬、衣服等物。

⑦中黃門：在宮廷中服役的宦官。漢書百官公卿表顏師古註：「中黃門，謂奄人居禁中，在黃門之内給事者也」。

初，王莽敗，唯未央宮被焚而已，其餘宮館一無所毀。宮女數千，備列後庭，自鐘鼓、帷帳、輿輦、器服、太倉、武庫、官府、市里①，不改於舊。更始既至，居長樂宮，升前殿，郎吏以次列庭中。更始羞怍，俛首刮席不敢視②。諸將後至者，更始問虜掠得幾何，左右侍官皆宮省久吏③，各驚相視。

①太倉：京城儲糧的大倉，在長安城外東南。武庫：儲存兵器的倉庫，在未央宮。

②羞怍：羞愧。俛：「俯」的異體字。

③宮省久吏：宮省謂設於宮中的官署。宮省久吏即長期擔任宮省官吏者。

李松與棘陽人趙萌說更始，宜悉王諸功臣①。朱鮪爭之，以爲高祖約，非劉氏不王②。更始乃先封宗室太常將軍劉祉爲定陶王，劉賜爲宛王，劉慶爲燕王，劉歙爲元氏王，大將軍劉嘉爲漢中王，劉信爲汝陰王；後遂立王匡爲比陽王，王鳳爲宜城王，朱鮪爲膠東王，衛尉大將軍張卬爲淮陽王，廷尉大將軍王常爲鄧王，執金吾大將軍廖湛爲穰王，申屠建爲平氏王，尚書胡殷爲隨王，柱天大將軍李通爲西平王，五威中郎將李軼爲舞陰王，水衡大將軍成丹爲襄邑王，大司空陳牧爲陰平王，驃騎大將軍宋佻爲潁陰王，尹尊爲郾王。唯朱鮪辭曰：「臣非劉宗，不敢干典③。」遂讓不受。乃徙鮪爲左大司馬，劉賜爲前大司馬，使與李軼、李通、王常等鎮撫關東。以李松爲丞相，趙萌爲右大司馬，共秉內任。

①王：用作動詞。封爲王。

②高祖：漢高祖劉邦。西漢初，劉邦在消滅異姓王的同時，大封劉氏宗室子弟爲諸侯王，並刑白馬爲盟，立誓「非劉氏而王者，天下共擊之。」事見史記呂太后本紀。此云「高祖約非劉氏不王」即指此。

③干典：觸犯制度。干，觸犯；典，制度，此指「非劉氏不王」之制度。

更始納趙萌女爲夫人，有寵，遂委政於萌，日夜與婦人飲讌後庭①。郡臣欲言事，輒醉不得已，乃令侍中坐帷內與語②。諸將識非更始聲，出皆怨曰：「成敗未可知，遽自縱放若此③！」韓夫人尤嗜酒，每侍飲，見常侍奏事④，輒怒曰：「帝方對我飲，正用此時持事來乎！」起，抵破書案⑤。趙萌專權，威福自己⑥。郎吏有説萌放縱者，更始怒，拔劍擊之。自是無敢復言。萌私忿侍中，引下斬之，更始救請，不從。時李軼、朱鮪擅命山東⑦，王匡、張卬横暴三輔。其所授官爵者，皆群小賈豎，或有膳夫庖人⑧，多著綉面衣、綿袴、襜褕、諸於⑨，罵詈道中。長安爲之語曰：「竈下養，中郎將。爛羊胃，騎都尉。爛羊頭，關内侯⑩。」

①飲讌：即飲宴。讌同「宴」。
②侍中：官名。爲自列侯以下至郎中的加官。侍從皇帝左右，出入宫廷。
③遽：疾，速。縱放：即放縱。
④常侍：官名，即中常侍。掌出入宫廷，侍從皇帝。西漢時常爲列侯至郎中的加官。
⑤抵（zhǐ）：擊。
⑥威福自己：謂恃勢弄權擅作威福。
⑦擅命：擅自發號施令，不受節制。山東：秦、漢時通稱崤山或華山以東爲山東，與當時所謂關東含義相同。
⑧群小：猶言「衆小人」。賈（gǔ）豎：對商人的賤稱。膳夫：厨師。庖人：屠夫。
⑨著：「着」的本字。襜褕：短衣。諸於：亦作「諸衧」。古時婦人的外衣。
⑩竈下養：任炊事之人。李賢注引公羊傳曰：「炊亨（烹）爲養。」

軍帥將軍豫章李淑上書諫曰：「方今賊寇始誅，王化未行，百官有司宜慎其任。夫三公上應台宿，九卿下括河海①，故天工人其代之②。陛下定業，雖因下江、平林之埶③，斯蓋臨時濟用④，不可施之既安。宜釐改制度⑤，更延英俊，因才授爵，以匡王國⑥。今公卿大位莫非戎陳，尚書顯官皆出庸伍⑦，資亭長、賊捕之用，而當輔佐綱維之任⑧。唯名與器，聖人所重⑨。今以所重加非其人，望其毗益萬分⑩，興化致理，譬猶緣木求魚，升山採珠。海内望此，有以闚度漢祚⑪。臣非有憎疾以求進也，但爲陛下惜此舉厝⑫。敗材傷錦⑬，所宜至慮。惟割既往謬妄之失，思隆周文濟濟之美⑭。」更始怒，繫淑詔獄⑮。自是關中離心，四方怨叛。諸將出征，各自專置牧守，州郡交錯，不知所從。

①三公上應台宿：西漢時以丞相（大司徒）、太尉（大司馬）、御史大夫（大司空）合稱三公。台宿指「三台」，古星名，屬太微垣，共上台、中台、下台六星，兩兩相比。古代以星象徵人事，稱三公爲三台。九卿下括河海：王先謙後漢書集解曰：「官本註『下』作『法』，是。」即作「下法河海。」

②天工人其代之：天工亦作「天功」，指天的職司。「三公」至此句意謂：三公上與三台相應，九卿下效法河海，所以天的職司由人代行。

③埶：同「勢」。按「埶」本義爲種植，古借假爲「勢」，後又加意符爲形聲字。

④濟用：利用。

⑤釐改：更改。

⑥匡：正。

⑦戎陣：軍陣。此指征戰之人。陳通「陣」。庸伍：雇工之列。此指出身低微。庸通「傭」，受雇傭的勞動者。

⑧資：資質，天賦。亭長：西漢時在鄉村每十里設一亭，置亭長一名。賊捕：李賢註：「捕賊掾，專捕盜賊也。」即地方上掌管緝捕盜賊之吏。綱維：扶持，維護。此幾句意謂：今公卿大位無不由征戰之人擔任，尚書顯官都出身低微，資質才能衹配做亭長、捕賊掾之類的小吏，而擔當了輔佐扶持朝廷的官職。

⑨唯名與器，聖人所重：名器指代表統治者的等級、地位的爵號和車服儀制。聖人指孔子。左傳成公二年載：衛國新築大夫仲叔于奚有功，衛侯欲賞之以邑，仲叔于奚辭謝，請求得到諸侯所用的曲縣（三面懸挂的樂器）和繁纓（馬鬣毛前的裝飾）。衛侯許之。孔子聽說此事，說：「惜也！不如多與之邑。唯器與名，不可以假人，君之所司也。」

⑩毗益：輔助，改善。

⑪闚度：暗中圖謀。闚，「窺」之異體。漢祚：漢朝的皇位、政權。

⑫舉厝：同「舉措」。措施。

⑬敗材傷錦：喻用人不當，敗壞職守。

⑭割：絶，除去。隆：興盛。周文濟濟之美：濟濟，衆多貌。詩大雅文王有「濟濟多士，文王以寧」之句，贊美周文王人才衆多。此句意謂考慮興盛像周文王人才衆多那樣的美好局面。

⑮詔獄：奉皇帝詔令拘禁犯人的監獄。

十二月，赤眉西入關①。

①赤眉：新莽末年最大的一支農民起義軍。天鳳五年，琅邪人樊崇在莒縣起義，逢安、謝祿等起兵響應。因用赤色染眉作標識，故稱赤眉軍。更始政權建立後，樊崇等曾表示願意歸向，因未得適當安排，乃於更始二年分兩路進攻更始政權。

三年正月，平陵人方望立前孺子劉嬰爲天子①。初，望見更始政亂，度其必敗，謂安陵人弓林等曰：「前定安公嬰，平帝之嗣。雖王莽篡奪，而嘗爲漢主。今皆云劉氏真人，當更受命②，欲共定大功，何如？」林等然之，乃於長安求得嬰，將至臨涇立之③。聚黨數千人，望爲丞相，林爲大司馬。更始遣李松與討難將軍蘇茂等擊破，皆斬之。又使蘇茂拒赤眉於弘農④，茂軍敗，死者千餘人。

①前孺子劉嬰：漢宣帝玄孫，平帝死，王莽立爲皇太子，號孺子，後被王莽所廢，封爲定安公，幽閉宮内。

②受命：謂受天之命。古代統治者宣揚「君權神授」，謂帝王受命於天。

③臨涇：縣名，在今甘肅鎮原南。

④弘農：縣名，在今河南靈寶北。

三月，遣李松會朱鮪與赤眉戰於蓩鄉①，松等大敗，棄軍走，死者三萬餘人。

①蓩（mǎo）鄉：地名，在弘農。

時王匡、張卬守河東①，爲鄧禹所破②，還奔長安。卬與諸將議曰：「赤眉近在鄭、華陰間③，旦暮且至。今獨有長安，見滅不久，不如勒兵掠城中以自富，轉攻所在，東歸南陽，收宛王等兵。事若不集④，復入湖池中爲盜耳。」申屠建、廖湛等皆以爲然，共入説更始。更始怒不應，莫敢復言。及赤眉立劉盆子⑤，更始使王匡、陳牧、成丹、趙萌屯新豐⑥，李松軍掫⑦，以拒之。

①河東：郡名，治所在安邑（今山西夏縣西北）。

②鄧禹（二—五八）：字仲華，東漢初南陽新野（今河南新野）人。初從劉秀鎮壓河北的銅馬等部起義軍。後爲前將軍，率軍入河東，鎮壓王匡等部。劉秀稱帝，他官任大司徒，率軍與赤眉相持，屢戰屢敗。後漢書有傳。

③鄭：縣名，在今陝西華縣。華陰：縣名，在今陝西華陰。

④集：成功。

⑤劉盆子（一〇—？）：泰山式縣（今山東泰安附近）人。西漢遠支皇族。初在赤眉軍中牧牛，號爲「牛吏」。更始三年在弘農被樊崇等立爲帝，年號建世。赤眉軍進入長安後，因饑荒向東撤退，被劉秀所部包圍，他隨樊崇等投降。後漢書有傳。

⑥新豐：縣名，在今陝西臨潼東北。

⑦軍：駐扎。掫（zōu）：地名，在今陝西臨潼東北。

張卬、廖湛、胡殷、申屠建等與御史大夫隗囂合謀①，欲以立秋日貙膢時共劫更始②，俱成前計。侍中劉能卿知其謀，以告之。更始託病不出，召張卬等。卬等皆入，將悉誅之，唯隗囂不至。更始狐疑，使卬等四人且待於外廬。卬與湛、殷疑有變，遂突出，獨申屠建在，更始斬之。卬與湛、殷遂勒兵掠東西市。昏時，燒門入，戰於宮中，更始大敗。明旦，將妻子車騎百餘，東奔趙萌於新豐。

①隗囂（？—三三）：字季孟，天水成紀（今甘肅秦安）人。新莽末，被當地豪强擁立，據有天水、武都、金城等郡，一度依附劉玄。不久，自稱西州上將軍。建武九年（三三），以屢爲漢軍所敗，憂憤而死。後漢書有傳。

②貙膢（chū lú）：立秋祭名。膢，祭名。貙，虎屬。古常以立秋日祭獸，王者亦以此日出獵，還，以祭宗廟，故有貙膢之祭。

更始復疑王匡、陳牧、成丹與張卬等同謀，乃並召入，牧、丹先至，即斬之。王匡懼，將兵入長安，與張卬等合。李松還從更始，與趙萌共攻匡、卬於城內。連戰月餘，匡等敗走，更始徙居長信宮。赤眉至高陵①，匡等迎降之，遂共連兵而進。更始守城，使李松出戰，敗，死者二千餘人，赤眉生得松。時松弟汎爲城門校尉，赤眉使使謂之曰：「開城門，活汝兄。」汎即開門。九月，赤眉入城。更始單騎走，從厨城門出②。諸婦女從後連呼曰：「陛下，當下謝城！」更始即下拜，復上馬去。（下略）

①高陵：縣名，即今陝西高陵。

②厨城門：漢長安故城北中門

（梁方健）

張衡傳（黜圖讖書）

臣聞聖人明審律曆以定吉凶，重之以卜筮，雜之以九宮①，經天驗道，本盡於此。或觀星辰逆順，寒燠②所由，或察龜策之占，巫覡③之言，其所因者，非一術也。立言於前，有徵④於後，故智者貴焉，謂之讖書。讖書始出，蓋知之者寡。自漢取秦，用兵力戰，功成業遂，可謂大事。當此之時，莫或稱讖。若夏侯勝⑤、眭孟⑥之徒，以道術立名，其所述著，無讖一言。劉向父子領校秘書⑦，閱定九流⑧，亦無讖録。成、哀之後，乃始聞之。尚書光使鯀⑨理洪水，九載績用不成，鯀則殛⑩死，禹乃嗣興。而春秋讖⑪云「共工⑫理水」。凡讖皆云黄帝伐蚩尤⑬，而詩讖⑭獨以爲「蚩尤敗，然後堯受命」。春秋元命包中有公輸班與墨翟⑮，事見戰國，非春秋時也。又言「別有益州」。益州之置⑯在於漢也。其名三輔⑰諸陵⑱，世數可知。至於圖中訖於成帝。一卷之書，互異數事，聖人之言，勢無若是，殆必虚僞之徒，以要世取資⑲。往者侍中賈逵⑳摘讖互異三十餘事，諸言讖者皆不能說。至於王莽簒位，漢世大禍，八十篇何爲不戒㉑？則知圖讖成於哀、平之際也。且河、洛㉒、六藝篇録已定，後人皮傅㉓，無所容簒。永元㉔中，清河宋景遂以曆紀推言水灾，而僞稱洞視玉版㉕。或者㉖至於棄家業，入山林。後皆無效，而復採前世成事，以爲證驗。至於永建復統㉗，則不能知。此皆欺世罔俗，以昧勢位，情僞較然，莫之糾禁。且律曆、卦候㉘、九宫、風角㉙數有徵效，世莫肯學，而競稱不占之書㉚。譬猶畫工，惡圖犬馬而好作鬼魅，誠以實事難形而虚僞不窮也。宜收藏圖讖，一禁絶之，則朱紫無所眩㉛，典籍無瑕玷矣。

〔篇名簡介〕本篇選自後漢書卷五十九張衡傳，是張衡爲提倡科學，反對迷信，而向漢順帝劉保上的奏疏。西漢末年，出現一種讖緯之學。東漢初，光武帝劉秀將其作爲統治工具，使之大爲流行。然讖緯之學内容空疏荒誕，故當時就有一些有識之士紛紛上疏反對，此疏即其中之一。

①重之以卜筮，雜之以九宫：卜筮：古代占卜，用龜甲稱卜，用筮草稱筮。九宫：古代易筮中的術語，即以離、艮、兑、乾、巽、震、坤、坎八卦之宫，加上中央，合爲九宫。

②燠（yù）：暖。

③巫覡（xí）：女巫爲巫，男巫爲覡。

④徵：驗證。

⑤夏侯勝：生卒年不詳。字長公，東平（今山東東平縣）人。西漢經學家，今文尚書學「大夏侯學」的開創者。少孤好學，從族父夏侯始昌學今文尚書。好洪範五行傳説。宣帝時立爲博士。曾任光禄大夫、太子太傅。喜以陰陽

災異推論時事得失。著作已佚，清陳喬樅輯有尚書歐陽夏侯遺説考，收入清續經解。

⑥眭(suī)孟：生卒年不詳，名弘，字孟，魯國蕃(今屬山東)人，昭帝時以明經為議郎。

⑦劉向父子領校秘書：劉向(約公元前七十七年—前六年)，字子政，沛(今江蘇沛縣)人，劉邦之弟楚元王劉交第四代孫。西漢經學家、目録學家、文學家。曾校閲群書，撰成别録，為中國目録學之祖。其少子劉歆(xīn)(公元前五〇年—公元二十三年)，字子駿，西漢經學家、數學家。在别録基礎上撰成七略。秘書：宫中所藏之書。

⑧九流：戰國時的九個學術流派，即儒、道、陰陽、法、名、墨、縱横、雜、農家。

⑨鯀(gǔn)：禹之父，相傳受命治水，不成，被殺。

⑩殛(jí)：誅殺。

⑪春秋讖：有關春秋的讖緯書。

⑫共工：傳説中的天神，與顓頊爭帝位，有頭觸不周山的故事。另一説法為：共工為堯的大臣，與驩兜、三苗、鯀並稱四凶，被堯流放幽州。

⑬黄帝：姓公孫，因居軒轅之丘，故號軒轅氏。敗炎帝於阪泉，殺蚩尤於涿鹿之野。蚩尤，古九黎族部落酋長。

⑭詩讖：有關詩經的讖緯書。

⑮春秋元命包：古緯書春秋緯中的一篇。公輸班：即魯班，戰國時著名的建築工匠。墨翟(dí)：即墨子，春秋、戰國之際的思想家、政治家，墨家學派的創始人。

⑯益州之置：益州，漢武帝時所置，轄境約為今四川折多山和云南怒山、哀牢山以東，甘肅武都和陝西秦嶺以南，湖北鄖縣、保康西北，及貴州大部地區。

⑰三輔：指西漢時期治理京畿地區的三個職官，即京兆尹、左馮翊、右扶風。

⑱諸陵：指三輔轄區内的漢帝諸陵。

⑲要（yāo）世取資：要挾世人以牟取資本。

⑳賈逵：字景伯，扶風平陵（今陝西咸陽）人，賈誼九世孫，東漢古文經學家。官至侍中。著經傳義詁及論難等。

㉑八十篇：東漢初年的讖緯篇數。一説八十一篇。

㉒河、洛：即河圖、洛書的簡稱。易、繫辭：「河出圖，洛出書，聖人則之。」傳説伏羲根據河圖、洛書畫成八卦，後漸發展爲周易。

㉓皮傳：指膚淺的附會。

㉔永元：東漢和帝年號（公元八九—一〇五年）。

㉕清河二句：宋景：和帝時的方士。曆紀：即曆記，日月運行軌道的分紀。玉版：刊刻文字的白石板。

㉖或者：被迷惑之人。或，通惑。

㉗永建復統：永建元年（一二六），順帝廢而復立。

㉘卦候：以六十四卦與節候相配。古代將一年分爲七十二候，一候爲五天，以草木鳥獸生長發展的狀況來命名這七十二候，表明一年氣候的變化。

㉙風角：古代以觀察風來卜吉凶的方法。後漢書郎顗傳注：「風角謂候四方四隅之風，以占吉凶也。」

㉚不占之書：指讖書。

㉛朱紫無所眩：古人認爲朱爲正色，紫爲雜色，二色相近，不易分清。此處比喻圖讖之以假亂真。眩：眼花。

（汝企和）

黨錮列傳序

孔子曰：「性相近，習相遠也。」言嗜惡之本同，而遷染之塗異也①。夫刻意則行不肆，牽物則其志流②。是以聖人導人理性，裁抑宕佚，愼其所與，節其所偏③。雖情品萬區，質文異數，至於陶物振俗，其道一也④。

叔末澆訛，王道陵缺，而猶假仁以效己，憑義以濟功⑤。舉中於理，則强梁褫氣；片言違正，則廝台解情⑥。蓋前哲之遺塵，有足求者⑦。

霸德既衰，狙詐萌起，彊者以決勝爲雄，弱者以詐劣受屈⑧。至有畫半策而綰萬金，開一說而錫琛瑞；或起徒步而仕執珪，解草衣而升卿相⑨。士之飾巧馳辯，以要能釣利者，不期而景從矣⑩。自是愛尚相奪，與時回變，其風不可留，其敝不能反⑪。

〔篇名簡介〕本篇是後漢書卷六十七黨錮列傳的序言。東漢後期，君道粃粃，朝政昏濁，外戚與宦官迭起執權，士大夫集團中的正直人物奮起抗爭，於是有被指爲朋黨，大加誅戮和禁錮之禍。本列傳具載黨錮中人物，序言則提示其來龍去脉，從中不僅可以看到當時宦官政治的糜爛腐敗和社會危機的加劇，而且可以明瞭漢末士大夫重名節之風崛然盛起的特殊歷史背景和傳統心理文化基礎。

①篇首所引孔子之語見論語陽貨。下二句是說：人的好惡本性原無差異，而隨時隨地習染變遷之途却不同。塗，

同「途」。

②此二句是說：約束自己的心意則行爲不放肆，爲物欲所牽制則其意志將流蕩忘返而無所歸。

③導人理性：引導人們理智處事。裁抑宕佚：抑制放蕩的行爲。宕佚，同「蕩逸」。慎其所與：謹慎其贊同或參與。節其所偏：節制其好惡偏向。

④情品萬區：性情種類千差萬別。質文異數：質樸或文采規律不一。陶物振俗：陶冶萬物，振興風俗。陶冶萬物，猶言按萬物生成發展的本來規律陶冶性情。道：途徑。

⑤以上是說：末世風俗浮薄僞詐，王道政治衰頽崩壞，而世人猶假借仁義以裝扮自己，成其功名。叔末，猶言末世，特指春秋時期。

⑥此二句是說：舉動合於義理，則强横之人也會爲之奪氣；片言背離正義，則賤役奴僕也會因此離心。褫（chǐ），奪。厮台，古時有地位之人對服雜役者的賤稱。

⑦此句是說：可見前代賢哲的遺風，尚有足可追求者。

⑧霸德既衰：指春秋五霸衰落之後。下述實指戰國時風氣。狙詐：詭詐。李賢註：「廣雅曰：『狙，獮猴也。』以其多詐，故比之也。」以詐劣受屈：因詐術拙劣而受屈辱。

⑨以上極言戰國策士僅靠貢獻一點小小的策略或主張，就得到諸侯國主極厚的賞賜，或至由平民而驟升至高官。畫，策劃。綰，繫。錫，同「賜」。琛瑞，珍寶。徒步、草衣（粗布衣），皆指平民身份。執珪，指高官身份。珪，玉質的圭板，古時朝臣參加朝會或祭祀禮儀則執之。

⑩要（yāo）能：博取能名。景從：同「影從」。

⑪愛尙相奪：猶言以私欲相爭鬭。回變：旋轉變化。留：止。敝、反：同「弊」、「返」。

及漢祖杖劒，武夫勃興，憲令寬賒，文禮簡闊①。緒餘四豪之烈，人懷陵上之心，輕死重氣，怨惠必讎，令行私庭，權移匹庶，任俠之方，成其俗矣②。自武帝以後，崇尚儒學，懷經協術，所在霧會，至有石渠分爭之論，黨同伐異之說，守文之徒，盛於時矣③。至王莽專僞，終於篡國，忠義之流，恥見纓紼，遂乃榮華丘壑，甘足枯槁④。雖中興在運，漢德重開，而保身懷方，彌相慕襲，去就之節，重於時矣⑤。逮桓、靈之間，主荒政謬，國命委於閹寺，士子羞與爲伍⑥。故匹夫抗憤，處士橫議，遂乃激揚名聲，互相題拂，品覈公卿，裁量執政，婞直之風，於斯行矣⑦。夫上好則下必甚，矯枉故直必過，其理然矣。若范滂、張儉之徒，清心忌惡，終陷黨議，不其然乎⑧！

①漢祖杖劒：指劉邦起兵反秦。代指楚漢相爭時期。杖，持。教：同「勃」。憲令寬賒，文禮簡闊：指其時法令、禮儀皆寬緩、簡疏。

②緒餘四豪之烈：續承戰國四公子（齊孟嘗、趙平原、魏信陵、楚春申）養士任俠之遺風。陵上：猶言犯上。讎：報。私庭：私門。任俠之方：仗義行俠的行爲方式。

③懷經協術：指知經典、通儒術之士。霧會：會集如霧聚雲合。石渠分爭：漢宣帝甘露三年（前五一），會集諸儒於朝廷收藏秘籍的石渠閣，討論五經異同，評議其是非，宣帝親臨裁決，以爲官方定論。黨同伐異：此指學術流

派的門户之爭。守文之徒：以尊孔讀經求仕進之人。自武帝置五經博士，官收弟子教學，定員五十人，此後博士弟子每朝皆有增加，成帝時曾一度多至三千人。當時凡能通一經之人，都可免去賦役。

④纓紼：帽帶和印繩。代指官爵。榮華丘壑，甘足枯槁：以栖身山林岩壑爲榮華，以飲食不給骨瘦如柴爲富足。並謂隱居而不願出仕王莽新朝。

⑤中興，重開：均指東漢政權的建立。保身懷方：但求身心自保，懷藏方略而不用。彌相慕襲：更互相企慕仿效。去就之節：不輕易出山爲官的氣節。去就，偏正詞組，義偏在「去」，即辭官。

⑥逮：及，到。主荒政謬：君主荒唐，朝政昏謬。國命：國家權柄。閹寺：宦官。士子：士大夫。

⑦處士横議：無官之人毫無顧忌地批評議論。激揚名聲：激發揚厲名士風聲。題拂（bì）：標榜提携。題，出以贊詞。拂，通「弼」，幫助，猶言提携。品覈：品評。覈，考核。裁量：亦品評之義。婞直：剛直。

⑧范滂、張儉：註見後。清心忌惡：心地高潔，疾惡如仇。

初，桓帝爲蠡吾侯①，受學於甘陵周福；及即帝位，擢福爲尚書②。時同郡河南尹房植有名當朝③，鄉人爲之謡曰：「天下規矩房伯武，因師獲印周仲進。」二家賓客，互相譏揣④，遂各樹朋徒，漸成尤隙。由是甘陵有南北部，黨人之議，自此始矣。

後汝南太守宗資任功曹范滂⑤，南陽太守成瑨亦委功曹岑晊⑥，二郡又爲謡曰：「汝南太守范孟博，南陽宗資主畫諾⑦；南陽太守岑公孝，弘農成瑨但坐嘯。」因此流言轉入太學，諸生三萬餘人，郭林宗、賈偉節爲其冠⑧，並與李膺、陳蕃、王暢更相褒重⑨。學中語曰：天下模楷李元禮，不畏强禦陳仲舉，天下俊秀王叔茂。」又渤海公族進階、扶風魏齊卿⑩，並危言深論，不隱豪强，自公卿以下，莫不畏其貶議，屣履到門⑪。

①蠡吾（Lí yú）：漢縣名，治今河北博野西南。漢桓帝即位前，曾承其父封爲蠡吾侯。

②周福：字仲進，甘陵（治今山東臨清東北）人。其事蹟僅見於此。

③房植：字伯武，清河（治今河北清河東南）人。順帝時爲少府。桓帝初遷河南尹，後官至司空。按：周福故籍甘陵在清河以南，漢桓帝時改清河國爲甘陵國，移治甘陵，故下文云周房二家之黨爲甘陵「南北部」。

④譏揣：譏諷和揣測。

⑤宗資：南陽（今屬河南）人。桓帝初爲汝南太守，後拜討寇中郎將，曾鎮壓泰山農民起義軍。范滂（一三七——一六九）：字孟博，汝南徵羌（今河南郾城東南）人。少有操行，舉孝廉。曾爲清詔使、光禄勳主事、太尉府掾，自劾去職。宗資請爲功曹史，在任抑制豪强，交結太學生，反對宦官專權。桓帝延熹末被捕，不久釋放，汝南、南陽士大夫驅車迎之者達數千輛。靈帝建寧初再次入獄，被殺。

⑥成瑨：字幼平，弘農（治今河南靈寶北）人。桓帝時爲南陽太守，後坐濫殺無辜被下獄處死。岑晊：字公孝，南陽棘陽（今河南新野東北）人。初爲太學生，有高才，與郭林宗等友善。後爲南陽功曹史，嚴懲富賈張汎等，殺二百餘人。旋因汎妻上訴，事被追究，乃逃亡於齊魯間，太守成瑨被殺。後遇赦復出，不應三府徵辟。及黨錮之禍起，逃死於江夏山中。

⑦畫諾：畫押批文書和點頭應諾。

⑧郭林宗（一二九—一六九）：即郭泰。（范曄避父諱祇稱其字，於林宗本傳則用「太」字）。泰字林宗，太原界休（今山西介休東南）人。初為太學生領袖，後知禍將起，遂歸鄉里，閉門教書，弟子以千數。黨錮之禍中竟得免。賈偉節：即賈彪。彪字偉節，潁川定陵（今河南舞陽北）人。少游京師，志節慷慨，為太學生領袖。出仕州郡，為新息長。及黨錮之禍起，毅然西入洛陽，說竇武、霍諝為黨人訟冤，使黨人得赦。後被禁錮，卒於家。

⑨李膺（一一〇—一六九）：字元禮，潁川襄城（今河南襄城）人。初為司徒掾，歷遷青州刺史、漁陽太守、蜀郡太守、護烏桓校尉、度遼將軍、河南尹等職。以懲治貪官著稱，曾兩次被免職，得士人崇敬。再徵司隸校尉，桓帝延熹末被宦官誣陷入獄，釋放後被禁錮終身。靈帝即位後復為長樂少府，因與陳蕃等謀誅宦官，事敗，死於獄中。陳蕃（?—一六八）：字仲舉，汝南平輿（今河南平輿北）人。初舉孝廉，除郎中，累遷至光祿勳，為勢家所譖，免歸。不久復出，桓帝延熹末官至太尉。反對宦官專權，為太學生所敬重。靈帝即位，為太傅，與外戚竇武等謀誅宦官，事敗，格鬭死。王暢（?—一六九）：字叔茂，山陽高平（今山東微山西北）人。初辟茂才，累遷尚書令，又屢典州郡。靈帝初官至司空，數月免，卒於家。

⑩公族進階：渤海（治今河北南皮東北）人。姓公族，名（或字）進階。生平未詳。魏齊卿：扶風（治今陝西興平東南）人。生平亦未詳。或說即魏杰，字齊卿，曾為皮氏長。

⑪屣履：穿鞋不提上鞋跟。形容走路急迫，趨之若鶩。

時河內張成善說風角①，推占當赦，遂教子殺人。李膺為河南尹②，督促收捕。既而逢宥獲免，膺愈懷憤疾，竟案殺之。初，成以方伎交通宦官，帝亦頗誶其占③。成弟子牢脩因上書誣告膺等養太學游士，交結諸郡生徒，更相驅馳，共爲部黨，誹訕朝廷，疑亂風俗。於是天子震恐，班下郡國④，逮捕黨人，布告天下，使同忿疾，遂收執膺等。其辭所連及，陳寔之徒二百餘人⑤。或有逃遁不獲，皆懸金購募，使者四出，相望於道。明年，尚書霍諝、城門校尉竇武並爲表請⑥，帝意稍解，乃皆赦歸田里，禁錮終身，而黨人之名猶書王府⑦。

①風角：古時觀風以占吉凶的方術。

②河南尹：資治通鑒作「司隸李膺」，當是。事在延熹末，時膺爲司隸校尉。

③誶（suì）：問。資治通鑒作「訊」。

④班：同「頒」，頒布命令。

⑤陳寔（一〇四—一八七）：字仲弓，潁川許（今河南許昌東）人。初仕州郡，曆太丘長。及黨錮禍起，自往請囚，遇赦出。性清静，晚年大將軍何進、司徒袁隗欲擢之高位，皆不從。卒於家，海内赴喪者三萬餘人。

⑥霍諝（xū）：字叔智，魏郡鄴（今河北臨漳西南）人。曆任金城太守、北海相、尚書僕射、河南尹、司隸校尉等職，以不畏權貴著稱。卒於廷尉任上。竇武（？—前一六八）：字游平，扶風平陵（今陝西咸陽西北）人。桓帝竇皇后之父。早年爲關西名士，桓帝末爲城門校尉。桓帝死，迎立靈帝，爲大將軍，執朝政。與陳蕃等謀誅宦官，事泄自殺。

⑦書王府：指記録在案。資治通鑒作「書名三府」。「三府」指太尉、司徒、司空府。

自是正直廢放，邪枉熾結，海内希風之流遂共相摽搒①，指天下名士為之稱號。上曰「三君」，次曰「八俊」，次曰「八顧」，次曰「八及」，次曰「八厨」，猶古之「八元」、「八凱」也②。竇武、劉淑、陳蕃為「三君」③，「君」者，言一世之所宗也。李膺、荀昱、杜密、王暢、劉祐、魏朗、趙典、朱寓為「八俊」④，「俊」者，言人之英也。郭林宗、宗慈、巴肅、夏馥、范滂、尹勳、蔡衍、羊陟為「八顧」⑤，「顧」者，言能以德行引人者也。張儉、岑晊、劉表、陳翔、孔昱、苑康、檀敷、翟超為「八及」⑥，「及」者，言其能導人追宗者也。度尚、張邈、王考、劉儒、胡毋班、秦周、蕃向、王章為「八厨」⑦，「厨」者，言能以財救人者也。

①希風：指仰慕黨人風節。摽搒：同「標榜」。

②八元、八凱：相傳上古顓頊有八才子曰八凱，帝嚳有八才子曰八元。當都是所屬部落的合稱。

③劉淑（？—一六八）：字仲承，河間樂成（今河北獻縣東南）人。早年隱居教授，桓帝永興中舉賢良方正，對策為天下第一。官至侍中、虎賁中郎將，曾上疏請罷宦官。靈帝即位後，宦官誣其與竇武串通謀反，被下獄，自殺。

④荀昱（？—一六九）：「昱」亦作「翌」。字伯條，潁川潁陰（今河南許昌）人。曾任越巂太守、沛相。初遭黨錮之禍下獄，出獄後助竇武等謀誅宦官，被殺。杜密（？—前一六九）：字周甫，潁川陽城（今河南登封東南）人。桓帝時歷官尚書令、河南尹、太僕，黨錮之禍中被免官，與李膺齊名，時稱「李杜」。及竇武等謀誅宦官事敗，被逼自殺。劉祐：字伯祖，中山安國（今河北安國東南）人。歷任揚州刺史、河東太守等職，不畏豪强。延熹中拜尚書

令，累轉河南尹、宗正、大司農，得罪宦官，論輸左校。遇赦出，復歷三卿，辭歸鄉里。靈帝初復為河南尹，旋黜歸，卒於家。魏朗：字少英，會稽上虞（今屬浙江）人。官至尚書、河內太守。竇武等死後，以黨人被急徵，中途自殺。趙典：字仲經，蜀郡成都（今四川成都）人。桓帝時歷官弘農太守、右扶風、大鴻臚、太僕、太常，因諫諍被免職。靈帝初為長樂少府、衛尉，病卒。朱寓（？—一七〇）：沛（治今安徽濉溪西北）人。桓帝末為尚書，靈帝初遷司隸校尉。為宦官侯覽所誣陷，死於獄中。

⑤宗慈：字孝初，南陽安衆（今河南鎮平東南）人。桓帝時舉孝廉，九辟公府，皆不就。後為脩武令，旋棄官去。卒於家。巴肅：字恭祖，渤海高城（今河北鹽山東南）人。曾任慎令、貝丘長，辭去。靈帝初為議郎，遭黨錮之禍，被禁錮。後被害。夏馥：字子治，陳留圉（今河南杞縣西南）人。性耿直，為豪姓所仇。黨錮之禍起，以名聲為宦官所憚，被誣為本郡黨魁。逃避追捕，剪須變形亡入山中，為人傭作，黨錮未解而卒。尹勳：字伯元，河南鞏（今屬河南）人。桓帝時累官尚書令，建謀誅外戚梁冀，封都鄉侯。後為河南太守，曾上書請釋黨錮。徵拜將作大匠，轉大司農。及竇武等謀誅宦官事敗，被下獄，自殺。蔡衍：字孟喜，汝南項（今河南沈丘）人。歷冀州刺史、議郎、符節令，因上表救南陽太守成瑨，被免官。靈帝初病卒。羊陟：字嗣祖，太山梁父（今山東新泰西）人。初辟太尉李固府，遷侍御史。因李固被殺，被禁錮多年。後復歷冀州刺史、虎賁中郎將、城門校尉、尚書令等職，屢奏劾貪吏、宦官。靈帝初為河南尹，涉黨事被免官禁錮，卒於家。

⑥張儉（一一五—一九八）：字元節，山陽高平（今山東微山西北）人。桓帝延熹末為東部督郵，因舉劾宦官侯覽，被通緝。逃亡途中，望門投宿，人多破家相容，因其留宿而被闔門抄斬者十餘家。及黨禁解，還鄉里，從此不言時政。獻帝建安初曾為廷尉，卒年八十四。劉表（一四二—二〇八）：字景升，與張儉同鄉貫。少有名望。獻帝

時為荊州牧，割據自保，曹操攻取荊州前病卒。陳翔：字子麟，汝南邵陵（今湖南邵陽）人。性剛直，歷任定襄太守、揚州刺史、御史中丞等職，屢參劾外戚、宦官。以黨錮事繫獄，無驗，被開釋，卒於家。孔昱：字元世，魯國魯（今山東曲阜）人。桓帝末遭禁錮，靈帝初拜議郎，補洛陽令，棄官去，卒於家。苑康：字仲真，渤海重合（今山東東陵西北）人。早年為太學生，後仕至太山太守，打擊豪强，為宦官侯覽所疾，被誣下獄，流放日南。後得羊陟等為之申訴，還本郡，卒於家。檀敷：「敷」或作「數」。字文有，山陽瑕丘（今山東兖州東北）人。少為諸生，後長期教授鄉里，不受徵辟。靈帝初曾以議郎補蒙令，不久辭官。年八十卒於家。翟超（？—一六九）：桓帝時為山陽太守，曾沒收侯覽財產。靈帝初被侯覽誣為黨人，死於獄中。

⑦度尚（一一七—一六六）：字博平，山陽湖陸（今山東魚台東南）人。早年為郡吏，後累歷荊州刺史、桂陽太守、遼東太守等職，多鎮壓少數民族起事及農民起義。張邈（？—一九五）：字孟卓，東平（今屬山東）人。少有俠名，曾任陳留太守。董卓之亂後起兵，先後依附袁紹、曹操。後叛曹操，被曹操破殺。王考：字文祖，東平壽張（今山東東平西南）人。曾任冀州刺史。劉儒（？—一六八）：字叔林，東郡陽平（今山東莘縣）人。桓帝時為侍中，上書言事，言辭忠切，帝不能納，出為任城相。旋拜議郎。靈帝初參與竇武謀誅宦官事，被下獄，自殺。胡毋班：字季友，泰山（治今山東泰安東南）人。靈帝時為侍御史。獻帝初官至執金吾，因受董卓派遣，勸解關東反董卓之兵，被袁紹所殺。秦周：字平王，陳留平丘（今河南封丘東）人。曾為北海相。靈帝初被誣下獄，死於獄中。蕃向：字嘉景，魯國（治今山東曲阜）人。靈帝初遭黨錮之禍，死於獄中。王章：即王璋。字伯儀，東萊曲城（今山東萊州東北）人。曾任少府。

又張儉鄉人朱並承望中常侍侯覽意旨①，上書告儉與同鄉二十四人別相署號，共爲部黨，圖危社稷：以儉及檀彬、褚鳳、張肅、薛蘭、馮禧、魏玄、徐乾爲「八俊」，田林、張隱、劉表、薛鬱、王訪、劉祗、宣靖、公緒恭爲「八顧」，朱楷、田槃、疏耽、薛敦、宋布、唐龍、嬴咨、宣褒爲「八及」②，刻石立墠③，共爲部黨，而儉爲之魁。靈帝詔刊章捕儉等④，大長秋曹節因此諷有司奏捕前黨⑤，故司空虞放⑥、太僕杜密、長樂少府李膺、司隸校尉朱寓、潁川太守巴肅、沛相荀昱、河內太守魏朗、山陽太守翟超、任城相劉儒、太尉掾范滂等百餘人皆死獄中，餘或先歿不及，或亡命獲免。自此諸爲怨隙者因相陷害，睚眦之忿，濫入黨中。又州郡承旨，或有未嘗交關亦離禍毒⑦，其死徙廢禁者六七百人。

①侯覽（？—一七二）：東漢宦官。山陽防東（今山東單縣東北）人。桓帝時爲中常侍，奸猾貪賊，受賄賂以巨萬計，延熹中因參與誅外戚梁冀而封侯。坐其兄侯參貪殘自殺而免官，不久又復官。靈帝初送母喪還家，大起墳塋，爲督郵張儉所奏，遂慫恿朱並誣儉等爲鈎黨，構成大獄。後代曹節爲長樂太僕，熹平初爲有司所奏，策收印綬，懼而自殺。

②以上所稱「八俊」、「八顧」、「八及」諸人，除張儉、劉表外，其餘生平事蹟皆僅見於本篇此載。

③刻石立墠：意同後世所稱刻碑立壇。墠（shàn），古代祭祀場所。爲祭祀而清除平整的場地叫墠，中間堆土爲高台建築叫壇。此處實指結盟場所而言。

④刊章：指删削朱並的奏章。不用其原文，而節略其主要內容下達，以便隱去上書者的姓名、身份等，使執行者不

知誰所奏。

⑤曹節(?—一八一):東漢宦官。字漢豐,南陽新野(今河南新野)人。初爲小黄門,桓帝時爲中常侍。及桓帝死,因迎立靈帝,使竇太后臨朝,遂爲大長秋(皇太后府總管)。後聞竇武、陳蕃等欲誅宦官,乃與朱瑀等矯詔發難,殺武、蕃等。官至尚書令,專横一時。

⑥虞放(?—一六九):字子仲,陳留東昏(今河南蘭考東北)人。桓帝時爲尚書,以參與謀誅外戚梁冀封侯。後由太常升任司空,疾惡宦官,遂爲所陷,與李膺等俱死於獄中。

⑦交關:交往。離:通「罹」,遭受。

熹平五年①,永昌太守曹鸞上書大訟黨人②,言甚方切。帝省奏,大怒,即詔司隸、益州檻車收鸞,送槐里獄掠殺之③。於是又詔州郡更考黨人門生故吏、父子兄弟,其在位者免官禁錮,爰及五屬④。光和二年⑤,上禄長和海上言:「禮,從祖兄弟别居異財,恩義已輕,服屬疎末⑥。而今黨人錮及五族,既乖典訓之文,有謬經常之法。」帝覽而悟之,黨錮自從祖以下,皆得解釋。中平元年⑦,黄巾賊起,中常侍吕彊言於帝曰⑧:「黨錮久積,人情多怨。若久不赦宥,輕與張角合謀,爲變滋大,悔之無救。」帝懼其言,乃大赦黨人,誅徙之家皆歸故郡。其後黄巾遂盛,朝野崩離,綱紀文章蕩然矣。

①熹平五年：即公元一七六年。熹平，漢靈帝年號。

②永昌：漢郡名，治不韋（今云南保山東北）。明帝時初置益州西部都尉，不久改爲郡。曹鸞事蹟僅見於此。訟：申冤。

③槐里獄：秦漢監獄名。槐里，漢縣名，治所在今陝西興平東南。東漢爲右扶風治所，其獄則由司隸管轄。

④爰及五屬：於是更及於五服以內的親屬。

⑤光和二年：即公元一七九年。光和，亦靈帝年號。

⑥服屬疎末：指同一個曾祖的兄弟之間，按族屬關係已是較疏遠的五服之末。疎，同「疏」。

⑦中平元年：即公元一八四年。中平，亦靈帝年號。

⑧呂彊（？—一八四）：東漢宦官。字漢盛，河南成皋（今河南滎陽西北）人。靈帝時爲中常侍，清忠奉公，曾堅辭都鄉侯爵。因建議解黨錮之禁，並核查刺史、二千石吏才能，威脅到諸常侍利益，中常侍趙忠等遂誣其與黨人共誹謗朝政。靈帝遣兵召之，他決計不對獄吏，乃自殺。

凡黨事，始自甘陵、汝南，成於李膺、張儉。海內塗炭二十餘年，諸所蔓衍，皆天下善士。三君、八俊等三十五人，其名蹟存者，並載科乎篇。陳蕃、竇武、王暢、劉表、度尚、郭林宗別有傳，荀昱附祖淑傳，張邈附呂布傳，胡毋班附袁紹傳。王考，字文祖，東平壽張人，冀州刺史；秦周，字平王，陳留平丘人，北海相；蕃向，字嘉景，魯國人；王璋，字伯儀，東萊曲城人，少府卿：位行並不顯。翟超，山陽太守，事在陳蕃傳，字及郡縣未詳。朱寓，沛人，與杜密等俱死獄中。唯趙典，名見而已。

（張富祥）

范滂傳

范滂字孟博，汝南征羌人也①。少厲清節②，爲州里所服，舉孝廉、光禄四行③。時冀州饑荒，盜賊群起，乃以滂爲清詔使，案察之④。滂登車攬轡，慨然有澄清天下之志。及至州境，守令自知臧汙⑤，望風解印綬去⑥。其所舉奏，莫不厭塞衆議⑦。遷光禄勳主事⑧。時陳蕃爲光禄勳⑨，滂執公儀詣蕃，蕃不止之，滂懷恨，投版棄官而去⑩。郭林宗聞而讓蕃曰⑪：「若范孟博者，豈宜以公禮格之⑫？今成其去就之名，得無自取不優之議也⑬？」蕃乃謝焉。

〔篇名簡介〕本篇選自後漢書卷六十七黨錮列傳。東漢後期桓帝、靈帝時，宦官專權，政治黑暗。部分封建士大夫對此强烈不滿，他們猛烈抨擊宦官集團。因此引起宦官們的仇視，兩興「黨錮之禍」，打擊和陷害重視「氣節」的士大夫。成爲東漢後期的重大曆史事件。范曄爲此在後漢書中專門設立了黨錮列傳，對二十一個「黨人」的事蹟作了介紹。范滂即其中之一。篇中不僅反映了「黨人」的氣節，也表現出作者對范滂的贊許和同情。

①汝南：漢郡名，東漢時治所在平輿(今河南平輿北)。征羌：汝南屬縣，在今河南漯河東。

②厲：通「勵」，勸勉。清節：指不慕名利、潔身自好的節操。少厲清節謂年輕時以清節自勉。

③孝廉：漢代選拔官吏的科目之一。光禄四行：光禄勳以四種品行標準選拔人才，即敦厚、質樸、遜讓、節儉。

④冀州：轄境相當今河北中南部、山東西端及河南北端，東漢時治所在高邑(今河北柏鄉北)。清詔使：皇帝派往

州郡宣達詔令、按察事件的使者。

⑤守令：冀州之郡守、縣令。臧汙：即贓污。臧通「贜」，汙爲「污」之異體。

⑥望風：猶言「聞風」。解印綬：丢棄官職。

⑦厭（yā）塞：壓倒，堵塞。

⑧光祿勳：官名，九卿之一。掌領宿衛侍從之官，光祿勳主事爲光祿勳屬官。

⑨陳蕃（？—一六八）：字仲舉，汝南平輿人。桓帝時，任太尉，與李膺等反對宦官專權，爲太學生所敬重。靈帝立，任太傅，與外戚竇武謀誅宦官，事泄，被殺。

⑩公儀：指屬下官員見上司的禮節。版：手版，笏，古時大臣上朝或屬下參見上官時用以記事。按當時屬下以公儀見上官時，上官當加以制止，以示客氣。蕃不止，故范滂懷恨，扔掉手版棄官而去。

⑪郭林宗：郭泰（一二八—一六九）之字。泰，太原介休（今山西介休）人。爲當時太學生首領，不就官府徵召，有名於世。後歸鄉里。「黨錮之禍」起，遂閉門教授，弟子達數千人。按後漢書作者范曄之父名「泰」，故避父諱祇稱郭泰之字。讓：責備。

⑫格：正。

⑬不優之議：不能禮賢下士的議論。優，優禮。

復爲太尉黃瓊所辟①。後詔三府掾屬舉謠言②，滂奏刺史、二千石權豪之黨二十餘人。尚書責滂所劾猥多③，疑有私故。滂對曰：「臣之所舉，自非叨穢姦暴④，深爲民害，豈以汙簡札哉⑤！間以會日迫促⑥，故先舉所急，其未審者⑦，方更參實。臣聞農夫去草，嘉穀必茂；忠臣除姦，王道以清。若臣言有貳，甘受顯戮。」吏不能詰。滂覩時方艱，知意不行，因投劾去⑧。

①辟：徵召。漢制，中央最高行政長官如三公，地方官如州牧、郡守，都可自行徵聘僚屬，稱「辟。」

②三府：太尉、司徒、司空的府署，合稱三府。三府掾屬，即三府的屬吏。舉謠言：謂搜集民間反映州郡官吏好壞和百姓疾苦的歌謠諺語，條奏皇帝。

③劾：揭發。此指所揭發的人。猥多：衆多。

④叨（tāo）穢：貪贓邪惡。

⑤簡札：古無紙，書於竹簡木札之上。此指揭發官吏罪行的文狀。汙簡札即弄臟簡札。

⑥間：近來。

⑦審：詳明。

⑧投劾：扔掉揭發官吏罪行的文狀。

太守宗資先聞其名①，請署功曹②，委任政事。滂在職，嚴整疾惡。其有行違孝悌，不軌仁義者③，皆埽迹斥逐④，不與共朝。顯薦異節⑤，抽拔幽陋⑥。滂外甥西平李頌⑦，公族子孫，而爲鄉曲所棄⑧，中常侍唐衡以頌請資⑨，資用爲吏。滂以非其人，寢而不召⑩。資遷怒，捶書佐朱零⑪。零仰曰：「范滂清裁⑫，猶以利刃齒腐朽⑬。今日寧受笞死，而滂不可違。」資乃止。郡中中人以下⑭，莫不歸怨，乃指滂之所用以爲「范黨」。

①宗資：南陽安衆（今河南鎮平東南）人，字叔都。時任汝南太守。

②署：代理、暫任或試充官職。功曹：漢代郡守下有功曹史，簡稱功曹。

③軌：遵循。

④埽迹：掃除足迹，示不與交往。埽，「掃」的本字。說文解字土部：「埽，棄也。從土從帚。」爲會意字。

⑤顯薦異節：表彰薦舉節操不平常之人。

⑥抽拔幽陋：選拔隱居和地位卑賤之人。

⑦西平：縣名。在今河南西平縣西。

⑧鄉曲：猶言鄉里。

⑨中常侍唐衡：中常侍，官名。秦、西漢時，本爲列侯至郎中的加官，侍從皇帝左右；東漢時，專用宦官充任，掌傳達詔令和處理文書。唐衡，桓帝時宦官，初爲小黃門，因與宦官單超、具瑗、徐璜、左悺合謀誅滅外戚梁冀，任中常侍，封汝陽侯。因專橫，人稱「唐兩墮」、「唐獨坐」。

⑩寢：止。

⑪捶：通「棰」，杖擊。書佐：主辦文書的佐吏。

⑫清裁：清正的決斷。

⑬齒：刻。

⑭中人：謂品行一般之人。

後牢脩誣言鉤黨①，滂坐繫黃門北寺獄②。獄吏謂曰：「凡坐繫皆祭皋陶③。」滂曰：「皋陶賢者，古之直臣。知滂無罪，將理之於帝④；如其有罪，祭之何益！」衆人由此亦止。獄吏將加掠考⑤。滂以同囚多嬰病⑥，乃請先就格⑦，遂與同郡袁忠爭受楚毒⑧。桓帝使中常侍王甫以次辨詰⑨，滂等皆三木囊頭⑩，暴於階下⑪。餘人在前，或對或否，滂、忠於後越次而進。王甫詰曰：「君爲人臣，不惟忠國，而共造部黨，自相褒舉，評論朝廷，虚搆無端⑫，諸所謀結，並欲何爲？皆以情對⑬，不得隱飾。」滂對曰：「臣聞仲尼之言，『見善如不及，見不善如探湯⑭。』欲使善善同其清，惡惡同其汙⑮，謂王政之所願聞，不悟更以爲黨⑯。」甫曰：「卿更相拔舉⑰，迭爲脣齒，有不合者，見則排斥，其意如何？」滂乃慷慨仰天曰：「古之循善，自求多福；今之循善，身陷大戮⑱。身死之日，願埋滂於首陽山側，上不負皇天，下不愧夷、齊⑲。」甫愍然爲之改容⑳。乃得並解桎梏㉑。

①牢脩：宦官黨羽張成的弟子。張成因縱子殺人，被李膺處死，故牢脩誣告李膺等人結爲部黨，誹訕朝廷。鉤黨：相牽引爲黨。鉤，「鈎」之異體字。

②坐繫：受牽連獲罪被關押。黃門北寺獄：當時由宦官掌管的監獄。

③皋陶（gāo yáo）：傳説中東夷族的領袖，曾任舜主管刑法的官，極其公正廉明。

④理：申辯，帝：謂天。

⑤掠考：拷打。考，通「拷」。

⑥嬰病：患病。嬰，被……纏繞。

⑦就格：接受拷打。格，擊，打。後漢書集解引惠棟曰：「高誘淮南子注云：『格，榜牀也』。」恐非。

⑧楚毒：指苦刑。

⑨以次辨詰：逐個審理。

⑩三木：頸、手、足皆加刑具。囊頭：以物蒙覆其頭。

⑪暴（pù）：同「曝」。曬。「曝」的初文作「㬥」，與凶暴之「暴」的初文「⿱日夲」形近。後均簡作「暴」。後曝曬之暴又加「日」旁。

⑫搆：「構」之異體字。無端：無從產生之事。

⑬情：實。

⑭見善句：出自論語季氏。原文爲「見善如不及，見不善如探湯。」意謂見到善如同追不上（要努力去追）；見到惡如同手摸開水（馬上避開）。

⑮善善同其清：贊揚美善如同愛好清潔。惡惡同其汙：痛恨邪惡如同討厭污濁。

⑯不悟：不明白。

⑰更相拔舉：互相提拔舉薦。

⑱大戮：死刑。

⑲首陽山：在洛陽東北。夷、齊：伯夷、叔齊，商末孤竹君之二子。父死，二人互讓君位，皆逃至周。武王伐紂時，二人攔阻車馬勸諫。武王滅商後，他們又逃避到首陽山，不食周粟而死。

⑳愍：哀憐。改容：改變臉色。

㉑桎梏：刑具，在足曰桎，在手曰梏。

滂後事釋，南歸。始發京師，汝南、南陽士大夫迎之者數千兩①。同囚鄉人殷陶、黃穆，亦免俱歸，並衛侍於滂，應對賓客。滂顧謂陶等曰：「今子相隨，是重吾禍也。」遂遁還鄉里。

①兩：同「輛」。

初，滂等繫獄，尚書霍諝理之。及得免，到京師，往候諝而不為謝①。或有讓滂者。對曰：「昔叔向嬰罪，祁奚救之，未聞羊舌有謝恩之辭，祁老有自伐之色②。」竟無所言。

①候：問候。

②昔叔向四句：春秋時，晉叔向因其弟羊舌虎犯法被囚，祁奚聞之往救，叔向得免。祁奚不見叔向而歸，叔向亦不道謝。事詳見左傳襄公二十一年。叔向：晉大夫羊舌肸之字。祁奚：晉大夫，字黃羊，當時已告老。自伐：自

誇功勢。

建寧二年①，遂大誅黨人，詔下急捕滂等。督郵吳導至縣②，抱詔書，閉傳舍③，伏牀而泣。滂聞之，曰：「必爲我也。」即自詣獄。縣令郭揖大驚，出解印綬，引與俱亡。曰：「天下大矣，子何爲在此？」滂曰：「滂死則禍塞，何敢以罪累君，又令老母流離乎！」其母就與之訣。滂白母曰：「仲博孝敬④，足以供養，滂從龍舒君歸黃泉⑤，存亡各得其所。惟大人割不可忍之恩，勿增感戚。」母曰：「汝今得與李、杜齊名⑥，死亦何恨！既有令名⑦，復求壽考⑧，可兼得乎？」滂跪受教，再拜而辭。顧謂其子曰：「吾欲使汝爲惡，則惡不可爲；使汝爲善，則我不爲惡⑨。」行路聞之，莫不流涕。時年三十三。

①建寧：漢靈帝年號。建寧二年當一九六年。
②督郵：官名。漢代各郡的重要屬吏，代表太守督察縣鄉，宣達教令，兼司獄訟捕亡等事。
③傳（zhuàn）舍：驛舍。
④仲博：范滂弟。
⑤龍舒君：范滂父。滂父顯，曾任龍舒侯相，已亡。
⑥李、杜：指李膺、杜密。李膺，字元禮，潁川襄城（今屬河南）人。桓帝時任司隸校尉，反對宦官專權，被太學生稱爲「天下楷模李元禮。」延熹九年（一六六）被逮入獄。釋放後禁錮終身。靈帝立，外戚竇武執政，又被起用爲長

樂少府，與陳蕃等謀誅宦官失敗，死獄中。杜密，字周甫，潁川陽城（今河南登封東南）人。桓帝時，官至太僕，以黨錮之禍免官。與李膺齊名，時稱李杜。靈帝時，陳蕃輔政，他復爲太僕，黨錮事再起，自殺。

⑦令名：好名聲。

⑧壽考：猶言高壽。

⑨我不爲惡：意謂我不爲惡而竟至此地步，不知讓你如何是好。

論曰：李膺振拔汙險之中①，蘊義生風②，以鼓動流俗③，激素行以恥威權④，立廉尚以振貴埶⑤，使天下之士奮迅感槩⑥，波蕩而從之，幽深牢破室族而不顧，至於子伏其死而母歡其義。壯矣哉！子曰：「道之將廢也與！命也⑦！」

①李膺句：後漢書集解引惠棟曰：「膺以弛刑徒再遷司隸校尉也。」據李膺傳，膺任河南尹時，原北海郡守宛陵大姓羊元群罷歸，贓罪狼籍。膺上表欲按其罪，元群行賂宦官，膺反坐罰送左校作苦工。司隸校尉應奉上疏爲之申辯，乃免其刑。膺再遷司隸校尉。振拔：舉擢。汙險：勞苦險惡，指苦工。

②蘊義生風：蘊蓄道義，樹立風氣。

③鼓動：激勵。

④素行：平素的品行。

⑤振：振懾。埶：同「勢」。

⑥感槩：感慨。槩，通「慨」。

⑦子曰句：語出論語憲問篇。意謂：我的主張將要廢棄嗎，這是由命運決定的。

（梁方健）

逸民列傳序

易稱「遯之時義大矣哉①」。又稱「不事王侯，高尚其事②。」是以堯稱則天，不屈潁陽之高③；武盡美矣，終全孤竹之絜④。自茲以降，風流彌繁⑤，長往之軌未殊⑥，而感致之數匪一⑦。或隱居以求其志，或回避以全其道，或淨己以鎮其躁，或去危以圖其安，或垢俗以動其槩⑧，或疵物以激其清⑨。然觀其甘心畎畝之中，憔悴江海之上，豈必親魚鳥樂林草哉，亦云性分所至而已⑩。故蒙恥之賓，屢黜不去其國⑪；蹈海之節，千乘莫移其情⑫。適使矯易去就，則不能相爲矣⑬。彼雖硜硜有類沽名者⑭，然而蟬蛻囂埃之中，自致寰區之外⑮，異夫飾智巧以逐浮利者乎！荀卿有言曰，「志意脩則驕富貴，道義重則輕王公」也⑯。

〔篇名簡介〕逸民列傳載於後漢書卷八十三，是專爲一批崇尚名節、避世隱居的人所立的類傳。本篇選文爲該傳的序。

①遯之時義大矣哉：語出周易遯卦彖辭。意謂遯卦所含的退隱以時之義，其意義甚大。遯（dùn），退隱。

②不事王侯二句：周易蠱卦上九爻辭。

③則天：效法天。論語泰伯：「唯天爲大，唯堯則之。」潁陽：指古代隱士巢父和許由。相傳巢、許隱居潁水之北，堯把君位讓給他們，他們均不接受。

④武盡美矣：論語八佾有「武盡美矣」句，武是周武王時樂曲名，此則指武王。孤竹：指商末孤竹君二子伯夷和叔齊。二人在父死之後，因互讓君位，皆逃至周。武王起兵伐商，他們攔車馬勸阻。商滅後，二人逃避到首陽山，不食周粟而死。絜，「潔」的異體字。

⑤風流彌繁：風氣更盛。風流，遺風。此指退隱不仕的風氣。

⑥長往之軌未殊：謂長期以來所遵循的道路没有不同。

⑦感致之數匪一：謂何所感而致此的原因不一。匪，通「非。」

⑧垢俗以動其槩：憤世俗污垢而樹立節操。

⑨疵物以激其清：非議世間事物以激勵高潔。

⑩性分：天性。

⑪蒙耻之賓二句：指春秋時魯國大夫柳下惠，多次被貶黜，仍不離開魯國。

⑫蹈海之節二句：指戰國時齊國策士魯仲連。史記魯仲連列傳載：秦圍趙，魏派辛垣衍讓趙尊秦爲帝，以退秦軍。時魯仲連在趙，見辛垣衍説：「如果秦國稱帝，我將蹈東海而死。」又載，魯仲連助齊將田單收復被燕國占領的聊城，田單欲使齊封魯仲連爵位，魯仲連逃隱於海上。千乘，指爵位、封地。

⑬適使矯易去就二句：謂假如强易魯仲連、柳下惠的去留之志，則不能做到。

⑭硜硜(kēng):固執貌。沽名:求取虛名。
⑮蟬蛻囂埃之中:蟬從囂塵中脱殼而出。比喻擺脱污染。寰區:猶言寰宇,世界。
⑯引文見荀子修身篇。

漢室中微,王莽篡位,士之藴藉義憤甚矣①。是時裂冠毁冕②,相携持而去之者,蓋不可勝數。楊雄曰:「鴻飛冥冥,弋者何篡焉③。」言其違患之遠也。光武側席幽人④,求之若不及,旌帛蒲車之所徵賁⑤,相望於岩中矣⑥。若薛方、逢明聘而不肯至⑦,嚴光、周黨、王霸至而不能屈⑧。群方咸遂⑨,志士懷仁,斯固所謂「舉逸民天下歸心」者乎⑩!肅宗亦禮鄭均而徵高鳳⑪,以成其節。自後帝德稍衰,邪蘖當朝,處子耿介⑫,羞與卿相等列,至乃抗憤而不顧,多失其中行焉⑬。蓋録其絶塵不反⑭,同夫作者⑮,列之此篇。

①藴藉:蓄積。
②裂冠毁冕:冠冕爲仕宦之服。裂毁冠冕示絶意仕途。
③楊雄:一作揚雄,字子云。西漢哲學家、文學家、語言學家。引文見揚雄法言問明篇。冥冥,高遠。弋者,原文作「弋人」,射鳥之人。篡,取。二句謂鴻雁飛得很高,射鳥者無所施其技獲取。喻賢者隱退不遭禍害。
④側席:不正坐,以待賢良。幽人:隱士。

⑤旌帛蒲車之所徵賁：古代徵聘民間人才，致送束帛，表示旌賢；所用之車用蒲車裹輪，以便安穩，都是表示對賢者的禮遇。周易賁卦六五：「賁於丘園，束帛戔戔。」賁作飾講。此徵賁二字連用，當徵聘講。

⑥岩中：山岩之中，喻隱士隱居之處。

⑦薛方：西漢末人，曾爲郡掾祭酒。王莽時以安車迎方，辭。劉秀即位徵之，道病卒。逢萌：字子康，北海都昌（今山東昌邑西）人，東漢初入嶗山養志修道，劉秀多次徵聘，終不肯至。逸民列傳載其事。

⑧嚴光：一名遵，字子陵。會稽余姚（今浙江余姚）人。曾與劉秀同學。劉秀即位，他變易姓名，隱居不現。强召至洛陽，授諫議大夫，不受。後歸隱於富春山。逸民列傳載其事。周黨：字伯況，太原廣武（今山西代縣西南）人。東漢建武年間徵爲議郎，以病去職。復被徵，向劉秀陳説願守不仕之志，得到允許。逸民列傳載其事。王霸：字儒仲，太原廣武人。建武年間，徵到尚書，拜稱名，不稱臣。後以病歸隱居，連徵不至。

⑨群方咸遂：萬方皆遂心意。

⑩舉逸民句：語出論語堯曰篇。意謂提拔被遺落的人才，天下之人就會心悦誠服的歸附。

⑪肅宗：漢章帝劉炟。鄭均：字仲虞，任城（今山東濟寧）人。兄爲縣吏，常受賄賂，均出而爲傭，得錢帛與兄，勸之使廉。後養寡嫂孤兒，恩禮敦至。朝廷累徵不就。章帝建初六年，以公車特徵爲尚書，後稱病歸。章帝東巡至其家，賜尚書俸禄終其身，時號「白衣尚書」。高鳳：字文通，南陽葉（今河南葉縣）人。建初中，將作大匠任隗舉鳳直言，到公車，託病逃歸，隱身漁釣。逸民列傳載其事。

⑫處子：處士、隱士。耿介：正直。

⑬中行：中庸之道。失中行謂偏激。

⑭絶塵不反：越絶塵俗而不返。
⑮作者：論語憲問篇：「子曰：『賢者辟(同避)世，其次辟地，其次辟色，其次辟言。』子曰：『作者七人矣。』」作者指這樣做的人。此則借指隱居不仕的人。

(梁方健)

三國志

讓縣自明本志令

孤始舉孝廉①，年少②，自以本非岩穴知名之士③，恐為海內人之所見凡愚④，欲為一郡守，好作政教，以建立名譽，使世人明知之；故在濟南⑤，始除殘去穢⑥，平心選舉⑦，違忤諸常侍⑧。以為彊豪所忿，恐致家禍，故以病還⑨。

〔三國志簡介〕三國志，西晉陳壽撰。六十五卷，其中魏書三十卷、蜀書十五卷、吴書二十卷。為紀傳體三國史，但僅有紀、傳而無表志。書中以魏為正統，對魏君稱帝，叙入紀中；吴、蜀之君則稱主，叙入傳中。

作者陳壽(二三三—二九七)，字承祚，巴西安漢(今四川南充)人。初仕於蜀，蜀亡後入晉為官。晉統一後，開始搜集魏、蜀、吴三國史料，歷時十年，撰成此書。

三國志取材嚴謹，文筆簡潔，記事較真實，故書成之後，頗得時人好評。但書中叙事簡略，對一些重要歷史事件及人物事蹟，語焉不詳，甚至遺漏；對曹魏亦有所回護，乃其缺陷。

由於三國志記事過於簡略，南朝宋文帝命裴松之為作補註。裴註引書達二百餘種，註文字數超過正文。除少數文字上的解釋外，絶大部分為補充缺漏，備載異説，矯正謬誤，辨明是非，並對史家和著作予以評論。所引各書今多已亡佚，賴裴註部分得以保存。因此裴註對研究三國歷史，與三國志具有同樣重要價值。

近人盧弼亦兼採各家研究成果，撰有三國志集解一書。

本書選文據中華書局一九八二年版三國志。

〔篇名簡介〕本篇選自三國志卷一武帝紀裴松之註引魏武故事。曹操的這篇令文發布於漢獻帝建安十五年（二一○）十二月。曹操在令文中，借退還漢獻帝封給他的三個縣之機，概述了自己生平抱負的變化，可看作他五十五歲前的自傳。

①孤：古代侯王對自己的謙稱。當時曹操任丞相，封武平侯，故稱孤。

②年少：曹操二十歲時被舉為孝廉，故稱年少。

③岩穴知名之士：隱居不仕而又有名望的人。岩穴，山洞。此喻隱居。

④恐為句：謂擔心自己被世人看作平凡無知的人。

⑤在濟南：漢靈帝光和末年，曹操曾遷任濟南相。濟南，東漢的王國之一，治所在東平陵（今山東章丘西）。

⑥除殘去穢：清除殘暴污穢。曹操任濟南相時，曾奏免阿附貴戚，貪贓枉法的長吏八人，並禁止淫祀，故曰除殘去

穢。

⑦平心選舉：以公平之心選拔舉薦人才。

⑧常侍：見本書所選後漢書范滂傳第三段註⑨。

⑨以病還：以病爲由，辭官還鄉。

去官之後，年紀尚少①，顧視同歲中②，年有五十，未名爲老。內自圖之，從此卻去二十年③，待天下清，乃與同歲中始舉者等耳④。故以四時歸鄉里⑤，於譙東五十里築精舍⑥，欲秋夏讀書，冬春射獵，求底下之地⑦，欲以泥水自蔽⑧，絕賓客往來之望，然不能得如意。後徵爲都尉⑨，遷典軍校尉⑩，意遂更欲爲國家討賊立功，欲望封侯作征西將軍，然後題墓道言「漢故征西將軍曹侯之墓⑪」，此其志也。

①年紀尚少：曹操辭官時約三十歲。

②同歲：同年被舉爲孝廉的人。

③卻去：再過。

④乃：才。始舉者：指五十歲才舉爲孝廉者。

⑤四時：盧弼三國志集解疑爲「是時」之誤。

⑥譙：縣名，在今安徽亳縣。曹操的原籍。精舍：亦稱精廬，講學讀書的房屋。

⑦底下之地：指不引下注意的地方。

⑧以泥水自蔽：指在鄉村隱居。

⑨都尉：掌管一郡軍事之官。

⑩典軍校尉：漢靈帝時所建的「西園軍」八校尉之一，是中央禁軍的高級軍官，位僅次於將軍。曹操遷典軍校尉在漢靈帝中平五年（一八八），時三十四歲。

⑪墓道：墓室前的甬道。此指墓道中的墓碑。

而遭值董卓之難，興舉義兵①。是時合兵能多得耳，然常自損，不欲多之；所以然者，兵多意盛，與彊敵爭，倘更爲禍始②。故汴水之戰數千③，後還揚州更募，亦復不過三千人，此其本志有限也。後領兗州，破降黃巾三十萬衆④。又袁術僭號於九江⑤，下皆稱臣，名門曰建號門，衣被皆爲天子之制，兩婦預爭爲皇后。志計已定，人有勸術遂即帝位，露布天下⑥，答言「曹公尚在，未可也」。後孤討禽其四將⑦，獲其人衆，遂使術窮亡解沮⑧，發病而死。及至袁紹據河北⑨，兵勢彊盛，孤自度勢，實不敵之，但計投死爲國，以義滅身，足垂於後。幸而破紹⑩，梟其二子⑪。又劉表自以爲宗室⑫，包藏姦心，乍前乍卻⑬，以觀世事，據有當州⑭，孤復定之⑮，遂平天下。身爲宰相，人臣之貴已極，意望已過矣。今孤言此，若爲自大，欲人言盡，故無諱耳。設使國家無有孤，不知當幾人稱帝，幾人稱王。

①董卓之難：董卓（？—一九二），字仲穎，隴西臨洮（今甘肅岷縣）人。本為凉州豪强，靈帝時任并州牧。靈帝死，外戚何進與袁紹謀誅宦官，召董卓進京。卓率軍入洛陽後，廢少帝，立獻帝，專斷朝政，引起各地軍閥的反對。

②倘更為禍始：或許會又成為禍難的開始。

③汴水之戰數千：漢獻帝初平元年（一九〇），曹操與董卓將徐榮戰於滎陽汴水（今河南滎陽西南），操為流矢所傷，軍隊損失嚴重。時操軍僅五千人。

④後領兖州：初平三年（一九二），青州黄巾百萬人攻入兖州。殺刺史劉岱，兖州官吏推舉曹操權領兖州牧。這年冬，曹操領兵鎮壓了這支黄巾軍，收編其餘部三十多萬，並選拔精鋭組成「青州兵」。曹操勢力由此强盛。

⑤袁術僭號於九江：袁術（？—一九九）字公路，汝南汝陽（今河南商水西南）人。初為虎賁中郎將，董卓專權，他逃亡南陽，據有其地。後遭曹操和袁紹攻擊，率餘衆割據揚州。建安二年（一九七），在壽春稱帝，後為曹操所破，病死。僭號，盗用天子名號。九江，郡名，治所在壽春（今安徽壽縣）。

⑥露布：宣布。

⑦討禽其四將：建安二年（一九七）秋，袁術攻陳（今河南淮陽），曹操出兵應戰。袁術棄軍走，留橋蕤、李豐、梁綱、樂就四將禦操，為操擊敗斬殺。禽，同「擒」。

⑧窮亡解沮：窮困敗亡，瓦解崩潰。

⑨袁紹據河北：袁紹（？—二〇二），字本初，袁術族兄，初為司隸校尉。董卓專權，紹逃奔冀州，起兵討卓。後據有冀、青、幽、并四州，成為當時北方勢力最强的割據力量。河北，泛指黄河以北地區。

⑩幸而破紹：建安五年（二〇〇），曹操與袁紹戰於官渡（今河南中牟東北），曹操利用袁軍輕敵無備，發動奇襲，殲滅了袁軍主力，創造了歷史上以少勝多，以弱克强的著名戰例。

⑪梟其二子：袁紹死後，其子袁譚、袁尚為爭冀州相互攻戰。譚敗，求救於曹操。曹出兵救助，尚退軍。後譚叛曹，建安十年被曹攻殺。不久，曹又敗尚。尚逃奔遼東，建安十二年，被太守公孫康所殺，將其頭送給曹操。梟：懸首示衆。

⑫劉表（一四二—二〇八）字景升，山陽高平（今山東微山西北）人。為西漢魯恭王劉余後裔。東漢末任荆州牧，是較大的割據勢力。

⑬乍前乍卻：忽進忽退。官渡之戰時，袁紹求劉表相助，表雖答應卻未出兵。有人勸他歸附曹操，他派人前去觀望虛實，但未表態。卻，「却」的異體字。退。

⑭當州：本州，指荆州。

⑮孤復定之：建安十三年七月，曹操南征劉表。八月，表卒，其子劉琮降操。

或者人見孤强盛，又性不信天命之事，恐私心相評，言有不遜之志①，妄相忖度，每用耿耿②。齊桓、晉文所以垂稱至今日者，以其兵勢廣大，猶能奉事周室也。論語云「三分天下有其二，以服事殷，周之德可謂至德矣③。」夫能以大事小也。昔樂毅走趙④，趙王欲與之圖燕，樂毅伏而垂泣，對曰：「臣事昭王，猶事大王；臣若獲戾⑤，放在他國⑥，没世然後已，不忍謀趙之徒隸，况燕後嗣乎！」胡亥之殺蒙恬也⑦，恬曰：「自吾先人及至子孫，積信於秦三世矣⑧；今臣將兵三十餘萬，其勢足以背叛，然自知必死而守義者，不敢辱先人之教以忘先王也。」孤每讀此二人書，未嘗不愴然流涕也。孤祖父以至孤身，皆當親重之任⑨，可謂見信者矣，以及子桓兄弟⑩，過於三世矣。孤非徒對諸君説此也，常以語妻妾，皆令深知此意。孤謂之言：「顧我萬年之後⑪，汝曹皆當出嫁，欲令傳道我心，使他人皆知之。」孤此言皆肝鬲之要也⑫。，所以勤勤懇懇叙心腹者，見周公有金縢之書以自明⑬，恐人不信之故。

①不遜之志：不恭順的想法。指代漢自立爲帝的野心。

②每用耿耿：常因此心中不安。

③三分天下有其二：語見論語泰伯，是孔子贊美周文王的話。説文王有天下的三分之二，仍然臣服於殷，周的德可以説是最高的德。

④樂毅走趙：樂毅，戰國時燕國名將。燕昭王時率軍攻齊，連下七十餘城。昭王死，惠王即位，中了齊將田單的反間計，奪取樂毅兵權。樂毅恐留燕被害，逃奔趙國。

⑤獲戾：得罪。

⑥放：放逐。

⑦蒙恬（？—二一〇）：秦始皇時名將。秦統一後，曾率兵三十餘萬抵禦匈奴，修築長城。始皇死，二世胡亥矯造始皇遺詔，令蒙恬自殺。

⑧三世：指蒙恬祖父鶩、父武和蒙恬本人，三代皆爲秦名將。

⑨孤祖父二句：曹操祖父曹騰，桓帝時任中常侍、大長秋，封費亭侯；操父曹嵩（曹騰養子），靈帝時任太尉。時操

任丞相，故云皆當親重之位。

⑩子桓：曹操世子曹丕的字，即後來的魏文帝。

⑪萬年：死的諱稱。

⑫肝鬲之要：肺腑之言。鬲，同「膈」，體内胸腔和腹腔的隔膜。肝鬲猶言肺腑，内心。

⑬金縢之書：今文尚書金縢篇載，周武王有病，周公禱於先王，請以身代。禱畢，將禱辭放入金縢（櫃名）。武王死，成王年幼，周公輔政。管叔等流言周公將謀害成王，周公避居東都。後成王於櫃中發現禱辭，知其忠貞，乃迎歸。

然欲孤便爾委捐所典兵衆以還執事①，歸就武平侯國②，實不可也。何者？誠恐己離兵爲人所禍也。既爲子孫計，又己敗則國家傾危，是以不得慕虚名而處實禍，此所不得爲也。前朝恩封三子爲侯③，固辭不受，今更欲受之，非欲復以爲榮，欲以爲外援，爲萬安計。孤聞介推之避晋封④，申胥之逃楚賞⑤，未嘗不舍書而嘆，有以自省也。奉國威靈，仗鉞征伐，推弱以克彊，處小而禽大，意之所圖，動無違事，心之所慮，何向不濟，遂蕩平天下，不辱主命，可謂天助漢室，非人力也。然封兼四縣⑥，食户三萬，何德堪之！江湖未静，不可讓位；至於邑土，可得而辭。今上還陽夏、柘、苦三縣户二萬，但食武平萬户，且以分損謗議，少減孤之責也。

①便爾：立即。委捐：放棄。執事：朝廷有關官員。

②武平侯國：曹操的封地。建安元年（一九六）曹操被封為武平侯。武平，縣名，在今河南鹿邑西北。

③恩封三子為侯：三子，指曹植、曹據、曹豹，此令發布的次年正月，均被封侯。但據此令可知，在這以前朝廷已有成命。

④介推之避晉封：介推亦作介子推或介之推，春秋時晉人，曾隨晉文公流亡國外十九年。文公回國即位後，遍賞從亡諸臣，而未及介推。介推亦不言己功，與其母隱居於綿山。

⑤申胥之逃楚賞：申胥即申包胥，春秋時楚國貴族。楚昭王十年，吳師攻破楚國，他到秦求救，在宮廷痛哭七晝夜，使秦發兵，恢復了楚室。昭王返國賞賜功臣，申包胥稱「吾為君非為身也」，不肯居功而逃賞。

⑥四縣：指曹操的封地武平、陽夏（今河南太康）、柘（zhè，今河南柘城北）、苦（今河南鹿邑東）。

（梁方健）

諸葛亮傳（節選）

諸葛亮字孔明，琅邪陽都人也①。漢司隸校尉諸葛豐後也。父珪，字君貢，漢末為太山郡丞②。亮早孤，從父玄為袁術所署豫章太守③，將亮及亮弟均之官④。會漢朝更選朱皓代玄，玄素與荊州牧劉表有舊⑤，往依之。玄卒，亮躬畊隴畝⑥，好為梁父吟⑦。身長八尺，每自比於管仲、樂毅⑧，時人莫之許也。惟博陵崔州平、潁川徐庶元直與亮友善⑨，謂為信然。

〔篇名簡介〕本篇節選自三國志卷三十五蜀書五。選文中較爲詳細地介紹了諸葛亮四十七歲以前的事蹟。

①琅邪（yá）：東漢封國，治所在開陽（今山東臨沂北）。陽都：縣名，在今山東沂水南。

②太山：即泰山，郡名，治所在今山東泰安東。郡丞：太守之副手。

③署：代理。此指委任。豫章：郡名。治所在南昌。

④將：帶領。

⑤荆州牧劉表：見前篇註。

⑥畊：「耕」的異體字。從田，與耕從「耒」（農具）均爲意符。亮未輔佐劉備前，隱居於湖北襄陽西隆中，耕作自給。

⑦梁父吟：古歌謠名，亦作梁甫吟。梁甫本山名，在泰山下。

⑧管仲（?—前六四五）：名夷吾，字仲。春秋時人，曾輔佐齊桓公進行改革，創立霸業。樂毅：見前篇註。

⑨博陵：郡名，治所在博陵（今河北蠡縣南）。潁川：郡名，治所在陽翟（今河南禹縣）。徐庶元直：徐庶，字元直。

時先主屯新野①。徐庶見先主，先主器之，謂先主曰：「諸葛孔明者，卧龍也②，將軍豈願見之乎？」先主曰：「君與俱來。」庶曰：「此人可就見，不可屈致也。將軍宜枉駕顧之。」由是先主遂詣亮，凡三往，乃見。因屏人曰③：「漢室傾頽，姦臣竊命④，主上蒙塵⑤。孤不度德量力，欲信大義於天下⑥，而智術短淺，遂用猖獗⑦，至於今日，然志猶未已。君謂計將安出？」亮答曰⑧：「自董卓已來，豪杰並起，跨州連郡者不可勝數。曹操比於袁紹，則名微而衆寡，然操遂能克紹，以弱爲强者，非惟天時，抑亦人謀也。今操已擁百萬之衆，挾天子而令諸侯，此誠不可與爭鋒。孫權據有江東，已歷三世⑨，國險而民附，賢能爲之用，此可以爲援而不可圖也。荆州北據漢、沔，利盡南海，東連吴、會，西通巴、蜀，此用武之國，而其主不能守，此殆天所以資將軍，將軍豈有意乎？益州險塞⑩，沃野千里，天府之土，高祖因之以成帝業⑪。劉璋闇弱⑫，張魯在北⑬，民殷國富而不知存恤，智能之士思得明君。將軍既帝室之胄⑭，信義著於四海，總攬英雄，思賢若渴，若跨有荆、益，保其岩阻，西和諸戎，南撫夷越，外結好孫權，内脩政理；天下有變，則命一上將將荆州之軍以向宛、洛⑮，將軍身率益州之衆出於秦川⑯，百姓孰敢不簞食壺漿以迎將軍者乎⑰？誠如是，則霸業可成，漢室可興矣。」先主曰：「善！」於是與亮情好日密。關羽、張飛等不悦，先主解之曰：「孤之有孔明，猶魚之有水也。願諸君勿復言。」羽、飛乃止。

①先主：指劉備。新野：縣名，在今河南新野。

②卧龍：裴松之注引襄陽記曰：劉備訪世事於司馬德操。德操曰：「儒生俗士，豈識時務？識時務者在乎俊杰。此間自有伏龍、鳳雛。」備問爲誰，曰：「諸葛孔明、龐士元也。」

③屏（bǐng）人：使人退下。

④姦臣竊命：姦臣指曹操。竊命，指竊奪國家權柄。當時曹操「挾天子以令諸侯」，故説他竊命。

⑤主上蒙塵：天子遭難出奔稱蒙塵。此指漢獻帝被曹操挾迫遷到許昌事。

⑥信：同「伸」。

⑦猖獗：覆敗。
⑧亮答曰：以下即著名的「隆中對」。
⑨三世：指孫權父孫堅、兄孫策及孫權本人。三世均割據江東。
⑩益州：州名。漢時其轄境包括今四川、云南、貴州大部分地區和今陝西、甘肅部分地區，東漢末治所在成都。
⑪高祖因之以成帝業：高祖，指漢高祖劉邦。項羽分封時，劉邦被封爲漢王，擁有巴蜀、漢中之地，後以此爲根據地，奪取天下。
⑫劉璋（？—二一九）：字季玉，江夏竟陵（今湖北天門西北）人。東漢末繼其父劉焉任益州牧。闇：「暗」的異體字。
⑬張魯：字公祺，沛國豐縣（今江蘇豐縣）人。天師道創立者張道陵之孫，東漢末割據漢中三十年，後爲曹操擊敗，投降。
⑭胄：後代。三國志蜀書先主傳載，劉備爲「漢景帝子中山靖王勝之後也」。
⑮宛、洛：宛，縣名，今河南南陽。洛，東漢都城，今河南洛陽。
⑯秦川：泛指今陝西、甘肅秦嶺以北平原地帶，因春秋、戰國時地屬秦國而得名。
⑰簞食壺漿：孟子梁惠王下有「簞食壺漿，以迎王師」之句。簞食，用竹籃裝着飯。壺漿，用壺裝着飲料。

劉表長子琦，亦深器亮。表受後妻之言，愛少子琮，不悦於琦。琦每欲與亮謀自安之術，亮輒拒塞，未與處劃。琦乃將亮游觀後園，共上高樓，飲宴之間，令人去梯，因謂亮曰：「今日上不至天，下不至地，言出子口，入於吾耳，可以言未？」亮答曰：「君不見申生在內而危，重耳在外而安乎①？」琦意感悟，陰規出計。會黃祖死②，得出，遂為江夏太守。俄而表卒，琮聞曹公來征，遣使請降。先主在樊聞之③，率其衆南行，亮與徐庶並從，為曹公所追破，獲庶母。庶辭先主而指其心曰：「本欲與將軍共圖王霸之業者，以此方寸之地也④。今已失老母，方寸亂矣，無益於事，請從此別。」遂詣曹公。

①申生二句：申生、重耳為春秋時晉獻公之子。因被獻公寵姬驪姬譖害，太子申生自縊而死；公子重耳聞難出奔，在外流亡十九年，後回國為君，即晉文公。事見左傳。

②黃祖：劉表所任命的江夏太守，建安十三年（二〇八）被孫權擊敗斬殺。

③樊：樊城，在今湖北襄樊。

④方寸：指心。

先主至夏口①，亮曰：「事急矣，請奉命求救於孫將軍。」時權擁軍在柴桑②，觀望成敗。亮說權曰：「海內大亂，將軍起兵據有江東，劉豫州亦收衆漢南③，與曹操並爭天下。今操芟夷大難④，略已平矣，遂破荆州，威震四海。英雄無所用武，故豫州遁逃至此。將軍量力而處之：若能以吳、越之衆與中國抗衡，不如早與之絶；若不能當，何不案兵束甲，北面而事之！今將軍外託服從之名，而內懷猶豫之計，事急而不斷，禍至無日矣！」權曰：「苟如君言，劉豫州何不遂事之乎？」亮曰：「田橫，齊之壯士耳，猶守義不辱⑤，況劉豫州王室之胄，英才蓋世，衆士慕仰，若水之歸海，若事不濟，此乃天也，安能復爲之下乎！」權勃然曰：「吾不能舉全吳之地，十萬之衆，受制於人。吾計決矣！非劉豫州莫可以當曹操者，然豫州新敗之後，安能抗此難乎？」亮曰：「豫州軍雖敗於長阪⑥，今戰士還者及關羽水軍精甲萬人，劉琦合江夏戰士亦不下萬人。曹操之衆，遠來疲弊，聞追豫州，輕騎一日一夜行三百餘里，此所謂『彊弩之末，勢不能穿魯縞』者也⑦。故兵法忌之，曰『必蹶上將軍⑧』。且北方之人，不習水戰；又荆州之民附操者，偪兵勢耳⑨，非心服也。今將軍誠能命猛將統兵數萬，與豫州協規同力，破操軍必矣。操軍破，必北還，如此則荆、吳之勢彊，鼎足之形成矣。成敗之機，在於今日。」權大悦，即遣周瑜、程普、魯肅等水軍三萬，隨亮詣先主，並力拒曹公。曹公敗於赤壁⑩，引軍歸鄴⑪。先主遂收江南，以亮爲軍師中郎將，使督零陵、桂陽、長沙三郡，調其賦稅，以充軍實。

①夏口：今湖北漢口。

②柴桑：縣名，在今江西九江西南。

③劉豫州：即劉備。劉備曾任豫州牧，故稱劉豫州。

④芟（shān）夷：削除。

⑤田横等幾句：田横，戰國末田齊的宗室，楚漢戰爭時自立爲齊王。西漢統一後，田横率五百壯士逃避海島。劉邦派人召田横入朝，横行至洛陽附近自殺。島上五百人聞訊，亦皆自殺。

⑥敗於長阪：長阪，地名，在今湖北當陽東北。建安十三年（二〇八）劉備率衆南逃，在長阪被曹操追及，大敗。

⑦魯縞：魯地出産的絹，以質薄著名。

⑧必蹶上將軍：語出孫子軍爭篇：「是故卷甲而趨，日夜不處，倍道兼行……五十里而爭利，則蹶上將軍。」蹶，挫敗。

⑨偪：「逼」的異體字。

⑩赤壁：山名，一説即今湖北武昌西赤磯山，一説即今湖北蒲圻西北赤壁山。

⑪鄴：古都邑名，故址在今河北臨漳西南。建安十八年（二一三）曹操爲魏王，定都於此。

建安十六年，益州牧劉璋遣法正迎先主①，使擊張魯。亮與關羽鎮荆州。先主自葭萌還攻璋②，亮與張飛、趙云等率衆泝江③，分定郡縣，與先主共圍成都。成都平，以亮爲軍師將軍，署左將軍府事。先主外出，亮常鎮守成都，足食足兵。二十六年④，群下勸先主稱尊號，先主未許，亮説曰：「昔吴漢、耿弇等初勸世祖即帝位⑤，世祖辭讓，前後數四，耿純進言曰⑥：『天下英雄喁喁⑦，冀有所望。如不從議者，士大夫各歸求主，無爲從公也。』世祖感純言深至，遂然諾之。今曹氏篡漢，天下無主，大王劉氏苗族⑧，紹世而起，今即帝位，乃其宜也。士大夫隨大王久勤苦者，亦欲望尺寸之功如純言耳。」先主於是即帝位，策亮爲丞相曰：「朕遭家不造⑨，奉承大統，兢兢業業，不敢康寧，思靖百姓，懼未能綏。於戲⑩！丞相亮其悉朕意，無怠輔朕之闕，助宣重光，以照明天下，君其勖哉！」亮以丞相録尚書事，假節⑪。張飛卒後，領司隸校尉。

①法正：字孝直，右扶風郿縣（今陝西眉縣）人。初依劉璋，奉命邀劉備入蜀拒張魯，向劉備獻策，勸其乘機取蜀。後官至蜀漢的尚書令。

②葭萌：縣名，在今四川廣元西南。

③泝：「溯」的異體字。

④二十六年：建安二十六年（二二一）。其實在建安二十五年，曹丕已廢漢獻帝，自立爲魏帝，年號黄初。劉備不承認曹魏，故沿用建安年號。

⑤吴漢、耿弇：都是劉秀部下主要將領。吴漢，字子顔，南陽宛人。耿弇，字伯昭，右扶風茂陵（今陝西興平東北）人。

⑥耿純：字伯山，鉅鹿（今河北平鄉西南）人。劉秀部下主要將領之一。

⑦喁喁（yóng）：喁，魚口露出水面。喁喁，形容衆人向慕，如群魚之口向上。

⑧苗族：苗裔，後裔。

⑨遭家不造：詩經周頌閔予小子有「閔予小子，遭家不造，嬛嬛在疚。」鄭箋：「造，猶成也……遭武王崩，家道未成，嬛嬛然孤特在憂病之中。」本爲成王除喪朝廟感傷之辭，後常以指家中遭遇不幸。此指漢朝被曹氏所篡。

⑩於戲（wū hū）：同「嗚呼，」、「烏呼」。感嘆之詞。於爲「烏」之古字。戲、呼古同音。

⑪帝王授予大臣一定特權時加稱的名號，有使持節。持節、假節等，其權力大小有別。

章武三年春①先主於永安病篤②，召亮於成都，屬以後事，謂亮曰：「君才十倍曹丕，必能安國，終定大事。若嗣子可輔③，輔之；如其不才，君可自取。」亮涕泣曰：「臣敢竭股肱之力，效忠貞之節，繼之以死！」先主又爲詔敕後主曰：「汝與丞相從事，事之如父。」建興元年④，封亮武鄉侯，開府治事⑤。頃之，又領益州牧。政事無巨細，咸決於亮。南中諸郡，並皆叛亂⑥，亮以新遭大喪，故未便加兵，且遣使聘吳，因結和親，遂爲與國。

①章武三年：章武，蜀漢劉備的年號。三年當公元二二三年。

②永安：宮名。故址在今四川奉節縣。章武二年，劉備伐吳，兵敗退於白帝城，建此宮。

③嗣子：指劉禪，嗣位爲後主。

④建興元年：建興，蜀漢後主劉禪的年號。劉備死後，劉禪當年五月嗣位，即改元。故建興元年即章武三年。

⑤開府治事：開建府署，辟置僚屬，治理軍國大事。漢制，惟三公可開府。

⑥南中諸郡：指蜀漢的益州、牂牁、越嶲、永昌諸郡。均在巴、蜀以南。故稱南中。建興元年夏，南中諸郡發生叛亂事。

三年春，亮率衆南征①，其秋悉平。軍資所出，國以富饒，乃治戎講武，以俟大舉。五年，率諸軍北駐漢中，臨發，上疏曰②：

先帝創業未半而中道崩殂，今天下三分，益州疲弊，此誠危急存亡之秋也。然侍衛之臣不懈於内，忠志之士忘身於外者，蓋追先帝之殊遇，欲報之於陛下也。誠宜開張聖聽，以光先帝遺德，恢弘志士之氣，不宜妄自菲薄，引喻失義，以塞忠諫之路也。宮中府中俱爲一體③，陟罰臧否④，不宜異同。若有作姦犯科及爲忠善者，宜付有司論其刑賞，以昭陛下平明之理，不宜偏私，使内外異法也。侍中、侍郎郭攸之、費禕、董允等⑤，此皆良實，志慮忠純，是以先帝簡拔以遺陛下。愚以爲宮中之事，事無大小，悉以咨之，然後施行，必能裨補闕漏，有所廣益。將軍向寵⑥，性行淑均，曉暢軍事，試用於昔日，先帝稱之曰能，是以衆議舉寵爲都。愚以爲營中之事，悉以咨之，必能使行陳和睦，優劣得所。親賢臣，遠小人，此先漢所以興隆也；親小人，遠賢臣，此後漢所以傾頹也。先帝在時，每與臣論此事，未嘗不嘆息痛恨於桓、靈也⑦。侍中、尚書、長史、參軍⑧，此悉貞良死節之臣，願陛下親之信之，則漢室之隆，可計日而待也。

①南征：建興三年，諸葛亮率軍南征，平定了南中諸郡，使出師北伐無後顧之憂。
②上疏曰：以下所引即著名的出師表。
③宮中：即内廷，此指宮禁内的官員。府中：即外廷或丞相府，此指政府部門的官員。
④陟（zhì）罰臧否（pǐ）：陟，提升。臧，表揚，否，批評。

⑤郭攸之、費禕（yī）、董允：時郭攸之費禕任侍中，董允任黄門侍郎。
⑥向寵：襄陽宜城人。劉備時任牙門將。劉備伐吴，被吴將陸遜敗於秭歸，惟向寵營完好無損。劉禪即位後，任中部督，掌管宿衛軍。
⑦桓、靈：東漢末桓、靈二帝。
⑧侍中：指郭攸之、費禕。尚書：指陳震。長史：指張裔。參軍：指蔣琬。

臣本布衣，躬耕於南陽，苟全性命於亂世，不求聞達於諸侯。先帝不以臣卑鄙①，猥自枉屈，三顧臣於草廬之中，諮臣以當世之事，由是感激，遂許先帝以驅馳②。後值傾覆，受任於敗軍之際，奉命於危難之間，爾來二十有一年矣。先帝知臣謹慎，故臨崩寄臣以大事也。受命以來，夙夜憂嘆，恐託付不效，以傷先帝之明，故五月渡瀘，深入不毛③。今南方已定，兵甲已足，當獎率三軍，北定中原，庶竭駑鈍④，攘除姦凶，興復漢室，還於舊都。此臣所以報先帝，而忠陛下職分也。

①卑鄙：低微而鄙俗，指出身低微。
②驅馳：奔走效力之意。
③五月渡瀘二句：指諸葛亮建興三年南征時艱難困苦的狀況。瀘水，金沙江的支流，瘴氣彌漫。不毛，草木不生的荒涼之地。
④駑鈍：劣馬鈍刀，喻才能平庸。

至於斟酌損益，進盡忠言，則攸之、禕、允之任也。願陛下託臣以討賊興復之效；不效，則治臣之罪，以告先帝之靈。〔若無興德之言，則〕責攸之、禕、允等之慢①，以咎其咎，陛下亦宜自謀，以諮諏善道②，察納雅言。深追先帝遺詔，臣不勝受恩感激。今當遠離，臨表涕零，不知所言。（下略）遂行，屯於沔陽③。

（梁方健）

①若無興德之言，則：此七字原脱，中華書局點校本校記云：「錢儀吉據董允傳增」。
②諮諏（zōu）：詢問。諮，同「咨」。
③沔陽：縣名，在今陝西勉縣東。

周瑜傳

周瑜字公瑾，廬江舒人也①。從祖父景，景子忠，皆爲漢太尉。父異，洛陽令。

〔篇名簡介〕本篇選自三國志卷五十四吳書九。篇中主要記載了東吳名將周瑜輔佐孫策在江東建立孫氏政權，及策死後輔佐孫權、抗擊曹操等事蹟。

①舒：縣名，在今安徽舒城。兩漢時為盧江郡治所。

瑜長壯有姿貌。初，孫堅興義兵討董卓①，徙家於舒。堅子策與瑜同年②，獨相友善，瑜推道南大宅以舍策，升堂拜母，有無通共。瑜從父尚為丹楊太守③，瑜往省之。會策將東渡，到歷陽④，馳書報瑜，瑜將兵迎策。策大喜曰：「吾得卿，諧也。」遂從攻橫江、當利⑤，皆拔之。乃渡江擊秣陵⑥，破笮融、薛禮⑦，轉下湖孰、江乘⑧，進入曲阿⑨，劉繇奔走⑩，而策之衆已數萬矣。因謂瑜曰：「吾以此衆取吳會平山越已足⑪。卿還鎮丹楊。」瑜還。頃之，袁術遣從弟胤代尚為太守，而瑜與尚俱還壽春。術欲以瑜為將，瑜觀術終無所成，故求為居巢長⑫，欲假塗東歸，術聽之。遂自居巢還吳。是歲，建安三年也⑬。策親自迎瑜，授建威中郎將，即與兵二千人，騎五十匹。瑜時年二十四，吳中皆呼為周郎⑭。以瑜恩信著於盧江，出備牛渚⑮，後領春穀長⑯。頃之，策欲取荊州，以瑜為中護軍，領江夏太守，從攻皖⑰，拔之。時得橋公兩女，皆國色也。策自納大橋，瑜納小橋。復進尋陽⑱，破劉勳⑲，討江夏，還定豫章、廬陵⑳，留鎮巴丘㉑。

①孫堅（一五五—一九一）：字文术，吳郡富春（今浙江富陽）人。東漢末任長沙太守。董卓專權，他曾與袁術聯合攻董卓。並參與當時的軍閥混戰。初平二年率軍擊劉表，為表將黃祖射死。

②策（一七五——二〇〇）：字伯符，孫堅之子。孫堅死後，策依附袁術，後得其父部曲，渡江轉戰，在江東建立孫

氏政權。建安五年遇刺死。其弟孫權繼之據有江東。

③丹楊：或作丹陽。郡名，治所在宛陵（今安徽宣城）。

④歷陽：縣名，在今安徽和縣。

⑤横江：地名，亦稱横江浦，在今安徽和縣東南，與南岸采石磯隔江對峙，古為要津。當利：地名，亦稱當利口、當利浦。在今安徽和縣東。

⑥秣陵：縣名，在今江蘇江寧南秣陵關。

⑦笮（zē）融：東漢末丹楊人。初聚衆數百，依徐州牧陶謙，後奉劉繇為盟主。興平二年（一九五）為孫策所破，奔豫章。因得罪劉繇，為繇所破。敗入山中，為民所殺。薛禮：東漢末任彭城相，奉劉繇為盟主，據秣陵城。興平二年為孫策所破，敗走。後為笮融所殺。

⑧湖孰：縣名，在今江蘇江寧東南。江乘：縣名，在今江蘇句容北。

⑨曲阿：縣名，在今江蘇丹陽。

⑩劉繇：字正禮，東萊牟平（今山東牟平）人。東漢末任揚州刺史。先後與袁術、孫策戰，敗歸丹徒，不久病死。

⑪吴會：東漢時分會稽郡為吴、會稽二郡，合稱「吴會」。山越：族名。即吴國境内山嶺地區居住的越人。孫吴政權為擴大奴役對象和補充兵源，曾多次征伐山越。

⑫居巢：縣名，在今安徽桐城南。

⑬建安三年：當公元一九八年。

⑭吴中：指吴郡地區。

⑮牛渚：山名，在今安徽當塗西北長江邊，北部突入江中，名采石磯。爲長江下游重要津渡。

⑯春穀：縣名，在今安徽繁昌西南。

⑰皖：縣名，在今安徽潛山。

⑱尋陽：縣名，在今湖北黄梅西南。

⑲劉勳：字子台。東漢末爲廬江太守，依附袁術，爲周瑜擊敗，歸依曹操。後因犯法被殺。

⑳豫章：郡名，治所在南昌（今江西南昌）。廬陵：郡名。東漢興平二年，孫策分豫章郡置。治所在石陽（今江西吉水東北）。

㉑巴丘：據裴松之注，此巴丘在南朝巴丘縣（今江西峽江北），與下文周瑜「道於巴丘病卒」之巴丘（今湖南岳陽）非一地。

五年，策薨，權統事。瑜將兵赴喪，遂留吴，以中護軍與長史張昭共掌衆事①。十一年，督孫瑜等討麻、保二屯②，梟其渠帥，囚俘萬餘口，還備宫亭③。江夏太守黄祖遣將鄧龍將兵數千人入柴桑，瑜追討擊，生虜龍送吴。十三年春，權討江夏，瑜爲前部大督。

①張昭：字子布，彭城（今江蘇徐州）人。東漢末渡江，任孫策長史、撫軍中郎將，極得信任。策死，輔立孫權。赤壁戰前，主張降曹，爲權所不滿。官至輔吴將軍。

②孫瑜：孫堅季弟孫靜之子，字仲異。初爲恭義校尉，後領丹楊太守，加綏遠將軍，又遷奮威將軍，年三十九卒。
麻、保二屯：麻屯在今湖北嘉魚縣境內，保屯與麻屯相近。
③宫亭：湖名，江西星子縣東南鄱陽湖的一部分。因湖旁廬山下有宫亭廟得名。

其年九月，曹公入荆州，劉琮舉衆降，曹公得其水軍，船步兵數十萬，將士聞之皆恐。權延見群下，問以計策。議者咸曰：「曹公豺虎也，然託名漢相，挾天子以征四方，動以朝廷爲辭，今日拒之，事更不順。且將軍大勢，可以拒操者，長江也。今操得荆州，奄有其地，劉表治水軍，蒙衝鬬艦①，乃以千數，操悉浮以沿江，兼有步兵，水陸俱下，此爲長江之險，已與我共之矣。而勢力衆寡，又不可論。愚謂大計不如迎之。」瑜曰：「不然。操雖託名漢相，其實漢賊也。將軍以神武雄才，兼仗父兄之烈，割據江東，地方數千里，兵精足用，英雄樂業，尚當橫行天下，爲漢家除殘去穢。況操自送死，而可迎之邪？請爲將軍籌之：今使北土已安，操無内憂，能曠日持久，來爭疆場，又能與我校勝負於船楫間乎？今北土既未平安，加馬超、韓遂尚在關西②，爲操後患。且舍鞍馬，仗舟楫，與吴越爭衡，本非中國所長。又今盛寒，馬無藁草③，驅中國士衆遠涉江湖之間，不習水土，必生疾病。此數四者，用兵之患也，而操皆冒行之。將軍禽操，宜在今日。瑜請得精兵三萬人，進住夏口，保爲將軍破之。」權曰：「老賊欲廢漢自立久矣，徒忌二袁、吕布、劉表與孤耳④。今數雄已滅，惟孤尚存，孤與老賊，勢不兩立。君言當擊，甚與孤合，此天以君授孤也。」

①蒙衝鬭艦：兩種大型戰船。

②馬超：字孟起，右扶風茂陵（今陝西興平東北）人。出身於涼州豪强家庭。東漢末隨父騰起兵，後領騰部屬。建安十六年（二一一）攻曹操，爲操敗於潼關，還據涼州。後爲楊阜等所逐，率兵依附張魯，繼歸劉備。韓遂：字文約，金城（治今甘肅蘭州西南）人。東漢末與馬騰割據涼州。獻帝時聯合馬超等率兵反對曹操，被擊敗，不久爲部將所殺。

③藁草：干草。藁，同「稾」、「槁」。

④二袁：指袁紹、袁術。吕布：字奉先，五原九原（今内蒙古包頭西北）人。東漢末割據徐州。建安三年（一九六）在下邳爲曹操擊敗擒殺。

時劉備爲曹公所破，欲引南渡江，與魯肅遇於當陽①，遂共圖計，因進住夏口，遣諸葛亮詣權。權遂遣瑜及程普等與備併力逆曹公②，遇於赤壁。時曹公軍衆已有疾病，初一交戰，公軍敗退，引次江北③。瑜等在南岸。瑜部將黄蓋曰：「今寇衆我寡，難與持久。然觀操軍船艦首尾相接，可燒而走也。」乃取蒙衝鬭艦數十艘，實以薪草，膏油灌其中，裹以帷幕，上建牙旗，先書報曹公，欺以欲降。又豫備走舸④，各繫大船後，因引次俱前。曹公軍吏士皆延頸觀望，指言蓋降。蓋放諸船，同時發火，時風盛猛，悉延燒岸上營落。頃之，烟炎張天，人馬燒溺死者甚衆，軍遂敗退，還保南郡。備與瑜等復共追。曹公留曹仁等守江陵城⑤，徑自北歸。

①魯肅：吴國將領。字子敬，臨淮東城（今安徽定遠東南）人。曹操南征時，他與周瑜堅决主戰，並建議聯結劉備拒曹。瑜死後，任奮武校尉，代領其軍。
②程普：吴國將領。字德謀，右北平土垠（今河北豐潤東）人。官至江夏太守、蕩寇將軍。
③次：駐扎。
④走舸：一種兵船，舷上安有重檣，棹夫多，戰卒少，往返迅速，用作突然出擊，兼備非常救急之事。
⑤江陵城：南郡治所江陵縣城，在今湖北江陵。

瑜與程普又進南郡，與仁相對，各隔大江。兵未交鋒，瑜即遣甘寧前據夷陵①。仁分兵騎别攻圍寧。寧告急於瑜。瑜用吕蒙計②，留凌統以守其後，身與蒙上救寧。蒙圍既解，乃渡屯北岸，克期大戰③。瑜親跨馬擽陳④，會流矢中右脇，瘡甚，便還。後仁聞瑜卧未起，勒兵就陳。瑜乃自興，案行軍營⑤，激揚吏士，仁由是遂退。

①夷陵：縣名，在今湖北宜昌東南。
②吕蒙：吴國將領。字子明，汝南富陂（今安徽阜南東南）人。魯肅卒後，蒙代領其軍，襲破關羽，占領荆州。
③克期：約定日期。

④擽陳：指到戰陣中督戰。擽：通「掠」，冲擊。

⑤案行：巡行，巡視。

權拜瑜偏將軍，領南郡太守。以下雋、漢昌、劉陽、州陵爲奉邑①，屯據江陵。劉備以左將軍領荆州牧，治公安②。備詣京見權③，瑜上疏曰：「劉備以梟雄之姿，而有關羽、張飛熊虎之將，必非久屈爲人用者。愚謂大計宜徙備置吳，盛爲築宫室，多其美女玩好，以娱其耳目，分此二人，各置一方，使如瑜者得挾與攻戰，大事可定也。今猥割土地以資業之④，聚此三人，俱在疆，恐蛟龍得雲雨，終非池中物也。」權以曹公在北方，當廣擥英雄⑤，又恐備難卒制，故不納。

①下雋、漢昌、劉陽、州陵：皆縣名。下雋在今湖北通城西北。漢昌在今湖南平江東。劉陽在今湖南瀏陽東。州陵在今湖北嘉魚北。

②公安：縣名，在今湖北公安。

③京：城名：故址在今江蘇鎮江。建安十四年至十六年，孫權曾自吳（今蘇州）徙治於京。

④猥：多。

⑤擥：同「攬」，招攬。

是時劉璋爲益州牧，外有張魯寇侵，瑜乃詣京見權曰：「今曹操新折衂①，方憂在腹心，未能與將軍連兵相事也。乞與奮威俱進取蜀，得蜀而並張魯，因留奮威固守其地②，好與馬超結援。瑜還與將軍據襄陽以蹴操③，北方可圖也。」權許之。瑜還江陵，爲行裝，而道於巴丘病卒，時年三十六。權素服舉哀，感動左右。喪當還吴，又迎之蕪湖，衆事費度，一爲供給。後著令曰：「故將軍周瑜、程普，其有人客，皆不得問④。」初瑜見友於策，太妃又使權以兄奉之⑤。是時權位爲將軍，諸將賓客爲禮尚簡，而瑜獨先盡敬，便執臣節。性度恢廓⑥，大率爲得人，惟與程普不睦。

①折衂（nǜ）：挫敗。衂，「衄」的異體字。
②奮威：指奮威將軍孫瑜。
③蹴（cù）：同「蹵」，迫近。
④客：佃客。孫吴政權優待世家豪族，有「復客」制度，允許官僚大族所占有的佃客免除賦稅徭役。「其有人客，皆不得問」即此意。
⑤太妃：孫權之母。
⑥恢廓：寬宏。

瑜少精意於音樂，雖三爵之後，其有闕誤，瑜必知之，知之必顧，故時人謡曰：「曲有誤，周郎顧。」

瑜兩男一女。女配太子登①。男循尚公主②，拜騎都尉，有瑜風，早卒。循弟胤，初拜興業都尉，妻以宗女，授兵千人，屯公安。黃龍元年③，封都鄉侯，後以罪徙廬陵郡。赤烏二年④，諸葛瑾、步騭連名上疏曰⑤：「故將軍周瑜子胤，昔蒙粉飾⑥，受封爲將，不能養之以福，思立功效，至縱情欲，招速罪辟⑦。臣竊以瑜昔見寵任，入作心膂⑧，出爲爪牙，銜命出征，身當矢石，盡節用命，視死如歸，故能摧曹操於烏林⑨，走曹仁於郢都⑩，揚國威德，華夏是震，蠢爾蠻荆，莫不賓服⑪，雖周之方叔，漢之信、布，誠無以尚也⑫。夫折衝扞難之臣，自古帝王莫不貴重，故漢高帝封爵之誓曰『使黃河如帶，太山如礪，國以永存，爰及苗裔⑬』；申以丹書，重以盟詛⑭，藏於宗廟，傳於無窮，欲使功臣之後，世世相踵，非徒子孫，乃關苗裔，報德明功，勤勤懇懇，如此之至，欲以勸戒後人，用命之臣，死而無悔也。況於瑜身沒未久，而其子胤降爲匹夫，益可悼傷。竊惟陛下欽明稽古，隆於興繼⑮，爲胤歸訴，乞匄餘罪⑯，還兵復爵，使失旦之鷄⑰，復得一鳴，抱罪之臣，展其後效。」權答曰：「腹心舊勳，與孤協事，公瑾有之，誠所不忘。昔胤年少，初無功勞，橫受精兵，爵以侯將⑱，蓋念公瑾以及於胤也。而胤恃此，酗淫自恣，前後告喻，曾無悛改。孤與公瑾，義猶二君⑲，樂胤成就，豈有已哉？迫胤罪惡，未宜便還，且欲苦之，使自知耳。今二君勤勤援漢高河山之誓，孤用恧然⑳。雖德非其疇，猶欲庶幾㉑，事亦如爾，故未順旨。以公瑾之子，而二君在中間，苟能使改，亦何患乎！」瑾、騭表比上，朱然及全琮亦俱陳乞㉒，權乃許之。會胤病死。

①太子登：孫權長子，未嗣位而卒，諡「宣太子」。

②尚公主：娶公主爲妻。

③黄龍：孫權稱帝後使用的第二個年號。黄龍元年當公元二二九年。

④赤烏：孫權第四年號。赤烏二年當公元二三九年。

⑤諸葛謹：字子瑜。諸葛亮之兄。東漢末移居江南，受到孫權優禮。權稱帝後，官至大將軍。步騭（zhì）：字子山，臨淮淮陰（今江蘇淮陰西南）人。孫權稱帝後，任驃騎將軍，領冀州牧，都督西陵。赤烏九年，代陸遜爲相。

⑥粉飾：褒美。

⑦招速罪辟：招致刑法。

⑧心膂：猶言股肱。心、膂都是人體重要的部分，比喻親信得力之人。膂，脊骨。

⑨摧曹操於烏林：指赤壁之戰時在烏林大敗曹操之事。烏林在長江北岸，與赤壁隔江相望。

⑩走曹仁於郢都：指赤壁之戰後，在江陵使曹仁退走之事。郢都即江陵，古爲楚都。

⑪蠢爾蠻荆：詩經小雅采芑：「蠢爾蠻荆，大邦爲讎。方叔元老，克壯其猶。」咏方叔征蠻荆事。蠻荆本指楚國。此謂荆楚之地，無不臣服。

⑫方叔：周宣王時大臣。曾率兵車三千輛進攻楚國得勝。信、布：漢初的韓信、英布。尚：超過。

⑬漢高帝封爵之誓：所引誓詞見漢書高惠高後文臣功臣表。應劭註曰：「封爵之誓，國家欲使功臣傳祚無窮也。帶，衣帶也。厲，砥厲石也。河當何時如衣帶，山當何時如厲石，言如帶厲，國猶永存，以及後世之子孫也。」

⑭丹書：帝王頒賜給功臣的一種文書，後世子孫可憑此免罪。盟詛：盟誓。

⑮興繼：興滅國，繼絶世。
⑯乞匄（gài）餘罪：匄，「丐」的本字，乞求。句意謂乞求免除剩餘的懲罰。
⑰失旦之鷄：未能按時報曉之鷄，喻有過失之人。
⑱横受：謂無功而受。爵以侯將：謂封爵爲侯，任命爲將。
⑲二君：指諸葛瑾、步騭。
⑳孤用恧（nǜ）然：我因此慚愧。恧，慚愧。
㉑德非其疇二句：謂雖然德不能與其地位相等，還要相差不多。疇，相等，相配。庶幾，接近，差不多。
㉒朱然：吴國將領。字義封。官至左大司馬、右軍師，封當陽侯。全琮：吴國將領。字子璜，吴郡錢塘（今浙江杭州）人。娶孫權女孫魯班爲妻，官至右大司馬、左軍師。

（梁方健）

瑜兄子峻，亦以瑜元功爲偏將軍①，領吏士千人。峻卒，全琮表峻子護爲將。權曰：「昔走曹操，拓有荆州，皆是公瑾，常不忘之。初聞峻亡，仍欲用護，聞護性行危險，用之適爲作禍，故便止之。孤念公瑾，豈有已乎？」

①元功：大功。

隋書

經籍志序

夫經籍者，機神之妙旨①，聖哲之能事，所以經天地，緯陰陽，正紀綱，弘道德，顯仁足以利物②，藏用足以獨善③，學之者將殖焉④，不學者將落焉⑤。大業崇之⑥，則成欽明之德⑦，匹夫克念，則有王公之重。其王者之所以樹風聲，流顯號，美教化，移風俗，何莫由乎斯道？故曰⑧：「其爲人也，温柔敦厚，詩教也；疏通知遠⑨，書教也；廣博易良⑩，樂教也；潔靜精微，易教也；恭儉莊敬，禮教也；屬辭比事⑪，春秋教也。」遭時制宜，質文迭用，應之以通變，通變之以中庸⑫。中庸則可久，通變則可大，其教有適，其用無窮，實仁義之陶鈞⑬，誠道德之橐籥也⑭。其爲用大矣，隨時之義深矣，言無得而稱焉。故曰：「不疾而速，不行而至⑮。」今之所以知古，後之所以知今，其斯之謂也。是以大道方行，俯龜象而設卦，後聖有作，仰鳥跡以成文。書契已傳，繩木棄而不用⑯，史官既立，經籍於是興焉。

〔隋書簡介〕隋書，紀傳體隋代史，八十五卷，唐魏徵等撰。其中紀、傳五十五卷，爲魏徵、顏師古、孔穎達等撰，成於唐太宗貞觀十年（六三六）；志三十卷，爲于志寧、李淳風等撰，成於唐高宗顯慶元年（六五六）。隋書的十志，原爲梁、陳、齊、周、隋五代史而作，稱五代史志，因修成時各史已經單行，遂編入隋書。

隋書的紀、傳，保存了很多珍貴資料。如煬帝紀、李密傳等篇中，記載了隋朝統治者的荒淫殘暴、隋末農民起義的史實，張胄玄傳記載了精密天文推算，臨孝恭傳記載了欹器圖、地動銅儀經，流求傳及陳稜傳記載了台灣社會狀況及與大陸的聯繫等，均有較高史料價值。隋書的十志，內容歷叙梁、陳、齊、周、隋五代的典章制度，而尤詳於隋，爲研究這一時期，特別是隋代的政治、經濟、文化提供了豐富的資料。

由於隋書是一部官修史書，且成於衆手，記事難免有曲筆和自相矛盾之處，但總的來説體例完整，文字精練，還是一部較爲成功的史著。

〔篇名簡介〕隋書經籍志是繼漢書藝文志之後的又一部史志目録，共著録了自漢至隋的存世書籍一萬四千四百六十六部，並正式採用經、史、子、集四部分類法分別部類，對後世目録學的發展產生了重大影響。本篇節選的是它的總序，文中概述了書籍的功用、起源以及歷代書籍的聚散、著録等情況。

①機神之妙旨：機微玄妙之意旨。

②顯仁句：謂所表現的仁足以益於萬物。

③藏用句：謂所蘊藏的功用足以使人獨善其身。

④殖：增長，增進。

⑤落：停留，停止。

⑥大業：指帝王之業。

⑦欽明之德：敬肅明察之德。

⑧故曰：其下引文見禮記經解所載孔子語。
⑨疏通知遠：謂通達於政事，遠知帝王之事。
⑩廣博易良：胸懷開闊博大，和悦善良。
⑪屬辭比事：連綴文辭，排比史事。
⑫應之以通變二句：謂以變通的方式適應時代，以中庸的方法來變通。通變，即變通。中庸，指不偏不倚，無過無不及的處理事情的方式。
⑬陶鈞：製作陶器所用的轉輪。此比喻造就，培養。
⑭橐籥（túo yuè）古代冶煉鼓風用的器具。橐爲鼓風氣，籥爲送風的管子。此比喻動力，源泉。
⑮不疾而速二句：語出周易繫辭上。原爲稱贊易道的神妙功用，此用來稱贊書籍的功用。
⑯書契：文字。繩木：指結繩刻木的記事方法。

夫經籍也者，先聖據龍圖①，握鳳紀②，南面以君天下者，咸有史官，以紀言行。言則左史書之，動者右史書之。故曰「君舉必書③」，懲勸斯在。考之前載，則三墳、五典、八索、九丘之類是也④。下逮殷、周，史官尤備，紀言書事，靡有闕遺，則周禮所稱：太史掌建邦之六典、八法、八則⑤，以詔王治；小史掌邦國之誌，定世繫，辨昭穆⑥；內史掌王之八柄，策命而貳之⑦；外史掌王之外令及四方之誌，三皇、五帝之書；御史掌邦國都鄙萬之治令，以贊冢宰⑧。此則天子之史，凡有五焉。諸侯亦各有國史，分掌其職。則春秋傳，晉趙穿弒靈公⑨，太史董狐書曰「趙盾殺其君」，以示於朝。宣子曰：「不然。」對曰：「子為正卿，亡不越境，反不討賊，非子而誰？」齊崔杼弒莊公⑩，太史書曰「崔杼弒其君」，崔子殺之。其弟嗣書，死者二人。其弟又書，乃舍之。南史聞太史盡死，執簡以往，聞既書矣，乃還。楚靈王與右尹子革語，左史倚相趨而過。王曰：「此良史也，能讀三墳、五典、八索、九丘。」然則諸侯史官，亦非一人而已，皆以記言書事，太史總而裁之，以成國家之典。不虛美，不隱惡，故得有所懲勸，遺文可觀，則左傳稱周志，國語有鄭書之類也。

①龍圖：即河圖。傳說伏羲氏時有龍馬從黃河出現，身負河圖，故又稱龍圖。此指聖人受命而王天下的祥瑞象徵。

②鳳紀：即鳳曆。左傳昭公十七年載郯子曰：「我高祖少皞摯之立也，鳳鳥適至，故紀於鳥，……鳳鳥氏，曆正也。」後因稱曆為「鳳曆」或「鳳紀」，並多用以稱新朝代改元之曆。此亦指接受天命而有天下。

③君舉必書：語出左傳莊公二十三年。謂君主的舉動，史官必定記載。

④三墳、五典、八索、九丘：傳說中我國最早的書籍。見左傳昭公十二年載楚靈王與右尹子革語。

⑤六典、八法、八則以及下文八柄：是古代治國設官的基本原則。詳見周禮天官冢宰。

⑥昭穆：古代宗法制度規定，宗廟及墓葬的排列次序，始祖居中，以下父子(祖、父)遞為昭穆，左為昭，右為穆。祭祀時，子孫也按此種規定排列行禮。

⑦策命而貳之：協助天子策命臣下。貳，協助。

⑧贊：輔助。

⑨晉趙穿弑靈公：公元前六〇七年，晉正卿趙盾（即宣子）為避靈公殺害出走，未出國境，其族人趙穿殺靈公，趙盾乃回。事見左傳宣公二年。

⑩齊崔杼弑莊公：公元前五四八年，齊大夫崔杼因莊公與其妻私通，殺死莊公。事見左傳襄公二十五年。

暨夫周室道衰，紀綱散亂，國異政，家殊俗，褒貶失實，隳紊舊章①。孔丘以大聖之才，當傾頹之運，嘆鳳鳥之不至②，惜將墜於斯文，乃述易道而删詩、書，修春秋而正雅、頌。壞禮崩樂，咸得其所。自哲人萎而微言絶③，七十子散而大義乖④，戰國縱横，真僞莫辨，諸子之言，紛然淆亂。聖人之至德喪矣，先王之要道亡矣，陵夷踳駁⑤，以至於秦。秦政奮豺狼之心，剗先代之迹⑥，焚詩、書，坑儒士，以刀筆吏為師，制挾書之令。學者逃難，竄伏山林，或失本經，口以傳説。

①隳紊舊章：使舊時的典章制度毀壞混亂。

②漢鳳鳥之不至：感嘆天下無清明之望。鳳鳥即鳳凰，古代認為是清明之世才會出現的祥瑞之象徵。論語子罕篇：「子曰：『鳳凰不至，河不出圖，吾已矣夫！』」

③哲人：指孔子。萎：死。史記孔子世家載：「孔子病……歌曰：『太山壞乎！梁柱摧乎！哲人萎乎！』……後七日卒。」

④七十子：指孔子弟子。史記孔子世家載孔子「弟子蓋三千焉，身通六藝者七十有二人。」舉其成數而言「七十」。

⑤踳（chǔn）駁：舛謬雜亂。

⑥剗（chǎn）：消除。

漢氏誅除秦、項，未及下車，先命叔孫通草緜蕝之儀，救擊柱之弊①。其後張蒼治律曆②，陸賈撰新語③，曹參薦蓋公言黄老④，惠帝除挾書之律⑤，儒者始以其業行於民間。猶以去聖既遠，經籍散逸，簡札錯亂，傳説紕繆，遂使書分爲二⑥，詩分爲三⑦，論語有齊、魯之殊⑧，春秋有數家之傳⑨。其餘互有踳駁，不可勝言。此其所以博而寡要，勞而少功者也。武帝置太史公，命天下計書，先上太史，副上丞相，開獻書之路，置寫書之官，外有太常、太史、博士之藏⑩，内有延閣、廣内、祕室之府⑪。司馬談父子，世居太史，探採前代，斷自軒皇，逮於孝武，作史記一百三十篇。詳其體制，蓋史官之舊也。至於孝成，秘藏之書，頗有亡散，乃使謁者陳農，求遺書於天下。命光禄大夫劉向校經傳諸子詩賦，步兵校尉任宏校兵書，太史令尹咸校數術⑫，太醫監李柱國校方技⑬。每一書就，向輒撰爲一録，論其指歸，辨其訛謬，叙而奏之。向卒後，哀帝使其子歆嗣父之業。乃徙温室中書於天禄閣上⑭。歆遂總括群篇，撮其指要，著爲七略：一曰集略⑮，二曰六藝略，三曰諸子略，四曰詩賦略，五曰兵書略，六曰術數略，七曰方技略。大凡三萬三千九十卷。王莽之末，又被焚燒。光武中興，篤好文雅，明、章繼軌⑯，尤重經術。四方鴻生鉅儒，負袠自遠而至者⑰，不可勝算。石室、蘭台⑱，彌以充積。又於東觀及仁壽閣集新書，校書郎班固、傅毅等典掌焉。並依七略而爲書部，固又編之，以爲漢書藝文志。董卓之亂，獻帝西遷⑲，圖書縑帛，軍人皆取爲帷囊。所收而西，猶七十餘載。兩京大亂，掃地皆盡。

①先命二句：指首先命令叔孫通制定演習朝儀，以救群臣無禮儀約束之弊。漢書叔孫通傳載，劉邦於定陶即皇帝位後，群臣因無朝儀約束，竟在劉邦面前飲酒爭功，醉後狂呼亂叫，拔劍擊柱。劉邦遂採納叔孫通的建議，命其制定朝儀，並率衆演習。草緜蕝之儀：草，制定。緜，緜繩。蕝（zuì），亦作「蕞」，束茅草表位。緜蕝即以緜繩圈地，束茅草以表位，演習朝儀。

②張蒼治律曆：張蒼，西漢曆算家，陽武（今河南原陽東南）人。曾爲秦御史，漢初任代、趙相，後官至丞相。曾改定音律曆法。

③陸賈撰新語：陸賈，漢初政論家，辭賦家。楚人。從劉邦定天下，官至太中大夫。曾勸劉邦重詩、書，以文治天下。所著新語十二篇，主張崇王道，黜霸術，識賢任賢，以德教化，修養生息。

④曹參薦蓋公言黃老：曹參，沛縣（今江蘇沛縣）人，曾爲沛縣獄吏。秦末從劉邦起義，漢朝建立，封平陽侯，任齊相九年，後繼蕭何爲丞相。在齊時曾以厚幣聘善治黃老之術的膠西蓋公，以其術治齊。

⑤惠帝除陝書之律：挾書之律即秦朝制定的禁止私人收藏詩、書、百家語等書的法律。漢惠帝四年（前一九一）始下令廢除。

⑥書分爲二：指尚書有今、古文之分。

⑦詩分爲三：指詩有魯詩、齊詩、韓詩三家。

⑧論語有齊、魯之殊：指漢代論語有齊論、魯論的不同。

⑨春秋有數家之傳：指解釋春秋的有左氏傳、公羊傳、穀梁傳、鄒氏傳、夾氏傳數家。

⑩外有太常、太史、博士之藏：外，指宫外。太常、太史、博士皆官名。此指由這些官員掌管的藏書。

⑪内有延閣、廣内、祕室之府：内，指宫内。延閣、廣内、祕室皆宫廷中藏書之處。

⑫數術：亦作術數。古指天文、曆法、占卜、五行等學。此指這類書籍。

⑬方技：古指醫藥、養生之類的技術。此指這類書籍。

⑭温室：殿名。西漢長樂宫、未央宫皆有温室殿。天禄閣：漢初蕭何造，爲收藏典籍之所。

⑮集略：本作輯略，是七略中綜述學術源流的緒論。

⑯明、章：指東漢明帝、章帝。繼軌：謂繼承前人之業。

⑰袠（zhì）：「帙」的異體字。用布帛所製的包書的套子。此指書籍。

⑱石室、蘭台：東漢朝廷藏書之處。下文東觀、仁壽閣同。

⑲獻帝西遷：漢獻帝初平元年（一九〇），董卓爲避曹操、袁紹等討伐，挾持獻帝由洛陽西遷長安，臨行時縱火焚洛陽周圍數百里，數百萬人亦被强行西遷。

魏氏代漢，採掇遺亡，藏在祕書中、外三閣。魏祕書郎鄭默，始制中經①，祕書監荀勗，又因中經，更著新簿②，分爲四部，總括群書。一曰甲部，紀六藝及小學等書③；二曰乙部，有古諸子家、近世子家、兵書、兵家、術數；三曰丙部，有史記、舊事、皇覽簿、雜事；四曰丁部，有古詩賦、圖讚、汲冢書④，大凡四部合二萬九千九百四十五卷。但録題及言，盛以縹囊⑤，書用緗素⑥。至於作者之意，無所論辯。惠、懷之亂⑦，京華蕩覆，渠閣文籍⑧，靡有孑遺。

①鄭默：字思元。所編中經，為國家藏書目録。

②荀勖：字公曾，潁川潁陰（今河南許昌）人。曾任魏侍中。西晉時祕書監、侍中、尚書令等職。曾與中書令張華整理書籍，所編新簿，又稱中經簿、中經新簿。

③小學：漢代稱文字學為小學，隋唐以後成為文字學，訓詁學、音韻學的總稱。

④汲冢書：晉太康二年（二八一），汲郡人不準盜發戰國時魏襄王墓，得竹書數十車，經整理為十六部、七十五卷，後人稱為汲冢書。

⑤縹囊：青白色的盛書囊。縹，青白色。

⑥緗素：淺黄色的細絹。

⑦惠、懷之亂：指晉惠帝、懷帝時發生的戰亂。晉惠帝時，賈后專權，引起皇族内部爭奪政權的「八王之亂」。後東海王司馬越毒死惠帝，另立懷帝。時各族人民起義不斷，各少數民族貴族也乘機起兵。永嘉五年（三一一）匈奴劉曜率兵攻破洛陽，俘懷帝，縱兵燒掠，殺王公士民三萬餘人。

⑧渠閣文籍：渠閣本為西漢宮中藏書之處石渠閣，此借指國家藏書。

東晉之初，漸更鳩聚。著作郎李充①，以勗舊簿校之，其見存者，但有三千一十四卷。充遂總没衆篇之名，但以甲乙為次。自爾因循，無所變革。其後中朝遺書，稍流江左②。宋元嘉八年③，祕書監謝靈運造四部目録④，大凡六萬四千五百八十二卷。元徽元年⑤，祕書丞王儉又造目録⑥，大凡一萬五千七百四卷。儉又別撰七志：一曰經典志，紀六藝、小學、史記、雜傳；二曰諸子志，紀今古諸子；三曰文翰志，紀詩賦；四曰軍書志，紀兵書；五曰陰陽志，紀陰陽圖緯；六曰術藝志，紀方技；七曰圖譜志，紀地域及圖書。其道、佛附見，合九條。然亦不述作者之意，但於書名之下，每立一傳，而又作九篇條例，編乎首卷之中。文義淺近，未為典則。齊永明中⑦，祕書丞王亮、監謝朏⑧，又造四部書目，大凡一萬八千一十卷。齊末兵火，延燒祕閣，經籍遺散。梁初，祕書監任昉⑨，躬加部集，又於文德殿内列藏衆書，華林園中總集釋典⑩，大凡二萬三千一百六卷，而釋氏不豫焉。梁有祕書監任昉、殷鈞四部目録⑪，又文德殿目録。其術數之書，更為一部，使奉朝請祖暅撰其名⑫。故梁有五部目録。普通中⑬，有處士阮孝緒⑭，沉静寡慾，篤好墳史，博採宋、齊已來，王公之家凡有書記，參校官簿⑮，更為七録：一曰經典録，紀六藝；二曰記傳録，紀史傳；三曰子兵録，紀子書、兵書；四曰文集録，紀詩賦；五曰技術録，紀數術；六曰佛録；七曰道録。其分部題目，頗有次序，割析辭義，淺薄不經。梁武敦悦詩書⑯，下化其上，四境之内，家有文史。元帝克平侯景⑰，收文德之書及公私經籍，歸於江陵，大凡七萬餘卷，周師入郢，咸自焚之⑱。陳天嘉中⑲，又更鳩集，考其篇目，遺闕尚多。

①李充：字弘度，江夏（治所在今湖北雲夢）人。東晉初任著作郎，整理書籍，删除繁重，以類相從，分為四部。將中經新簿乙丙兩部次序互换，從而確定了四部分類的次序。

②江左：指東晉南朝。古人在地理上以東為左，以西為右，把長江下游以東地區稱為江左。東晉南朝建都於江東，故稱江左。

③元嘉：南朝宋文帝劉義隆年號（四二四—四五三）。

④謝靈運：陳郡陽夏（今河南太康）人。東晉時襲封康樂公，入宋後曾任永嘉太守、祕書監、侍中、臨川内史等職，後被殺。其詩多寫山水名勝，善於刻劃自然景象，開文學史上的山水詩一派。

⑤元徽：宋後廢帝劉昱年號（四七三—四七六）。

⑥王儉：字仲寶，琅琊臨沂（今山東臨沂）人。劉宋時任祕書丞，入齊後任侍中、尚書令、鎮軍將軍等職。依劉歆七略例作七志三十卷，在我國目録學史上有重要地位。

⑦永明：南朝齊武帝蕭賾年號（四八三—四九三）。

⑧王亮：字奉叔，琅琊臨沂人。齊時任祕書監、吏部尚書等職。入梁後曾廢為庶人，後又起為中書監，加散騎常侍。謝朏：字敬沖，陳郡陽夏人。劉宋時任左長史、侍中。齊時任義興太守、尚書。入梁後任侍中、司徒、尚書令等職。

⑨任昉：字彦昇，樂安博昌（今山東博興）人。齊時為太學博士。梁時任義興、新安太守。家貧，好讀書，藏書達萬餘卷。著有述異記、文章緣起等。

⑩華林園：宮苑名，故址在今江蘇南京鷄鳴山南古术城内。三國吴始建，南朝續有擴建。釋典：佛教經典。下文

「釋氏」亦指佛經。

⑪殷鈞：字季和，陳郡長平（今河南西華東北）人。好學，善隸書。歷任臨川内史，國子祭酒。

⑫祖暅（gèng）：南史作祖暅之。字景爍，祖沖之之子，范陽遒（今河北淶水）人。明曆算，有巧思。曾修訂大明曆，制成多種天文觀儀器。官至太府卿。

⑬普通：南朝梁武帝蕭衍第二年號（五二〇——五二六）。

⑭阮孝緒：字士宗，陳留尉氏（今河南尉氏）人。好學不仕，著有七録、高隱傳等書。

⑮官簿：指官修圖書目録。

⑯梁武：即梁武帝蕭衍，

⑰元帝克平侯景：梁武帝末年，東魏降將侯景舉兵叛變，攻破建康，武帝憤恨而死。景改立簡文帝，後又廢簡文帝，立蕭棟為帝，不久廢梁帝自立，國號漢。公元五五二年，蕭繹（元帝）派陳霸先、王僧辯等討平侯景。

⑱周師入郢二句：梁元帝承聖三年（五五四），西魏宇文泰派兵攻打梁朝，攻破江陵，元帝被殺，死前命人將藏書全部焚毁。周師，指宇文泰的軍隊，當時宇文泰已控制了西魏政權，後三年其子宇文覺代魏建周，故此稱其軍為周師。郢，即江陵，春秋時楚國曾都於郢。梁元帝時建都於此。

⑲天嘉：南朝陳文帝陳蒨第一年號（五六〇——五六五）。

其中原則戰爭相尋①，干戈是務，文教之盛，苻、姚而已②。宋武入關③，收其圖籍，府藏所有，纔四千卷。赤軸青紙，文字古拙。後魏始都燕、代，南略中原，粗收經史，未能全具。孝文徙都洛邑，借書於齊，祕府之中，稍以充實。暨尒朱之亂④，散落人間。後齊遷鄴，頗更搜聚，迄於天統、武平⑤，校寫不輟。後周始基關右⑥，外逼强鄰，戎馬生郊，日不暇給。保定之始⑦，書止八千，後稍加增，方盈萬卷。周武平齊⑧，先封書府，所加舊本，纔至五千。

①相尋：連續不斷而來。

②苻、姚：指前秦國君苻堅和後秦國君姚興。他們在位時皆提倡儒學，興辦學校，文化事業有所發展。

③宋武入關：東晉義熙十三年（四一七），劉裕率晉軍北伐，攻入關中，消滅後秦。劉裕後代晉稱帝，即宋武帝。故此稱宋武。

④尒朱之亂：尒朱即北魏秀容部落首領尒朱榮。武泰元年（五二八），他率軍攻入洛陽，殺太后、少帝及百官二千餘人，立孝莊帝，專斷朝政。後為孝莊帝所殺。

⑤天統：北齊後主高緯第一年號（五六五—五六九）。武平：高緯第二年號（五七〇—五七五）。

⑥後周始基關右：後周即北周。始基，創基。關右，即關西。北周建都長安，故稱始基關右。

⑦保定：北周武帝宇文邕第一年號（五六一—五六五）。

⑧周武平齊：指周武帝建德六年（五七七）北周出兵滅掉北齊。

隋開皇三年①，祕書監牛弘②，表請分遣使人，搜訪異本。每書一卷，賞絹一匹，校寫既定，本即歸主。於是民間異書，往往間出。及平陳已後，經籍漸備。檢其所得，多太建時書③，紙墨不精，書亦拙惡。於是總集編次，存爲古本。召天下工書之士，京兆韋霈、南陽杜頵等，於祕書内補續殘缺，爲正副二本，藏於宫中，其餘以實祕書内、外之閣，凡三萬餘卷。煬帝即位，祕閣之書，限寫五十副本，分爲三品：上品紅瑠璃軸，中品紺瑠璃軸，下品漆軸。於東都觀文殿東西廂構屋以貯之，東屋藏甲乙④，西屋藏丙丁。又聚魏已來古蹟名畫，於殿後起二台，東曰妙楷台，藏古蹟；西曰寶蹟台，藏古畫。又於内道場集道、佛經，別撰目録。

①開皇：隋文帝楊堅第一年號（五八一—六〇〇）。

②牛弘：字里仁，安定鶉觚（今甘肅靈台縣東北）人。北周時官至大將軍、儀同三司。入隋後歷任祕書監，吏部尚書，右光禄大夫等職。開皇時，因典籍逸散，上表請開獻書之路，使散失民間的書籍得以集中於官府。

③太建：南朝陳宣帝陳頊年號（五六九—五八二）。

④甲乙：指經部、史部書籍。下文乙丙指子部、集部書籍。中國古代圖書四部分類法，始以甲、乙、丙、丁爲次，至隋書經籍志始定名爲經、史、子、集。

大唐武德五年①，克平僞鄭②，盡收其圖書及古蹟焉。命司農少卿宋遵貴載之以船，泝河西上，將致京師。行經底柱③，多被漂没，其所存者，十不一二。其目録亦爲所漸濡，時有殘缺。今考見存，分爲四部，合條爲一萬四千四百六十六部，有八萬九千六百六十六卷。其舊録所取，文義淺俗、無益教理者，並刪去之。其舊録所遺，辭義可採，有所弘益者，咸附入之。遠覽馬史、班書，近觀王、阮志、録，挹其風流體制④，削其浮雜鄙俚，離其疏遠，合其近密，約文緒義，凡五十五篇，各列本條之下，以備經籍志。雖未能研幾探賾⑤，窮極幽隱，庶乎弘道設教，可以無遺闕焉。夫仁義禮智，所以治國也，方技數術，所以治身也；諸子爲經籍之鼓吹，文章乃政化之黼黻⑥，皆爲治之具也。故列之於此志云。

①武德：唐高祖李淵年號（六一八—六二六）。

②克平僞鄭：僞鄭，指王世充政權。隋大業十四年（六八一），煬帝爲宇文化及所殺，王世充於洛陽擁立楊侗爲帝，次年廢侗自立爲帝，國號鄭。唐武德四年（六二一）兵敗降唐。

③底柱：山名，又作砥柱。原在今河南三門峽市東門黄河中，今因修三門峽水庫，山已不見。

④挹：汲取。

⑤研幾探賾：研究探討其隱微深奥。

⑥黼黻（fǔ fú）：本指古代禮服上所綉的花紋，此指文章與政化形同表裡的關係。

（梁方健）

牛弘傳（請開獻書之路表）

經籍所興，由來尚矣。爻畫肇於庖羲①，文字生於蒼頡，聖人所以弘宣教導，博通古今，揚於王庭，肆於時夏。故堯稱至聖，猶考古道而言；舜其大智，尚觀古人之象②。周官，外史掌三皇五帝之書及四方之志。武王③問黃帝、顓頊④之道，太公⑤曰：「在丹書⑥。」是知握符御曆⑦、有國有家者，曷嘗不以詩、書而爲教，因禮樂而成功也。

〔篇名簡介〕本篇選自隋書牛弘傳。牛弘字里仁，隋安定鶉觚（今甘肅涇川北）人。文帝時歷任祕書監、吏部尚書等職。本表上於文帝開皇初年。它系統地總結了我國古代文化典籍輯佚存亡的情況，對文獻學研究有較高的史料價值。

①爻（yáo）畫：即構成周易中六十四卦的橫畫，「—」爲陽爻，「--」爲陰爻，每六爻合爲一卦。相傳伏羲氏創八卦，伏羲氏又稱宓羲、庖羲等。

②象：周易的術語，即以卦、爻等符號表示自然變化與人事休咎。

③武王：指周武王姬發。

④顓（zhuān）頊（xū）：我國傳説中的上古帝王名，五帝之一。

⑤太公：姜太公呂尚，曾助周武王伐紂，有功，封於齊。

⑥丹書：古代統治者托言天命，造作的所謂天書。

⑦握符御曆：符：古代調兵遣將所用的憑證。曆：曆法，即推算日月星辰之運行以定歲時節氣的方法。

昔周德既衰，舊經紊棄。孔子以大聖之才，開素王①之業，憲章祖述②，制禮刊詩，正五始③而修春秋，闡十翼而弘易道④。治國立身，作範垂法。及秦皇馭宇，吞滅諸侯，任用威力，事不師古，始下焚書之令，行偶語之刑⑤。先王墳籍⑥，掃地皆盡。本既先亡，從而顛覆。臣以圖讖⑦言之，經典盛衰，信有徵數⑧。此則書之一厄也。

①素王：古代謂有治天下的才德而不居帝王之位的人。素：説文：「白緻繒也。從系。」後引申出質樸之義。

②憲章祖述：意爲效法先王。禮記中庸：「仲尼祖述堯舜，憲章文武。」憲章：效法。

③五始：即公羊家所説的春秋章法：一、元年。二、春。三、王。四、正月。五、公即位。

④闡十翼而弘易道：「易的上彖、下彖、上象、下象、上繫、下繫、文言、説卦、序卦、雜卦，合稱爲十翼，相傳爲孔子所作。據近人考證，十翼當成於戰國末期至秦漢之際。

⑤偶語之刑：偶語，相對私語。史記秦始皇本紀：「有敢偶語詩、書者，棄市。」

⑥墳籍：猶「墳典」，泛指古書。

⑦圖讖：漢代宣揚符命占驗之書。

⑧徵數：徵，證明，驗證。數，此指命中注定之事。

漢興，改秦之弊，敦尚儒術，建藏書之策，置校書之官，屋壁山岩①，往往間出。外有太常、太史之藏②，内有延閣、祕書之府③。至孝成之世，亡逸尚多，遣謁者陳農求遺書於天下，詔劉向父子讎校篇籍④。漢之典文，於斯爲盛。及王莽之末，長安兵起，宫室圖書，並從焚燼。此則書之二厄也。

①屋壁山岩：秦始皇焚書時，許多書都被藏在壁中或岩洞中。至漢，這些書漸被發現，故有「壁中書」之説。

②太常、太史之藏：太常，官名，爲九卿之一，掌管宗廟禮儀，兼掌選試博士。太史，古官名，掌起草文書、策命諸侯大夫，記載史事，編寫史書，兼管國家典籍、天文曆算。至漢職位漸低。

③延閣、祕書：延閣、祕府皆爲古代禁中藏書之處。

④劉向父子：劉向（約前七七—前六），西漢經學家、目録學家、文學家。字子政，沛（今江蘇沛縣）人。成帝時任光禄大夫，終中壘校尉。曾校勘群書，撰成别録，爲我國目録學之祖。其子劉歆（xīn）（?—二三），繼承父業，總校群書，撰成七略，爲我國第一部分類目録。

光武嗣興，尤重經誥，未及下本，先求文雅。於是鴻生①巨儒，繼踵而集，懷經負帙，不遠斯至。肅宗親臨講肆②，和帝數幸書林，其蘭台、石室、鴻都、東觀③，秘牒填委，更倍於前。及孝獻移都④，吏民擾亂，圖書縑帛，皆取爲帷囊。所收而西，裁⑤七十餘乘，屬西京大亂，一時燔蕩⑥。此則書之三厄也。

①鴻生：史記夏本紀：「鴻水滔天。」索隱：「（鴻）一作「洪」。鴻，大也。」鴻生，即博學之大儒。
②肅宗：指東漢章帝。他曾於建初四年（七九）親至白虎觀聽群儒講議五經異同。
③蘭台、石室、鴻都、東觀：皆為藏書之府。
④孝獻移都：昭寧元年（一八九），董卓率兵入洛陽，廢少帝，立獻帝，並挾獻帝西遷長安。
⑤裁：通「才」。
⑥燔蕩：火焚散失。

魏文代漢，更集經典，皆藏在祕書、內外三閣，遣祕書郎鄭默①删定舊文。時之論者，美其朱紫有別。晉武承之，文籍尤廣。晉祕書監荀勖②定魏中經，更著新簿。雖古文舊簡，猶云有缺，新章後録，鳩集③已多，足得恢弘正道，訓範當世。屬劉、石憑陵④，京華覆滅，朝章國典，從而失墜。此則書之四厄也。

①鄭默：字思玄，河南開封人，三國魏任祕書郎，曾以宮內所藏經籍整理篇目，名中經。
②荀勖（？—二八九）：晉朝律學家。字公曾，穎陰（今河南許昌）人。仕三國魏，累任中郎。入晉為侍中，受封濟北郡公，進光禄大夫。後受詔定魏中經，因之著新簿。
③鳩集：聚集。
④劉、石憑陵：公元三一一年，漢（前趙）劉曜、石勒攻陷西晉京都洛陽，俘虜懷帝，並大肆焚掠，毀壞晉室陵墓。

永嘉①之後，寇竊競興，因河據洛②，跨秦帶趙③。論其建國立家，雖傳名號，憲章禮樂，寂滅無聞。劉裕平姚④，收其圖籍，五經子史，纔四千卷，皆赤軸青紙，文字古拙。僭偽⑤之盛，莫過二秦，以此而論，足可明矣。故知衣冠軌物⑥、圖畫記註，播遷之餘，皆歸江左。晉、宋之際，學藝為多，齊、梁之間，經史彌盛。宋祕書丞王儉⑦，依劉氏七略，撰為七志。梁人阮孝緒⑧亦為七錄。總其書數，三萬餘卷。及侯景渡江⑨，破滅梁室，祕省經籍雖從兵火，其文德殿內書史宛然猶存。蕭繹據有江陵，遣將破平侯景，收文德之書及公私典籍，重本七萬餘卷，悉送荊州⑩。故江表圖書，因斯盡萃於繹矣。及周師入郢⑪，繹悉焚之於外城，所收十纔一二。此則書之五厄也。

①永嘉：西晉懷帝時年號。
②因河據洛：河，黃河。洛，洛水。
③跨秦帶趙：秦，指秦國舊地，即今陝西一帶。趙，指趙國舊地，即今河北一帶。
④劉裕平姚：劉裕（三五六—四二二），即宋武帝，南朝宋的建立者。姚，即後秦，創建者姚萇，故後世亦稱姚秦。平姚：即劉裕消滅桓玄、盧循、譙縱勢力，出師北伐，吞併後秦。
⑤僭偽：此指偽作之書。
⑥軌物：此指記載法度與典章文物之書。

⑦王儉（四五二—四八九）：南朝齊琅邪臨沂（今山東臨沂縣）人。宋明帝時，歷官太子舍人，祕書丞。依七略撰七志四十卷。七略將書籍分六大類，七志則分為七大類，另附佛經、道藏二類。其中圖譜志突破了七略收書不收圖的舊例。篇幅頗長，在我國目録學史上占有重要地位。原書已佚。

⑧阮孝緒（四七九—五三六）：南朝梁陳留（今屬河南）人。字士宗。通五經。所著七録，收圖書六千二百八十八種，四萬四千五百二十卷，分七大類、五十五部。此書在一定程度上總結了前代目録學的成就，在目録學史上占有重要地位。原書已佚，但序目完整存於廣弘明集中。

⑨侯景渡江：侯景，南朝梁武帝時，懷朔鎮（今内蒙古自治區固陽西北）人，字萬景。先屬北魏尒朱榮，繼歸高歡，為鎮守河南的大將。後與梁宗室蕭正德勾結，舉兵叛變，攻破建康。太清三年（五四九）攻下术城，梁武帝死，景改立簡文帝，分兵各地，到處燒掠，長江下游受到極大破壞，南朝文物破壞殆盡。

⑩蕭繹據有江陵：蕭繹（五〇八—五五四），即梁元帝。侯景作亂，繹命王僧辯等討景。事平，即位於江陵。生平著述甚豐，後人輯有梁元帝集。

⑪荆州：地區名，東晉時治所在江陵（今屬湖北）。

⑫周師入郢：公元五五五年，西魏兵攻破江陵。梁元帝亡國前把所聚古今圖籍十四萬卷，一併焚毁。

後魏爰自幽方①，遷宅伊、洛②，日不暇給，經籍闕如。周氏創基關右③，戎本未息。保定④之始，書止八千，後加收集，方盈萬卷。高氏⑤據有山東，初亦採訪，驗其本目，殘缺猶多。及東夏初平⑥，獲其經史，四部重雜，三萬餘卷，所益舊書，五千而已。

①爰自幽方：爰，乃。幽方，北方。

②伊、洛：即伊河、洛河，皆屬今河南省。

③周氏創基關右：周氏，指北周。關右，指函谷關或潼關以西地區。古人以西爲右。

④保定：北周武帝年號。

⑤高氏：指北齊。

⑥東夏初平：指公元五七七年北周武帝滅北齊。

今御書單本，合一萬五千餘卷，部帙之間，仍有殘缺，比梁之舊目，止有其半。至於陰陽河洛之篇①，醫方圖譜之説，彌復爲少。臣以經書自仲尼以後迄於當今，年逾千載，數遭五厄，興集之期，屬膺②聖世。伏帷陛下受天明命，君臨區宇，功無與二，德冠往初。自華夏分離，彝倫攸斁③，其間雖霸王遞起，而世難未夷，欲崇儒業，時或未可。今土宇邁於三王，民黎盛於兩漢，有人有時，正在今日。方當大弘文教，納俗升平，而天下圖書尚有遺逸，非所以仰協聖情，流訓無窮者也。臣史籍是司，寢興懷懼④。昔陸賈⑤奏漢祖云：「天下不可馬上治之」，故知經邦立政，在於典謨矣。爲國之本，莫此攸先。今祕藏見書，亦足披覽，但一時載籍，須令大備。不可王府所無，私家乃有。然士民殷雜，求訪難知，縱有知者，多懷吝惜，必須勒之以天威，引之以微利。若猥⑥發明詔，兼開購賞，則異典必臻，觀閣斯積，重道之風，超於前世，不亦善乎！伏願天監，少垂照察。

①陰陽河洛之篇：陰陽，指陰陽家之書。河洛，即河圖、洛書及有關書籍。
②膺：受，當。書武成：「誕膺天命，以撫方夏。」
③彝倫攸斁：彝倫，古代指人與人相處的準則。攸斁（dù），敗壞。
④寢興懷懼：寢興，夜里起牀。全句形容戰戰兢兢之狀。
⑤陸賈：漢初政論家、辭賦家。從漢高祖定天下。官至太中大夫。
⑥猥：謙詞，猶言「辱」，此處爲「屈尊」之意。後漢書隗囂傳：「望無耆之德，而猥託賓客之上，誠自愧也。」

（汝企和）

舊唐書

一行傳

僧一行，姓張氏，先名遂，魏州昌樂人①，襄州都督、郯國公公謹之孫也②。父擅，武功令。一行少聰敏，博覽經史，尤精曆象、陰陽、五行之學。時道士尹崇博學先達，素多墳籍③。一行詣崇，借揚雄太玄經④，將歸讀之。數日，復詣崇，還其書。崇曰：「此書意指稍深，吾尋之積年，尚不能曉，吾子試更研求⑤，何遽見還也？」一行曰：「究其義矣。」因出所撰大衍玄圖及義决一卷以示崇。崇大驚，因與一行談其奧賾⑥，甚嗟伏之⑦，謂人曰：「此後生顏子也⑧。」一行由是大知名。武三思慕其學行⑨，就請與結交，一行逃匿以避之。尋出家為僧，隱於嵩山，師事沙門普寂⑩。睿宗即位⑪，敕東都留守韋安石以禮徵⑫，一行固辭以疾，不應命。後步往荆州當陽山，依沙門悟真以習梵律⑬。

〔舊唐書簡介〕舊唐書是五代後晉官修的紀傳體唐代史。於天福六年（九四一）開始修撰，至天運二年（九四五）完稿。參加撰修者有張昭遠、賈緯、趙熙等人。因成書時劉昫正以宰相監修國史，領銜奏上，故題為劉昫撰。該書原名唐書，後為與歐陽修等所修新唐書區別，故加「舊」字。

舊唐書共二百卷，其中本紀二十卷，志三十卷，列傳一百五十卷。本書穆宗長慶以前，多據唐代官修實録、國史寫成，叙事詳明，條理清晰；但於原書為本朝回護之處，往往照録未改。長慶以後，因無本可據，則雜採各書，故本紀叙事冗繁失當，有些列傳僅存仕履，而缺少事蹟。又因衆手修書，且失檢核，列傳亦有重復。雖然舊唐書有許多不足，但由於書中保存了大量唐代史料，仍一直為史家所重視。司馬光編纂資治通鑑，即多據此書。

自新唐書行後，本書流傳漸稀。明嘉靖十七年（一五三八），余姚聞人詮收集宋本校刻，始得重新流傳。

本書選文據中華書局一九七五年版舊唐書。

〔篇名簡介〕本篇選自舊唐書卷一百九十一方伎傳，記述了唐代天文學家一行的生平事蹟。

①魏州：州名，治所在貴鄉（今河北大名東）。昌樂：縣名，在今河北南樂。

②公謹：字弘慎。貞觀初爲代州都督，數論時政得失，太宗多所採納。後進封鄒國公，改襄州都督。

③墳籍：古代書籍。相傳三皇之書謂之「三墳」，五帝之書謂之「五典」，故常以「墳籍」或「墳典」泛指古書。

④揚雄：西漢哲學家、文學家、語言學家。字子云，蜀郡成都人。太玄經，亦稱太玄。十卷，體裁模擬周易，分爲一玄、三方、九州、二十七部、八十一家、七百二十九贊，以仿易之兩儀、四象、八卦、六十四重卦、三百八十四爻等。

⑤吾子：相親愛之稱。

⑥奥賾（zé）：深秘的含蘊。

⑦嗟伏：嘆服。

⑧顏子：即孔子弟子顏回，字子淵，安貧樂道，以德行著稱，得到孔子的稱贊。

⑨武三思：并州文水（今山西文水東）。武則天侄。則天臨朝後，任夏官尚書、春官尚書等職，封梁王，參預軍國政事。中宗復位後，進開府儀同三司。神龍三年（七〇七）謀廢太子重俊，被重俊所殺。

⑩沙門：梵語Śrmana的譯音，意譯息心、靜志，原爲古印度各教派出家修道者的統稱，佛教傳入我國後，遂專指依照戒律出家修道的佛教徒。

⑪睿宗：高宗子，名李旦。公元六八四—六九〇，七一〇—七一二年在位。

⑫東都留守：唐以洛陽爲陪都，稱「東都」設留守爲其長官。

⑬梵律：佛法。

開元五年①，玄宗令其族叔禮部郎中洽賫敕書就荆州强起之②。一行至京，置於光太殿，數就之，訪以安國撫人之道，言皆切直，無有所隱。開元十年，永穆公主出降③，敕有司優厚發遣，依太平公主故事④。一行以為高宗末年，唯有一女，所以特加其禮，又太平驕僭，竟以得罪，不應引以為例。上納其言，遽追敕不行，但依常禮。其諫諍皆此類也。

①開元：唐玄宗第二年號（七一三—七四一）。
②玄宗：睿宗子，又稱唐明皇，名李隆基。公元七一二—七五六年在位。
③永穆公主：玄宗女。出降：指公主出嫁。帝王位尊，其女出嫁，故稱「降」。
④太平公主：高宗女，武則天所生。初嫁薛紹，後嫁武攸暨。唐隆元年（七一〇）參與李隆基發動的宫廷政變，殺韋后與安樂公主，擁立睿宗。她開置官屬，把持朝政，宰相多出其門下，玄宗即位後，她陰謀政變，謀泄被殺。

一行尤明著述，撰大衍論三卷，攝調伏藏十卷，天一太一經及太一局遁甲經、釋氏系録各一卷。時麟德曆經推步漸疏①，敕一行考前代諸家曆法，改撰新曆，又令率府長史梁令瓚等與工人創造黄道游儀②，以考七曜行度③，互相證明。於是一行推周易大衍之數④，立衍以應之，改撰開元大衍曆經⑤。至十五年卒。年四十五，賜謚大慧禪師。

①麟德曆經：唐曆法名。唐天文學家李淳風所造，於高宗麟德二年（六六五）頒行。故名麟德曆。推步：推算天象曆法。古人謂日月轉運於天，猶如人之行步，可推算而之。開元十九年，麟德曆所推算的日食不驗，故說推步漸疏。

②梁令瓚：蜀人，長於篆刻繪畫及天文儀器製造。黃道游儀：觀測日、月運動，測量星宿經緯度的儀器。黃道是人們假設的太陽繞天球移動的軌道。地球一年繞太陽轉一周，人們從地球上看成太陽一年在天空移動一周，太陽這樣的移動軌道，即地球軌道在天球上的投影。

③七曜行度：指日、月和金、木、水、火、土五星運行的度數。

④周易大衍之數：周易演卦之數，衍，通「演」。易繫辭上曰：「大衍之數五十。」韓伯康注引王弼曰：「演天地之數，所賴者五十也。」孔穎達疏引京房云：「五十者謂十日、十二辰、二十八宿也。」

⑤開元大衍曆經：又名大衍曆。因一行用周易大衍之數立說，故名大衍曆。從開元十七年（七二九）起，至至德二年（七五七），大衍曆共施行十九年。它對後世曆法的編訂影響很大。

初，一行從祖東臺舍人太素①，撰後魏書一百卷，其天文志未成，一行續而成之。上爲一行製碑文，親書於石，出內庫錢五十萬，爲起塔於銅人之原②。明年，幸温湯③，過其塔前，又駐騎徘徊。令品官就塔以告其出豫之意④，更賜絹五十匹，以蒔塔前松柏焉⑤。

①東臺舍人：門下省屬官，高宗時曾改門下省爲東臺。太素：高宗龍朔（六六一—六六三）中任東臺舍人，兼修國史。著有後魏書、隋書、隋後略、敦煌張氏家傳，均佚。

②銅人之原：即銅人原。在今西安東郊，灞河以北，與白鹿原相連。關中記載：「秦爲金人十二，董卓壞以爲錢，餘二枚。魏明帝欲徙詣洛陽，到霸城重不可致」，遂留該處，故名銅人原。

③温湯：温泉。當指今陝西臨潼城南驪山西北麓的華清池。唐貞觀十八年在此建湯泉宮，咸亨二年改温泉宮，天寶六載再行擴建，並改名華清宮。

④品官：唐代稱宦官爲品官。出豫：天子秋日巡遊。天子出遊，春曰「遊」，秋曰「豫」。

⑤蒔（shí）：栽種。

初，一行求訪師資，以窮大衍①，至天臺山國清寺②，見一院，古松十數，門有流水，一行立於門屏間，聞院僧於庭布算聲③，而謂其徒曰：「今日當有弟子自遠求吾算法，已合到門，豈無人導達也？」即除一算。又謂曰：「門前水當却西流，弟子亦至。」一行承其言而趨入，稽首請法，盡受其術焉，而門前水果却西流。道士邢和璞嘗謂尹愔曰④：「一行其聖人乎？漢之洛下閎造曆⑤，云：『後八百歲當差一日，必有聖人正之。』今年期畢矣，而一行造大衍正其差謬，則洛下閎之言信矣，非聖人而何？」

①大衍：此指用周易占卜的方法。

②天臺山國清寺：在今浙江天臺縣城北天臺山麓。始建於隋開皇十八年（五九八），是我國佛教天臺宗的發源地。

③布算：布蓍占卜。

④邢和璞：唐代道士。史稱其得黄老之道，善心算，知人夭壽禍福。曾居終南山，好道者多卜築依之，伐薪汲泉，皆是名士。尹愔：唐代道士。秦州天水（今甘肅天水）人。甚得玄宗禮遇。開元二十五年，拜爲諫議大夫，集賢院學士、兼知史館事，特賜朝散階。辭不受，詔許衣道士服視之，乃就之。開元末卒。

⑤洛下閎：又作落下閎。西漢天文學家，巴郡（治所在江州，今重慶市北嘉陵江北岸）人。漢武帝時，因所使用的顓頊曆出誤差，於是詔令洛下閎和司馬遷、鄧平等改顓頊曆而作太初曆。

（梁方健）

黄巢傳（節選）

黄巢，曹州冤句人①，本以販鹽爲事。乾符中②，仍歲凶荒，人饑爲盜，河南尤甚。初，里人王仙芝、尚君長聚盜，起於濮陽③，攻剽城邑，陷曹、濮及鄆州④。先有謡言云：「金色蝦蟆爭努眼，翻却曹州天下反。」及仙芝盜起，時議畏之。詔左金吾衛上將軍齊克讓爲兗州節度使⑤，以本軍討仙芝。仙芝懼，引衆歷陳、許、襄、鄧⑥，無少長皆虜之，衆號三十萬。三年七月，陷江陵⑦。十月，又遣將徐唐莒陷洪州⑧。時仙芝表請符節⑨，不允，以神策統軍使宋威爲荆南節度招討使⑩，中使楊復光爲監軍⑪。復光遣判官吴彦宏諭以朝廷釋罪，別加官爵，仙芝乃令尚君長、蔡温球、楚彦威相次詣闕請罪，且求恩命。時宋威害復光之功，並擒送闕，敕於狗脊嶺斬之。賊怒，悉精鋭擊官軍，威軍大敗，復光收其餘衆以統之。朝廷以王鐸代爲招討⑫。五年八月，收復荆州，斬仙芝首獻於闕下。

〔篇名簡介〕黄巢傳載於舊唐書卷二百。盡管篇中將黄巢等農民起義軍誣爲盜賊，但保存了唐末農民大起義的有關史料。這裡節選了其中部分内容。

①曹州：州名，治所在濟陰（今山東曹縣西北）。冤句：縣名，在今山東菏澤西南。

②乾符：唐僖宗第一個年號（八七四—八七九）。

③王仙芝：濮州（治所在今山東鄄城北舊城）人，私鹽販出身。乾符元年率衆在濮陽（今河南濮陽）起義，號天補平均大將軍兼海内諸豪都統。乾符五年爲唐軍所敗，被殺。

④鄆州：州名，治所在須昌（今山東東平西北）。

⑤左金吾衛：唐代置左右金吾衛，爲京師警衛軍。兖州節度使：又稱兖海節度使，治所在兖州（今山東兖州），管轄兖、海、密、沂四州。約當今山東南部與江蘇東北之一部。節度使爲管一定地區的軍、民、財政事務的長官。始設於唐高宗永徽以後。初係臨時特任，中宗後漸常設於邊疆，唐中葉後，遍設全國各地，轄境自二三州至十餘州不等。

⑥陳、許、襄、鄧：皆州名，治所分别在宛丘（今河南淮陽）、長社（今河南許昌）、襄陽（今湖北襄樊）、穰縣（今河南鄧縣）。

⑦江陵：府名，治所在江陵（今湖北江陵）。

⑧洪州：州名，治所在南昌（今江西南昌）。

⑨表請符節：上表請求朝廷的任命。

⑩神策統軍使：官名，神策軍將領。神策軍爲唐禁軍之一。招討使：官名。掌管鎮壓人民起義和招降伐叛等事，以大臣、將帥或地方長官兼任，事後即撤銷。舊唐書僖宗紀載，宋威原爲平盧節度使，乾符四年被任命爲指揮諸道兵馬招討草賊使。新唐書黄巢傳載，宋威原爲平盧節度使，後拜諸道行營招討使。與此異。

⑪楊復光：僖宗時宦官，閩人。曾任宋威、王鐸等的監軍，鎮壓王仙芝、黄巢起義軍。黄巢占領長安後，他任唐廷天下兵馬都監，招降黄巢部將朱温，引用李克用率沙陀兵攻入長安。監軍：唐中期以後，各鎮及出征討叛之軍中多置監軍督察其軍，以宦官充任。

⑫王鐸：字昭範，太原（今山西太原）人。會昌進士，僖宗時拜相。曾任荆南節度使、南面行營招討都統，鎮壓王仙芝、黄巢起義軍。

先是，君長弟讓以兄奉使見誅，率部衆入嵖岈山①。黄巢、黄揆昆仲八人，率盜數千依讓。月餘，衆至數萬。陷汝州②，虜刺史王鐐。又掠關東，官軍加討，屢爲所敗，其衆十餘萬。尚讓乃與群盜推巢爲王，號冲天大將軍，仍署官屬，藩鎮不能制③。時天下承平日久，人不知兵。僖宗以幼主臨朝，號令出於臣下，南衙北司④，迭相矛盾，以至九流濁亂，時多朋黨，小人讒勝，君子道消，賢豪忌憤，退之草澤，既一朝有變，天下離心。巢之起也，人士從而附之。或巢馳檄四方，章奏論列⑤，皆指目朝政之弊⑥，蓋士不逞者之辭也⑦。巢徒黨既盛，與仙芝爲形援。及仙芝敗，東攻亳州不下⑧，乃襲破沂州據之⑨，仙芝餘黨悉附焉。

①嵖岈山：在今河南遂平縣西南。

②汝州：州名，治所在梁縣（今河南臨汝）。

③藩鎮：唐代初年在重要各州設置都督府，睿宗時設置節度大使，玄宗時在各軍事重鎮設置節度使，安史之亂後，內地悉置節度使，統稱「藩鎮」，又稱「方鎮」。此即指掌握一方軍政大權的節度使。

④南衙北司：朝官衙門和宦官衙門。唐代皇宮所在的宮城居長安城北，台、省、寺、監各官署位居宮城之南，故通稱「南衙」或「南司」。宦官的內侍省設在皇宮之北，故相對南衙而言稱爲「北司」。唐中期以後，宦官權勢漸重，形成南衙北司的相互對抗。

⑤論列：議論。

⑥指目：手指目視。此爲「指向」、「針對」之意。

⑦不逞：不如意，不得志。

⑧亳州：州名，治所在譙縣（今安徽亳縣）。

⑨沂州：州名，治所在臨沂（今山東臨沂）。

時王鐸雖銜招討之權，緩於攻取。時高駢鎮淮南①，表請招討賊，許之，議加都統②。巢乃渡淮，僞降於駢。駢遣將張璘率兵受降於天長鎮③，巢擒璘殺之，因虜其衆。尋南陷湖、湘，遂據交、廣④。

託越州觀察使崔璆奏乞天平軍節度⑤，朝議不允。又乞除官，時宰臣鄭畋與樞密使楊復恭奏⑥，欲請授同正員將軍，盧攜駁其議⑦，請授率府率⑧，如其不受，請以高駢討之。及巢見詔，大詬執政，又自表乞安南都護、廣州節度⑨，亦不允。然巢以士衆烏合，欲據南海之地，永爲窠穴，坐邀朝命。是歲自春及夏，其衆大疫，死者十三四。衆勸請北歸，以圖大利。巢不得已，廣明元年⑩，北踰五嶺，犯湖、湘、江、浙，进逼廣陵⑪，高駢閉門自固，所過鎮戍，望風降賊。九月，渡淮。十一月十七日，陷洛陽，留守劉允章率分司官迎之⑫。繼攻陜、虢⑬，逼潼關，陷華州⑭，留將喬鈐守之。河中節度使李都詐進表於賊。朝廷以田令孜率神策、博野等軍十萬守潼關⑮。時禁軍皆長安富族，世籍兩軍⑯，豐給厚賜，高車大馬，以事權豪，自少迄長，不知戰陣。初聞科集⑰，父子聚哭，憚於出征。各於兩市出值萬計⑱，傭僱負販屠沽及病坊窮人⑲，以爲戰士，操刀載戟，不知鐓鋭⑳。復任宦官爲將帥，驅以守關。關之左有谷，可通行人，平時捉税，禁人出入，謂之禁谷。及賊至，官軍但守潼關，不防禁谷，以爲谷既官禁，賊無得而踰也。尚讓、林言率前鋒由禁谷而入㉑，夾攻潼關，官軍大潰，博野都徑還京師㉒，燔掠西市。十二月三日，僖宗夜自開遠門出㉓，趨駱谷㉔，諸王官屬相次奔命，觀軍容使田令孜、王若儔收合禁軍扈從。四日，賊至昭應，金吾大將軍張直方率在京兩班迎賊灞上㉕。五日，賊陷京師。

①高駢：字千里，幽州（治所在今北京西南）人。世代爲禁軍將領。僖宗時，歷任鎮海、淮南節度使、諸道行營都統等職，率軍鎮壓黃巢起義軍。僖宗光啓三年（八八七）爲部將畢師鐸所殺。淮南：方鎮名，治所在揚州（今江蘇

揚州）。轄境屢有變動，長期領有揚、楚、滁、和、壽、廬、舒等州，相當今江蘇、安徽兩省江北、淮南地區的大部分。

②都統：官名，唐代後期設諸道行營都統，爲各道出征兵的統帥。

③天長鎮：殆即天長縣。唐天長縣屬揚州，在揚州東一百里。

④交、廣：皆州名。唐交州治所在宋平（今越南河內），廣州治所在番禺（今廣東廣州）。

⑤越州觀察使：即浙東觀察使。唐代各道設觀察使（原稱採訪處置使），掌考察州縣官吏政績，兼理民事。浙東道治所在越州（今浙江紹興）。崔璆（qiú）：唐浙東觀察使，後被大齊政權任命爲宰相。黄巢撤離長安後，璆被唐政府逮捕，遇害。天平節度：唐元和十四年置，治所在鄆州，統鄆、曹、濮三州。

⑥鄭畋：字文台，滎陽（今河南滎陽）人。會昌進士。歷任中書侍郎、兵部侍郎、吏部侍郎同平章事等職。黄巢占領長安時，他爲鳳翔節度使，戰敗尚讓，旋充京西諸道行營都統。後因部下叛變而稱病解職。楊復恭：宦官。僖宗時任樞密使、飛龍使、神策中尉、觀軍容使等職。昭宗時因擅權與皇帝及諸藩鎮發生矛盾，後遭李茂貞等討伐，兵敗被殺。

⑦盧攜：字子升，其先范陽（今河北涿縣）人，後居鄭。僖宗初任翰林學士，乾符五年爲相。黄巢起義軍入長安時自殺。

⑧率府率：率府掌太子之兵衛儀仗。率府率爲率府官員。

⑨安南都護：唐置安南等六都護府，長官爲都護，管理轄境的邊防、行政和各族事務。安南都護府治所在宋平（今河內）。

⑩廣明：唐僖宗第二年號（八八〇）。

⑪廣陵：即揚州。
⑫留守：官名。洛陽爲唐東都，因唐朝皇帝不住洛陽，故設東都留守，代表朝廷處理事務。分司：中央職官分在東都執行職務者。
⑬陜、虢：皆州名。陜州治所在陜縣（今陜西陜縣）。虢州治所在弘農（今河南靈寶）。
⑭華州：州名，治所在鄭縣（今陜西華縣）。
⑮田令孜：宦官。字仲則。本姓陳，蜀人。僖宗即位，由小馬坊使擢升爲神策軍中尉。把持大權，極爲專横，僖宗稱之爲「阿父」。黄巢起義軍進攻長安時，他挾僖宗逃往成都。景福二年（八九三）被割據西川的王建所殺。博野：縣名，在今河北博野。此指入衛京師的博野軍隊。
⑯兩軍：指神策軍兩軍。神策軍分爲左右兩廂，故稱左、右神策軍。
⑰科集：徵集。
⑱兩市：指長安城内的東西市，分别位於皇城的東南和西南，東西相對，是長安城内的兩個商業區。
⑲病坊：唐代在京城設置的收養貧病平民的機構。
⑳不知鐓（jiǎo）鋭：「鐓」，新舊唐書合鈔作「鐓」。按字彙金部：「鐓，鐓耳。」即去耳毛之意，於此難明其義。當以合鈔做「鐓」爲是。鐓爲矛戟柄末的平底金屬套，鋭指矛戟等武器的前端。不知鐓鋭即不知武器的前後，指不懂使用兵器。
㉑林言：黄巢之甥。黄巢敗退狼虎谷後，林言殺害黄巢等義軍首領七人，持其首降唐，亦被唐軍所殺。一説黄巢自刎而死，死前囑林言持其首獻唐。林言斷黄巢首並殺黄揆等降唐。

㉒博野都：即博野軍。都爲唐後期軍隊編制單位，每都千人。

㉓開遠門：長安城西北門。

㉔駱谷：谷名，在今陝西周至西南，谷長四百餘里，爲關中與漢中的交通要道。

㉕張直方：范陽人。時任左金吾衛大將軍。後因窩藏李唐舊臣，被義軍族誅。灞上：在今陝西西安市東，因處灞水西高原上得名。在京兩班指在京文武官員。唐文武官員朝謁皇帝，文官列於東，武官列於西，故習慣上稱文官爲東班，武官爲西班。

時巢衆累年爲盜，行伍不勝其富，遇窮民於路，爭行施遺。既入春明門①坊市聚觀，尚讓慰曉市人曰：「黄王爲生靈，不似李家不恤汝輩，但各安家。」巢賊衆競投物遺人。十三日，賊巢僭位，國號大齊，年稱金統，仍御樓宣赦，且陳符命曰②：「唐帝知朕起義，改元廣明，以文字言之，唐已無天分矣。『唐』去『丑』『口』而安『黄』，天意令黄在唐下，乃黄家日月也。土德生金，予以金王，宜改年爲金統。」賊搜訪舊宰相不獲，以前浙東觀察使崔璆、楊希古、尚讓、趙章爲四相，孟楷、蓋洪爲左右軍中尉，費傳古爲樞密使，王璠爲京兆尹，許建、朱實、劉塘爲軍庫使，朱温、張言、彭攢、季逵爲諸衛大將軍、四面游奕使③。又選驍勇形體魁梧者五百人，曰功臣。令其甥林言爲軍使，比之控鶴④。

①春明門：長安城正東門。

②符命：古時以祥瑞的徵兆做爲得到天命而成爲君主的憑證，稱做符命。
③朱溫：碭山（今江蘇碭山）人。乾符四年參加黄巢起義軍，曾任同州防禦使。中和二年（八八二）叛變降唐，賜名「全忠」，先後任河中行營招討副使、宣武節度使等職，鎮壓黄巢起義軍。後成爲中原最大的割據勢力。九〇七年代唐稱帝，國號梁，史稱後梁。
④控鶴：唐武後聖曆二年置控鶴府，爲負責皇帝宿衛侍從的機構。此言林言擔任的軍使，職掌與控鶴府相同。

中和元年二月①，尚讓寇鳳翔②，鄭畋出師禦之，大敗賊於龍尾坡③，畋乃馳檄告喻天下藩鎮。四月，涇原行軍唐弘夫之師屯渭北④，河中王重榮之師屯沙苑⑤，易定王處存之師屯渭橋⑥，鄜延，拓拔思恭之師屯武功⑦，鳳翔鄭畋之師屯盩厔⑧。六月，邠寧朱玫之師屯興平⑨，忠武之師三千屯武功⑩。是歲諸侯勤王之師，四面俱會。十二月，宰相王鐸率荆、襄之師自行在至。鄭畋帳下小校竇玫者，驍勇無敵，每夜率敢死之士百人，直入京師，放火燔諸門，斬級而還，賊人悚駭。

①中和：唐僖宗第三年號（八八一—八八四）。
②鳳翔：府名，治所在天興（今陝西鳳翔）。
③龍尾坡：在今陝西岐山縣東。
④涇原：唐方鎮名。治所在涇州（今甘肅涇川縣北），轄涇、原二州，相當今甘肅、寧夏的六盤山以東，蒲河以西地

區。行軍：即行軍司馬。據新唐書和資治通鑑，唐弘夫原任朔方節度使，此時鄭畋任京城四面諸軍行營都統，涇原節度使程宗楚為副都統，唐弘夫為行軍司馬。

⑤河中：唐方鎮名。治所在蒲州（今山西永濟縣蒲州鎮），轄境屢有變動，較長期領有河中、晉、絳、慈、隰五府、州，相當今山西石樓、汾西、霍縣以南和安澤、垣曲以西地區。王重榮：太原祁縣（今山西祁縣）人。原為河中馬步都虞侯。曾投降黃巢起義軍，不久即叛，被朝廷任命為河中節度使。後與李克用攻破長安，以功遷同平章事，封琅邪郡王。光啟間為部將所殺。沙苑：地名，在今陝西大荔縣南洛水與渭水之間。

⑥易定：唐方鎮名，治所在定州（今河北定州），轄易、定二州，相當今河北易縣、淶水、徐水、容城、安新及定州、唐縣、望都、曲陽、無極、晉縣、深澤等地。王處存：京兆萬年（今陝西西安）人。乾符末任義武軍節度使。後迎李克用攻長安，追擊黃巢於泰山，以功升檢校司徒同中書門下平章事。渭橋：在今陝西西安與咸陽之間。

⑦鄜延：唐方鎮名。治所在鄜州（今陝西富縣），轄鄜、坊、丹、延四州，相當今富縣、洛川、甘泉、黃陵、宜君、宜川及延安地區。拓拔思恭：黨項羌人，唐懿宗咸通末年占據宥州（治所在長澤，今內蒙古鄂托克旗東南），自稱刺史。中和元年，與鄜延節度使李孝昌聯兵進逼長安，鎮壓黃巢起義軍。後封夏國公，賜姓李。武功：在今陝西武功。

⑧盩厔（zhōu zhì）縣名，即今陝西周至。

⑨邠寧：唐方鎮名。治所在邠州（今陝西彬縣），轄境屢有變動，較長期領有邠、寧、慶三州，相當今甘肅東部的環江、馬連河流域以東及陝西彬縣、永壽、旬邑、長武等縣地。朱玫：邠州人。原為邠州通塞鎮將，因鎮壓黃巢起義軍有功，遷邠寧節度使。後進入長安，擁立李熅為帝，被部下所殺。興平：縣名，在今陝西興平。

⑩忠武：唐方鎮名，即陳許節度使方鎮。唐節度使所轄地區多兼軍號，陳許號忠武軍。治所在許州（今河南許

昌），轄陳、許、蔡三州，相當今河南羅山以北、鄢陵以南、許昌以東、淮陽以西地區。

時京畿百姓皆砦於山谷①，累年廢耕耘，賊坐空城，賦輸無入，穀食騰踴②，米斗三十千。官軍皆執山砦百姓，鬻於賊爲食，人獲數十萬。朝士皆往來同、華③，或以賣餅爲業，因奔於河中。宰相崔沆、豆盧瑑扈從不及，匿之別墅，所由搜索嚴急，乃微行入永寧里張直方之家。朝貴怙直方之豪，多依之。既而或告賊云：「直方謀反，納亡命。」賊攻其第，直方族誅，沆、瑑數百人皆遇害。自是賊始酷虐，族滅居人。遣使傳命召故相駙馬都尉于琮於其第④。琮曰：「吾唐室大臣，不可佐黃家草昧，加之老疾。」賊怒，令誅之。廣德公主並賊號咷而謂曰⑤：「予即天子女，不宜復存，可與相公俱死。」是日並遇害。

（下略）

①砦（zhài）：同「寨」。
②騰踴：指價錢飛漲。
③同：州名，治所在馮翊（今陝西大荔）。
④于琮：京兆高陵（今陝西高陵）人。唐駙馬。咸通八年任宰相，後貶山南節度使，韶州刺史。僖宗時拜尚書右僕射。
⑤並賊號咷：並，局本作「抱」；新舊唐書合鈔作「拒」。

（梁方健）

新唐書

魏徵傳（節選）

魏徵字玄成，魏州曲成人①。少孤，落魄，棄貲產不營，有大志，通貫書術。

〔新唐書簡介〕新唐書是紀傳體唐代史，二百二十五卷，宋歐陽修、宋祁等撰。宋仁宗時，由於人們對舊唐書頗有議議，仁宗乃命歐陽修、宋祁等重修。編撰時間約始於慶曆四年（一〇四四），嘉祐五年成書。歐陽修主撰本紀十卷、表十五卷、志五十卷，宋祁主撰列傳一百五十卷。

新唐書依據舊唐書和其他唐代史料修撰而成。進新修唐書表稱：「其事則增於前，其文則省於舊。至於名篇著目，有革有因；立傳紀實，或增或省。」本紀部分，較舊書減去十分之七，但也增加了部分史料。魏、晋以來所修紀傳體史皆不立表，新唐書則立有宰相、方鎮、宗室世系及宰相世系四表。書中十三志，除沿襲前史外，又新創兵誌、選舉、儀衛三志，食貨、藝文等志，亦較舊書爲詳。列傳部分，删除舊書六十一傳，新增三百一十傳，並增立公主、卓行、藩鎮、奸臣、逆臣、叛臣六種類傳。總之，新唐書所增史實，無疑具有重要價值。但作者爲追求文字簡潔，删改了舊書許多史料，亦時有時代含糊、史實不清之處，則爲其不足。

新唐書問世不久，吴縝撰新唐書糾謬二十卷，列舉其失四百餘事，言多中肯。清人沈炳震編有新舊唐書合鈔二百六十卷。均可資研究新唐書參考。

本書選文據中華書局一九七五版新唐書。

〔篇名簡介〕魏徵傳載於新唐書卷九十七。魏徵是唐朝初期的著名政治家，以敢犯顏直諫而著稱。傳中記載了他一生中的主要經歷和部分諍諫。這裡節選了其中部分內容。

①魏州：州名，治所在貴鄉（今河北大名東）。曲城：縣名，在今河北館陶。

隋亂，詭爲道士。武陽郡丞元寶藏舉兵應李密①，以徵典書檄。密得寶藏書，輒稱善，既聞徵所爲，促召之。徵進十策說密，不能用。王世充攻洛口②，徵見長史鄭頲曰③：「魏公雖驟勝，而驍將鋭士死傷略盡，又府無見財，戰勝不賞。此二者不可以戰。若浚池峭壘，曠日持久，賊糧盡且去，我追擊之，取勝之道也。」頲曰：「老儒常語耳！」徵不謝去。

①李密：字玄邃，一字法主，京兆長安（今陝西長安）人。上柱國、蒲山公李寬之子。大業九年（六一三）參預楊玄感起兵反隋，失敗後被捕，不久逃脫。大業十二年，參加翟讓爲首的瓦崗起義軍，攻克滎陽等地。從此得到翟讓的信任，自統一軍，號蒲山營。次年取得全軍領導權，稱魏公，年號永平。他大量起用隋降官降將，並殺害翟讓，對瓦崗軍起了嚴重的破壞作用。永平二年（六一八）爲王世充所敗，入關降唐。不久以反唐被殺。

②王世充：字行滿，新豐（今陝西臨潼東北）人。隋煬帝時任江都郡丞、通守。煬帝死，他在洛陽立越王楊侗爲帝。後廢侗自立，年號開明，國號鄭。武德四年（六二一）兵敗降唐，至長安，爲仇人所殺。洛口：故址在今河南鞏縣

東北，爲洛水入黃河之口。隋大業二年（六〇六）於此地築建糧倉。名洛口倉。十三年，瓦崗軍攻克此倉，並增築洛口城，周圍四十里。

③鄭頲（tǐng）：李密部下。李密稱魏公後，設有左右長史，左右司馬，左右武侯大將軍等官職。

從密來京師，久之未知名。自請安輯山東。乃擢祕書丞，馳馹至黎陽①。時李勣尚爲密守②，徵與書曰：「始魏公起叛徒，振臂大呼，衆數十萬，威之所被半天下，然而一敗不振，卒歸唐者，固知天命有所歸也。今君處必爭之地，不早自圖，則大事去矣！」勣得書，遂定計歸，而大發粟饋淮安王之軍③。

①馹（rì）：古代驛站專用的車。亦稱傳、傳車。黎陽：縣名，在今河南浚縣東。

②李勣：本姓徐，名世勣，字懋功，曹州離狐（今山東東明東南）人。初從翟讓起義，參加瓦崗軍，因功封東海郡公。魏徵勸他降唐後，任右武侯大將軍，封曹國公。賜姓李，因避太宗諱，單名勣。據有瓦崗軍所占十郡之地。後被竇建德擊敗，到長安，從李世民鎮壓竇建德、劉黑闥等起義軍。貞觀三年因功封英國公。

③淮安王：李世民的叔父李神通。曾隨李世民鎮壓竇建德、劉黑闥等起義軍。封淮安王。

會竇建德陷黎陽①，獲徵，僞拜起居舍人。建德敗，與裴矩走入關②，隱太子引爲洗馬③。徵見秦王功高④，陰勸太子早爲計。太子敗，王責謂曰：「爾鬩吾兄弟⑤，奈何？」答曰：「太子蚤從徵言，不死今日之禍。」王器其直，無恨意。

①竇建德：隋清河漳南(今河北故城東北)人。大業七年(六一一)率衆起義。後據有河北諸郡，稱夏王，年號五鳳。唐武德四年(六二一)，率軍馳援被李世民圍困於洛陽的王世充，因輕敵，兵敗被俘，被殺於長安。

②裴矩：字弘大，隋河東聞喜(今山西聞喜)人。煬帝時在張掖主管西域互市，著有西域圖記三卷，並導使西域各族首領入朝。宇文化及稱帝時，任尚書右僕射。化及敗，他被竇建德任用，制定朝儀，建德敗後降唐，官至民部尚書。

③隱太子：唐高祖李淵長子李建成。大業十三年隨父起兵反隋。唐武德元年立爲皇太子。武德九年玄武門之變，被李世民所殺。後追封爲息王，謚隱，史稱隱太子。洗馬：太子官屬。

④秦王：即李世民。李淵次子。隋末勸其父起兵反隋，李淵稱帝時，封爲秦王。玄武門之變後被立爲太子，不久即帝位，即唐太宗。

⑤鬩(xì)：爭吵，爭鬥。

即位，拜諫議大夫，封矩鹿縣男①。當是時，河北州縣素事隱、巢者不自安②，往往曹伏思亂③。徵白太宗曰：「不示至公，禍不可解。」帝曰：「爾行安喻河北。」道遇太子千牛李志安、齊王護軍李思行傳送京師④，徵與其副謀曰：「屬有詔，宮府舊人普原之⑤。今復執送志安等，誰不自疑者？吾屬雖往，人不信。」即貸而後聞。使還，帝悦，日益親，或引至卧內，訪天下事。徵亦自以不世遇⑥，乃展盡底蘊無所隱，凡二百餘奏，無不剴切當帝心者⑦。由是拜尚書右丞⑧，兼諫議大夫。

①諫議大夫：官名，掌侍從規諫，隸門下省。縣男：爵位名。唐九等爵的最低一級。
②隱：指隱太子李建成。巢：指李元吉。李世民之弟，武德元年封爲齊王。玄武門之變與李建成被世民所殺。後追封爲巢王。謚刺。
③曹伏思亂：成群隱藏想着作亂。曹，群，衆。
④千牛：官名。掌宿衛侍從。護軍：王府軍官。
⑤官府舊人：指李建成（東宮）、李元吉（齊王府）的舊屬。普原：普遍赦免。
⑥不世遇：謂不是世世都能遇到的明主。
⑦剴（kǎi）切：切實，切中事理。
⑧尚書右丞：尚書省官屬，總轄兵、刑、工三部之事。

左右有毀徵阿黨親戚者，帝使溫彥博按訊①，非是。彥博曰：「徵爲人臣，不能著形迹②，遠嫌疑，而被飛謗③，是宜責也。」帝謂彥博行讓徵。徵見帝，謝曰：「臣聞君臣同心，是謂一體，豈有置至公，事形迹④？若上下共由兹路，邦之興喪未可知也。」帝矍然，曰：「吾悟之矣！」徵頓首曰：「願陛下俾臣爲良臣，毋俾臣爲忠臣。」帝曰：「忠良異乎？」曰：「良臣，稷、契、咎陶也⑤；忠臣，龍逢、比干也⑥。

良臣，身荷美名，君都顯號⑦，子孫傳承，流祚無疆；忠臣，己嬰禍誅，君陷昏惡，喪國夷家，祇取空名。此其異也。」帝曰：「善。」因問：「爲君者何道而明，何失則暗？」徵曰：「君所以明，兼聽也；所以暗，偏信也。堯、舜氏闢四門，明四目，達四聰⑧。雖有共、鯀⑨，不能塞也，靖言庸違⑩，不能惑也。秦二世隱藏其身，以信趙高，天下潰叛而不得聞⑪；梁武帝信朱異，侯景向闕而不得聞⑫；隋煬帝信虞世基，賊偏天下而不得聞⑬。故曰，君能兼聽，則姦人不得壅蔽，而下情通矣。」

①溫彥博：字大臨，並州祁縣(今山西祁縣東南)人。隋末在幽州總管羅藝部下任司馬，後歸唐。太宗時任御史大夫，尚書右僕射等職。

②著形迹：使舉止行爲顯露。

③飛謗：没有根據的誹謗。

④置至公，事形迹：放棄至公，專門從事修飾舉止行爲。

⑤稷：周族的始祖，名棄。善於種植各種糧食作物，曾在堯舜時代爲農官，教民種植。號爲后稷。契：商族的始祖，曾助禹治水有功，被舜任爲司徒，掌管教化。咎陶(gāo yáo)：或作皋陶、咎繇。傳説爲東夷族首領，被舜任命爲掌刑法之官，以公正著稱。

⑥龍逄：即關龍逄，夏朝末年大臣，夏桀暴虐荒淫，他多次直諫，被桀囚禁殺死。逄音páng，上古無輕唇音，祇有重唇音。比干：商紂王的叔父，相傳因屢次勸諫紂王，被剖心而死。

⑦君都顯號：君主居有顯赫的名號。都，居。

⑧闢四門，明四目，達四聰：語出尚書堯典。謂開四方之門，以來天下之賢俊，廣四方之視聽，以決天下之壅蔽。闢，開。金文、古文作閈，從門從廾（雙手）會意。後演變爲從門辟聲。今簡化爲辟。

⑨共：即共工，相傳爲堯的大臣，和驩兜、三苗、鯀併稱爲四凶，被舜流放於幽州。鯀：相傳爲堯的大臣，奉命治水，九年未治平，被舜流放到羽山。

⑩靖言庸違：尚書堯典所載堯評價共工之語。靖，原文作「靜」。僞孔傳釋爲謀。史記五帝本紀引作「善言」，當是。庸，用。謂説得好聽而行事違背。

⑪秦二世隱藏其身幾句：史記李斯列傳載：秦二世聽信趙高之言，深居宮中，不坐朝廷見大臣，政事多取決於趙高，爲高的蒙蔽。

⑫梁武帝信朱異二句：梁武帝太清元年（五四七），東魏大將侯景降梁。次年，東魏高澄爲挑起侯景與梁朝的矛盾，表示願與梁重新通好。梁武帝不顧大臣和侯景的一再反對，聽信寵臣朱異之言，同意通好，並答應以侯景交換被東魏俘虜的蕭淵明。侯景於是舉兵反叛，攻克梁都建康，梁武帝憤恨餓死。

⑬隋煬帝信虞世基二句：虞世基，隋煬帝時任内史侍郎，專典機要，並與裴矩等參掌朝政。隋末農民起義徧起，而虞世基「不以實聞」。煬帝「弗知」。

鄭仁基息女美而才①，皇后建請爲充華②，典册具。或言許聘矣。徵諫曰：「陛下處台榭，則欲民有棟宇；食膏粱，則欲民有飽適；顧嬪御③，則欲民有室家。今鄭已約昏，陛下取之，豈爲人父母意！」帝痛自咎，即詔停册。

①息女：親生女，息，生。
②充華：妃嬪稱號。
③嬪御：帝王的侍妾。

貞觀三年，以祕書監參豫朝政①。高昌王麴文泰將入朝②，西域諸國欲因文泰悉遣使者奉獻。帝詔文泰使人厭怛紇干迎之。徵曰：「異時文泰入朝，所過供擬不能具，今又加諸國焉，則瀕塞州縣以乏致罪者衆。彼以商賈來，則邊人爲之利；若賓客之，中國蕭然耗矣。漢建武時，西域請置都護、送侍子，光武不許，不以蠻夷弊中國也。」帝曰：「善。」追止其詔。

①祕書監：祕書省之長官，掌圖書著作等事。
②高昌：國名。公元四四二年，北涼沮渠無諱據高昌郡，次年自立爲涼王。四六〇年柔然滅沮渠氏，立闞伯周爲高昌王，始以高昌爲國號。都高昌城（今新疆吐魯番東哈拉和卓堡西南）。麴氏自四九九年麴嘉爲王，傳九世十王，至六四〇年爲唐所滅，以其地爲西州。

於是帝即位四年，歲斷死二十九，幾至刑措，米斗三錢。先是，帝嘗嘆曰：「今大亂之後，其難治乎？」徵曰：「大亂之易治，譬饑人之易食也。」帝曰：「古不云善人爲邦百年，然後勝殘去殺邪①？」答曰：「此不爲聖哲論也。聖哲之治，其應如響，期月而可②，蓋不其難。」封德彝曰③：「不然。三代之後，澆詭日滋④，秦任法律，漢雜霸道⑤，皆欲治不能，非能治不欲。徵書生，好虛論，徒亂國家，不可聽。」徵曰：「五帝、三王不易民以教，行帝道而帝，行王道而王，顧所行何如爾。黄帝逐蚩尤，七十戰而勝其亂，因致無爲。九黎害德，顓頊征之⑥，已克而治。桀爲亂，湯放之；紂無道，武王伐之。湯、武身及太平。若人漸澆詭，不復返樸，今當爲鬼爲魅，尚安得而化哉！」德彝不能對，然心以爲不可。帝納之不疑。至是，天下大治。蠻夷君長襲衣冠，帶刀宿衛。東薄海，南踰嶺，户闔不閉，行旅不齎糧，取給於道。帝謂群臣曰：「此徵勸我行仁義，既効矣。惜不令封德彝見之！」

①勝殘去殺：使殘暴之人化而爲善，因而可廢除刑殺。論語子路：「善人爲邦百年，亦可以勝殘去殺矣。」

②期（jī）月：一整年。亦指一整月，此當作一整年解。

③封德彝：名倫，以字行。初事隋，爲内史舍人。宇文化及殺煬帝時，曾數煬帝之罪。化及死後，降唐。太宗時官至尚書右僕射。

④澆詭：浮薄詐僞。

⑤漢雜霸道：謂漢以王道攙雜霸道進行統治。漢書元帝紀載漢宣帝曰：「漢家自有制度，本以霸王道雜之，奈何純任德教，用周政乎！」

⑥九黎：傳説中少昊時的諸侯，在少昊末年，曾效法蚩尤，發動的叛亂。或説爲部族名，蚩尤即九黎族首領。顓項：傳説中五帝之一，爲黃帝之孫，昌意之子，號高陽氏。曾輔佐少昊。

俄檢校侍中，進爵郡公①。帝幸九成宮②，宮御舍圍川宮下③。僕射李靖、侍中王珪繼至④，吏改館宮御以舍靖、珪。帝聞，怒曰：「威福由是等邪！何輕我宮人？」詔並按之⑤。徵曰：「靖、珪皆陛下腹心大臣，宮人止後宮掃除隸耳。方大臣出，官吏諮朝廷法式；歸來，陛下問人間疾苦。夫官舍，固靖等見官吏之所，吏不可不謁也。至宮人則不然，供饋之餘無所參承。以此按吏，且駭天下耳目。」帝悟，寢不問。

①檢校侍中：侍中，門下省長官，唐初與中書令、僕射同爲宰相。唐代檢校官指詔除而非正名的加官。郡公：唐代封爵的第四等。

②九成宮：唐宮名，在陝西麟游縣西。

③宮御：宮人。舍：住。

④李靖：唐初軍事家。京兆三原（今陝西三原東北）人。太宗時歷任兵部尚書、尚書右僕射等職，封衛國公。王珪：字叔玠，太原祁（今山西祁縣）人。初事隱太子李建成，太宗時召爲諫議大夫，遷侍中。

⑤按：審查。

後宴丹霄樓，酒中謂長孫無忌曰①：「魏徵、王珪事隱太子、巢剌王時，誠可惡，我能棄怨用才，無羞古人②。然徵每諫我不從，我發言輒不即應，何哉？」徵曰：「臣以事有不可，故諫，若不從輒應，恐遂行之③。」帝曰：「弟即應，須別陳論，顧不得④？」徵曰：「昔舜戒群臣：『爾無面從，退有後言⑤。』若面從可，方別陳論，此乃後言，非稷、禼所以事堯、舜也⑥。」帝大笑曰：「人言徵舉動疏慢⑦，我但見其嫵媚耳⑧！」徵再拜曰：「陛下導臣使言，所以敢然，若不受，臣敢數批逆鱗哉⑨！」

①長孫無忌：字輔機，河南洛陽人。太宗長孫后之兄。武德九年決策發動玄武門之變，助太宗奪取帝位。太宗時歷任尚書右僕射、司空、司徒等職，封趙國公。

②無羞古人：無愧於古人。

③若不從輒應二句：意謂如果您不聽從我的勸諫，對您的話我就立即承應，恐怕下面的人要照您的話去做。

④弟即應三句：意謂衹管隨即承應，等以後再另外陳述意見，不行嗎？弟，同「第」，但，衹管。

⑤爾無面從二句：語出尚書皋陶謨。意謂你們不要當面順從我，退回去之後又有不滿的話。

⑥禼（xiè）：即契。人名「契」的本字。

⑦舉動疏慢：指對皇帝舉止不恭敬。

⑧嫵媚：姿態美好可愛。

⑨批逆鱗：傳説龍喉下有逆鱗，有觸之者，必怒而殺人。因此用來比喻臣下敢於直諫觸犯君主。

（梁方健）

宋史

朱熹傳（節選）

朱熹字元晦，一字仲晦，徽州婺源人①。父松字喬年，中進士第。胡世將、謝克家薦之②，除祕書省正字③。趙鼎都督川陜、荆、襄軍馬④，招松爲屬，辭。鼎再相，除校書郎，遷著作郎⑤。以御史中丞常同薦，除度支員外郎⑥，兼史館校勘，歷司勳，吏部郎⑦。秦檜決策議和⑧，松與同列上章，極言其不可。檜怒，風御史論松懷異自賢⑨，出知饒州，未上，卒。

〔宋史簡介〕紀傳體宋代史，元脱脱等撰。元順帝至正三年（一三四三）三月，詔修宋、遼、金三史，脱脱以宰相任都總裁。宋史於至正五年十月修成，參與撰修者達二十餘人。

宋史記載了宋太祖建隆元年（九六〇）至南宋趙昺祥興二年（一二七九）三百二十年的歷史。全書共四百九十七卷，包括本紀四十七卷，志一百六十二卷，表三十二卷，列傳二百五十五卷，約五百萬字，是二十四史中篇幅最長的一部。

宋史主要依據宋代國史、實録、會要、家傳等官私史料修成。書中志占三分之一，共十五種，對宋代的政治、經濟、軍事、文化典章等制度均有記載。列傳記載二千餘人的事蹟，並據宋代社會特點，創立道學傳，專記道學代表人物。爲研究宋代歷史提供了大量資料。

宋史亦有諸多不足。記事詳於北宋而略於南宋，理宗之後尤多缺漏。對所抄資料亦缺乏剪裁、考訂，訛舛頗多。如紀志表傳間相互矛盾，一人兩傳，有目無文等。

明清以來對宋史進行改作或補充者頗多。如柯維騏宋史新編、錢士升南宋書、陸心源宋史翼等，可資研究宋史參考。

本書選文據中華書局一九七七年版宋史。

〔篇名簡介〕朱熹傳載於宋史卷四百二十九道學三，記述了南宋著名哲學家朱熹的生平事蹟。這裡節選了其中的一部分。

①徽州婺源：今江西婺源縣。朱熹祖籍婺源，其家僑居建陽（今福建建陽）。宋高宗建炎四年（一一三〇），朱熹生於建陽尤溪。

②胡世將（一〇八五—一一四二）：字承公，常州晉陵（今江蘇常州）人。崇寧進士。紹興間歷任監察御史、禮部侍郎、四川安撫制置使等職。九年繼吳玠宣撫川、陝，金兵不敢度隴，除端明殿學士。後以資政殿學士致仕。謝克家：宋史無傳。據萬斯同宋大臣年表，建炎四年八月為參知政事，紹興元年（一一三一）八月改提舉洞霄宮。

③祕書省正字：官名。與校書郎同掌校勘書籍，地位略低於校書郎。

④趙鼎（一〇八五—一一四七）：字元鎮，解州聞喜（今山西聞喜）人。崇寧進士。紹興初兩度為相，因與秦檜意見不合，被罷為奉國軍節度使。旋謫居潮州五年，再移吉陽軍。仍被秦檜脅迫不已，不食而死。

⑤著作郎：官名。屬秘書省，掌匯編「日曆」等。其下有著作佐郎、校書郎、正字等官。

⑥度支員外郎：官名。度支爲户部下官署，掌計度財政收支、支付漕運費及賞賜、俸給等事務，設郎中、員外郎爲其長官。

⑦司勳：司勳郎中，屬吏部，掌功勳酬獎、審復賞格等。

⑧秦檜（一〇九〇—一一五五）：字會之，江寧（今江蘇南京）人。靖康二年（一一二七）被金兵擄至北方，遂成金之親信，後遣歸。紹興間兩度爲相，前後執政十九年，主張向金投降。

⑨風：通「諷」，微言暗示。

⑩饒州：州名，治所在鄱陽（今江西波陽）。

熹幼穎悟，甫能言①，父指天示之曰：「天也。」熹問曰：「天之上何物？」松異之。就傅，授以孝經，一閲，題其上曰：「不若是，非人也。」嘗從群兒戲沙上，獨端坐以指畫沙，視之，八卦也。年十八貢於鄉，中紹興十八年進士第②。主泉州同安簿③，選邑秀民充弟子員，日與講説聖賢修己治人之道，禁女婦之爲僧道者。罷歸請祠④，監潭州南嶽廟⑤。明年，以輔臣薦，與徐度、呂廣問、韓元吉同召⑥，以疾辭。

①甫：始。

②紹興：宋高宗第二年號（一一三一—一一六二）。

③泉州同安：今福建同安縣。主簿爲知縣佐官，主簿目文書。

④請祠：求任宮觀官。宋代有宮觀使、提點，主管宮觀等官，用來安置閑散官員，没有實職。又稱祠官。

⑤潭州：州名，治所在長沙(今湖南長沙)。宋代五嶽廟設監嶽廟之官職。

⑥徐度：字敦立，應天府谷熟(今河南商丘東南)人。官至吏部侍郎。吕廣問：字仁夫，壽州(今安徽壽縣)人。宣和進士。官至集賢殿修撰。韓元吉：字無咎，開封雍丘(今河南杞縣)人。官至吏部尚書，提舉太平興國宫。

孝宗即位①，詔求直言，熹上封事言②：「聖躬雖未有過失，而帝王之學不可以不熟講。朝政雖未有闕遺，而修攘之計不可以不早定。利害休戚雖不可偏舉，而本原之地不可以不加意。陛下毓德之初③，親御簡册，不過風誦文辭，吟咏情性，又頗留意於老子、釋氏之書。夫記誦詞藻，非所以探淵源而出治道；虚無寂滅④，非所以貫本末而立大中。帝王之學，必先格物致知⑤，以極夫事物之變，使義理所存，纖悉畢照，則自然意誠心正，而可以應天下之務。」次言：「修攘之計不時定者，講和之説誤之也。夫金人於我有不共戴天之讎，則不可和也明矣。願斷以義理之公，閉關絶約，任賢使能，立紀綱，厲風俗。數年之後，國富兵强，視吾力之强弱，觀彼釁之淺深⑥，徐起而圖之。」次言：「四海利病，係斯民之休戚，斯民休戚，係守令之賢否。監司者守令之綱⑦，朝廷者監司之本也。欲斯民之得其所，本原之地亦在朝廷而已。今之監司，姦贓狼籍、肆虐以病民者，莫非宰執、臺諫之親舊賓客⑧。其已失勢者，既按見其交私之狀而斥去之；尚在勢者，豈無其人，顧陛下無自而知之耳。」

①孝宗：高宗嗣子趙昚。一一六二—一一八九年在位。
②封事：臣下上書奏事，防有泄漏，用袋封緘，稱爲封事。
③毓德：養德。指爲太子時。
④虚無寂滅：指佛老學説。道家倡虚無，佛教主寂滅。
⑤格物致知：語出禮記大學：「致知在格物，物格而後知至。」指推究事物之理，獲得知識。
⑥釁：瑕隙，破綻。
⑦監司：宋代諸路轉運使、提點刑獄、提舉常平等，有監察各州官吏之責，總稱監司。
⑧宰執：宋代以同平章事爲宰相，參知政事、左右丞及樞密使，副使稱執政官，合稱宰執。臺諫：唐宋時以掌糾彈之御史爲臺官，以掌建言之給事中、諫議大夫等爲諫官，統稱臺諫。

隆興元年①，復召。入對，其一言：「大學之道在乎格物以致其知。陛下雖有生知之性，高世之行，而未嘗隨事以觀理，即理以應事。是以舉措之間動涉疑貳②，聽納之際未免蔽欺，平治之效所以未著③。」其二言：「君父之讎不與共戴天。今日所當爲者，非戰無以復讎，非守無以制勝。」且陳古先聖所以强本折衝、威制遠人之道。時相湯思退方倡和議④，除熹武學博士⑤，待次⑥。乾道元年⑦，促就職，既至而洪适爲相⑧，復主和，論不合，歸。

①隆興：宋孝宗第一個年號（一一六三—一一六四）。

②疑貳：猜疑，三心二意。

③平治：治國平天下。

④湯思退（？—一一六四）：字進之，處州（今浙江麗水）人。秦檜死後兩度任相，力主和議。後被言官所論，被貶斥，憂悸而死。

⑤武學博士：武學爲學校名，宋代設武學，學習兵法，三年後考試，按等第授官。博士爲學官名。宋太學、國子學、武學等皆置博士，以本學行藝教授學生。

⑥待次：宋制，選人經過磨勘改爲京官，須編成一甲，排列名次，等待引見皇帝，方能正式赴任，稱待次。

⑦乾道：宋孝宗第二年號（一一六五—一一七三）。

⑧洪适（一一一七—一一八四）：字景伯，饒州鄱陽（今江西波陽）人。乾道初拜右相兼樞密使。

三年，陳俊卿、劉珙薦爲樞密院編修官①，待次。五年，丁内艱②。六年，工部侍郎胡銓以詩人薦③，與王庭珪同召④，以未終喪辭。七年，既免喪，復召，以禄不及養辭⑤。九年，梁克家相⑥，申前命，又辭。克家奏熹屢召不起，宜蒙褒録⑦，執政俱稱之，上曰：「熹安貧守道，廉退可嘉。」特改合入官⑧，主管台州崇道觀⑨。熹以求退得進，於義未安，再辭。淳熙元年⑩，始拜命⑪。二年，上欲獎用廉退，以勵風俗，龔茂良行丞相事⑫，以熹名進，除秘書郎，力辭，且以手書遺茂良，言一時權倖。群小乘間讒毀，乃因熹再辭，即從其請，主管武夷山冲佑觀。

①陳俊卿（一一一三—一一八六）：字應求，興化軍莆田（今福建莆田）人。紹興進士。乾道初除吏部侍郎。四年拜右相，次年進左相。其死時，朱熹「不遠千里哭之，又狀其行。」劉珙（一一二二—一一七八）：字共父，建寧崇安（今福建崇安）人。紹興進士。乾道三年，除同知樞密院事。樞密院編修：樞密院，官署名，主要管理軍事機密、邊防等，與中書省並稱「二府」，同爲最高國務機關。編修官掌編纂記述。

②丁内艱：舊時稱遭母喪爲「丁内艱」。遭父喪稱「丁外艱」。

③胡銓（一一〇二—一一八〇）：字邦衡，吉州廬陵（今江西吉安）人。建炎進士。紹興間因上書請殺秦檜遭貶。孝宗即位後被起用，歷任國史院編修官、權兵部侍郎等職。

④王庭珪：字民瞻，吉州安福（今江西安福）人。政和進士。胡銓遭貶時，他獨以詩送行。紹興十九年，坐訕停官，辰州編管。孝宗時召對内殿，除國子主簿，直敷文閣。

⑤禄不及養：爲官受禄不能養親。

⑥梁克家（一一二八—一一八七）：字叔子，泉州晉江（今福建泉州）人。官至右相兼樞密使。

⑦褒録：褒獎選録。

⑧合入官：宋代官員達到一定官階、任數、考數，即升改爲相應的官職，叫做「合入」。時褒獎朱熹，故特改合入官。

⑨台州：州名，治所在臨海（今浙江臨海）。

⑩淳熙：宋孝宗第三年號（一一七四—一一八九）。

⑪拜命：拜受職務。

⑫龔茂良（一一一七—一一八六）：字實之，興化軍（今福建莆田）人。紹興進士。淳熙元年拜參知政事。次年，葉

衡罷相，他參行相事。

五年，史浩再相①，除知南康軍②，降旨便道之官，熹再辭，不許。至郡，興利除害。值歲不雨，講求荒政③，多所全活。訖事，奏乞依格推賞納粟人。間詣郡學，引進士子與之講論。訪白鹿洞書院遺址④，奏復其舊，爲學規俾守之。明年夏，大旱，詔監司、郡守條其民間利病，遂上書言：

天下之務莫大於恤民，而恤民之本，在人君正心術以立紀綱。蓋天下之紀綱不能以自立，必人主之心術公平正大，無偏黨反側之私，然後有所繫而立。君心不能以自正，必親賢臣，遠小人，講明義理之歸，閉塞私邪之路，然後乃可得而正。

①史浩（一一〇六—一一九四）：字直翁，明州鄞縣（今浙江寧波）人。紹興進士。曾兩度爲相。

②南康軍：軍名。治所在星子（今江西星子縣），轄境相當今江西星子、永修、都昌等縣地。

③荒政：救濟災荒的政策措施。

④白鹿洞書院：在江西星子縣北廬山五老峰下。唐李渤隱居讀書於此，蓄一白鹿，故人稱渤爲白鹿先生。後渤於其地建台榭，遂以白鹿洞名。南唐時在此建學館。北宋咸平五年置書院，後廢。朱熹知南康軍時，重建修復。爲當時四大書院之一。

今宰相、臺省、師傅、賓友、諫諍之臣皆失其職①，而陛下所與親密謀議者，不過一二近習之臣②。上以蠱惑陛下之心志，使陛下不信先王之大道，而説於功利之卑説③，不樂莊士之讜言④，而安於私褻之鄙態⑤。下則招集天下士大夫之嗜利無耻者，文武彙分⑥，各入其門。所喜則陰為引援，擢置清顯⑦。所惡則密行訾毁，公肆擠排。交通貨賂，所盜者皆陛下之財。命卿置將，所竊者皆陛下之柄。陛下所謂宰相、師傅、賓友、諫諍之臣，或反出入其門牆，承望其風旨；其幸能自立者，亦不過齪齪自守⑧，而未敢一言以斥之；其甚畏公論者，乃能略警其徒黨之一二，既不能深有所傷，而終亦不敢正言以擣其囊橐窟穴之所在⑨。勢成威立，中外靡然向之，使陛下之號令黜陟不復出於朝廷，而出於一二人之門，名為陛下獨斷，而實此一二人者陰執其柄。且云：「莫大之禍，必至之憂，近在朝夕，而陛下獨未知之。」上讀之，大怒曰：「是以我為亡也。」熹以疾請祠，不報。

①臺省：御史臺和中書省的合稱，此泛指朝廷執政官員。
②近習之臣：親幸之臣。
③功利之卑説：朱熹講求義理之説而反對功利之説，故將功利之説貶為卑説。
④莊士：端莊正直之士。讜（dǎng）言：正直之言。
⑤私褻（xiè）：親近之臣。褻，親近。

⑥彙分：以類相分。
⑦擢置清顯：提拔安置爲地位尊顯之官。
⑧齪齪：拘謹貌。
⑨擣：「搗」的異體字。

陳俊卿以舊相守金陵，過闕入見，薦熹甚力。宰相趙雄言於上曰①：「士之好名，陛下疾之愈甚，則人之譽之愈衆，無乃適所以高之。不若因其長而用之，彼漸當事任，能否自見矣。」上以爲然，乃除熹提舉江西常平茶鹽公事②。旋録救荒之勞，除直祕閣③，以前所奏納粟人未推賞，辭。

①趙雄（一一二九—一一九三）：字温叔，資州（今四川資中）人，隆興進士。淳熙五年拜右相。
②提舉江西常平茶鹽公事：江西即江西路。宋代在各路設提舉常平官與提舉茶鹽官，紹興時合爲一職，稱提舉常平茶鹽公事。掌各路役錢、青苗錢、義倉、賑濟、水利、茶鹽等事，與轉運使、提點刑獄公事分管各路財賦，並監察各州官吏。
③直祕閣：官名。淳化元年（九九〇）置。以朝官充任，掌管祕閣（收藏三館真本書籍及字畫的機構）事務。元豐改制廢館職，僅以直祕閣爲貼職。

會浙東大饑，宰相王淮奏改熹提舉浙東常平茶鹽公事①，即日單車就道，復以納粟人未推賞，辭職名。納粟賞行，遂受職名。入對，首陳災異之由與修德任人之説，次言：「陛下即政之初，蓋嘗選建英豪，任以政事，不幸其不能盡得其人，是以不復廣求賢哲，而姑取軟熟易制之人以充其位②。於是左右私褻使令之賤③，始得以奉燕閑，備驅使，而宰相之權日輕。又慮其勢有所偏，因而重以壅己也，則時聽外廷之論，將以陰察此輩之負犯而操切之④。陛下既未能循天理、公聖心，以正朝廷之大體，則固以失其本矣，而又欲兼聽士大夫之言，以爲駕馭之術，則士大夫之進見有時，而近習之從容無間。士大夫之禮貌既莊而難親，其議論又苦而難入，近習便辟側媚之態既足以蠱心志⑤，其胥史狡獪之術又足以眩聰明⑥。是以雖欲微抑此輩，而此輩之勢日重，雖欲兼採公論，而士大夫之勢日輕。重者既挾其重，以竊陛下之權，輕者又借力於所重，以爲竊位固寵之計。日往月來，浸淫耗蝕，使陛下之德業日隳⑦，綱紀日壞，邪佞充塞，貨賂公行，兵愁民怨，盜賊間作，災異數見，饑饉薦臻。群小相挺⑧，人人皆得滿其所欲，惟有陛下了無所得，而顧乃獨受其弊。」上爲動容。所奏凡七事，其一二事手書以防宣洩。（下略）

①王淮（一一二六—一一八九）：字季海，婺州金華（今浙江金華）人。紹興進士。淳熙八年拜右相，後遷左相。十五年罷相。

②軟熟：柔和諂媚。

③左右私褻：身邊親近之人。

④操切：脅制。
⑤便（pián）辟側媚：逢迎諂媚。
⑥狡獪：狡詐奸滑。
⑦隳（huī）：毁壞。
⑧挻（shān）：篡取。

（梁方健）

明史

戚繼光傳

戚繼光，字元敬，世登州衛指揮僉事①。父景通，歷官都指揮②，署大寧都司③，入爲神機坐營④，有操行。繼光幼倜儻負奇氣。家貧，好讀書，通經史大義。嘉靖中嗣職⑤，用薦擢都指揮僉事，備倭山東⑥。改僉浙江都司，充參將⑦，分部寧、紹、台三郡⑧。

〔明史簡介〕明史，紀傳體明代史，清張廷玉等撰。該書的修撰，始於順治二年（一六四五），但因當時條件不備，未成而罷。康熙十八年（一六七九）再開史館修撰，先後以徐元文、王鴻緒等爲總纂，並聘史學家萬斯同以「布衣」參與編修，核定史稿。康熙五十三年與雍正元年（一七二三），王鴻緒以個人名義進呈明史稿三百一十卷，實即删改萬斯同手定史稿而成。雍正元年，又以張廷玉爲總裁，以明史稿爲基礎修撰明史，至十三年定稿。前後歷時凡九十餘年。

明史記載了明洪武元年（一三六八）至崇禎十七年（一六四四）的明代歷史。全書共三百三十二卷，包括本紀二十四卷，志七十五卷，表十三卷，列傳二百二十卷。其體例基本沿襲舊史，但亦有所創新。如曆志附圖，藝文志專記明代書目，又據時代特點增立七卿表、閹黨傳、流賊傳、土司傳等。總的來説，明史取材豐富，文字簡練，編纂方法比較嚴密，可稱二十四史中寫得較好的一部。但書中對涉及清統治者祖先的一些問題及南明史事，多避而不談，或語焉不詳，是其不足。

本書選文據中華書局一九七四年版明史。

〔篇名簡介〕本篇選自明史卷二百十二。記載了戚繼光抗倭和守邊的生平事蹟。

①世登州衛指揮僉事：繼光六世祖戚祥隨朱元璋起兵，死於戰場，明廷以此封戚氏子孫世襲登州衛指揮僉事。登州衛，衛名，在今山東蓬萊。指揮僉事，指揮即各衛長官指揮使，僉事爲其屬官。

②都指揮：即都指揮使。明代於各省及遼東、大寧等要地置都指揮使司，簡稱都司，長官爲都指揮使。

③大寧都司：治所在保定府（今河北保定）。

④神機坐營：神機營爲明京軍三大營之一，使用近代火器，其內設左右哨、左右掖、中軍等，坐營爲左右哨長官。

⑤嘉靖：明世宗年號（一五二二—一五六六）。

⑥倭：我國古代對日本的稱謂。此指倭寇即十四至十六世紀在我國和朝鮮沿海地區侵擾搶掠的日本海盗。

⑦參將：明代鎮守軍事要地的統兵官，位次於總兵、副總兵，分守各路。

⑧寧、紹、台：指寧波府、紹興府、台州府，其治所分別在鄞縣（今浙江寧波）、山陰（今浙江紹興）、臨海（今浙江臨海）。

三十六年，倭犯樂清、瑞安、臨海①，繼光援不及，以道阻不罪。尋會俞大猷兵②，圍汪直餘黨於岑港③。久不克，坐免官，戴罪辦賊。已而倭遁，他倭復焚掠台州。給事中羅嘉賓等劾繼光無功④，且通番。方按問，旋以平汪直功復其官，改守台、金、嚴三郡⑤。

①樂清：縣名，在今浙江樂清。瑞安：縣名，在今浙江瑞安。

②俞大猷（一五〇四—一五八〇）：字志輔，晋江（今福建泉州）人。明代抗倭名將。歷任參將、總兵等職，多立戰功，與繼光齊名。

③汪直：當作王直，徽州（治今安徽歙縣）人。嘉靖十九年出海經營走私貿易，遂勾結倭寇，稱五峰船主。於寧波雙嶼港建立據點，後移烈港，焚掠沿海各地，自稱淨海王，又稱徽王。三十六年爲總督胡宗憲設計擒獲，三十八年斬於杭州。岑港：在今浙江定海西北。

④給（jǐ）事中：官名。明代設吏、户、禮、兵、刑、工六科給事中，掌監察六部，糾彈官吏等。

⑤金、嚴：金華府和嚴州府，治所分別在金華（今浙江金華）、建德（今浙江建德東北）。

繼光至浙時，見衛所軍不習戰，而金華、義烏①俗稱慓悍，請召募三千人，教以擊刺法，長短兵迭用，由是繼光一軍特精。又以南方多藪澤，不利馳逐，乃因地形制陣法，審步伐便利，一切戰艦、火器、兵械精求而更置之。「戚家軍」名聞天下。

①義烏：縣名，在今浙江義烏。

四十年，倭大掠桃渚、圻頭①。繼光急趨寧海②，扼桃渚，敗之龍山③，追至雁門嶺④。賊遁去，乘虛襲台州。繼光手殲其魁，蹙餘賊瓜陵江盡死。而圻頭倭復趨台州，繼光邀擊之仙居⑤，道無脫者。先後九戰皆捷，俘馘一千有奇⑥，焚溺死者無算。總兵盧鏜、參將牛天錫又破賊寧波、温州⑦。浙東平，繼光進秩三等。閩、廣賊流入江西。總督胡宗憲檄繼光援⑧。擊破之上坊巢⑨，賊奔建寧⑩。繼光還浙江。

①桃渚、圻頭：地名。桃渚在今浙江臨海縣東一百里。圻頭在桃渚東北。
②寧海：縣名，在今浙江寧海。
③龍山：地名，在今浙江鎮海西北。
④雁門嶺：在今浙江鎮海西北。

⑤仙居：縣名，在今浙江仙居。
⑥俘馘（guó）：俘虜擊斃。馘，本指從敵尸上割取的左耳。此指擊斃。
⑦温州：府名，治所在永嘉（今浙江温州）。
⑧胡宗憲：字汝貞，徽州績溪（今安徽績溪）人。嘉靖進士。歷官浙江巡按御史、總督。曾用酒毒殺倭寇數百，誘殺王直、徐海等海寇。然頗事搜刮，又結權奸。後被言官彈劾爲嚴嵩黨羽，下獄死。檄（xí）：古代用於徵召的文書。
⑨上坊：地名，在今江西貴溪東南。
⑩建寧：府名，治所在建安（今福建建甌）。

明年，倭大舉犯福建。自温州來者，合福寧、連江諸倭攻陷壽寧、政和、寧德①。自廣東南澳來者②，合福清、長樂諸倭陷玄鍾所③，延及龍岩、松溪、大田、古田、莆田④。是時寧德已屢陷。距城十里有横嶼⑤，四面皆水路險隘，賊結大營其中。官軍不敢擊，相守踰年。其新至者營牛田⑥，而酋長營興化⑦，東南互爲聲援。閩中連告急，宗憲復檄繼光剿之。先擊横嶼賊。人持草一束，填壕進。大破其巢，斬首二千六百。乘勝至福清。擣敗牛田賊，覆其巢，餘賊走興化。急追之，夜四鼓抵賊柵。連克六十營，斬首千數百級。平明入城，興化人始知，牛酒勞不絶。繼光乃旋師。抵福清，遇倭自東營澳登陸，擊斬二百人。而劉顯亦屢破賊。閩宿寇幾盡。於是繼光至福州飲至⑧，勒石⑨平遠台。

①福寧：州名，治所在霞浦（今福建霞浦）。連江、壽寧、政和、寧德：皆縣名，即今福建連江、壽寧、政和、寧德。
②南澳：即今廣東南澳島。
③福清、長樂：縣名，即今福建福清、長樂。玄鍾所：在今福建詔安東南。
④龍岩、松溪、大田、古田、莆田：皆縣名，即今福建龍岩、松溪、大田、古田、莆田。
⑤橫嶼：島名，位於今福建寧德東北海中。
⑥牛田：地名，在今福建福清東南。
⑦興化：府名，治所在今福建莆田。
⑧飲至：古代的一種典禮。朝會盟伐完畢，回到宗廟飲酒慶賀，稱爲飲至。此指舉行酒宴慶賀。
⑨勒（lè）石：在石上刻字。

及繼光還浙後，新倭至者日益衆，圍興化城匝月①。會顯遣卒八人齎書城中，衣刺「天兵」二字。賊殺而衣其衣，紿守將得入②，夜斬關延賊。副使翁時器、參將畢高走免，通判奚世亮攝府事，遇害，焚掠一空。留兩月，破平海衛，③據之。初，興化告急，時帝已命俞大猷爲福建總兵官，繼光副之。及城陷，劉顯軍少，壁城下不敢擊。大猷亦不欲攻，需大軍合以困之。四十二年四月，繼光將浙兵至。於是巡撫譚綸令將中軍④，顯左，大猷右，合攻賊於平海。繼光先登，左右軍繼之，斬級二千二百，還被掠者三千人。綸上功，繼光首，顯、大猷次之。帝爲告謝郊廟，大行敘賚⑤。繼光先以橫嶼功，進署都督僉事⑥，及是進都督同知，世廕千户⑦，遂代大猷爲總兵官。

①匝月：一整月。匝，週。

②紿（dài）：欺騙。

③平海衛：衛名，在今福建莆田東南海濱平海鎮。

④譚綸：字子理，江西宜黄（今江西宜黄）人。嘉靖進士。初任台州知府，練兵禦倭。嘉靖四十二年巡撫福建，平定倭寇。隆慶元年（一五六七）總督薊遼，與戚繼光訓練軍隊，加强北方防務。官至兵部尚書。

⑤敘賚（lài）：論功行賞。

⑥都督僉事：明代設立五軍都督府，分領在京各衛所和外地各都司衛所，各府長官爲左右都督，屬官有都督同知、都督僉事。

⑦世廕千户：世襲千户之職。廕，同「蔭」，因祖先功勞得官稱廕。千户，官名，明代衛下設千户所，統兵一千一百二十人，長官稱千户。

明年二月，倭餘黨復糾新倭萬餘，圍仙遊三日①。繼光擊敗之城下，又追敗之王倉坪②，斬首數百級，餘多墜崖谷死，存者數千奔據漳浦蔡丕嶺③。繼光分五哨④，身持短兵緣崖上，俘斬數百人，餘賊遂掠漁舟出海去。久之，倭自浙犯福寧，繼光督參將李超等擊敗之。乘勝追永寧賊⑤，斬馘三百有奇。尋與大猷擊走吴平於南澳，遂擊平餘孽之未下者。

①仙遊：縣名，在今福建仙遊。
②王倉坪：地名，在今福建同安境内。
③漳浦：縣名，在今福建漳浦。
④哨：軍隊的編制單位。明以三千一百二十人爲一枝，每枝分中、左、右哨。
⑤永寧：衛名，在今福建晋江東南。
⑥吴平：漳州詔安（今福建詔安）人。勾結倭寇、刼掠粤閩沿海的盜魁。嘉靖四十五年，兵敗投海自盡。

繼光爲將號令嚴，賞罰信，士無敢不用命。與大猷均爲名將。操行不如，而果毅過之。大猷老將務持重，繼光則飆發電舉，屢摧大寇，名更出大猷上。

隆慶初①，給事中吴時來以薊門多警②，請召大猷、繼光專訓邊卒。部議獨用繼光③，乃召爲神機營副將。會譚綸督師遼、薊，乃集步兵三萬，徵浙兵三千，請專屬繼光訓練。帝可之。二年五月命以都督同知總理薊州、昌平、保定三鎮練兵事④，總兵官以下悉受節制。至鎮，上疏言：

薊門之兵，雖多亦少。其原有七。營軍不習戎事，而好末技，壯者役將門，老弱僅充伍，一也。邊塞逶迤，絶鮮郵置⑤，使客絡繹，日事將迎，參游爲驛使⑥，營壘皆傳舍⑦，二也。寇至，則調遣無法，遠道赴期，卒斃馬僵，三也。守塞之卒約束不明，行伍不整，四也。臨陣馬軍不用馬，而反用步，五也。家丁盛而軍心離，六也。乘障卒不擇衝緩⑧，備多力分，七也。七害不除，邊備曷修。

①隆慶：明穆宗年號（一五六七—一五七二）。

②薊門：指薊州鎮，明九邊之一。鎮守地區相當今河北長城内東起山海關、西至居庸關及天津市以北一帶，爲近畿防衛重鎮。總兵官駐三屯營（今河北遷西西北）。

③部議：明清時中央六部議事通稱部議。此指兵部意見。

④昌平：州名。明正德元年（一五〇六）升昌平縣置，治所在今北京昌平。保定：府名，治所在清苑（今河北保定）。

⑤逶迤（wēi yí）：形容道路、山脉等彎曲而長。郵置：驛館。

⑥參游：參將、游擊將軍。明代邊區守軍，設游擊將軍，簡稱游擊，無品級，無一定員額，分掌駐在地的防守應援。

⑦傳（zhuàn）舍：驛站的客房。

⑧乘障卒：登城防禦的士卒。衝緩：指軍事上的重要之地和非重要之地。

而又有士卒不練之失六，雖練無益之弊四。何謂不練？夫邊所藉惟兵，兵所藉惟將，今恩威號令不足服其心，分數形名不足齊其力①，緩急難使，一也。有火器不能用，二也。棄土著而不練，三也。諸鎮入衛之兵，嫌非統屬，漫無紀律，四也。班軍民兵數盈四萬②，人各一心，五也。練兵之要在先練將。今注意武科，多方保舉似矣，但此選將之事，非練將之道，六也。何謂雖練無益？今一營之卒，爲礮手者常十也③。不知兵法五兵迭用④，當長支衛短，短以救長，一也。三軍之士各專其藝，金鼓旗幟，何所不蓄，今皆置不用，二也。弓矢之力不强於寇，而欲藉以制勝，三也。教練之法，自有正門。美觀則不實用，實用則不美觀，而今悉無其實，四也。

①分數形名：指編制與指揮方式、方法。孫子勢篇：「鬭衆如鬭寡，形名是也。」曹操註：「旌旗曰形，金鼓曰名。」

②班軍：京師衛所之外的地方衛所輪番到京師操練戍守的軍隊。民兵：用以維持地方治安的武裝。明初已徵用民兵，英宗正統二年（一四三七）實行召募制，孝宗弘治七年（一四九四）又頒布僉民壯法，由州縣按里僉點，有司訓練，遇警調發。

③礮：「炮」的異體字。

④五兵：舊說不一。穀梁傳莊公二年注以矛、戟、鉞、楯、弓矢爲五兵，漢書吾丘壽王傳注則以矛、戟、弓、劍、戈爲五兵。此應指各類長短兵器。

臣又聞兵形象水，水因地而制流，兵因地而制勝。薊之地有三。平原廣陌①，內地百里以南之形也。半險半易，近邊之形也。山谷仄隘，林薄蓊翳②，邊外之形也。寇入平原，利車戰。在近邊，利馬戰。在邊外，利步戰。三者迭用，乃可制勝。今邊惟習馬耳，未嫻山戰、林戰、谷戰之道也，惟浙兵能之。願更予臣浙東殺手、礮手各三千，再募西北壯士，足馬軍五枝，步軍十枝，專聽臣訓練，軍中所需，隨宜取給，臣不勝至願。又言：「臣官爲創設，諸將視爲綴疣③，臣安展布。」

①廣陌：同廣漠，遼闊空曠。
②林薄（bó）：草木叢生之處。蓊翳（wěng yì）：草木茂密貌。
③臣官二句：繼光總理三鎮練兵事，爲特設之官，故稱創設。綴疣，同贅疣，喻多餘。

章下兵部，言薊鎮既有總兵，又設總理，事權分，諸將多觀望，宜召還總兵郭琥，專任繼光。乃命繼光爲總兵官，鎮守薊州、永平、山海諸處①，而浙兵止弗調。録破吴平功，進右都督。寇入青山口②，拒郤之。

①永平：府名，治所在盧龍（今河北盧龍）。山海：指山海衛，在今河北秦皇島山海關。
②青山口：在今河北遷西東北長城邊。

自嘉靖以來，邊墻雖修①，墩臺未建。繼光巡行塞上，議建敵臺。略言：「薊鎮邊垣，延袤二千里，一瑕則百堅皆瑕。比來歲修歲圮②，徒費無益。請跨墻爲臺，睥睨四達③。臺高五丈，虚中爲三層，臺宿百人，鎧仗糗糧④具備。今戍卒畫地受工，先建千二百座。然邊卒木强⑤，律以軍法將不堪，請募浙人爲一軍，用倡勇敢。」督撫上其議，許之。浙兵三千至，陳郊外。天大雨，自朝至日昃，植立不動。邊軍大駭，自是始知軍令。五年秋，臺功成。精堅雄壯，二千里聲勢聯接。詔予世廕，賚銀幣。

①邊墻：又稱邊垣，即長城。
②圮（pǐ）：坍塌。
③睥睨（bì nì）：斜視。此指瞭望。
④鎧（kǎi）仗：鎧甲和兵器。糗（qiǔ）：干糧。
⑤木强（jiàng）：性格質直剛强。

繼光乃議立車營。車一輛用四人推輓，戰則結方陣，而馬步軍處其中。又制拒馬器①，體輕便利，遏寇騎衝突。寇至，火器先發，稍近則步軍持拒馬器排列而前，間以長鎗、筤筅②。寇奔，則騎軍逐北。又置輜重營隨其後，而以南兵爲選鋒③，入衛兵主策應，本鎮兵專戍守。節制精明，器械犀利，薊門軍容遂爲諸邊冠。

①拒馬器：一種防禦騎兵奔突的戰具。

②筤筅（láng xiǎn）：兵器名。亦稱「狼筅」、「狼牙筅。」相傳爲戚繼光所創製。戚繼光武藝篇：「狼筅，用大毛竹上截，連旁附枝節，視之粗可二尺，長一丈五六尺；利刃在頂，長一尺。」

③選鋒：從士卒中選拔組成的突擊隊。

當是時，俺答已通貢①，宣、大以西②，烽火寂然。獨小王子後土蠻徙居插漢地③，控弦十餘萬，常爲薊門憂。而孕顏董狐狸及其兄子長昂交通土蠻④，時叛時服。萬曆元年春⑤，二寇謀入犯。馳喜峰口⑥，索賞不得，則肆殺掠，獵傍塞，以誘官軍。繼光掩擊，幾獲狐狸。其夏，復犯桃林⑦，不得志去。長昂亦犯界嶺⑧。官軍斬獲多，邊吏諷之降，狐狸乃款關請貢。廷議給以歲賞。明年春，長昂復窺諸口不得入，則與狐狸共逼長禿令入寇。繼光逐得之以歸。長禿者，狐狸之弟，長昂叔父也。於是二寇率部長親族三百人，叩關請死罪，狐狸服素衣叩頭乞赦長禿。繼光及總督劉應節等議⑨，遣副將史宸、羅端詣喜峰口受其降。皆羅拜⑩，獻還所掠邊人，攢刀設誓⑪。乃釋長禿，許通貢如故。終繼光在鎮，二寇不敢犯薊門。

①俺答：即俺答汗，明代蒙古右翼土默特萬户的首領。嘉靖間常侵擾内地。隆慶時明軍事力量加强，俺答願通貢和好，隆慶五年受封爲順義王。

②宣、大：指宣府、大同二軍鎮，皆爲明九邊之一。宣府鎮守地區相當今河北西北部内外長城一帶，治所在宣府

（今河北宣化）。大同鎮守地區相當今山西外長城以南，東自山西、河北省界，西至大同市西北，治所在今大同市。

③小王子：明代東部蒙古可汗的別稱。元亡後，統治王朝的後裔去皇號改稱可汗。景泰二年（一四五一），脱脱不花可汗爲部將也先所殺，其子馬古可兒吉思爲可汗，因其所幼，明人稱爲小王子。此後達延汗、卜赤、打來孫等亦被稱作小王子，達延汗的直系左翼察哈爾部稱小王子部。嘉靖間，右翼吉囊、俺答强，打來孫懼被併，率部東徙。土蠻：即達延汗五世孫，打來孫之子圖們汗。土蠻即「圖們」別譯。時小王子部稱土蠻部。插漢：即察哈爾的別譯，此指打來孫徙居的遼東邊外地。

④朵顔：明兀良哈三衛之一。明初牧地在今內蒙古洮兒河流域一帶。永樂以後南徙至今河北東北部長城綫外。董狐狸、長昂皆爲其部落首領。

⑤萬曆：明神宗年號（一五七三—一六一九）。

⑥喜峰口：地名，在今河北遷西縣北，爲長城要隘之一。

⑦桃林：桃林口，在今河北盧龍北長城綫上。

⑧界嶺：界嶺口，在今河北撫寧北長城綫上。

⑨劉應節：字子和，山東濰（今山東濰坊）人。隆慶四年以兵部右侍郎代譚綸總督薊遼保定軍務。

⑩羅拜：四面圍繞着下拜。

⑪攢刀設誓：將刀聚在一起立誓。攢，聚。

尋以守邊勞，進左都督。已，增建敵台，分所部十二區爲三協，協置副將一人，分練士馬。炒蠻入犯①，湯克寬戰死②，繼光被劾，不罪。久之，炒蠻偕妻大嬖只襲掠邊卒，官軍追破之。土蠻犯遼東，繼光急赴，偕遼東軍拒退之。繼光已加太子太保，録功加少保。

①炒蠻：朵顔衛蒙古部落酋長，與長昂、董狐狸、大、小嬖只、猛可真被並稱爲「六凶」。
②湯克寬：邳州（今江蘇邳縣）人。官至都督僉事、廣東總兵官。曾在浙江、廣東抗倭有功。萬曆初調赴薊鎮。

自順義受封①，朝廷以八事課邊臣：曰積錢穀、修險隘、練兵馬、整器械、開屯田、理鹽法、收塞馬、散叛黨。三歲則遣大臣閲視，而殿最之②。繼光用是頻膺賚。南北兵將馬芳、俞大猷前卒③，獨繼光與遼東李成梁在④。然薊門守甚固，敵無由入，盡轉而之遼，故成梁擅戰功。

①順義：指俺答，受明封爲順義王。
②殿最：評定高低等級。古代考核政績或軍功，上等的稱「最」，下等的稱「殿」。
③馬芳：字德馨，蔚州（今河北蔚縣）人。累官薊鎮副總兵，宣府、大同總兵。明史稱他「爲一時將帥冠。」
④李成梁：字汝契，鐵嶺衛（今遼寧鐵嶺）人。隆慶四年任遼東總兵，在鎮二三十年，頗有功績，封寧遠伯，加至太傅。

自嘉靖庚戌俺答犯京師①，邊防獨重薊。增兵益餉，騷動天下。復置昌平鎮，設大將，與薊相唇齒。猶時躪内地，總督王忬、楊選並坐失律誅②。十七年間，易大將十人，率以罪去。繼光在鎮十六年，邊備修飭，薊門晏然。繼之者，踵其成法，數十年得無事。亦賴當國大臣徐階、高拱、張居正先後倚任之③。居正尤事與商確④，欲爲繼光難者，輒徙之去。諸督撫大臣如譚綸、劉應節、梁夢龍輩咸與善⑤，動無掣肘，故繼光益發舒。

①嘉靖庚戌俺答犯京師：嘉靖二十九年（一五五〇，庚戌年），俺答率軍入古北口，直到北京城下。時嚴嵩當國，戰備廢弛，恐戰敗無法掩飾，竟不準諸將出擊。俺答軍騷擾京畿達八日之久。史稱「庚戌之變」。

②王忬：字民應，蘇州太倉（今江蘇太倉）人。嘉靖進士。三十四年任薊遼總督。三十七年，把都兒等自潘家口入犯，王忬以此被嚴嵩父子構陷，下獄被殺。楊選：字以公，章丘（今山東章丘）人。嘉靖進士。四十年任薊遼總督，四十二年，辛愛，把都兒自墻子嶺、磨刀峪入犯。選坐不設守備被殺。

③徐階：字子升，松江華亭（今上海松江）人。嘉靖進士。四十二年代嚴嵩爲首輔。隆慶二年爲高拱所逐。高拱：字肅卿，河南新鄭（今河南新鄭）人。嘉靖進士。隆慶三年冬爲首輔。後被張居正排擠去官。張居正：字叔大，號太岳，湖廣江陵（今湖北江陵）人。嘉靖進士。隆慶元年入閣，後取代高拱爲首輔，前後當國十年。

④商確：同「商榷」。

⑤梁夢龍：字乾吉，真定（今河北正定）人。嘉靖進士。萬曆五年至九年總督薊遼、保定。

居正歿半歲，給事中張鼎思言繼光不宜於北，當國者遽改之廣東。繼光悒悒不得志，強一赴，踰年即謝病。給事中張希皋等復劾之，竟罷歸。居三年，御史傅光宅薦，反奪俸。繼光亦遂卒。

繼光更歷南北，並著聲。在南方戰功特盛，北則專主守。所著紀效新書、練兵紀實①，談兵者遵用焉。

弟繼美，亦為貴州總兵官。

①紀效新書：十八卷。為繼光在東南練兵備倭時之作。分十八篇，各篇皆有圖說，以欲所部皆能通曉，文詞通俗近口語。所載皆其試於行陣，實用有效，故以「紀效」為名。練兵紀實：九卷。為繼光於薊鎮所作，述練兵、用兵方法。

（梁方健）

資治通鑑

司馬光論三家分晉

威烈王

二十三年

初命①晉大夫魏斯②、趙籍③、韓虔④為諸侯。

〔資治通鑑簡介〕：北宋司馬光編著，是一部編年體通史。司馬光（一〇一九—一〇八六），字君實，宋陝州夏縣人。宋仁宗寶元元年（一〇三八）中進士。宋神宗熙寧三年（一〇七〇），因反對王安石變法，以端明殿學士出知永興軍。次年，改判西京御史臺。自此住在洛陽，專心編纂由神宗賜名的資治通鑑。在劉攽、劉恕、范祖禹等人協助下，至元豐七年，完成了上起周威烈王二十三年（四〇三），下迄後周世宗顯德六年（九五九），共計一千三百六十二年史事的編纂。全書計二百九十四卷。另有目錄、考異各三十卷。本書史料選取比較可靠；編纂體例嚴謹；編纂方法對後世史書也產生了重大影響。其祖本為宋哲宗元祐元年（一〇八六）杭州刻本，已佚。現北京圖書館存有南宋紹興二年（一一三二）余姚重刻本。通行本有涵芬樓本、四部叢刊本、商務印書館本。清胡克家翻刻的元刊胡三省註本，最為精詳，一九五六年中華書局依據此進行標點印行。現依一九五六年中華書局標點本進行注釋。

〔篇名簡介〕此篇摘自資治通鑑卷一周紀一，篇名為後人所加。篇中司馬光對天子之職莫大於禮及禮的作用詳加闡釋，最後得出結論：「故三晉之列於諸侯，非三晉之壞禮，乃天子自壞之也。」

①初命：開始任命。

②魏斯：魏文侯，名斯。其先人畢萬被晉獻公封於魏，為大夫。此後從其國名為魏氏。周貞定王十六年（前四五三年），魏桓子與韓康子、趙襄子共伐滅知伯，三分其地。從此，晉國被趙、韓、魏三家瓜分，晉君反而成為附庸。魏斯為魏桓子之孫。周威烈王二十三年（前四〇三年），周天子正式任命晉大夫魏斯、趙籍、韓虔為諸侯。

③趙籍：趙烈侯，名籍。其先人造父得周穆王所賜趙城，由此為趙氏。周幽王時，趙氏叔帶去周至晉，事晉文侯，始建趙氏於晉國。晉文公以趙衰為原大夫。趙衰之子趙盾為晉正卿。傳至趙襄子時，韓、趙、魏三家分晉。到

趙籍時，被周天子正式任命為諸侯。

④韓虔：韓景侯，名虔。其先人韓武子事晉，封於韓原。武子後三世有韓厥，從封姓為韓氏。韓厥即韓獻子，為晉正卿。傳至韓康子時，與魏桓子、趙襄子三家分晉。韓康子之孫即韓虔，被周天子正式任命為諸侯。

臣光曰：臣聞天子之職莫大於禮①，禮莫大於分②，分莫大於名③。何謂禮，紀綱是也。何謂分？君、臣是也。何謂名？公、侯、卿、大夫是也。

①禮：說文：「履也，所以事神至福也。」

②分：說文：「別也，從八從刀，刀以分別物也。」

③名：說文：「自命也，從口從夕，夕者冥也，冥不相見，故以口自名。」

夫以四海之廣，兆民①之衆，受制②於一人，雖有絶倫③之力，高世之智，莫不奔走而服役者，豈非以禮為之紀綱哉！是故天子統三公，三公率諸侯，諸侯制卿大夫，卿大夫治士庶人。貴以臨賤，賤以承貴。上之使下猶心腹之運④手足，根本之制枝葉，下之事上猶手足之衛心腹，支葉之庇本根，然後能上下相保而國家治安。故曰天子之職莫大於禮也。

①兆民：萬民，極言數之多。
②制：說文：「裁也，從刀從未，未物成有滋味可裁斷。」
③絶倫：超過同輩。倫：輩、類。
④運：運用。

文王序易①，以乾②、坤③爲首。孔子繫④之曰：「天尊地卑，乾坤定矣。卑高以陳，貴賤位矣。」言君臣之位猶天地之不可易也。春秋抑諸侯，尊王室，王人雖微，序⑤於諸侯之上，以是見聖人於君臣之際未嘗不惓惓⑥也。非有桀紂之暴，湯、武之仁，人歸之，天命之，君臣之分當守節伏死而已矣。是故以微子而代紂則成湯配天⑦矣，以季札⑧而君吳則太伯血食⑨矣，然二子寧亡國而不爲者，誠以禮之大節不可亂也。故曰禮莫大於分也。

①文王序易：周文王爲易作序。序：說明六十四卦排列次序的文字。易：六經之一。
②乾：易卦名，八卦之一，寫作「☰」。
③坤：易卦名，八卦之一，寫作「☷」。
④繫：易繫辭疏：「繫辭者，聖人繫屬此辭於卦爻之下」。下句即孔子繫屬卦後之語。

⑤序：次第。

⑥惓惓（quán quán）：猶勤勤，懇切的樣子。

⑦成湯配天：祭天時以成湯配享。成湯，商開國之君。契的後代，子姓，名履，又稱天乙。胡三省注：「孔氏曰：禮記稱萬物本乎天，人本乎祖。俱爲其本，可以相配，故王者皆以祖配天。」此篇中成湯配天意即宗廟尚存，社稷永保。

⑧季札：吳王壽夢的第四子。壽夢因季札賢能，欲立之，季札不肯。後季札逃走，吳國内出現爭奪王位之戰，夫差時吳國滅亡。

⑨太伯血食：太伯，吳立國之君，爲周太王之元子。太者，善大之稱；伯者，長也。宗廟的祭祀用牲，故曰血食。

夫禮，辨貴賤，序親疏，裁群物，制庶事，非名不著①，非器②不形；名以命之，器以別之，然後上下粲然有倫，此禮之大經③也。名器既亡，則禮安得獨在哉！昔仲叔于奚有功於衛④，辭邑而請繁纓⑤，孔子以爲不如多與之邑。惟名與器，不可以假人，君之所司⑥也；政亡則國家從之。衛君待孔子而爲政，孔子欲先正名，以爲名不正則民無所措手足。夫繁纓，小物也，而孔子惜之；正名，細務也，而孔子先之：誠以名器既亂則上下無以相保故也。夫事未有不生於微而成於著，聖人之慮遠，故能謹其微而治之，衆人之識近，故必待其著而後救之；治其微則用力寡而功多，救其著則竭力而不能及也。易曰：「履霜堅冰至⑦。」書曰：「一日二日萬幾⑧。」謂此類也。故曰分莫大於名也。

①著：明顯，顯露。禮大傳：「名著而男女有別」。又中庸：「誠則形，形則著，著則明」。
②器：古代標誌名位、爵號的器物。左傳成公二年：「唯器與名，不可以假人。」
③經：指常行的義理、原則。
④仲叔于奚有功於衛：事載左傳成公二年：衛孫桓子帥師與齊師戰于新築，衛師敗績。新築人仲叔于奚救孫桓子，桓子是以免。
⑤辭邑而請繁纓：據記載：衛人因仲叔于奚有功於衛而賞之邑，他辭讓邑而請求得到馬飾，被允準。繁，馬鬣上飾；纓，馬膺前飾。
⑥司：掌管。
⑦履霜堅冰至：意為脚踩秋霜而知寒冬將至，此喻由目前的迹象而對未來有所戒備和警惕。此句出自易坤初六爻辭。
⑧一日二日萬幾：語出尚書臯陶謨。一日二日，即天天。孔安國注：「幾，微也。言當戒懼萬事之微。」

嗚呼！幽、厲①失德，周道日衰，綱紀散壞，下陵上替②，諸侯專徵③，大夫擅政④，禮之大體什喪七八矣，然文武之祀猶綿綿相屬者，蓋以周之子孫尚能守其名分故也。何以言之？昔晉文公有大功於王室⑤，請隧於襄王⑥，襄王不許，曰：「王章⑦也。未有代德而有二王，亦叔父⑧之所惡也。不然，叔父有地而隧，又何請焉！」文公於是懼而不敢違。是故以周之地則不大於曹、滕，以周之民則不衆於邾、莒，然歷數百年，宗主天下，雖以晉、楚、齊、秦之强不敢加者，何哉？徒以名分尚存故也。至於季氏之於魯⑨，田常之於齊⑩，白公之於楚⑪，智伯之於晉⑫，其勢皆足以逐君而自為，然而卒⑬不敢者，豈其力不足而心不忍哉，乃畏奸⑭名犯分而天下共誅之也。今晉大夫暴蔑⑮其君，剖分晉國⑯，天子既不能討，又寵秩⑰之，使列於諸侯，是區區之名分復不能守而並棄之也。先王之禮於斯盡矣！

①幽、厲：周幽王、周厲王。

②下陵上替：臣下侵陵君主，君主的統治秩序遭到破壞。替，廢。

③諸侯專徵：指齊桓公、晉文公至悼公，以及楚莊王、吴夫差之類，亦即春秋五霸挾天子以令諸侯。

④大夫擅政：指晉六卿、魯三家、齊田氏之類，以國君為傀儡，自己不斷擴大權勢。

⑤晉文公有大功於王：指周襄王十六年，太叔帶發動叛亂，襄王出奔，居於氾。晉文公帥軍救襄王，殺太叔帶，定襄王於郟。

⑥請隧於襄王：指襄王為報答晉文公救助之恩，想以土地賜予文公。文公不要地，請求襄王允許他死後用王者葬禮。隧：據杜預曰：闕地通路曰隧，此乃王者葬禮也。諸侯皆懸柩而下。

⑦王章：章顯王者異於諸侯。

⑧叔父：古代天子謂同姓諸侯為伯父、叔父。

⑨季氏之於魯：魯大夫季氏，自季友以來，世執魯國之政。季平子逐昭公，季康子逐哀公。季氏雖專擅，但卻終身北面稱臣，不敢篡國。

⑩田常之於齊：田常，即陳恒。陳成子得齊國之政，殺闞止，弒簡公，但卻不敢自立。
⑪白公之於楚：白公即白公勝，為楚平王太子之子。他與石乞合謀，殺令尹子西、司馬子期，劫惠王。石乞勸說他焚庫弒王，他說：「弒王不祥，焚庫無聚。」
⑫智伯之於晉：晉六卿之一。當晉國衰敗之時，智伯專其國政，侵伐鄰國，是晉六卿中最為强大者。與韓、趙、魏等共攻晉出公，出公死於出奔途中，智伯改立哀公，不敢自代。
⑬卒（zú）：終，終於。
⑭奸：犯。
⑮暴蔑：損害，蔑視。
⑯剖分晉國：史記六國年表：定王十六年，趙、魏、韓滅智伯，遂三分晉國。
⑰寵秩：寵愛並授以官秩。文選三國魏鍾士季（會）檄蜀文：「往者吳將孫壹，舉衆內附，位為上司，寵秩殊異。」本篇中主要指周威烈王不僅不誅殺瓜分晉國的三卿，還正式任命他們為諸侯。

或者以為當是之時，周室微弱，三晉①强盛，雖欲勿許，其可得乎！是大不然。夫三晉雖强，苟不顧天下之誅②而犯義侵禮，則不請於天子而自立矣。不請於天子而自立，則為悖逆之臣，天下苟有桓、文之君③，必奉禮義而征之。今請於天子而天子許之，是受天子之命而為諸侯也，誰得而討之！故三晉之列於諸侯，非三晉之壞④禮，乃天子自壞之也。

①三晉：韓、趙、魏三家瓜分晉國，時因謂之「三晉」。

②誅：責備，責求。論語公冶長：「宰予晝寢。子曰：『朽木不可雕也。糞土之牆不可杇也，於予與何誅！』」

③桓、文之君：齊桓公、晉文公那樣的國君。

④壞（guài）：人為的原因形成的毀壞。毛氏韻增：凡物不自敗而毀之則古壞切。魯恭王壞孔子宅之類是也。古壞切音怪，毀也。

烏呼！君臣之禮既壞①矣，則天下以智力相雄長②，遂使聖賢之後為諸侯者，社稷無不泯③絶，生民之類糜④滅幾⑤盡，豈不哀哉！

①壞：毀敗、衰敗。漢書卷六十三司馬遷傳報任安書：「考之行事，稽其成敗興壞之理。」

②雄長（zhǎng）：稱霸。三國志吴士燮傳：「燮兄弟並為列郡，雄長一州，偏在萬里，威尊無上。」

③泯（mǐn）：滅絶。詩大雅桑柔：「亂生不夷，靡國不泯。」

④糜（mí）：爛。通「靡」。莊子胠篋：「昔者龍逢斬，比干剖，萇弘胣，子胥靡，故四子之賢，而身不免乎戮。」疏：「言子胥遭戮，浮尸於江，令靡爛也。」

⑤幾（jī）：將近。史記留侯世家：「幾敗而公事。」

（劉淑英）

赤壁之戰

（漢獻帝建安十三年）

冬，十月，……

初，魯肅①聞劉表②卒，言於孫權曰：「荆州與國鄰接，江山險固，沃野萬里，士民殷富，若據而有之，此帝王之資也。今劉表新亡，二子③不協，軍中諸將，各有彼此④。劉備天下梟雄⑤，與操有隙⑥，寄寓於表，表惡⑦其能而不能用也。若備與彼協心，上下齊同，則宜撫安，與結盟好；如有離違⑧，宜別圖之，以濟大事。肅請得奉命弔⑨表二子，並慰勞其軍中用事者，及説備使撫表衆，同心一意，共治⑩曹操，備必喜而從命。如其克諧⑪，天下可定也。今不速往，恐爲操所先。」權即遣肅行。

〔篇名簡介〕：本篇節選自資治通鑑卷六十五，篇名爲後人所加。本篇講述了漢獻帝建安十三年（公元二〇八年）曹操率兵二十餘萬南下，與孫權和劉備的聯軍五萬隔江對峙。孫劉聯軍利用曹軍弱點，在赤壁用火攻大敗曹軍。這次以弱勝强之戰，奠定了曹、孫、劉三方鼎峙的基礎。

①魯肅：字子敬，吴國名將。

②劉表：東漢皇族，任荆州牧。

③二子不協：指劉表的長子劉琦和次子劉琮不合。

④各有彼此：意即將領們有的依附劉琦，有的依附劉琮。
⑤梟雄：驍悍雄傑。梟：意爲最勇健。
⑥與操有隙：指劉備曾奉衣帶詔欲殺操而没能成功。
⑦惡（wù）：憎惡，討厭。
⑧離違：言人有離心，互相違異。
⑨弔（diào）：慰問服喪之人。
⑩治：懲處，撲滅。
⑪克諧：能够協調。克，在甲骨文和金文中均作：一人頭戴胄而手叉腰，武士勇武之形。故釋義爲勝任，能。據新方言釋言：「江南浙西謂以單肩任物爲克。」又書堯典：「克明俊德，以親九族。」爾雅釋言：「克，能也。」諧，玉篇：「合也，調也。」和合，協調。書堯典：「八音克諧，無相奪倫。」

到夏口①，聞操已向荆州，晨夜兼道，比②至南郡③，而琮已降，備南走，肅徑迎之，與備會於當陽長坂④。肅宣權旨，論天下事勢，致殷勤之意。且問備曰：「豫州⑤今欲何至？」備曰：「與蒼梧⑥太守吴巨有舊，欲往投之。」肅曰：「孫討虜⑦聰明仁惠，敬賢禮士，江表⑧英豪，咸歸附之，已據有六郡，兵精糧多，足以立事。今爲君計，莫若遣腹心自結於東，以共濟世業⑨。而欲投吴巨，巨是凡人，偏在遠郡，行將爲人所併，豈足託乎！」備甚悦。肅又謂諸葛亮曰：「我，子瑜友也。」即共定交⑩。子瑜者，亮兄瑾也，避亂江東⑪，爲孫權長史。備用肅計，進住⑫鄂縣之樊口⑬。

①夏口：今湖北武昌。

②比：近。漢書孫寶傳：「祭竈請比鄰。」

③南郡：治所在今湖北江陵。

④長坂：今湖北當陽縣東北百餘里。

⑤豫州：劉備曾爲豫州牧，故以稱之。

⑥蒼梧：郡名，治所在今廣西梧州。

⑦孫討虜：即孫權。曹操曾表請漢獻帝封孫權爲討虜將軍，故稱之。

⑧江表：指長江以南。

⑨世業：世代相傳的事業。漢書卷一〇〇上叙傳：「方今雄桀帶州城者，皆無七國世業之資。」

⑩交：結交，往來。戰國策秦三：「王不如遠交而近攻。」

⑪江東：長江自江西九江開始向東北流，故從中原看蘇南、皖南、浙江北部等地都處在長江以東，故稱江東。

⑫住：止軍。

⑬鄂縣之樊口：水經註：「江水過鄂縣北而東流，右得樊口；樊山下寒溪水所注也。」鄂縣，今湖北鄂城。樊口，位於鄂城西北。

曹操自江陵將順江東下。諸葛亮謂劉備曰：「事急矣，請奉命求救於孫將軍。」遂與魯肅俱詣孫權。亮見權於柴桑①，説權曰：「海内大亂，將軍起兵江東，劉豫州收衆漢南，與曹操共爭天下，今操芟夷②大難，略已平矣，遂破荆州，威震四海。英雄無用武之地，故豫州遁逃至此，願將軍量力而處之！若能以吴、越之衆與中國③抗衡④，不如早與之絶；若不能，何不按兵束甲，北面而事之⑤！今將軍外托服從之名而内懷猶豫之計，事急而不斷，禍至無日矣。」權曰：「苟如君言，劉豫州何不遂事之乎？」亮曰：「田横⑥，齊之壯士耳，猶守義不辱；況劉豫州王室之胄⑦，英才蓋世，衆士慕仰，若水之歸海。若事之不濟，此乃天也，安能復爲之下乎！」權勃然⑧曰：「吾不能舉全吴之地，十萬之衆，受制於人。吾計决矣！非劉豫州莫可以當曹操者；然豫州新敗之後，安能抗此難乎？」亮曰：「豫州軍雖敗於長坂，今戰士還者及關羽水軍精甲萬人，劉琦合江夏戰士亦不下萬人。曹操之衆，遠來疲敝，聞追豫州，輕騎一日一夜行三百餘里，此所謂『强弩之末勢不能穿魯縞⑨』者也。故兵法忌之，曰『必蹶⑩上將軍』。且北方之人，不習水戰；又，荆州之民附操者，偪⑪兵勢耳，非心服也。今將軍誠能命猛將統兵數萬，與豫州協規⑫同力，破操軍必矣。操軍破，必北還；如此，則荆、吴之勢强，鼎足之形⑬成矣。成敗之機，在於今日！」權大悦，與其群下謀之。

①柴桑：在今江西九江縣境内。
②芟（shān）夷：削除。
③中國：此處指曹操控制區。

④抗衡：上下相當無所卑屈曰抗；衡以取平。一説：抗，對也；衡，車轅上横木。以車上兩衡相對，比喻互不相下。

⑤北面而事之：面北稱臣。古時，君見臣南面而坐，故以北面指向人稱臣。

⑥田横：戰國時齊國田氏的後裔。田横在秦末時有部下五百人，他見劉邦攻破齊國，便率部下逃往海島。劉邦稱帝，他奉詔入朝，至洛陽，終因不肯爲漢臣而自殺，其部下聞訊全部自殺於海島。

⑦王室之胄：漢王室的後裔。胄，增韻：「裔也，又繫也，嗣也。」正字通：「與冂部甲胄字别，甲胄下從月，月音冒。此胄字下從肉，自有分也。」

⑧勃然：因發怒而面色改變。

⑨魯縞：古代魯國出産的一種白色生絹。師古注曰：「縞，素也。曲阜之地，俗善作之，尤爲輕細，故以取義也。」

⑩蹶：師古注史記孫子傳曰：「蹶，猶挫也。」意即挫折，失敗。

⑪偪：「逼」的異體字。

⑫協規：統一部署。協，説文：「衆之同和也。」規，説文：「有法度也。」

⑬鼎足之形：謂三分天下。荆、吴、中國：荆爲劉備，吴爲孫權，中國爲曹操。操軍北撤中國，荆、吴之勢强，適成鼎足三分之形。

是時，曹操遺權書曰：「近者奉辭伐罪①，旌麾②南指，劉琮束手③。今治水軍八十萬衆，方與將軍會獵④於吴。」權以示臣下，莫不響震⑤失色。長史張昭等曰：「曹公，豺虎也，挾天子以征四方，動以朝廷爲辭；今日拒之，事更不順。且將軍大勢可以拒操者，長江也；今操得荆州，奄⑥有其地，劉表治水軍，蒙衝鬬艦⑦乃以千數，操悉浮以沿江，兼有步兵，水陸俱下，此爲長江之險已與我共之矣，而勢力衆寡又不可論。愚謂大計不如迎之。」魯肅獨不言。權起更衣，肅追於宇⑧下。權知其意，執肅手曰：「卿欲何言？」肅曰：「向察衆人之議，專欲誤將軍，不足與圖大事。今肅可迎操耳，如將軍不可也。何以言之？今肅迎操，操當以肅還付鄉黨⑨，品其名位，猶不失下曹從事⑩，乘犢車⑪，從吏卒，交遊士林⑫，累官故不失州郡也。將軍迎操，欲安所歸乎？願早定大計，莫用衆人之議也！」權嘆息曰：「諸人持議，甚失孤望。今卿廓開⑬大計，正與孤同。」

①奉辭伐罪：奉皇帝的詔令討伐罪人。
②旌麾：本意爲「軍旗」，此指軍隊。
③束手：自縛其手，謂不抵抗。束，説文：縛也。
④會獵：共同打獵。實即會戰，不明言戰爭。
⑤響震：被聲響震顫、嚇壞。
⑥奄：説文：覆也。覆蓋。意爲全部。
⑦蒙衝鬬艦：蒙着牛皮的快船和戰船。蒙衝務於速疾，乘人之所不及，非戰之船。鬬艦上無遮蓋，前後左右樹牙旗、幟幡、金鼓，是大型戰船。

⑧宇：說文：「宇，屋邊也。」易繫辭下：「後世聖人易之以宮室，上棟下宇，以待風雨。」又詩豳風：「八月在宇。」注：「宇，簷下也。」

⑨鄉黨：鄉里。周制以五百家爲黨，一萬二千五百家爲鄉，後便以鄉黨連稱，指鄉里。

⑩下曹從事：諸曹從事之最下者，此指地方上官員的屬吏。

⑪犢車：牛車。古代貴者不乘牛車。

⑫士林：多士之林；指京邑大都，四方賢士所聚之處。

⑬廓開：開展。廓，吳志：「開也。」開，展示。漢書卷五十一鄒陽傳獄中上書：「欲開忠於當世之君。」注：「開謂陳說也。」

時周瑜受使至番陽①，肅勸權召瑜還。瑜至，謂權曰：「操雖託名漢相，其實漢賊也。將軍以神武雄才，兼仗父兄之烈②，割據江東，地方數千里，兵精足用，英雄樂業，當橫行天下，爲漢家除殘去穢；況操自送死，而可迎之邪！請爲將軍籌之：今北土未平，馬超、韓遂尚在關西③，爲操後患；而操舍鞍馬，仗舟楫，與吳、越爭衡；今又盛寒，馬無藁草④；驅中國士衆遠涉江湖之間，不習水土，必生疾病。此數者用兵之患也，而操皆冒行之，將軍禽⑤操，宜在今日。瑜請得精兵數萬人，進住夏口，保爲將軍破之！」權曰：「老賊欲廢漢自立久矣，徒忌二袁⑥、呂布、劉表與孤耳；今數雄已滅，惟孤尚存。孤與老賊誓不兩立，君言當擊，甚與孤合，此天以君授孤也。」因拔刀斫⑦前奏案曰：「諸將吏敢復有言當迎操者，與此案同！」乃罷會。

①番陽：今江西波陽縣。
②烈：餘業。爾雅釋詁：「烈，餘也。」又詩大雅云漢序：「宣王承厲王之烈。」箋：「烈，餘也。」
③關西：指函谷關以西。
④稾（gǎo）草：「稾」爲「槀」字之誤。槀，禾莖。槀草，飼養馬匹的草料。
⑤禽：同「擒」，捉。
⑥二袁：指袁術、袁紹。
⑦斫（zhuó）：劈，用刀砍。

是夜，瑜復見權曰：「諸人徒見操書言水步八十萬而各恐懾①，不復料其虛實，便開此議，甚無謂也。今以實校②之，彼所將中國人不過十五六萬，且已久疲；所得表衆亦極③七八萬耳，尚懷狐疑。夫以疲病之卒禦狐疑之衆，衆數雖多，甚未足畏。瑜得精兵五萬，自足製之，願將軍勿慮！」權撫其背曰：「公瑾，卿言至此，甚合孤心。子布、元表④諸人，各顧妻子，挾持私慮，深失所望；獨卿與子敬與孤同耳，此天以卿二人贊孤也。五萬兵難卒⑤合，已選三萬人，船糧戰具俱辦⑥。卿與子敬、程公⑦便在前發，孤當續發人衆，多載資糧，爲卿後援。卿能辨之者誠決⑧，邂逅⑨不如意，便還就孤，孤當與孟德決之。」遂以周瑜、程普爲左右督，將兵與備併力逆⑩操；以魯肅爲贊軍校尉⑪，助劃⑫方略。

①恐懾：恐懼。
②校（jiào）：查對，計點。
③極：頂多，至多。
④子布、元表：即張昭、秦松。張昭，字子布。秦松，字文表。胡三省認爲：「元」恐當作「文」。
⑤卒（cù）：同「猝」，突然。
⑥俱辦：都辦理完備。俱：全部，都。辦：做成，具備。
⑦程公：即程普。當時江東諸將，普年最長，人皆呼程公。
⑧能辦之者誠決：是說能打敗曹操，就與之決勝。
⑨邂逅：不期而會。是説兵之勝負，或有不如本心之所期者。
⑩逆：迎戰。
⑪贊軍校尉：孫權因戰爭需要所設官，使之參贊軍務。
⑫劃：謀劃，計策。

劉備在樊口，日遣邏吏於水次候望權軍。吏望見瑜船，馳往白備，備遣人慰勞之。瑜曰：「有軍任，不可得委署②，儻能屈威③，誠副④其所望。」備乃乘單舸往見瑜曰：「今拒曹公，深爲得計。戰卒有幾？」瑜曰：「三萬人。」備曰：「恨少。」瑜曰：「此自足用，豫州但觀瑜破之。」備欲呼魯肅等共會語，瑜曰：「受命不得妄委署，若欲見子敬，可別過之⑤。」備深愧喜⑥。

①水次：水邊。
②委署：擅離職守。委，棄。
③屈威：謂能自屈其威而來見面。
④副：相稱，符合。
⑤可別過之：可以另外安排去看望他。
⑥愧喜：愧者，劉備自愧呼肅之非；喜者，喜瑜之整肅。

進，與操遇於赤壁①。

時操軍衆，已有疾疫。初一交戰，操軍不利，引次②江北。瑜等在南岸，瑜部將黃蓋曰：「今寇衆我寡，難與持久。操軍方連船艦，首尾相接，可燒而走也。」乃取蒙衝鬭艦十艘，載燥荻、枯柴，灌油其中，裹以帷幕，上建旌旗，豫備走舸③，繫於其尾。先以書遺操，詐云欲降。時東南風急，蓋以十艦最著前，中江④舉帆，餘船以次俱進。操軍吏士皆出營立觀，指言蓋降。去⑤北軍二里餘，同時發火，火烈風猛，船往如箭，燒盡北船，延及岸上營落。頃之，煙炎張天，人馬燒溺死者甚衆。瑜等率輕鋭繼其後，雷⑥鼓大震，北軍大壞。操引軍從華容道⑦步走，遇泥濘，道不通，天又大風，悉使羸兵⑧負草填之，騎乃得過。羸兵爲人馬所蹈藉⑨，陷泥中，死者甚衆。劉備、周瑜水陸並進，追操至南郡。時操軍兼以饑疫，死者大半。操乃留征南將軍曹仁、橫野將軍徐晃守江陵，折衝將軍樂進守襄陽，引軍北還。

①赤壁：今湖北嘉魚東北。

②次：駐扎。

③走舸：快艦。艦上棹夫多，戰卒少，皆選勇力精鋭者，往返如飛鷗，乘人之所不及。

④中江：即行至江中心。

⑤去：離。

⑥雷：同「擂」。雷鼓，疾擊鼓。

⑦華容：漢縣名，位於今湖北監利縣西北。從華容道可至華容縣。

⑧羸(léi)兵：瘦弱、疲病的士兵。

⑨蹈藉：踐踏。三國志吴諸葛恪傳：「魏軍驚擾散走，爭渡浮橋，橋壞絶，自投於水，更相蹈藉。」

（劉淑英）

建炎以來繫年要録

誅岳飛詔

岳飛特賜死①，張憲②、岳雲③並依軍法施行，令楊沂中④監斬，仍多差兵將防護。餘並依斷。于鵬、孫革、王處仁、蔣世雄⑤除名⑥，内于鵬、孫革永不收叙⑦。于鵬送萬安軍⑧，孫革送潯州⑨，王處仁送連州⑩，蔣世雄送梧州⑪，並編管。僧澤一⑫決脊杖二十，刺面，配三千里外州軍牢城，小分⑬收管。智浹⑭決臀杖二十，送二千里外州軍編管。

岳飛、張憲家屬，分送廣南、福建路州軍拘管，月具存亡聞奏。編配人⑮並岳飛家屬並令楊沂中、俞俟，其張憲家屬令王貴⑯、汪叔詹⑰多差得力人兵防送前去，不得一並上路。岳飛、張憲家業籍没入官，委俞俟、汪叔詹逐一抄札⑱具數申尚書省，餘依大理寺所申並小帖子⑲内事理施行。仍出榜曉諭：應緣上件公事干涉之人，一切不問，亦不許人陳告，官司不得受理。

〔建炎以來繫年要録簡介〕原名高宗繫年要録，又名高宗要録、繫年要記。編年體史書。南宋李心傳（一一六七—一二四四）撰。二百卷。心傳字微之，隆州井研（今屬四川）人。該書成不遲於憲宗嘉泰二年（一二〇二）。專記南宋高宗朝史蹟，與李燾續資治通鑑長編相續。取材以國史、日曆、會要爲主，於稗官野史、家乘志狀、案牘奏報、百司題名等亦廣爲網羅。叙事精審，繁而不雜。對曲端枉死、岳飛遭忌、朱熹行狀等，無不據事直書。爲有關南宋初年歷史最詳之書，史料價值甚高。初刊於南宋寶祐初年，元代不傳，明復將此書收入永樂大典。今本即清四庫館臣自大典中輯出的。

本次註釋，所據爲四庫全書本。

〔篇名簡介〕本篇選自建炎以來繫年要録卷一百四十三，爲紹興十一年十二月宋高宗爲處死岳飛所下之詔，附於判決詞之後。

①特賜死：特，專門。岳飛當時被令服毒而死。

②張憲：南宋將領（？—一一四二年）。紹興四年（一一三四），從岳飛大破僞齊軍，收復隨州、鄧州。十年，隨岳飛北伐，多次建立戰功，被升爲觀察使。十一年，被誣謀反，嚴刑逼供，終不屈服，被害。

③岳雲：岳飛養子（一一二〇—一一四二），字應祥，相州湯陰（今屬河南）人。十二歲從軍，隨父抗金。紹興四年復隨州時，首先登城，勇冠全軍。紹興十年戰功卓著，升至左武大夫。後被誣謀反，遭殺害。

④楊沂中：又名存中（一一〇二—一一六六），字正甫，代州崞縣（今屬山西）人。抗金將領，屢敗僞齊、金軍。秦檜專權，他唯命是從。岳飛一案，他赴廬山將岳飛送至杭州受審。後封同安郡王。

⑤于鵬、孫革、王處仁、蔣世雄：皆爲岳飛幕僚。于、孫二人被誣爲岳飛寫諸目給張憲，王、蔣二人被指稱爲岳飛打探機密。

⑥除名：除去官職。

⑦收叙：重新録用。

⑧萬安軍：在今廣東萬寧。
⑨潯州：今廣西桂平。
⑩連州：今廣東連縣。
⑪梧州：今廣西梧州。
⑫僧澤一：南宋僧侶，被誣與張憲謀叛。
⑬小分：宋制，禁兵不任征戰者減充小分，給一半軍俸，任軍中雜役。
⑭智浹：字巨源，宋汾州人，被誣爲岳飛傳遞書信並受賄。
⑮編配人：被編管、流配的犯人。
⑯王貴：相州湯陰（今屬河南）人。從岳飛屢敗金軍與僞齊軍。後屈從秦檜、張俊，將張俊誣告岳飛狀呈報宋廷，遂鑄成冤獄。
⑰汪叔詹：婺源（今屬江西）人。當時任湖北轉運判官，曾奏告岳飛在襄陽和鄂州開設通貨場和酒庫以聚錢財。
⑱抄札：登記没收。
⑲小帖子：指判決書中所附的諸人判罰的帖子。

（汝企和）

明實録

作鐵榜申誡公侯

（洪武五年，六月乙巳）作鐵榜申誡公侯①。其詞曰：

朕觀古昔帝王之紀及功臣傳②：其君保恤功臣之意，或有始無終，使忠良股肱不免受禍，誠可憐也；間有聰明聖主，待功臣之心，皎如日月，奸臣不能離間，臣得以優游終其天年，在社稷有磐石之安③，在功臣之家享富貴無窮，朕甚慕焉；亦有明智之君，欲保全有功，其心切切，奈何跋扈之臣，恃其有功，數作過惡，累宥不悛④，不得已而誅戮，此臣下自取之也。

〔明實録簡介〕：明代官修編年體史書，舉凡有明一代朝政大事、軍事行動、經濟措施、自然災祥等均予記録。其中雖多有曲筆諱飾，但史料價值頗高。此書篇幅龐大，現存各地所藏的卷帙和內容，不盡相同。一九四〇年影印的前南京國學圖書館藏抄本，共二千九百二十五卷，凡五百册。此次註解即據此影印本。

〔篇名簡介〕本文選自明實録卷七四太祖實録。朱明皇朝建立後，朱元璋在進一步加强封建專制統治的同時，爲了維護自身的利益和社會的長治久安，採取了一系列肅貪除暴的措施，其中之一就是以鐵榜發布這個誡飭公侯的布告。

①鐵榜：鑄在鐵板上的榜文。此榜爲洪武五年（一三七二）朱元璋命工部特製。公侯：指洪武三年（一三七〇）被封爲世襲貴族的開國勳臣李善長等六國公和湯和等二十八列侯。據明實録洪武四年的統計，這三十四家公侯所擁有的莊田佃户達三萬八千一百九十四户。

②帝王之紀及功臣傳：指歷代正史的帝王本紀和功臣列傳。

③磐石：扁平的大石。

④累：多次。悛（quān）：方言卷六：「悛，改也。自山而東或曰悛。」廣雅釋詁三：「悛，更也。」

又若：主有寬仁之德，臣有忠良之心，然彼各少察斷而不明，何也？蓋功臣奴隸①，倚恃權貴，欺壓良善。爲臣不能察其所爲，致使縱横②。刑官執法，具罪以聞。在忠良大臣，必不如是，特奴僕自作之過。其君不能明察大臣之心，將爲大臣使之③。如是，姑息有功、釋而不用者有之，略加誡諭奴僕者有之，又不明白與功臣道其奴僕所作之過，含忍太多④。及法司屢奏，却疑大臣欺罔君上。一旦不容，即加殘害。此君不明之所致也。當時功臣，雖有忠良之心，却不能檢察其下。一有罪責，即怨其君。何也？亦由奴僕之類，在外爲非，歸則言是。大臣職任朝堂，或優閑元老，加以小人阿諂⑤，少能勸諫。及至奴僕犯罪，法司執問，君命誅其奴僕。大臣不知君上保全人心，便生疑怨，累及其身⑥，往往有之。或是天子念功臣之勞，而免其罪。其奴僕歸告大臣曰：「君上不能容公，故枉問奴等爾！」大臣一時聽信，不自加察，以爲必然，遂生猜疑，致遭刑戮。此臣不能檢察其下之過也。可謂君臣兩失之矣！

①功臣奴隸：朱元璋稱帝前後，凡軍中俘獲子女及犯罪抄没人口，多分給功臣爲奴婢。洪武三年大封功臣後，又賞賜給公侯每家卒一百二十八人，稱作奴軍。

②縱横：放任無約束。

③將爲大臣使之：會認爲是大臣放縱其胡作非爲。

④含忍：含怒不露，加以容忍。

⑤阿諂：奉承討好。

⑥累及其身：連累及公侯本人。

朕起布衣①，賴股肱宣力②，平定天下。既已論功行賞，封爲公侯，賜以鐵券③，頒以重禄，令傳子孫，共享太平；尚慮公侯之家奴僕人等，習染頑風，冒犯國典④。今以鐵榜，申明律令。

①朕起布衣：朱元璋本是濠州鐘離（今安徽鳳陽東）人，少孤貧，同徐達、湯和、周德興等一起爲富家牧童。後入皇覺寺做僧侣奴僕，不久成爲游方僧人。稱帝後效法劉邦，以「布衣」得天下自誇。

②股肱：喻指得力助手。股，大腿；肱，胳膊。

③鐵券：古代帝王賜給功臣，允其世代免罪並保持優厚待遇和高貴地位的憑券。券用鐵鑄，或刻字，或用朱砂寫

字，故又稱「丹書鐵券」。

④國典：國法。

朕諭卿等：除親屬別議外，但凡奴僕一犯，即用究治，於爾家無所問；敢有恃功藏匿犯人者，比同一死折罪①。爾等各宜謹守其身，嚴訓於家，以稱朕保全始終之意②。其目有九：

①比同一死折罪：如同抵去了一次死罪。明代功臣享有犯死罪一二次可獲赦免的特權。免死次數往往刻在鐵券上。

②稱：符合。保全始終：保護功臣，使其善始善終。

其一，凡內外各指揮、千户、百户、鎮撫並總旗小旗等①，不得私受公侯金帛衣服錢物。受者杖一百，發海南充軍②；再犯，處死。公侯與者，初犯、再犯免罪附過③，三犯準免死一次④。奉命征討，與者受者不在此限。

其二，凡公侯等官，非奉特旨，不得私役官軍。違者，初犯、再犯免罪附過，三犯準免死一次。其官軍敢有輒便聽從者⑤，杖一百，發海南充軍。

其三，凡公侯之家强占官民山場、湖泊、茶園、蘆蕩及金銀銅場、鐵冶者，初犯、再犯免死附過，三犯準免死一次。

其四，凡内外各衛官軍，非當出征之時，不得輒於公侯門首侍立聽候。違者，杖一百，發烟瘴之地充軍⑥。

其五，凡功臣之家管莊人等，不得倚勢在鄉欺毆人民。違者，刺面，劓鼻⑦，家産籍没入官，妻子徙置南寧⑧。其餘聽使之人，各杖一百，及妻子皆發南寧充軍。

①指揮、千户、百户、鎮撫、總旗、小旗：均爲明代衛所制中下級武官名稱。

②海南：指海南島。洪武元年，置瓊州府。

③免罪附過：免予處罰，但要作爲一次罪過記録在案。

④準免死一次：如同免死罪一次。

⑤輒便：即便。輒，即。

⑥烟瘴之地：指今雲南、貴州、廣東、廣西南部邊疆地區。因這些地區天氣炎熱潮濕，容易發生流行性傳染病，故稱爲烟瘴之地。

⑦劓：説文解字：「臬，刑鼻也。從刀，臬聲。易曰：『其人天且臬』。劓，臬或從鼻。」指古代割掉鼻子的刑罰。後又引申爲「割除」，如玉篇刀部：「劓，割也。」

⑧南寧：今廣西南寧。明初置南寧府。

其六，凡功臣之家屯田佃户、管莊幹辦①、火者②、奴僕，及其親屬人等，倚勢凌民，侵奪田産財物者，並依倚勢欺毆人民律，處斬。

其七，凡公侯之家，除賜定儀仗户及佃田人户已有名額報籍在官③，敢有托門下、影蔽差徭者④，斬。

其八，凡公侯之家，倚恃權豪，欺壓良善，虚錢實契⑤，侵奪人田地房屋孳畜者，初犯免罪附過，再犯住支俸給一半⑥，三犯停其禄，四犯與庶人同罪。

其九，凡功臣之家，不得受諸人田土及朦朧投獻物業⑦。違者，初犯免罪附過，再犯住支俸給一半，三犯停其禄，四犯與其庶人同罪。

①屯田佃户：耕種屯田的佃户。明代軍屯、民屯的土地都屬於官田。管莊幹辦：指公侯莊田管莊人手下的差官。
②火者：閹人。明代貴族官僚及豪紳富商家中，都盛行用閹人服役，稱「火者」，以區别於皇宫中的宦官。
③賜定儀仗户：皇帝賞賜給功臣的儀仗户。明代儀仗户是軍籍中的特殊户口，其職是世代替皇室及官僚外出時充當儀仗隊，明初屬儀鑾司管轄。
④影蔽差徭：指民户入官僚貴族門下，充當佃户或奴僕以便逃避官府繁重差役。
⑤虚錢實契：貴族强迫民户簽訂出賣田産物業的契約，實際上不付分文。
⑥住支俸給：停付俸禄。

⑦朦朧投獻物業：指民户將土地房産等獻給貴族豪紳，自己則變成佃户、莊客或二地主，以逃避官府的差徭負擔。這種財産所有權的轉移，不在封建政府辦理過户手續，使原由官方登記的户口田畝數，於不知不覺中大量流失。故稱之「朦朧投獻物業」。

（張　升）

通鑑紀事本末

貞觀君臣論治（節選）

唐高祖武德九年秋八月甲子①，太宗即皇帝位於東宮顯德殿。九月己酉，上面定勳臣長孫無忌等爵邑②，命陳叔達於殿下唱名示之，且曰：「朕叙卿等勳賞或未當，宜各自言。」於是諸將爭功，紛紜不已③。淮安王神通曰：「臣舉兵關西，首應義旗，今房玄齡、杜如晦等專弄刀筆④，功居臣上，臣竊不服。」上曰：「義旗初起，叔父雖首唱⑤舉兵，蓋亦自營脱禍。及竇建德吞噬山東，叔父全軍覆没。劉黑闥再合餘燼⑥，叔父望風奔北⑦。玄齡等運籌帷幄⑧，坐安社稷⑨，論功行賞，固宜居叔父之先。叔父國之至親，朕誠無所愛，但不可以私恩濫與勳臣同賞耳。」諸將乃相謂曰：「陛下至公，雖淮安王尚無所私，吾儕何敢不安其分。」遂皆悦服。房玄齡嘗言：「秦府舊人未遷官者，皆嗟怨曰：『吾屬奉事左右，幾何⑪年矣，今除官，返出前宫、齊府⑫人之後。』」上曰：「王者至公無私，故能服天下之心。朕與卿輩日所衣食，皆取諸民者也。故設官分職，以為民也，當擇賢才而用之，豈以新舊為先後哉！必也新而賢，舊而不肖，安可捨新而取舊乎？今不論其賢不肖，而直言嗟怨，豈為政之體⑬乎？」

〔通鑑紀事本末簡介〕中國第一部紀事本末體的著作。作者是南宋人袁樞。樞喜讀司馬光所著資治通鑑，但「苦其浩博」。他把通鑑的內容「區別門目，以類排纂。每事各詳起迄，自為標題；每篇各編年月，自為首尾」。此書共四十二卷，二百三十九目，起自三家分晉，終於周世宗征淮南，記述了一千三百六十餘年間的史事，對於初學歷史及讀資治通鑑的人，極有幫助。因而自是書問世後，頗受歡迎和好評。依照此種體裁編撰史籍，進而使之自成系統者甚多。本書於淳熙三年初刊於嚴州郡學，世稱宋小字本。寶祐五年，趙與云又改用大字重刻於湖洲，稱宋大字本。明末張溥就袁書加上自己的「論證」，晚清江西、廣雅等書局諸本皆據張溥論證本刊刻。本書於一九六四年由中華書局點校出版時以宋大字本為底本，以小字本為參校。此次注釋選用中華書局點校本。

〔篇名簡介〕為通鑑紀事本末。第二十九卷中的一篇。記述了唐太宗統治的貞觀年間（六二七—六四九）君臣共同探討各種行之有效的措施，以安定社會秩序，發展經濟，鞏固長治久安的政局。本文為節選。

①武德九年秋八月甲子：即六二六年九月四日。武德，唐高祖在位期間年號。甲子：古人用於紀日。甲居天干十干中首位，子居十二地支中首位。古人紀日以天干地支相配，甲子為首，癸亥為尾，轉一遍的數字為六十。

②爵邑：爵位食邑。

③紛紜不已：雜亂不停。即為爭功沒完沒了地吵嚷。

④刀筆：公牘。意即出謀畫策，書寫公文，製定計劃。
⑤唱：通「倡」，倡導。
⑥燼：火燒東西的剩餘，如灰燼等。
⑦望風奔北：觀察風勢，臨陣脱逃。書甘誓漢孔安國傳：「不用命奔北者，則戮之於社主前。」唐孔穎達疏：「奔北，謂背陳走也。」漢書七十六王尊傳：「厲奔北之吏，起沮傷之氣。」
⑧運籌帷幄：在室内謀畫戰事。
⑨坐安社稷：坐在室内謀畫安定國家的計策。
⑩吾儕（chái）：吾輩。儕：輩、類。左傳昭公二十四年：「吾儕何知焉，吾子其早圖之。」
⑪幾何：若干、多少。
⑫前宫、齊府：前宫指從前東宫太子李建成所居東宫。齊府：指過去齊王元吉的府邸。
⑬體：體制、規矩。

丙午，上與群臣論止盗。或請重法以禁之，上哂①之曰：「民之所以爲盗者，由賦繁役重，官吏貪求，饑寒切身，故不暇顧廉恥耳。朕當去奢省費，輕徭薄賦，選用廉吏，使民衣食有餘，則自不爲盗，安用重法邪！」自是數年之後，海内升平，路不拾遺，外户②不閉，商旅野宿焉。上又嘗謂侍臣曰：「君依於國，國依於民。刻③民以奉君，猶割肉以充腹，腹飽而身斃，君富而國亡。故人君之患不自外來，常由身出。夫欲盛則費廣，費廣則賦重，賦重則民愁，民愁則國危，國危則君喪矣。朕常以此思之，故不敢縱欲也。」

①哂（shěn）：譏笑。
②外户：從外面關閉的門。古時單扇稱户，雙扇稱門。禮禮運：「是故謀閉而不興，盜竊亂賊而不作，故外户而不閉，是謂大同。」
③刻：削除，减損。

上聞景州録事參軍①張玄素名，召見，問以政道②。對曰：「隋主好自專庶務③，不任群臣，群臣恐懼，唯知禀受奉行④而已，莫之敢違。以一人之智決⑤天下之務，借使⑥得失相半，乖謬已多，下諛上蔽⑦，不亡何待！陛下誠能謹擇群臣而分任以事，高拱穆清⑧而考其成敗，以施刑賞，何憂不治！又，臣觀隋末亂離，其欲爭天下者不過十餘人而已，其餘皆保鄉黨全妻子，以待有道而歸之耳。乃知百姓好亂者亦鮮，但人主不能安之耳。」上善其言，擢爲侍御史⑨。

①録事參軍：州郡的屬官，掌管各曹文書，糾查府事。
②政道：爲政之道。

③隋主好自專庶務：隋煬帝喜好自己獨攬各種事務。

④唯知禀受奉行：祇知道承受命令、遵奉旨意做事。

⑤決：決斷。

⑥借使：假使。賈誼過秦論：「借使子嬰有庸主之材，僅得中佐，山東雖亂，秦之地可全而有，宗廟之祀，未當絶也。」

⑦下諛上蔽：臣下諂媚奉迎，帝王被蒙蔽不見真情。

⑧高拱穆清：意爲雙手高架，安坐無爲，使能和諧清明。

⑨擢爲侍御史：提拔他爲掌管糾察檢舉的官員。

上患吏多受賕①，密使左右試賂②之。有司門令史③受絹一匹，上欲殺之，民部尚書④裴矩諫曰：「爲吏受賂，罪誠當死。但陛下使人遺之而受，乃陷人於法⑤也，恐非所謂『道之以德，齊之以禮』⑥。」上悦，召文武五品已上告之曰：「裴矩能當官力爭，不爲面從，儻⑦每事皆然，何憂不治？」

①賕（qiú）：賄賂。

②密使左右試賂：暗中派身旁的人用賄賂試探。

③司門令史：官名。司門在周禮中爲地官司徒的屬官，掌國門的啓閉。唐代的司門爲刑部各司之一。令史爲司門郎中的副職，職掌守衛京城城門關橋和巡查道路等。

④民部尚書：官名。掌全國土地、户籍、賦税、財政收支等事務。隋以前稱度支尚書，隋時稱民部尚書，唐以後爲避唐太宗李世民諱改稱户部尚書。

⑤陷人於法：設陷阱引導人違法使人落入法網。

⑥道之以德，齊之以禮：語出論語爲政篇。道：同「導」，治理；齊：整齊、約束。

⑦儻（tǎng）：倘或。

太宗貞觀元年春正月丁亥，上宴群臣，奏秦王破陳樂①。上曰：「朕昔受委專徵，民間遂有此曲，雖非文德之雍容②，然功業由茲而成，不敢忘本。」封德彝曰：「陛下以神武平海内，豈文德之足比。」上曰：「戡③亂以武，守成以文，文武之用，各隨其時。卿謂文不及武，斯言過矣。」德彝頓首謝④。

①秦王破陳樂：李世民在唐朝建立後，被封爲秦王。攻破劉武周，軍中遂有此曲流傳。陳，爲「陣」的古字。

②雍容：從容不迫。

③戡：攻克；平定。書西伯戡黎：「西伯既戡黎，祖伊恐。」説文：「戡」作「𢦟」，殺也。

④頓首謝：磕頭認錯。頓首，叩頭至地。

上以兵部郎中①戴胄忠清公直，擢爲大理少卿②。上以選人多詐冒資蔭③，敕令自首，不首者死。

未幾有詐冒事覺者，上欲殺之。胄奏「據法應流」④。上怒曰：「卿欲守法，而使朕失信乎？」對曰：「敕⑤者出於一時之喜怒，法者國家所以布大信於天下也。陛下忿選人之多詐，故欲殺之，而既知其不可，復斷之以法，此乃忍小忿而存大信也。」上曰：「卿能執法，朕復何憂。」胄前後犯顏⑥執法，言如涌泉，上皆從之，天下無冤獄。

①兵部郎中：官名。地位次於兵部尚書、侍郎和丞，爲高級部員。
②大理少卿：大理寺卿的副職。大理寺卿爲朝庭中掌刑獄的九卿之一。
③選人多詐冒資蔭：候選官員多有冒充祖先有勳勞而自己得享候選特權。資蔭：憑借祖先勳勞的庇護而得官位。
④流：流放，爲當時處罰罪人的一種刑法，低於殺頭之罪的刑罰。
⑤敕（chì）：皇帝的詔書。爲自上命下之詞。
⑥犯顏：舊指敢於冒犯君上或尊長的威嚴。韓非子外儲說左下：「犯顏極諫，臣不如東郭牙，請立以爲諫臣。」

上令封德彝舉賢，久無所舉。上詰①之，對曰：「非不盡心，但於今未有奇才耳！」上曰：「君子用人如器，各取所長，古之致治②者，豈借才於異代乎？正③患己不能知，安可誣④一世⑤之人。」德彝慚而退。

①詰（jié）：問。
②致治：達到太平盛世。
③正：恰好，偏偏。
④誣：冤枉。
⑤一世：即一代。

御史大夫杜淹奏：「諸司文案，恐有稽失①，請令御史就司檢校②。」上以問封德彝，對曰：「設官分職，各有所司。果有愆違③，御史自應糾舉。若偏④歷諸司，搜擿⑤疵類，太爲煩碎。」淹默然。上問淹：「何故不復論執？」對曰：「天下之物，當盡至公，善則從之。德彝所言，真得大體，臣誠心服，不敢遂非。」上悅，曰：「公等各能如是，朕復何憂。」

①稽失：留止丟失。說文：「稽，留止也。從禾（jī），從尤。」又說文徐註：「禾之曲止也；尤者，異也。有所異處必稽考之，即遲留也。」
②就司檢校：親自到有關部門檢查核對。
③愆違：過失。說文：「愆，過也。從心，衍聲。」
④偏：通「遍」，從頭到尾。
⑤擿（tī）：揭發。

閏三月壬申，上謂太子少師蕭瑀曰：「朕少好弓矢，得良弓十數，自謂無以加①。近以示弓工②，乃曰『皆非良材』。朕問其故，工曰：『木心③不直則脉理皆邪，弓雖勁而發矢不直。』朕始寤曩者④辨之未精也。朕以弓矢定四方，識之猶未能盡，況天下之務，其能徧知乎！」乃命京官五品以上更宿⑤中書内省⑥，數延見⑦，問以民間疾苦及政事得失。

①加：超過。
②弓工：造弓的人。
③木心：樹幹的中心綫。
④寤曩者：明白從前。
⑤更（gēng）宿：輪流值宿。
⑥中書内省：爲秉承皇帝意旨，負責管理機要，决定政策，發布政令的機構，是全國政務中樞。
⑦數延見：屢次被邀請入宫晋見皇帝。

上神采英毅①，群臣進見者皆失舉措②。上知之，每見人奏事，必假以辭色③，冀④聞規諫。嘗謂公卿曰：「人欲自見其形，必資⑤明鏡。君欲自知其過，必待忠臣。苟其君愎諫自賢⑥，其臣阿諛順旨⑦，君既失國，臣豈能獨全。如虞世基等諂事煬帝以保富貴，煬帝既弒，世基等亦誅。公輩宜用此爲戒，事有得失，無惜盡言。」

①神采英毅：即外貌威武剛毅，使人畏。
②失舉措：即舉止動作出現差錯。
③假以辭色：用言語和神態給予鼓勵。
④冀：希望。
⑤資：取資，憑借。
⑥愎諫自賢：不接受勸諫自以爲才能、德行好。愎（bì），義同違。
⑦阿諛順旨：曲意奉迎順從旨意。

或①上言秦府舊兵宜盡除②武職，追入宿衛。上謂之曰：「朕以天下爲家，惟賢是與，豈舊兵之外皆無可信者乎？汝之此意，非所以廣③朕德於天下也。」上謂公卿曰：「昔禹鑿山治水而民無謗讟④者，與人同利故也。秦始皇營宮室而民怨叛者，病⑤人以利己故也。夫靡麗珍奇，固人之所欲，若縱之不已，則危亡立至。朕欲營一殿，材用已具，鑒秦而止。王公已⑥下，宜體朕此意。」由是二十年間，風俗素樸，衣無錦繡，公私富給。

①或：有人。
②除：拜官授職。
③廣：擴大，擴充。司馬遷報任少卿書：「欲以廣主上之意。」
④謗讟（dú）：誹謗，怨言。
⑤病：害。
⑥已：同「以」。

上謂黃門侍郎①王珪曰：「國家本置中書、門下以相檢察，中書詔敕或有差失，則門下當行駮②正。人心所見，互有不同，苟論難往來，務求至當，捨己從人，亦復何傷。比來③或護己之短，遂成怨隙，或苟避私怨，知非不正，順一人之顔情，爲兆民④之深患，此乃亡國之政也。煬帝之世，內外庶官務相順從，當是之時，皆自謂有智，禍不及身。及天下大亂，家國兩亡，雖其間萬一有得免者，亦爲時論所貶，終古不磨⑤。卿曹各當徇⑥公忘私，勿雷同⑦也。」

①黃門侍郎：官名。唐時職掌祭祀、贊獻、奏天下祥瑞，其位次於侍中。
②駮：「駁」的異體字。辨正是非；列舉理由，否定別人錯誤的意見。
③比來：近來。
④兆民：衆百姓。兆，極言其多。

⑤磨：消滅。
⑥徇：通「殉」。爲達到某種目的而獻身。漢書卷六十二司馬遷傳報任安書：「常思奮不顧身以徇國家之急。」
⑦雷同：相同。

上謂侍臣曰：「吾聞西域賈胡①得美珠，剖身以藏之，有諸②？」侍臣曰：「有之。」上曰：「人皆知笑彼之愛珠，而不愛其身也。吏受賕抵③法，與帝王徇奢欲而亡國者，何以異於彼胡之可笑邪？」魏徵曰：「昔魯哀公謂孔子曰：『人有好忘者，徙宅而忘其妻。』孔子曰：『又有甚者，桀紂乃忘其身』。亦猶是也。」上曰：「然。朕與公輩宜戮力④相輔，庶⑤免爲人所笑也。」

①賈胡：即西域來的商人。
②諸：代詞兼語氣詞，爲「之乎」的合音，用在句末。本句「有諸」，即「有這樣的事嗎？」
③抵：觸犯。
④戮力：努力，盡力。書湯誥：「聿求元聖，與之戮力。」孔穎達疏：「戮力，尤勉力也。」
⑤庶：幸，希冀之詞。左傳桓公六年：「君姑修政而親兄弟之國，庶免於難。」

上嘗語及關中、山東人，意有同異。殿中侍御史①義豐張行成跪奏曰：「天子以四海爲家，不當有東西之異，恐示人以隘②。」上善其言，厚賜之。自是每有大政，常使預議。

①殿中侍御史：官名。掌殿廷儀衛及京城的糾察。
②隘：狹隘、狹小。

二年春正月，上問魏徵曰：「人主何爲而明？何爲而暗？」對曰：「兼聽則明，偏信則暗。昔堯清問下民，故有苗①之惡得以上聞。舜明四目，達四聰②，故共、鯀、驩兜③不能蔽也。秦二世偏信趙高，以成望夷之禍④。梁武帝偏信朱異，以取臺城之辱⑤。隋煬帝偏信虞世基，以致彭城閣之變⑥。是故人君兼聽廣納，則貴臣不得壅蔽，而下情得以上通也。」上曰：「善。」上謂黄門侍郎王珪曰：「開皇十四年大旱，隋文帝不許賑給，而令百姓就食山東。比⑦至末年，天下儲積可供五十年。煬帝恃⑧其富饒，侈心無厭⑨，卒亡天下。但⑩使倉庾之積足以備凶年，其餘何用哉！」

①有苗：古族名。原居江、淮、荆州，據傳堯時因變亂苗族遷至三危（今甘肅敦煌一帶）。有苗又有「三苗」之稱。
②明四目，達四聰：廣四方視聽。
③共、鯀、驩兜：均爲中國古代神話傳説中的唐虞時期的人物。共即共工，淫辟；鯀，治水無功；驩兜凶惡。舜流放共工於幽州；殛鯀於羽山；流放驩兜於崇山。

④望夷之禍：指秦末農民起義軍攻入關中時，秦丞相趙高指使人殺死秦二世於望夷宮。

⑤臺城之辱：梁武帝聽信朱異的建議，收留東魏叛臣侯景爲大將軍，後來侯景叛亂，武帝被圍，餓死於臺城。

⑥彭城閣之變：隋末義軍蜂起，江都危急，虞世基不向正在江都巡游的隋煬帝報告實情，宇文化及發動叛亂，殺煬帝於彭城閣。

⑦比：及，到。

⑧恃：憑借，依靠。

⑨厭：足。通「饜」，本義爲飽，引申爲滿足。

⑩但：衹，僅。

六月戊子，上謂侍臣曰：「朕觀隋煬帝集，文辭奧博①，亦知是②堯、舜而非③桀、紂，然行事何其反也？」魏徵對曰：「人君雖聖哲，猶當虚己以受人，故智者獻其謀，勇者竭其力。煬帝恃其俊才④，驕矜自用⑤，故口誦堯、舜之言，而身爲桀紂之行，曾⑥不自知，以至覆亡也。」上曰：「前事不遠，吾屬⑦之師也。」

①奥博：含義深廣。魯迅中國小説史略唐之傳奇集及雜俎：「（段成式）亦早有文名，詞句多奥博，世所珍異。」

②是：以……爲是。

③非：以……爲非。

④俊才：才智出衆。
⑤驕矜自用：高傲矜誇，一意孤行。
⑥曾：乃。詩衛風河廣：「誰謂河廣，曾不容刀！」
⑦屬：等，輩。

（五年冬十二月）上嘗與侍臣論獄①。魏徵曰：「煬帝時嘗有盜發，帝令於士澄捕之，少涉疑似②，皆拷訊取服③，凡二千餘人，帝悉令斬之。大理丞張元濟怪其多④，試尋其狀⑤，內⑥五人嘗爲盜，餘皆平民。竟不敢執奏⑦，盡殺之。」上曰：「此豈唯煬帝無道，其臣亦不盡忠。君臣如此，何得不亡？公等宜戒之。」

①論獄：議論訟事，罪案。
②少涉疑似：稍微有牽連被懷疑相似的。
③拷訊取服：拷打逼供以取得服罪口供。
④怪其多：以其多怪之。怪：奇怪。
⑤狀：供狀一類的檔案文書。
⑥內：其中。

⑦執奏：堅持進言。

十一年……

夏四月己卯，魏徵上疏，以爲「人主善始者多，克終①者寡，豈取之易而守之難乎？蓋以殷憂則竭誠以盡下②，安逸則驕姿而輕物③。盡下則胡越④同心，輕物則六親⑤離德，雖震⑥之以威怒，亦皆貌從而心不服故也。人主誠能見可欲則思知足，將興繕則思知止，處高危則思謙降⑦，臨滿盈則思挹損⑧，遇逸樂則思撙節⑨，在宴安則思後患，防擁蔽⑩則思延納⑪，疾讒邪則思正己，行爵賞則思因喜而僭⑫，施刑罰則思因怒而濫，兼⑬是十思，而選賢任能，固可以無爲而治，又何必勞神苦體，以代百司之任哉。」

①克終：能够保持到底。克：能。
②盡下：讓臣下把話説完，以心相交。
③輕物：看輕一切事物或人。
④胡越：即西北和東南地區的少數民族。
⑤六親：六種親屬，古説不一。
⑥震：恐嚇、威脅。

⑦謙降：虛心退讓。

⑧挹損：抑制、減縮。

⑨撙（zūn）節：抑制。禮記曲禮上：「是以君子恭敬撙節退讓以明禮。」孫希旦集解：「有所抑而不敢肆謂之撙，有所制而不敢過謂之節。」

⑩擁蔽：指耳目被堵塞蒙蔽，致使無法得知真情。

⑪延納：接納。即廣開言路，聽取意見。

⑫僭：超越本分。

⑬兼：合併，總共。

五月壬申，魏徵上疏，以爲：「陛下欲善之志不及於昔時，聞過必改少虧於曩日①，譴罰積多②，威怒微厲③。乃知貴不期驕，富不期侈④，非虛言也。且以隋之府庫、倉廩、户口、甲兵之盛，考之今日，安得擬倫⑤。然隋以富強動之而危，我以寡弱靜之而安；安危之理，皎然⑥在目。昔隋之未亂也，自謂必無亂，其未亡也，自謂必無亡。故賦役無窮，征伐不息，以至禍將及身而尚未之寤也。夫鑒形莫如止水⑦，鑒敗莫如亡國⑧。伏願取鑒於隋，去奢從約，親忠遠佞，以當今之無事，行疇昔⑨之恭儉，則盡善盡美，固無得而稱焉。夫取之實難，守之甚易，陛下能得其所難，豈不能保其所易乎？」

①曩（nǎng）日：往日。曩：以往，從前。
②譴罰積多：責備處罰越來越多。
③威怒微厲：威嚴生氣時有加劇。
④貴不期驕，富不期侈：意爲地位尊貴不希望驕傲而驕傲自至，財富多了不希望奢侈而奢侈自至。期：希望。
⑤擬倫：比類。
⑥皎然：明亮清晰之貌。
⑦鑒形莫如止水：即照影子不如用静止的水面。鑒，照。
⑧鑒敗莫如亡國：以失敗爲鑒戒不如用被滅亡的國家。
⑨疇昔：往日。疇：助詞，無義。左傳宣公二年：「將戰，華元殺羊食士，其御羊斟不與。及戰，曰：『疇昔之羊，子爲政，今日之事，我爲政』」。註：「疇昔，猶前日也。」

十二年……

秋九月甲寅，上問侍臣：「帝王創業與守成孰①難？」房玄齡曰：「草昧②之初，與群雄並起，角力而後臣之，創業難矣。」魏徵曰：「自古帝王莫不得之於艱難，失之於安逸，守成難矣。」上曰：「玄齡與吾共取天下，出百死得一生，故知創業之難。徵與吾共安天下，常恐驕奢生於富貴，禍亂生於所忽，故知守成之難。然創業之難既已往③矣，守成之難方當與諸公慎之。」玄齡等拜曰：「陛下及④此言，四海之福也。」

①孰：誰，哪個。

②草昧：天地初開時的混沌狀態。易屯：「天造草昧。」疏：「草謂草創，昧謂冥昧，……言物之初造，其形未著，其體未彰，故在幽冥闇昧也。」此篇中則指隋末混亂的時世。唐杜甫杜工部草堂詩箋十一重經昭陵：「草昧英雄起，謳歌曆數歸。」

③往：過去。

④及：談到，講到。

（劉淑英）

古文獻常識

天文

所謂天文，是指日月星辰等天體在宇宙間分布、運行等現象。由於它與人們從事農業生産及安排生活等諸多事情密切相關，故中國上古時代不論是統治者，還是農夫、婦人、戍卒、兒童，都非常注意觀測天象，並有一定的天文知識。據尚書堯典記載，堯在位時，「乃命羲和，欽若昊天，曆象日月星辰，敬授人時。」羲和，即羲氏、和氏，相傳都是重黎的後代，世掌天地四時之官，「曆象日月星辰，敬授人時」，即推算日月星辰運行規律，謹慎地把時令傳授給民衆。顧炎武在其所著日知録天文中談到：「三代以上，人人皆知天文。『七月流火』，農夫之辭也。『三星在户』，婦人之語也。『月離於畢』，戍卒之作也。『龍尾伏辰』，兒童之謠也。」這段引文不算長，但其中所述「七月流火」、「三星在户」、「月離於畢」，均出自詩經；「龍尾伏辰」，出自左傳。對於一些常見的天文現象和基本概念有所瞭解，是我們學習古漢語必不可少的一個環節。下面就七政、二十八宿、四象、三垣、十二次、分野等含義、作用分别加以介紹。

所謂七政，是指日、月和金、木、水、火、土五星。尚書舜典：「在璿璣玉衡，以齊七政。」在，爾雅釋詁：「察也。」疏：「説文云：璿，美玉也。玉是大名，璿是玉之別稱。璣衡俱以玉飾。……璣衡者，璣爲轉運，衡爲横簫，運璣使動於下，以衡望之，是王者正天文之器。漢世以來謂之渾天儀者是也。」疏又云：「七政，其政有七，於璣衡察之，必在天者，知七政謂日月與五星也。木曰歲星，火曰熒惑星，土曰鎮星，金曰太白星，水曰辰星。易繫辭云：『天垂象見吉凶，聖人象之，此日月五星有吉凶之象，因其變動爲占，七者各自異政，故爲七政，得失由政，故稱政也。』七政又作七曜。范寧穀梁傳序：「七曜爲之盈縮。」楊士勳疏：「謂之七曜者，日月五星皆照天下，故謂之七曜。」日、月是恒星，合稱二紀。五星是行星，又合稱五緯。疏：「言緯者，二十八宿隨天右轉爲經，五星左旋爲緯。」五星中最明亮的是金星，詩經中的「明星有爛」、「明星煌煌」，都説的是金星。金星以其光色銀白，又稱太白。詩小雅大東：「東有啓明，西有長庚。」宋朱熹集傳：「啓明、長庚皆金星也。」啓明，以先日而出，見於東方，故名。長庚，日落後，見於西方，故名。五星中的第二星是木星。木星是太陽系九大行星（地球、五星、天王星、海王星和冥王星）中自轉最快的一顆，其公轉周期約爲十二年，每年行經一個特定的星空區域，故木星又名歲星，古代用以紀年。索隱姚氏案：天官占云：「歲星，一曰應星，一曰經星，一曰紀星。」五星中離太陽最近的行星是水星。史記天官書：「辰星不出，太白爲客。其出，太白爲主。」索隱：「謂辰星出西方。辰，水也。太白出東方。太白，金也。水生於金，母子不相從。」又水星有多種名稱，史記天官書：「兔七命，曰小正、辰星、天欃、安周星、細爽、能星、鉤星。」索隱：「命者，名也。」五星中的火星，因其光微弱多變，令人迷惑，故又名熒惑，占星家以爲是不祥之星。應該注意的是：先秦古籍中談到天象時所説的水是指恒星中的定星(即二十八宿中的室宿)，而不是五星(行星)中的水星。左傳莊公二十九年：「水昏正而栽。」註云：「謂今十月，定星昏而中，於是樹板干而興作。」又如詩豳風七月中的「七月流火」，所説的「火」，是指恒星中的大火(即心宿)，而不是五星中的火星。史記天官書所説的「火」，才是指火星(熒惑)。五星中被視爲吉祥之星的是土星。它繞天一周需二十八年，每年行經二十八宿星空區的一宿，象輪流坐鎮或填充二十八宿。索隱：「填音鎮。」故土星又名鎮星或填星。古代天文學家十分重視五星在恒星間位置的變化，並以此作爲編制曆法的依據。與此同時，天文學在很大程度上是和宗教迷信的占星術相聯繫的，故此常把天象的變化與人間禍福相聯繫，生成天人感應説，如漢書五行志，即以日食、星變與人事相聯繫。

所謂二十八宿，是古代天文學家從天球黄道(太陽在星空間周年運行的軌道)和赤道(地球赤道在天球上的投影)附近一周天的恒星中選擇衆多星座，將其分爲二十八組(星宿)，以此爲坐標，對日、月及五星進行觀測，以測定歲時季節、推斷人事禍福及天時等。這二十八個星空區域分爲東北西南四方，每一方都被想象成一種動物形象，叫四象，排列命名如下：

東方蒼龍七宿　角亢氐房心尾箕

北方玄武七宿　斗牛女虚危室壁

西方白虎七宿　奎婁胃昴畢觜參

南方朱雀七宿　井鬼柳星張翼軫

四象中的玄武，據楚辭屈原遠游補註：「說者曰：『玄武，謂龜蛇。位在北方，故曰玄。身有鱗甲，故曰武。』」夏小正：正月初昏參中，五月初昏大火中。這是古人對二十八宿中的參、心二宿長期觀測得出的歲時季節天象。意思是：初昏時參宿在正南方就是春季正月，心宿在正南方就是夏季五月。參宿是由耀目的三顆星連成一綫，故也寫作「三星」。詩經唐風綢繆篇中的「三星在天」、「三星在隅」、「三星在户」，都是講參宿的位置變換。「在天」，即開始出現在天空，說明已是黃昏時分；「在隅」，即已移至天之一角，說明過了多時；「在户」，即對着門窗，較前又過多時，夜色更深。參宿居於西方，心宿居於東方，出沒兩不相見，於是在傳說中被比做兄弟不睦，在詩文中比作親朋久別不能重逢。左傳昭公元年記有鄭子產所講參、心二宿的傳說：從前高辛氏有兩個兒子，大的叫閼伯，小的叫實沈，住在大樹林裡，不能相容，每天用武器互相征討。後來高辛氏把閼伯遷到商丘，主祀大火（主辰），商朝人沿襲下來，所以大火星爲商星（即心宿），遷實沈到大夏，主祀參星，唐國人沿襲下來。……成王滅了唐國，把地封給自己的弟弟太叔虞（封地晉陽，即大夏），所以參星是晉國的星宿。由上述可知，閼伯是心宿之神，實沈是參宿之神。二人因不和睦被各封一方，「參商」自此成了典故。杜甫贈衛八處士中的「人生不相見，動如參與商」，即用這個典故轉喻爲親朋久別不得重見。

三垣是古代天文學家對星空的又一分區法。它包括紫微垣、太微垣和天市垣。紫微垣位於古人在黄河流域常見的北天上空，以北極星爲標準，集合周圍三十七個星座，合爲一區。北極星是北方的標誌，是帝星、天極，又叫北辰。它安居中宫，列星都圍繞它轉動。「爲政以德，譬如北辰，居其所而衆星共（拱）之。」論語爲政篇中孔子所講的北辰，正是北極星。共，同拱，環繞、環抱之意。古人根據圍繞北極星轉動的北斗星來確定季節、辨别方向。北斗星是由天樞、天璇、天璣、天權、玉衡、開陽、摇光七星組成的一個星群。將這七星用綫條依次連接起來，很象古代舀酒的斗形。斗身由天樞、天璇、天璣、天權四星依次連結而成，古曰魁；斗柄由玉衡、開陽、摇光三星依次連結而成，古曰杓。順着天璇與天樞所連成的直綫繼續延長約五倍的距離，便可找到北極星。淮南子齊俗訓云：「夫乘舟而惑者，不知東西，見斗、極則寤矣。」由此可見，斗、極對辨别方向起着重要作用。又因北斗星在不同的季節和夜晚不同的時間，出現於天空不同的方位，被看作圍繞北極星旋轉，因而初昏時斗柄所指的方向又成了決定季節的依據，即：斗柄指東，天下皆春；斗柄指南，天下皆夏；斗柄指西，天下皆秋；斗柄指北，天下皆冬。在紫微垣外，在星張翼軫以北的星區是太微垣，它包含二十個星座。在房心尾箕斗以北的星區，包含有十九個星座，是爲天市垣（又名天府、天旗庭、長城等）。明人王鏊在其所著親政篇中談到：「蓋天有三垣，天子象之：正朝象太微也，外朝象天市也，内朝象紫微也。」垣，星位。此處將人間官署與天上三個星區相比附，以帝王聽政視朝的正殿比附太微垣，因太微垣所在星區星名多用官名，故視其爲天宫政府官署。以諸侯所居比附天市垣，因天市垣東西兩藩各星均用地方諸侯國名，故比做天帝所幸侯國。紫微在天爲天帝居所，與之比附的内朝則爲人間帝王宫殿。

古代創立有「十二次」，次是指列宿所在。即把黃道附近一周天按照由西向東的方向分爲十二個等分，以説明七政的運行及節氣的變换，十二個等分即稱十二次。依漢書律曆志下，自西向東十二次爲：星紀、玄枵、諏訾、降婁、大梁、實沈、鶉首、鶉火、鶉尾、壽星、大火、析木。每次都有二十八宿的某些星宿與之相對，依次爲：斗牛女、女虚危、危室壁奎、奎婁胃、胃昴畢、畢觜參井、井鬼柳、柳星張、張翼軫、軫角亢氐、氐房心尾、尾箕斗。由於十二次是等分的，而二十八宿却廣狹不一，因此有些星宿是跨屬於相鄰的兩個次的。如：女、危、奎、胃、畢、井、柳、張、軫、氐、尾，共有十一個星宿屬於相鄰的兩個次。據淮南子天文訓可知，各次的主要星宿分别是：斗牛、女虚危、室壁、奎婁、胃昴畢、觜參、井鬼、柳星張、翼軫、角亢、氐房心、尾箕。十二次的名稱大都和各自所屬的星宿有關。如鶉首、鶉火、鶉尾三次中所屬星宿正是南方朱雀七宿。宋沈括夢溪筆談七象數：「天文家朱鳥，乃取象於鶉。故南方朱鳥七宿，曰鶉首、鶉火、鶉尾是也。」朱鳥，即朱雀。南方七宿聯起來象鳥形；朱，赤色，象火，南方屬火。十二次創立後，對古代曆法産生了積極作用：一是用以指示一年四季太陽所在的位置，以説明節氣的變换；二是用以説明歲星每年運行所到的位置，並據以紀年。外國古代也按照由西向東的方向把黃道帶(黃道南北各八度以内的空間)分爲十二等分，叫黃道十二宫。其排列順序爲：摩羯宫、寶瓶宫、雙魚宫、白羊宫、金牛宫、雙子宫、巨蟹宫、獅子宫、室女宫、天秤宫、天蝎宫、人馬宫。黃道十二宫與中國古代十二次用意相同，排列方法亦相同。

古天文學説，把天上十二星辰的位置與地上州、國的位置相對應，如以鶉火對應周，鶉尾對應楚等。就天文說，稱分星；就地上說，稱分野。野，星宿所當的區域。史記天官書說：「天則有列宿，地則有州域」，故以天上二十八宿與地上十三州相聯繫而記事。漢書地理志則用以配戰國時地域名。如漢書地理志：「齊地，虛危之分野也。」古人建立星宿的分野，目的在於按天象的變化，以占卜地上所配州、國的吉、凶，以便採取相應措施而化凶爲吉，維護統治秩序或達某種政治目的。這與宗教迷信及對天象不能作出科學解釋有關。歷史上將天上星宿與地上人事聯繫起來的記載屢見不鮮。如漢書五行志記載：「文帝後七年九月，有星孛於西方，其本直尾、箕，末指虛危，長丈餘，及天漢，十六日不見。劉向以爲尾宋地，今楚彭城也。箕爲燕，又爲吳、越、齊。宿在漢中，負海之國水澤地也。是時景帝新立，信用晁錯，將誅正諸侯王，其象先見。後三年，吳、楚、四齊與趙七國舉兵反，皆誅滅云。」這段中的「孛」，即彗星。公羊傳昭公十七年：「孛者何？彗星也。」文中的「其本」，指本體；「末」，指尾；「天漢」、「漢」，指銀河；「四齊」，指膠東、膠西、菑川、濟南四個王國，它們都是由原來的齊王國分析而建的王國。此外，古典作家作品在寫到某個地區時也連帶寫到和這個地區相配的星宿，這樣的事例不勝枚舉。如李白蜀道難中提到的「捫參歷井」，參、井都是星宿名，參是蜀的分野，井是秦的分野。又如庾信哀江南賦：「以鶉首而賜秦，天何爲而此醉」，鶉首即是秦所對的星宿所在次的名稱。

（劉淑英）

曆法

所謂曆法，即是推算天象以定歲時的方法。古人根據地球及日、月、星辰相互之間的運動規律，將日、月、年等計時單位予以合理的編排，製成曆法。其目的在於讓曆法爲生産、生活及政治的需要服務。

太陽的出没、月亮的盈虧，這是與人們生活關係最爲密切的天象。由於「日出而作，日落而息」，故而早在甲骨文中即已出現日、月的象形字。日爲太陽的象形，意指白天；月在甲骨卜辭一至四期多寫作「夕」，第五期纔寫作「月」，夕和月都是月亮的象形，指夜晚。日、月交替一次的周期即爲一日，亦稱一天。

古人對一日之内具體時間進行記録的方法有多種。一爲時段記時法。古人根據天色把一晝夜分爲若干時段，約在漢武帝太初改曆後，確定爲十二時段：夜半、鷄鳴、平旦、日出、食時、隅中、日中、日昳、晡時、日入、昏時、人定。每個時段互相銜接。詩經鄭風女曰鷄鳴：「女曰鷄鳴，士曰昧旦。」鷄鳴、昧旦（又稱昧爽、平旦），是夜半之後相繼的兩個時段。昏時、人定，也是相繼的兩個時段，古樂府詩孔雀東南飛：「菴菴黄昏後，寂寂人定初」，黄昏即昏時。十二個時段又各有特色。如日出時稱爲旦、早、朝、晨；日出後吃早餐，稱食時或蚤食；食時過後稱隅中，左傳昭公五年孔穎達疏：「隅謂東南隅也，過隅未中，故爲隅中也。」隅中過後爲日中，即太陽正中時；日中過後爲日昳，太陽開始偏西，也作日側，日昃，孔穎達疏：「昃亦名昳，言日蹉跌而下。」日昳過後爲晡時，是古人一日兩餐吃晚飯的時段，又稱夕食；晡時過後爲日入，即太陽落山，也叫夕、暮、昏、晚；日入過後是昏時，即天將黑時，也叫黄昏，薄暮；昏時過後是人定，即夜深安息之時；人定過後是夜半，即半夜；夜半過後是鷄鳴，即黎明前雄鷄啼鳴；鷄鳴過後是平旦，即清晨，天亮之時。讀古書時常常會見到朝夕並舉、旦暮並舉、晨昏並舉、昏旦並舉，等等。古人所用第二種計時法爲時辰計時法，即以一晝夜分爲十二時辰，並與十二地支相配。十二時辰與十二時段相吻合，每個時辰又分初、正，等於現代兩個小時。如夜半與子相對，子初爲二十三點至二十四點，子正爲二十四點至第二天凌晨一點，子時又稱子夜。鷄鳴與丑相對，丑時即凌晨一點至三點之間。如此順推，日出爲卯時，即五點至七點之間。古代官署吏役於卯時到職，謂之應卯，長官按册呼名爲點卯。此外，古人還把戌至寅這五個時辰劃分爲五夜或五更，如以時段昏時配時辰戌時，即爲甲夜、一更，相當於現代十九點至二十一點；人定配亥時，即爲乙夜、二更，相當於現代二十一點至二十三點；夜半配子時，爲丙夜、三更，二十三點至次日凌晨一點；鷄鳴配丑時，爲丁夜、四更，一點至三點；平旦配寅時，爲戊夜、五更，三點至五點。顔氏家訓書證：「漢魏以來，謂爲甲夜、乙夜、丙夜、丁夜、戊夜；又云鼓，一鼓、二鼓、三鼓、四鼓、五鼓；亦云一更、二更、三更、四更、五更，皆以五爲節。」古人計時，主要用兩種方法。一是用日晷等測時儀器測定；另一種辦法是銅漏計時。歷代銅漏形製不一。清乾隆時製成的銅漏由三個方形的播水壺和一個圓形的受水壺組成。上面的播水壺爲日天壺，中間的叫夜天壺，下面的叫平水壺，水由日天壺遞傳而下，漏進最下的受水壺。受水壺上有銅人，抱漏箭，銅人下安箭舟。水長舟浮，則箭隨上出，按所刻符號指示時辰；水滿箭盡則瀉於池中。清代採用九十六刻制，每刻十五分鐘，四刻爲一小時，一晝夜二十四小時正與九十六刻相合。

古人紀日的方法有多種。第一種是刻木結繩法，這是文字出現以前原始的紀日方法。第二種是干支紀日法。殷墟甲骨卜辭中已有完整的干支表。干是天干，即甲、乙、丙、丁、戊、己、庚、辛、壬、癸。支是地支，即子、丑、寅、卯、辰、巳、午、未、申、酉、戌、亥。天干與地支依次組合，共爲六十單位，每單位代表一天，六十天循環一周，因天干與地支相配第一單位爲甲子，六十天後又回到甲子，故又稱六十甲子。具體組合如下：甲子、乙丑、丙寅、丁卯、戊辰、己巳、庚午、辛未、壬申、癸酉、甲戌、乙亥、丙子、丁丑、戊寅、己卯、庚辰、辛巳、壬午、癸未、甲申、乙酉、丙戌、丁亥、戊子、己丑、庚寅、辛卯、壬辰、癸巳、甲午、乙未、丙申、丁酉、戊戌、己亥、庚子、辛丑、壬寅、癸卯、甲辰、乙巳、丙午、丁未、戊申、己酉、庚戌、辛亥、壬子、癸丑、甲寅、乙卯、丙辰、丁巳、戊午、己未、庚申、辛酉、壬戌、癸亥。左傳隱公元年：「五月辛丑，大叔出奔共」。五月辛丑，即五月二十三日。這是用干支紀日。單用天干紀日的例子也有，比如楚辭哀郢：「出國門而軫懷兮，甲之鼂吾以行。」甲，甲日那一天，鼂，同朝（zhāo），早晨。單用地支紀日大多限於特定的日子，如禮記檀弓：「子卯不樂。」子、卯，即子日、卯日。古代以子日和卯日爲惡日，簡稱子卯。以子卯相刑，故以爲忌日。不樂，不舉樂。又如三月上巳，即指農曆三月三日，在這一天，人們到水邊洗濯、喝酒，認爲可以祈福驅邪。古人使用剛、柔紀日的例子見於禮記曲禮上：「外事以剛日，内事以柔日。」疏：「外事以剛日者，外事郊外之事也。剛，奇日也。十日有五奇五偶，甲、丙、戊、庚、壬五奇爲剛也。外事剛義，故用剛日也。内事以柔日者，内事郊内之事也。乙、丁、己、辛、癸五偶爲柔也。」有些日子被賦予特定名稱。如農曆初一月亮運行到地球與太陽之間，地面上看不見月光，因稱初一爲朔日或朔。唐孔穎達疏：「月之始日，謂之朔日。」唐韓鄂歲華紀麗三月「朔晦」註「朔，月初之名。朔，蘇也，如死復蘇。」每月初三稱朏（fěi）。漢孔安國傳：「朏，明也。月三日明生之名。」大月十六日、小月十五日叫做望。釋名釋天：「望，月滿之名也。月大十六日，小十五日，日在東，月在西，遥相望也。」近在望後的一日叫既望。每月的最後一天稱做晦。古書中紀日有既稱干支，又稱朔或晦的。如干支與朔相聯稱的爲：左傳僖公五年「冬十二月丙子朔，晋滅虢」。丙子朔，即丙子這天是初一，朔這天也是初一，是重疊紀日法。用干支與晦相聯紀日的事例爲：左傳襄公十八年「十月…丙寅晦，齊師夜遁。」丙寅晦，即二十九日夜，是十月最後一天。此外，紀日時又稱正月初一爲元旦、元日、元正、元辰、元朔、正旦、正朝、新正、新春、新年、上日、三朔、三元；稱正月初七爲人日；正月十五爲元宵、元夕、元夜、上元；二月初一叫中和日；二月十五叫花朝日、中春；立春後的第五個戊日叫春社日；清明前的第一、二天叫寒食日；三月初三叫上巳或祓禊日；五月初五叫端午、端陽、重五、重午；夏至那天白天最長，叫日永、長至日；夏至後的第三個庚日叫伏日；七月初七叫七夕；十五叫中元；八月十五叫中秋；立秋後的第五個戊日叫秋社；九月初九叫重陽；十月十五叫下元日；冬至這天白天最短，叫日短、日短至；冬至前一日叫小至日；十二月初八叫臘日，除夕前一日叫小除；歲終之日叫除日、歲除、除夕。

古人以月亮盈虧的一個周期爲一月。紀月法有多種。一種是以序數紀月，從一月、二月依次排列，直至十二月。第二種是月建紀月法，即以子丑寅卯等十二地支與十二個月份相配，以十一月配子，稱爲建子之月，由此順推，十二月爲建丑之月，來年一月爲建寅之月（即夏曆正月），來年十月爲建亥之月。十二月要臘祭百神，故稱臘月。秦始皇名嬴政，故改稱正月爲端月。第三種是先秦時每月的特定稱號。爾雅釋天：「正月爲陬，二月爲如，三月爲寎（bĭng），四月爲除（或寫作餘），五月爲皋，六月爲且，七月爲相，八月爲壯，九月爲玄，十月爲陽，十一月爲辜，十二月爲塗。」四是以孟、仲、季及古樂十二律紀月。如禮記月令對此都有論述：「孟春之月，……律中大簇（cōu）；仲春之月，……律中夾鐘；季春之月，……律中姑洗；孟夏之月，……律中中呂；仲夏之月，……律中蕤賓；季夏之月，……律中林鍾；孟秋之月，……律中夷則；仲秋之月，……律中南呂；季秋之月，……律中無射；孟冬之月，……律中應鐘；仲冬之月，……律中黃鐘；季冬之月，……律中大呂。」孟仲、季，分別爲每一季的一、二、三月。呂氏春秋音律：「太簇之月，陽氣始生，草木繁動。」註：「太簇，正月。」又如淮南子天文：「（清明）加十五日，（斗星）指辰則穀雨，音比姑洗。」註：「姑洗，三月也。姑，故也，洗，新也。陽氣養生，去故就新，故曰姑洗也。」還有以天干配合着地支用以紀月的。每逢甲、己之年，正月爲丙寅、二月爲丁卯、三月爲戊辰、四月爲己巳、五月爲庚辛、六月爲辛未、七月爲壬申、八月爲癸酉、九月爲甲戌、十月爲乙亥、十一月爲丙子、十二月爲丁丑；每逢乙、庚之年正月爲戊寅，二月己卯，依此順排，十二月爲己丑；丙、辛之年正月爲庚寅，二月爲辛卯，依此順推，十二月爲辛丑；丁、壬之年正月爲壬寅，二月爲癸卯，依此順推，十二月爲癸丑；戊、癸之年正月爲甲寅，二月爲乙卯，依此順推，十二月爲乙丑。爲了記憶方便，可用口訣：「甲己之年丙作首，乙庚之年戊爲頭，丙辛之歲庚寅上，丁壬壬寅順水流，若問戊癸何方起，甲寅之上去尋求。」以當月花卉草木爲代表紀月的，如二月稱杏月，八月稱桂月，十月稱梅月等。

年，指地球環繞太陽運行一周的時間。爾雅釋天：「夏曰歲，商曰祀，周曰年。」疏：「年者，穀熟之名，每歲一熟，故以爲歲名。」古人紀年法主要有以下幾種。一是依元、二、三等序數逐年遞紀帝王即位直至出位所爲，這是漢武帝以前的王公、皇帝所用紀年法。二是用年號紀年。漢武帝即位那年爲公元前一四〇年，從這年開始用年號紀元，武帝在位期間曾建有若干年號，如第一個年號爲建元，第二個年號爲元光，第十一個年號爲後元，每個年號都以元、二、三年等遞進序數紀元。此後，這種紀年法被沿用，歷代帝王在位期間都建有一個或若干個年號。三是干支紀年法。即以天干、地支組成的六十甲子周而復始紀年。自東漢章帝元和二年（八十五年）正式使用這種紀年法後，一直被沿續。至於西漢以前的逐年干支，是經後人逆推附加上去而被寫入歷史年表的。四是流行於西藏、雲南等地區的生肖紀年法。即用十二地支與十二生肖依次配成子鼠、丑牛、寅虎、卯兔、辰龍、巳蛇、午馬、未羊、申猴、酉鷄、戌狗、亥猪這十二個單位，循環使用。要想確定準確的年代，必須用這十二個單位與各位帝王的年號紀年相配合。五是歲星紀年法。古人把黄道附近一周天由西向東劃分爲十二等分，稱爲十二次，即星紀、玄枵、諏訾、降婁、大梁、實沈、鶉首、鶉火、鶉尾、壽星、大火、析木。又認爲歲星由西向東十二年繞天一周，每年行經一個星次，便根據歲星每年行經星次加以記載。如「歲在星紀」，意即歲星運行到星紀範圍，次年即「歲在玄枵」，即次年歲星運行到玄枵範圍。由此順推，十二年走過一周。六是太歲紀年法。古人把黃道附近一周天的十二等分由東向西配以子丑寅卯等十二支，具體搭配法是：星紀配丑，玄枵配子，諏訾配亥，降婁配戌，大梁配酉，實沈配申，鶉首配未，鶉火配午，鶉尾配巳，壽星配辰，大火配卯，析木配寅。由於歲星的運行方向與十二支（辰）是相反的，因而歲星紀年法不方便使用。爲此，又假想出一個星名，叫太歲，讓它與十二支方向順序相同，並用以紀年，稱太歲紀年法。古人還爲太歲具體選取了十二個年名。太歲年名、太歲所在十二支（辰）及與歲星所在十二次的對應關係詳見下表：

太歲年名	太歲所在（支）	歲星所在（次）
攝提格	寅（析木）	星紀（丑）
單閼	卯（大火）	玄枵（子）
執徐	辰（壽星）	諏訾（亥）
大荒落	巳（鶉尾）	降婁（戌）
敦牂(zōng)	午（鶉火）	大梁（酉）
協洽	未（鶉首）	實沈（申）
涒(tūn)灘	申（實沈）	鶉首（未）
作噩	酉（大梁）	鶉火（午）
閹(yān)茂	戌（降婁）	鶉尾（巳）
大淵獻	亥（諏訾）	壽星（辰）
困敦(dùn)	子（玄枵）	大火（卯）
赤奮若	丑（星紀）	析木（寅）

表中所列太歲年名依爾雅釋天，太歲所在十二支（辰）爲自東向西行，歲星所在十二次自西向東行。即：歲星在星紀，太歲便在析木（寅），這一年就是「太歲在寅」，年名攝提格。明年歲星在玄枵，太歲便在大火（卯），即「太歲在卯」，年名單閼，依此順推。如屈原離騷：「攝提貞於孟陬兮，惟庚寅吾以降。」文中的攝提即太歲年名，「太歲在寅」；孟陬指夏曆正月建寅之月；庚寅是出生日的干支。聯繫起來可知：屈原生於寅年寅月寅日。攝提格等十二太歲年名，稱爲歲陰。約在西漢時，又出現了歲陽，共十個名號：閼逢、旃蒙、柔兆、强圉、著雍、屠維、上章、重光、玄黓、昭陽。用這十個名號依次與十二個太歲年名相配，可組合成六十個年名，並周而復始。如以閼逢攝提格爲第一年，旃蒙單閼爲第二年，由此順推，直至六十年。組合方法同六十甲子。閼逢等十個名稱依次與甲、乙、丙、丁、戊、己、庚、辛、壬、癸十天干相對應，因而閼逢攝提格之年亦可稱爲甲寅年，旃蒙單閼年又可稱爲乙卯年。司馬光所著資治通鑑一書中這樣的事例很多，如卷一百七十六陳紀十下註曰：「起閼逢執徐，盡著雍涒灘，凡五年。」其中閼逢執徐爲甲辰年，著雍涒灘爲戊申年，從甲辰至戊申共五年；又如卷一周紀一注曰：「起著雍攝提格，盡玄黓困敦，凡三十五年。」文中著雍攝提格爲戊寅年，玄黓困敦爲壬子年，從戊寅年至壬子年共三十五年。爲了便於對照，列表如下頁：

十二支(辰)	太歲年名	十干	歲陽
寅	攝提格	甲	閼逢
卯	單閼	乙	旃蒙
辰	執徐	丙	柔兆
巳	太荒落	丁	强圉
午	敦牂	戊	著雍
未	協洽	己	屠維
申	涒灘	庚	上章
酉	作噩	辛	重光
戌	閹茂	壬	玄黓
亥	大淵獻	癸	昭陽
子	困敦		
丑	亦奮若		

此表中歲陽名稱和順序依據爾雅釋天，這與淮南子天文訓基本相同。史記曆書中所列的十個歲陽的名稱和順序如下頁：焉逢、端蒙、游兆、强梧、徒維、祝犂、商橫、昭陽、橫艾、尚章。此表中太歲年名的寫法也依據爾雅釋天。史記天官書與之有所不同：大荒落寫作大荒駱，協洽寫作葉洽，作噩寫作

作鄂。這些問題，是讀古書時應該了解的。

正（zhēng），是農曆一年的第一個月。春秋戰國時期，夏曆、殷曆、周曆分别爲不同地區所使用的曆日制度。三種曆法的主要區别在於歲首的月建（農曆每月所置之辰爲月建。歲首的月建即一年開始的第一個月所置地支名）不同，因三曆第一個月都稱正月，所以又叫做「三正」。夏曆以建寅之月（即後世所説的正月）爲歲首，殷曆以建丑之月（即夏曆的十二月）爲歲首，周曆以通常冬至所在的建子之月（夏曆十一月）爲歲首。三正歲首的月建不同，四季也隨之而異。詳見下頁表。

閲讀先秦古籍時注意到不同國家及不同古籍所用曆法不同，是非常必要的。比如周王室及其同姓諸侯國使用周曆，春秋、孟子等古籍多用周曆；楚辭和吕氏春秋用夏曆；詩經小雅四月用夏曆，豳風七月所説的「月」，都指夏曆，所説的「日」，指的則是周曆。同是「宋人取長葛」，春秋隱公六年記載爲「冬」，而左傳記載則爲「秋」，這就是春秋用周曆，左傳用夏曆所造成的時間差異。秦以夏曆十月（即建亥之月）爲歲首，因夏曆適合農事季節，所以不改十月爲正月，也不改夏曆正月（秦人稱端月）爲四月，其春夏秋冬和月份的搭配，完全同於夏正。秦所用曆名爲顓頊曆，這是中國古代六曆之一。此曆制於周末，秦統一後頒行全國。自秦始皇二十六年至漢武帝太初元年共行一百一十七年。漢武帝元光五年（公元前一三〇年）十月殺灌夫，十二月的最後一天殺了魏其。緊接着史記魏其武安侯列傳又説：「其春，武安侯病」，繼十二月之後的春天不説「明春」，却説「其春」，是因爲此時仍沿用秦曆，以十月爲歲首當年的春天在當年的十二月之後。漢武帝太初元年（公元前一〇四年）頒行太初曆，以建寅之月

<table>
<tr><th>月建</th><th>子</th><th>丑</th><th>寅</th><th>卯</th><th>辰</th><th>巳</th><th>午</th><th>未</th><th>申</th><th>酉</th><th>戌</th><th>亥</th></tr>
<tr><td rowspan="2">周曆</td><td>正月</td><td>二月</td><td>三月</td><td>四月</td><td>五月</td><td>六月</td><td>七月</td><td>八月</td><td>九月</td><td>十月</td><td>十一月</td><td>十二月</td></tr>
<tr><td colspan="3">（春）</td><td colspan="3">（夏）</td><td colspan="3">（秋）</td><td colspan="3">（冬）</td></tr>
<tr><td rowspan="2">殷曆</td><td>十二月</td><td>正月</td><td>二月</td><td>三月</td><td>四月</td><td>五月</td><td>六月</td><td>七月</td><td>八月</td><td>九月</td><td>十月</td><td>十一月</td></tr>
<tr><td>（冬）</td><td colspan="3">（春）</td><td colspan="3">（夏）</td><td colspan="3">（秋）</td><td colspan="2">（冬）</td></tr>
<tr><td rowspan="2">夏曆</td><td>十一月</td><td>十二月</td><td>正月</td><td>二月</td><td>三月</td><td>四月</td><td>五月</td><td>六月</td><td>七月</td><td>八月</td><td>九月</td><td>十月</td></tr>
<tr><td colspan="2">（冬）</td><td colspan="3">（春）</td><td colspan="3">（夏）</td><td colspan="3">（秋）</td><td>（冬）</td></tr>
</table>

（陰曆正月）爲歲首，採用夏正。此後，在漫長的封建社會，除王莽和魏明帝時曾改用過殷正，唐武則天和唐肅宗時一度改用周正外，其餘都採用夏正。

我國古代的曆法是陰陽合曆。所謂陰曆，指的是以朔望月爲單位的曆法，即月球相繼兩次呈現相同月相所需周期。這種曆法又稱太陰曆。其朔望月單位約二十九天半，一年則爲十二個月，爲了準確、方便，分爲大、小月，大月三十天，小月二十九天，平年三百五十四天。以三十年爲一周，每周的第二、五、七、十、十三、十六、十八、二十一、二十四、二十六、二十九等年，均置一閏日於當年的十二月末，總計三十年有十一個閏日，有閏日之年便爲閏年，閏年爲三百五十五天。屬於這種曆法的有希臘曆，伊斯蘭教使用的回曆等。所謂陽曆，指的是地球繞太陽一周的時間，它以太陽年爲單位，因而又稱太陽曆。現今流行的公曆即是陽曆的一種。陽曆一年爲三百六十五又四分之一天，分爲十二個月，一、三、五、七、八、十、十二月爲大月，每月三十一天，四、六、九、十一月爲小月，每月三十天，另有二月分爲平、閏年，平年二月二十八天，閏年二月二十九天。凡能被四除盡的年份即爲閏年。所謂陰陽合曆，即按陰曆的方法把一年分爲十二個月，六個大月各三十天，六個小月各二十九天，全年總日數比陽曆少十一又四分之一日，積三年就少一個月以上，爲了使之大約等於一個太陽年，並和自然季節大致調和配合，於是三年就要閏一個月。在實際運行中，三年一閏還要餘出許多天，便改爲五年閏兩個月，但又缺了一些天。最後定爲十九年閏七個月。實踐證明，十九年閏七個月是最精確的計日計年法，它與太陽年的長度差僅爲二小時九分三十六秒。早從殷、周時期開始，即將閏月置於年終，稱爲「十三月」，遇到一年兩閏，就會有「十四月」。自春秋戰國時期定爲十九年共閏七個月後，沒有再出現一年兩閏的情況。秦以十月（建亥之月）爲歲首，因此九月即爲年終。漢初承秦制，在九月之後置閏，稱爲「後九月」。漢武帝於太初元年（公元前一〇四年）改行太初曆，規定無中氣（月中無節氣）的月份設置閏月，如果五月無中氣需置閏月，就稱所置閏月爲閏五月，也就是說這年有兩個五月。自從確定這樣的置閏法後，一直爲曆代所沿用。

把一年分爲春、夏、秋、冬四時，再細分爲二十四節氣，這是隨着曆法日趨詳密而逐步實現的。在商和西周前期，一年祇分爲春、秋二時（季），而「史之所記必表年以首事」，故史官所記的史料在上古也稱爲「春秋」。後來，由春、秋又分出冬、夏二時，如墨子天志中：「制爲四時春秋冬夏，以紀綱之」；禮記孔子閑居：「天有四時，春秋冬夏」。此後，又按夏曆正、二、三月等月份依次分爲孟春、仲春、季春、孟夏、仲夏、季夏、孟秋、仲秋、季秋、孟冬、仲冬、季冬，並將此作爲相應月份的代稱。與四時密切相關的是二十四節氣，這是舊曆特有的重要組成部分。二十四節氣名稱和順序如下：

正月：立春、雨水；二月：驚蟄、春分；

三月：清明、穀雨；四月：立夏、小滿；

五月：芒種、夏至；六月：小暑、大暑；

七月：立秋、處暑；八月：白露、秋分；

九月：寒露、霜降；十月：立冬、小雪；

十一月：大雪、冬至；十二月：小寒、大寒。

上述二十四節氣的名稱採用淮南子天文訓。但各月搭配不是絶對固定、年年一致的，因爲節氣跟太陽走，和朔望月無關。二十四節氣系統的完備也有個過程。春分、秋分，夏至、冬至，這四個重要節氣出現較早。尚書堯典稱春分爲日中，秋分爲宵中；稱夏至爲日永（因其白天最長），冬至爲日短（因其白天最短）。呂氏春秋則因春分與秋分這兩天晝夜長短一樣而統名之爲日夜分；又因夏至、冬至各自的特點而分别名之爲日長至、日短至。在左傳僖公五年中記有「分至啓閉」，分指春分、秋分；至指夏至、冬至；啓指立春、立夏；閉指立秋、立冬。呂氏春秋明確提到立春、立夏、立秋、立冬這四個季節。淮南子天文訓所叙二十四節氣則與現代仍沿用的完全相同。古人最初把節氣細分爲節氣和中氣兩種，所謂節氣，指二十四節氣中的單數，即每月開頭出現的節氣；所謂中氣，是指二十四節氣中的雙數，即每月靠後出現的節氣。每個節氣過後是中氣，中氣過後又是節氣。前面提到的太初曆置閏法即與節氣、中氣密切相關。因爲一個節氣加一個中氣約爲三十天半，大於一個朔望月（一個朔望月約爲二十九天半），這樣每月的節氣和中氣總要比上月推遲一兩天，積累下來，到某月時就會祇有節氣没有中氣，便以這個月份作爲置閏月，即古人所謂「閏月無中氣」。現在我們通常所説的交節日期，即「上半年來六、二一，下半年來八、二三」，是指陽曆説的，陽曆每月都有節氣和中氣，而且交節日期相差不遠。

（劉淑英）

地　理

所謂地理，此處是指曆代地方行政區域的劃分及常見於古書中的一些地名常識等。

在漫長的中國歷史中，出現有州、郡、縣、國、道、府、路、軍、省等多種地方行政區劃的名稱。這些名稱的産生有先、有後。在不同時期，同一名稱所表示的含義不完全相同。有些現已廢棄不用，有些仍繼續沿用。古書中地名稱謂的約定俗成及一名多地、一地多名等情況，也是讀古書者不可忽視的問題。

州，是古書中較早出現的名稱。據尚書禹貢記載，禹平洪水，分天下爲九州，即冀州、兖州、青州、徐州、揚州、荆州、豫州、梁州、雍州。吕氏春秋有始覽叙九州時，有幽州無梁州。周禮職方叙九州時，有幽州、並州而無徐州、梁州。依據每州條下記有的名山、大川、物産、居民及少數民族分布等情況，可知它是當時的學者各就自己所知的大陸劃分成的九個地理區域。有時九州也被泛指全中國。可見傳説中的九州，並非是當時的地方行政區劃。漢武帝元封五年（前一〇六年），將除京師附近的地區之外的全國各地劃分爲十三州，即冀州、兖州、青州、徐州、揚州、荆州、豫州、凉州、益州、幽州、並州、朔方、交州。每州置刺史一人，巡察所屬郡、國，檢舉不法，抑制豪强。武帝設州是出於監察郡、國的需要，目的在於加强中央集權，因而此時的州屬於監察區，不是地方行政區劃。東漢靈帝中平五年（一八八年），改州刺史爲州牧，並給以執掌民政、軍政大權，以便州牧在鎮壓農民起義中發揮更大的作用。這時的州牧成了執掌一州實權的地方長官，州也成了一級地方行政區劃。三國、西晉時期，仍以州爲地方行政區劃。史載西晉太康三年（二八二年），統領有十九州：司隸（直轄州）、兗、豫、冀、幽、平、並、雍、涼、秦、梁、益、寧、青、徐、荆、揚、交、廣等州。東晉及南北朝時，中原地區戰亂頻繁，黄河流域的漢族世家大姓多聚族而遷居南方，保持原籍。當政的南方統治集團爲使南遷的北方士族保留封建特權，特設立一些有官無地的州，即僑州。這些州起初仍用原來北方的地名，東晉將領劉裕收復北方的青、徐等州後，爲與僑置州相區别，便在原州名前加一「北」字。南朝宋時，取消所加「北」字，而在南方僑置州名前加一「南」字。因而從東晉至隋統一前，州越設越多，範圍却越來越小。這時的州，有的是一級地方區域，有的衹有虚名。隋朝建立後，廢除僑州，合併小州，正式確立州爲一級地方行政區。唐代時，全國共有三百多個州。宋、元沿襲唐代設州制度。明清時期衹留少數直隸州直轄於省，散州隸屬於府，其餘州則改爲府。辛亥革命以後，改州爲縣。

縣，是地方基層行政區域。早從商、周時期開始，即分封諸侯，有公、侯、伯、子等稱號。周武王滅商，進而東征大獲全勝，他採用「封邦建國」的方式以鞏固周朝的統治。當時，除宗周（今西安地區）和成周（今洛陽地區）所轄地區外，全國各地的土地及居民都被分賜給同姓子弟、異姓功臣和一些方國、部落的首領，建立起幾百個諸侯國。諸侯國又將自己的土地和居民分爲若干采邑，分封給卿大夫。周制，縣凡二千五百家，縣正（周禮地官縣正，其位次於大夫。）掌宣頒政令，徵收田賦，處理爭訟等事。春秋時期，最早在兼併的土地上設縣並由國君派官直接統治的是楚國和秦國。稍後，晉、齊、吴等國也先後設縣。縣在不同地區、不同時期，其大小、隸屬都略有變化，但作爲地方基層行政區域却是一貫的。

郡，縣的上一級行政區域。其設置稍晚於縣。早期的郡多設於各國的邊境地帶，而且地位略低於縣。左傳哀公二年記有晉趙鞅戰前動員誓詞：「克敵者，上大夫受縣，下大夫受郡。」周書作雒篇：「千里百縣，縣有四郡。」意即縣方百里，郡方五十里。當時「郡遠而縣近，縣富而郡荒。」隨着經濟的發展及兼併鬭爭的激烈，各大國普遍設郡，並在郡下分設若干縣。到戰國中、後期，郡作爲縣的上一級行政區域已較普遍並日益發展。秦統一全國後，爲鞏固中央集權，實行郡縣制，分天下爲三十六郡：內史、三川、河東、上黨、太原、代、雁門、云中、九原、上郡、北地、隴西、潁川、南陽、碭、邯鄲、上穀、鉅鹿、漁陽、右北平、遼西、遼東、東、齊、薛、琅琊、泗水、漢中、巴、蜀、九江、彰、會稽、南、長沙、黔中。征服百越，又增設四郡：桂林、象、南海、閩中。郡設守，主管行政；設尉，主管軍事；設監，負責監察。縣的長官稱「令」。自秦在全國推行郡縣制後，爲歷代所沿用，衹是郡的統治區域在東晉及南北朝時縮小了，出現了一些僑郡或有名無實之郡。自宋朝時起，作爲行政區域的郡不復存在。

國，是漢代諸侯王的封域，也是約與郡平級的地方行政區。在楚、漢戰爭中，劉邦依靠異姓王的支持，打敗項羽。漢初，異姓諸侯王擁兵據地，「十年之間，反者九起。」劉邦在逐個消滅異姓王的同時，鑒於亡秦孤立之敗，分封同姓子弟九人爲諸侯王。據史記漢興以來諸侯年表序記載：「自雁門、太原以東，至遼陽，爲燕、代國；常山以南，太行左轉，度河、濟，阿、甄以東薄海，爲齊、趙國；自陳以西，南至九疑，東帶江、淮、穀、泗，薄會稽，爲梁、楚、吳、淮南、長沙國。……漢獨有三河、東郡、潁川、南陽，自江陵以西至蜀，北自云中至隴西，與內史凡十五郡，而公主列侯頗食邑其中。」由此可知，西漢初，封國與中央政權直接統轄的郡，交錯分布，都是地方行政單位，故郡、國可以連稱，也可作爲地方的泛稱。封國制對漢初的安定局面及平定諸呂之亂，都曾起過重要作用。但其本身所包含的割據分裂因素日益構成尾大不掉之勢。景帝平定吴、楚等七國的叛亂後，不僅收奪了王國的行政權、官吏任免權和財政權，而且還裁減王國的官吏，降黜其秩位。武帝採納主父偃的建議，頒布推恩令，從王國裡不斷分出許多小的侯國。自此封國疆域均比郡小。漢武帝又派州刺史監察郡、國，想方設法削弱其勢力。至西漢末年，諸侯王唯得衣食租税，不與政事，勢與富室無異，貧者或乘牛車。東漢至隋建立前，州轄郡，郡轄縣的三級地方行政區域形成並發展。國，作爲行政區從歷史上消失了。

道，初設於唐太宗貞觀元年（六二七年），略相當於漢武帝時所設的州，是監察區。當時依山川形勢之便分全國爲十道：關內（即古雍州）；河南（即古豫、兖、青、徐四州）；河東（即古冀州）；河北（即古幽、冀二州），山南（即古荆、梁二州），隴右（即古雍、梁二州），淮南（即古揚州）；江南（即古揚州的南部，約今浙江、福建、江西、湖南等省），劍南（即古梁州，劍閣以南）；嶺南（治所在廣州，轄兩廣地區）。唐玄宗開元二十一年（七三三年），從關內道分出一個京畿（治長安）；從河南道分出一個都畿（治洛陽）；把山南道分爲山南東道、山南西道；把江南道分爲江南東道、江南西道和黔中道。合共爲十五道。唐政府於各道設採訪處置使，負責本道政務。此後，道與節度使所轄鎮逐漸相合，形成鎮、州、縣三級地方區域。

府，唐代時始設立的地方行政區域。府分三種：一是提高若干州的地位，改州爲府。唐玄宗時以雍州（京師）爲京兆府，洛州（東都）爲河南府，並州（北都）爲太原府。府的長官若由親王擔任，即稱府牧，由他人擔任則稱府尹。二是設於國内重要地區，掌理軍、民政務的都督府。三是設於沿邊要地、用於加强對少數民族地區進行統治的都護府。唐代的府隸屬於道，有的與州平級，有的地位略高於州。自唐設府後，歷代沿置，明清時期還把州改稱爲府，如兖州府、揚州府。

路，最初是宋代爲徵收賦稅轉運漕糧而分的區域，後來逐漸帶有行政區劃和軍區的性質。宋初，沿用唐朝的道制，爲收奪藩鎮財賦之權，在諸道設轉運使司，專門負責水陸兩路財賦收運。至太宗太平興國二年（九七七年）時，「邊防、盜賊、刑訟、金谷、按廉之任，皆委於轉運使。」淳化五年（九九四年），廢道存路。到太宗至道三年（九九七年）時，分全國爲十五路。此後，路不斷增加。到徽宗政和元年（一一一一年）時，宋政府共置二十四路。其中不少路都和今天的省名相同，區域也大致相當，如：福建、廣東（又稱廣南東路）、廣西（又稱廣南西路）、湖南（又稱荆湖南路）、湖北（又稱荆湖北路）、陝西、河北路等。兩宋時期，路是地方最高級行政區域，下轄府、州、軍等。有的府則與路平級，如：東京開封府（今河南開封）、南京應天府（今河南商丘）、西京河南府（今洛陽）、北京大名府（今河北大名）。元代的路比宋小，相當於州、府。

軍，是宋代的行政區域，直轄於路，相當於州、府。軍的長官稱知軍，軍下轄爲縣。

省，是始於元代，爲後代沿用的地方行政區域。元世祖在中央設置中書省，總理全國行政事務；

在地方上設置行中書省（簡稱行省），略等於中央分設的辦事機構。中書省的轄地稱「腹里」，包括京城大都（今北京）及今山東、山西、河北等地。行中書省共計十個：嶺北、遼陽、河南江北、陝西、四川、甘肅、雲南、江浙、江西、湖廣。行省之下設路、府、州、縣等各級政區。明初承元制。洪武九年（一三七六年），改行中書省為承宣布政使司，掌管民政、財政。全國除北直隸、南直隸外，共設十三布政使司（習慣上仍稱省），即：山東、山西、河南、陝西、四川、江西、湖廣、浙江、福建、廣東、廣西、雲南、貴州。明改宋、元以來的路為府。因而明代的地方政區為布政使司（省）、府、縣等。府、縣又依據納糧多少而劃分為上、中、下三等。清代恢復省稱，在內地設十八省：直隸（河北）、江蘇、安徽、山西、山東、河南、陝西、甘肅、浙江、江西、湖南、湖北、四川、福建、廣東、廣西 雲南、貴州等省。在東北地區置盛京（奉天，屬陪都）、吉林、黑龍江三將軍。在新疆置伊犁將軍。外蒙古置烏里雅蘇臺定邊左將軍。內蒙古採用盟旗制。西藏、青海等地設辦事大臣管轄。清代布政使專管一省財賦和人事，別稱「藩臺」、「藩司」、「方伯」。總督和巡撫是省一級最高軍政長官。總督一般管二至三省，巡撫總管一省。省以下的地方行政為府，府下為縣。

一名多地是古書中常有的現象。如東京，東漢時以洛陽為都城，時人稱之為東京，五代後梁建都開封，後晉天福三年改稱東京。山東一名，在戰國時指秦以外的六國，這是因為秦都關中，六國在崤山、函谷關以東的緣故。但同名山東，在史記晉世家文公四年又被用作太行山以東的代稱：「冬十二月，晉兵先下山東。」另漢書儒林傳談伏生時曾說：「以教於齊、魯之間，齊學者由此頗能言尚書，山東大師，亡不涉尚書以教。」此所指山東，顯然是齊、魯一帶。

一地多名，往往與朝代變換緊密相關。如南京，戰國楚稱之為金陵邑；秦時稱秣陵；三國吳時稱建業；晉時稱建康；明初稱應天府，後稱南京；清時稱江寧府。再如開封，戰國時魏國將其做為都城，稱大梁；北周稱其為汴州；後晉至北宋時稱東京；金初稱汴京，後稱南京。

還有一些屬常識性的概念，也應引起注意。如江，在古代指長江；河，在古代指黃河。表，指外，南。如嶺表，即嶺南；江表，即江南。東、西，在地理概念上又作為左、右的代稱。如江東又名江左，指長江下游以東地區，今江蘇省一帶；江西又名江右，指長江下游以西地區，今江西省一帶。再如史記貨殖列傳所說：「江南豫章長沙」，所指乃今湖廣江西一帶；現在一般所說的江南，在史記項羽本紀中却稱為江東。

（劉淑英）

職官

所謂職官，即指中國古代的官制。由於源遠流長，歷代建置受社會形態及政治形勢的制約，變化多端。下面就閱讀史籍時常見的官制因革損益情況，略作介紹。

中國古代的官制可上溯至原始社會的三皇五帝時期。據賈公彦周禮正義序引春秋緯命曆序記載：「燧皇、伏羲既有官，……但無文字以知其官號也。」左傳、尚書曾對少昊、虞舜的官制加以紀載，說少昊時，鳳鳥氏爲曆正，掌天文曆法；祝鳩氏爲司徒，掌教化；鴡鳩氏爲司馬，掌法制；鳲鳩氏爲司空，掌水土；爽鳩氏爲司寇，掌治安；鶻鳩氏爲司事，掌營造；五鳩，掌治民；五雉爲五工，掌百工，五扈爲九農正，掌農事。又説虞舜時：大禹任司空，協助舜處理政務，統率百官，棄任後稷，掌農事；契任司徒，掌教化；皋陶任士，掌司法；垂、殳斨、伯與任百工，掌工匠，益、朱、虎、熊、羆任虞，掌山林池澤；伯夷任秩宗，掌祭祀；夔任典樂，掌樂舞；龍任納言，掌傳達；十二牧分掌九州。上述記載是後人依據傳説而整理的。

原始社會末期，部落之間的戰爭和交往日益頻繁，處理對外事務的軍事行政系統和處理部落内部事務的宗教行政系統應運而生，「國之大事，在祀與戎。」禹的兒子啓控制了政局，建立了中國歷史上第一個奴隸制國家——夏朝。據尚書、禮記、左傳等書記載，夏朝已有掌曆法的羲和；掌典籍的太史；掌訴訟、刑獄的大理；掌教育、規諫的宫師；掌徵收貢賦的嗇人；掌宣示政令、教化的遒人。繼夏而建立的商朝，既有較爲詳實的文字記載，又有大量出土文物的佐證，其官制的輪廓較爲清楚。商王是最高統治者，常自稱「予一人」。巫史是神權的體現者，對國家政事據有實權，特别是其中的師保可直接影響控制商王。史載商湯的老師伊尹見繼位的太甲不遵湯法，便憑借自己是太甲的太保（又稱阿衡、保衡）的身份，放逐太甲於桐宫，自己代行王權。商朝有内服官和外服官之分。内服官即中央機構裡的官員，統稱之爲「百僚」、「庶尹」、「多尹」等，其中常見於史册的有：總管内廷事務的宰；掌占卜、祭祀的卜、巫；掌手工業奴隸的司工；掌王室田莊的小藉臣；掌秘書的作册；掌軍事的亞、服、射；掌倉庫的啚、廩。外服官即地方官。商朝京師地區稱「中商」或「大邑商」，其外爲邦畿，邦畿是商王和宗室貴族的直轄區。邦畿之外分稱爲東、西、南、北土，統稱四土或四方，爲諸侯封地。諸侯即外服官，有爲商王守邊、服役、進貢、隨出征的義務。諸侯或由商王派遣管理地方，名號爲侯、甸、男、衛等，或由當地部落首領擔任，稱邦伯、方伯等。西周時期，官制進一步完備，據出土的銅器銘文以及尚書、詩經、周禮等書記載，周朝的最高統治者是天之「元子」，稱天子。天子左右設置有太師（導之教訓）、太傅（傅其德文）、太保（保其身體），以指導、輔佐、監護天子，合稱三公。周初，中央由太師、太保主持朝政，其下設卿士寮處理軍國大事。卿士寮設有司徒（金文作司土，掌土地和役徒。役徒充作步卒時，司徒也管理軍隊。）、司馬（掌軍賦、軍馬及軍事行政，戰爭發生時協助主帥管理軍隊。）、司空（金文寫作「司工」，掌工程營建。另據揚簋銘文記載，司空除管理田甸、司居、司芻等官外，還可管理司寇。）、司士（掌爵禄）、司寇（掌刑獄）。此爲天子五官，統稱爲卿士。與卿士寮並列的是掌人事、禮制和農事的太史寮。其長官是太史，亦稱「尹」，兼掌秘書、圖籍、天文曆法。與太史同寮的有：太宰，掌宮廷事務；太宗，掌貴族事務；太祝，掌祭祀；太（又作「大」）士，掌治獄；太卜，掌占卜。西周中期以後，太宰（冢宰）變成了政務和宮廷事務的總管，宗伯掌王族事務和禮儀祭祀，再加上司徒、司馬、司寇和司空，形成六官，亦稱六卿。西周末年，卿士取代師保，成了最高的政務官，多由諸侯擔任。此外，還有掌王室膳食的膳夫，掌車馬的太僕，掌衣服的綴衣，掌警衛的師氏，掌侍衛的虎賁，服雜役的寺人等。周天子把首都宗周豐鎬、成周洛邑及附近地區劃爲王畿，由自己統管外，在其餘地區實行分封制度，建立了許多諸侯國。諸侯尊周天子爲天下共主，定期朝貢、提供軍賦、力役。諸侯國除上卿的任免要奏明天子外，享有世襲的政治、經濟、軍事特權，官吏的設置同於中央。諸侯在封國內有權把土地人民分封給自己的親屬，受封者稱大夫，封地稱「家」、「邑」。大夫的家務總管稱「宰」，由士擔任。周的京城地區劃分爲鄉、州、黨、族、閭、比等各級組織系統，其餘地區則劃分爲遂、縣、鄙、酇、里、鄰等系統，各設官分治。

春秋時期，適應改革與政治鬬爭的需要，出現了許多官職名稱：魯國的太宰，宋國的左師、右師，楚國的令尹，齊國的左相等。由於戰事頻繁，軍隊的編制單位也發生了變化，由「師」（一師約二千五百人）變成了「軍」（一軍一萬二千五百人）。各大國多設有上、中、下三軍，長官由卿兼任。戰國時，各國國君爲集軍政大權於一身，分設相將，分掌文武二柄。趙惠文王以藺相如爲相，廉頗爲將。當時相爲百官之長，梁惠王得知孟嘗君賢德，以故相爲上將軍，空出相位，派遣使者帶黃金千斤，車百乘，往聘孟嘗君。楚國則由令尹和柱國分掌文武二柄。隨着分封制的廢弛，郡、縣二級的地方行政單位逐步形成。郡的長官爲守，掌軍事爲主；縣的長官爲令，掌民政爲主。

秦滅六國，建立了第一個專制主義中央集權的封建國家。最高統治者稱皇帝，下設丞相府、太尉府和御史大夫寺組成中樞機構。丞相爲百官之長，尊稱爲相國，通稱爲宰相，其職責爲稟承皇帝意旨佐理國政；太尉掌全國軍事；御史大夫輔佐丞相，並掌監察。此外，中央還設有九種行政官員，分掌國家和宮廷的各項事務。漢承秦制。西漢末，改稱丞相爲大司徒；太尉爲大司馬；御史大夫爲大司空（改掌水土）。大司徒、大司馬、大司空，號稱「三公」，秦時中央所設九種行政長官，漢代改稱「九卿」。

秦漢時九卿職掌分工如下：奉常，漢初沿用此稱，後改稱太常，掌宗廟祭祀及禮儀，其下有太樂、太祝、太宰、太史、太卜、太醫諸令和博士，以及諸帝陵寢的陵縣令；郎中令，漢初沿用此稱，後改稱光祿勳，掌宮廷侍衛，其下有太中大夫、中大夫（漢武帝改稱光祿大夫）、諫大夫、五官及左右三署的中郎將、議郎、中郎、侍郎、郎中、期門僕射統率的期門兵、羽林令統率的羽林軍、謁者僕射及謁者；衛尉，漢景帝初一度改稱中大夫令，掌皇宮的警衛南軍，其下有公車司馬令、衛士令和旅賁令；太僕，掌皇帝車馬，其下有未央、車府、駿馬諸令；廷尉，漢代有時又稱爲大理，掌司法，其下有正、左右監、左右平等官；典客，漢初沿用此稱，後稱大行令、大鴻臚，掌接待賓客，其下有行人、譯官、別火三令；宗正，管理皇族事務，其下有都司空令、内官長及諸公主、家令等官；治粟内史，漢初沿用此稱，後又稱大農令、大司農，掌租稅賦役，其下有太倉、均輸、平準、都内、籍田五令，及郡國諸倉農監和都水長；少府，掌山林池海的稅收及宮廷總務，其下有尚書、符節、太醫、太官、樂府、中書謁者、黄門、鉤盾、尚方、御府、永巷、宦者諸令及上林十池監。九卿之外，還有一些官長，如：掌管京師治安及衛戍部隊北軍的中尉，武帝時改稱執金吾，其下有中壘、屯騎、步兵、越騎、長水、胡騎、射聲、虎賁等八校尉和武庫、都船諸令；掌管營建室的將作少府，漢景帝時更名爲將作大匠，其下有石庫令、東園主章令及左右前後中五校諸令；掌民族事務的典屬國，其下有九譯令；掌京師城門的城門校尉；掌太子事務的太子太傅、太子少傅和詹事；掌皇后、皇太后事務的大長秋和長信詹事等。諸卿的官署稱寺，寺下設臺、署，寺、臺、署的長官分别爲卿、令、長，副職爲丞。漢代時，還有在本官之外另加的官職，如給事中、侍中、諸吏、中常侍、散騎等。加給事中可掌顧問應對，加侍中即可出入宫禁，成爲皇帝的親信，加諸吏即可對宫廷官員進行監察和彈劾，加中常侍（東漢改用宦官）即可在禁中侍奉皇帝，加散騎即可作皇帝的騎從，掌「獻可替否」（即諍言進諫，進獻可行者，除去不可行者）。自漢武帝以後，丞相地位雖尊，權力却逐漸縮小。武帝爲了集權於己的需要，賦予原屬於少府屬官、掌章奏文書的尚書以草擬詔書、處理章奏的權力。這樣，尚書臺就由保管文書的機構變成了皇帝的秘書機構。武帝還讓侍中、給事中等參與決策。這些由皇帝直接差遣的人組成了中朝，與由丞相等領導的行政系統組成的外朝成了兩個系統。有的大臣在本官外加有侍中、中常侍、給事中等稱號，即可有外朝、中朝兩重身份，可經常在皇帝左右辦事，受寵任。漢昭帝八歲即位，霍光以大司馬大將軍受遺詔輔政，爲了便於處理政務，霍光以「領尚書事」的頭銜主持尚書臺，其權勢遠在丞相之上。此後有「領尚書事」、「平尚書事」、「録尚書事」等頭銜的官員便成爲中朝官的首領，丞相等三公反而要聽命於中朝，衹處理日常行政事務了。西漢末，尚書臺設三公（掌考核）、常侍（掌選官和祭祀）、二千石（掌司法）、民（掌百工、鹽池園苑等）、客（掌民族事務）等五曹，處理政務。東漢初，改三公爲太尉、司徒、司空，分掌軍事、民政和水土百工。改西漢尚書五曹爲六曹：三公；吏部（西漢時爲常侍）；民；客；二千石，中都官（東漢增設，掌治安）。「雖置三公，事歸臺閣」。漢章帝初年，太傅趙喜、太尉牟融因並以本官録尚書事而實權在三公之上。尚書臺成了政務中樞。尚書臺正副長官尚書令、僕射之下設諸曹尚書郎和侍郎，以處理各曹事務。據記載，初任尚書屬官稱郎中，滿一年稱尚書郎，三年稱侍郎。漢代特别是武帝時，戰事頻繁，設大將軍、驃騎將軍、車騎將軍、衛將軍、屯騎校尉、戊己校尉等武職官員，或統兵打仗，或屯田戍守。將軍的參謀部叫「幕府」，成員有長史、司馬等。西漢官員按俸禄高低劃分等級，最高一級是列侯，俸禄萬石，以下爲中二千石、真二千石、二千石、比二千石、千石、比千石、八百石、比八百石、六百石、五百石、四百石、比四百石、三百石、比三百石、二百石、比二百石、百石、比百石、斗食。

自從國家出現以後，監察和諫議機構就成了它的重要組成部分。監察官對百官進行糾彈，諫議官是對國君、皇帝進行規諫。早在西周時，天子就派諸監監視諸侯，以史官兼掌朝中監察之事。戰國時，御史是記事之官兼糾察之職。秦朝時御史大夫寺的長官御史大夫兼管監察，其下屬侍御史作具體的監察工作。西漢時，御史大夫是副丞相，由其助手御史中丞率十五名侍御史審議奏章、監察朝官。東漢時改御史大夫寺(或御史府)爲御史臺，專掌監察，以御史中丞爲長官，下設治書侍御史二人，審核案件，侍御史十五人，掌監察。御史臺的官員習慣上被稱爲臺官。自西漢設諫大夫後，東漢也設有諫議大夫，屬於光禄勳的專職諫官從此產生，其隊伍不斷壯大。臺官和諫官又被合稱爲臺諫。

三國時期，魏擴大漢代的三公爲五府：大司馬、大將軍、太尉、司徒、司空。魏文帝設置以中書監、令爲首的中書省，以參掌中樞機密，把原先握有丞相實權的尚書改爲外圍的執行機構。中書監、令權勢的發展構成了對皇權的威脅。以侍中爲長官的門下省日益受到皇帝重視。南北朝時，門下省參決機密，成了皇帝限制中書省權勢的又一機構。中書省取旨、門下省審核、尚書省執行，侍中、尚書令、中書令同爲宰相，共議國政的制度從此確立。自尚書臺發展爲實際的宰相府後，九卿之職多已歸入尚書省所屬各曹中，到隋朝時，始定為吏、民、禮、兵、刑、工六部。

隋朝時避用「中」字，改中書省為內史省，改侍中為納言。管理政務的機構是尚書省，下轄六部。唐朝沿襲隋制。因太宗曾任尚書令，此官不再授人，以尚書省副職左右僕射為宰相。又因中書令、侍中等官位太高，不輕易授人。故當時常用他官加上「參議朝政」、「參議得失」、「參知政事」等名義掌宰相之職。唐高宗以後，三省名稱幾度改變，除三師、三公和中書令受命任宰相職者外，其餘官員執行宰相職務的稱為「同中書門下三品」、「同中書門下平章事」。唐太宗名世民，為避諱，改民部為户部。隋唐時六部的職掌大體如下：吏部，掌官吏的任免、銓叙、考績、升降等；户部，掌土地、户口、賦稅、財政等；禮部，掌典禮、科舉、學校等；兵部，掌全國軍政；刑部，掌刑法、獄訟等；工部，掌工程、營造、屯田、水利等。每部的正職稱為尚書，副職稱為侍郎。每部下設四司，司的正職稱郎中，副職稱員外郎。此外，隋、唐時期中央官制中還設有監、寺等機構，以唐代最為完備。唐代設有五監：國子監，從漢代太常所屬的太學發展而來，是教育管理機構和最高學府；少府監，少府為漢代九卿之一，機構龐雜，隋朝改其為監，變為專門管理國家和宮廷手工業的機構，唐時沿置；軍器監，從漢代少府中的「考工」、「尚方」發展為專門製造武器的部門；將作監，從漢代的將作大匠發展而來，掌營繕工程；都水監，從漢代的水衡都尉發展而來，掌水利。唐代九寺的名稱與漢代九卿雖大體相同，但職權、地位已發生很大變化。唐代六部為政務機關，九寺為事務機關，九寺地位在六部之下。

魏晉南北朝時期，官吏等級制度較前發生了較大變化。曹魏時職官分為九品，即九個等級：上上、上中、上下、中上、中中、中下、下上、下中、下下。當時吏部選用官吏，依據身任中正的著姓士族的品評而定，致使世家大族操縱了用人選官制，出現了「上品無寒門，下品無勢族」的現象。北齊和隋代將官品分為正、從九品十八級。唐代自正四品起，每品又分上下二階，共有三十級。隋唐時九品以內的職官稱為流內，以外的稱為流外。流外官經考銓可轉授流內官，稱入流。曹魏時設立開府儀同三司及光祿大夫等散官，以酬勞致仕的官員，這在南北朝時逐漸形成制度。隋朝時稱有職務的官為職事官，其餘為散官。唐代正式將散官作為現任官員按資升遷的等級標誌，稱為階，當時所定文散官有三十九階，武散官有四十五階。北周時還出現了酬答官員功勳的勳官，唐代將勳官改為上柱國、柱國、上護軍、護軍、輕車都尉、驍騎尉等十二級。此外，封爵早在周代時起就有公、侯、伯、子、男五等。秦朝有二十等爵，漢代祗封王、侯。晉、宋以後，爵號加「開國」字樣以示尊貴，不加者稱作散爵。

魏晉時門下省的設立，及專職諫議機構的產生，使監察和諫議機構並立的格局由此而形成。隋唐時期的中央監察機構是御史臺。唐高宗更其名為「憲臺」，武則天曾分置左、右肅政臺，以監察中央和地方官吏，其正職仍稱御史大夫，設御史中丞二人為副職。通典御史臺稱：「御史為風霜之任，彈糾不法，百僚震恐，官之雄峻，莫之比焉。」唐代諫官比漢代名稱增多，除諫議大夫外，又增設補闕、拾遺等，三者各分左右，分屬門下、中書二省。

宋代中央設中書和樞密院分掌文武二柄，號稱二府。三師、三公僅為加官、贈官，不預政事（蔡京、賈似道等曾以太師身分領職專權，這是例外）。尚書、中書、門下三省的機構雖仍設置，但其長官僅為序進之位，没有實權。在三省之外，另設「中書門下」在朝堂西，以「同中書門下平章事」爲宰相，「參知政事」爲副相。「中書門下」，簡稱「中書」。樞密院爲最高軍事行政機關，設樞密使、知院事爲長官，由文人充任。宋代掌管禁軍的機構是殿前司、侍衛馬軍司與侍衛步軍司，合稱「三衙」。各司長官稱都指揮使，職責是訓練管理禁軍。戰事發生，需禁軍出戰，則由皇帝另派將帥。北宋時設有三司使和三司副使，總管鹽鐵（此司掌工商收入、兵器製造）、度支（此司掌財政收支、糧食漕運）、户部（此司掌户口、賦税和榷酒等）三司。三司地位略低於二府，號稱「計省」，其長官被稱爲「計相」。王安石變法時設「制置三司條例司」於三司之上，由中書和樞密院長官兼領，作爲變法總樞紐。宋神宗元豐年間改革官制，恢復三省行政職能，將三司並入尚書省下設的户部，以尚書左右僕射爲正相，左僕射兼門下侍郎，右僕射兼中書侍郎，另設門下侍郎、中書侍郎和尚書左右丞爲副相。宋代宰相名稱多次變更。到南宋寧宗以後，多以宰相兼樞密使。

遼朝是契丹族建立的國家。皇帝的宫帳稱「斡魯朵」，有直屬的軍隊、民户。遼皇帝經常外出游獵，設行帳稱「捺鉢」。自遼聖宗起，捺鉢成了朝廷決定軍政大事的中心。在皇帝之下，設有北、南兩套管理機構：北面官在皇帝宫帳左側，治宫帳、部族、屬國之政；南面官在皇帝宫帳右側，治漢人州縣、租賦、軍馬之事。此即所謂「以國制治契丹，以漢制待漢人。」北面、南面官的最高機構均爲樞密院和宰相府。樞密院掌軍事；宰相府設左、右宰相，總管政務。

西夏是黨項人建立的國家。其官制亦有兩套：一爲黨項族原有的官職，專授黨項人；一是採擇宋制建立的以中書省、樞密院爲最高行政、軍政系統的官制。

金朝是女真族建立的國家，建國之初，在皇帝之下設立勃極烈四人，組成最高統治機構。金熙宗時，廢除勃極烈，改用漢制。此後，金世宗時正式確立尚書統領六部的行政體制。其最高軍事機構樞密院受尚書省節制。

元朝最高統治者稱爲大汗。從忽必烈起，廢除大汗需經庫烈爾臺（部落首領會議）選舉制，而實行世襲制。忽必烈建元稱帝，在中央設總管政務的機構——中書省；最高軍事機關——樞密院。中書省的長官中書令與樞密院的長官樞密使例由皇太子兼領。下設左、右丞相，左、右丞；知院等具體掌管。此外，中央還設有一些行政機關，如通政院管理驛站；宣政院管理宗教及吐蕃事務，太史院掌曆法；大司農司掌農桑、救荒；都水監掌河渠水利等。

宋代亦設御史臺和諫院，掌監掌與規諫。御史大夫爲虛銜，真正主持臺政的是御史中丞，由右諫議大夫權中丞。中書、門下兩省的諫官合在一起組成諫院，由知諫院掌管。宋時改稱唐代所設諫官稱號，如改左右補闕爲左右司諫，改左右拾遺爲左右正言。宋朝御史由皇帝親自任免，御史有權「風聞彈事」。元朝對監察機構格外重視，除中央設御史臺掌糾察百官善惡，政治得失外，還在江南、陝西設行御史臺，行臺官員設置同中央御史臺。

明初沿元制，以中書省爲最高政務機關。洪武十三年廢中書省，皇帝親理國政。洪武十五年，明太祖以翰林院官員加殿閣大學士銜草擬詔諭，備顧問。

翰林始置於唐初，爲内廷供奉之官，多以文學經術侍從皇帝，備顧問。玄宗開元初始置翰林院，以張九齡、張説、陸堅等掌四方表疏批答、應和文章，號「翰林供奉」，與集賢院學士分司起草詔書及應承皇帝的各種文字。開元二十六年，翰林供奉改稱「學士」，别置學士院，專掌内制，被認爲是「清要顯美」之官。宋設翰林學士院，在内朝起草詔旨，在内侍省下設翰林院，總天文、書藝、圖書、醫官等四局。明初，太祖「以一身統御天下，不可無輔臣」，便仿宋制，設諸殿閣大學士，幫自己處理政務。明成祖命翰林院侍讀、編修、檢討等文學侍從官員入值文淵閣，正式稱爲「内閣」，並參預機務。明世宗時起，内閣長官的朝位班次，俱列六部之上。自明中葉起，閣臣已有首輔、次輔、群輔之别。首輔掌有票擬權。明朝「内閣之票擬，不得不決於内監之批紅（司禮秉筆太監有權替皇帝批答章奏，稱批紅），而相權轉歸之寺人，賢士大夫之進退，悉顛倒於其手。」明初，主兵柄者爲大都督府。洪武十三年，撤消大都督府，改置前、後、中、左、右五軍都督府，分統在京衛所及在外都司衛所。清初仿明制設内閣。雍正時設軍機處，成爲由皇帝直接控制的處理軍政事務的中心。軍機大臣由親王、大學士、尚書、侍郎或京堂（院、寺等衙門長官）中選任，每天受皇帝召見，商議軍政大事，用面奉諭旨的名義向各部門各地方負責官員發布指示。明清以六部、都察院、通政司、大理寺等部門的首長爲大九卿，以太常寺、太僕寺、光禄寺、鴻臚寺、國子監等九個部門的首長爲小九卿。理藩院是清朝特設的管理蒙、回、藏事務的機關，主要官員由滿人和蒙古人擔任。

明清中央監察機構爲都察院，設左、右都御史負責。明代中央六部主要由六科給事中負責稽查，給事中還兼任前代諫議、補闕、拾遺之職，俗稱「給諫」。對地方官吏的監察，主要由監察御史執行。清朝都察院所屬有六科、十五道、五城察院、宗室御史處及稽察内務府御史處等單位。御史也稱臺諫。「監察御史掌糾察内外百司之官邪，在内刷卷、巡視京營、監文武鄉會試、稽察部院諸司；在外巡鹽、巡漕、巡倉等及提督學政，各以其事專糾察，朝會糾儀，祭祀監禮，有大事集闕廷預議焉。」清朝的六科給事中與各道監察御史，被合稱「科道」。其人選多由翰林院編修、檢討、内閣中書、各部郎中經考試合格被録用。

中國古代地方行政機構規範化，並影響深遠是從秦統一六國、建立專制主義中央集權封建國家開始的。秦朝建都咸陽，設内史以掌治京師。在全國實行郡縣制，設郡守掌行政，設郡丞爲副職，郡尉掌軍事。郡下設縣，萬户以上的縣，設縣令（不足萬户的設縣長），縣丞助理縣政，縣尉掌管治安。秦設監御史（簡稱爲監）掌郡内監察。縣下有鄉（十亭爲一鄉）、亭（十里爲一亭）、里等組織。鄉有三老（掌教化）、嗇夫（掌税收、訴訟）、游徼（掌禁盜賊）；亭有亭長；里有里正。漢承秦制，以郡統縣。改郡守爲太守，後因兼領軍事，又稱郡將。郡設督郵，舉察屬縣官吏、督治地方；設主簿，掌文書簿籍。西漢京師設左馮翊、右扶風和京兆尹，東漢稱河南尹，以掌治京師。漢代和郡平行的還有「國」。起初，國的官制仿中央，後爲削奪諸侯國權勢，由中央派相處理王國行政。諸侯國的相與郡太守品秩都是二千石。漢武帝將全國劃分爲十三州（或稱部），設刺史爲長官進行監察。負責京師監察的司隸校尉，略如刺史。「别駕」、「治中」是刺史的屬官。别駕隨刺史出巡；治中居中治事，主衆曹文書。東漢時刺史改稱州牧，掌有軍權。魏晉南北朝時期，地方行政機構是州、郡、縣制。州的長官稱刺史或州牧，允許成立軍府，帶有將軍稱號，其下屬有長史、司馬、參軍等。北魏時期，縣以下實行三長制。

隋唐採用州縣或郡縣制作為地方行政機構。州刺史與郡太守也被稱為使君。貞觀二十三年（六四九年）七月，唐改諸州治中為司馬，別駕為長史。為了加强對地方的監察，唐政府按山川形勢劃全國為十道，後增至十五道，每道派京官一人巡察所屬州縣。道的長官先後稱為巡察使、按察使、採訪處置使、觀察使等。在邊境地區，則聚數州為一鎮，設節度使統民、財、軍政及監察。觀察使節度使下設判官、掌書記、推官等作為屬官。唐朝時在京師、陪都及行都所在地設府，長官稱牧或尹。在邊地設都護府，正職為都護，副職為副都護。唐朝的節度使地位近似宰相，故節度使有功往往入朝為相，宰相也往往出任節度使。安史之亂後，內地普遍設置節度使。節度使擁兵自重，傳位於子弟或部下，不奉朝命。此後便出現了這樣的局面：今日天子，兵强馬壯者為之爾。

宋太祖趙匡胤為了徹底清除節度使擁兵割據局面，以保趙宋王朝長治久安，收奪將領兵權，祗讓將帥大臣和宗室勳戚擁有節度使的虛銜。宋代地方行政機構為路、府（或州、軍）、縣。路設轉運使掌財政，經略安撫使掌軍政，提點刑獄公事掌司法，提舉常平使掌賑災和鹽鐵專賣。宋於首都、陪都及與皇帝關係密切的地方設府，京師置府尹，他府設知府，通判等。州長官稱知州，監州官是由中央派來直接向皇帝負責的「通判」。宋代派中央官員出掌縣政稱知縣。縣丞、主簿、縣尉協助知縣掌理縣政。縣下設鄉、坊、里，由鄉書手、坊正、里正負責具體事務。宋代歐陽修在其所寫的醉翁亭記和豐樂亭記中分別提到太守、刺史，純屬沿用前代舊稱，因爲宋不設太守，刺史也是虛銜。

元最高地方行政區劃爲行省，設丞相一人、平章二人、左右丞各一人、參知政事二人。行省下設路、州（或府）、縣。各級機構都設有達魯花赤，由蒙古人擔任，以掌實權。另設總管、府尹、州尹、縣尹等，與達魯花赤共同管理地方事務。縣下設社、甲，由社長、甲長負責。明代改行省爲承宣布政使司，設左右布政使掌民政、財政；設提刑按察使司以掌司法；設都指揮使司掌軍事。三司互不統屬，分別隸屬於皇帝和中央有關部門。習慣上仍稱明布政使司爲「省」。省下轄府、州、縣，長官分別爲知府、知州、知縣。縣以下爲里甲制，由里長、甲長負責。布政使遣參政、參議分掌若干府州和賦役，稱分守道和督糧道。按察使遣副使、僉事分掌若干府州和學校、兵役、驛傳等事，稱爲分巡道、提督學道、清軍道和驛傳道。爲了處理某一地區的財政、軍務，臨時派朝臣出巡、處理，稱爲巡撫，牽連範圍較大時，則派總督前去處理。督、巡「有事則設，無事則罷，但爲持節奉使之臣。」

清代在普遍設省作爲地方最高行政區劃的同時，因地制宜。在東北的盛京、吉林、黑龍江設將軍管轄，在熱河、張家口、察哈爾等地設都統管轄，在新疆、青海、西藏、內蒙古、外蒙古等地設將軍、都統、辦事大臣管轄。在新疆於將軍大臣下保留伯克組織，在蒙古建立盟旗組織。巡撫是清代省級的最高長官，大多帶「右副都御史」、「兵部侍郎」的頭銜，世稱撫臺、撫軍。總督總攬一省或二、三省的軍、民要政，大多帶有「右都御史」、「兵部尚書」等頭銜，世稱制臺、制軍、大帥。總督衙門稱行轅。清代的總督、巡撫是固定的地方官員，世稱封疆大吏、疆臣。各省財政、人事由布政使掌管，世稱藩臺、方伯；司法由按察使掌管，世稱臬臺；科舉學校由提督學政掌管，世稱學臺。省下設道、府、縣等機構。道設道員，亦稱道臺。府、縣設官同明朝。縣下設里甲、保甲等組織。

在中央、地方及監察機關官制因襲變化的同時，作爲國家機器重要組成部分的軍隊及其指揮系統也隨之不斷演進。魏晋時，宿衛軍由中領將軍、中護將軍統帥，下設七軍（左、右衛，前、後、左、右軍，驍騎）、五校（屯騎、越騎、步兵、長水、射聲）。每軍設將軍一人，每校設校尉一人統領。遇有征戰、屯軍時，則由帶有都督頭銜的將軍統領。北齊時設領軍府、護軍府分統禁衛軍和京師衛戍軍。北周以六柱國十二大將領分掌禁旅，實行府兵制。隋朝設十二衛府。唐初設十六衛，各衛設上將軍一人、大將軍一人、將軍二人，其下有長史、參軍、都尉、中郎將、校尉、旅帥等官。全國共有六百多個折冲府，分屬於中央十二衛。府的長官爲都尉。官兵平時輪流到京師值勤。出征作戰時，從各衛點將，各府點兵，統軍將領稱行軍總管。唐代宗以後，由於宦官充任左右神策軍的護軍中尉和中護軍，從而挾制天子，專擅朝政。宋代統率禁軍的是殿前都指揮使、馬軍都指揮使、步軍都指揮使。指揮使下設副都指揮使、都虞侯等官。出征時則設宣撫使、制置使、招討使、都統制等名號。元代禁軍首領爲怯薛長和各親軍衛指揮使，遇有戰爭，軍隊要聽從行省及樞密院節制。明代負責警衛皇帝的是錦衣衛，由帶「領侍衛」頭銜的勳臣統領。明設前、後、左、右、中五軍都督府，分統都司衛所。都督府設左右都督、同知、僉事等；都司、衛所除設指揮使外，也設有同知、僉事。遇有戰事，由皇帝指派將軍，總兵統率出征。明中葉後，京師設五軍營、三千營和神機營，各設提督或總兵統領。三大營之上有監軍太監、「協理京營戎政」的兵部侍郎和提督京營的右都御史。清朝設禁旅八旗爲禁衛軍，由領侍衛内大臣等統領。地方駐軍分駐防八旗和綠營兩個系統。駐防八旗直屬於皇帝，由駐防將軍、都統等統領，有監視當地官員和綠營兵的職責。綠營兵由督撫統領，其長官爲提督，也稱軍門。此外，總督、巡撫、提督、總兵各自有直屬部隊，分稱督標、撫標、提標、鎮標。

以上是閱讀古籍中最常遇到的一部分職官及常識。如要更多瞭解，還需深入閱讀有關著述及研究成果。

（劉淑英）

實習系列

實習四——文字學（二）

①在實習室運用說文解字，查出實習一中所查的六至十個漢字；

②③④⑤（同實習三之③④⑤⑥）

實習五——音韻學（一）

①教師在課堂上講授音韻學常識與選篇；

②選取若干漢字，讓學生在實習室用韻書查出其反切音；

③運用古韻通曉、上古音手册等書，查出這些字的反切上字與下字的聲紐和韻部；

④比較這些字的反切音與今音有何相同與不同，並運用音韻學知識對這些異同加以說明；

⑤（同實習一之⑤⑥）

實習六——音韻學（二）

①②③④（同實習五之①②③④）

⑤總結古韻通曉、上古音手冊等書的特點；

⑥（同實習一之⑤⑥）

第三册

汝企和　主編
張　升　副主編

中國歷史文選

國家教育委員會立項項目

國家圖書館出版社

中國歷史文選（全三册）

主　編

汝企和

副主編

張　升

編著者

來可泓　張富祥　梁方健

邱居里　周　洪

劉淑英　張　升　汝企和

第三册目録

訓詁學常識……一
訓詁學選篇……一四
釋名序……一四
論韻書中字義答秦尚書蕙田……一六
王懷祖廣雅注序……二二
周禮漢讀考序……二五
説文解字注序……二九
釋相……三二
新注選篇……三七
雜史……三七

國語……三七
邵公諫厲王止謗……三七
越王句踐滅吳……四一
戰國策……五一
蘇秦始將連横……五一
秦圍趙之邯鄲……六〇
詔令……七〇
唐大詔令集……七〇
戒厚葬詔……七〇
地理……七三
洛陽伽藍記……七三
白馬寺……七三
寶光寺……七六
政書……七九
通典……七九

職官一……………………一七九
通志……………………一〇〇
總序……………………一〇〇
氏族略第二(節選)……………………一三五
文獻通考……………………一四六
市糴考二(節選)……………………一四六
經籍考二十七(節選)……………………一六二
宋會要輯稿……………………一八四
食貨(兩宋編敕論逃移)……………………一八四
書目……………………一八九
四庫全書總目……………………一八九
讀四庫全書上諭……………………一八九
史評……………………一九三
史通……………………一九三
二體……………………一九三

直書……一九八
讀通鑑論……二〇四
秦始皇……二〇四
文史通義……二〇九
書教(下)……二〇九
廿二史劄記……二一九
貞觀中直諫者不止魏徵……二一九
子部……二二七
老子……二二七
道德經上篇(節選)……二二七
莊子……二三五
秋水(節選)……二三五
孫子兵法……二五三
謀攻篇……二五三
墨子……二五九

兼愛(上)……二五九
商君書……二六三
更法……二六三
荀子……二七二
天論……二七二
吕氏春秋……二九二
尊師……二九二
淮南子……三〇〇
説林訓(節選)……三〇〇
容齋隨筆……三〇七
野史不可信……三〇七
地名異音……三一三
焦氏筆乘……三一九
古字有通用假借用……三一九
日知録……三三八
姓氏……三三八

大藏經……三四六
藥師瑠璃光七佛本願功德經(節選)……三四六
抱朴子……三五三
論仙(節選)……三五三
集部及其他
……三六二
韓昌黎集……三六二
諱辯……三六二
包拯集……三六六
乞不用贓吏疏……三六六
臨川先生文集……三六八
乞制置三司條例……三六八
文心雕龍……三七二
史傳……三七二
睡虎地秦墓竹簡……三八五
田律……三八五

全唐文 …… 三八九
奉天請罷瓊林大盈二庫狀 …… 三八九
古文獻常識 …… 三九八
姓氏 …… 三九八
避諱 …… 四〇六
車馬 …… 四一一
衣飾 …… 四一三
實習系列 …… 四二〇
實習七：閱讀綫裝書 …… 四二〇
實習八：訓詁學（一） …… 四二〇
實習九：訓詁學（二） …… 四二一
白文選篇 …… 四二三
爾雅疏卷第二 …… 四二三
釋詁（下） …… 四二三

訓詁學常識

一　訓詁的方法

訓詁學的一個重要任務，就是總結前人的訓詁方法，即詞義解釋的方法。前人訓詁着眼於字，因而很早以前就從字的形、音、義三個方面創造了多種詞義解釋的方法。以下就從這三個方面分述之。

（一）以形説義

以形説義，舊稱形訓，就是通過對漢字形體的分析來解釋字義，從而探明詞義的方法。

漢字是以象形爲基礎發展起來的表意文字。其形體和意義有密切的關係，因而造字時的基本意義往往可以從字形的探討、分析中顯示出來。這種方法，早在訓詁萌芽時期就已經出現了。如左傳中「止戈爲武」、「皿蟲爲蠱」，韓非子中「自環爲厶，背厶爲公」等。不過這些有關字形的分析，是作者用來闡明自己的某個論點的，並不符合造字時的原意。

直到東漢的許慎，他根據師傳的「六書」理論，在說文解字中，全面而系統地運用了形訓的方法，例如：

气：雲气也。象形。（气部）

玉：石之美有五德者。象三玉之連，丨其貫也。（玉部）

泉：水原也。象水流出成川形。（泉部）

上：高也。此古文丄，指事也。（上部）

甘：美也。从口含一。一，道也。（甘部）

寸：十分也。人手却一寸動𧖴謂之寸口，從又一。（寸部）

企：舉踵也。从人止聲。（人部）

采：捋取也。从木从爪。（木部）

戒：警也。从廾戈，持戈以戒不虞。（奴部）

術：邑中道也。从行朮聲。（行部）

穹：窮也。从穴弓聲。（穴部）

和：相應也。从口禾聲。（口部）

許慎是通過字形結構的分析來說解字義的。如「气、玉、泉」三字，指明是「象形」或「象某形」；

「上、甘、寸」三字，指明是「指事」或用「从某某」表明是指事；「企、采、戒」三字，用「从某从某」或「从某某」表明是會意；「術、穹、和」三字，用「从某某聲」表明是形聲。

以形説義方法的第一個作用，就是能把字詞的意義解釋得很清楚。如：

①未幾，敵兵果舁炮至。（清稗類鈔馮婉貞勝英人於謝莊）

②獲而取之，何有於二毛？（左傳僖公廿二年）

例①的「舁」，一般都注爲「抬」。查説文，原來「舁」字的上下兩部分各是一雙手的象形，是「以手共舉」的意思，因此注爲「抬」是恰當的。

例②的「取」有的選本注爲「獲取」。「取」與「獲」是同義詞，但句中却用「而」字相連，是否是兩個動作呢？説文又部曰：「取，捕取也。從又耳。」周禮：「『獲者取左耳。』」司馬法曰：「『載獻聝。』聝者，耳也。」許慎引周禮和司馬法，説明「取」字是「以手取耳」之義。因此「獲」是俘獲，「取」是割耳，是兩個不同的動作。

以形説義的第二個作用在於揭示詞的本義，由此出發，探明詞的引申義。例如「要」字：

①昔楚靈王好士細要。（墨子兼愛）

②是全要領以從先大夫於九京（即九泉）也。（禮記檀弓）

③使數人要於路。（孟子公孫丑下）

④便要還家，設酒殺鷄作食。（桃花源記）

⑤雖曰不要君，吾不信也。（論語憲問）

⑥然後知秉要執本。（漢書藝文志）

⑦騫自月支至大夏，竟不能得月支要領。（漢書張騫傳）

⑧故爲情者要約而寫真，爲文者淫麗而煩濫。（文心雕龍情采）

以上各句中的「要」字，意思各不相同，它們間的聯繫中心就是由「要」字的形體體現出來的本義。説文臼部：「要，身中也。象人要自臼之形，从臼交。」（按：「臼象左右手相向。」）原來「要」即「腰」的本字。「身腰」是其本義。例①「細要」即「細腰」，例②「要領」即「身腰和頸脖」，用的都是本義。「身中」引申爲「中間」，用作動詞即「中途攔截」，如例③。又引申爲「迎住」、「邀請」，如例④。從「中途攔截」又引申爲「要挾」，如例⑤。「身中」是重要部位，引申爲「重要的東西」、「要點」，例⑥的「秉要」就是「抓住要點」，例⑦的「要領」是用來比喻「主要情況」。例⑧「要」用作形容詞，即「簡要」。

訓詁實踐表明，在應用形訓時，應盡量采用時代較早的形體，以求字形與字義的聯繫更直接一些；同時參考説文，證以古代文獻。

（二）因聲求義

因聲求義，舊稱「聲訓」或「音訓」，即尋求讀音相同或相近的字來解釋詞義的方法。

古代的聲訓，歸納起來有下面三種方式：

①利用形聲字：

論語：「政者，正也。」

荀子：「君，羣也。」

爾雅：「古，故也。」「誥，告也。」

説文：「祫，大合祭先祖親疏遠近也。」

釋名：「頰，夾也，面旁稱也，亦取挾斂食物也。」

「皮，被也，被覆體也。」

「銘，名也，記名其功也。」

「紀，記也，記識之也。」

「消，削也，言減削也。」

上舉「政，正」、「誥、告」、「祫、合」、「頰、夾」、「銘、名」等，是用聲旁字訓釋形聲字，「君、羣」、「古、故」、「皮、被」等，是用形聲字訓釋聲旁字，而「頰、挾」、「紀、記」、「消、削」等，則是用同聲旁的形聲字訓釋。

②利用音同、音近字：

周易説卦：「乾，健也。」「坤，順也。」「震，動也。」「坎，陷也。」

孟子滕文公：「庠者養也，校者教也，序者射也。」

爾雅：「樊，藩也。」「粤，於也。」

說文：「天，顛也。」「旁，溥也。」「祈，求也。」

方言：「絡，來也。」「怛，痛也。」

釋名：「廣平曰原。原，元也。」

「武，舞也。」「煩，繁也。」「星，散也。」「霧，冒也。」「日，實也。」「月，缺也。」

上舉「乾、健」、「樊、藩」、「原、元」、「武、舞」、「煩、繁」爲同音相訓，「震、動」、「粤、於」、「旁、溥」、「祈、求」、「絡、來」、「怛、痛」、「星、散」、「霧、冒」爲同聲相訓，其餘「坤、順」、「庠、養」、「天、顛」、「日、實」等皆爲同韻相訓。

③利用同形字：

詩大序：「風，風也。」

孟子滕文公：「徹者，徹也。」

周易：「比者，比也。」「蒙者，蒙也。」

同字相訓，被釋者往往有特定的涵義，釋者用一般的涵義。如前一「風」字是詩的一種文體的名稱，即「風、雅、頌」之「風」；後一「風」字是「風化」（鼓動）之義。前一「徹」字是周代賦稅的名稱，後一「徹」字是「徹取」之義。這樣訓釋，今人難解，但在當時還是有一定效果的。

因聲求義方法的第一個作用是尋求本字。本字與借字相對而言，是指專門記寫某個詞，其形體與該詞意義有直接聯繫的字。借字即前面講過的通假字。古代聲訓的任務首先就是說明通假，以免讀者望文生義。如上所引爾雅的例子：「樊」、「藩」二字在古書中常通用；「粤」、「於」二字屬於雙聲通假，即舊訓詁家所謂「一聲之轉」。

在更多情況下，舊訓詁並不限於說明通假，還要依據借字的字音，沿着音同或音近的途徑求得本字，然後通過本字的形體來說明詞義。例如：

呂氏春秋本生：「萬人操弓，共射一招。」高誘注：「招，埻的也。」（「埻的」即「準的」。「招」是借字，「的」是本字。）

漢書項籍傳：「（項梁）數使使趣齊兵俱西。」顏師古注：「趣，讀曰促。」（「趣」是借字，「促」是本字。）

利用音訓方法尋求本字，可糾正某些注釋的失誤。如戰國策楚策：「不知夫穰侯方受命於秦王，填黽塞之內。」王力主編古代漢語曾釋「填」爲「指填滿軍隊」（一九六二，一〇五頁），後改爲「布滿軍隊」（一九八一，一一一四頁）。其實原文是借「填」爲「鎮」，即「鎮守」之義。上古音「鎮」讀如「田」，與「填」字音同。

因聲求義的作用之二是推求語源。

語源是就根詞和賴以產生的派生詞之間的關係而說的。由同一根詞派生出來，因而音義皆近、音近義同或義近音同的詞，叫同源詞。所謂推求語源，主要是指確定同源派生詞之間的「淵源」關係。前面所引論語、釋名等書的例子中，大多屬於此類，如「政」和「正」，「誥」和「告」，「袷」和「合」，「挾」、「頰」和「夾」，「煩」和「繁」等。其中有不少是繫聯得合理的，如「政、正」同音，「正」是「政」的語源。「誥、告」同音，本同一詞，後人加以區別。「合、袷」即雙聲又疊韻，「合」是「袷」的語源。「夾、頰、挾」疊韻，聲紐亦近，三者同源。「煩、繁」同音，亦爲同源。

運用因聲求義的方法，必須明古音、重證據，切忌濫用，否則易陷入主觀，流於穿鑿。

（三）直陳詞義

直陳詞義，舊稱義訓，就是不借助字形和字音而用一個詞或一組詞來直接説明某詞的含義。其特點是簡明而準確。

直陳詞義的方式很多，主要有：

①同義相訓：即用同義詞解釋詞義，是義訓中常見的一種方式。如：

方言卷十：「崽者，子也。」

廣雅釋訓：「拳拳、區區、款款，愛也。」

説文：「入，内也。」「内，入也。」

②反義相訓：即用某詞的反義詞來解釋該詞的意義。這主要是因爲有些詞在上古本來兼有正反兩種意義，而後世祇通行其中一種。如：

爾雅釋詁：「亂，治也。」「故，今也。」
釋言：「陶」訓「喜」又訓「憂」。

③以狹義釋廣義：即用概念外延較小的詞語解釋外延較大的詞語。如：

論語爲政：「道之以政，齊之以刑。」孔注：「政謂法教。」
禮記樂記：「以道制欲，則樂而不亂；以欲忘道，則惑而不樂。」鄭注：「道謂仁義也，欲謂邪淫也。」

④以共名釋別名：即指出某一事物所屬的種類。如：

說文：「薇，菜也。」「李，果也。」「橙，橘屬。」

⑤標明義界：即用下定義的方式來表述詞義的內容和特點。如：

說文衣部：「衰，艸雨衣也。」
詩沔水傳：「規，正圓之器也。」

⑥由反知正：即用反義詞加上否定詞來闡明詞義。如：

說文：「拙，不巧也。」「暫，不久也。」「假，非真也。」

⑦增字足意：即把被釋詞放在釋詞的地位，另加一個或幾個詞以完足詞義的解釋。如：

詩邶風靜女，毛傳：「靜，貞靜也。」
說文：「與，黨與也。」「寬，屋寬大也。」「維，車蓋維也。」

⑧描述比況：即對詞所表示的事物加以描寫，或用類似事物加以比擬。如：

爾雅釋鳥：「二足而羽謂之禽，四足而毛謂之獸。」

爾雅釋獸：「兕，似牛。犀，似豕。」

釋名：「日月虧曰食，稍稍侵蝕，如蟲食草木葉也。」

最後必須指出：以形説義、因聲求義二者都離不開直陳詞義的方法，都要靠它在解説中起聯繫作用。因此三種訓詁方法不是平列的，在訓詁實踐中應以直陳詞義的方法爲基礎。而且，上述各種方法是交互使用或同時並舉的，這在閱讀古代注疏時應予以注意。

二 古注的術語

古人在給古書作注解時曾使用過一整套術語，這些術語各自都有特定用法，讀古書不可不知。常見的古注術語有以下幾種：

①也，者

用「也」字是表明某詞的釋義已説盡，用「者」字是提示被釋之詞。其格式是「甲，乙也。」「甲者，乙也。」如：

易乾傳：「元，始也。」

孝經庶人章正義：「庶者，衆也。」

②曰，爲，謂之

使用這幾個術語時，被釋之詞總是放在它們後面，其格式是「乙曰甲。」「乙爲甲。」「乙謂之甲。」如：

論語學而鄭注：「同門曰朋，同志曰友。」

楚辭離騷王逸注：「害賢爲嫉，害色爲妬。」

爾雅釋草：「華、敷，榮也。木謂之華，草謂之榮。」

③謂

「謂」與「謂之」不同，用「謂」時，被釋之詞都放在它前面。其格式是「甲謂乙。」如：

詩谷風毛傳：「有謂富也，無謂貧也。」

詩柏舟毛傳：「天謂父也。」

④言

用「言」和用「謂」的格式相同，但用法不一樣。「謂」一般用來解釋詞義，而「言」往往用來串講文意。如：

詩魏風葛屨孔疏：「儉嗇言愛物，褊急言性燥。」

詩召南行露毛傳：「豈不，言有是也。」

⑤貌

用「貌」字時，被釋的詞往往是表示性質或狀態的形容詞。其格式是「甲，乙貌」。如：

論語鄭注：「恂恂，恭順貌。」

詩衛風氓朱熹注：「沃若，潤澤貌。」

⑥猶

用「猶」字有四種情況：一是同義相訓，二是説明引申義，三是以本字釋借字，四是以今語釋古語。其格式是「甲猶乙也」。如：

詩魏風伐檀毛傳：「側，猶崖也。」

孟子梁惠王上：「老吾老以及人之老，幼吾幼以及人之幼。」趙岐注：「老猶敬也，幼猶愛也。」

文選册魏公九錫文：「若贅旒然。」李善註引何休公羊解故：「贅猶綴也。」

説文「爾」下云：「麗爾，猶靡麗也。」段注：「麗爾，古語；靡麗，漢人語。以今語釋古語，故云『猶』。」

⑦之言、之爲言

這兩個術語表示聲訓。其格式是「甲之言乙也」、「甲之爲言乙也」。如：

爾雅釋訓：「鬼之言歸也。」

論衡卜筮篇：「夫蓍之爲言耆也，龜之爲言舊也。」

⑧讀爲、讀曰、讀若、讀如

「讀爲」、「讀曰」往往是用本字來説明通假字。其格式是「甲讀爲乙」、「甲讀曰乙」。舊訓詁家稱爲「破讀」。如：

詩衛風氓鄭箋：「泮讀爲畔。畔，崖也。」

書堯典：「播時百穀。」鄭玄注：「時讀曰蒔。」

「讀若」、「讀如」一般是用來注音，有時也用來破通假字。如：

説文：「噲，咽也。從口會聲。或讀若快。」

周禮太祝：「奇拜。」杜子春注：「奇，讀如奇偶之奇。」

上述是古注中最常見的術語，我們要想正確理解古註，就必須準確把握這些術語的用法。

（汝企和）

訓詁學選篇

釋名

釋名序

熙①以爲自古造化製器立象②，有物以來迄於近代，或典禮所制，或出於民庶，名號雅俗，各方多殊。聖人於時就而不改，以成其器，著於既往，拙夫巧士以爲之名，故興於其用而不易其舊，所以崇易簡，省事功也。

〔釋名簡介〕後世別稱逸雅。訓詁書。東漢劉熙撰。八卷。所收詞條按二十七種義類分列解釋，體例與爾雅相同，但收詞範圍遠比爾雅廣泛。以聲音相近或相同之詞解釋，並試圖探求語源。這種「聲訓」之法在書中更爲體系化。然並非聲近之詞其義皆相通，故書中偶有主觀强解之處。該書與爾雅、方言、説文一樣，是至今仍有影響的我國早期語言學著作之一，在探求同源、辨證古義、保存古音方面，皆有積極作用。

本次注釋所據爲四部叢刊本。

〔篇名簡介〕本篇爲劉熙爲釋名所作的自序。

①熙：劉熙。生卒年不詳，字成國，漢末北海（今山東濰坊西南）人。是我國著名的訓詁學家。所著釋名，是我國第一部語源學著作。

②造化製器立象：創造化育、製造器物、建立法度，即指各種名物的創造。

夫名之於實，各有義類①。百姓日稱而不知其所以之意，故撰天地、陰陽、四時、邦國、都鄙、車服、喪紀，下及民庶應用之器，論叙指歸，謂之釋名，凡二十七篇，至於事類，未能究備。凡所不載，亦欲智者以類求之。博物君子②，其於答難解惑，王父幼孫③，朝夕侍問以塞④，可謂之士⑤，聊可省諸。

①名之於實，各有義類：表示事物的名稱，都可歸入一定的意義類別。

②博物君子：能辨識許多事物的人。

③王父幼孫：王父，即祖父。爾雅釋親：「父之考爲王父。」王父幼孫，在此泛指年長者和年幼者。

④王先謙釋名疏證補注：此語不全，下有奪文。

⑤王先謙釋名疏證補注：此亦有奪文。

（汝企和）

論韻書中字義答秦尚書蕙田

字書主於故訓，韻書主於音聲，然二者恒相因。音聲有不隨故訓變者，則一音或數義；音聲有隨故訓而變者，則一字或數音。大致一字既定其本義，則外此音義引申，咸六書之假借①。其例或義由聲出，如「胡」字，惟詩「狼跋其胡②」，與考工記「戈胡」、「戟胡③」用本義。至於「永受胡福」，義同「降爾遐福④」，則因胡、遐一聲之轉⑤，而胡亦從遐爲遠。「胡不萬年」、「遐不眉壽」，又因胡、遐何一聲之轉⑥，而胡、遐皆從爲何。又如詩中曰「寧莫之知」，曰「胡寧忍予」，曰「寧莫我聽」，曰「寧丁我躬」，曰「寧俾我遁」，曰「胡寧瘨我以旱」。「寧」字之義，傳詩者失之，以轉語之法類推，「寧」之言「乃」⑦也。凡故訓之失傳者，於此亦可因聲而知義矣。

〔戴東原集簡介〕文集。清戴震（一七二四——一七七七）撰。十卷。震字慎修、東原、杲溪，安徽休寧人。乾隆舉人。曾與修四庫全書，任翰林院庶吉士。對經學、語言、天文、曆算、地理、音韻、訓詁等皆有深入研究，爲乾嘉時代「皖派」考據大師。是書爲後人所輯。有清乾隆中曲阜孔氏刻微波榭叢書本。本次注釋，所據即此本。

〔篇名簡介〕本篇選自戴東原集卷三，是學習我國傳統訓詁學的一篇重要文章。秦蕙田，字樹峰，無錫人，乾隆進士，官至刑部尚書。以經術篤行知名海内。所著五禮通考，體大思精，囊括萬有。

①假借：戴震六書論曰：「一字具數用者，依於義以引申；依於聲而旁寄，假此以施於彼，曰假借。」

②「狼跋其胡」：見詩豳狼跋。毛傳：「老狼有胡，進則躐其胡，退則跆其尾。」說文：「胡，牛顄垂也。」段注：「顄，頤也。牛自頤至頸下垂肥者也。」

③「戈胡」、「戟胡」：見周禮考工記「冶氏」：「戈廣二寸」，「胡三之」，「戟廣寸有半寸」，「胡四之」。舊注：「『三之』長六寸，『四之』長八寸。」「胡」指戈戟之刃曲而下垂的寬度。

④「降爾遐福」：上句見儀禮士冠禮：「眉壽萬年，永受胡福。」鄭注：「胡，猶遐也，遠也。」此句見詩小雅天保：「降爾遐福，維日不足。」爾雅釋詁：「遐，遠也。」

⑤胡、遐一聲之轉：據廣韻：胡，户吴切（匣母模韻）；遐，胡加切（匣母麻韻）。「胡」、「遐」古雙聲，按古韻同在魚部。

⑥「胡不萬年」兩句：「胡不萬年」見詩曹風鳲鳩。「遐不眉壽」見詩小雅南山有臺。據廣韻：何，胡歌切（匣母歌韻）。「胡」、「何」古雙聲。

⑦「詩中曰」數句：「寧莫之知」見詩小雅小弁。「胡寧忍予」見詩小雅四月，又見大雅雲漢。「寧莫我聽」以下四句，皆見大雅雲漢。這類詩句中的「寧」字，毛傳中均未注釋。戴震曰：「寧，猶乃也，語之轉。」此處之「轉語之法」，按戴震的理論，即依據聲母的「同位」和「位同」以及韻母的「正轉」「旁轉」來確定字音的音韻系統。「寧」「乃」古

雙聲，廣韻：寧，奴丁切（泥母青韻，古韻在耕部）；乃，奴亥切（泥母海韻，古韻在之部）。

或聲同義別，如蜥易之「易」，借爲變易之「易」①；象犀之「象」，借爲象形之「象」②。或聲義各別，如户關之「關」爲關弓之「關」③，燕燕之「燕」爲燕國之「燕」。六書假借之法，舉例可推。若夫訛舛相承，如詩「山有樞」，字本作「櫙」，烏侯反④，刺榆之名；或不加反音，讀如户樞之「樞」，則失之矣。其或異字異音，絶不相通，而傳寫致訛，混淆莫辨，如詩月出篇「勞心慘兮」，與「照」、「燎」、「紹」爲韻，而釋文「七感反」；正月篇「憂心慘慘」，與「沼」、「樂」、「炤」、「虐」爲韻；抑篇「我心慘慘」，與「昭」、「樂」、「藐」、「教」、「虐」、「耄」爲韻；及北山篇「或慘慘劬勞」，「或慘慘畏咎」，釋文反音並同，不知皆「懆」字之訛也⑤。「懆」，采老切，愁不安也。白華篇「念子懆懆」，此一處幸而未訛，釋文亦加以「七感反」之音，是直不辨「懆」、「慘」之爲二字矣。

①借爲變易之「易」：據説文，「易」是象形字，本義爲「蜥蜴」，假借爲變易之「易」。

②借爲象形之「象」：象，據説文：南越人獸，長鼻牙。」段注：按古書，多假「象」爲「像」。

③「關」：説文：「以木横持門户也。」孟子告子：「越人關弓而射之。」關，釋文：「烏還反。本又作彎。」

④「櫙」烏侯反：按諧聲系統，從「區」得聲的形聲字在中古音系裡分屬虞韻「如驅、嶇、軀、鰸（豈俱切）、樞（昌朱切）等」和侯韻「如鷗、謳、漚、歐、嘔（烏侯切）、摳等」兩個韻類。同時，也有溢出於他韻者，如尤韻蓲（去鳩切）字。蓲

按諧聲，當讀烏侯切。

⑤皆「懆」字之訛也：懆（cǎo）：憂愁不安之狀。亦可重爲「懆懆」。

陳風「歌以訊之」，與「萃」爲韻。小雅「莫肯用訊」，與「退」、「遂」、「瘁」、「退」爲韻，而釋文以音「信」爲正，不知皆「誶」字之訛也①。「誶」，告。「訊」，問。誶音「粹」，訊音「信」。廣韻二十一震「訊」字下云：「問也，告也。」不知告之義屬「誶」，不屬「訊」，入六至，不入二十一震也。釋文於爾雅既作「誶，告也」，引沈音粹，郭音碎，幸而未訛矣。又云：本作「訊」，音「信」。是直不辨「誶」、「訊」之爲二字。今爾雅注疏本「誶」字亦與詩同訛。而王逸注楚辭引詩「誶予不顧」，後漢書張衡傳注引爾雅「誶，告也」，廣韻六至「誶」字下引詩「歌以誶止」，然則此句「止」字與上句「止」字相應爲語詞。

①皆「誶」字之訛也：陸德明釋文毛詩音義云：「訊本又作誶，音信，徐（仙民）息悴反。告也。韓詩訊，諫也。」釋文爾雅音義「誶」字下云：「沈音粹，郭音碎，告也。本作訊，音信。」

凡古人之詩，韻在句中者，韻下用字，不得或異。三百篇惟「不可休思」，「思」訛作「息」①，與此處「止」訛作「之」②，失詩句用韻之通例，得此正之，尤稽古所宜詳核。考工記「摶埴之工」，鄭注云：「摶之言拍也」（張參五經文字：拍音摶）。劉熙釋名云：「拍，摶也，手摶其上也。」又云：「摶，博也，四指廣博，亦似擊之也。」則摶當音博，不音團。而釋文列團、博兩音③，且團音在前，是直不辨「摶」、「搏」之爲二字。他如「厎、底」，「疧、疷」，「寘、寔」，「慉、畜」之屬，相習混淆，不可勝數。

①「思」訛作「息」：詩周南漢廣：「南有喬木，不可休息。」釋文云：「並如字，古本皆爾。本或作『休思』。此以意改耳。」按戴震的說法正確，釋文錯矣。「息」韓詩作「思」，「思」傳訓辭也。此詩上文爲「休思」、「求思」，韻在「休」、「求」之上；下文「泳思」、「方思」，韻在「泳」、「方」之上。此即戴震所謂「韻在句中，韻下用字，不得或異」也。

②「止」訛作「之」：詩陳風墓門有「歌以訊之」，「之」當作「止」。王引之亦曰：「今本『止』訛作『之』」（詳經義述聞「歌以訊之」條）。

③團、博兩音：見釋文周禮音義「摶」字下注「李音團，劉音博。」

又有本無其字，因訛而成字，如爾雅之「鼀、䵹」，鼀力竹反，從先得聲，訛而爲鼁，遂讀起據反①。方言之「鍊、錆」②，郭璞音柬，曹憲於廣雅音諫，集韻據郭忠恕佩觿之肊說，於一東增「錬」字，引方言則「鍊」訛而爲「錬」，遂與「東」同音。有字雖不訛，本無其音，訛而成音。如詩「有瀰濟盈，有鷕雉鳴」③。「鷕」從唯得聲，與「瀰」爲句中韻，下復舉「濟盈」、「雉鳴」④，亦句中韻。舊音，「鷕」，以水反（見釋文）。「水」訛作「小」，遂有「以小反」之音。廣韻於是收入三十小，改「小」作「沼」，並其所由致訛幾不可考。漢書地理志「汝南郡鮦陽」，孟康曰：「鮦音紂紅反。」鮦從「同」得聲，紂紅反之音是也。廣韻、集韻皆收入四十四有，與紂同音，豈不見「紅反」二字而以爲音「紂」歟⑤？故訓音聲，自漢以來，莫之能考也久，無怪乎釋經論字，茫然失據，此則字書、韻書所宜審慎不苟也。雖舊韻相承，其中顯然訛謬者，宜從訂正。

①讀起據反：爾雅釋魚：「鼀䵶、蟾諸，在水者黽。」說文：「鼀，圥鼀，詹諸也。從黽圥（會意），圥亦聲。」段注：七宿切。三部。

②「鍊鐪」：方言卷九：「輨、軑，鍊鐪也。關之東西曰輨，南楚曰軑，趙魏之間曰鍊鐪」（按盧文弨說：「鍊當即說文之鐧，車軸鐵也，音諫。此音『東』誤」）。釋名釋本：「鐧，間也。間釭軸之間使不相摩也。」

③有鷕雉鳴：見詩邶風匏有苦葉。毛傳：「鷕，雌雉聲也。」按「濔」廣韻「武移切」（支韻）。「鷕」從唯聲，以追切（脂韻）。古韻同在脂部。鷕，釋文云：「以小反。」又云：「說文以水反。字林於水反。」按廣韻上聲三十小韻有「鷕，雉鳴也。以沼切，又羊水切。」

④「濟盈」、「雉鳴」：雉，直幾切（旨韻）。濟，子計切（霽韻）。古韻亦同在脂部。

⑤以爲音「紂」歟：「鮦」在廣韻上聲四十四有韻裡「紂」字除柳切下。注：「鮦陽縣在汝南。又直蒙切。」

（汝企和）

經韻樓集

王懷祖廣雅注序

小學有形、有音、有義，三者互相求，舉一可得其二。有古形、有今形，有古音、有今音，有古義、有今義，六者互相求，舉一可得其五。古今者，不定之名也。三代爲古，則漢爲今；漢魏晋爲古，則唐宋以下爲今。聖人之製字，有義而後有音，有音而後有形。學者之考字，因形以得其音，因音以得其義。

〔經韻樓集簡介〕清代段玉裁（一七三五——一八一五）撰。十二卷，補編二卷。此集以經説爲多。如補編卷下謂其注説文一書，爲讀鄭之階級。可知其作注之意，在於借許書以自抒治經之所得。有嘉慶間七葉衍祥堂刻本。本次注釋，所據爲經韻樓叢書本。

〔篇名簡介〕本文是段氏爲王念孫（字懷祖）廣雅疏證所作的序。

周官①六書，指事、象形、形聲、會意四者，形也；轉注、假借二者，馭形者也②，音與義也。治經莫重乎得義，得義莫切於得音。三代小學之書多不傳，今之存者，形書說文爲之首，玉篇③已下次之。音書廣韻④爲之首，集韻⑤已下次之。義書爾雅⑥爲之首，方言⑦、釋名⑧、廣雅⑨已下次之。爾雅、方言、釋名、廣雅者，轉注假借之條目也。義主於形，是爲轉注；義主於音，是爲假借⑩。

①周官：又名周官經，即周禮。

②馭形者也：轉注、假借皆爲以文字字形來表示語言中的音與義。

③玉篇：字書，南朝梁陳之間顧野王著。原本收字一萬六千九百一十七，今僅存殘卷。

④廣韻：全稱大宋重修廣韻，韻書，五卷。原爲增廣隋陸法言切韻而作。宋陳彭年等奉詔重修。爲研究中古音的重要依據。

⑤集韻：韻書，十卷，宋丁度等奉詔修定。收字五萬三千五百二十五，比廣韻增一倍多。爲研究文字訓詁和宋代語音之重要資料。

⑥爾雅：我國第一部訓詁學專著。成書年代約爲春秋末期，作者不詳。全書十九篇，收詞語兩千零九十一條，共四千三百餘詞。對後世影響深遠。

⑦方言：全稱輶軒使者絕代語釋別國方言，西漢揚雄作。今本十三卷。體例仿爾雅，類集古今各地同義的詞語，大部分注明通行範圍。爲研究上古詞匯之重要材料。

⑧釋名：訓詁書。東漢劉熙作。共二十七篇，分八卷。體例仿爾雅而用音訓，用音近、音同的字解釋意義，推究事物命名的由來，其中不少穿鑿附會之處。但於研究上古音有參考價值。

⑨廣雅：三國魏張揖作。原書分上中下三卷，一萬八千一百五十字。其篇目次序完全因襲爾雅，博採衆書，增廣爾雅所未備，故名廣雅，可視爲爾雅的續編。是一部重要的訓詁學專著。

⑩轉注：段氏認爲，轉注字是由字形聯繫的，故曰「義主於形」。假借：段氏認爲，假借字是由字音來聯繫的，其意義要從字音去推求，故曰「義主於音」。他認爲爾雅、方言、釋名、廣雅是講轉注、假借的書。

雅讓爲魏博士①，作廣雅，蓋魏以前經傳謡俗之形音義匯綷②於是。不孰於古形古音古義，則其説之存者無由甄③綜，其説之已亡者無由比例推測。形失，則謂説文之外字皆可廢。音失，則惑於字母④七音⑤，猶治絲棼之⑥。義失，則梏於説文所説之本義而廢其假借⑦，又或言假借而昧其古音⑧。是皆無與於小學者也。

①雅讓：張揖字雅讓，爲魏太和中博士。

②綷：漢書顔師古注：「綷，合也。」

③甄：審查，鑒别。

④字母：即聲母代表字。三十六字母即大體上代表唐宋間漢語語音聲母的三十六個字。

⑤七音：宋元等韻學家於唇、舌、齒、牙、喉五音之外，又增半舌、半齒音兩類，叫作七音。

⑥治絲棼之：棼（fén），紛亂。此四字意爲本欲治絲，結果却更亂了。

⑦梏：本義爲古代木制手銬，此處義爲局限。説文有用同音假借字説解之例，須先明白所借爲某字，纔可明白被

說解字的意義。

⑧昧：不明。説文以同音假借字説解者，若不明其古音，則字義難明。

懷祖氏能以三者互求，以六者互求，尤能以古音得經義，蓋天下一人而已矣。假廣雅以證其所得，其注之精粹，再有子雲①必能知之。敢以是質②於懷祖氏，並質諸天下後世言小學者。

乾隆辛亥八月金壇段玉裁撰。

①子雲：揚雄字子雲。

②質：就正，請評定。

周禮漢讀考序

（汝企和）

漢人作注，於字發疑正讀，其例有三：一曰讀如、讀若①；二曰讀爲、讀曰；三曰當爲。讀如、讀若者，擬其音也②。古無反語，故爲比方之詞③。讀爲、讀曰者，易其字④也。易之以音相近之字，故爲變化之詞。比方主乎同，音同而義可推也。變化主乎異，字異而義憭然也。比方主乎音，變化主乎義。比方不易字，故下文仍舉經之本字。變化字已易，故下文輒舉所易之字。注經必兼茲二者，故有讀如，有讀爲。字書不言變化，故有讀如，無讀爲。有言讀如某，讀爲某而某仍本字者，「如」以別其音，「爲」以別其義。

〔篇名簡介〕本篇選自段玉裁經韻樓集卷二。是一篇論述訓詁學術語的重要文章。

①讀若：顧炎武音論卷下云：「漢時人未有反切，故於字之難知者多注云讀若。趙宧光說文長箋凡例曰：『古無音切之法，音聲之道無邊，而同音者甚少，故許氏但有讀若。若者，猶言相似而已，可口授而不可筆傳也。』」

②擬其音也：取譬比擬，爲古代授學方法之一。說文「讀」字下段注云：「擬其音曰讀，凡言讀如、讀若皆是也。易其字以釋其義曰讀，凡言讀爲、讀曰、當爲皆是也。」

③比方之詞：顏氏家訓音辭篇曰：「鄭玄注六經，高誘解呂覽、淮南，許慎造說文，劉熙制釋名，始有譬況假借以證字音耳。」如周禮冬官考工記：「眡其綆。」鄭玄注：「鄭司農云：綆讀爲『關東言餅之餅』。」淮南子地形訓：「其地宜黍，多旄犀。」高誘注：「旄讀綢繆之繆，急氣言乃得之。」「譬況發音」和「讀如」「讀若」等，是在反切注音以前，取比方之詞擬其音，爲初學示法。

④易其字：從被讀字和讀如字的關係來看，所謂「擬其音」，乃正讀在音，不易其字。「易其字」即采用讀音相近的字注釋被讀字。例如周禮天官冢宰醢人：「茆菹。」鄭注：「鄭大夫（鄭興）讀茆爲茅。茅菹，茅初生，或曰茆水草。杜子春讀茆爲卯。」

當爲者定爲字之誤，聲之誤，而改其字也，爲救正之詞。形近而訛謂之字之誤，聲近而訛謂之聲之誤。字誤、聲誤而正之，皆謂之當爲①。凡言「讀爲」者不以爲誤，凡言「當爲」者直斥其誤。三者分而漢注可讀，而經可讀。三者皆以音爲用，六書之形聲、假借、轉注②於是焉在。

①當爲：段玉裁認爲，漢人注經，除了以讀如、讀若「擬其音」，以讀爲、讀曰「易其字」外，還有一種就是以「當爲」改其字。「改其字」意味着不但正其讀，而且正其書。如周禮天官醢人：「鴈醢。」鄭注：「鴈或作鶉，杜子春云：當爲鴈。」

②六書之形聲、假借、轉注：段氏在六書音均表六書說中指出：「文字起於聲音，六書不外謠俗。六書以象形、指事、會意爲形；以諧聲、轉注、假借爲聲。又以象形、指事、會意、諧聲爲形，以轉注、假借爲聲。又以象形、指事、會意、諧聲、轉注、假借爲形，以十七部爲聲。」

漢之音非今之四聲二百六韻也，則非通乎虞、夏、商、周、漢之音不能窮其條理。玉裁昔年讀詩及群經，確知古音分十有七部，又得其聯合次第自然之故，成六書音均表，質諸天下。今考漢儒注詩、禮及他經，及國語、史記、漢書、淮南鴻烈、呂覽諸書，凡言讀如、讀爲、當爲者，其音大致與十七部之云相合。因又自喜，述漢讀考治同志，先成周禮六卷。鄭君序曰：「其所變易，灼然如晦之見明；其所彌縫，奄然如合符復析。」謂杜、衛、賈、馬、二鄭之能事也①。又曰：「猶有差錯，同事相違，則就其原文字之聲類，考訓詁，捃②秘逸。」謂已補正之功。訓詁必就其原文，而後不以字妨經；必就其字之聲類，而後不以經妨字。不以字妨經，不以經妨字，而後經明。經明而後聖人之道明。

①謂杜、衛、賈、馬、二鄭之能事也：鄭君序：「鄭玄周禮注之序。杜：杜子春，東漢經學家，曾傳周禮。衛：衛宏，東漢經學家，治毛詩及古文尚書。賈：賈逵，東漢經學家。馬：馬融，東漢著名經學家，遍注群經。二鄭：鄭興、鄭衆父子。興字少贛，河南開封人，東漢大中大夫。衆字仲師，官至大司農，故或稱鄭司農。

②捃（jùn）拾取，收集。

點畫謂之文，文滋謂之字。音讀謂之名，名之分别部居謂之聲類。周時大司徒、鄉大夫、保氏所教，外史①所達，大行人②所諭德者，漢四百年間憭然衆著，魏李登以成書，沿至陸法言等八人，猶能知其厓略③。夫不習聲類，欲言六書治經難矣。

乾隆癸丑十月，自金壇避横逆僑居蘇州之期歲也。

①外史：官名。周禮春官之屬，掌王命之布於畿外。

②大行人：官名。周禮秋官之屬，專掌朝覲聘問大賓之禮及大客之儀，以親諸侯。

③厓略：厓通崖。崖略，即梗概、大略。

（汝企和）

說文解字注序

說文之爲書，以文字而兼聲音、訓詁①者也。凡許氏形聲②、讀若③，皆與古音相準，或謂古之正音④，或爲古之合音⑤。「方以類聚，物以羣分」⑥。循而攷之，各有條理，不得其遠近分合之故，則或執今音以疑古音，或執古之正音以疑古之合音，而聲音之學晦矣。

〔說文解字注簡介〕字書。清段玉裁注。三十一篇。玉裁（一七三五——一八一五）字若膺，江蘇金壇人。乾隆舉人，曾任貴州、四川等地知縣。早年從師於戴震，乾嘉學派中著名的文字訓詁學家。段氏以向來治說文者多不通其條貫，考其文理，未得許學要旨，乃作此書，前後歷四十年（一七七六——一八〇七），終成之。其特點在闡明許學體例，使讀者能領悟原作旨意。許書重在析形，此書音形義並重，以音韻爲骨干進行訓詁，提出諸多新看法訂正許說，不少見解與甲骨文、金文暗合，令人欽佩。然亦偶有主觀武斷之處。要之，研究古文字離不開說文，而研究說文又離不開段注。其原刻經韻樓本今存。本次注釋，所據爲成都古籍書店一九八一年影印本。

〔篇名簡介〕本序爲清代學者王念孫爲説文段注所作。

①訓詁：解釋古書字義。晋郭璞爾雅序疏：「詁，古也，通古今之言使人知也。訓，道也，道物之貌以告人也。」

②形聲：此指形聲字的結構以及形聲字與聲旁字之間聲音上的關係。

③讀若：爲訓詁學術語，用來表示字形與字音的關係。

④正音：即段氏所謂「音之正」，如古韻之部中的之韻，宵部裡的宵、蕭韻等。

⑤合音：指古韻同部的諸韻，即段氏所謂「音之變」，如之部中的咍韻，宵部中的豪、肴韻等。

⑥方以類聚，物以群分：出自周易繫辭。據段注：「類聚爲同部也；群分爲異部也。」

説文之訓，首列製字之本意，而亦不廢假借①。凡言「一曰」②及所引經類多有之，蓋以廣異聞，備多識，而不限於一隅也。不明乎假借之指，則或據説文本字以改書傳假借之字，或據説文引經假借文字以改經之本字，而訓詁之學晦矣。

①不廢假借：説文中的解釋不限於用本義，有時兼以假借之義解釋。

②「一曰」：説文中往往用「一曰」來解釋字的形、音、義。如：説文：「貞，卜問也。從卜貝，……一曰鼎省聲。」

吾友段氏若膺，於古音之條理，察之精，剖之密。嘗爲六書音均表①，立十七部以綜核之。因是爲説文注，形聲、讀若，一以十七部之遠近分合求之，而聲音之道大明。於許氏之説正義、借義②，知其典要，觀其會通，而引經③與今本異者，不以本字廢借字，不以借字易本字，揆④諸經義，例以本書，若合符節⑤，而訓詁之道大明。

①六書音均表：「均」即「韻」。該書分同聲符字爲十七部。多附説文段注之後。
②正義：指説文所説解的本義。借義：即文字之假借義。
③引經：指説文引經以説解。
④揆（kuí）：準則。此處意爲以經文之義爲準則。
⑤符節：古代作憑證的信物，用竹、木或金屬製成。

訓詁、聲音明而小學①明，小學明而經學明。蓋千七百年來無此作矣。若夫辨點畫之正俗，察篆隸之繁省，沾沾②自謂得之，而於轉注、假借之通例③，茫乎未之有聞，是知有文字而不知有聲音、訓詁也。其視若膺之學，淺深相去爲何如邪！余交若膺久，知若膺深，而又皆從事於小學，故敢舉其犖犖大者④，以告綴學⑤之士云。

嘉慶戊辰五月高郵王念孫序。

①小學：文字學、音訓學、訓詁學，合稱小學，相對經學而言。
②沾沾：形容自以爲是狀。
③轉注、假借之通例：指「六書」中的轉注、假借，本是字義寓於字音，因音以得其義，是謂通例。
④其犖犖大者：出自史記天官書。犖：牛雜色也。史記索隱：「犖犖，事之分明也。」
⑤綴學：出自大戴禮，意爲「承學」。

（汝企和）

揅經室集

釋相

自周秦以來，凡宰輔之臣皆名曰相①。相之取名，必是佐助之義（詩：「相維辟公②。」論語：「則將焉用彼相矣③！」）乃説文相在目部，本義爲省視，爲以目觀木（易「地可觀者，莫可觀於木④。」），曷嘗有佐助之義⑤？此必是假借之字。其本字爲何？曰：「襄」字也⑥。古人韻緩，平仄皆可同義。是以輔相之相亦可平聲，贊襄之襄亦可去聲。後人昧此，故不知「襄」、「相」音同，可假借矣。

〔揅經室集簡介〕清阮元（一七六四——一八四九）撰。五十八卷。元字伯元，號雲臺，江蘇儀徵人。乾隆進士，歷官浙江、江西等省巡撫，湖廣、兩廣、雲貴總督，晚爲體仁閣大學士，卒謚文達。阮氏一生提倡治學，勤於校勘編書。曾主編經籍纂詁，校刻十三經注疏，匯刻皇清經解等。揅經室集（「揅」通「研」）包括一集十四卷，二集八卷，三集五卷，四集文二卷，詩十一卷，續集十一卷，再續集七卷，外集五卷。前四集爲其自訂，隱然以經、史、子、集爲次。餘爲詩文合編，多出於屬員鮑廷博、何元錫之手。元雖爲達官，不廢學問，於經史、小學、天算、輿地、金石、校勘，無不精研達微。自稱其學在訓詁，蓋在由訓詁以明義理，治經史方能得其本原。故集中以論經史、小學之文居多，而卓識精義迭出。有道光三年（一八二三）文選樓刻本。本次注釋即據此本。

〔篇名簡介〕本篇選自揅經室集一集卷一，是論述文字音與義的關係、闡明「義寓於聲」的重要文章。

①相：古代亦作官名，吕氏春秋所謂「相也者，百官之長也。」秦官有「相國」、「丞相」，漢又有「計相」（見史記張丞相傳）。唐代更有「内相」等（見唐書陸贄傳）。

②相維辟公：見詩周頌雝。又見論語八佾。「辟公」即諸侯。毛傳：「相，助也。」

③則將焉用彼相矣：見論語季氏。

④莫可觀於木：説文目部：「相，省視也。从目木。」説文「相」字下引周易曰：「地可觀者，莫可觀於木。」段注：「謂地上可觀者莫如木也。」

⑤曷嘗有佐助之義：相字按中古音是兩讀字：廣韻一讀「息良切」，平聲，在陽韻。一讀「息亮切」，去聲，在漾韻。古書中「相」作專名用時，皆讀平聲，如爾雅釋天：「七月爲相」，此「相」爲月分名。禮記曲禮：「士不名家相長妾。」「家相」即助理家事的人。作「佐助」講時，則讀去聲，如周易泰卦：「輔相天地之宜，以左（佐）右（佑）民。」

⑥「褱」字也：說文衣部：褱从衣眔聲。段注：息良切。說文引漢令：「解衣而耕謂之褱。」段注：「此褱字所以从衣之本義，惟見於漢令也。」

說文衣部「褱」字云：「漢令：解衣而耕謂之褱。」凡耕者必有耦，故但言耕而即有佐助之義，即所謂相人偶①之偶也。（儀禮大射儀「聘禮公食大夫禮②」、禮記中庸③、論語注④，皆有相人偶之義）非佐助不成耦耕，故事之相佐者皆曰褱。如尚書虞書「思日贊贊褱哉⑤」，其最古者也。「贊」有佐助之義，凡周禮「贊王」、「贊命」、「贊工」皆是也。「贊贊」爲迭字，凡迭字皆形容之字，以贊贊形容褱字，猶「浩浩滔天」，以「浩浩」形容滔字。「蕩蕩懷山褱陵⑥」，以「蕩蕩」形容懷字、褱字也。自虞書以後，褱字不常寫，多假同音之「相」字寫爲宰相之相，是以「相」有佐助之訓，輔贊之義，顧名而不知其義矣。

①相人偶：據周禮 考工記「匠人」：「耜廣五寸，二耜爲偶。」鄭注：「古者耜一金，兩人並發之。」故「耦之言偶也。」左傳襄公二十九年：「射者三耦，公臣不足，取於家臣。」耦，同偶，舊注：「兩人爲耦。」廣雅：「耦，耕也。」

②「聘禮公食大夫禮」：據儀禮大射禮：「僕人正徒相大師。僕人師相少師。僕人士相少工。」其中「徒」爲「空手」之義。「僕人正」是僕人的領班，「僕人師」是「僕人正」的輔佐，「僕人士」是「僕人正」的吏。師有大師、少師之別，師是工之長，大師是樂工之長。

③禮記中庸：有「萬物並育而不相害，道並行而不相悖。」之語。

④論語注：論語微子：「長沮桀溺耦而耕。」集解引鄭注：「兩耜爲耦。」

⑤「思日贊贊襄哉」：見虞書皋陶謨。

⑥「蕩蕩懷山襄陵」：見尚書堯典。

至於襄之訓因①、訓除②，相之訓道③、訓勴④，皆從人偶耕辟贊助而引申之者也。襄有因訓（謚法曰：因事有功曰襄」，則「相」亦必訓因，凡二人、二事之有因者，必以相字連綴之，如相成、相佐、相偶之類是也。其實「相」皆借字，本義皆在解衣而耕之襄字也。說文恐後人不解襄字收入衣部之故，故引漢令以明之，而佐助之義即在其中。且說文衣爲覆二人⑤，本有偶並之義，故不再爲訓也。襄又訓除，乃說文引申之義，非第一義也。

①襄之訓因：據爾雅釋詁：「儴、仍，因也。」釋文「儴」字下引論語：「其父攘羊」，釋之作「攘」，注云：「因來而盜曰攘。」可見「儴」作「因」解正是「攘」的記音字。

②訓除：爾雅釋言：「襄，除也。」按詩鄘風牆有茨：「牆有茨，不可襄也。」毛傳：「襄，除也。」

③相之訓道：爾雅釋詁：「相，導（教導）也。」

④訓勴：爾雅釋詁：「相，勴也。」郭注：「勴，謂贊勉。」按「贊勉」亦教導之義。

⑤說文衣爲覆二人：說文衣部：「衣，依也。上曰衣，下曰裳（下裙也）。象覆二人之形。」

襄又訓駕①，詩大東：「兩服上襄②。」此兩馬併駕之義，即兩人併耕之義。以襄駕之訓例之，知襄字之義重併耕而不重解衣矣。詩棫樸：「金玉其相③。」「相」亦「襄」之假借字，言金玉兩併爲追琢之章也。傳訓「相」爲「質」，似望「章」字而始生其義，非本義也。

①襄又訓駕：爾雅釋言：「襄，駕也。」

②「兩服上襄」：見詩鄭風大叔於田。鄭箋云：「襄，駕也。」小雅大東：「終日七襄。」鄭箋：「襄，駕也。」

③「金玉其相」詩大雅棫樸：「追琢其章，金玉其相。」毛傳：「相，質也。」

至於「襄」、「相」假借之見於經籍者，文選上林賦：「消摇乎襄羊。」西京賦：「相羊乎五柞之宮。」漢書外戚傳：「惟幼眇之相羊。」詩出車：「玁狁於襄。」釋文：「本或作攘。」禮記祭法：「相近於坎壇。」鄭注：「相近當爲攘祈。」皆其跡也。又詩曰：「誕后稷之穡，有相之道①。」此「相道」即「襄道」。襄道者，耦耕也，攘草也。故下直接曰：「茀厥豐草」也。

①「有相之道」：見詩大雅生民：「誕后稷之穡，有相之道，茀厥豐草。」毛傳：「相，助也。」按「助」即「鋤（草）」也。

（汝企和）

新注選篇

雜史

國語

邵公諫厲王止謗

厲王虐①，國人謗王②。邵公告曰③：「民不堪命矣④！」王怒，得衛巫⑤，使監謗者⑥，以告，則殺之。國人莫敢言，道路以目⑦。王喜，告邵公曰：「吾能弭謗矣⑧，乃不敢言。」邵公曰：「是障之也⑨。防民之口，甚於防川⑩。川壅而潰⑪，傷人必多，民亦如之。是故爲川者決之使導⑫，爲民者宣之使言⑬。故天子聽政，使公卿至於列士獻詩⑭，瞽獻曲⑮，史獻書⑯，師箴⑰，瞍賦⑱，矇誦⑲，百工諫⑳，庶人傳語㉑，近臣盡規㉒，親戚補察㉓，瞽、史教誨㉔，耆、艾修之㉕，而後王斟酌焉㉖，是以事行而不悖㉗。民之有口，猶土之有山川也，財用於是乎出㉘；猶其原隰之有衍沃也㉙，衣食於是乎生。口之宣言也，善敗於是乎興㉚，行善而備敗㉛，其所以阜財用衣食者也㉜。夫民，慮之於心而宣之於口，成而行之㉝，胡可壅也？若壅其口，其與能幾何㉞？」王不聽，於是國莫敢出言㉟。三年，乃流王於彘㊱。

〔國語簡介〕國語，又名春秋外傳。全書二十一卷，分別爲周語三卷、魯語二卷、齊語一卷、晋語九卷、鄭語一卷、楚語二卷、吴語一卷、越語二卷，是我國最早的國別史。根據史記太史公自序與漢書藝文志，國語的作者是春秋末年魯國史官左丘明。後世學者亦有不同看法，一般認爲是戰國早期作品。國語記載起於周穆王十二年（前九九〇），終於周貞定王十六年（前四五三）趙、韓、魏滅智伯，約五百多年。國語以記言爲主，兼記史事，通過記載各國君臣的言論，來分析政事得失，品評歷史人物，從而反映出這一時期周王室的衰落和諸侯國爭霸的歷史趨勢。文字樸實凝煉，對話及人物動作十分生動。三國吴韋昭采鄭衆、賈逵、虞翻、唐固諸家注作國語解，清洪亮吉、董增齡爲之作疏，可供參考。

底本據上海古籍出版社點校本國語（一九七八年）。

〔篇名簡介〕周厲王殘酷壓迫國人，禁止國人議論自己的過失。邵公勸厲王注意聽取百姓的意見，以行善備敗。厲王不從，終於激起民憤，被國人流放到邊遠地區。

①厲王：西周厲王，名胡，公元前八五七年即位，在位三十七年。

②謗：公開指責别人的過失。

③邵(shào)公：邵穆公，名虎，周王的卿士。

④不堪：無法忍受。命：政令。言民不堪暴虐的政令。

⑤衛巫：衛國的巫者。巫，古代以祈禱求神爲職業的人。

⑥監：監察。唐張守節史記正義曰：「以巫人神靈，有謗毁必察也。」

⑦道路以目：韋昭曰：「以目相眄而已。」

⑧弭(mǐ)：阻止。

⑨障：阻擋。

⑩防民之口，甚於防川：言河流不可防，民言更不可防。

⑪壅(yōng)：堵塞。潰：水決堤而出。

⑫爲川者：治水的人。決：引水。導：疏通。

⑬爲民者：治理百姓的人。宣：放，開導。

⑭公：輔佐王室掌握軍政大權的最高官員。卿：王室的一些高級官員。列士：上士、中士、下士。獻詩：恭敬地上呈采自民間的諷諫詩。

⑮瞽(gǔ)：盲樂官。曲：反映民意的樂典。

⑯史：史官。周禮：「外史掌三皇五帝之書。」

⑰師：少師，樂官。箴：規諫的文辭。

⑱瞍（sǒu）：韋昭曰：「無眸子曰瞍。」賦：吟詠勸諫的詩。

⑲矇（méng）：韋昭曰：「有眸子而無見曰矇。」誦：誦讀勸戒文辭。

⑳百工：掌管各種手工藝的官員。

㉑庶人傳語：韋昭曰：「庶人卑賤，見時得失，不得達，傳以語王。」張守節曰：「庶人微賤，見時得失，不得上言，乃在街巷相傳語。」

㉒近臣：經常在王左右的臣。盡：同進。規：規諫。

㉓親戚：同族的親屬。古代父子兄弟亦稱親戚。補察：彌補、察找王的過失。

㉔瞽：樂太師。史：太史，掌陰陽、天時、禮法之書。

㉕耆（qí）：六十歲。艾（ài）：五十歲。合稱年高有德的人，此指王之老師。修之：韋昭曰：「修理瞽史之教，以聞於王。」

㉖斟酌：原指飾酒，不滿杯曰斟，滿杯曰酌。引申爲考慮、吸取、實行。

㉗悖：籀文作「㦣」，二「或」相反。此指違背道理。

㉘財用：財物費用。

㉙原：寬廣而平坦的土地。隰（xí）：低下而潮濕的土地。衍：低下而平坦的土地。沃：有河流灌溉的土地。

㉚善敗：成敗，治亂，好壞。

㉛備：防範。

㉜阜：豐厚，增多。

㉝成而行之：成其美而施行之。
㉞與：親附之人。
㉟國：宋公序本作「國人」。
㊱彘（zhì）：地名，今山西霍縣。

（邱居里）

越王句踐滅吳

越王句踐棲於會稽之上①，乃號令於三軍曰②：「凡我父兄昆弟及國子姓③，有能助寡人謀而退吳者④，吾與之共知越國之政⑤。」大夫種進對曰⑥：「臣聞之，賈人夏則資皮⑦，冬則資絺⑧，旱則資舟，水則資車，以待乏也。夫雖無四方之憂⑨，然謀臣與爪牙之士⑩，不可不養而擇也。譬如蓑笠，時雨既至，必求之。今君王既棲於會稽之上，然後乃求謀臣，無乃後乎⑪？」句踐曰：「苟得聞子大夫之言⑫，何後之有？」執其手而與之謀。

〔篇名簡介〕本篇選自國語越語上。公元前四九四年，吳王夫差大敗越王句踐於夫椒，句踐退守會稽，向吳國求和，成爲吳之屬國。其後，吳國全力北上與齊、晉爭霸，而越國則利用機會，十年生聚，十年教訓，富國强兵，終於滅掉吳國。

①越：春秋時越國，都會稽，今浙江紹興。句踐：春秋末年越國國君，公元前四九七——前四六五年在位。夫椒敗後，刻苦圖强，終於滅吴。後曾遷都瑯琊，會盟諸侯於徐州。棲（qī）：同栖。唐司馬貞史記索隱引鄒誕云：「保山曰棲，猶鳥棲於木以避害也，故六韜曰『軍處山之高者則曰棲』。」會（kuài）稽（jī）：山名，又名防山、棟山，在今浙江紹興東南。

②號令：傳告。

③昆弟：兄弟。國子姓：國君的同姓。

④寡人：古代君主的自稱。吴：春秋時吴國，始祖是周文王之子太伯，國都吴，今江蘇蘇州。

⑤知：管理，主持。政：政事。

⑥大夫種：大夫文種，字少禽，或作子禽，楚國郢人，春秋末年越國大夫。對：回答。

⑦賈（gǔ）人：商人，古代特指坐商。資：積蓄，收買。皮：皮貨。

⑧絺（chī）：細葛布，夏季的衣料。

⑨四方之憂：外患。

⑩爪牙之士：武將。

⑪無乃後乎：恐怕太遲了吧？

⑫子大夫：指文種。子，「你」的尊稱。大夫，稱其官職。

遂使之行成於吴①，曰：「寡君句踐乏無所使②，使其下臣種，不敢徹聲聞於天王③，私於下執事曰④：寡君之師徒⑤，不足以辱君矣⑥，願以金玉、子女賂君之辱⑦，請句踐女女於王⑧，大夫女女於大夫，士女女於士，越國之寶器畢從⑨。寡君帥越國之衆，以從君之師徒，唯君左右之⑩。若以越國之罪爲不可赦也，將焚宗廟，繫妻孥⑪，沈金玉於江⑫，有帶甲五千人⑬，將以致死⑭，乃必有偶⑮，是以帶甲萬人事君也⑯，無乃即傷君王之所愛乎⑰？與其殺是人也，寧其得此國也⑱，其孰利乎？」

①行成：議和。左傳哀公元年：「使大夫種因吳太宰嚭以行成。」

②乏無所使：缺少可以差遣的人。此爲謙辭。

③徹：達。天王：吳王。

④下執事：下面辦理政事的人。此指文種不敢直接向吳王求和，而是通過太宰嚭向吳王請和。

⑤師徒：軍隊。

⑥不足以辱君：韋昭曰：「不足以屈辱君親來討也。」

⑦賂君之辱：奉獻財物以酬謝國君的辱臨。

⑧句踐女：句踐的女兒。女（nǜ）於王：以女嫁於吳王。

⑨畢從：全部帶來。

⑩唯君左右之：聽憑國君的調遣。

⑪繫：拘禁。孥（nú）：兒子。表示令妻子兒子與自己同生死，不爲吳所俘虜。

⑫沈（chén）：沉。

⑬帶甲：披甲的將士。
⑭致死：拚死效力。
⑮偶：對，兩個。此指知道不免於死，必定拚命作戰，以一當二。
⑯事君：伺候君王。此爲婉轉之辭，實際是指與吳王作戰。
⑰君王之所愛：此指吳王的軍隊。
⑱寧其：寧可。與其……寧，表示在二者中舍棄前者而選擇後者。

夫差將欲聽與之成①，子胥諫曰②：「不可！夫吳之與越也，仇讎敵戰之國也③。三江環之④，民無所移，有吳則無越，有越則無吳，將不可改於是矣⑤。員聞之，陸人居陸，水人居水。夫上黨之國⑥，我攻而勝之，吾不能居其地，不能乘其車。夫越國，吾攻而勝之，吾能居其地，吾能乘其舟。此其利也，不可失也已⑦，君必滅之。失此利也，雖悔之，必無及已。」越人飾美女八人，納之太宰嚭⑧，曰：「子苟赦越國之罪，又有美於此者將進之。」太宰嚭諫曰：「嚭聞古之伐國者，服之而已。今已服矣，又何求焉。」夫差與之成而去之⑨。

①夫差：春秋末年吳國國君。公元前四九六年，吳王闔閭攻越，兵敗受傷而死，其子夫差即位。前四九四年，夫差出兵爲父復仇，大敗越於夫椒。其後夫差揮師北上，敗齊軍於艾陵，會盟諸侯於黃池，與晉爭霸。越軍乘虛進

攻，前四七三年滅吳，夫差自殺。
②子胥：伍員，字子胥。春秋時楚國人，因父兄被楚平王所殺，投奔吳國，曾助夫差攻破楚國。因勸吳拒絕越國求和，漸被疏遠，公元前四八四年，被夫差迫令自殺。
③仇讎（chóu）：仇敵。
④三江環之：吳江、錢塘江、浦陽江把吳、越二國環抱於中。
⑤將不可改於是：指吳、越二國無法並存之勢不可改變。
⑥上：高。黨，處所。上黨之國，指齊、魯、鄭、晉等中原各國。
⑦已：同「矣」。
⑧納：致送。太宰：官名，地位相當於宰相。嚭（pǐ）：伯嚭，春秋時楚伯州犁之孫，因楚殺犁而投奔吳國，先爲大夫，此時任太宰。
⑨成：和解。去之：讓文種離開吳國。

句踐說於國人曰：「寡人不知其力之不足也，而又與大國執讎①，以暴露百姓之骨於中原，此則寡人之罪也。寡人請更②。」於是葬死者，問傷者，養生者，弔有憂，賀有喜，送往者，迎來者，去民之所惡，補民之不足。然後卑事夫差，宦士三百人於吳③，其身親爲夫差前馬④。

①執讎：結仇。

②更：改。

③宦士三百人於吳：派三百人到吳國去當差。

④前馬：韋昭曰：「前驅，在馬前也。」

句踐之地，南至於句無①，北至於禦兒②，東至於鄞③，西至於姑蔑④，廣遠百里⑤。乃致其父母昆弟而誓之曰⑥：「寡人聞，古之賢君，四方之民歸之，若水之歸下也。今寡人不能，將帥二三子夫婦以蕃⑦。」令壯者無取老婦⑧，令老者無取壯妻。女子十七不嫁，其父母有罪；丈夫二十不娶，其父母有罪⑨。將免者以告⑩，公令醫守之。生丈夫，二壺酒，一犬；生女子，二壺酒，一豚；生三人，公與之母⑪；生二人，公與之餼⑫。當室者死⑬，三年釋其政⑭；支子死⑮，三月釋其政。必哭泣葬埋之，如其子⑯。令孤子、寡婦、疾疹、貧病者⑰，納宦其子⑱。其達士⑲，絜其居⑳，美其服，飽其食，而摩厲之於義㉑。四方之士來者，必廟禮之㉒。句踐載稻與脂於舟以行㉓，國之孺子之遊者㉔，無不餔也㉕，無不歠也㉖，必問其名㉗。非其身之所種則不食，非其夫人之所織則不衣，十年不收於國㉘，民俱有三年之食。

①句無：山名，在今浙江諸暨縣南。句：同勾。

②禦兒：地名，在今浙江嘉興縣境。

③鄞（yín）：今浙江鄞縣。
④姑蔑（miè）：地名，在今浙江衢州境。
⑤廣遠：面積。韋昭曰：「百里之中，東西爲廣，南北爲遠。」
⑥致：招致，招集。
⑦二三子：你們。蕃：生息繁衍。
⑧取：同娶。
⑨丈夫：男子。韋昭曰：「禮，三十而娶，二十而嫁。今不待禮者，務育民也。」
⑩免：同娩，生育。
⑪母：乳母。
⑫餼（xì）：口糧。
⑬當室者：嫡子。
⑭政：同征，賦役。嫡子死，免除其父三年賦役。
⑮支子：庶子。
⑯如其子：如同對待自己的兒子一樣。
⑰疾：病。疹：麻疹等類傳染病。
⑱納宦其子：把他們的兒子送進官府來撫養教育。
⑲達士：賢達的人。

⑳絜：同潔。
㉑摩厲：同摩礪，勸勉，鼓勵。
㉒廟禮之：韋昭曰：「禮之於廟，告先君也。」
㉓稻與脂：大米和肉類。
㉔孺子：青年人。遊者：出外學習的人。
㉕餔：給食物吃。
㉖歠（chuò）：給水喝。
㉗必問其名：必定詢問他們的姓名。韋昭曰：「爲後將用也。」
㉘不收於國：國家不收賦稅。

國之父兄請曰：「昔者夫差恥吾君於諸侯之國①。今越國亦節矣②，請報之。」句踐辭曰：「昔者之戰也，非二三子之罪也，寡人之罪也。如寡人者，安與知恥？請姑無庸戰③。」父兄又請曰：「越四封之内④，親吾君也，猶父母也。子而思報父母之仇，臣而思報君之讎，其有敢不盡力者乎？請復戰。」句踐既許之，乃致其衆而誓之曰：「寡人聞，古之賢君，不患其衆之不足也，而患其志行之少恥也⑤。今夫差衣水犀之甲者億有三千⑥，不患其志行之少恥也，而患其衆之不足也。今寡人將助天滅之。吾不欲匹夫之勇也⑦，欲其旅進旅退⑧。進則思賞，退則思刑，如此則有常賞⑨。進不用命⑩，退則無恥，如此則有常刑⑪。」果行⑫，國人皆勸⑬，父勉其子，兄勉其弟，婦勉其夫，曰：「孰是君也⑭，而可無死乎⑮？」是故敗吳於囿⑯，又敗之於沒⑰，又郊敗之⑱。

①恥吾君於諸侯之國：在各諸侯國面前侮辱我們國君。

②節：節度，克制。

③姑：暫且。庸：用。

④四封：四境。封，疆界。

⑤患其志行之少恥：憂愁他們的志向行爲不知羞恥。韋昭曰：「少恥，謂進不念功，臨難苟免。」

⑥億：十萬。

⑦吾不欲匹夫之勇：我不贊成個人逞能的匹夫之勇。匹夫，平常人。

⑧旅進旅退：同進同退。旅：俱，一起。

⑨常賞：國家規定的賞賜。

⑩用命：聽從命令。

⑪常刑：國家規定的刑罰。

⑫果行：果決地出發。

⑬勸：互相勉勵。

⑭孰是君也：韋昭曰：「孰，誰也。誰有恩惠如是君者。」

⑮而可無死乎：難道可以不爲他誓死效力嗎？
⑯囿：水名，即笠澤，今松江。公元前四七八年，越國敗吳於囿。
⑰没：吳國的地名。
⑱郊敗之：在吳都城的城郊打敗吳，事在公元前四七五年。

夫差行成，曰：「寡人之師徒，不足以辱君矣。請以金玉、子女賂君之辱。」句踐對曰：「昔天以越予吳，而吳不受命；今天以吳予越，越可以無聽天之命，而聽君之令乎？吾請達王甬句東①，吾與君爲二君乎②。」夫差對曰：「寡人禮先壹飯矣③，君若不忘周室，而爲弊邑宸宇④，亦寡人之願也。君若曰：『吾將殘汝社稷，滅汝宗廟，』寡人請死。余何面目以視天下乎！越君其次也⑤。」遂滅吳。

①達：送達。甬：甬江，在浙江鄞縣東北。句：句章，在今浙江慈溪縣西南。史記吳世家作「甬東」，即今之浙江舟山島。
②吾與君爲二君：韋昭曰：「待之若二君。」
③禮先壹飯：韋昭曰：「言己年長於越王，覺差一飯之間，欲以少長求免也。」
④弊邑：吳國。宸（chén）：屋霤，屋檐下溜水之處。宇：屋邊。吳始祖爲周文王之子太伯，故夫差請求越看在吳與周王室的關係上，以屋宇之餘庇覆吳國。
⑤次：舍，進駐。其次也：進駐吳國的都城吧。

（邱居里）

戰國策

蘇秦始將連横

蘇秦始將連横①，説秦惠王曰②：「大王之國，西有巴、蜀、漢中之利③，北有胡貉、代馬之用④，南有巫山、黔中之限⑤，東有肴、函之固⑥。田肥美，民殷富，戰車萬乘，奮擊百萬⑦，沃野千里，蓄積饒多，地勢形便⑧，此所謂天府⑨，天下之雄國也⑩。以大王之賢，士民之衆，車騎之用，兵法之教，可以併諸侯，吞天下，稱帝而治。願大王少留意，臣請奏其效⑪。」

〔戰國策簡介〕戰國策，原名國策、國事、事語、短長、長書、修書。西漢劉向校書時，作者已無可考，劉向以其内容爲「戰國時游士輔所用之國，爲之策謀」，定名爲戰國策。全書經劉向校訂整理，編訂爲三十三篇，四百九十七章，分别是東周一篇、西周一篇、秦五篇、齊六篇、楚四篇、趙四篇、魏四篇、韓三篇、燕三篇、宋衛一篇，及中山一篇。其書記載了戰國時期二百多年間的史事，尤着重於當時的謀臣策士，以其雄辯的言辭和機智的運籌，在各諸侯國之間縱横捭闔的活動。語言恣肆犀利，人物刻畫生動細緻。東漢高誘最早爲戰國策作注。北宋時正文注釋均有散佚，曾鞏爲之校補復完。南宋姚宏續注，清黄丕烈重刊，即今流傳三十三卷高誘注本。南宋鮑彪據曾鞏本重新編注爲十卷本，又經元吳師道校注，即今之鮑、吳十卷本。一九七八年上海古籍出版社點校本，以姚宏繼注本爲底本，匯集鮑、吳注文及黄丕烈戰國策札記，並附録了馬王堆漢墓出土帛書戰國縱横家書的釋文，可供參考。

底本據上海古籍出版社點校本戰國策(一九七八年)。

〔篇名簡介〕戰國時，洛陽策士蘇秦西游入秦，勸秦以連横之策吞併天下，未被秦惠王采納。蘇秦返鄉，受到家人冷遇，遂發憤苦讀。一年後，蘇秦以合縱之策游説燕趙韓魏齊楚，終於使六國聯合抗秦，自己也身佩六國相印，成爲縱約之長。

①蘇秦：戰國時東周洛陽人，以合縱聯合六國抗秦，爲縱約長。縱約瓦解後，入齊爲客卿，因與齊大夫爭寵，被刺而死。連横：高誘注：「連關中之謂横。」指秦與東方齊國或楚國結盟來打擊其他國家的策略。

②説(shuì)：勸説。秦惠王：戰國時秦王，名嬴駟，公元前三三七——前三一一年在位。

③巴：今四川東部。蜀：今四川西部。漢中：今陝西秦嶺以南地區。

④胡：北方少數民族居住地區。貉(hé)：胡地產貉，毛皮可製裘。代：今河北、山西北部地區，出產馬。

⑤巫山：山名，在今四川巫山縣東。黔中：今湖南沅陵縣西，澧、沅、溆水上游一帶，當時尚屬楚國，爲秦、楚邊界。限：險阻。

⑥肴(xiáo)：同殽，山名，在今河南洛寧縣西北。函：函谷關，在今河南靈寶縣西南。

⑦奮擊：勇猛的戰士。

⑧地勢形便：鮑彪本曰：「地勢與形，便於攻守。」

⑨天府：天然的府庫。鮑彪本曰：「蓄聚之富，非人力也。」
⑩雄：强。
⑪效：徵驗。

秦王曰：「寡人聞之，毛羽不豐滿者不可以高飛，文章不成者不可以誅罰①，道德不厚者不可以使民②，政教不順者不可以煩大臣③。今先生儼然不遠千里而庭教之④，願以異日⑤。」

①文章：法令。
②厚：大。使民：役使百姓。
③不順：不順應民心。煩：勞。
④儼然：莊嚴，慎重。庭：秦庭。
⑤異日：他日，將來。

蘇秦曰：「臣固疑大王之不能用也。昔者神農伐補遂①，黄帝伐涿鹿而禽蚩尤②，堯伐驩兜③，舜伐三苗④，禹伐共工⑤，湯伐有夏⑥，文王伐崇⑦，武王伐紂⑧，齊桓任戰而伯天下⑨。由此觀之，惡有不戰者乎⑩？古者使車轂擊馳⑪，言語相結⑫，天下爲一；約從連横⑬，兵革不藏⑭；文士并餝⑮，諸侯亂惑；萬端俱起，不可勝理；科條既備⑯，民多僞態；書策稠濁⑰，百姓不足；上下相愁，民無所聊⑱；明言章理，兵甲愈起；辯言偉服⑲，戰攻不息；繁稱文辭，天下不治；舌弊耳聾，不見成功；行義約信，天下不親。於是，乃廢文任武，厚養死士⑳，綴甲厲兵㉑，效勝於戰場㉒。夫徒處而致利，安坐而廣地㉓，雖古五帝、三王、五伯，明主賢君，常欲坐而致之，其勢不能，故以戰續之。寬則兩軍相攻，迫則杖戟相橦㉔，然後可建大功。是故兵勝於外，義强於内；威立於上，民服於下。今欲併天下，凌萬乘，詘敵國㉕，制海内，子元元㉖，臣諸侯，非兵不可！今之嗣主，忽於至道，皆惛於教㉗，亂於治，迷於言，惑於語，沈於辯，溺於辭。以此論之，王固不能行也。」

①神農：即炎帝，傳説中的古帝。補遂：古國名。

②黄帝：傳説中的古帝。涿鹿：地名，在今河北涿鹿縣南。禽：同擒。蚩（chī）尤：傳説中九黎族的首領。事見史記五帝本紀。

③驩（huān）兜（dōu）：傳説爲堯臣，被堯放於崇山。事見史記五帝本紀。

④三苗：古族名，又稱有苗。

⑤共（gōng）工：傳説爲堯臣，被堯流放於幽州。禹伐共工，事見荀子。

⑥湯：商族部落首領，攻滅夏桀，建立商朝。

⑦文王：周文王。崇：崇侯虎，爲商紂王卿士，助紂爲虐，文王伐之。

⑧武王：周武王。紂：商紂王。武王伐紂滅商，建立西周王朝。

⑨齊桓：齊桓公，春秋時齊國君，爲春秋五霸之一。伯：同霸。

⑩惡(wū)：哪裡，如何。

⑪車轂(gǔ)擊馳：車轂衆多，相擊而馳。轂：車輪中心圓木，車軸安於其中。

⑫相結：互相結約。

⑬約從：即約縱。高誘注：「合關東之爲從。」指東方六國聯合抗秦的策略。

⑭不藏：無法收藏。

⑮文士：舌辯之士。餝：同飭(chì)：巧飾。

⑯科條：法令條規。

⑰書策：帛書簡册。稠：多。濁：亂。言文書多而混亂。

⑱聊：依賴。無聊：無所依賴。

⑲辯言：游説之士。偉服：盛服。

⑳死士：敢死之士。

㉑綴甲：縫好戰甲。厲兵：厲，同礪，磨利兵器。

㉒效勝：致勝。

㉓安坐：安穩而坐。廣地：擴展領土。

㉔橦：鮑彪本作「撞」。

㉕詘：屈服。
㉖元元：平民。
㉗惛：同惽（hūn），不明。

說秦王書十上而說不行①。黑貂之裘弊②，黃金百斤盡③，資用乏絕，去秦而歸。羸縢履蹻④，負書擔橐⑤，形容枯槁，面目犂黑，狀有歸色⑥。歸至家，妻不下紝⑦，嫂不爲炊，父母不與言。蘇秦喟嘆曰⑧：「妻不以我爲夫，嫂不以我爲叔，父母不以我爲子，是皆秦之罪也。」乃夜發書，陳篋數十⑨，得太公陰符之謀⑩，伏而誦之，簡練以爲揣摩⑪。讀書欲睡，引錐自刺其股，血流至足。曰：「安有說人主不能出其金玉錦繡，取卿相之尊者乎？」期年揣摩成⑫，曰：「此真可以說當世之君矣！」

①說不行：姚宏本曰：「蘇秦之說，不見用也。」
②弊：壞。
③據戰國策趙策一，蘇秦始說趙國李兑，李兑送之黑貂之裘、黃金百鎰，蘇秦因得以入秦。
④羸（léi）：纏繞。鮑彪本作嬴（yíng），纏裹。縢（téng）：裹腿。蹻（jué）：草鞋。
⑤橐（tuó）：盛物的袋子。高誘注：「有底曰囊，無底曰橐。」
⑥歸：通愧，慚愧。
⑦紝（rèn）：織機。

⑧喟(kuì)嘆：嘆息。
⑨篋(qiè)：小箱。
⑩太公陰符：姜太公所著兵法。
⑪簡：選擇。練：熟練。揣摩：揣度研摩。
⑫期年：一年。

於是乃摩燕烏集闕①，見説趙王於華屋之下②，抵掌而談③。趙王大悦，封爲武安君④，受相印，革車百乘⑤，綿繡千純⑥，白璧百雙⑦，黃金萬溢⑧，以隨其後，約從散横，以抑强秦。

①摩：鮑彪本曰：「言切近過之。」燕烏集闕：闕塞名。
②趙王：趙肅侯，公元前三四九——前三二六年在位。華屋：高大華麗之屋。
③抵(zhǐ)掌：擊掌。抵，側擊掌。
④武安：趙國城邑。
⑤革車：兵車。
⑥純(tún)：段。
⑦壁：鮑彪本作璧，玉環。
⑧溢：同鎰，二十兩或二十四兩爲一鎰。

故蘇秦相於趙而關不通①。當此之時，天下之大，萬民之衆，王侯之威，謀臣之權，皆欲決蘇秦之策②。不費斗糧，未煩一兵，未戰一士，未絶一絃，未折一矢，諸侯相親，賢於兄弟③。夫賢人在而天下服，一人用而天下從。故曰：式於政④，不式於勇；式於廊廟之内⑤，不式於四境之外。當秦之隆⑥，黄金萬溢爲用，轉轂連騎⑦，炫熿於道⑧，山東之國⑨，從風而服⑩，使趙大重⑪。且夫蘇秦特窮巷掘門、桑户棬樞之士耳⑫，伏軾撙銜⑬，横歷天下⑭，廷説諸侯之王⑮，杜左右之口⑯，天下莫之能伉⑰。

①關：函谷關，是六國通向秦國的要道。史記蘇秦列傳云：「蘇秦既約六國從親，秦兵不敢闚函谷關十五年。」

②決：取決於。策：策謀。

③賢：厚，勝過。

④式：用。

⑤廊廟：廟，宗廟，帝王祭祖先處。廊，廟東西有頂的過道。古代帝王常於廊廟議論朝政，以示莊重，後因稱朝廷爲廊廟。

⑥秦：蘇秦。隆：盛。

⑦轉轂連騎：形容隨從的車騎衆多，絡繹於途。

⑧炫熿（huáng）：炫燿。

⑨山東：太行山以東，這裡泛指東方六國。

⑩從風而服：如風吹草動般服從蘇秦的策謀。
⑪重：姚宏本曰：「尊也。使天下諸王侯尊趙王也。」
⑫掘門：鑿牆為門。桑户：以桑木為門户。棬（quān）樞：用枝條做成門軸。
⑬軾：車前扶手的橫木。撙（zǔn）：勒。銜：馬嚼子。
⑭橫歷：橫行。
⑮廷說：在朝廷上游說。
⑯杜：堵塞。
⑰伉：同抗。

將說楚王①，路過洛陽，父母聞之，清宫除道②，張樂設飲，郊迎三十里③。妻側目而視④，傾耳而聽⑤。嫂虵行匍伏⑥，四拜自跪而謝⑦。蘇秦曰：「嫂，何前倨而後卑也⑧？」嫂曰：「以季子之位尊而多金⑨。」蘇秦曰：「嗟乎！貧窮則父母不子，富貴則親戚畏懼。人生世上，勢位富貴，蓋可忽乎哉⑩！」

①楚王：楚威王，公元前三三九——前三二九年在位。
②清宫：清掃房舍。除道：整修道路。
③郊迎三十里：出城郊外三十里迎接，以示隆重。

④側目而視：不敢正視。
⑤傾耳而聽：傾，側，形容非常注意地聽。
⑥虵（shé）行：蛇行，屈折而行。匍伏：匍匐。
⑦謝：謝罪。
⑧倨：傲慢。
⑨季子：譙周曰：「秦字季子。」唐司馬貞史記索隱曰：「此嫂呼小叔爲季子，未必字也。」
⑩蓋（hé）：通盍，難道，豈。忽：忽視。

（邱居里）

秦圍趙之邯鄲

秦圍趙之邯鄲①。魏安釐王使將軍晋鄙救趙②，畏秦，止於蕩陰③，不進。魏王使客將軍辛垣衍間入邯鄲④，因平原君謂趙王曰⑤：「秦所以急圍趙者，前與齊湣王爭强爲帝⑥，已而復歸帝⑦，以齊故⑧今齊湣王已益弱⑨。方今唯秦雄天下，此非必貪邯鄲，其意欲求爲帝。趙誠發使尊秦昭王爲帝⑩，秦必喜，罷兵去。」平原君猶豫未有所決。

〔篇名簡介〕本篇選自戰國策趙策三。公元前二五八年，秦圍攻趙都城邯鄲，魏王派辛垣衍勸趙尊秦王爲帝。齊高士魯仲連引歷史爲鑒，反復說明這樣做的危害，終於勸止了帝秦。

①邯鄲：趙國國都，今河北邯鄲。
②魏安釐（xī）王：名圉（yǔ），公元前二七六——前二四三年在位。晉鄙：魏國大將。
③蕩陰：地名，今河南湯陰，當時爲趙魏兩國邊界。
④客將軍：辛垣衍非魏國人，而仕魏國爲將軍，故稱客將軍。辛垣衍：史記魯仲連列傳辛作新。辛垣，姓。衍，名。間（jiàn）入：偷入。
⑤平原君：名趙勝，趙孝成王叔，封於東武，號平原君，當時爲趙相。趙王：趙孝成王，名丹，公元前二六五——前二四五年在位。
⑥齊湣王：湣或作閔。田氏，名地，公元前三〇一——前二八四年在位。公元前二八八年，齊湣王稱東帝，秦昭王稱西帝，互相争强。
⑦已而：不久。歸帝：歸還帝號，即取消帝號。
⑧以齊故：蘇代勸齊取消帝號，秦亦因之取消帝號。
⑨湣王：二字爲衍文，秦圍邯鄲時，齊湣王已死二十四年。一説，今之齊比湣王時已益弱。
⑩秦昭王：名稷，公元前三〇六——前二五一年在位。誠：假如。

此時魯仲連適游趙①，會秦圍趙②，聞魏將欲令趙尊秦爲帝，乃見平原君曰：「事將奈何矣？」平原君曰：「勝也何敢言事？百萬之衆折於外③，今又内圍邯鄲而不能去。魏王使將軍辛垣衍令趙帝秦，今其人在是，勝也何敢言事？」魯連曰：「始吾以君爲天下之賢公子也④，吾乃今然後知君非天下之賢公子也。梁客辛垣衍安在⑤？吾請爲君責而歸之。」平原君曰：「勝請召而見之於先生。」平原君遂見辛垣衍曰：「東國有魯連先生⑥，其人在此，勝請爲紹介而見之於將軍⑦。」辛垣衍曰：「吾聞魯連先生，齊國之高士也⑧。衍，人臣也，使事有職⑨，吾不願見魯連先生也。」平原君曰：「勝已泄之矣⑩。」辛垣衍許諾。

①魯仲連：又稱魯連，齊國策士，周游列國，爲之排難解紛，而又高節不仕。史記有魯仲連列傳。適：正巧。
②會：正逢。
③百萬之衆折於外：趙孝成王六年（公元前二六〇年），秦將白起大破趙軍於長平，坑趙降卒四十餘萬。折：挫敗。
④賢公子：孟嘗君、平原君、信陵君、春申君爲戰國時著名的四公子。
⑤梁：即魏國，因魏都大梁，今河南開封。
⑥東國：指齊國，因齊在趙國的東方。
⑦紹介：介紹。
⑧高士：品行高尚不肯做官的人。
⑨使事有職：使臣之事，有必須遵行的職守。
⑩泄：泄露。之：辛垣衍來勸帝秦這件事。

魯連見辛垣衍而無言。辛垣衍曰：「吾視居此圍城之中者，皆有求於平原君者也。今吾視先生之玉貌，非有求於平原君者，曷爲久居此圍城之中而不去也？」魯連曰：「世以鮑焦無從容而死者①，皆非也。今衆人不知，則爲一身②。彼秦者，棄禮義而上首功之國也③。權使其士④，虜使其民⑤。彼則肆然而爲帝⑥，過而遂正於天下⑦，則連有赴東海而死矣⑧。吾不忍爲之民也！所爲見將軍者，欲以助趙也。」辛垣衍曰：「先生助之奈何？」魯連曰：「吾將使梁及燕助之。齊、楚則固助之矣⑨。」辛垣衍曰：「燕則吾請以從矣⑩。若乃梁⑪，則吾乃梁人也，先生惡能使梁助之耶⑫？」魯連曰：「梁未睹秦稱帝之害故也，使梁睹秦稱帝之害，則必助趙矣。」辛垣衍曰：「秦稱帝之害將奈何？」魯仲連曰：「昔齊威王嘗爲仁義矣⑬，率天下諸侯而朝周。周貧且微，諸侯莫朝，而齊獨朝之。居歲餘，周烈王崩⑭，諸侯皆弔，齊後往。周怒，赴於齊曰⑮：『天崩地坼⑯，天子下席⑰。東藩之臣田嬰齊後至⑱，則斮之⑲。』威王勃然怒曰：『叱嗟⑳，而母婢也㉑。』卒爲天下笑。故生則朝周，死則叱之，誠不忍其求也㉒。彼天子固然㉓，其無足怪。」

①鮑焦：周時隱士，潔身自守，樵採爲生，不臣天子，不友諸侯，後以不滿時政，抱木而死。見莊子盜跖及韓詩外傳。從容：心胸闊達。無從容：心地狹窄。司馬貞曰：「世人見鮑焦之死，皆以爲不能自寬容而取死，此非也。」

②今衆人不知，則爲一身：司馬貞曰：「言衆人不識鮑焦之意，焦以恥居濁世而避之，非是自爲一身而憂死。」

③上：崇尚。首功：斬首之功。秦制，爵二十級，作戰時斬首越多，爵位越高。

④權使其士：以權詐之術使用他的士。
⑤虜使其民：鮑彪本曰：「視民如所虜獲。」
⑥肆然：放肆，毫無顧忌地。
⑦過：罪過，過惡。遂：竟。正：同政，號令。以過惡而竟號令於天下。
⑧有：衹有。
⑨固：本來。
⑩燕則吾請以從矣：燕國我以爲是會聽從你的。
⑪若乃：至於。
⑫惡（wū）：何，怎麽。
⑬齊威王：田氏，名嬰齊，或作因齊，齊宣王之父。爲仁義：行仁義而非真仁義。
⑭周烈王：名喜，公元前三七五——前三六九年在位。
⑮赴：通訃，報喪。
⑯天崩地坼（chè）：比喻天子死。崩：塌。坼：裂。
⑰天子：此指新即位的周顯王扁，爲烈王弟，公元前三六八——前三二一年在位。下席：離開宫室，移居草廬苫席之上，爲故去的天子守喪。
⑱藩：本義籬笆，引申爲屏蔽。古代封建諸侯，以屏藩王室，故稱諸侯爲藩國。齊在東方，所以稱東藩。
⑲斮（zhuó）：斬殺。

⑳叱（chì）嗟（juē）：怒斥聲。
㉑而：你。
㉒忍：忍受。求：苟求。
㉓固然：本來如此。

辛垣衍曰：「先生獨未見夫僕乎①？十人而從一人者，寧力不勝②、智不若耶？畏之也。」魯仲連曰：「然梁之比於秦，若僕耶？」辛垣衍曰：「然。」魯仲連曰：「然吾將使秦王烹醢梁王③。」辛垣衍快然不悦曰④：「噫⑤，亦太甚矣，先生之言也！先生又惡能使秦王烹醢梁王？」魯仲連曰：「固也，待吾言之。昔者，鬼侯之鄂侯、文王⑥，紂之三公也⑦。鬼侯有子而好⑧，故入之於紂，紂以爲惡，醢鬼侯。鄂侯爭之急，辨之疾⑨，故脯鄂侯⑩。文王聞之，喟然而嘆，故拘之於牖里之庫百日⑪，而欲令之死。曷爲與人俱稱帝王，卒就脯醢之地也？齊閔王將之魯⑫，夷維子執策而從⑬，謂魯人曰：『子將何以待吾君？』魯人曰：『吾將以十太牢待子之君⑭。』維子曰⑮：『子安取禮而來待吾君？彼吾君者，天子也。天子巡狩⑯，諸侯辟舍⑰，納筦鍵⑱，攝衽抱几⑲，視膳於堂下⑳，天子已食㉑，退而聽朝也㉒。』魯人投其籥㉓，不果納㉔。不得入於魯，將之薛㉕，假途於鄒㉖。當是時，鄒君死，閔王欲入弔。夷維子謂鄒之孤曰㉗：『天子弔，主人必將倍殯柩㉘，設北面於南方㉙，然後天子南面弔也。』鄒之群臣曰：『必若此，吾將伏劍而死㉚。』故不敢入於鄒。鄒、魯之臣，生則不得事養㉛，死則不得飯含㉜。然且欲行天子之禮於鄒、魯之臣，不果納。今秦萬乘之國㉝，梁亦萬乘之國。俱據萬乘之國，交有稱王之名㉞，睹其一戰而勝，欲從而帝之，是使三晋之大臣㉟，不如鄒、魯之僕妾也。且秦無已而帝㊱，則且變易諸侯之大臣。彼將奪其所謂不肖㊲，而予其所謂賢；奪其所憎，而與其所愛。彼又將使其子女讒妾爲諸侯妃姬㊳，處梁之宫，梁王安得晏然而已乎㊴？而將軍又何以得故寵乎㊵？」

①僕：奴僕。
②寧：難道。
③烹：用鼎煮人。醢（hǎi）：把人剁成肉醬。均爲古代酷刑。
④怏（yàng）然：不高興的樣子。
⑤嘻：驚嘆聲。
⑥之：鮑彪本無此字。鬼侯、鄂侯、文王，都是紂時諸侯。鬼侯封地在今河北臨漳。鄂侯封地在今河南沁陽。文王即周文王，封地在今陝西鄠縣。
⑦三公：三個諸侯。
⑧子：女兒。好：貌美。
⑨辨：同辯。
⑩脯（fǔ）：把人做成肉干，古代酷刑之一。
⑪牖（yǒu）里：或作羑里，在今河南湯陰縣北。庫：收藏兵甲戰車的房舍，這裡用作囚室。

⑫齊閔王：即齊湣王。齊閔王四十年，燕合五國之軍攻齊，閔王出逃。

⑬夷維子：齊人，以邑爲姓。夷維，今山東濰坊。子：古代對男子的美稱。策：馬鞭。

⑭太牢：大的盛牲的食器。盛牛、羊、猪各一。後將祭祀或宴會時並用牛羊猪三牲稱太牢。

⑮維子：鮑彪本作夷維子。

⑯巡狩（shòu）：天子巡視諸侯國。

⑰諸侯辟舍：諸侯讓出宮室給天子住，自己住在外。辟：同避，離開。

⑱納筦鍵：繳納鎖鑰給天子。筦：同管。鎖鑰。

⑲攝衽（rèn）：提起衣襟。抱几：捧着几案。

⑳視膳：伺候天子用膳。

㉑已食：吃完飯。

㉒退而聽朝：諸侯退回自己的朝廷去聽政辦公。

㉓投其籥（yuè）：閉關下鎖。

㉔不果納：没有讓齊閔王入境。

㉕薛：周初分封的諸侯國，任姓。戰國時爲齊所滅，後爲孟嘗君田文之封邑，其地在今山東滕縣東南。

㉖假：借。鄒：春秋時邾國，戰國時爲鄒國，在今山東鄒縣。

㉗孤：父親死，兒子叫孤。鄒之孤：已故鄒君的兒子。

㉘倍：同背。殯（bìn）：停喪。柩（jiù）：裝着尸體的棺材。倍殯柩：把靈柩移到相反的方位。古代以坐北朝

南爲正位。諸侯靈柩，本應停喪於北面。但天子弔諸侯，應面向南，所以須把靈柩移到南面。

㉙設北面於南方：在南面設立坐南向北的位置。

㉚伏劍而死：伏劍自刎而死，意寧死不從。

㉛事養：供奉侍養。

㉜飯含：古時殯禮，將粟米放在死人口中叫飯，把玉石放在死人口中叫含。此言鄒、魯極其貧弱，其君生不得侍養，死亦無力備飯含。

㉝萬乘之國：能出一萬輛兵車的大國。

㉞交：互相，彼此。

㉟三晉：韓、趙、魏三國爲春秋時的晉國分裂而成，故稱三晉。此處實際指魏、趙二國。

㊱無已：没有止境。帝：動詞，稱帝。

㊲不肖：不才，不正派。

㊳子女：此專指女。讒妾：善於嫉賢妬能的妾。

㊴晏然：平安地。

㊵故寵：舊日的尊寵。

於是辛垣衍起，再拜謝曰：「始以先生爲庸人①，吾乃今日而知先生爲天下之士也。吾請去，不敢復言帝秦。」秦將聞之，爲却軍五十里②。

①庸人：平凡的人。
②却軍：退兵。

適會魏公子無忌奪晋鄙軍以救趙擊秦①，秦軍引而去②。於是平原君欲封魯仲連。魯仲連辭讓者三③，終不肯受。平原君乃置酒④，酒酣⑤，起前以千金爲魯連壽⑥。魯連笑曰：「所貴於天下之士者，爲人排患、釋難、解紛亂而無所取也⑦。即有所取者⑧，是商賈之人也，仲連不忍爲也。」遂辭平原君而去，終身不復見。

①魏公子無忌：即信陵君，魏昭王少子，安釐王異母弟，爲戰國四公子之一。無忌托魏安釐王愛姬如姬盗出兵符，假傳魏王命令，奪得晋鄙的軍隊以救趙，事在史記魏公子列傳。
②引：向後撤退。
③三：多次。
④置酒：設置酒宴。
⑤酒酣：酒喝到很暢快的時候。
⑥壽：祝壽。
⑦排：排除。釋：消除。解：解開。三詞同義。
⑧即：假如。

（邱居里）

詔　令

唐大詔令集

戒厚葬詔

朕聞：死者，終也，欲物之反於真①也；葬者，藏也，欲人之不得見也。上古垂風，未聞於封樹；後聖貽範②，始備於棺槨。譏僭侈③者非愛其厚費，美儉薄者實貴於無危。是以唐聖帝也，穀林有通樹之說⑤；秦穆明君也，橐泉⑥無丘壟⑦之處。仲尼孝子也，防墓不墳⑧；延陵⑨慈父也，嬴博⑩可隱。洎乎闔廬⑪違禮，珠玉爲鳧雁⑫；始皇無度，水銀如江海⑬。因多藏以速禍，由有利以招辱。朕居四海之尊，承百王之弊，未明求衣，中宵載惕⑭。雖送往之典，詳諸儀制；失禮之禁，著在刑書。而勳戚之家，或流遁⑮於習俗；閭閻之内，或侈靡而傷風。以厚葬爲奉終，高墳爲行孝。遂使衣衾棺槨，極雕刻之華；芻靈⑯明器⑰，窮金玉之費。富者越法度以相高，貧者破資産以不逮。徒傷教義，無益泉壤⑱。爲害既深，宜有懲革。其公以下，爰及黎庶，送終之具有乖令式⑲者，明加檢察，隨狀科罪。

在京五品以上及勳戚之家，録狀聞奏。

〔唐大詔令集簡介〕政書。北宋宋敏求（一〇一九——一〇九七）編。一百三十卷。此書爲在其父宋綬原有纂輯的基礎上整理成編的。書成於神宗熙寧三年（一〇七〇）。現除卷十四至二十四、八十七至九十八共二十三卷缺之外，分十三門、一百五十四目，收文凡一千九百六十三篇（重復六篇），八十餘萬字。對當時政治、經濟、法律、選舉、職官、婚姻制度以及民族關係等多有記述，史料價值較高。光緒年間始刊刻，爲適園叢書本。

本次注釋所據，爲一九五九年商務印書館據鐵琴銅劍樓原藏顧廣圻校舊抄本出版的斷句排印本。

〔篇名簡介〕戒厚葬詔選自唐大詔令集卷八〇，是唐太宗爲革除厚葬之風，禁止喪葬逾制，於貞觀十七年（六四三）三月下達的一份詔書。

①反於真：真：本原，自身。即事物回到其本原。

②貽範：説文：「贈遺也。从貝、台聲。」即遺留下的榜樣。

③偺（tiè）侈：浮誇、浪費。

④唐堯：即陶唐氏，傳説中遠古部落的首領，名放勳，號唐堯。

⑤轂（gǔ）林有通樹之説：轂，疑即「穀」，穀林，地名，即山東成陽。舊史稱堯葬於穀林。

⑥槀泉：即墳墓。

⑦丘壠：此指高高隆起的墳堆。

⑧防墓不墳：防：本義爲阻水之堤，此處活用爲動詞，建造之義。墳：活用爲動詞，起墳包之義。

⑨延陵：即春秋時吳國貴族季札，封於延陵（今江蘇常州），稱延陵季子。

⑩贏（yíng）博：贏，環繞。博，廣大。

⑪闔廬：即闔閭（？——公元前四九六年），春秋末之吳國國君。姓姬，名光。公元前五一五——前四九六年在位。

⑫鳧（fú）雁：野鴨。

⑬水銀如江海：史記秦始皇本紀：「……葬始皇酈山。……以水銀爲百川江河大海。」近年考古學家已證實：秦始皇陵内確有大量水銀蒸氣。

⑭中宵載惕：中宵：夜半。惕：小心謹慎。

⑮流遁：逡巡，徘徊。

⑯芻靈：茅草扎成的人馬，古代用於殉葬。

⑰明器：古代以竹、木或陶土專爲隨葬而作的器物，後世又有以紙扎者。

⑱泉壤：即泉下、地下。

⑲令式：唐代法律分律、令、格、式。

（汝企和）

地理

洛陽伽藍記

白馬寺

白馬寺，漢明帝①所立也，佛入中國之始。寺在西陽門②外三里御道南。帝夢金神，長丈六③，項背日月光明，金神(胡人)號曰佛。遣使向西域求之，乃得經像焉。時白馬負(經)而來，因以為名。明帝崩，起祇洹④於陵上。自此從(以)後，百姓塚上，或作浮圖⑤焉。寺上經函至今猶存。常燒香供養之，經函時放光明，耀於堂宇，是以道俗禮敬之，如仰真容⑥。浮屠前，柰林蒲萄⑦異於餘處，枝葉繁衍，子實甚大。柰林實重七斤，蒲萄實偉於棗，味並殊美，冠於中京⑧。帝至熟時，常詣取之，或復賜宮人。宮人得之，轉餉親戚，以為奇味，得者不敢輒食，乃歷數家。京師語曰：「白馬甜榴，一實直牛。」

〔洛陽伽藍記簡介〕此書以北魏京城洛陽佛寺的興廢為題，如實追述了當時與之相關的政治、人物、風俗、建築、園林、掌故、傳聞等等。「伽藍」是梵文「僧伽藍摩」的省稱，是佛教寺院的通稱。作者楊衒之在北魏孝莊帝時任奉朝請，後又任秘書監等。他目睹北魏京城洛陽佛寺大興、都市繁華的盛況；也目睹了政治動亂直至北魏滅亡後「城郭崩毀，宮室傾覆，寺觀灰燼，廟塔丘墟」的慘狀。所撰洛陽伽藍記五卷，既是地理游記、文學作品、歷史著述，又是一部極爲激烈的抨擊佛教的傑作。

現采用范祥雍校注本加以注釋。

〔篇名簡介〕爲洛陽伽藍記卷四城西中的一篇，講述了建寺經過、寺内的珍貴果樹及沙門寶公爲胡太后、趙法和占驗之事。

①漢明帝：東漢第二代皇帝，名莊，公元五十八——七十五年在位，年號永平。據高僧傳等書記載，漢明帝夜夢金人飛空而至，乃大集羣臣占夢，經傅毅提示，知爲西域之佛，便遣郎中蔡愔等尋訪。愔等於月氏遇到來自天竺(今印度)的迦葉摩騰和竺法蘭，邀他們入中國，以白馬馱經像歸洛陽。永平十一年(公元六十八年)，在洛陽建寺，名白馬寺。

②西陽門：據洛陽伽藍記序例記載：「西面有四門。南頭第一門曰『西明門』，漢曰『廣陽門』。魏、晉因而不改，高祖改爲『西明門』。次北曰『西陽門』，漢曰『雍門』。魏、晉曰『西明門』，高祖改爲『西陽門』。……」。

③長丈六：指佛身高一丈六尺。

④祇洹：即精舍。全稱「祇樹給孤獨園」或「勝林給孤獨園」。相傳舍衛國大臣須達，極富有且好賑濟孤老，時人稱之「給孤獨」。他用黃金購求太子祇陀的園地建築精舍，請釋迦說法。太子奉獻園内美好林木。故稱「祇樹給孤獨園」。本文指修行佛法用的禪房。

⑤浮圖：即「浮屠」，佛塔。

⑥真容：指佛的真身。
⑦柰林蒲萄：柰林，即石榴樹，蒲萄，即葡萄。
⑧中京：即中原。據禮記檀弓，京即原。
⑨直：與「值」通。

有沙門寶公者，不知何處人也。形貌醜陋，心機通達，過去未來，預覩三世。發言似讖①，不可解，事過之後，始驗其實。胡太后②聞之，問以世事，寶公曰：「把粟與雞呼朱朱。」時人莫之能解。建義元年③，后爲爾朱榮④所害，始驗其言。時亦有洛陽人趙法和請占「早晚當有爵否？」寶公曰：「大竹箭，不須羽。東廂屋，急手作。」時不曉其意。經十餘日，法和父喪。大竹（箭）者（苴）杖⑤，東廂屋者，倚廬⑥。造十二辰歌，終其言也。

①讖：預言，預兆。
②胡太后：魏孝明帝（元詡）母。胡太后以明帝幼冲，親覽萬機，手筆斷決。明帝長大後，胡太后與之爭權，母子之間嫌隙屢起。
③建義元年：北魏孝莊帝即位後，建年號爲建義，元年即公元五二八年。
④爾朱榮：原爲北魏秀容部落首領。積極參與鎮壓各族人民起義，兵勢漸盛。他得知胡太后鴆殺明帝，另立年止二、三歲的釗爲幼主，便以入匡朝廷爲名，進軍洛陽，殺太后、幼主及百官二千餘人。他輔立孝莊帝，自己專斷朝

政。

⑤苴杖：粗糙的竹杖，古時用予居父喪時所用。苴：與「粗」通。

⑥倚廬：古人守喪時住的房子。倚木爲廬，門向北開，用草木等物蓋成，不塗泥，在中門外東墻下。

（劉淑英）

寶光寺

寶光寺，在西陽門外御道北。有三層浮圖一所，以石爲基，形製甚古，畫工雕刻。隱士趙逸①見而歎曰：「晉朝石塔寺，今爲寶光寺也！」人問其故，逸曰：「晉朝三（四）十二寺盡皆湮滅，唯此寺獨存。」指園中一處曰：「此是浴室，前五步，應有一井。」衆僧掘之，果得屋及井焉。井雖填塞，磚口如初，浴室下猶有石數十枚。當時園池（地）平衍，果菜葱青，莫不嘆息焉。園中有一海，號「咸池」。葭菼被岸，菱荷覆水③，青松翠竹，羅生其旁。京邑④士子，至於良辰美日，休沐告歸⑤，徵友命朋⑥，來遊此寺。雷車接軫，羽蓋成陰⑦。或置酒林泉，題詩花圃，折藕浮瓜⑧，以爲興適。

〔篇名簡介〕寶光寺又作「光寶寺」。洛陽伽藍記卷第四城西中設有專篇，本篇追憶了晉朝在洛陽修建的衆多寺廟中唯一幸存至北魏的寶光寺其形製與園林之美，堪稱遊覽勝地。慨嘆北魏末年寺門被毀，爾朱天光兵敗被殺。

①趙逸：據洛陽伽藍記卷第二城東建陽里篇記載：趙逸自稱為晉武帝時(公元二六五——二九〇年)人。他對晉朝舊事多所記録。他於北魏孝明帝正光(公元五二〇——五二五年)初年至洛陽，對當年所建寺院、古跡仍能一一加以驗證。

②此句中「三十二寺」應為「四十二寺」。湮滅：埋没(mò)，毁滅。湮，埋没；滅，滅絶。

③葭菼被岸，菱荷覆水：蘆荻遮蔽池岸，菱荷覆蓋在水面。葭(jiā)：初生的蘆葦。菼(tǎn)：初生的荻，似葦而小。被：遮蔽，覆蓋。菱：菱角葉。荷：荷葉及花。覆：覆蓋。

④京邑：京城。此處即指洛陽。

⑤休沐告歸：回家休息沐浴。休沐是古代官吏的例假。漢制，中朝官五日一下里舍休沐。告：古代官吏休假之稱。

⑥徵友命朋：邀集朋友。徵：邀請，召集。命：廣韻：「命，召也。」

⑦雷車接軫，羽蓋成蔭：車聲如雷，一輛接一輛，鳥羽裝飾的車蓋連成片片蔭影。軫：車後横木。羽蓋：即用翠鳥羽毛裝飾的車蓋。

⑧浮瓜：把瓜果浸泡於清冽的水中。

普泰①末，雍西(州)刺史隴西王爾朱天光摠②士馬於此寺。寺門無何都崩③，天光見而惡之。其年，天光戰敗④，斬於東市也。

①普泰：北魏節閔帝年號，五三一——五三二年。
②揔：同「總」，統領。
③無何都崩：没過多久都倒塌。
④天光戰敗：據魏書爾朱天光傳記載：當時獻武王（高歡）兵力轉盛，起兵信都，欲誅滅專權擅政的爾朱氏。爾朱世隆令斛斯椿逼令爾朱天光迎戰。天光不得已，東下，在韓陵被打敗。斛斯椿斷天光歸路。天光西北走，被執送獻武王。獻武王斬天光於洛陽東市。

（劉淑英）

政書

通典

職官一

伏羲氏①以龍紀，故爲龍師名官②。共工氏③以水紀，故爲水師水名。神農氏④以火紀，故爲火師火名。黄帝⑤則雲師雲名。少皞摯⑥之立也，鳳鳥適至，故鳥紀，爲鳥師而鳥名。鳳鳥氏，歷正也⑦。元鳥氏，司分也⑧；伯趙氏，司至也⑨；青鳥氏，司啓也⑩；丹鳥氏，司閉也⑪。祝鳩氏，司徒也⑫；鴡鳩氏，司馬也⑬；鳲鳩氏，司空也⑭；爽鳩氏，司寇也⑮；鶻鳩氏，司事也⑯。五鳩，鳩民者也⑰。五雉爲五工正⑱，利器用、正度量、夷⑲民者也。九扈爲九農正⑳。自顓頊㉑以來，不能紀遠㉒，乃紀於近。爲民師而命以民事㉓。又有五行之官，是謂五官。社稷、五祀，是尊是奉㉔。春官木正，曰句芒㉕；夏官火正，曰祝融㉖；秋官金正，曰蓐收㉗；冬官水正，曰元冥㉘；中官土正，曰后土㉙。

〔篇名簡介〕本篇選自杜佑撰寫的通典卷十九職官一。此篇對自伏羲氏直至唐開元時期設立職官的概況作了綜述，對了解這一漫長時期設官分職狀況起了提綱挈領作用。本篇以一九三五年商務印書館萬有文庫本爲底本加以注釋。

①伏羲氏：古代傳説中的部落酋長。即太皞(昊)。「伏」又作「宓」。以龍紀，用龍名官。

②龍師名官：師，長也。龍化其官長，故爲龍師。春官爲青龍，夏官爲赤龍，秋官爲白龍，冬官爲黑龍，中官爲黄龍。張晏曰：「庖羲氏將興，神龍負圖而至，因以名師與其官也。」庖羲，即伏羲。

③共工氏：杜預注：「共工以諸侯霸有九州者，在神農前大皞後，亦受水瑞，以水名官。」水瑞，以水爲祥瑞之徵，故以水名官。

④神農氏：古史又稱炎帝，有火星之瑞，其受命正值五行的火運，以火德王，故以名師與官。春官爲大火，夏官爲鶉火，秋官爲西火，冬官爲北火，中官爲中火。

⑤黄帝：司馬貞索隱案：「有土德之瑞，土色黄，故稱黄帝，猶神農火德王而稱炎帝然也。此以黄帝爲五帝之首，蓋依大戴禮五帝德。……而孔安國、皇甫謐帝王代紀及孫氏注系本並以伏羲、神農、黄帝爲三皇……。」應劭曰：「黄帝受命有雲瑞，故以雲紀事也。由是而言，故春官爲青雲，夏官爲縉雲，秋官爲白雲，冬官爲黑雲，中官爲黄雲。」張晏曰：「黄帝有景雲之應，因以名師與官也。」

⑥少皞摯：應劭曰：「金天氏，黄帝子青陽也。」史記五帝本紀：「帝嚳高辛者，黄帝之曾孫也。……帝嚳娶陳鋒氏女，生放勳。娶娵訾氏女，生摯。帝嚳崩，而摯代立。帝摯立，不善，而弟放勳立，是爲帝堯。」

⑦鳳鳥氏，曆正也：鳳鳥，傳説中的瑞鳥，即鳳凰。鳳鳥知天時，故以爲曆正之官。曆正，掌管曆法的官。下文中均以鳥命節氣官。

⑧元鳥氏，司分也：「元」本爲「玄」。玄鳥，即「燕」。燕，以春分來秋分去，故主管頒布節氣。分，春分、秋分。

⑨伯趙氏，司至也：伯趙、伯勞，鳥名。此鳥以夏至來鳴，冬至止去，故以主管頒布夏至和冬至節氣。一說伯勞即杜鵑鳥。

⑩青鳥氏，司啓也：青鳥，鳥名，鶬鴳。此鳥以立春鳴，立夏（原注爲『秋』）止。立春立夏謂之啓。司啓，即主管頒布新的一年春夏來臨。

⑪丹鳥氏，司閉也：丹鳥，鷩雉，即錦鷄。以立秋來，立冬去。閉，立秋、立冬。左傳僖五年：「凡分、至、啓、閉，必書雲物。」注：「閉，立秋、立冬。」

⑫祝鳩氏，司徒也：祝鳩，鷦鳩，即鵓鴣。鷦鳩，孝，故爲司徒主教民。

⑬鴡鳩氏，司馬也：據通典注曰：「鴡鳩，王鴡也，摯而有別，故爲司馬，主法制。」鴡鳩在詩國風關雎中，又寫作雎鳩，爲水鳥名。「鴡」與「雎」同。此注中「主法制」，即主兵事。

⑭鳲鳩氏，司空也：鳲鳩，即布谷鳥。因其用心均一，故爲司空，主平水土。

⑮爽鳩氏，司寇也：通典注曰：「爽鳩，鷹也。摯，故爲司寇主賊盗。」摯同鷙，凶猛。

⑯鶻鳩氏，司事也：鶻鳩，似山雀而小，短尾，青黑色，多聲。一說即斑鳩。春來冬去，故爲司事。

⑰五鳩，鳩民者也：五鳩，指上述五種鳩鳥。鳩民者也，聚集（安集）人民的官。鳩，聚也。治民尚聚，故以鳩爲名。

⑱五雉爲五工正：五種雉爲五工正名。五雉，五種鳥名，雉，鶉鷄類，雄者羽毛美麗，尾長，可作裝飾品；雌者羽黄褐色，尾較短。漢人避吕后諱，稱雉爲「野鷄」。五種雉如下：西方曰鷷雉，東方曰鶅雉，南方曰翟雉，北方曰鵗雉，伊洛之南曰翬雉。工正，官名，爲掌百工之官。又一解：雉，理，平治。疏：「雉聲近夷，雉訓夷，夷爲平，故

以雉名工正之官。」

⑲夷：平。

⑳九扈爲九農正：九扈，扈有九種：春扈鳻鶞，夏扈竊元，秋扈竊藍，冬扈竊黄，棘扈竊丹，行扈唶唶，宵扈嘖嘖，桑扈竊脂，老扈鷃鷃。扈，止也，止人使不淫放也。以九扈作爲九農之號，各隨其宜，以教民事者也。又一解：爾雅釋鳥：「扈」，作「鳸」。説文引九扈爲九雇，本是農桑候鳥，借以作農事官名。

㉑顓頊：應劭曰：「顓頊氏，代少昊者也。」少昊，即少皞。

㉒不能紀遠：言德不能致遠瑞。

㉓爲民師而命以民事：爲民設長官，以民事命官。

㉔社稷、五祀，是尊是奉：意爲五官之君長能修其業者，死配食於五行之神，爲王者所尊奉。社稷，土、穀之神；五祀，五行之神。

㉕木正，曰句芒：正，官長。春官爲木正，其神稱句芒。取木生句曲(彎曲)而有芒角，其祀重也。因木盛在春，故春官爲木正。

㉖夏官火正，曰祝融：夏官爲火正，其神稱祝融。祝融，明貌，其祀黎也。應劭曰：「少昊有四叔，重爲句芒，胲爲蓐收，修及熙爲玄(元)冥。顓頊氏有子曰黎，爲祝融。共工氏有子曰句龍，爲后土。故有五行之官，皆封爲上公，祀爲貴神。」師古曰：「上謂其事久遠也。胲音該。」木、火、金、水、土爲五行。

㉗秋官金正，曰蓐收：意爲秋物摧蓐而可收，其祭胲也。

㉘冬官水正，曰元冥：水陰而幽冥，其祀修及熙。

㉙中官土正，曰后土：土爲羣物之主，故稱后，其祀句龍。在家則祀中霤，在野則祀社。以上各條可參考前面應劭注。

唐堯①之代，命羲、和②，欽若昊天③，曆象日月星辰，敬授人時④。分命羲仲宅嵎夷⑤，曰暘谷⑥，寅賓出日，平秩東作⑦；申⑧命羲叔宅南交⑨，平秩南訛敬致⑩；分命和仲宅西⑪，曰昧谷⑫，寅餞納日，平秩西成⑬；申命和叔宅朔方⑭，曰幽都⑮，平在朔易⑯。允釐百工，庶績咸熙⑰。內有百揆四岳⑱，外有州牧侯伯⑲。虞舜⑳有天下，以伯禹作司空㉑，使宅百揆；棄后稷播百穀㉒，契作司徒，敷五教㉓；皋繇作士，正五刑㉔；垂作共工，利器用㉕；伯益作虞㉖，育草木鳥獸；伯夷秩宗，典三禮㉗；夔典樂，教胄子㉘，和神人㉙；龍作納言㉚，出納帝命。蓋亦爲六官㉛，以主天地、四時也。夏后氏㉜之制，亦置六卿㉝，其官名次猶承虞制㉞。

①唐堯：帝王紀云：「堯都平陽，於詩爲唐國。」索隱：「堯，謚也。放勳，名。」謚法曰：「翼善傳聖曰堯。」正義徐廣云：「號陶唐。」

②羲、和：重黎之後，重即羲，黎即和，別爲氏族。羲氏、和氏世掌天地、四時之官，故堯命之。

③欽若昊天：欽，敬；若，順從；昊天，言元氣昊然廣大。

④曆象日月星辰，敬授人時：以曆數之法觀察日月星辰，分節敬記以授人也。

⑤宅嵎夷：宅，居。嵎夷，東表之地，即青州。堯命羲仲理東方青州嵎夷之地。

⑥暘谷：暘，明也。日出於谷而天下明，故稱暘谷。暘谷與嵎夷同指一地。

⑦寅賓出日，平秩東作：寅，敬；賓，導；秩，序；東作，歲起於東而始就耕。意即東方之官敬導出日，平均次序東作之事，以務農。三春主東，故言日出，耕作在春，故言東作。

⑧申：重，再。

⑨南交：孔安國曰：「夏與春交，此治南方之官也。」索隱：「孔注未是。……南方地有名交阯者，或古文略舉一字名地，南交則是交阯不疑也。」宅南交，掌夏事治南方之官。

⑩平秩南訛敬致：訛，化。索隱：「春言東作，夏言南爲，皆是耕作營爲勸農之事。」主張「訛」應是「爲」字。孔安國曰：「平序分南方化育之事，敬行其教，以致其功也。」

⑪宅西：治西方之官，掌秋天之政。

⑫昧谷：昧，冥。孔安國曰：「日入於谷而天下冥，故曰昧谷。此居治西方之官，掌秋天之政也。」昧谷即「西」，隴西之西，即兑山。

⑬寅餞納日，平秩西成：餞，送也。日出言導，日入言送，因事之宜。秋，西方萬物成平，序其政，助成物也。

⑭朔方：北稱朔，亦稱方。

⑮幽都：北稱幽，都謂所聚也。正義案：「北方幽州，陰聚之地，命和叔居理之。北方之官，若周禮冬官卿。」

⑯平在朔易：易，謂歲改易於北方。平均在察其政，以順天常。在，察。

⑰允釐百工，庶績咸熙：允，信；釐，治。百工，百官。庶，衆；績，功；咸，皆；熙，廣。意思是定四時，成歲曆，以

告時授事，則能信治百官，衆功皆廣。

⑱内有百揆四岳：四岳，分主四方諸侯者。周禮正義：四岳，四時之官。主四岳之事，始羲、和之時。主四岳者，謂之四伯。至其死，分岳事置八伯，皆王官。其八伯唯驩兜、共工、放齊、鯀四人而已，餘四人無文可知。故書傳云，惟元祀巡守四岳八伯。堯始以羲、和爲六卿，春、夏、秋、冬者並掌方岳之事，是爲四岳，出則爲伯。其後稍死，分置八伯。以九州而言：八伯者據畿外八州也，畿内不置伯，以鄉遂之，吏主之。四岳之外，更有百揆之官者。但堯初，天官爲稷。至堯試舜，天官之任則謂之百揆。舜又命禹爲百揆，皆天官也。百揆，總領國政的長官，於周更名冢宰。

⑲外有州牧侯伯：外置十二州牧及五國之長。堯時有冀、兖、青、徐、荆、揚、豫、梁、雍九州，舜時增並、幽、營三州。

⑳虞舜：姚姓，有虞氏，名重華。書舜典：「曰若稽古帝舜，曰重華，協於帝。」疏：「舜能繼堯，重其文德之光華。」重，讀chóng，再。謚法曰：「仁聖盛明曰舜。」索隱：虞，國名，在河東大陽縣。舜，謚也。皇甫謐云：「舜字都君」也。

㉑以伯禹作司空：禹代鯀爲崇伯，入爲天子司空，治洪水有成功，言可用之。謚法曰：「受禪成功曰禹。」帝王紀云：「禹受封爲夏伯，在豫州外方之南，今河南陽翟是也。」禹名文命。

㉒棄后稷播百穀：棄，人名，周的先祖，任農官。播百穀，即順四時而種植百穀。

㉓契作司徒，敷五教：契，人名，傳説中商族的始祖帝嚳的兒子，舜時契任司徒，布五常之教。敷，布，施行；五教，即五常之教：父義、母慈、兄友、弟恭、子孝。

㉔臯陶作士，正五刑：臯陶（gāo yáo），傳說中舜之臣，掌刑獄之事。也稱咎繇。士，理獄官。五刑：墨、劓、宫、剕、大辟。

㉕垂作共工，利器用：垂，人名。共，謂供其百工職事，即主百工之官。利器用，即製作精良器物供使用。

㉖伯益作虞：伯益即伯翳，秦、趙之祖。虞，掌山澤之官。

㉗伯夷秩宗，典三禮：伯夷，臣名，姜姓。秩，序；宗，尊。典，主持；三禮，天、地、人之禮。若太常，掌郊廟之官。

㉘冑子：孔安國云：「冑，長也。謂元子以下，至卿大夫子弟，以歌詩蹈之舞之，教長國子中和祗庸孝友。」

㉙和神人：神人咸和，命夔使勉之。

㉚龍作納言：龍，舜時臣名。納言，孔安國云：「納言，喉舌之官也。聽下言納於上，受上言宣於下，必信也。」

㉛六官：崔靈恩曰，自顓頊以來，命南正重司天，火正黎司地，故重黎之後世掌天地官，號曰羲、和。唐堯受之，迺置天地四時之官。命羲和之後使復舊職，而掌天地之事。又分命羲仲、羲叔、和仲、和叔使主四時，爲六卿之任。及其末年，舜攝百揆，改地官爲司徒，秋官爲士，冬官爲司空，春官爲秩宗，故尚書曰：「迺命羲和，欽若昊天，」分命和仲、和叔等使主四時之事；又云：「百姓不親，五品不遜，」契爲司徒，敬敷五教，地官之事也；臯繇作士，五刑有服，秋官之任也；禹作司空，平水土，冬官之職也；伯夷爲秩宗，典朕三禮，此春官之所司也。又周禮正義曰：稷爲天官，羲和爲夏官。共爲六官也。

㉜夏后氏：禹受舜禪，建夏朝，也稱夏后氏、夏后或夏氏。史記夏本紀：「禹於是遂即天子位，南面朝天下，國號曰夏后，姓姒氏。」

㉝亦置六卿：據尚書甘誓：「大戰於甘，迺召六卿。」可證此時亦置六卿。

㉞猶承虞制：據禮記記載：夏后氏官百，天子有三公、九卿、二十七大夫、八十一元士。

殷①制，天子建天官。先六太，曰：太宰、太宗、太史、太祝、太士、太卜，典司六典②。天子之五官，曰：司徒、司馬、司空、司士、司寇，典司五衆③。天子之六府④，曰：司土、司木、司水、司草、司器、司貨，典司六職。天子之六工⑤，曰：土工、金工、石工、木工、獸工、草工，典制六材。五官致貢曰享⑥，五官之長曰伯⑦。千里之內為王畿，千里之外設方伯。五國以為屬，屬有長。十國以為連，連有帥。三十國以為卒，卒有正。二百一十國以為州，州有伯⑧。八州、八伯、五十六正、百六十八帥、三百三十六長。八伯各以其屬屬於天子之老⑨二人，分天下以為左右，曰二伯。周成王既黜殷命，參考殷官制，為周禮，以作天地、四時之名，謂之六卿⑩。立天官冢宰掌邦治；地官司徒掌邦教；春官宗伯掌邦禮；夏官司馬掌邦政；秋官司寇掌邦刑；冬官司空掌邦事⑪。各有徒屬，周⑫於百事。歲終，天子齋戒受諫⑬，六卿以百官之成質⑭於天子，百官齋戒受質⑮，然後休老勞農⑯，成歲事⑰，制國用。自周衰官失而百職亂。戰國並爭，各有變易。

①殷：朝代名。湯建商朝，傳至盤庚，遷都殷（今河南安陽小屯村）。周人稱為大邦殷。後來或殷商互舉，或殷商連稱。

②典：制度，法則。此段所講為殷制，周時太宰為天官，太宗曰宗伯，宗伯為春官，太史以下屬焉。太士，以神仕

者。

③衆：群臣。周制，司士屬司馬。太宰、司徒、宗伯、司馬、司寇、司空爲六官。

④府：府，主藏六物之税者。周制，皆屬司徒。司土，土均；司木，山虞；司水，川衡；司草，稻人；司器，角人；司貨，丱（gǒng）人。土均，掌平土地之政，以均地守、地事、地貢。稻人，掌營種稻田。角人，掌以時徵收犀象麋鹿等獸之齒角，以當邦賦之政令。丱人，掌金玉錫石之地。丱，古「磺」字，磺爲「礦」之本字，未成器的金玉。

⑤六工：周制，皆屬司空。土工，陶旊，釋文：「陶人爲瓦器也。」金工，築冶鳧栗鍛桃，即攻金之工。石工，玉人、磬人。木工，輪輿弓廬匠車梓。獸工，函鮑韗韋裘，即製革工。草工，作萑（huán）葦之器，即染工。

⑥致貢曰享：貢，功。享，獻。致其歲終之工於王，謂之獻。太宰歲終則令百官府各正其治，受其會，聽其致事，而詔王廢置也。

⑦伯：三公。周禮：九命爲伯。

⑧州有伯：此段中屬、連、卒、州，聚也。伯，帥正，長。凡長皆因賢侯爲之。殷之州長曰伯，虞夏及周皆曰牧。

⑨老：臣子的稱謂。天子之老，是對公卿的尊稱。老，上公。

⑩六卿：周代的六官。周改革殷制成周制：改太宰爲天官冢宰，太宗爲春官宗伯，司徒爲地官，司馬爲夏官，司寇爲秋官，司空爲冬官。

⑪上述六官之職，皆總屬於冢宰，故論語曰：「君薨，百官總己以聽於冢宰。」爾雅曰：「冢，大也。」冢宰則太宰，於百官無所不主。

⑫周：遍及、普及。通典原注中，引崔靈恩話解釋説：「夫百王不同，各置官禮。爲禪讓相傳者，亦不得不改，但所

以改者少。非禪讓之世者，變易必多，以革人視聽。所以禪讓不改多者，以禪讓道同，人未為弊，故不改者多。非禪讓之世，須變人情，故必多改，故王者之興必有改官之禮，此周禮所興之意也。」

⑬諫：直言規勸。墨子非儒下：「務善則美，有過則諫。」通典原注：「諫當有所改為。」

⑭質：猶平也，謂平其計要。

⑮受質：受平報。

⑯勞（lào）農：勸勉農耕。禮月令謂孟夏勞農，勸民耕作；孟冬勞民，以示休息。此文勞農，通典原注：「饗食之也。」

⑰成歲事：成，計要，統計的文簿。歲事，一年應辦的事，此處指財經之事。

暨秦兼天下，建皇帝之號①，立百官之職，不師古，始罷侯置守。太尉主五兵，丞相總百揆，又置御史大夫以貳於相②。漢初，因循而不革，隨時宜也。其後，頗有所改③。王莽篡立，慕從古官，而吏民弗安，亦多虐政，遂以亂亡④。光武中興，務從節約，併官省職⑤，費減億計。廢丞相與御史大夫，而以三司⑥綜理政務。洎於叔世⑦，事歸臺閣⑧，論道之官⑨，祇⑩備員而已。魏興，吳、蜀亦多依漢制。晉氏繼及，大抵略同⑪。泰元六年⑫，改制減費損，吏士職員，凡七百人⑬。爰⑭及宋、齊，亦無改作⑮。官司有三臺、五省⑯之號，郡縣有三歲為滿之期⑰。梁武帝受終⑱，多遵齊舊。然而定諸卿之位，分配四時，置戎秩之官，百有餘號⑲。陳遵梁制⑳，不失舊物。後魏昭成之即王位，初置官司分掌衆職㉑。然而其制草創，名稱乖疏。皇始元年㉒，道武平並州，始建臺省，置百官，封公侯、將軍、刺史、太守、尚書郎等官，悉用文人。天興中，太史言：「天文錯亂，當改王易政，故官號數革㉓。至孝文太和中，王肅㉔來奔，爲制官品，百司位號皆準南朝，改次職令㉕，以爲永制，又作考格，以之黜陟㉖。又宣武帝行考陟之法，任事上、中者，三年升一階。散官上第者，四載登一級。孝明以後，授受多濫㉗。北齊創業，亦遵後魏，臺省位號，多類江東㉘。後主臨御，爵禄犬馬㉙。後周之初據關中，猶依魏制。及平江陵之後，別立憲章，酌周禮之文，建六官之職，其他官亦兼用秦、漢㉚。隋文帝踐極㉛，百度伊始，復廢周官，還依漢、魏。其於庶僚㉜，頗有損益。凡官以四考而代㉝。至煬帝初意存稽古，多復舊章㉞。大業三年，始行新令。有三臺、五省、五監、十二衛、十六府㉟。於時天下繁富，四方無虞㊱，衣冠文物㊲爲盛矣。既而漸爲不道，百度方亂，號令日改，官名月易，圖籍散逸，不能詳備。

①建皇帝之號：據通典原注，五帝自以德不及三皇，故自去其皇號；三王又以德不及五帝，自損稱王。秦自以德兼二代，故兼稱之。

②貳於相：副宰相。貳，副職。

③頗有所改：孟康注漢書曰：大司馬、左右前後將軍、侍中、常侍、散騎諸吏，則爲中朝；丞相以下，至於六百石等，則爲外朝。

④亦多虐政，遂以亂亡：此句是説，當更始之時，官爵皆群小賈豎，語有曰：「竈下養，中郎將；爛羊胃，騎都尉；

爛羊頭，關內侯。」竈下養，古時對庖人、厨工的蔑稱。爛羊頭，喻濫授官爵，市賈庖人皆得為官。

⑤併官省職：據後漢書光武帝紀建武六年六月發布的詔書説：「百姓遭難，户口耗少，而縣官吏職所置尚繁，其令司隸、州牧各實所部，省減吏員。」於是條奏併省四百餘縣，吏職減損，十置其一。

⑥三司：即三公。東漢改大司馬為太尉，與司徒、司空並稱三公，亦稱三司。

⑦叔世：衰亂的時代。

⑧臺閣：尚書的別稱。後漢書四九仲長統傳昌言法誡：「光武皇帝愠數世之失禮，忿强臣之竊命，矯枉過直，政不任下，雖置三公，事歸臺閣。」注：「臺閣謂尚書也。」

⑨論道之官：指諫官。論，評議，議論。

⑩衹（zhǐ）：僅僅。

⑪大抵略同：山公啟事曰：「晉制，諸坐公事者，皆三年乃得敘用。其中多有奸人，令逍遥無事。臣以為略依左遷法，隨資裁減之，亦足懲戒，而官不失其用。」詔善之。又傅元奏曰：「諸官有病，滿百日不差（chài），宜令去職，優其禮制，既差（chài），而復用。」山公，即山濤。山濤在西晉時，為吏部尚書十餘年，甄拔人物，各為品題，人稱「山公啟事」。

⑫泰元六年：即二七〇年。「泰元」本為「泰始」，因避諱改。此為晉武帝在位期間的年號之一。

⑬以上這句通典原注：「時議省州、郡、縣半吏，以赴農功。荀勖議以為『省吏不如省官，省官不如省事，省事不如清心。昔蕭、曹相漢，載其清静，此清心也。漢文垂拱，幾致刑措，此省事也。光武並合吏員，縣官、國邑，纔置十一，此省官也。魏太和中，遣王人四出，減天下吏員，正始中，亦並合郡縣，此省吏也。今必欲求之於本，則宜以

省事為先，設官分職，委事責成，量能授任，思不出位。若欲省官，竊謂九寺可並於尚書蘭臺，宜省付二府』。至東晉，桓溫又表曰：『愚謂門下三省，秘書、著作，通可減半。古以九卿綜事，不專尚書。今事歸內臺，則九卿為虛設，皆宜省併。若郊廟籍田之屬，則臨時權兼，事訖省矣。』

⑭爰：於，及。

⑮亦無改作：宋時定制，新長吏有以父母疾去官，禁錮三年。山陰令沈叔任父疾去職，御史中丞鄭鮮之上議曰：「所以為其制者，涖官不久則奔競互生，故杜其欲速之情，以申考績之實耳。今父母之疾而加以罪名，損義疾理莫此為大。」詔從之。於是自二品以上父母及為祖父母後者。墳墓崩毀及疾病，故屬輒去，並不禁錮。又劉祗為中書郎，江夏王義恭領中書監，服親不得相臨，表解職也。孝武詔曰：「昔二王、兩謝俱至崇禮，自今三臺五省悉同此例。」又詔曰：「方鎮所假禮白版郡縣，年限依臺，除食祿三分之一不給送。」白版：授官以板書，而無印章，稱為白版。晉書趙王倫傳：「金銀冶鑄，不給於印，故有白版之侯，君子耻服其章，百姓亦知其不終矣。」

⑯三臺、五省：三臺蓋兩漢舊名，五省謂尚書、中書、門下、秘書、集書省。

⑰三歲為滿之期：宋州郡縣居職者以三周為小滿。小滿，南朝宋齊時地方官的任期年限。資治通鑑一三五齊永明元年：「宋末，以治民之官六年過久，乃以三年為斷，謂之小滿。」

⑱受終：承受帝位。

⑲置戎秩之官，百有餘號：據通典原注：梁武帝時置百二十五號將軍，為二十四班。

⑳陳遵梁制：陳依梁制，年未滿三十者不得入仕。唯經學生策試得第，諸州迎主簿，西曹左奏及經為挽郎，得仕其諸郡，唯正王任。丹陽尹經迎得出身，庶姓尹則不得。必有奇才異行殊勳，別降恩旨叙用者，不在常例。其相知

表啓通舉者，每常有之，亦因年考校黜陟之。既不爲此式，所以勤惰無辨。凡選官無定期，缺即補，多更年互遷官，未必即進班秩。其官唯論清濁，從濁官得微清，即勝於轉。若有遷授，或由別敕，任移轉一人爲官，則即諸官多須改動。陳書曰：「舊式拜官，皆在午後，唯拜蔡景歷爲度支尚書，日駕幸元武觀，帝恐景歷是日不得預宴，特令早拜。」

㉑初置官司分掌衆職：指的是，以燕鳳爲右長史，許謙爲郎中令。

㉒皇始元年：北魏道武帝在位期間共有四個年號，皇始爲第二個年號。皇始元年即公元三九六年。

㉓官號數革：指的是，初道武制官，皆擬遠古雲鳥之義。諸曹走使謂之鳧鴨，取飛之迅疾；以伺察候官禁謂之白鷺，取其延頸遠視。他官皆類此。

㉔王肅：原爲南齊秘書丞，因父奐及兄弟並爲齊武帝所殺，便於太和十七年自建鄴逃奔北魏。孝文帝對其器重禮遇，日有加焉。王肅明練舊事，虛心受委，北魏孝文至宣武時朝儀國典，全由王肅制作。孝文時，官至尚書令；宣武時，進位開府儀同三司，封昌國縣侯，後爲散騎常侍、都督淮南諸軍事、揚州刺史。

㉕改次職令：例如，凡守令以六年爲滿，後經六年乃敘。敘，按等級次第進職或獎功。

㉖又作考格，以之黜陟：指北魏太和十八年詔書中所説：「古者三載考績，三考黜陟。朕今三載一考，考便黜陟，各令當司考其優劣爲三等。六品以下，尚書重問；五品以上，朕與公卿親論善惡。上上者遷之，下下者黜之，中中者守本位。」

㉗孝明以後，授受多濫：自明帝孝昌以後，天下多難。刺史、太守皆爲當部都督，雖無兵事，皆立佐僚，所在頗爲煩擾。及東魏靜帝時，齊神武作相，高隆之表請，自非實在邊要，見有兵馬者，皆斷之。又時諸朝貴多假常侍以取

貂蟬之飾。隆之自表解侍中，并陳諸假侍中服者，請亦罷之。又自軍國多事，冒竊官者不可勝數，隆之奏請復檢括，得五萬餘人。而群小喧囂，隆之乃懼而止。

㉘臺省位號，多類江東：以門下省掌獻納諫正，中書省管司王言，秘書省典司經籍，集書省掌從容諷議，中常侍省掌出入門閤，御史臺察糾彈劾。

㉙爵禄犬馬：御馬及犬迺有儀同、郡公之號，籍以旃罽、食物十餘種。其宫婢、閹人、商人、胡人、雜户、歌舞人、見鬼人，濫富貴者萬數。至末年，太宰、三師、大司馬、大將軍、三公等官，亦並增員，而授或兩，或三，不可稱數。

㉚他官亦兼用秦、漢：他官，謂將軍、都督、刺史、太守之類。兼用秦、漢，即對秦、漢官制兼採並用。

㉛踐極：謂登帝位。踐，登，承襲；極，屋的正梁，以喻正中高位。

㉜庶僚：衆官。庶，衆多。

㉝凡官以四考而代：考，計考。古代官吏考績制度一般定爲三年考一次。隋文帝時又定制：凡官以理去職，聽並執笏。

㉞多復舊章：如煬帝時又定制：百官不得計考增級，如有德行、功能灼然顯著者，擢之。隋書百官志説煬帝「率由舊章」。

㉟三臺、五省、五監、十二衛、十六府：謁者、司隸、御史爲三臺；殿内、尚書、門下、内史、秘書爲五省；少府、長秋、國子、將作、都水爲五監；左右翊、左右驍、左右武、左右屯、左右禦、左右侯爲十二衛；左右備身、左右監門與前十二衛共爲十六府。上述或是舊名，或是新置。諸省及左右衛、武侯、領軍、監門府爲内官，自餘爲外官。

㊱無虞：没有憂慮。虞，憂慮。

㊲衣冠文物：指禮樂典章制度等。

大唐初，職員多因隋制，雖小有變革①，而大較不異。貞觀六年，大省内官，凡文武定員六百四十有二而已②。龍朔二年③，又改京司及百官之名④。咸亨元年，復舊。至於武太后再易庶官，或從宜創號⑤，或參用古典⑥。天授二年⑦，凡舉人無賢不肖，咸加擢拜，大置試官⑧以處之。試官，蓋起於此也。於時擢人非次，刑網⑨方密，雖驟歷榮貴，而敗輪繼軌⑩。神龍初，官復舊號⑪。二年三月，又置員外官二千餘人⑫。於是，遂有員外⑬、檢校、試攝、判、知之官⑭。逮乎景龍⑮，官紀大紊，復有斜封⑯，無坐處⑰之誦興焉。先天⑱以來，始懲其弊⑲。至開元二十五年⑳，刊定職次，著爲格令㉑。蓋尚書省以統會衆務，舉持綱目㉒；門下省以侍從獻替㉓，規駁非宜㉔；中書省以獻納制册㉕，敷揚宣勞㉖；秘書省以監録㉗圖書；殿中省以供修繕服㉘；内侍省以承旨奉引㉙；御史臺以肅清僚庶；九寺、五監㉚以分理群司六軍㉛；十六衛㉜以嚴其禁御；一詹事府㉝、二春坊㉞、三寺㉟、十率㊱，俾乂儲宮，牧、守、督、護，分臨畿服㊲，設官以經之，置使以緯之㊳。自六品以下，率由選曹居官者，以五歲爲限。於是百司具舉，庶績咸理，亦一代之制焉㊴。

①小有變革：如唐高祖定制，文官遭父母喪者，聽去職。

②文武定員六百四十有二而已：是説唐太宗貞觀六年（六三二年）時定制，文武官員人數爲六百四十二人。到唐

高宗顯慶元年（六五六年）時，初制，拜三師、三公、親王、尚書令、雍州牧、開府儀同三司、驃騎大將軍、左右僕射，並臨軒授册；太子三少、侍中、中書令、諸曹尚書、諸衛大將軍、特進鎮軍輔國大將軍、光禄大夫、太子詹事、太常卿、都督及上州刺史在京者，朝堂受册。又制：文武官五品以上老及病，不因罪解者，並聽同致仕例。臨軒，皇帝不坐正殿而至殿前，殿前堂陛之間，近檐之處兩邊有檻楯，如車之軒，故亦稱軒。朝堂，正朝左右百官治事之所。

③龍朔二年：六六二年。龍朔及下文的咸亨，都是唐高宗在位期間的年號。

④又改京司及百官之名：即改尚書省爲中臺，門下臺爲東臺，中書省爲西臺。其餘官司悉改之。

⑤從宜創號：如改尚書省爲文昌臺，門下省爲鸞臺，中書省爲鳳閣，御史臺爲肅政臺及諸寺衛等名，又置控鶴府官員。

⑥參用古典：如改六尚書爲天、地、四時之官。

⑦天授二年：六九一年。天授，武則天所建周朝的年號之一。

⑧試官：試者，未爲正命。凡正官皆稱行守，其階高而官卑者稱行，階卑而官高者稱守；官階同者，並無行守字。武則天務收物情，其年二月，十道使舉人并州石艾、縣令王山耀等六十一人，並授拾遺、補闕；懷州録事參軍崔獻可等二十四人，並授侍御史；并州録事參軍徐昕等二十四人，並授著作郎；魏州内黄縣尉崔宣道等二十二人，並授衛佐、校書、御史等。故當時諺曰：「補闕連車載，拾遺平斗量，把追侍御史，腕脱校書郎。」試官，自此始也。

⑨刑網：犯人受刑，好像鳥兒落網，因稱刑法爲刑網或法網。

⑩敗輪繼軌：繼軌，猶踵迹。繼，接續。神功元年（六九七年）制曰：「自今本色出身：解天文者，進轉官不得過太史令；音樂者，不得過太樂，鼓吹署令；醫術者，不得過尚藥奉御；陰陽卜筮者，不得過太卜令；解造食者，不得過司膳寺諸署令。」又制：「其有從勳官、品子、流外、國官、參佐，視品等出身者，自今不得任京清顯要等官。若累階應至三品者，不得進階，每一階酬勳兩轉，如先有上柱國者，聽迴授，朞以上親。必有異行奇材别立殊效者，不拘此例。」本色，本行、本業。

⑪神龍初，官復舊號：神龍，唐中宗復位後所用的第一個年號，七〇五——七〇六年。官復舊號，即凡武太后所改之官，恢復舊號。

⑫又置員外官二千餘人：唐初舊有員外官至此大增加，兼超授諸閹官爲員外官者亦千餘人。中書令李嶠，初自地官尚書貶通州刺史，至是召拜吏部侍郎。嶠志欲曲行私惠，求名悦衆，冀得重居相位，乃奏請大置員外官，多引用勢家親識。至是，嶠又自覺銓衡失序。官員倍多，府庫由是減耗。

⑬遂有員外：員外官，其初但云員外，至永徽六年以蔣孝璋爲尚藥奉御員外，特置仍同正員。自是，員外官復有同正員者。其加同正員者，唯不給職田耳，其禄俸賜與正官同。單言員外者，則俸禄減正官之半。

⑭檢校、試攝、判、知之官：攝者，言敕攝，非州府版署之命；檢校者，云檢校某官；判官者，云判官事；知者，云知某官事。皆是詔除，而非正命。

⑮景龍：唐中宗在位期間的第二個年號，從七〇七——七〇九年，共三年。

⑯斜封：景龍中，有太平、安樂、長寧、宜城等諸公主及皇后、陸氏妹郕國夫人、李氏妹崇國夫人，並昭容上官氏與其母沛國夫人鄭氏、上官柴氏、賀婁氏、女巫隴西夫人趙氏，皆叙用親識，亦多猥濫。或出自臧獲，或由於屠販，

多因賂貨累居榮秩。咸能别於側門，降墨敕斜封以授焉，故時人號爲斜封官。

⑰無坐處：即没有辦公場所。史載當時政出多門，遷除甚衆。自宰相至於内外員外官及左右臺御史，多者則數踰十倍，皆無廳事可以處之，故時人謂之三無坐處：謂宰相、御史及員外官也。

⑱先天：唐玄宗即位時所用年號，僅一年，即七一二年。

⑲始懲其弊：史載玄宗御極，宰相姚元崇、宋璟兼吏部尚書，大革姦濫，十去其九。時有殿中侍御史崔涖、太子中允薛昭諷帝曰：「先朝所授斜封官恩命已布，而姚元崇、宋璟等沮先帝之明，歸怨陛下，道路謗讟，天下稱冤，奈何與萬人爲仇敵？恐有非常之變。」上以爲然，迺下詔曰：「諸緣斜封别敕授官，先令停任，宜並量材叙用。」監察御史柳澤又上疏，極言不可。「其斜封官得免罪戾，已沐恩私。旬月之内，頻煩降旨，前敕令至冬處分，後敕又令替人却停，將何以止姦邪？將何以懲風俗？」

⑳開元二十五年：七三七年。

㉑著爲格令：此格皆武德、貞觀之舊制，永徽初已詳定之。至開元二十五年，再删定焉。史載，至開元二十八年，又省文武六品以下官三百餘員及諸流外番官等。

㉒繩目：標準、法令。

㉓獻替：是「獻可替否」的略語，意爲進獻可行者，除去不可行者，即諍言進諫之意。左傳昭公二十年：「君所謂可，而有否焉，臣獻其否，以成其可；君所謂否，而有可焉，臣獻其可，以去其否；是以政平而民不干。」可，即可行；否，即不可行。

㉔規駁（bó）非宜：勸諫、駁正不適宜的。

㉕獻納制册：即建言以供採納並起草皇帝命令。

㉖敷揚宣勞：宣布慰勞的諭旨。敷揚，傳布、宣揚；宣勞，宣布、慰勞。

㉗監録：領録。

㉘膳服：膳食和車服。

㉙承旨奉引：逢迎意旨導引車駕。上段記敘尚書、門下、中書、秘書、殿中、内侍等六省的職能。尚書、門下、中書三省最爲重要。

㉚九寺、五監：太常、光禄、衛尉、宗正、太僕、大理、鴻臚、司農、太府爲九寺；少府、將作、國子、軍器、都水爲五監。

㉛六軍：左右羽林、左右龍武、左右神武爲六軍。

㉜十六衛：左右衛、左右驍衛、左右武、左右威、左右領軍、左右金吾、左右監門、左右千牛爲十六衛。

㉝詹事府：唐官署名。設太子詹事一人，少詹事一人，總東宫内外庶務。

㉞春坊：唐設有左右春坊，又有内坊，掌閣内諸事。

㉟三寺：家令寺、率更寺、太僕寺。

㊱十率(lǜ)：左右衛、左右司御、左右清道、左右監門、左右内侍凡十率府。

㊲俾乂儲宫，牧、守、督、護，分臨畿服：俾，使；乂(yì)，治理。書堯典：「下民其咨，有能俾乂。」儲宫，太子之位。唐時京府置牧，餘府州置都督、都護、太守。畿服，天子的領地。後指京城地區。

㊳設官以經之，置使以緯之：指的是，按察、採訪等使以理州、縣；節度、團練等使以督府軍事；租庸、轉運、鹽鐵、青苗、營田等使以統財貨。其餘細務，因事置使者，不可悉數。其轉運以下諸使，無適所治，廢置不常。

㊴自六品以下……一代之制焉：這段通典原注如下：「一歲爲一考。四考有替，則爲滿。若無替，則五考而罷。六品以下，吏部注擬，謂之旨授；五品以上，則皆敕除。自至德之後，天下多難甄才録效，制敕特拜繫於吏部，於是兼試員外郎倍多正員。至廣德以來，乃立制限州縣員外兼試等官，各有定額，並云額内溢於限者，不得視職。其有身帶京官冗職、資名清美，兼州縣職者，云占闕焉。即如正員之例，官以三考而代，無替，四考而罷。由是，官有常序焉。」替，廢棄；滿，到期。唐官以五年爲限。注擬，唐代選舉，凡應試獲選者，先由尚書省登録，再經考詢，然後按才擬定其官職，稱爲注擬。

（劉淑英）

通志

總序

百川異趨①，必會於海，然後九州②無浸淫③之患；萬國殊途④，必通諸夏⑤，然後八荒⑥無壅滯⑦之憂：會通⑧之義大矣哉！

〔通志簡介〕是綜合三皇至唐代史料寫成的紀傳體通史。全書二百卷，包括本紀、列傳、年譜、略。通志的精華在於二十略（志）。故得以與通典、文獻通考並稱。本書的都邑、氏族、草木昆蟲三略及六書、七音、校讎、金石，圖譜等爲學術史、文化史的研究提供了寶貴的史料。作者鄭樵（一一〇四——一一六二），字漁仲，南宋興化軍莆田（今福建莆田縣）人。主張「天下之理不可以不會，古今之道不可以不通。」他「三十年著書，十年搜訪圖書。」（以上引文見夾漈遺稿·上宰相書）通志編成，授樞密院編修官。現據商務印書館印行的萬有文庫十通本加以注釋。

〔篇名簡介〕本篇爲通志一書的總序。是作者對自己史學思想的總述。他推尊史記的會通古今，貶抑漢書的斷代爲史。主張據事直書，反對任情褒貶。他認爲通志的二十略是「百代之憲章，學者之能事。」並逐一加以介紹。

①異趨：歸向不同。異，不相同。趨，歸附，向。
②九州：傳說的中國上古時的行政區劃。禹貢九州：冀、兗、青、徐、揚、荆、豫、梁、雍。
③浸（qīn）淫：即浸漬，物受水久而透濕。漢書卷五七司馬相如傳：「是以六合之內，八方之外，浸淫衍溢。」
④殊途：道路不同。殊，異，不同。
⑤夏：華夏。書堯典：「蠻夷猾夏。」傳：「夏，華夏。」
⑥八荒：八方荒遠的地方。荒：邊遠，遠方。史記秦始皇本紀引賈生論：「併吞八荒之心。」
⑦壅滯：阻塞不通。
⑧會通：會合貫通。

自書契①以來，立言者雖多，惟仲尼以天縱之聖②，故總詩、書、禮、樂而會於一手，然後能同③天下之文④，貫二帝三王⑤而通爲一家，然後能極⑥古今之變。是以其道光明百世之上，百世之下不能及。仲尼既没，百家諸子興焉。各效論語以空言著書（論語，門徒集仲尼語），至於歷代實蹟，無所紀繫⑦。

①書契：即文字。書序：「古者伏羲氏之王天下也，始畫八卦，造書契，以代結繩之政，由是文籍生焉。」釋文：「書者，文字。契者，刻木而書其側。」

②天縱之聖：天生的聖人。

③同：統一。

④文：文章。

⑤貫二帝三王：貫通堯、舜二帝和夏禹、商湯、周文王和周武王。周文、武合爲一王。

⑥極：窮究，徹底弄清。

⑦紀繫：記載。紀，通「記」。左傳桓公二年：「夫德儉而有度，登降有數，聲明以殺之，文物以紀之。」繫，聯屬依附。文選晉杜預春秋左氏序：「記事者，以事繫日，以日繫月，以月繫時，以時繫年，所以紀遠近，別同異也。」

迨①漢建元、元封②之後，司馬氏父子③出焉。司馬氏世司典籍，工④於制作，故能上稽⑤仲尼之意，會⑥詩、書、左傳、國語、世本、戰國策、楚漢春秋之言，通黃帝、堯、舜至於秦、漢之世，勒⑦成一書，分爲五體⑧：「本紀」紀年，「世家」傳代，「表」以正歷，「書」以類事，「傳」以著人，使百代而下，史官不能易其法，學者不能舍其書。六經之後，惟有此作。故謂「周公五百歲而有孔子，孔子五百歲而在斯乎！」⑨是其所以自待者已不淺。然大著述者，必深於博雅⑩，而盡見天下之書，然後無遺恨。當遷之時，挾書之律初除⑪，得書之路未廣，亘⑫三千年之史籍，而跼蹐⑬於七八種書，所可爲遷恨者，博不足也。凡著書者，雖采前人之書，必自成一家言⑭。左氏⑮，楚人也，所見多矣，而其書盡楚人之辭；公羊⑯，齊人也，所聞多矣，而其書皆齊人之語。今遷書全用舊文，間以俚語⑰，良由采摭⑱未備，筆削不遑⑲，故曰：「予不敢墮⑳先人之言，乃述故事，整齊其傳，非所謂作也。」劉知幾㉑亦譏其多聚舊記，時插雜言。所可爲遷恨者，雅不足也。大抵開基之人不免草創，全屬繼志之士爲之彌縫㉒。晉之乘、楚之檮杌，魯之春秋，其實一也。乘、檮杌無善後之人，故其書不行。春秋得仲尼挽之於前，左氏推之於後，故其書與日月並傳。不然，則一卷事目，安能行於世！自春秋之後，惟史記擅制作規模；不幸班固非其人，遂失會通之旨，司馬氏之門户㉓自此衰矣！

①迨（dài）：同「逮」，及。

②建元、元封：都是漢武帝的年號。

③司馬氏父子：即司馬談和司馬遷。司馬談自漢武帝建元（前一四〇——前一三五年）時起官太史令，卒於元封元年（前一一〇）。三年後，其子司馬遷續任太史令，開始搜集整理「石室、金匱之書」。太初元年（前一〇四），司

馬遷着手撰寫史記。

④工：擅長。

⑤稽：相合，一致。

⑥會：聚合。

⑦勒：雕刻。漢以前無紙，多用刀刻字於木竹、金石之上。此處引申爲編纂。

⑧體：體例。

⑨周公五百歲而有孔子，孔子五百歲而在斯乎：語見史記太史公自序。

⑩博雅：淵博典雅。

⑪挾書之律初除：秦始皇所頒布的藏書禁令剛剛被廢除。漢書惠帝紀四年：「除挾書律。」注：「應劭曰：『挾，藏也。』張晏曰：『秦律，敢有挾書者族。』」

⑫亙（gèn）：「亘」的異體字。横貫。

⑬跼（jú）蹐（jí）：限制，局限。跼，也作「局」，曲。蹐，小步行路。

⑭一家言：指有獨特見解，自成體系的論著。史記太史公自序：「略以拾遺補藝，成一家之言。」

⑮左氏：鄭樵認爲著春秋傳者，爲楚左史倚相的後人，非左丘明。辨見通志氏族略。

⑯公羊：即公羊高，曾著春秋傳。另據唐徐彥疏引後漢戴宏序，謂公羊傳系漢景帝時高的玄孫公羊壽所寫録。

⑰閒以俚語：閒，同「間」，更迭，交替迭出。俚語，方言俗語。五代史王彥章傳：「彥章武人，不知書，常爲俚語謂人曰：『豹死留皮，人死留名。』」

⑱采摭（zhí）：采擇拾取。摭，拾取。漢書六二司馬遷傳贊：「至於采經摭傳，分散數家之事，甚多疏略。」

⑲筆削不逮：修改不及。筆削：古代無紙，書寫於竹簡木札上，遇有訛誤，則以刀削去並用筆改正之。後世因稱修改文字爲筆削。不逮：來不及，没有空閒。詩小雅小弁：「心之憂矣，不遑假寐。」

⑳隳：毁壞，廢棄。

㉑劉知幾：唐史學評論家。其對司馬遷的評議詳見其所著史通六家一篇中。

㉒彌縫：彌補縫合。左傳僖公二六年：「桓公是以糾合諸侯而謀其不協，彌縫其闕，而匡救其灾。」

㉓門户：指學術派別。

班固者，浮華①之士也，全無學術②，專事剽竊③。肅宗④問以制禮作樂之事，固對以在京諸儒必能知之。倘臣鄰⑤皆如此，則顧問何取焉！及諸儒各有所陳，固惟竊叔孫通⑥十二篇之儀，以塞白⑦而已。倘臣鄰皆如此，則奏議何取焉！肅宗知其淺陋，故語竇憲⑧曰：「公愛班固而忽崔駰⑨，此葉公之好龍⑩也。」固於當時，已有定價；如此人材，將何著述！史記一書，功在十表，猶衣裳之有冠冕，木水之有本原；班固不通旁行邪上⑪，以古今人物强立差等⑫。且謂漢紹⑬堯運，自當繼堯，非⑭遷作史記厠⑮於秦、項，此則無稽之談也。由其斷漢爲書，是致周、秦不相因，古今成間隔。自高祖至武帝，凡六世之前⑯，盡竊遷書，不以爲慚；自昭帝至平帝，凡六世⑰，資於賈逵⑱、劉歆⑲，復不以爲恥。況又有曹大家⑳終篇，則固之自爲書也幾希！往往出固之胷㉑中者，古今人表耳，他人無此謬也。後世衆手修書，道傍築室㉒；掠人之文，竊鐘掩耳㉓；皆固之作俑㉔也，固之事業如此，後來史家奔走㉕班固之不暇，何能測其淺深！遷之於固，如龍之於猪，奈何諸史棄遷而用固，劉知幾之徒尊班而抑馬㉖！且善學司馬遷者，莫如班彪㉗。彪續遷書，自孝武至於後漢；欲令後人之續己，如己之續遷；既無衍文㉘，又無絶緒㉙，世世相承，如出一手；善乎其繼志也！其書不可得而見；所可見者，元、成二帝贊㉚耳。皆於本紀之外，別記所聞，可謂深入太史公之閫奧㉛矣！

①浮華：虛浮不實。漢書卷六十杜欽傳贊：「以建始之初，深陳女戒，終如其言，庶幾乎關雎之見微，非夫浮華博習之徒所能規也。」
②學術：系統而較專門的學問。
③剽竊：竊取別人的文章以為己作。
④肅宗：東漢章帝的廟號。其與班固談制禮作樂之事出自後漢書曹褒傳。
⑤臣鄰：指皇帝左右的輔佐大臣。書益稷：「帝曰：『吁，臣哉鄰哉，鄰哉臣哉。』禹曰：『俞。』」註：「鄰，近也。言君臣道近，相須而成。」
⑥叔孫通：「原為秦博士，後歸劉邦，任太子太傅。曾與儒生議定朝儀及其它禮儀，著有漢儀十二篇。」
⑦塞白：填補空白。塞，堵塞；白，空白。
⑧竇憲：東漢章帝的國舅，封大將軍，父子並居侯位，顯赫一時。

⑨崔駰：東漢人，博學善文，通詩、易、春秋，與班固齊名。漢章帝出巡，崔駰上四方頌以稱頌漢德，辭甚典美。章帝以爲崔駰文章在班固上。

⑩葉公之好龍：事見劉向新序雜事篇，説葉公子高好龍，屋宇器物上都雕繪龍，但真龍來，他卻大驚失色而逃。此處喻竇憲好似龍而非龍者。

⑪旁行邪上：指史表的格式。邪，同「斜」。

⑫差（cī）等：等級。差，次第，等級。

⑬紹：承繼。書盤庚上：「天其永我命於茲新邑，紹復先王之大業，底綏四方。」

⑭非：指責。

⑮厠：廣韻：「間也，次也。」史記樂毅傳：「厠之賓客之中。」厠，雜置，參加。

⑯六世之前：指漢高祖、漢惠帝、高后、漢文帝、漢景帝、漢武帝這六世之前的記載。

⑰凡六世：指漢昭帝、漢宣帝、漢元帝、漢成帝、漢哀帝、漢平帝，共六世的記載。

⑱賈逵：東漢著名古文經學家。

⑲劉歆：西漢宗室，極力提倡古文經學。賈逵與劉歆都曾續寫漢史，爲班固所取資。

⑳曹大家（gū）：即班固之妹班昭，因其夫姓曹名世叔，其本人博學多才，故被尊稱爲曹大家。班固死，班昭奉命與馬續共同續撰漢書「八表」與天文志，最終完成漢書的編撰。

㉑匈：「胸」的異體字。

㉒道傍築室：喻己無主見，而與不相干的人共謀，必難成功。語本詩小雅小旻：「如彼築室於道謀，是用不潰於成。」箋：「如當路築室，得人而與之謀所爲，路人之意不同，故不得遂成也。」

㉓竊鐘掩耳：喻自欺。語本呂氏春秋自知：「菴氏之亡也，百姓有得鐘者，欲負而走，則鐘大不可負，以椎毁之，鐘況然有音，恐人聞之而奪己，遽揜其耳。」

㉔作俑：製作殉葬用的木偶人或泥偶人。語本孟子梁惠王上：「仲尼曰：『始作俑者，其無後乎！』」意即孔子反對作俑像人形用以殉葬，認爲此非愛人之道。後謂凡事首開惡例者爲作俑。

㉕奔走：趨附，迎合。

㉖尊班而抑馬：尊崇班固而貶低司馬遷。劉知幾所著史通六家中，這種傾向較明顯。

㉗班彪：班固之父。東漢初，任徐令，因病免官。他以史記所記史實，止於漢武帝太初年間，乃收集史料，作後傳六十餘篇，爲班固著漢書提供了條件。

㉘衍文：書寫或印刷訛誤多出的字句。衍，溢出常態之外。詩大雅板：「昊天曰旦。及爾游行。」疏：「游行衍溢，亦自恣之意也。」故典籍中多出的字句稱「衍文」。

㉙絶緒：中斷。説文：「絶，斷絲也。」引申爲斷義。緒，絲頭。漢焦延壽易林十五兑之坎：「饑蠶作室，絲多緒亂，端不可得。」

㉚元、成二帝贊：指漢書中元帝紀和成帝紀的贊語。因有「臣外祖兄弟」和「臣之姑」等語，可知爲班彪所撰寫。

㉛閫奥：內室深隱之處。引申指隱微深奥的境界。

凡左氏之有「君子曰」者，皆經之新意①；史記之有「太史公曰」者，皆史之外事，不爲褒貶也；間有及褒貶者，褚先生②之徒雜之耳。且紀傳之中，既載善惡，足爲鑒戒，何必於紀傳之後更加褒貶！此乃諸生決科之文③，安可施於著述，殆非遷、彪之意。況謂爲贊，豈有貶辭。後之史家，或謂之「論」，或謂之「序」，或謂之「銓」，或謂之「評」，皆效班固，臣不得不劇論④固也。司馬談有其書，而司馬遷能成其父志⑤；班彪有其業，而班固不能讀父之書⑥。固爲彪之子，既不能保其身⑦，又不能傳其業，又不能教其子⑧，爲人如此，安在乎言爲天下法！范曄⑨、陳壽⑩之徒繼踵，率皆輕薄無行，以速罪辜，安在乎筆削⑪而爲信史也！孔子曰⑫：「殷因於夏禮，所損益可知也；周因於殷禮，所損益可知也。」此言相因也。自班固以斷代爲史，無復相因之義；雖有仲尼之聖，亦莫知其損益。會通之道，自此失矣！語其同也，則紀而復紀，一帝而有數紀；傳而復傳，一人而有數傳。天文者，千古不易之象⑬，而世世作天文志；洪範五行者⑭，一家之書，而世世序五行傳。如此之類，豈勝繁文⑮！語其異也，則前王不列後王，後事不接於前事；郡縣各爲區域⑯，而昧⑰遷革之源；禮樂自爲更張，遂成殊俗之政。如此之類，豈勝斷綆⑱！

①經之新意：意即春秋經的新的看法。

②褚先生：即漢元帝、成帝間補續史記的褚少孫。

③諸生決科之文：儒生參加科舉考試所寫的文章。

④劇論：激切的辯論。

⑤司馬談有其書，而司馬遷能成其父志：這句是說司馬談曾廣泛搜集資料，並作了編纂工作，司馬遷遵父遺志，寫成史記這部通史。

⑥班彪有其業，而班固不能讀父之書：這句是說，班彪爲史記這部書續寫了後傳，班固襲用其父之舊文，却改通史體爲斷代。

⑦不能保其身：指班固不能保住自己的性命。永元元年（公元八十九年），班固隨從大將軍竇憲出征匈奴，任中護軍，二人相交甚篤。班固諸子及家奴多横行不法，洛陽令「畏憲不敢發」。竇憲擅權獲罪，洛陽令借機捕繫固，固死獄中。

⑧不能教其子：指班固不能教育好自己的兒子。語本後漢書班固傳：「固不教學諸子，諸子多不遵法度。」

⑨范曄：後漢書作者。南朝宋元嘉年間，因謀反罪被殺。他撰後漢書，亦爲紀傳體斷代史。

⑩陳壽：三國志作者。他在父喪期間有疾，使婢和藥，後又不遵母囑，歸葬洛陽，受人非議。他撰三國志亦爲紀傳體斷代史。

⑪筆削：古代無紙，書寫於竹簡木札上，遇訛誤，則以刀削去並用筆改正之。後世因稱修改文字爲「筆削」。

⑫孔子曰：孔子所講的下述話，詳見論語爲政篇。

⑬象：凡形於外者皆曰象。此處指星象。易繫辭：「在天成象，在地成形，變化見矣。」

⑭洪範五行：劉向撰。集録自上古至秦漢的符瑞灾異事變，附會人事，說明它的禍福占驗。其內容多收入漢書五行志。後世許多撰有五行志的正史，多沿用漢書之體。

⑮繁文：繁瑣復雜的文辭。
⑯郡縣各為區域：指斷代史祇叙當代之郡縣區域。
⑰昧：掩蔽，隱藏。
⑱斷綆（gěng）：喻指事物之間斷絶聯繫。綆，汲水桶上的繩索。

曹魏指吴、蜀為寇①，北朝指東晉為僭②；南謂北為索虜③，北謂南為島夷④。齊史稱梁軍為義軍⑤，謀人之國可以為義乎！隋書稱唐兵為義兵⑥，伐人之君可以為義乎！房玄齡董史册，故房彦謙擅美名⑦；虞世南預修書，故虞荔、虞寄有嘉傳⑧。甚者，桀犬吠堯⑨，吠非其主。晉史黨⑩晉而不有⑪魏；凡忠於魏者，目為叛臣，王淩、諸葛誕、毌丘儉之徒抱屈黄壤⑫；齊史黨齊而不有宋，凡忠於宋者，目為逆黨，袁粲、劉秉、沈攸之⑬之徒含冤九泉。噫！天日在上，安可如斯！似此之類，歷世有之。傷風敗義⑭，莫大乎此！遷法既失，固弊日深，自東都至江左⑮，無一人能覺其非。惟梁武帝為此慨然，乃命吴均作通史，上自太初，下終齊室，書未成而均卒⑯。隋楊素又奏令陸從典續史記，訖於隋，書未成而免官。豈天之靳⑰斯文而不傳與？抑非其人而不祐之與？自唐之後，又莫覺其非；凡秉史筆者，皆準春秋，專事褒貶。夫春秋以約文見義⑱，若無傳釋，則善惡難明；史册以詳文該事，善惡已彰，無待美刺⑲。讀蕭、曹⑳之行事，豈不知其忠良；見莽、卓㉑之所為，豈不知其凶逆。夫史者，國之大典㉒也；而當職之人㉓，不知留意於憲章㉔，徒相尚於言語；正猶當家之婦，不事饔飧㉕，專鼓唇舌；

縱然得勝，豈能肥家㉖！此臣之所深恥也！

①曹魏指吳、蜀為寇：三國志記事以曹魏接續東漢，記年以魏為正統，用其年號。吳、蜀兩國雖與曹魏鼎立，卻各隅居一方，故被指為寇。

②北朝指東晉為僭：即記載北魏歷史的魏書，稱在南方與魏對峙的東晉為僭晉。

③南謂北為索虜：南朝梁沈約作宋書，稱北魏為索虜。索虜，又稱索頭虜，因為鮮卑習俗編發如繩索。宋書有索虜傳，記北魏史事。

④島夷：古代東南夷之稱。語出尚書禹貢：「島夷皮服。」意即海島之民以皮服來貢獻。北齊魏收在其所著魏書中稱東晉桓玄及南朝劉裕、蕭道成、蕭衍等為島夷。

⑤齊史稱梁軍為義軍：齊史即南齊書。上述之說語本南齊書東昏侯紀：「雍州刺史梁王（即梁武帝蕭衍）起義兵於襄陽。」南齊書作者為南朝梁蕭子顯。蕭子顯為齊高帝蕭道成之孫，梁代齊，他因好學，工屬文，深得蕭衍父子器重。南齊書撰成於梁時，並被梁武帝蕭衍鑒別後，「詔付秘閣」，其稱梁軍為義軍，不足為怪。

⑥隋書稱唐兵為義兵：隋書撰成於唐朝史館衆史官之手。其煬帝紀：「唐公（即唐高祖李淵）起義師於太原。」

⑦房玄齡董史册，故房彥謙擅美名：房玄齡監修史書，因此其父房彥謙占有美名。董，監督、管理。史册，史書。

⑧虞世南預修書，故虞荔、虞寄有嘉傳：虞世南為虞荔之子，過繼其叔虞寄為子。虞世南在唐朝時官弘文館學士，改秘書監，「每軍國務靜，即便引見，討論墳籍，商略前載。」詳見舊唐書褚亮傳及陳書、南史等相關列傳。

⑨桀犬吠堯：語出漢書鄒陽傳：「則桀之犬可使吠堯，跖之客可使刺由。」師古曰：「此言被之以恩，則用命也。」夏

桀之犬，尊其主之命咬聖君堯，是講壞人奉主人命攻擊好人。

⑩黨：阿附，偏私。書洪範：「無偏無黨，王道蕩蕩；無黨無偏，王道平平」。

⑪有：親愛，友愛。

⑫王淩、諸葛誕、毋丘儉之徒抱屈黃壤：王淩，魏太尉；諸葛誕，魏征東大將軍；毋丘儉，魏鎮東將軍。上述幾人見司馬懿父子專擅魏政，陰謀奪取曹氏帝位，便先後起兵，被司馬氏指斥爲叛臣。抱屈黃壤，指兵敗含寃被殺。黃壤，黃土。

⑬袁粲、劉秉、沈攸之：蕭道成謀奪劉宋帝位，宋臣司徒袁粲與尚書令劉秉相結，響應荆州刺史沈攸之起兵，被蕭道成打敗，三人均被殺死。

⑭傷風敗義：傷壞風氣，敗壞禮義。

⑮自東都至江左：指從東漢到東晉、南朝。東漢建都洛陽，故稱東都。班固有東都賦。江左，指東晉及南朝各代都以建康（今南京）爲都城。其地理位置爲江左。

⑯吳均作通史，……書未成而均卒：梁武帝時，吳均官奉朝請，撰齊春秋三十卷，武帝惡其書中稱自己爲齊明帝佐命，命焚其書，並將其免職。後武帝又召回吳均，命其撰寫通史，上起三皇，下迄蕭齊，爲草本紀、世家、列傳，未成而卒。後人將其完成。但此書久佚。

⑰靳（jìn）：吝惜。

⑱約文見義：以簡單的語言寓藏儒家的大義。

⑲美刺：贊美與批評。

⑳蕭、曹：蕭何和曹參，都是西漢初期著名大臣、相國。
㉑莽、卓：西漢末年擅權並代漢建新朝的王莽，東漢末年擅權敗亂朝政的董卓。
㉒大典：重要典籍。
㉓當職之人：指史書的作者。
㉔憲章：典章制度。
㉕饔飧：烹飪飯菜。早食曰饔，晚食曰飧。
㉖肥家：厚家。肥，厚也。

江淹①有言：修史之難，無出於志。誠以志者，憲章之所繫②，非老③於典故者，不能爲也。不比紀傳，紀則以年包④事，傳則以事繫⑤人，儒學之士皆能爲之。惟有志難，其次莫如表。所以范曄、陳壽之徒能爲紀傳而不敢作表、志。志之大原⑥起於爾雅⑦，司馬遷曰「書」⑧，班固曰「志」⑨，蔡邕曰「意」⑩，華嶠曰「典」⑪，張勃曰「録」⑫，何法盛曰「説」⑬。余史並承班固，謂之「志」，皆詳於浮言⑭，略於事實，不足以盡爾雅之義。臣今總天下之大學術而條其綱目，名之曰：「略」。凡二十略，百代之憲章、學術之能事盡於此矣。其五略⑮，漢、唐諸儒所得而聞；其十五略，漢、唐諸儒所不得而聞也。

①江淹：南朝著名文學家。歷仕宋、齊、梁三朝，梁天監年間（公元五〇二至五一九），官至金紫光禄大夫，封醴陵

侯。有江文通集。其所講之話不見於本傳，鄭樵引自劉知幾史通古今正史篇：「齊史江淹始受詔著述，以為史之所難，無出於志，故先著十志以見其才。」

②繫：涉及、關係。

③老：執業久，歷事多。唐韓愈昌黎集石鼓歌：「中朝大官老於事，距肯感激徒媕婀。」本文引申為「熟悉」。

④包：包容。

⑤系：聯屬依附。

⑥原：即「源」。

⑦爾雅：書名。秦漢間經師綴集舊文，遞相增益而成。今本三卷，十九篇。前三篇釋詁、釋言、釋訓，解釋語辭；後十六篇專門解釋名物術語。鄭樵認為志體起源於爾雅，故其所著二十略中有六書、七音、昆蟲草木等。劉知幾則主張志體「出於三禮」，其說見史通書志篇。清章學誠採劉說，認為「蓋出官體」，說見亳州志掌故例議上。

⑧司馬遷曰「書」：「即司馬遷著史記，有八書。」

⑨班固曰「志」：即班固撰漢書，有十志。其十志是改史記的八書而成，又新加刑法志、五行志、地理志、藝文志。

⑩蔡邕曰「意」：蔡邕，東漢末年人，博學善文辭，寫定熹平石經。後因董卓事受牽連，死於獄中。蔡邕曾撰靈帝紀及十意。十意，猶漢書之十志。

⑪華嶠曰「典」：華嶠作後漢書，有十典十卷。「典」，即「志」。詳見晉書華嶠傳。

⑫張勃曰「録」：晉張勃作吴録三十卷，見隋書經籍志。

⑬何法盛曰「説」：何法盛，劉宋時人，曾作晉中興書，變「紀」為「典」，「贊」為「述」，「表」為「注」，「志」為「説」，見

隋書何之元傳及史通書志篇。

⑭浮言：虛無根據的話。

⑮五略：指禮、職官、選舉、刑法、食貨。此五略，鄭樵著述時，皆有前人之典可本。

生民之本，在於姓氏；帝王之制，各有區分。男子稱氏，所以別貴賤；女子稱姓，所以別婚姻，不相紊濫。秦併六國，姓氏混而爲一。自漢至唐，歷世有其書，而皆不能明姓氏。原此一家之學，倡於左氏①，因生賜姓，胙②土命氏。又以字、以謚、以官、以邑命氏，邑亦土也。左氏所言，惟茲五者③。臣今所推，有三十二類，左氏不得而聞，故作氏族略。

①倡於左氏：語本左傳隱公八年：「無駭卒，羽父請謚與族。公問族於衆仲，衆仲對曰：『天子建德，因生以賜姓，胙之土而命之氏。諸侯以字爲謚，因以爲族。官有世功，則有官族，邑亦如之。』」

②胙（zuò）：賜。

③五者：指土、字、謚、官、邑。

書契之本，見於文字。獨體爲文，合體爲字①。文有子母，主類爲母，從類爲子。凡爲字書②者，皆不識子母③。文字之本，出於六書。象形、指事，文也；會意、諧聲、轉注，字也；假借者，文與字也。

原此一家之學，亦倡於左氏。然止戈爲武，不識諧聲④；反正爲乏，又昧象形⑤。左氏既不別其源，後人何能別其流！是致小學⑥一家，皆成鹵莽⑦。經旨不明，穿鑿⑧蜂起，盡由於此。臣於是驅天下文字盡歸六書，軍律既明，士乃用命，故作六書略。

①獨體爲文，合體爲字：語本許慎說文解字序：「倉頡之初作書，蓋依類象形，故謂之文；其後形聲相益，即謂之字。」許慎所說依類象形，即「六書」中的「象形」、「指事」；形聲相益，即「六書」中的「會意」、「諧聲」。依類象形，即獨體；形聲相益，即合體。

②字書：指說文解字。

③不識子母：鄭樵以爲母主形，子主聲。說文以母統子，廣韻以子該母。說文定五百四十類爲字之母；但母能生，子不能生，說文誤以子爲母者二百十類，故鄭氏譏其不識子母。語見通志六書略論子母篇。

④止戈爲武，不識諧聲：止戈爲武，語見左傳宣公十二年。鄭樵以爲武字不是從戈從止，而是從戈從亡。從戈以見義，從亡以見聲，於六書爲諧聲。

⑤反正爲乏，又昧象形：反正爲乏，語見左傳宣公十五年。鄭樵認爲正是射侯之正（古代布製的箭靶），係象形。正以受矢，乏以藏矢，字義相反，故云反正爲乏。

⑥小學：即文字學、音韻學和訓詁學。

⑦鹵莽：粗疏。新唐書卷一六三柳玭傳家訓：「夫士君子生於世，己無能而望它人用，己無善而望它人愛，猶農夫鹵莽種之，而怨天澤不潤，雖欲弗綏可乎？」釋文司馬（彪）云：「鹵莽，猶麄粗也。謂淺耕稀種也。」

⑧穿鑿：於理不可通者，强求其通。猶言牽强附會。漢書禮樂志王吉疏：「今俗吏所以牧民者，非有禮義科指，可世世通行者也，以意穿鑿，各取一切。」

天籟①之本，自成經緯。縱有四聲②以成經，横有七音③以成緯。皇頡④制字，深達此機；江左四聲。反没其旨。凡爲韻書者，皆有經無緯。字書眼學，韻書耳學。眼學以母爲主，耳學以子爲主。母主形，子主聲，二家俱失所主⑤。今俗明七音之本，擴六合⑥之情，然後能宣仲尼之教，以及人間之俗，使裔夷⑦之俘皆知禮義，故作七音略。

①天籟（lai）：自然界的音響。

②四聲：指平、上、去、入四種聲調。

③七音：即聲母。古稱宫、商、角、徵、羽、半徵、半商。

④皇頡：即傳説中黄帝時的史官倉頡。

⑤二家俱失所主：據通志七音略序記載：「漢人課籀隸，始爲字書，以通文字之學。江左競風騷，始爲韻書，以通聲音之學。然漢儒識文字而不識子母，則失制字之旨。江左之儒識四聲而不識七音，則失立韻之源。」

⑥六合：指天、地及東、西、南、北四方。即天下。

⑦裔夷：邊遠的夷人。左傳定公十年：「兩君合好，而裔夷之俘，以兵亂之，非齊君所以命諸侯也。」

天文之家，在於圖象，民事必本於時，時序必本於天。爲天文志者，有義無象，莫能知天。臣今取隋丹元子步天歌①，句中有圖，言下成象；靈臺所用，可以仰觀。不取甘石本經②，惑人以妖妄，速人於罪累。故作天文略。

①隋丹元子步天歌：據通志天文略序謂：丹元子是隋代隱者，不知名氏，作步天歌，王希明纂漢、晉志以解釋它。按宋史藝文志著録步天歌，題王希明撰。其他目録學家説法不一，或謂王希明託名丹元子。

②甘石本經：史記天官書多用甘石星經説，史記正義引阮孝緒七録謂：甘公，楚人，作天文星占八卷。石申，魏人，作天文八卷。

地理之家在於封圻①，而封圻之要在於山川。禹貢九州②，皆以山川定其經界。九州有時而移，山川千古不易，是故禹貢之圖至今可別。班固地理主於郡國，無所底止，雖有其書，不如無也。後之史氏，正以方隅③；郡國併遷，方隅顛錯。皆因司馬遷無地理書，班固爲之創始，致此一家，俱成謬舉。臣今準禹貢之書而理川源，本開元十道圖④以續今古，故作地理略。

①封圻（yín）：義同「封疆」、「封域」，即疆界、界域。圻，邊際，通「垠」。

②禹貢九州：禹貢，爲中國最早的一篇地理學著作。該篇假托爲夏禹治水後按自然分區法把當時政區劃爲九

州，並列爲尚書中的一篇。九州即：冀、兖、青、徐、揚、荆、豫、梁、雍。

③方隅：疆界。

④開元十道圖：唐李吉甫撰，十卷。唐太宗貞觀初年，依據山川形勢，分國内爲十道，在新唐書及舊唐書的地理志和唐玄宗時官修的唐六典中均有具體記載。開元十道圖已佚，今存李吉甫所撰元和郡縣志，亦對十道有記載。

都邑之本，金湯①之業，史氏不書，黄圖②難考。臣上稽三皇、五帝之形勢③，遠探四夷、八蠻之巢穴。仍以梁汴④者，四朝舊都，爲痛定之戒；南陽⑤者，疑若可爲中原之新宅。故作都邑略。

①金湯：「金城湯池」的省稱。金以喻堅，湯喻沸熱不可近。後漢書光武帝紀下讚：「金湯失險，車書共道。」金湯，意即防守堅固不可摧破。

②黄圖：又稱三輔黄圖。隋書經籍志著録爲一卷，記三輔宫殿、陵廟、辟雍、郊畤等。宋晁公武郡齋讀書志作三卷。今本六卷，三十六篇，有清畢沅校補本。

③形勢：指地理形勢。漢書張湯傳附張延壽：「還，謁大將軍（霍）光。問（張）千秋戰鬭方略，山川形勢，千秋口對兵事，劃地成圖。」

④梁汴：今河南開封市。自五代時後梁建都於此後，後晉、後漢、後周全在此建都。

⑤南陽：郡名。治所原在宛縣（今河南南陽市），隋末改鄧州（今河南鄧縣）爲南陽郡。此處爲荆、襄和關、洛地區的交通孔道。

謚法①一家，國之大典。史氏無其書，奉常②失其旨。周人以諱事神，謚法之所由起也。古之帝王，存亡皆用名。自堯、舜、禹、湯至於桀、紂，皆名也。周公制禮，不忍名其先君；武王受命之後，乃追謚太王、王季、文王。此謚法所由立也。本無其書，後世僞作周公謚法，欲以生前之善惡爲死後之勸懲。且周公之意，既不忍稱其名，豈忍稱其惡！如是，則春秋爲尊者諱、爲親者諱，不可行乎周公矣。此不道之言也。幽、厲、桓、靈之字，本無凶義；謚法欲名其惡，則引辭以遷就其意。何爲皇頡制字，使字與義合；而周公作法，使字與義離？臣今所纂，並以一字見義，削去引辭，而除其曲説，故作謚略。

①謚法：古代帝王死後，依其生前事迹給予的稱號。上古有號無謚，謚法始自周初。秦始皇廢不用。自漢初恢復，歷代沿用。

②奉常：官名。秦置。爲九卿之一，掌宗廟禮儀。

祭器者，古人飲食之器也。今之祭器出於圖，徒務説義，不思適用。形制既乖①，豈便歆享②！夫祭器尚象③者，古之道也。器之大者莫如罍④，故取諸云、山；其次莫如尊，故取諸牛、象；其次莫如彝，故取諸鷄、鳳；最小者莫如爵，故取諸雀。其制皆象其形，鑿項及背以出内酒。惟劉杳能知此義，故引魯郡地中所得齊子尾送女器有「犧尊」及齊景公冢中所得「牛尊」「象尊」以爲證⑤，其義甚明，世莫能用。故作器服略。

①乖：背戾，不和諧。

②歆享：指鬼神享受祭品。史記孝文本紀：「朕既不德，上帝神明未歆享。」

③象：形狀。

④罍（léi）：古代青銅祭器。

⑤惟劉杳……以為證：劉杳，字士深，梁平原人，博學多識，曾和沈約討論宗廟犧尊事。梁書卷五十有傳。

樂以詩為本，詩以聲為用。風土之音曰「風」，朝廷之音曰「雅」，宗廟之音曰「頌」。仲尼編詩，為正樂也。以風、雅、頌之歌，為燕享祭祀之樂。工歌鹿鳴之三①，笙吹南陔之三②，歌閒魚麗之三，笙閒崇邱之三③，此大合樂之道也。古者絲竹有譜無辭，所以六笙但存其名。序詩之人，不知此理，謂之有其義而無其辭。良由漢立齊、魯、韓、毛四家博士④，各以義言詩，遂使聲歌之道日微。至後漢之末，詩三百僅能傳鹿鳴、騶虞、伐檀、文王四篇之聲而已。太和末，又失其三。至於晉室，鹿鳴一篇又無傳。自鹿鳴不傳，後世不復聞詩⑤。然詩者，人心之樂也，不以世之興衰為存亡。繼風、雅之作者，樂府⑥也。史家不明仲尼之意，棄樂府不收，乃取工伎之作以為志。臣舊作系聲樂府以集漢、魏之辭，正為此也。今取篇目以為次，曰樂府正聲者，所以明風、雅；曰祀享正聲者，所以明頌。又以琴操明絲竹，以遺聲準逸詩。語曰⑦：「『韶』盡美矣，又盡善也；『武』盡美矣，未盡善也。」此仲尼所以正舞也。「韶」即文舞，「武」即武舞。古樂甚希，而文、武二舞猶傳於後世。良由有節而無辭，不為義說家所惑，故得全仲尼之意。五聲⑧、八音⑨、十二律⑩音，樂之制也。故作樂略。

①工歌鹿鳴之三：樂工歌唱詩小雅鹿鳴之什中的鹿鳴、四牡、皇皇者華這三篇詩。

②笙吹南陔之三：吹笙者吹詩小雅南陔中的南陔、白華、華黍這三篇「笙詩」。

③歌間魚麗之三，笙間崇邱之三：工歌魚麗，笙吹由庚；工歌南有嘉魚，笙吹崇邱；工歌南山有臺，笙吹由儀。本篇序中所舉的笙吹六篇詩，在今詩經三百零五篇之外。其樂工、吹笙者歌吹相間事語本儀禮鄉飲酒禮。

④齊、魯、韓、毛四家博士：漢初傳詩的有齊轅固、魯申培、韓嬰三家，都立於學官，設博士。毛詩晚出，亦爭立學官。

⑤至後漢之末，……後世不復聞詩：語出晉書樂志。曹操平荆州，得漢雅樂郎杜夔，任為軍謀祭酒，創定雅樂，傳鹿鳴等四篇古聲調。魏明帝太和中，左延年改騶虞、伐檀、文王三曲，惟存鹿鳴舊歌。至晉武帝泰始五年，中書監荀勖又除去鹿鳴舊歌。於是古樂全亡。

⑥樂府：詩體名。漢武帝時定郊祀禮，立樂府，掌管宮廷、巡行、祭祀所用的音樂，兼採民歌配以樂曲，以李延年為協律都尉，樂府之名自此始，樂府官署所採制的詩歌即為樂府詩。後人將魏、晉至唐可以入樂的詩歌，以及仿樂府古題的作品，統稱樂府。

⑦語曰：即論語曰。下述引文出自論語八佾篇。「韶」，虞舜樂名；「武」，周武王樂名。

⑧五聲：古樂五聲音階的五個階名。即：宮、商、角、徵、羽。也稱五音。左傳昭公二十五年：「章爲五聲。」疏：「聲之清濁，差爲五等，聖人因其有五，分配五行，……土爲宮，金爲商，木爲角，火爲徵，水爲羽。」

⑨八音：古代稱金、石、絲、竹、匏、土、革、木爲八音。金爲鐘，石爲磬，琴瑟爲絲，簫管爲竹，笙竽爲匏，壎爲土，鼓爲革，柷敔爲木。

⑩十二律：古樂的十二調。陽律六：黄鐘、太簇、姑洗、蕤賓、夷則、亡射；陰律六：大吕、夾鐘、中吕、林鐘、南吕、應鐘，共爲十二律。吕氏春秋以律與歷附會，以十二律應十二月。

學術①之苟且②，由源流之不分；書籍之散亡，由編次之無紀③。易雖一書，而有十六種學：有傳學，有注學，有章句學，有圖學，有術學，有讖緯學，安得總言易類乎！詩雖一書，而有十二種學，有詁訓學，有傳學，有注學，有圖學，有譜學，有名物學，安得總言詩類乎！道家則有道書，有道經，有科儀，有符籙，有吐納內丹，有爐火外丹④，凡二十五種，皆道家，而渾爲一家，可乎？醫方則有脈經，有灸經，有本草，有方書，有炮炙，有病源，有婦人，有小兒，凡二十六種，皆醫家，而渾爲一家，可乎？故作藝文略。

①學術：學問、道術。

②苟且：馬虎草率。

③紀：頭緒。禮禮器：「紀散而衆亂。」

④有吐納内丹，有爐火外丹：古代方士及道教徒修煉的兩種方法。靠自身吐出體内濁氣，吸納清氣，修煉自身丹田内的精氣，稱爲内丹。靠體外藥物，服食在爐火中燒煉的朱砂（金丹）等，稱爲外丹。

册府①之藏，不患無書；校讎②之司，未聞其法。欲三館③無素餐④之人，四庫⑤無蠹魚⑥之簡；千章萬卷，日見流通；故作校讎略。

①册府：藏書的地方。

②校讎：核對書籍，糾正其誤。一人獨校爲校，二人對校爲讎。

③三館：指宋代藏書處，即昭文館、集賢院和史館。

④素餐：無功食禄。又寫作「素飡」。漢王充論衡量知：「素者，空也。空虚無德，飡人之禄，故曰素飡。」

⑤四庫：其名始於唐。唐中宗景龍時，分經、史、子、集爲四庫，命薛稷、沈佺期、武平一、馬懷素分掌，詳見宋王應麟玉海。玄宗時，更於兩京各聚書四部，以甲、乙、丙、丁爲次，列經、史、子、集四庫，見唐書藝文志。

⑥蠹魚：蟲名。常蛀蝕衣服書籍。體小，有銀白色細鱗，形似魚，故名。唐白居易長慶集一傷唐衡詩之二：「今日開篋看，蠹魚損文字。」

河出圖①，天地有自然之象，圖譜之學由此而興；洛出書②，天地有自然之文，書籍之學由此而出。圖成經，書成緯；一經一緯，錯綜而成文。古之學者，左圖右書，不可偏廢。劉氏作七略③，收書不收圖；班固即④其書爲藝文志。自此以還⑤，圖譜日亡，書籍日冗，所以困⑥後學而隳⑦良材者，皆由於此。何哉？即圖而求，易；即書而求，難。舍易從難，成功者少。臣乃立爲二記：一曰記有，記今之所有者，不可不聚；二曰記無，記今之所無者，不可不求。故作圖譜略。

①河出圖：易繫辭上：「河出圖，洛出書，聖人則之。」孔傳謂河圖即八卦。河，即指黃河。鄭玄以爲河出圖是帝王聖者受命之瑞。

②洛出書：洛，即指洛水。漢儒謂洛書即洪範九疇。孔傳：「天與禹洛出書。神龜負文而出，列於背，有數至於九。禹遂因而第之以成九類常道。」

③劉氏作七略：劉氏即劉歆。他所撰寫的七略，是我國最早的圖書目錄分類著作。

④即：就，依。

⑤還：返，回。

⑥困：使處於困境險地，被困。

⑦隳（huī）：毀壞。

方册①者，古人之言語；款識②者，古人之面貌。方册所載，經數千萬傳；款識所勒③，猶存其舊。蓋金石之功，寒暑不變，以茲稽古，庶④不失真。今藝文有志，而金石無紀。臣於是采三皇、五帝之泉幣、三王之鼎彝、秦人石鼓⑤、漢魏豐碑，上自蒼頡石室之文，下逮唐人之書，各列其人而名其地。故作金石略。

①方册：同「方策」，典籍。

②款識（zhì）：古代鐘鼎彝器上鑄刻的文字。

③勒：刻。

④庶：將近，差不多。

⑤秦人石鼓：我國現存最早的刻石文字。唐初在天興（今陝西鳳翔）出土。共十塊，石形如鼓，用籀文（大篆體）刻四言詩十首，記秦國君游獵事，故稱「石鼓文」。鄭樵在通志金石略中，說他撰有石鼓辨，明為秦篆。現十石中一石僅餘一半，其它九石字形也有殘缺。原物現藏北京故宮博物院。

洪範五行傳①者，巫瞽②之學也，歷代史官皆本之以作五行志。天地之間，災祥萬種，人間禍福，冥③不可知；若之何一蟲之妖、一物之戾④皆繩之以五行！又若之何晉厲公一視之遠⑤、周單子一言之徐⑥而能關於五行之沴⑦乎！晉申生一衣之偏⑧、鄭子臧一冠之異⑨而能關於五行之沴乎！董仲舒⑩以陰陽之學倡為此說，本於春秋，牽合附會。歷世史官，自愚其心目，俛首⑪以受籠罩⑫而欺天下。臣故削去五行而作災祥略。

①洪範五行傳：漢劉向撰。十一篇。以上古至春秋、戰國、秦、漢之各種變異，分列條目，附會為朝政、人事禍福的徵兆。書已佚，基本內容保存於漢書五行志。

②巫瞽：巫，古代稱能以舞降神的人。瞽，目盲。莊子逍遥遊：「瞽者無以與乎文章之觀。」引申為沒有識別能力。

③冥：暗昧。

④戾：乖張，違反。淮南子覽冥：「舉事戾蒼天，發號逆四時。」注：「戾，反也。」

⑤晉厲公一視之遠：事見國語周語下。其內容是說單襄公見晉厲公視遠步高，乃謂晉侯目不存體，足不步目，目體不相從，命將不久。

⑥周單子一言之徐：事見左傳昭公十一年。其內容是說周單子會韓宣子，單子精神萎靡，視下音低，叔向認為單子不能久活。

⑦沴（ㄌㄧˋ）：因氣不和而產生的災害。

⑧晉申生一衣之偏：事見左傳閔公二年。說的是晉獻公命太子申生攻東山皋落氏，讓他穿左右顏色不同的「偏衣」，狐突等認為不祥。

⑨鄭子臧一冠之異：事見左傳僖公二十四年。說的是鄭子臧在宋，好聚鷸鳥羽毛為冠，鄭文公憎惡他服飾非法，派人刺殺他。

⑩董仲舒：西漢著名儒學思想家。少治春秋公羊傳。武帝時，以賢良對策稱旨見重。後因言災異事下獄，幾死，不久赦免。出任膠西王相，不久即告病免官家居。生平講學著書，推尊儒術，抑黜百家。

⑪俛首：即俯首。俛（fǔ），同「俯」，低頭。唐韓愈昌黎集十八應科目時與人書：「若俛首帖耳，搖尾而乞憐者，非我之志也。」

⑫籠罩：籠，捕魚器；罩，亦稱篧，取魚的竹器。此處指自投羅網。

語言之理易推，名物①之狀難識。農圃之人識田野之物，而不達詩書之旨；儒生達詩書之旨，而不識田野之物。五方②之名本殊，萬物之形不一；必廣覽動植，洞見幽潛；通鳥獸之情狀，察草木之精神；然後參之載籍，明其品匯③。故作昆蟲草木略。

①名物：名號物色。周禮天官庖人：「掌共六畜六獸六禽，辨其名物。」

②五方：本指東、南、西、北和中央，這裡泛指各方。

③品匯：品種類别。

凡十五略，出臣胸臆，不涉漢、唐諸儒議論。禮略所以敘五禮，職官略所以秩百官，選舉略言掄材①之方，刑法略言用刑之術，食貨略言財貨之源流。凡茲五略，雖本前人之典，亦非諸史之文也。

①掄材：選拔人材。

古者記事之史謂之志①。書大傳②曰：「天子有問無以對，責之疑；有志而不志，責之丞。」是以宋、鄭之史，皆謂之志③。太史公更志爲記。今謂之志，本其舊也。桓君山④曰：「太史公三代世表旁行邪上，並效周譜。」古者紀年別繫之書謂之譜，太史公改而爲表。今復表爲譜，率從舊也。然西周經幽王之亂，記載無傳，故春秋編年以東周爲始。自皇甫謐作帝王世紀及年曆⑤，上極三皇；譙周⑥、陶弘景⑦之徒，皆有其書。學者疑之，而以太史公編年爲正，故其年始於共和⑧。然共和之名已不可據，況其年乎！仲尼著書斷自唐、虞，而紀年始於魯隱，以西周之年無所考也。今之所譜，自春秋之前，稱世謂之世譜；春秋之後，稱年謂之年譜。太史公紀年以六甲⑨，後之紀年者以六十甲⑩，或不用六十甲而用歲陽、歲陰⑪之名。今之所譜，即太史公法，既簡且明，循環無滯。禮言臨文不諱⑫，謂私諱⑬不可施之於公也；若廟諱⑭則無所不避。自漢至唐，史官皆避諱，惟新唐書無所避⑮。臣今所修，準舊史例：閒有不得而避者，如謚法之類，改易本字，則其義不行，故亦準唐舊。（漢景帝名啓，改啓爲開；安帝名慶，改慶爲賀；唐太祖名虎，改虎爲武；高祖名淵，改淵爲水。若章懷太子注後漢書，則濯龍淵不得而爲諱；杜佑作通典，則虎賁不得而諱。）

①記事之史謂之志：此說源於周禮春官：「小史，掌邦國之志。」「外史，掌書外令，掌四方之志。」志，周時對史册的

通稱。

②書大傳：即尚書大傳。舊題漢伏勝撰。今傳本四卷，附補遺一説。引文中的「疑」、「丞」均為官名。古代天子設前疑、後丞、左輔、右弼，稱為四鄰，以備天子顧問。

③宋、鄭之史，皆謂之志：孔穎達正義以為「宋志」是「宋人志在攻取」。杜預集解以為「鄭志」是「鄭伯志在於殺。」與本文中用意不同。

④桓君山：漢代哲學家桓譚，字君山。他著新論二十九篇，反對當時讖緯神學，被光武帝視為「非聖無法，幾遭處斬。」其書久佚，清人孫馮翼、盧文弨有輯本。引語見梁書劉杳傳引。引文説的周譜早佚，漢書溝洫志引有周譜「定王五年河徙。」語。

⑤皇甫謐作帝王世紀及年曆：皇甫謐，字士安，晉朝那（今甘肅平涼西北）人。所著帝王世紀及年曆，共十二篇。上起三皇，下迄漢、魏，傳見晉書卷五一。鄭樵藝文略以帝王世紀十卷入編年史的「紀録類」，以年曆二卷入編年史的「運曆類」。清宋翔鳳、顧觀光有帝王世紀輯本。

⑥譙周：字允南，三國蜀巴西西充（今四川閬中西南）人，後主立太子，周為家令。歷中散大夫、光禄大夫。鄧艾入蜀，周勸後主投降魏，封為陽城亭侯。著有古史考等書，已佚。傳見三國志蜀書卷一二。

⑦陶弘景：字通明，南朝梁秣稜（今江蘇南京市）人。好道術。齊高帝以為諸王侍讀。後隱居句容句曲山。梁武帝時，每遇軍國大事必諮詢他，時人稱為「山中宰相」。著有帝代年曆、古今刀劍録、真誥等書。傳見梁書卷五一，南史卷七六。

⑧共和：史載周厲王被暴動的奴隸和自由民趕跑至周宣王執政，其間共十四年，號共和。一説共和名稱源自召

公、周公二相同執政；一說厲王出奔後，由共和伯代理政事。共和元年，即公元前八四一年，爲中國歷史上有正確紀年的開始。

⑨六甲：指甲子、甲戌、甲申、甲午、甲辰、甲寅。這是古代用天干地支相配計算時日的六種組合方法。

⑩六十甲：即從甲子至癸亥，逐年而紀，爲數六十。又稱六十甲子。是天干地支相配合産生的變化，用以紀年。

⑪歲陽、歲陰：古代稱用以紀年的十天干爲歲陽，十二地支爲歲陰。古人認爲歲星（木星）十二年一周天，便將黄道分爲十二等分，與之相應，做爲歲名。因歲星自西向東運行，與黄道十二支方向相反，又假設太歲作與歲星實際運行相反的方向運動，以每年太歲所在的部分來紀年。爾雅釋天「歲陽」：「太歲在甲曰閼逢，在乙曰旃蒙，……」又「歲陰」：「太歲在寅曰攝提格，在卯曰單閼……」故甲寅歲稱作閼逢攝提格之歲，乙卯歲稱作旃蒙單閼之歲。餘類推，共可組成六十干支，用以紀年。

⑫禮言臨文不諱：即禮記曲禮上：「詩書不諱，臨文不諱，廟中不諱。」諱，避諱。

⑬私諱：即家諱。梁書張稷傳：「復爲司馬、新興、永寧二郡太守，郡犯私諱，改永寧爲長寧。」稷父張永，故稱私諱。

⑭廟諱：指君諱。漢代避君諱有定法。如「盈曰滿」，「恒曰常」，「啓曰開」等，本段括號内即漢、唐時部分避諱改字。史書從事改避是從史記開始的。如淮陰侯列傳中的「蒯通」，原名「蒯徹」，爲避漢武帝劉徹諱而改；張釋之馮唐列傳中的「王恬開」，原名「王恬啓」，因避漢景帝劉啓諱而改。

⑮惟新唐書無所避：新唐書作者爲宋祁、歐陽修，均爲宋人，故書中對與唐帝王名字相同的字不用避諱。舊唐書作者劉昫，以唐爲本朝，凡碰上與唐朝帝王名字相同的字，均避諱改易。

夫學術超詣①，本乎心識；如人入海，一入一深。臣之二十略，皆臣自所得，不用舊史之文。紀傳者，編年紀事之實蹟，自有成規，不爲智而增，不爲愚而減，故於紀傳即其舊文，從而損益。若紀有制詔之辭，傳有書疏之章，入之正書，則據實事；寘之別録，則見類例。唐書、五代史②，皆本朝大臣所修，微臣所不敢議，故紀傳訖隋。若禮樂政刑，務存因革，故引而至唐云。

①超詣：卓超的造詣。詣，所達到的境界。超詣，指學問技藝高出一般境界。

②唐書、五代史：唐書指宋歐陽修、宋祁等奉勅所撰新唐書。五代史有兩部：舊五代史爲宋薛居正等奉敕撰；新五代史爲宋歐陽修私撰。這三部書都被收入今本二十五史正史中。

嗚呼！酒醴①之末，自然澆漓②；學術之末，自然淺近；九流③設教，至末皆弊。然他教之弊，微有典刑④；惟儒家一家，去本太遠。此理何由？班固有言⑤：「自武帝立五經博士⑥，開弟子員，設科射策，勸以官禄。訖於元始⑦，百有餘年。傳業者寖盛⑧，枝葉繁滋，一經説至百餘萬言，大師衆至千餘人。蓋禄利之路然也！」且百年之間，其患至此；千載之後，弊將若何！況禄利之路，必由科目⑨；科目之設，必由乎文辭⑩。三百篇之詩盡在聲歌，自置詩博士以來，學者不聞一篇之詩；六十四卦之易該於象數，自置易博士以來，學者不見一卦之易。皇頡制字，盡由六書⑪；漢立小學⑫，凡文字之家，不明一字之宗。伶倫⑬制律，盡本七音；江左置聲韻，凡音律之家，不達一音之旨。經既苟且，史又荒唐，如此流離，何時返本！道之汙隆⑭存乎時，時之通塞存乎數；儒學之弊，至此而極！寒極則暑至，否極則泰來⑮，此自然之道也。臣蒲柳⑯之質，無復餘齡；葵藿⑰之心，惟期盛世！謹序。

①醴：甜酒。

②澆漓：澆薄。澆，使減薄，浮薄，多用以指社會風氣，此處指味薄。漢書八九黃霸傳京兆尹張敞奏表：「澆淳散樸，並行僞貌，有名無實，傾搖解怠，甚者爲妖。」註：「以水澆之，則味漓薄。」

③九流：指先秦至漢初的九個學術流派。據漢書藝文志，九流爲：儒、法、名、墨、道、陰陽、縱横、雜、農。

④典刑：法規。

⑤班固有言：即班固在漢書儒林傳中所說的話。

⑥五經博士：官名。漢武帝建元五年（前一三六年）開始設置，以傳授儒家的經典。五經，即易、尚書、詩、禮（儀禮）、春秋。元朔五年（前一二四年），初爲博士置弟子員五十人，復其身。

⑦元始：漢平帝的年號，共五年。元始初（公元一年），即呈現經學家派衆多，一經之說繁至百餘萬言的局面。

⑧寖盛：逐漸增多至極點。

⑨科目：分科取士的項目。如唐制取士之科，見於史者五十餘科，又有大經小經之目，故稱科目。

⑩文辭：指應試儒士的經義策論等。

⑪六書：漢代學者分析小篆的形、音、義而歸納出來的六種造字條例。許慎說文解字敘對六書首爲定義爲：指事、象形、形聲、會意、轉注、假借。

⑫小學：古代小學教授六藝，故禮、樂、射、御、書、數都稱爲小學。漢代以小學作爲文字訓詁之學的專稱。漢書藝文志所收的小學十家都是字書和訓詁之類。

⑬伶倫：又作「泠淪」。相傳爲黃帝時的樂師，曾制音律。見呂氏春秋古樂。

⑭汙隆：指時世風俗的盛衰。文選南朝梁劉孝標廣絕交論：「龍驤蠖屈，從道汙隆。」

⑮否（pǐ）極則泰來：又作「否終則泰」。意即閉塞到極點，則轉向通泰。否、泰本爲易兩卦名。過去對命運的好壞、事情的順逆都稱做否泰。否，不通；泰，亨通。

⑯蒲柳：即蒲和柳。二者均早落葉，故以喻人之早衰。世說新語言語：「顧悅與簡文（司馬昱）同年而發早白。簡文曰：『卿何以先白？』對曰：『蒲柳之姿，望秋而落；松柏之質，經霜彌茂。』」

⑰葵藿：偏指葵。葵性向日，古人多用以比喻下對上赤心趨向之意。三國志魏書陳思王植傳上疏請存問親戚：「若葵藿之傾葉，太陽雖不爲之回光，然終向之者，誠也。」

（劉淑英）

氏族略第二（節選）

以國為氏

古帝王氏

唐氏：祁姓，亦曰伊祁，出陶唐氏之後。堯初封唐侯，其地中山唐縣是也。舜封堯之子丹朱爲唐侯。至夏時，丹朱裔孫劉累遷於魯縣，累孫猶守故地。至商，更號豕韋氏。周復改為唐公。成王滅唐，以封弟叔虞，號曰唐叔，乃遷唐公於杜，降爵為伯，今長安杜城是也。周之季世，又封劉累裔孫在魯縣者為唐侯，以奉堯嗣，其地在今唐州方城是也。傳曰：「自虞以上為陶唐氏。」此晉之唐也。宣十二年傳①：楚子使唐狡與蔡鳩居告②唐惠侯。使潘黨率游闕③四十乘從唐侯為左拒④，其地在今隨州唐城縣，此楚之唐也。定公五年⑤，楚滅唐，子孫亦以唐為氏。在晉者，仕晉；在秦、楚者，仕秦、楚。晉有唐睢為魏大夫，西說秦，不敢加兵於魏。楚有唐狡、唐勒。勒與宋玉、景差俱師屈原，事楚襄王，文章齊名。秦有唐厲，為漢中尉，擊黥布，有功，封斥丘侯。

臣謹按釋例，唐，姬姓。又公子譜，一曰成王封叔虞於唐，號唐叔侯。其子燮父之後，春秋時，國小微弱，遂屬為楚邑。據此，當云其子燮父之後，別封於唐，近於楚，微弱，遂為楚屬邑。又按，堯之後分為六：唐氏、杜氏、范氏、劉氏、韋氏、祁氏。皆為著姓⑥，豈堯澤之不泯⑦歟！

〔篇名簡介〕本篇節選自通志氏族略第二以國為氏古帝王氏。本篇主要講述了唐、虞、夏、商、殷、北殷、周、西周、周生、秦、漢等氏的來源、演進，及作者的分析。從堯至漢高帝這一漫長歷史進程中姓氏的演進由此而明晰。

①宣十二年傳：即左傳宣公十二年。

②告：報告。

③游闕：後備的戰車。闕車，古代兵車的一種。周禮春官車僕：「掌戎路之萃，廣車之萃，闕車之萃，苹車之萃，輕車之萃。」注：「此五者皆兵車，所謂五戎也。……闕車，所用補闕之車也。」

④左拒：左方陣。拒，通「矩」。左傳桓公五年：「鄭子元請爲左拒，以當蔡人衛人；爲右拒，以當陳人。」

⑤定公五年：即魯定公五年。

⑥著姓：有顯著名聲的世家。後漢書樊弘傳：「其先周仲山甫，封於樊，因而氏焉，爲鄉著姓。」

⑦泯：盡，消滅。

虞氏：姚姓。舜之建國也，舜以天下授禹。禹封舜之子商均於虞城，爲諸侯。後世國絶，以國爲氏。又周太王之子、太伯之弟仲雍，是爲虞仲，嗣太伯之後於句吳。武王克商，封舜之後胡公滿於陳，封虞仲之庶孫①於虞城，以爲虞仲。後虞仲國於吳，其支庶封於此，故亦謂之西吳，此姬姓之虞也。今陝州平陸縣東北六十里有故虞城。在僖五年②，晋滅之，子孫亦以國氏。

①庶孫：庶出之孫。也包括嫡子所生的子女。儀禮喪服：「有適子者無適孫。」漢鄭玄注：「周之道，適子死，則立適孫，……長子在，則皆爲庶孫耳。」適，通「嫡」。

②僖五年：即魯僖公五年。

夏氏：亦曰夏后氏。姒姓，顓帝①之後也。當堯之時，有洪水之患，使鯀治之，九載不成功，乃殛②鯀於羽山。用其子禹爲司空，治水有大功。舜以天下授之，是爲夏后氏，今陝州夏縣，禹之所都也。禹之受舜禪，至桀，凡十七君，十四世，四百七十一年，爲湯所伐，放③於南巢。武王克商，封其後於杞。其非爲後不得封者，以夏爲氏焉。又陳宣公之子少西，字子夏。其孫夏舒以王父爲氏，是爲陳夏氏也。後漢有夏馥、夏牟。

①顓帝：即顓頊，五帝之一，相傳爲黃帝之孫，昌意之子。生十年而佐少皞，二十年而登帝位，在位七十八年而崩，號高陽氏。

②殛（jí）：殺。

③放：放逐。書堯典：「放驩兜於崇山。」

商氏：子姓。商本上雒，今之商州也。及成湯有天下，始遷於亳，而命以殷。然商之號，亦未始廢焉。商始祖契，其母曰簡狄，爲帝嚳①次妃。三人行浴，見玄鳥隕卵，取而吞之，孕而生契。舜命契爲司徒，封於商。十四世至湯，放桀。又三十世至紂，周武王滅之，子孫以國爲氏。魯有商瞿，仲尼弟子；又秦有衛鞅，本衛公子也，封爲商君，子孫亦以商氏焉。宋朝登科②有商庭。又有商言詩，登州人。

①帝嚳：古帝名，相傳爲黄帝子玄囂的後代，號高辛氏。卜辭中商人以帝嚳爲高祖。

②登科：舉子及第後經吏部復試獲中。

殷氏：契始封於商，後世遷於亳，故京兆杜縣有亳亭是也。杜城今在長安南，故司馬遷云，禹興西羌，湯起亳也。及有天下，始居宋地，復命以亳，今南京①穀熟是也。蓋有溵水出陽城東，至西華汝陽，入於潁水合流。古人並謂潁爲溵，故命以殷。舊有溵水縣，宋建隆②改商水，隸陳州，然遷於囂，遷於相，遷於耿，遷於朝歌，皆謂之殷，以成湯建國之所命也。或謂之商，以契始封之所命也。自湯至雍己，而商道始衰，諸侯或不至。雍己弟太戊立，任伊尹之子伊陟爲相，桑穀共生於朝，一夕，大拱。伊陟曰，妖不勝德，君之政無乃③有闕。太戊修德，祥桑枯死，商道復興，故稱中宗。太戊崩，子仲丁立，遷於囂。至河亶甲，遷於相，商復衰。子祖乙立，遷於耿，任巫賢，而商道復興。至於陽甲，王業益不振，良由自仲丁以來，廢適而更立諸弟。子弟或爭，相代而立，比④九世亂，於是諸侯不朝。陽甲崩，弟盤庚立，是時都河北。盤庚渡河南，凡五遷，復居湯之故都，治亳。行湯之政，諸侯始朝。其弟少辛立，商復衰。百姓思盤庚之治，乃作盤庚三篇。至武丁即位。因夢而求得傅説爲相，爲中興主，廟號高宗。至武乙，復去⑤亳，從河北，好射獵，爲革囊⑥盛血，仰而射之，曰射天⑦，暴雷震死。至紂，爲周武王所滅，封微子於宋，以奉湯祀。其子孫不得封者，以國爲氏。

北殷氏：成湯之後，有北殷氏。

①南京：宋大中祥符七年（一〇一四年），因應天府爲趙匡胤舊藩，建爲南京。
②建隆：宋趙匡胤在位期間年號之一。
③無乃：莫非，豈不是。
④比：及，等到。
⑤去：離開。
⑥革囊：革制之囊。
⑦射天：意在示威服鬼神。

周氏：姬姓。黄帝之苗裔。后稷棄之後，有邰氏曰姜原，爲帝嚳元妃，出見巨人跡，踐之而孕，期月①生稷。初以爲不祥而棄之，故名曰棄。好種藝②。堯聞之，舉爲農師。舜封於邰，號曰后稷。邰今武功縣斄城是也。邰之總名曰周，故國號周。后稷卒，子不窋立。不窋末年，夏太康失國，稷官遂廢，不窋失職，乃奔戎、狄之間。孫公劉復修后稷之業，詩人歌之。遷於豳。今邠州三水有古豳城是也。至古公亶父，有薰鬻③之難。去豳居岐。豳人扶老攜幼，盡歸之。鄰國亦歸之。今鳳翔岐山是也。至文王始伯諸侯④。武王光⑤有天下，追封古公、季歷、文王爲王。文王都豐，武王都鎬。豐在永興鄠縣東南，鎬在豐之東二十里。昭王之時，王綱不振，及南巡狩，卒於江上⑥。穆王得八駿，西巡於昆侖之丘，以見西王母，樂而忘歸，徐偃王作亂⑦。厲王無道，國人畔之，出奔於彘。召公、周公二相行政，號曰共和⑧。共和十四年，立厲王之太子靖，是爲宣王，周室中興。其子幽王爲褒姒蠱惑，欲立其子伯服，而廢申后太子宜咎。宜咎奔申。申侯與犬戎攻周。殺幽王於戲。晉文侯與鄭武公迎宜咎於申而立之，是為平王。徙居東都王城，今西京河南縣是也。平王四十九年，魯隱公之元年⑨也。敬王又遷成周，今洛陽縣也。敬王三十九年，獲麟之歲⑩也。敬王四十一年，春秋終⑪。元王⑫以下十有二世，二百二十一年。赧王為秦所滅，黜為庶人，百姓號曰周家，因為氏焉。又平王之子別封汝南者，亦為周氏。見志猶詳。又有周公黑肩之後，世為周卿士。又商有太史周任，豈其食採於周與？又秦相有周恢。又有姬氏，唐先天中，避明皇嫌名，改為周氏。又上元中，暨佐時準制改為周氏。又代北復姓有賀魯氏，改為周氏。又後魏獻帝次兄普氏改為周氏。又後周改周氏為車非氏。

周生氏：見姓苑。今人呼人亦曰某生，不必外生也。晉中經簿云：魏侍中周生烈本姓唐，外養唐氏。

①期（jī）月：史記周本紀作「居期」。期月，一整年。論語子路：「苟有用我者，期月而已可也。」疏：「期月，周月也，謂周一年之十二月也。」

②種（zhòng）藝：種植。

③薰鬻：古匈奴名。據史記周本紀記載，古公亶父時，「薰育戎狄攻之」。薰育即薰鬻。

④伯諸侯：為諸侯之長。伯，管領一方之長。當時文王為西伯。

⑤光：廣闊，遥遠。

⑥南巡狩：卒於江上：說的是周昭王南巡至漢水，荆人獻膠舟，船至中流，膠溶舟解被淹死。

⑦徐偃王作亂：徐偃王爲周穆王時徐國國君，周穆王巡狩，諸侯共尊偃王。

⑧共和：共和元年爲公元前八四一年，是中國歷史有確切紀年的開始。

⑨魯隱公之元年：即公元前七二二年。

⑩獲麟之歲：指這一年（前四八一年，魯哀公十四年）在西部的大野打獵，魯國叔孫氏的御者子鉏商獵得麒麟。

⑪春秋終：春秋是孔子所著的編年體史書。所記起魯隱公元年，迄魯哀公十四年西狩獲麟。共十二公（隱桓莊閔僖文宣成襄昭定哀），二百四十二年。敘事多極簡，以用字爲褒貶。

⑫元王：即周元王。前四七五年即位。

秦氏：嬴姓，少皞之後也。以皋陶①爲始祖。十世曰蜚廉，生二子。一曰惡來，其後爲秦；二曰季勝，其後爲趙。惡來之後五世曰非子，初封於秦谷，爲秦氏。秦谷，故隴西秦亭是也。隴西並入汧原，今隸隴州，有故秦城在。後徙封平陽。復遷於岐、豐之間；又遷於犬丘；又遷於雍；又遷於櫟陽；又遷於咸陽。皆本於秦谷，故號秦焉。非子好馬及畜，周孝王使主②馬於汧、渭之間。馬大蕃息。孝王曰，昔柏翳佐舜主畜，畜多息③。故有土，賜姓嬴。今後世亦爲朕息馬，朕其分土爲附庸④，邑之秦，使續嬴氏祀，號曰秦嬴。或曰，伯益佐舜，賜姓嬴氏。秦嬴四世曰秦仲，爲周宣王大夫，始有車馬禮樂，以討西戎，死之。莊公立，長子世父曰，戎殺我大父⑤，我非殺戎王，不敢入邑。讓與其弟襄公。周幽王有犬戎之難，襄公救周，以兵送平王。都雒邑。平王封襄公爲諸侯，賜之岐以西之地。至穆公用百里奚、蹇叔為大夫，納公子重耳為晉君，不殺孟明視、西乞術、白乙丙，以報晉人殽之役，禮亡臣由余以伐戎，益國十二，開地千里，遂霸西戎。至孝公，用衛鞅之術，以富國强兵。自此以還，六國⑥不能與之爭衡⑦。凡三十五世。自子嬰降漢。秦之子孫，以國為氏焉。魯又有秦氏，居於秦邑，今濮州范縣北舊秦亭，是其地。又楚有秦商，魯有秦非，秦有秦祖、秦冉者，皆為仲尼弟子。漢有潁川太守秦彭，晉有秦起。

①皋（gāo）陶（yáo）：傳説舜之臣，掌刑獄之事。尚書有皋陶謨。
②主：主持，掌管。
③息：繁殖，蕃息。
④附庸：附屬於周孝王的小國。詩魯頌閟宮：「乃命魯公，俾侯於東，錫之山川，土田附庸。」
⑤大父：祖父。
⑥六國：指齊、楚、燕、韓、趙、魏這六個戰國時較强大的國家。
⑦爭衡：在角逐中較量勝負。晉書陸機傳辨亡論：「謀無遺計，舉不失策，故遂割據山川，跨制荆、吳，而與天下爭衡矣。」

太史公曰：「秦之先為嬴姓。其後分封，以國為姓，有徐氏、郯氏、莒氏、終黎氏、運奄氏、菟裘氏、將梁氏、黃氏、江氏、脩魚氏、白冥氏、蜚廉氏、秦氏。然秦以其先造父①封趙城，爲趙氏。

①造父：自蜚廉生季勝已下五世至造父。造父以善御幸於周穆王。穆王西巡狩，徐偃王作亂，造父爲穆王御，長驅歸周，一日千里以救亂。穆王以趙城封造父，造父族由此爲趙氏。一說，「徐偃王與楚文王同時，去周穆王遠矣。且王者行有周衛，豈得救亂而獨長驅日行千里乎？」（詳見古史考）。

臣謹按：嬴，姓也；秦，氏也。何謂以國爲姓乎？徐、郯、莒、黃、江，國也，以國爲氏者。鍾離，楚邑；菟裘，魯邑也，以邑爲氏者。蜚廉，人名也，以名爲氏者，何謂以國爲姓乎？凡此十三氏①，並趙爲十四氏，其爲氏不同，而姓則同嬴也。由司馬氏②作紀世家，爲譜系之始，而昧③於此義，致後世之言姓氏者無別焉。言秦者又有三。秦國之後，以國爲氏，其有出於魯者，以邑爲氏。蓋魯有秦邑故也。出於楚者，未知以邑以字與！然此三秦者，所出既殊④，皆非同姓。彼十四氏，雖不同秦而同嬴，是爲同姓。此三秦者，雖同秦而不同嬴，是不爲同姓。古者婚姻之制，別姓不別氏。三秦可以通婚姻，十四氏不可以通婚姻。此道湮蕪⑤已久，譜諜之家，初無識別。

①凡此十三氏：指太史公所述：徐氏、郯氏、莒氏、鍾離氏、運奄氏、菟裘氏、將梁氏、黃氏、江氏、脩魚氏、白冥氏、蜚廉氏、秦氏。鄭樵認爲這十三氏加上趙氏都以嬴爲姓，衹是氏不同。

②司馬氏：司馬遷。
③昧：愚昧。
④殊：不同。
⑤湮蕪：埋没荒廢。蕪，雜草，埋没於雜草之中，即失去了道路。

漢氏：姓苑云：東莞有此姓。云漢高帝之後。初，項羽封沛公爲漢王，王巴、蜀、漢中。今興元府漢中郡也。自高帝至光武，終於獻帝，通王莽十八年，劉聖公二年，計四百二十五年①，傳漢祚②。漢亡，子孫或以國爲氏。

臣謹按：三代③之時，天子諸侯傳國，支庶傳氏。其傳國者，國亡則以國爲氏。三代之後，雖有國號，無問適庶④，皆以氏傳，而謂之姓。如漢家雖亡，亦稱劉氏。或有稱漢者，雖存古道，而存爲希姓。

①自高帝……四百二十五年：這句是説，從漢高帝於公元前二〇六年建西漢至東漢光武帝復興漢朝，直至漢獻帝於二二〇年被廢，中經王莽十八年，劉聖公（劉玄）二年，總計四百二十五爲漢朝統治時期。
②祚：皇位。文選漢班孟堅（固）東都賦：「往者王莽作逆，漢祚中缺。天人致誅，六合相滅。」正韻：「祚，福也、禄也、位也。」

③三代：夏、商、周。

④無問適（dí）庶：不管嫡、庶。「適」同「嫡」。

（劉淑英）

文獻通考

市糴考二（節選）

常平義倉租稅

齊管仲相桓公①，通輕重②之權，曰：「歲有凶穰③，故穀有貴賤；令有緩急，故物有輕重④。人君不理⑤，則畜賈游於市⑥，乘民之不給⑦，百倍其本矣。故萬乘之國，必有萬金之賈，千乘之國，必有千金之賈者，利有所併⑧也。國多失利，則臣不盡忠，士不盡死矣。計本量委⑨則足矣，然而民有饑餓者，穀有所藏⑩也。民有餘則輕之，故人君斂之以輕⑪；民不足則重之，故人君散之以重⑫。凡輕重斂散之以時，即準平⑬。守準平，使萬室之邑必有萬鍾⑭之藏，藏繈⑮千萬；千室之邑必有千鍾之藏，藏繈百萬。春以奉⑯耕，夏以奉耘，耒耜器械，種饟⑰糧食，必取贍⑱焉。故大賈畜家不得豪奪⑲

吾民矣。」

〔文獻通考簡介〕此書是繼唐杜佑通典之後，又一部記述歷代典章制度的巨著。全書三百四十八卷，總目二十四門。著者爲宋元之際人馬端臨(約一二五四——一三二三年)。他在材料處理上，先立條目，然後按時序排比前人與時人的有關議論，最後是他本人的按語。他把通典九門分擴爲十九門，又加列經籍、帝系、封建、象緯、物異五目，撰成上自上古，下至宋寧宗時期典章制度的匯編。所記宋事最詳。四庫全書總目卷八一文獻通考提要評述説：「雖稍遜通典之簡嚴，而詳贍實爲過之，非鄭樵通志所及也。」一九八四年中華書局重印了商務印書館萬有文庫十通本，並爲此書增編了目録。我們現據中華書局重印本加以注釋。

〔篇名簡介〕本篇節選自文獻通考卷二十一市糴考二常平義倉租税條。考查了春秋時齊至隋朝時市糴制度及常平、義食租税情況，並以按語形式表明了著者的觀點。

①齊管仲相桓公：春秋時齊桓公任用管仲爲相，治理齊國，使齊成爲春秋五霸之首。

②輕重：古代關於調節商品、貨幣流通和控制物價的理論。假托爲齊相管仲的政策。

③歲有凶穰(ráng)：年景有饑荒和豐收。凶，饑荒。墨子七患：「三穀不收謂之凶。」穰，廣韻：「禾實豐也。」即豐收。

④令有緩急，故物有輕重：即君王徵穀的法令有緩有急，緩於徵穀則民輕穀，急於徵穀則民重穀，穀價隨法令急緩而有高、低之分。

⑤理：治理，調節。

⑥畜賈游於市：囤積居奇的商人活動於市場。畜（xù）：積聚。

⑦給（jǐ）：豐足。

⑧併：吞，侵。

⑨計本量委：計量土地所産及積累。委，積累。文選漢揚子云（雄）甘泉賦：「瑞穰穰兮委如山。」

⑩穀有所藏：即指富人多藏穀。

⑪斂之以輕：用低價收購穀物。

⑫散之以重：用高價拋售穀物。

⑬準平：指調節供求與穩定物價。史記平準書：「大農之諸官盡籠天下之貨物，貴即賣之，賤則買之。如此，富商大賈無所牟大利，則反本，而萬物不得騰踊。故抑天下之物，名曰平準。」

⑭鍾：古量器名，漢時六斛四斗爲一鍾。

⑮鏹（qiǎng）：錢貫，引申爲錢。文選晋左太冲（思）蜀都賦：「貨殖私庭，藏鏹巨萬。」

⑯奉：供奉。

⑰種饟：師古曰：「種，五穀之種也。饟字與餉同，謂餉田之具也。」

⑱贍：充足。

⑲豪奪：恃勢掠奪。

管子曰：「夫物多則賤，寡則貴，散則輕，聚則重。人君知其然，故視國之羨①不足而御其財物。穀賤則以幣與②食，布帛賤則以幣與衣，視物之輕重而御之以準③，故賞罰可調而君得其利。則古之理財賦未有不通其術焉。

①羨：盈餘。孟子滕文公下：「子不通功易事，以羨補不足。」

②與：易，替。史記陳涉世家：「陳涉少時，嘗與人傭耕。」

③準：折價。唐韓愈昌黎集四贈崔立之評事詩：「墻根菊花好沽酒，錢帛縱空衣可準。」

桓公問管子曰：「終身有天下而勿失，有道①乎？」對曰：「請勿施於天下，獨施之於吾國。國之廣狹、壤之肥磽②有數，終歲食餘有數，彼守國者，守穀而已矣。」曰：「某縣之壤廣若干，某縣之壤狹若干，則必積委③幣。於是縣州里受公錢④。秋，國穀去⑤叁之一，君下令謂郡縣屬大夫里邑皆藉⑥粟入若干，穀重一⑦也，以藏⑧於上者。國穀三分則二分在上矣。泰春⑨，國穀倍重數也，泰夏，賦穀以理田土，泰秋，田穀之存子者若干。今上斂穀以幣，人曰無幣以穀，則人之三有歸⑩於上矣。重之相因，時之化舉⑪，無不爲國策。則彼諸侯之穀十，吾國穀二十，則諸侯穀歸吾國矣。諸侯穀二十，吾國穀十，則吾國穀歸於諸侯矣。故善爲天下者，謹守重流⑫，而天下不吾洩⑬矣。彼重之，相歸如水之就下。吾國歲非凶也，以幣藏之，故國穀倍重。諸侯之穀至也，是藏一分以致諸侯之一分也。利不奪於天下，大夫不得以富侈，以重藏，經國常有十國之策也。此以輕重御⑮天下之道也。」

①道：方法，技藝。

②磽（qiāo）：多石瘠薄之地。孟子告子上：「雖有不同，則地有肥磽，雨露之養，人事之不齊也。」

③委：蓄。

④公錢：積蓄之幣。

⑤去：減少。

⑥藉：同「籍」，登記。

⑦一：統一，指穀價統一。

⑧藏：收藏。

⑨泰春：春季的第一個月，初春。此時穀貴。「泰夏」、「泰秋」中的「泰」，解與此同。

⑩有：又，復。

⑪重之相因，時之化舉：即春天穀貴賣穀於民，秋天穀賤向農民收購穀子。依據季節不同，價格不同而施行不同的稅收。

⑫謹守重流：指嚴守穀價，不使流散。

⑬洩：散出。

⑭御：治理，統治。

魏文侯相李悝，曰：「糴甚貴傷人①，甚賤傷農。人傷則離散，農傷則國貧。故甚貴與甚賤，其傷一②也。善爲國者③，使人無傷而農益勸④。今一夫挾⑤五口，治田百畝，歲收畝一石半⑥，爲粟百五十石，除十一之稅十五石，餘百三十五石。食，人月一石半，五人終歲爲粟九十石，餘有四十五石。石三十⑦，爲錢千三百五十，除社閭嘗新春秋之祠⑧，用錢三百，餘千五十。衣，人率⑨用錢三百，五人終歲用千五百，不足四百五十。不幸疾病死喪之費及上賦斂，又未與⑩此。此農夫所以常困，有不勸耕之心，而令糴至於甚貴者也。是故善平糴⑪者，必謹觀歲有上、中、下熟。上熟其收自四⑫，餘四百石⑬；中熟自三，餘三百石；下熟自倍，餘百石。小饑則收百石⑭，中饑七十石，大饑三十石。故大熟則上糴三而舍一，中熟則糴二，下熟則糴一，使人適足⑯，價平則止⑰。小饑則發小熟之所斂，中饑則發中熟之所斂，大饑則發大熟之所斂而糴之⑱。故雖遇饑饉⑲水旱，糴不貴而人不散，取有餘以補不足也。」行之魏國。國以富强。

①糴甚貴傷人：糓賣得特別貴會傷害士、工、商。此處的「人」，即指士、工、商。
②一：一樣。
③善爲國者：善於治理國家的人。
④勸：努力。
⑤挾：擁有，擔負。

⑥畝一石半：每畝産量爲一石五斗。

⑦石三十：即每石粟三十錢。

⑧除社閭嘗新春秋之祠：即扣除各種祭祠的費用。據周禮記載，古代二十五家爲閭，立土神於里門内，名曰社。一般在立春、立秋後第五個戊日舉行春祭和秋祭。春祭是祈福，秋祭以報功。每次收獲，先以祀神，稱爲嘗新。

⑨率：大概，一般。

⑩與：參預，包含在内。

⑪平糴：官府於豐年以平價購存糧食，以備荒年平價出售，稱爲平糴。

⑫上熟其收自四：上熟，即上等收成，豐收。其收自四，即收成爲平歲的四倍，計百畝可收六百石。

⑬餘四百石：指收六百石的年景，除去納税及口糧，尚餘下四百石（納税十之一，即六十石；口糧共九十石，衣共五十石，合起來一户年用二百石）。

⑭小饑則收百石：即小荒年百畝地收成百石，減産爲三分之一。

⑮大熟則上糴三而舍一：即大豐收之年政府將農户所餘四百石糧收購走三百石，留下一百石由農户使用，此爲糴三舍一。

⑯適足：正好够用。

⑰價平則止：價格平穩即停止收購。

⑱大饑則發大熟之所斂而糶之：即大荒年就拿出大豐收之年所收購的糧食來出售。

⑲饑饉：饑，五穀不熟，荒年。饉，菜蔬無收。爾雅釋天：「穀不熟爲饑，蔬不熟爲饉。」疏：「郭（璞）云：凡草菜可

食者皆名蔬。李巡曰：「可食之菜皆不熟爲饉。」

按①：古今言糶、糴、斂、散之法，始於齊管仲、魏李悝。然管仲之意，兼主於富國；李悝之意，專主於濟民。管仲言人君不理，則畜賈游於市，乘民之不給，百倍其本，此則桑孔②以來所謂理財之道，大率皆宗此說。然山海、天地之藏，關市、物貨之聚，而豪强擅之。則取以富國可也。至於農人服田力穡③之贏餘，上之人爲制其輕重，時其斂散，使不以甚貴甚賤爲患，乃仁者之用心。若諉④曰：「國家不取，必爲兼併者所取」，遂斂而不復散，而資以富國，誤矣。

①按：此爲文獻通考作者所加的評述。

②桑孔：即桑弘羊、孔僅。桑弘羊，西漢著名理財家。漢武帝時任治粟都尉，領大司農。主張重農抑商，推行鹽鐵酒由國家專賣的政策，又積極主張設立平準、均輸機構，以便從富商大賈手中奪取鹽鐵和貿易的控制權。武帝臨終，授御史大夫，與大將軍霍光共受遺詔輔佐昭帝。後因謀廢昭帝被殺。孔僅，本是南陽的大鐵商，武帝時任大農丞管理鹽鐵官營事務。任職三年，即升任大司農，位列於九卿。後因議論政府對商船徵税事，引起武帝不滿。武帝重用桑弘羊，任其爲治粟都尉，主管大農，完全接替孔僅管理全國鹽鐵專賣事務。

③服田力穡：從事耕種，盡力耕作。書盤庚上：「若農服田力穡，乃亦有秋。」服，從事；服田，務農。穡，秋收。亦泛指耕耘收種。

④諉（wěi）：推托。

漢五鳳①中，歲數豐穰②，穀至石五錢，農人少利。大司農中丞耿壽昌奏言：「故事③，歲漕④關東⑤穀四百萬斛以給京師，用卒六萬人。宜糴三輔、弘農、河東、上黨、太原郡穀足供京師，可省關中⑥漕卒過半。」又令邊郡皆築倉，以穀賤時增其價而糴，以利農，穀貴時減價而糶，名曰常平倉。民便之。

①五鳳：漢宣帝在位期間年號之一，即前五七—前五四年。

②歲數豐穰：即連年豐收。

③故事：指政事先例。

④漕：水運。

⑤關東：指函谷關以東之地。

⑥關中：相當於今陝西省。史記項羽本紀：「人或說項王曰：『關中阻山河四塞，地肥饒，可都以霸。』」集解引徐廣曰：「東函谷，南武關，西散關，北蕭關。」

後漢明帝永平五年①作常平倉。

按：後漢書劉般傳，顯宗②欲置常平倉，公卿議者多以爲便。般對以爲：常平外有利民之名，而內實侵刻百姓，豪右因緣③為姦，小民不能得其平，置之不便。帝乃止。然則豈後來卒④置之歟！般所言者，後世常平之弊。常平起於孝宣之時，蓋至東漢而其弊已如此矣。

①後漢明帝永平五年：即公元六十二年。
②顯宗：東漢明帝的廟號。
③因緣：機會。此文意為乘機。
④卒：終於。

晉武帝欲平一江表①，時穀賤而布帛貴。帝欲立平糴法，用布帛市穀以為糧儲。議者謂軍資尚少，不宜以貴易賤。泰始二年②，帝乃下詔曰：「古人權量國用，取贏散滯，有輕重平糴之法，此事久廢，希習其宜而官蓄未廣，言者異同未能達通其制，更令國實散於穰歲，而上不收。貧人困於荒年，而國無備。豪人富商挾輕資，蘊重積，以管其利。故農夫苦其利而末作③，不可禁也。至四年，乃立常平倉。豐則糴。儉則糶，以利百姓。

①江表：指長江以南地區。從中原看，地在長江之外，故稱江表。三國志魏文帝紀黃初三年五月：「以荊、揚、江表八郡為荊州。」

②泰始二年：即公元二六六年。泰始，晉武帝在位期間年號之一，共十年。
③末作：指工商業。古以農為本，工商為末業。

齊武帝永明中①，天下米、穀、布帛賤，上欲立常平倉市積為儲。六年，詔出上庫錢五千萬，於京師②市米、買絲綿、紋絹布。揚州③出錢千九百一十萬，南徐州④二百萬，各於郡所市糴。南荊河州⑤二百萬，市絲綿、紋絹布、米、大麥。江州⑥五百萬，市米、胡麻。荊州⑦五百萬，郢州⑧三百萬，皆市絹、綿布、米、大小豆、大麥、胡麻。湘州⑨二百萬，市米、布、蠟。司州⑩二百五十萬，西荊河州⑪二百五十萬，南兗州⑫二百五十萬，雍州⑬五百萬，市絹、綿布、米，使臺傳並於所在市易。

①齊武帝永明中：即南朝齊武帝永明年間。永明，為武帝在位期間年號，共十一年，即從四八三——四九三年。
②京師：指南齊都城建康，今江蘇南京市。
③揚州：治所建業，今江蘇南京市。
④南徐州：治所京口，今江蘇鎮江市。
⑤南荊河州：治所壽春，今安徽壽縣。
⑥江州：治所潯陽，今江西九江市。
⑦荊州：治所江陵，今湖北江陵市。
⑧郢州：治所江夏，今湖北武昌市。

⑨湘州：治所長沙。今湖南長沙市。
⑩司州：治所汝南，今河南信陽市。
⑪西荆河州：治所歷陽，今安徽和縣内。
⑫南兗州：治所廣陵，今江蘇揚州市。
⑬雍州：治所襄陽，今湖北襄陽。

後魏孝莊時①，祕書丞②李彪③上奏曰：「今山東饑，京師儉④，臣以爲宜折⑤州郡常調九分之二，京師都度支歲用之餘，各立官司，年豐糴積於倉，時儉則減私之十二糶之，如此，人必力田以買官絹，又務貯錢以取官粟。年豐則常積，歲凶則直給⑥。明帝神龜、正光之際⑦，自徐、揚内附之後，收内兵資與人，和糴⑧積爲邊備也。

①後魏孝莊時：即北魏孝莊帝在位期間。公元五二八——五二九年。
②祕書丞：掌管典籍或起草文書之官。北魏的祕書丞即負責起草文書。
③李彪：北魏大臣。孝文帝時，任祕書丞，參著作事。以性剛直著稱。後免官居洛陽，病終於孝宣帝在位期間（五〇〇——五一五）。此段中通考將李彪上奏事放入孝莊朝，時間相差幾十年。中間隔了孝宣、孝明等統治時期。
④儉：歲歉。逸周書糴匡：「年儉穀不足。」儉，不富裕。

⑤折：虧損，少收。
⑥直給：直，同「值」。直給，用錢買絹粟以供需求。
⑦明帝神龜、正光之際：即北魏孝明帝神龜、正光之時，即五一八——五二四年。
⑧和糴：由官府出錢購買民糧，以供軍用，因是雙方議價交易，故稱和糴。實行中往往成爲官府硬性攤派，限期交納。

北齊河清中①，令諸州郡皆別置富人倉。初立之日，準所領中下户，口數得一年之糧逐。當州穀價賤時，斟量割②當年義租充入；穀貴下價糶之，賤則還用所糴之物依價糴貯。

①北齊河清中：即北齊武成帝在位期間的河清年間，即五六二——五六四年。
②割：取。

後周文帝創制六官①。司倉掌辨九穀之物，以量國用。足蓄其餘，以待凶荒；不足則止。餘用足，則以粟貸人。春頒秋斂②。

①後周文帝創制六官：後周文帝，北周的奠基人宇文泰。六官，是宇文泰任西魏宰相時仿周禮六官所定官制。六官即：載師、司均、司賦、司役、掌鹽、司倉。

②春頒秋斂：即春天頒發，秋天收聚。

隋文帝開皇十四年①，關中大旱，人饑。帝幸②洛陽，因令百姓就食③，從官並準見口④賑給，不以官位為限。

①隋文帝開皇十四年：公元五九四年。開皇，隋文帝在位期間年號之一，共二十年。
②幸：親臨。
③就食：移民至糧多之處，就地取得食物。與「就糧」同。
④見口：現有人口。

隋文帝開皇三年，衛州①置黎陽倉，陝州②置常平倉，華州③置廣通倉，轉相灌注④。漕關東及汾、晉之粟，以給京師。置常平監。五年，工部尚書長孫平奏：古者三年耕而餘一年之積，九年作而有三年之儲，雖水旱為災，人無菜色⑤，皆由勸導有方，蓄積先備。請令諸州百姓及軍人，勸課當社，共立義倉，收獲之日，隨其所得，勸課出粟及麥，於當社造倉窖貯之。即委社司，執帳檢校，每年收積，勿損敗。若時或不熟，當社有饑饉者，即以此穀賑給。自是諸州儲峙委積。至十五年，以義倉貯在人間，多有費損，詔曰：本置義倉，止防水旱，百姓之徒，不思久計，輕爾費損，於後乏絶。又北境諸州，異於餘處，靈、夏、甘、瓜等十一州，所有義倉雜種，並納本州。若人有旱儉少糧，先給雜種及遠年粟⑥。十六年又詔：秦、渭、河、廓、豳、隴、涇、寧、原、敷、丹、延、綏、銀等州社倉，並於當縣安置。又詔社倉，準上、中、下三等税，上户不過一石，中户不過七斗，下户不過四斗。

①衛州：州名，治所朝歌，今河南淇縣。
②陝州：北魏時所置州。今河南陝縣。
③華州：禹貢雍州之域，西魏時改稱華州。今陝西華縣。
④灌注：流入。使糧食通過運輸注入到各倉，如水之流入。
⑤菜色：饑饉之色。漢書元帝紀初元二年：「歲比災害。民有菜色。」註：「五穀不收，人但食菜，故其顔色變惡。」
⑥遠年粟：即陳年舊糧。

致堂胡氏①曰：賑饑莫要乎近其人。隋義倉取之於民不厚②，而置倉於當社，饑民之得食也，其庶幾③乎？儲備如此，他日關中大旱，民猶不免食粟糠、豆屑，帝親帥之如洛陽就食，况素無備乎？百姓知擠於溝壑④耳。後世義倉之名固在，而在置倉於州郡，一有凶饑，無狀⑤有司固不以上聞也，良有司敢以聞矣。比及報，可委吏⑥屬出，而文移⑦反復，給散艱阻，監臨胥吏相與侵没，其受惠者，大抵近郭力能自達之人耳。縣邑鄉遂⑧之遠，安能扶攜數百里以就龠合⑨之廪哉？能賑者，其弊如此，若逢迎上意，不言水旱，坐視流散，無矜恤⑩之心，則國家大禍由此而起。如王莽之末年⑪，元魏之六鎮⑫，煬帝之四方魚爛河決⑬，不可收壅⑭矣。必欲有備無患，當以隋文當縣置社倉爲法，而擇長⑮民之官行恤農之政，其庶有瘳⑯乎！

①致堂胡氏：「即南宋胡寅。他讀資治通鑑一書，著有讀史管見，多出己見，議論宏偉。

②厚：重。

③庶幾：也許可以。表示希望或推測。

④擠於溝壑：指死而棄尸谿谷。擠，擁聚。

⑤無狀：無功狀，無成績。不負責的。

⑥委吏：古代負責倉庫保管、會計事務的小官。

⑦文移：公文。移，箋表之類。

⑧遂：遠郊之地。禮王制：「不變，移之遂。」註：「遠郊之外曰遂。」

⑨龠（yuè）合（gě）：量詞。漢書律曆志：「量者，龠、合、升、斗、斛也，所以量多少也。本起於黃鐘之龠，……合龠爲合，十合爲升，十升爲斗，十斗爲斛。」

⑩矜恤：憐惜。後漢書卷七九下周澤傳：「中元元年，遷黽池令。奉公剋己，矜恤孤羸，吏人歸愛之。」

⑪王莽之末年：指西漢末年王莽廢漢建新朝，借改革加重人民負擔，終於引發農民起義，推翻了王莽的統治。

⑫元魏之六鎮：即北魏孝明帝時北方柔玄、懷荒等鎮饑民要求鎮將開倉救濟，被拒絕，饑民殺死鎮將舉行起義，

最後形成六鎮起義。

⑬魚爛河決：魚爛自內發，比喻由內亂而復亡。史記秦始皇本紀：「河決不可復壅，魚爛不可復全。」

⑭壅：堵塞。

⑮長（zhǎng）：撫育。

⑯瘳（chōu）：病愈。莊子田子方：「寓而政於臧丈人，庶幾乎民有瘳乎！」

（劉淑英）

經籍考二十七（節選）

僞史霸史　史評史鈔

史

史記音義二十卷

陳氏①曰：唐崇賢館學士劉伯莊撰。貞觀初，奉敕講授，採鄒誕生徐唐②及隋柳顧言音義而爲此書。

〔篇名簡介〕此篇摘自文獻通考卷二百經籍考二十七中的「史評史鈔」部分。作者對史記音義等多部書籍都進行了解題評議，廣引各家之說。

①陳氏：南宋藏書家陳振孫。他仿晁公武郡齋讀書志編成直齋書録解題，是宋代有名的提要目録。

②徐唐：應爲「徐廣」。

史記索隱三十卷

晁氏①曰：唐司馬貞撰。據徐、裴注②糾正牴牾，援據密緻。如東坡③辯宰我④未嘗從田常爲亂，蓋本諸貞也。

陳氏曰：採摭異聞，釋文演注，末二卷爲述贊，爲三皇本紀，世號小司馬史記。

①晁氏：即南宋晁公武。著有郡齋讀書志。這是中國最早的一部附有提要的私家書目。

②徐、裴注：即南朝宋裴駰及徐廣的注。

③東坡：即北宋蘇軾。

④宰我：孔子弟子。史記仲尼弟子列傳記有宰我參與田常反齊簡公的事等。

附索隱史記一百三十卷

陳氏曰：淳熙中①，廣漢張材介仲刊於桐川郡齋③，削去褚少孫④所續，而附以司馬貞索隱。其後江陰耿秉直之復取所削者别刊之。

①淳熙中：淳熙，南宋孝宗在位期間年號之一，即一一七四——一一八九年。

②廣漢張材介仲：即廣漢人名張材，字介仲。

③郡齋：郡守的府第。

④褚少孫：又稱褚先生。續補史記，受到後人譏諷。

史記正義二十卷

陳氏曰：唐諸王侍讀張守節撰，開元二十四年①作序。

崇文總目②：爲漢書學者，此最精博。

①開元二十四年：即七三六年。開元，爲唐玄宗在位期間年號之一。

②崇文總目：北宋王堯臣等撰。宋初以昭文、史館、集賢三館爲藏書之所，後又建崇文院，稱爲三館新修書院。端拱元年，太宗命將圖書分藏於以上三館和祕閣。景祐元年，命王堯臣等以四館所藏校正條目，分類編次，共六十六卷。今本爲清修四庫全書時，據明范欽天一閣本，以永樂大典引文補入而成。

陳伯宣注史記八十七卷

崇文總目：唐陳伯宣撰。因裴駰説有所未悉，頗增損焉，然多取司馬氏索隱①以爲己説。今篇殘缺。

①司馬氏索隱：即司馬貞所撰索隱。

遷史删改古書異辭十二卷

陳氏曰：倪思撰。以遷史多易①經語，更簡嚴爲平異，體當然也，然易辭而失其義，書事而與經易者，多不可以無考，故爲是編。經之外與他書異者，亦並載焉。

①易：改變。

班馬異同三十五卷

陳氏曰：倪思撰。以班史仍①史記之舊，而多删改，大抵務②趨簡嚴，然或删而遺其事實，或改而失其本意，因其異則可以知其筆力③之優劣，而又知作史述史之法矣。

①仍：因襲。書顧命：「華玉仍幾。」傳：「仍，因也。因生時幾，不改作。」

②務：致力。

③筆力：指文章的氣勢工力。唐元稹長慶集十代曲江老人百韻詩：「李杜詩篇敵，蘇張筆力勻。」

新校史記一百三十卷、新校前漢書一百卷、新校後漢書九十卷、三史刊誤四十五卷

崇文總目：皇朝①張觀等校定。初，祕書丞余靖上言國子監所收史記、漢書誤，請行校正。詔翰林學士張觀、知制誥李淑、宋祁與靖、洎②直講③王洙，於崇文院讎對。靖等悉取三館諸本及先儒注解、訓傳、六經、小說、字林、說文之類數百家之書，以相參校。凡所是正④增損數千言，尤爲精備，逾年而上之。靖等又自録其讎校之說，別爲刊誤四十五卷。

①皇朝：指宋朝。

②洎：及。

③直講：始置於唐。掌佐博士、助教講授經術。宋設直講十人，年四十及進士九經出身，先試講然後就職。每二人共講一經。

④是正：審定，校正。漢韋昭國語解敘：「及劉光禄於漢成世，始更考校，是正疑謬。」

漢書問答五卷

崇文總目：唐沈遵行撰。採諸儒爲漢書説者，申釋其義，有博聞之益。然篇第頗差，討求未獲，闕①劉傳②以下數篇。

①闕：同「缺」。

②劉傳：指宋人劉敞等人所作書。

三劉漢書標注六卷

晁氏曰：皇朝劉敞原父①、弟攽貢父②、子奉世仲馮③撰。劉跂嘗跋其書尾云：余爲學官④亳州，故中書劉舍人實爲守，從容出所讀漢書示余，日欲作補注，未能也。然卷中題識⑤已多，公之子方山亞夫録以相示也。

陳氏曰：又本題公非先生刊誤，其實一書。公非，貢父自號。漢書自顔監⑥之後，舉世宗之，未有能異其説者，至劉氏兄弟，始爲此書，多所辯正發明。

①劉敞原父：原父是劉敞的字。其號公是。

②弟攽貢父：貢父是劉敞的弟弟劉攽的字。劉攽是司馬光撰資治通鑑的重要助手，負責該書的漢代部分。官至

中書舍人。

③子奉世仲馮：仲馮是劉敞之子劉奉世的字。

④學官：掌管學校教育的教官。

⑤題識：題，標識（zhì）。左傳襄十年：「舞師題以旌夏。」注：「題，識也。以大旌表識其行列。」識（zhì），標幟。通「幟」。釋名釋言語：「識，幟也，有章幟可按視也。」

⑥顏監：即顏師古。顏師古注漢書，集隋以前二十三家注釋，糾謬補缺。官至祕書監、弘文館學士。

呂氏前漢論三十卷

晁氏曰：皇朝呂大忠晉伯①撰。予得其本於銅梁令呂肇，修撰汲陵②諸孫也。

①呂大忠晉伯：呂大忠，字進伯（又作「晉伯」）。登第，為華陰尉、晉城令。

②汲陵：呂大忠祖籍汲郡，其弟呂大防被封為汲郡公。

西漢發揮十卷

晁氏曰：皇朝劉涇巨濟①撰。涇，蜀②人。

①劉涇巨濟：即姓劉名涇，字巨濟。
②蜀：今四川。

西漢決疑五卷

陳氏曰：國子司業①宛邱王述致君②撰。一曰失實，二曰引古，三曰異言，四曰雜證，五曰注釋。

①國子司業：學官。隋煬帝大業三年設置國子監司業，幫助祭酒（國子監主管官）教授生徒。歷代沿置。
②宛邱王述致君：即宛邱人姓王名述，字致君。宛邱，即今河南淮陽縣。「邱」本「丘」字，清人改丘爲邱，以避孔子諱。

西漢史鈔十七卷　兩漢博議十四卷

中興藝文志①：陳傅良②撰。指摘精要，裨正闕誤，如制度始末因革，則條其大意，遺其煩碎，而一代之興衰，治體人才，紀綱風俗，亦略矣。博議，陳季雅所撰，關涉尤大。

①中興藝文志：書名。其所記可參見宋史藝文志
②陳傅良：宋人。孝宗乾道八年（一一六五年）進士。官至中書舍人，實謨閣待制。著述豐富。事蹟詳見宋史本

傳。

東漢刊誤一卷

晁氏曰：劉攽貢父撰，攽序。英宗讀後漢書，見墾田字皆作「懇」字，命國子監刊正。攽爲直講，校正其謬誤不可勝算，然此書世無善本，率以己意定之，治平三年①奏御。攽號②有史學，温公③修通鑑，以兩漢事付之。

①治平三年：公元一〇六六年。治平，宋英宗在位期間的年號，共四年。

②號：宣稱。

③温公：司馬光死後被追封爲温國公。

兩漢博聞十二卷

晁氏曰：皇朝楊侃纂。景德中①，侃讀兩漢書，取其名數前儒解釋爲此書，以資涉獵②者。侃嘗編職林，此亦其類也。

①景德中：宋真宗景德年間。即一〇〇四——一〇〇七年，共四年。是真宗年號之一。

②以資涉獵：以，用來；資，幫助；涉獵，指瀏覽群書，不深入鑽研。漢書賈山傳：「涉獵書記，不能為醇儒。」顏師古注：「涉，若涉水；獵，若獵獸。言歷覽之不專精也。」

兩漢刊誤補遺十七卷

陳氏曰：國子博士①吳仁傑斗南②撰。補三劉③之遺也。

①國子博士：學官。始置於晉。唐有太學國子諸博士，都為教官。明清沿置。
②吳仁傑斗南：姓吳名仁杰，字斗南。
③三劉：即劉敞、劉攽、劉奉世。

三國人物論三卷

晁氏曰：皇朝①楊祐甫撰。蜀人。

①皇朝：宋朝。

晉書指掌十二卷

晁氏曰：皇朝劉羲編。以晉書事實，以類分為六十五門。

唐書直筆新例四卷

晁氏曰：皇朝呂夏卿撰。夏卿强記絶人，預修新史①，此其在書局時所建明，歐、宋間有取焉，如增入高祖字叔德之類是也。

陳氏曰：紀、傳、志各一卷，末一卷摘舊史③繁闕，又為新例須知附於後，略舉名數，如目録之類，記新書比舊增減志傳及總類。

①新史：新唐書。

②歐、宋：歐陽修、宋祁。二人合修新唐書。

③舊史：舊唐書。

唐書音訓四卷

晁氏曰：皇朝竇鞏撰。新書多奇①字，觀者必資訓釋。鞏問學②精博，發揮③良多，而其書時有改革者，不知何人附益④之也。

①奇：怪異。

②問學：請教、學習。
③發揮：發揚，闡發。
④附益：增益。

唐書音義三十卷

晁氏曰：未詳撰人。比竇氏書①大略同而稍簡，乃析②爲三十卷。

①竇氏書：即前竇羣所撰唐書音訓。
②析：分開。

唐書辯證二十卷　一名糾謬

晁氏曰：皇朝吴縝撰。縝字廷珍，成都人，仕至郡守。數①新書初修之時，其失有八類，其舛誤二十門，凡四百餘事。縝不能②屬文，多誤有詆訶。如新書·張九齡傳云：武惠妃陷太子瑛，遣官奴告之曰：「廢必有興，公爲援，宰相可常處。」九齡奏之，故卒③九齡相。而太子無患。縝以爲時九齡已相，而太子竟以廢死，以爲新書似實而虛。按史之文，謂終九齡在相位日，太子得不廢也。豈謂卒以九齡爲相，太子終無患乎？初名糾謬，其後改云辯證，實一書也。

王氏④揮麈録曰：嘉祐中⑤，詔宋景文、歐陽文忠⑥諸公重修唐書。時有蜀人吴縝者初登第，因范景仁⑦而請於文忠，願預官屬之末。上書文忠，言甚懇切。文忠以其年少輕佻拒之，縝鞅鞅而去。逮夫新書之成，迺從其間指摘瑕疵，爲糾謬一書。至元祐⑧中，縝遊宦蹉跎⑨，老爲郡守，與五代史纂誤俱刊行之。紹興⑩中，福唐吴仲實元美⑪爲湖州教授，復刻於郡庠，且作後序，以謂鍼膏肓、起廢疾。杜預實爲左氏之忠臣，然不知縝著書之本意也。

陳氏曰：其父師孟，顯於熙、豐，此書紹聖⑫初上之。

①數（shǔ）：責備，數説。

②能：能够，勝任。

③卒：最後，終於。

④王氏：王明清。其所著揮麈録，記北宋末至南宋初事，多可補史缺。其内容在南宋時，即已爲人採用。

⑤嘉祐中：公元一〇五六——一〇六三年，共八年。宋仁宗在位期間年號之一。

⑥宋景文、歐陽文忠：即宋祁、歐陽修。宋祁謚景文，歐陽修謚文忠。

⑦范景仁：即范鎮，景仁是他的字。他與歐陽修、司馬光、蘇軾等均相交甚厚，同以文學著稱。范鎮在朝任職時間很長，自仁宗朝直至哲宗朝，以清白坦夷著稱。

⑧元祐：宋哲宗在位期間的年號之一。自一〇八六至一〇九三年，共八年。

⑨蹉跎：失時，虚度光陰。

⑩紹興：宋高宗在位期間年號之一。自一一三一——一一六二年，共三十二年。

⑪福唐吳仲實元美：福唐人姓吳名仲實，字元美。

⑫紹聖：宋哲宗在位期間年號之一。從一〇九四——一〇九七年，共四年。

注唐記十卷

晁氏曰：題曰樊先生，而不詳其名，近代①人所著新書紀也。

①近代：指宋代。

唐書列傳辯證二十卷

陳氏曰：端明殿學士玉山汪應辰聖錫①撰。專攻②列傳，不及紀、志。以元祐名賢謂列傳記事毀於鐫削，暗於藻繪③，故隨事辯證之。

①玉山汪應辰聖錫：即汪應辰字聖錫，玉山人。

②專攻：專門研究。

③藻繪：文采。

新唐書略三十五卷

陳氏曰：呂祖謙授徒，患新史難閱，摘要抹①出，而門人抄之，蓋節本之有倫理者也。

①抹：塗抹。

唐史要論十卷　一作論斷二卷。

晁氏曰：皇朝孫甫之翰①撰。歐陽永叔、司馬温公、蘇子瞻②稱其書議論精核，以爲舊史所不及，終於天章閣待制③。

朱子語録④：司馬温公書孫公唐史後云：孫公之翰昔著此書，甚自重惜，嘗别緘其槀於笥⑤，必盥手⑥然後啓之。謂家人曰：「萬一有水火兵甲之急，他貨財盡棄之，此笥不可失也。」公私少間⑦，則增損改易，未嘗去⑧手。其在江東爲轉運史，出行部⑨亦以自隨，過亭休止，輒取修之。會宣州有急變，乘驛遽往，不暇挈以俱。既行之後，金陵大火，延及轉運廨舍⑩，弟子察親負其笥，避於沼中島上。公在宣州聞之，亟⑪還。入門問曰：「唐書在乎？」察對曰：「在。」乃悦，餘無所問。自壯年至於白首乃成，亦未以示人，文潞公⑫執政，嘗從公借之。

又曰：伯恭⑬晚年，謂人曰：孫之翰唐論勝唐鑑，要之也是切於事情，衹是大綱却不正了。

陳氏曰：甫以唐書煩冗，遺略多失體法，乃修爲唐史，用編年體，自康定元年⑭，逮嘉祐元年⑮，成書七十五卷，爲論九十二首。甫没，朝廷取其書留禁中⑯。其從子察録以遺温公，而世亦罕見。蜀有刻本，末有之，今惟諸論存焉。

①孫甫之翰：姓孫，名甫，字之翰。

②歐陽永叔、司馬温公、蘇子瞻：即歐陽修、司馬光、蘇軾。永叔，是歐陽修的字；温公，是司馬光死後所追封；子瞻，是蘇軾的字。司馬光死後，謚文正，追封温國公。

③待制：典守文物之官，位在直學士下。

④朱子語録，又名朱子語類，南宋朱熹講學語録匯集。據其門人所聞記録匯刻。

⑤緘其藁於笥：封藏他的書稿於方形盛器中。緘，封閉。晉書顧愷之傳：「愷之嘗以一厨畫糊題其前寄桓玄，……玄乃發其厨後，竊其畫而緘閉如舊以還之。」笥，方形盛器，以萑葦或竹爲之。

⑥盥手：洗手。以手承水冲洗。左傳僖公二三年：「奉匜沃盥。」段氏説文解字注：「沃者，自上澆之，盥者，手受之而下流於槃。」

⑦公私少間：即公事、私事處理完畢，稍有閑暇。

⑧去：離開。

⑨行部：外出巡視部屬，考察工作。

⑩解舍：官吏辦事及居住的處所。

⑪亟：趕快，急速。

⑫文潞公：即文彦博。宋仁宗時曾因他鎮壓王則起義，升爲宰相。宋哲宗時任平章軍國事。元祐五年致仕，封潞國公。著有潞公集四十卷。
⑬伯恭：吕祖謙的字。授徒多，著書多。
⑭康定元年：一〇四〇年。
⑮嘉祐元年：一〇五六年。
⑯禁中：皇帝宫中。

唐鑑二十卷

晁氏曰：皇朝范祖禹醇夫①撰。醇夫爲温公通鑑局編修官十五年，分掌唐史，以其所自得，著成此書。取武后臨朝二十一年繫②之中宗，其言曰：「此春秋『公在乾侯③』之義也，雖得罪於君子有所不辭。」觀此，則知醇夫之從公決非苟同者。凡三百六篇。

朱子語録曰：范太史④唐鑑第一段論守臣節處不圓，要做一書補之，不曾做得。范氏此文，字草草之甚，其人資質渾厚，説得都如此平正。祇是疏多不入理，終守臣節處，於此亦須有些處置，豈可便如此休了。如此議論，豈不爲英雄所笑？又曰唐鑑有疏處。孫之翰唐論精細，説得利害，如身親歷之，但理不及唐鑑耳。又曰唐鑑多説得散開無收殺⑤。如姚崇論擇十道使，患未得人，他自説得意，不知范氏何故却貶其説，又曰唐鑑白馬之禍⑥，歐公論不及此。

又曰：唐鑑有緩而不精確處。如言租庸調及楊炎二税之法，説得都無收殺，祇云在於得人，不在乎法。有這般苟且處，他是見熙寧間⑦詳於制度，故有激而言，只那有激便不平直。

陳氏曰：元祐初上此書。

①范祖禹醇夫：范祖禹，字淳甫，幼孤，叔祖鎮撫育如己子。通考中改淳甫為醇夫，是因避諱而改字。

②繫：聯屬，依附。

③公在乾侯：公，指魯昭公。乾侯，地名，春秋晉邑。左傳昭公二十八年記載，昭公去晉國，將要到乾侯去，派人請求晉國來人迎接。晉國讓昭公回到晉國和齊國的邊境上，然後派人迎接。

④范太史：即范祖禹。哲宗朝，范祖禹兼國史院修撰，為禮部侍郎。

⑤收殺：結局。

⑥白馬之禍：唐昭宣帝天祐二年（九〇五年），朱全忠在白馬驛殺裴樞等朝士三十餘人。

⑦熙寧：即宋神宗在位期間年號之一，從一〇六八——一〇七七年。

唐史評三卷

晁氏曰：題曰適適先生，不詳何人，門人①譙孝寧為編次。

①門人：弟子。至後漢時公卿自多教授聚徒，親受業者爲弟子，轉相傳授者爲門人。

五代史纂誤五卷　雜録一卷

晁氏曰：皇朝吴縝撰，凡二百餘事，皆歐陽永叔新五代史牴牾舛訛也。按通鑑考異證歐陽史差誤，如莊宗還三矢事①之類甚衆，今此書皆不及之，特證其字之脱錯而已。又善本未必皆然。

陳氏曰：宇文時中守吴興，郡庠②有二史板，遂二書刻之，後皆入國子監。初，郡人思溪王氏刻藏經，有餘板，以刊二史寘郡庠。中興③，監書多缺，遂取其板以往，今監本是也。

①莊宗還三矢事：指後唐莊宗與梁戰於河上時，曾被梁善射者陸思澤射中馬鞍，拔箭收藏。後陸思澤戰敗降唐，莊宗出箭示之，後又赦免其罪並加以重用。

②郡庠：即府學。庠，周代鄉學名。

③中興：指南宋建立。

典故辯疑二十卷

儒林郎主管尚書吏部架閣文字李大性撰。淳熙十三年投進。自爲序略曰：「仰惟皇朝，聖明相紹①，明良之懿②，著在青史，坦然明白，信以傳信。而纓紳③相屬，佔畢益繁，私史薦④興，說令蠭午

⑤，朱紫苗莠，混爲一區，熙朝⑥盛美，未免蒙翳⑦。請略舉數端言之：如梅堯臣碧云騢，非堯臣所撰；孔平仲雜録，非平仲所述。建隆遺事以王禹偁名，而實非禹偁；志怪集、括異志、倦遊録以張師正名，而實非師正。涑水記聞雖出於司馬光，而多所增益；談叢雖出於陳師道，而多所誤盭⑧。以至王安石日録、蔡絛國史後補，又皆不足以取信。儒者俱嘗言之，而未之詳辯也。矧⑨其言者乎？蓋嘗推其疇⑩品，爲説滋夥，數其差舛，不見殫⑪述。雖云爝火⑫之衆，於大明何傷，而微塵纖埃⑬非全鏡所宜有也。然則丹鉛⑭點勘，痻⑮疑辯惑，匪⑯書生職歟？臣大懼私史踳駁⑰，或爲正史之蠹，輒擷⑱其事而正之。伏自忖念：衡茅⑲之下，多未見之書，樸樕⑳之材，無奇特之見，固不當自寘於五不韙㉑之域，以奸嚴誅。而孤忠拳拳㉒，所欲辯明，懷不能記，非敢遠慕昔人，作指瑕糾謬之書，以詒㉓攻訶㉔之誚。獨取熙朝美事，及名卿才大夫之卓卓可稱而其事爲野史語録所翳㉕者，辯而明之，參其歲月，質其名氏、爵位而考證焉。其或傳聞異詞，難以示信，以意逆志㉖，雖知其非而未有曉然依據，則姑置弗辯。其所辯者，必得所證而後爲之説焉。所辯凡二百條，釐㉗爲二十卷，名之曰典故辯疑。」

右史評㉘、史鈔㉙。

①紹：承繼。書盤庚上：「天其永我命於茲新邑，紹復先王之大業底綏四方。」

②懿：美德。

③纓紳：指有聲望的封建士大夫。纓，結冠的帶子。紳，束在腰間，一頭垂下的大帶。論語衛靈公：「子張書諸

紳。」疏：「以帶束腰，垂其餘以爲飾，謂之紳。」古代有身分的人束紳，後因稱有地位權勢的人爲紳。

④薦：推舉。

⑤蠭午：紛然並起貌。

⑥熙朝：盛朝。

⑦蒙翳：覆蓋。

⑧盭（lì）：古「戾」字，乖張，違反。

⑨矧（shěn）：況。書大誥：「厥子乃弗肯播，矧肯獲？」

⑩疇：同類。

⑪殫：盡。

⑫爝火：炬火。莊子逍遙遊：「日月出矣，而爝火不息。其於光也，不亦難乎？」疏：「爝火，猶炬火也。」

⑬微塵纖埃：指細小的物質。大智度論九四：「譬如積微塵成山，難可得移動。」又文選晉潘安仁（岳）籍田賦：「微風生於輕幰，纖埃起於朱輪。」

⑭丹鉛：舊時點校書籍所用的丹砂與鉛粉。韓愈秋懷詩：「不如覷文字，丹鉛事點勘。」又明楊慎著有丹鉛録，楊慎對考證諸書異同的著作，都冠以丹鉛二字。

⑮寤：醒悟，理解。

⑯匪：非。

⑰蹐駮：雜亂。梁書伏挺傳與徐勉書：「揚生（雄）沉鬱，且猶覆盎；惠子（施）五車，彌多蹐駮。」

⑱擷（xié）：摘取。

⑲衡茅：衡門茅屋，指陋室。衡門，橫木爲門，喻簡陋的房屋。

⑳樸樕：比喻淺陋、平庸。此處指才能。唐杜牧樊川集十五賀平黨項表：「臣僻左小郡，樸樕散材。」樸，讀爲（bú）。

㉑五不韙（wěi）：五條過錯。韙，是。據左傳隱公十一年：「（息侯）犯五不韙（不度德、不量力、不親近親戚、不辨是非、不查察有罪），而以伐人，其喪師也，不亦宜乎！」注：「韙，是也。」

㉒拳拳：懇切、忠謹貌。禮中庸：「回之爲人也，擇乎中庸，得一善，則拳拳服膺而弗失之矣。」

㉓詒（yí）：傳、遺留。

㉔攻訶：指責怒斥。

㉕翳（yì）：障蔽。

㉖以意逆志：用自己的意思去揣度他人的心思。

㉗[illegible]：更改。

㉘史評：舊時圖書史部分目的名稱。其內容：或對史籍的評論研究，或對歷史事件的評論。本篇中的內容屬前者。

㉙史鈔：舊時圖書史部分目的名稱。宋史藝文志史部分十三類，第四類叫史鈔。史鈔的體例不一。有選取一種史書或幾種史書中有關材料，加以分類，自成體系的；亦有因古時有書不易，遇有卷帙浩繁而閱讀困難，於是

傳抄節録，成爲原書的節本的。本篇屬前者。

（劉淑英）

宋會要輯稿

食貨（兩宋編敕論逃移、）

（太宗）至道元年六月①，開封府言②：管内十四縣，今年二月已前，新逃人户計二百八十五户。乞差官與令佐檢校③，及遣殿中丞王仲和等十四人④，分行檢勘。仍照今年四月已前申逃⑤，並典賣逃户田土⑥，割税不盡⑦，及挾田詭名⑧，妄破租税⑨，侵耕冒佃側近佃田，妄作逃户，並見在户，將名下税物移在逃户脚下，夾帶開破者⑩。並限一月，許經差去官陳首⑪，仍舊耕佃輸税。並許本村耆保、親鄰、里正、户長、書手陳首典押⑫。令佐覺察，如有欺敝者，許令差去官處申舉。違限不首及不覺舉，許人陳告。犯人田産牛具給告人充賞外，本犯人並本村耆保、親鄰、里正、户長、書手干係典押等⑬，並當決配⑭。令佐除名，永不録用。其妄破税物，並於犯人並耆保、親鄰、里正、户長、書手及干係官典處，均攤填納。

〔宋會要輯稿簡介〕宋代官修當代會要大多散佚，本書爲清人徐松從永樂大典中輯録而成，約五百卷，分帝系等十七類，其中以禮、職官、食貨諸類内容最爲豐富。因其書不少材料爲宋史及其它有關宋代書所不曾有，故史料價值彌足珍貴。本次注釋據中華書局一九五七年影印本。

〔篇名簡介〕本篇節選自宋會要輯稿第一六一册食貨逃移，標題爲編者所加。選文計有三條，第一條是整理税收；第二條是抑制豪强兼併土地；第三條是不準奴役客户。第一、三條是奏疏，第二條是皇帝的詔令。此三條材料，反映了當時日益尖鋭的社會矛盾和統治者爲緩和矛盾採取的調整措施。

①至道元年：至道爲宋太宗趙炅（jiǒng）的年號。至道元年爲九九五年。

②開封府：治所在今河南開封市。

③令佐：指縣令及其副職。

④殿中丞：官名，是御史臺屬下殿院的官員，負責檢查政務。

⑤申報：上報。申，舊時向長官呈公文。

⑥典賣：舊指活賣，有約定的期限，到期可按典價贖回。

⑦割税：將原來的税額分給别人負擔。不盡：不合理。

⑧詭名：詐名。

⑨妄破：非法分散。

⑩夾帶：連帶，捎帶。

⑪陳首：自首坦白。

⑫耆保：指耆長、保正，職責是「逐捕盜賊」。里正：職責是代官府課督賦稅，均由主戶中上三等戶充當。戶長：為里正副手。書手：負責辦理文書事宜。

⑬干係：牽連，關涉。干，關涉。

⑭決配：判決之後流放遠地。配，發配。

（徽宗宣和十年）五月三日詔①：浙西去歲水災②，民戶艱食③。豪右之家往往將離業人戶已種麥田④，恃强占據。仍以積年宿負⑤，倍息重疊準折⑥，州縣受情理索⑦，甚於官債。故豐年不免於流徙，深可憫惻。應官戶百姓積債負⑧，並至秋成後理索⑨。如敢私侵占人戶田畝，依條科罪⑩，庶幾使歸業。

①宣和十年：十當為七之誤，因宣和祇有七年，宣和七年為一一二五年。

②浙西：即兩浙西路的簡稱，治所在今杭州市。

③艱食：糧食不足。

④離業人戶：指離開田宅，被迫逃亡的人家。

⑤積年宿負：多年積累的債務。負，債。

⑥準折：按標準折價。

⑦受情理索：官府受債主委托向借債者索債。

⑧官户：宋制規定品官統稱官户，享有免税特權。
⑨秋成：秋收。成，莊稼成熟。
⑩科罪：定罪，判刑。

（寧宗）開禧元年六月二十五日①，夔州路運判范蓀言②：本路施、黔等州③，界分荒遠，綿亘山穀，地曠人稀。其占田多者，須人耕墾。富豪之家爭地客，誘説客户，或帶領徒衆，舉室搬徙。乞將皇祐官莊客户逃移之法④，稍加校定。諸凡爲客户者，許役其身，而毋得及其家屬婦女皆充役作，凡典賣田宅，聽其從條離業，不許就租以充客户。雖非就租，亦無得以業人充役使⑤。凡借錢物者，止憑文約交還，不許抑勒以爲地客⑥。凡爲客户身故，而其妻願改嫁者，聽其自便。凡客户之女，聽其自行聘嫁。庶使深山窮穀之民，得安生理，不至爲强有力者之所侵欺，實一道生靈之幸⑦。

①開禧：南宋寧宗年號，開禧元年爲一二〇五年。
②夔州路：治所在今四川奉節縣。運判：轉運判官的簡稱。范蓀：宋成都人，字秀才，累官宗正寺丞，知邛州（治今四川邛崍縣）。
③施、黔：施州（治今湖北恩施縣）、黔州（治今四川彭水縣）。
④皇祐：宋仁宗年號（一〇四九—一〇五四）。

⑤業人：指地客。
⑥抑勒：逼迫。
⑦一道：此指夔州路。

（張　升）

書目

四庫全書總目

讚四庫全書上諭

朕稽古右文①，聿資②治理，幾餘典學③，日有孜孜。因思策府縹緗④，載籍極博，其巨者羽翼經訓，垂範方來，固足稱千秋法鑒⑤；即在識小之徒，專門撰述，細及名物、象數⑥，兼綜條貫，各自成家，亦莫不有所發明，可爲游藝養心之一助。是以御極⑦之初，即詔中外搜訪遺書，並令儒臣校勘十三經、二十一史，遍布黌宮⑧，嘉惠後學。復開館纂修綱目三編⑨、通鑑輯覽⑩及三通諸書。凡藝林承學之士，所當户誦家弦⑪者，既已薈萃略備。第念讀書固在得其要領，而多識前言往行以畜其德，惟搜羅益廣，則研討愈精。如康熙年間所修圖書集成全部，兼收並録，極方策⑫之大觀。引用諸編，率屬因類取裁，勢不能悉載全文，使閲者沿流溯源，一一徵其來處。今内府藏書，插架不爲不富，然古今來著作之手，無慮數千百家，或逸在名山，未登柱史⑬，正宜及時採集，匯送京師，以彰千古同文之盛。其令直省督撫會同學政等，通飭所屬，加意購訪。除坊肆所售舉業時文及民間無用之族譜、尺牘、屏幛⑭、壽言⑮等類，又其人本無實學，不過嫁名馳騖⑯，編刻酬倡詩文、瑣屑無當者，均無庸採取外，其歷代流傳舊書，内有闡明性學治法，關係世道人心者，自當首先購覓。至若發揮傳注，考核典章，旁暨九流百家之言，有裨實用者，亦應備為甄擇。又如歷代名人洎本朝士林宿望，向有詩文專集，及近時沈潛經史，原本風雅，如顧楝高⑰、陳祖範⑱、任啟運⑲、沈德潛⑳輩，亦各著成編，並非勦説卮言㉑可比，均應概行查明。在坊肆者或量為給價，家藏者或官為裝印。其有未經鐫刊，衹係鈔本存留者，不妨繕録副本，仍將原書給還。並嚴飭所屬，一切善為經理，毋使吏胥藉端滋擾。但各省搜輯之書，卷帙必多，若不加鑑別，悉令呈送，煩復皆所不免。著該督撫等，先將各書叙列目録，注係某朝某人所著，書中要旨何在，簡明開載，具折奏聞，候滙齊後令廷臣檢核。有堪備閲者，再開單行知取進。庶幾副在石渠㉒，用儲乙覽㉓，從此四庫七略，益昭美備，稱朕意焉。欽此。

〔四庫全書總目簡介〕古籍解題書目。又稱四庫全書總目提要、四庫總目。清紀昀（一七二四——一八〇五）總纂，二百卷。乾隆三十七年（一七七二）修四庫全書，任總纂官，始終其事，用功甚勤。提要原為各纂修者於校閲時分撰，經他增删釐定，終總其成。幾經修改後，約於乾隆五十五年刊成。全書分經史子集四部四十四類，六十六子目。部、類前有總叙、大叙，子目後間附按語，闡明思想淵源，學術流派。著録了選入四庫全書之書凡三四六一種、七九三〇九卷。又列四庫全書未收之書六七九三種、九三五五一卷。提要介紹作者生平，内容大旨，著述淵源，考辨文字增删、篇帙分合、本書得失，評論版本及其它方面之優劣。該書較完整系統地介紹了乾隆以前之典籍，至今仍具有重要參考價值。

此次注釋，所據為一九六五年之中華書局本。

〔篇名簡介〕本篇選自四庫全書總目卷首，是乾隆皇帝於一七七二年爲四庫全書編纂工作所下的指示。

①稽古右文：稽：考察。右：提倡。

②聿資：聿：以。資：助。

③幾餘曲學：皇帝治理政事稱爲萬幾，幾餘即治政的餘暇。皇帝入學，稱爲典學。

④縹緗（piāo xiāng）：縹：淡青色帛。緗：淺黄色帛。二字皆爲形聲字。古代用此兩種帛作書帙，後以之代指書籍。

⑤法鑒：師法鑒誡。

⑥象數：周易中凡言天日山澤之類爲象，言初、上、九、六之類爲數。

⑦御極：指皇帝即位。

⑧黌（hóng）宫：指學府。

⑨綱目三編：即通鑑綱目三編，凡四十卷，乾隆時修，仿通鑑綱目體例，記述明代史事。

⑩通鑑輯覽：一百十六卷，附明唐、桂二王本末二卷，乾隆時修，爲簡明的編年通史。

⑪户誦家弦：家家户户吟誦。

⑫方策：即典籍。

⑬柱史：官名，柱下史的簡稱，掌文書及記事。漢以後稱御史。

⑭屏幛：挂在壁上作裝飾的條幅。

⑮壽言：祝壽之類的客套虚文。

⑯馳騖：奔走趨赴。

⑰顧棟高：字復初，江蘇無錫人。康熙進士。清代著名經學家。著有春秋大事表等。

⑱陳祖範：字亦韓，江蘇常熟人。有陳司業文集等。

⑲任啟運：字翼聖，江蘇宜興人。雍正進士。

⑳沈德潛：江蘇常州人。乾隆進士。詩人。

㉑剿（chāo）說卮（zhī）言：剿：通「抄」，剿說即抄襲他人的言論。卮：古代酒器。卮言：缺乏主見、變化不定的言論。

㉒石渠：漢代朝廷之藏書處。

㉓乙覽：乙：乙夜，二更時候，約為夜間十時。古代稱皇帝讀書為乙覽。

（汝企和）

史評

史通

二體

三五之代，書有典墳①，悠哉邈矣②，不可得而詳。自唐虞以下迄於周，是爲古文尚書③。然世猶淳質，文從簡略，求諸備體，固以闕如④。既而丘明傳春秋，子長著史記，載筆之體⑤，於斯備矣。後來繼作，相與因循，假有改張，變其名目，區域有限，孰能踰此！蓋荀悦、張璠⑥，丘明之黨也；班固、華嶠⑦，子長之流也。惟此二家，各相矜尚。必辨其利害，可得而言之。

〔史通簡介〕史通，是我國古代第一部史學理論著作。唐劉知幾（六六一——七二一年）撰，成書於中宗景龍四年（七一〇）。共二十卷，分內、外篇，各十卷。內篇專論史籍的源流、體例和編撰方法，外篇多論史官建置沿革和史籍的得失。作者把已有的史書體例歸納爲六家，並以編年、紀傳作爲正史的二體。他主張「直書」，反對「曲筆」，指摘所謂春秋筆法是「愛憎由己」、「厚誣來世」；史書的內容應該詳近而略遠，史家對史料必須「博採」和「善擇」；史家必須具備才、學、識史才三長，而尤以史識爲最重要。該書是對唐以前中國史學的第一次全面系統的總結，對史書的編寫和史學批評理論的發展產生了深遠的影響。該書的注本，可參看清人浦起龍的史通通釋，今人呂思勉的史通評、程千帆的史通箋記、趙呂甫的史通新校注等。本次注釋所據為上海古籍出版社一九七八年版點校本史通通釋。

〔篇名簡介〕本文選自史通卷二，原列内篇第二。作者分舉春秋（實為左傳）和史記得失，比較編年、紀傳二體的長短，認為二者「各有其美」，應當「並行於世」。

①三五：三皇五帝。典墳：史通古今正史引偽尚書孔安國序云：「伏羲、神農、黄帝之書謂之三墳，言大道也；少昊、顓頊、高辛、唐、虞之書謂之五典，言常道也。」三墳五典，為傳説中我國最古的書籍。

②悠：爾雅釋詁上：「悠，遐也。」郭璞注：「遐，亦遠也。」邈，廣雅釋詁一：「邈，遠也。」

③古文尚書：此指東晉豫章内史梅賾獻的偽古文尚書。

④闕如：欠缺。闕，同缺。如：助詞，然。

⑤載筆之體：載筆，本為攜帶文具記録王事。禮曲禮上：史載筆，士載言。注：筆，謂書具之屬。疏：史謂國史，書録王事者。王若舉動，史必書之。王若行往，則史載書具而從之也。載筆之體，此指史書的體裁。

⑥荀悦（一四八——二〇九）：字仲豫，東漢時史學家，潁川潁陰（今河南許昌）人，曾依左傳體裁，撰成漢紀三十卷。張璠，西晉人，著後漢紀三十卷。

⑦華嶠：字叔駿，西晉人，著有後漢書九十七卷。原書已佚，有輯本。

夫春秋者，繫日月而為次，列時歲以相續，中國外夷，同年共世，莫不備載其事，形於目前。理盡一言，語無重出。此其所以為長也。至於賢士貞女，高才儁德①，事當沖要者②，必盱衡而備言③；跡在沈冥者④，不枉道而詳説。如絳縣之老⑤，杞梁之妻⑥，或以酬晉卿而獲記，或以對齊君而見録。其有賢如柳惠⑦，仁若顔回⑧，終不得彰其名氏，顯其言行。故論其細也，則纖芥無遺；語其粗也，則丘山是棄。此其所以為短也。

①儁（jùn）：通「俊」，才智出衆。

②事當沖要：指有關國政的大事。

③盱（xū）衡：舉目揚眉。盱，張目。衡，眉毛上揚。

④沈冥：與上文「沖要」相對，指無關國政的瑣事。沈，同沉。

⑤絳縣之老：據左傳襄公三十年載，春秋時晉國絳縣（今山西翼城東南）有一位老人，無子供養，參加修築杞城以求食。有人問他的年齡，老人説已過了四百四十五個甲子，經推算已七十三歲了。後來晉國執政大夫趙武召見了他，並給以田地，讓他做了小官。

⑥杞梁之妻：梁名殖，春秋時齊大夫。據左傳襄公二十三年載，杞梁從齊莊公襲莒，被俘身死。莊公歸，遇其妻於郊，使人吊之。她説：「殖之有罪，何辱命焉！若免於罪，猶有先人之敝廬在，下妾不得與郊吊。」莊公遂親自去她家吊問。

⑦柳惠：即春秋時魯國大夫展禽。食邑在柳下，謚惠，故又稱柳下惠。孟子稱之為「聖之和者」。

⑧顔回：春秋魯人，字子淵，又稱顔淵，孔子的得意學生，以德行著稱。

史記者，紀以包舉大端，傳以委曲細事①，表以譜列年爵②，志以總括遺漏，逮於天文地理國典朝章，顯隱必該③，洪纖靡失。此其所以為長也。若乃同為一事，分為數篇，斷續相離，前後屢出，於高紀則云語在項傳④，於項傳則云事具高紀。又編次同類，不求年月，後生而擢居首帙，先輩而抑歸末章，遂使漢之賈誼將楚屈原同列⑤，魯之曹沫與燕荊軻並編⑥。此其所以為短也。

①委曲：用為動詞，指記敘事情的底細和原委。

②譜列：指以表格的方式分類編排。

③該：廣韻咍韻：「該，備也。」

④高紀：指高祖本紀。項傳：指項羽本紀。

⑤將：與。

⑥曹沫：即曹劌，春秋魯國人。魯莊公十年（前六八四）齊攻魯，他從魯莊公戰於長勺，大敗齊軍。

考茲勝負，互有得失。而晉世干寶著書①，乃盛譽丘明而深抑子長。其義云：能以三十卷之約，括囊二百四十年之事，靡有遺也。尋其此說，可謂勁挺之詞乎？案春秋時事，入於左氏所書者，蓋三分得其一耳。丘明自知其略也，故為國語以廣之。然國語之外，尚多亡逸，安得言其括囊靡遺者哉？向使丘明世為史官，皆倣左傳也，至於前漢之嚴君平、鄭子真②，後漢之郭林宗、黃叔度③，晁錯、董生之對策④，劉向、谷永之上書⑤，斯並德冠人倫，名馳海內，識洞幽顯，言窮軍國⑥。或以身隱位卑，不預朝政⑦；或以文煩事博，難為次序⑧。皆略而不書，斯則可也。必情有所吝⑨，不加刊削，則漢氏之志傳百卷⑩，並列於十二紀中，將恐碎瑣多蕪，闡單失力者矣⑪。故班固知其若此，設紀傳以區分，使其歷然可觀，綱紀有別。荀悅厭其迂闊，又依左氏成書，翦截班史，篇纔三十，歷代褒之，有踰本傳。

然則班荀二體，角力爭先⑫，欲廢其一，固亦難矣。後來作者，不出二途。故晉史有王、虞⑬，而副以干紀⑭；宋書有徐、沈⑮，而分為裴略⑯。各有其美，並行於世。異夫令升之言，唯守一家而已。

①干寶：字令升，東晉史學家，著有晉紀二十卷，已佚。

②嚴君平：一作莊君平，西漢隱士，賣卜於成都市，日閱數人，得百錢足以自養，即閉門講授老子。著有老子指歸，已佚。鄭子真：西漢隱士，名樸，成帝時，大將軍王鳳以禮相聘，被他拒絕。

③郭林宗：名泰，東漢末為太學生首領。不受官府徵召，後歸鄉里。黨錮禍起，遂閉門教授，弟子數千人。黃叔度：名憲，東漢慎陽（今河南正陽縣北）人，隱居不仕，以德行名世。

④晁錯：西漢政論家。董生：即董仲舒，西漢著名的今文經學家，著有春秋繁露傳世。

⑤劉向：字子政，西漢經學家、目錄學家，著有別錄（已佚）、洪範五行傳、新序、說苑等。谷永：字子雲，西漢長安人，善言陰陽災異，成帝時屢次上疏論時政得失。官至大司農。

⑥言窮軍國：指其言論說盡了治理國家軍政大事的道理。

⑦或以身隱位卑二句：指嚴君平、鄭子真、郭林宗、黃叔度諸人。

⑧或以文煩事博二句：指晁錯、董仲舒、劉向、谷永諸人。

⑨吝：説文解字口部：「吝，恨惜也。」王筠句讀：「恨、惜固是一義引申，……又恨、惜兼之。」

⑩漢氏：指班固漢書。

⑪闒單：即闒殫，力盡疲乏的樣子。一謂闒單，破裂狀，指文章割裂，體例破碎。

⑫角力：比武，此指競爭。

⑬王：王隱，字處叔，晉人，著有晉書八十九卷。虞：虞預，字叔寧，與王隱同時，著有晉書五十八卷。唐修晉書成，王、虞書俱廢，今皆亡佚。

⑭干紀：指干寶晉紀。

⑮徐：徐爰，南朝宋人，著有宋書六十五卷，已佚。沈：沈約，字休文，南朝梁人，著有宋書一百卷。

⑯裴略：指裴子野的宋略。裴子野，字幾原，南朝梁人，裴松之曾孫。宋略是他據沈約宋書改寫而成的，共二十卷，今佚。

（張　升）

直　書

夫人稟五常①，士兼百行②，邪正有別，曲直不同。若邪曲者，人之所賤，而小人之道也；正直者，人之所貴，而君子之德也。然世多趨邪而棄正，不踐君子之跡，而行由小人者，何哉？語曰：「直如弦，死道邊；曲如鉤，反封侯③。」故寧順從以保吉，不違忤以受害也。況史之爲務，申以勸誡，樹之風聲④。其有賊臣逆子，淫君亂主，苟直書其事，不掩其瑕，則穢迹彰於一朝，惡名被於千載。言之若是，吁可畏乎！

〔篇名簡介〕本篇選自劉知幾史通卷七，主要論述了「史筆」問題。我國古代史家記載歷史，有直書和曲筆兩種筆法。直書，就是如實記載；曲筆則是故意隱瞞、歪曲、篡改史實。作者鑒於當時「曲筆」成風的情況，寫就此文，力主直書，反對曲筆。

①五常：指仁、義、禮、智、信。

②百行（xìng）：指各種行爲。

③直如弦四句：這是東漢順帝末年京師的童謠，見後漢書五行志。

④風聲：風教。引申爲風氣。

夫爲於可爲之時則從，爲於不可爲之時則凶。如董狐之書法不隱，趙盾之爲法受屈①，彼我無忤，行之不疑，然後能成其良直，擅名今古。至若齊史之書崔弒②，馬遷之述漢非③，韋昭仗正於吳朝④，崔浩犯諱於魏國⑤，或身膏斧鉞⑥，取笑當時；或書填坑窖，無聞後代。夫世事如此，而責史臣不能申其强項之風⑦，勵其匪躬之節⑧，蓋亦難矣。是以張儼發憤，私存嘿記之文⑨；孫盛不平，竊撰遼東之本⑩。以茲避禍，幸獲兩全。足以驗世途之多隘，知實録之難遇耳。

①如董狐二句：董狐，春秋晉國史官。趙盾，春秋晉國正卿。魯宣公二年（前六〇七），趙盾因避晉靈公的殺害而出亡，未離境，其堂弟趙穿攻殺晉靈公。董狐認為趙盾身為執政大臣，靈公被殺時尚未出境，回來後又不懲辦凶手，應負弑君的責任，便在史策上寫：「趙盾弑其君。」孔子就此評論說：「董狐，古之良史也，書法不隱；趙宣子（趙盾），古之良大夫也，為法受惡。」事詳左傳宣公二年。

②至若句：魯襄公二十五年（前五四八），齊大夫崔杼殺害了齊莊公。齊太史記道：「崔杼弑其君。」崔杼於是把太史殺掉。太史的兩個弟弟繼續這樣寫，又被殺。剩下的幼弟還是直書其事，崔杼不敢再殺。事詳左傳襄公二十五年。

③馬遷句：司馬遷作史記，其中曾抨擊漢文帝，說他「賞太輕，罰太重。」又指責漢武帝，說他窮兵黷武、賣官鬻爵。

④韋昭句：韋昭，字弘嗣，三國時吳史官。吳主孫皓即位後，令韋昭為其父孫和作「紀」。韋昭認為孫和未當皇帝，祇能立傳。孫皓懷恨在心，後借故殺害了韋昭。仗正，主持正義。

⑤崔浩句：崔浩，字伯淵，北魏時官太常卿，於神䴥二年（四二九）奉詔編撰魏書。浩據事直書，受到一些鮮卑貴族的怨恨。公元四五〇年，以修史暴露「國惡」的罪名被殺。

⑥身膏斧鉞：意謂被處死。膏，廣雅釋言：「膏，澤也。」集韻號韻：「膏，潤也。」

⑦强項：不肯低頭，比喻剛直不屈。

⑧匪躬：易蹇：「王臣蹇蹇，匪躬之故。」疏：「盡忠於君，匪以私身之故，而不往濟君，故曰匪躬之故。」意謂奮不顧

身。一說匪躬為不彎腰，喻剛直不阿。

⑨張儼二句：張儼，字子節，三國吴郡人，博聞多識，任吴大鴻臚。張儼曾使西晉，晉賈充、荀勖以史事相難，後發憤撰嘿記三卷，收藏起來。嘿，同默。

⑩孫盛二句：東晉孫盛在其所撰晉陽秋一書中，據事直書，得罪了專擅朝政的大司馬桓温。温逼孫盛之子修改。孫盛為保存真實的記載，私下將原稿另抄一份，寄給遼東慕容儁收藏。故晉陽秋有兩種本子傳世，而內容有所不同。

然則歷考前史，徵諸直詞，雖古人糟粕，真偽相亂，而披沙揀金①，有時獲寶。案金行在歷②，史事尤多。當宣、景開基之始③，曹、馬構紛之際④，或列營渭曲，見屈武侯⑤，或發仗雲臺，取傷成濟⑥。陳壽、王隱咸杜口而無言⑦，陸機、虞預各栖毫而靡述⑧。至習鑿齒⑨，乃申以死葛走達之說，抽戈犯蹕之言⑩，歷代厚誣，一朝始雪。考斯人之書事，蓋近古之遺直歟？次有宋孝王風俗傳⑪、王劭齊志⑫，其敘述當時，亦務在審實。案於時河朔王公⑬，箕裘未隕⑭；鄴城將相⑮，薪構仍存⑯。而二子書其所諱，曾無憚色。剛亦不吐⑰，其斯人歟？

①披沙揀金：比喻細心挑選。披：分開，分解。

②金行：指西晉。按五行說法，晉朝以金德王天下。歷，由天命預定的帝王統治的時間。

③宣：晉宣帝司馬懿（字仲達）。景：晉景帝司馬師。

④曹、馬：指曹魏統治集團與司馬氏集團。

⑤或列營二句：公元二三四年，武鄉侯諸葛亮據武功（今陝西郿縣）五丈原，與司馬懿相持於渭南。其年八月，諸葛亮病死軍中，楊儀等整軍而出。司馬懿得知，立即追擊。姜維令楊儀反旗鳴鼓，假裝與魏軍交戰。司馬懿畏懼，不敢進逼。楊儀結隊從容撤走。百姓為之諺曰：「死諸葛走生仲達」。

⑥或發仗二句：甘露二年（二六〇），魏帝曹髦在凌雲臺鎧仗授兵，討伐司馬昭。司馬昭命太子舍人成濟刺殺了曹髦，另立曹奐為帝。

⑦陳壽：西晉人，撰三國志。王隱：西晉人，撰晉書九十三卷，已佚。

⑧陸機：西晉人，撰晉紀四卷，已佚。虞預：西晉人，撰晉書四十四卷，已佚。栖毫：停筆。栖，亦作「棲」，說文西韻：「西，鳥在巢上，象形。日在西方而鳥棲，故因以為東西之西。……或從木、妻。」

⑨習鑿齒：東晉人，撰漢晉春秋四十七卷，已佚。

⑩抽戈犯蹕：指成濟刺殺曹髦一事。語見干寶晉紀，作者誤記為出於習書。蹕：泛指帝王出行的車駕。

⑪風俗傳：宋孝王，北魏人，撰朝士別録。北周武帝宇文邕滅北齊後，改為關東風俗傳。

⑫齊志：隋王劭撰，共十卷，已佚。

⑬河朔：古代泛指黄河以北地區。此指北魏。

⑭箕裘未隕：意指北魏王公後裔依然當政，箕裘，語出禮記學記：「良冶之子，必學為裘；良弓之子，必學為箕。」比喻繼承祖先事業。

⑮鄴城：在今河北省臨漳縣。北齊建都於此。這里指北齊。

⑯薪構：即「薪傳」、「堂構」。薪傳，即薪盡火傳，意謂柴雖盡，火種仍留傳。語出莊子養生主，比喻師徒傳技。堂構，立堂基，造屋宇。語出尚書大誥，比喻先人的遺業。

⑰剛亦不吐：比喻不畏强暴，語出詩大雅烝民：「維仲山甫，柔亦不茹，剛亦不吐。」

蓋烈士徇名①，壯夫重氣，寧為蘭摧玉折，不作瓦礫長存。若南、董之仗氣直書，不避强禦；韋、崔之肆情奮筆，無所阿容②。雖周身之防有所不足，而遺芳餘烈，人到於今稱之。與夫王沈魏書，假回邪以竊位③，董統燕史，持諂媚以偷榮④，貫三光而洞九泉⑤，曾未足喻其高下也。

（張　升）

①徇名：舍身而求取美名。

②阿容：曲意容忍。

③王沈：西晉人，奉詔修魏書四十八卷，内多曲筆，已佚。回邪：不正、枉曲。

④董統：後燕慕容垂建興元年（三八六），董統奉敕修後燕書三十卷，對後燕建國的歷史多有褒美失實之辭。原書已佚。

⑤三光：指日、月、星。九泉：指地下。

讀通鑑論

秦始皇

兩端①爭勝，而徒爲無益之論者，辨封建②者是也。郡縣之制垂③二千年而弗能改矣，合古今上下皆安之，勢之所趨，豈非理而能然④哉？

天⑤之使人必有君也，莫之爲而爲之⑥。故其始也，各推其德之長人、功之及人者而奉之⑦，因而尤有所推⑧以爲天子。人非不欲自貴，而必有奉以爲尊，人之公也⑨。安於其位者習於其道，因而有世及之理⑩，雖愚且暴，猶賢於草野之罔據者⑪。如是者數千年而安之矣。強弱相噬而盡失其故⑫，至於戰國，僅存者無幾，豈能役九州而聽命於此數諸侯王哉？於是分國而爲郡縣，擇人以尹⑬之。郡縣之法，已在秦先。秦之所滅者六國耳，非盡滅三代之所封也。則分之爲郡，分之爲縣，俾才可長⑭民者皆居民上，以盡其才而治民之紀⑮，亦何爲而非天下之公乎？

〔讀通鑑論簡介〕明末清初王夫之（一六一九——一六九二）撰。三十卷。王夫之字而農，號姜齋，晚居衡陽石船山，世稱船山先生。衡陽（今屬湖南）人。崇禎舉人。清軍占領衡陽時，參加抗清鬥爭。曾任南明桂王政府行人司行人。後覺國事不可爲，遂隱居。從事著述近四十年，著作達百餘種，其中不少爲史評之作。此書成於康熙二十六年

（一六八七）。書中據通鑑所列帝王世系，每卷又分若干篇，每篇則選此一時期之事件、人物若干，進行評析，於史實皆略而不載。卷末附叙論四篇，闡明著書宗旨。此編爲其史論之代表作，多有卓見，對後來思想界影響深遠。因其反清立場，清廷惡之，故四庫全書不收此書，甚至未列入四庫未收書目。有一九七五年中華書局鉛印本。本次注釋即據此本。

〔篇名簡介〕本篇節選自讀通鑑論卷一。詳細論述了封建社會的郡縣制代替分封制是歷史發展的必然結果。

①兩端：此指有關郡縣制和分封制辯論的兩種對立觀點。

②辨封建：辨：同辯，辯論。封建：即分封制。

③垂：流傳。

④理而能然：指符合規律而能長期存在。

⑤天：此指客觀規律和形勢。

⑥莫之爲而爲之：語見孟子萬章。意爲無人有意去這樣作，（國君的產生）是自然形成的。

⑦德之長人、功之及人者而奉之：長（zhǎng）人：高於一般人。功之及人：對大家有功。奉：擁戴。

⑧尤有所推：尤：更。即特別受推舉的。

⑨人之公也：人們的共同意願。

⑩世及之理：世襲的道理。

⑪罔據者：無依靠者，此指無世襲的統治地位。

⑫故：舊，指原來的分封制。

⑬尹：原指管理州郡的地方官，此處活用爲動詞，「治理」之義。
⑭長（zhǎng）：治理。
⑮紀：綱紀，法制。

古者諸侯世國①，而後大夫緣②之以世官，勢所必濫也。士之子恒爲士，農之子恒爲農，而天之生才也無擇，則士有頑而農有秀③；秀不能終屈於頑，而相乘以興④，又勢所必激也。封建毁而選舉行，守令席⑤諸侯之權，刺史、牧督司方伯⑥之任，雖有元德顯功，而無所庇其不令⑦之子孫。勢相激而理隨以易，意者其天乎⑧！陰陽不能偏用，而仁義相資以爲亨利⑨，雖聖人其能違哉！

①世國：世襲諸侯國的爵位。
②緣：沿襲，效法。
③農有秀：頑：愚笨。秀：聰敏。
④相乘以興：相互乘機興起。
⑤守令席：守令：郡守縣令。席：職位。此處活用爲動詞，「取代」之義。
⑥刺史、牧督司方伯：刺史、牧：皆州的長官。督司：監督管理。方伯：一方諸侯之長。
⑦不令：不善，不好。
⑧意者其天乎：意爲「我想這就是客觀規律吧。」

⑨亨利：順利。

選舉之不慎而守令殘民，世德之不終①而諸侯亂紀，兩俱有害。而民於守令之貪殘，有所藉於黜陟以蘇其困②。故秦、漢以降，天子孤立無輔，祚③不永於商周。而若東遷④以後，交兵毒民，異政殊俗，橫斂繁刑，艾削⑤其民，迄之數百年而不息者亦革焉⑥，則後世生民之禍亦輕矣。郡縣者，非天子之利也，國祚所以不長也；而爲天下計，則害不如封建之滋也多矣。嗚呼！秦以私天下之心而罷侯置守，而天假其私以行其大公，存乎神者之不測⑦，有如是夫！

①世德之不終：世德：祖先的德行。不終：不能繼承下去。

②藉於黜陟以蘇其困：藉：憑借，依靠。黜陟：罷免、升遷。蘇：緩解。

③祚：帝位。

④而若東遷：而若：至於。東遷：即周平王於公元前七七〇年從鎬京（今西安）遷都於雒邑（今洛陽）。

⑤艾（yi）削：殺害。艾：通「刈」，宰割。

⑥迄之數百年而不息者亦革焉：迄：經歷。革：改變。

⑦神者之不測：意爲「神奇微妙的歷史發展規律竟如此不可預測」。神者：指未發現的歷史發展規律。

世其位者習其道①，法所便也②；習其道者任其事，理所宜也。法備於三王，道著③於孔子，人得而習之。賢而秀者，皆可以奬之以君子之位而長民。聖人之心，於今爲烈④。選舉不慎，而賊民之吏代作，天地不能任咎⑤，而況聖人！未可爲郡縣咎也。若夫國祚之不長，爲一姓言也，非公義也⑥。秦之所以獲罪於萬世者，私己而已矣。斥秦之私，而欲私其子孫以長存，又豈天下之大公哉！

①道：此指統治方法。
②法所便也：對維護法紀有利。
③著：顯明。
④烈：顯赫，明顯。
⑤任咎：承擔過錯。
⑥「若夫」三句：意爲「至於説實行郡縣制，國家壽命不長，那是從一家一姓考慮，不是從公衆的意義上考慮」。

（汝企和）

書教（下）

易曰：「筮之德圓而神，卦之德方以智①。」閒嘗竊取其義以概古今之載籍②，撰述③欲其圓而神，記注④欲其方以智也。夫「智以藏往，神以知來⑤」，記注欲往事之不忘，撰述欲來者之興起，故記注藏往似智，而撰述知來擬神也。藏往欲其賅備無遺，故體有一定而其德爲方。知來欲其決擇去取，故例不拘常而其德爲圓。周官三百六十，天人官曲之故⑥，可謂無不備矣。然諸史皆掌記注，而未嘗有撰述之官（祝史命告⑦未嘗非撰述，然無撰史之人，如尚書誓誥自出史職，至於帝典諸篇，並無應撰之官），則傳世行遠之業，不可拘於職司，必待其人而後行，非聖哲神明，深知二帝三王⑧精微之極致，不足以與此。此尚書之所以無定法也⑨。

〔文史通義簡介〕史論性著作。清代章學誠（一七三八——一八〇一）撰。一本八卷，一本九卷。學誠字實齋，號少岩，會稽（今浙江紹興）人。乾隆進士，曾習劉宗周、黄宗羲之學，後師劉筠，於史學理論多所建樹。書始撰於乾隆三十六年（一七七一），逝世前尚未全部完成。分内篇、外篇兩部分。内篇，大梁本五卷，嘉業堂本六卷，皆泛論文史，尤側重於史。外篇兩本皆三卷，大梁本多論方志纂修，嘉業堂本則多爲序跋書説。作者提出「六經皆史」的著名觀點。分史書爲「著述」和「記注」兩類，推重「著述」。提倡編著通史，並論其短長利弊。在劉知幾史學「三長」（才、學、識）論基礎上，更倡「史德」之説。突出方志的史學性質，並明其内容與體例，均多所創見。對學術源流、文學流變、文章得失等亦有論述，頗具裁識。該書爲劉知幾史通以後最爲著名的史學論著。本次注釋，所據爲嘉業堂本章氏遺書。

〔篇名簡介〕本篇選自文史通義内篇。書教分上、中、下三篇，此爲下篇。該文提出不少值得重視的見解，歷來爲歷史編纂學研究者所推崇。

①易曰二句：語見周易繫辭上。筮：原文作蓍，爲古人占卜所用的一種草。智：與「知」通。晉韓康伯注：「圓者，運而不窮；方者，止而有分。」「蓍以圓象神，卦以方象知也。」唐孔穎達正義：「蓍之變通則無窮，神之象也；卦列爻分有定體，知之象也。」

②載籍：即書籍。

③撰述：章氏指史書。

④記注：章氏指史料。

⑤智以二句：語見周易繫辭上。原文爲「神以知來，知以藏往。」孔穎達正義：「以蓍望卦，則是知卦象將來之事，故言神以知來。以卦望蓍，則是聚於蓍象往去之事，故言知以藏往也。」

⑥天人：天道人事。官：取法。禮禮運：「其降曰命，其官於天也。」疏：「官猶法也。言聖人所以下爲教命者，皆是取法於天也。」曲：曲折。

⑦祝史：古司祝之官。因用辭以事神，故稱祝；執書以事神，故稱史。命告：祝史禱天之辭。

⑧二帝：指堯、舜。三王：指夏禹、商湯、周文王。
⑨無定法：章氏於書教上内對此有論述。

尚書、春秋，皆聖人之典也。尚書無定法，而春秋有成例，故書之支裔折入春秋①，而書無嗣音。有成例者易循，而無定法者難繼，此人之所知也。然圓神方智，自有載籍以還，二者不偏廢也。不能究六藝之深耳，未有不得其遺意者也。史氏繼春秋而有作，莫如馬班；馬則近於圓而神，班則近於方以智也。

①書之支裔折入春秋：指尚書既記事又記言，而春秋則采其記事的部分。

尚書一變而爲左氏之春秋，尚書無成法而左氏有定例以緯經也；左氏一變而爲史遷之紀傳，左氏依年月，而遷書分類例以搜逸也①。遷書一變而爲班氏之斷代，遷書通變化，而班氏守繩墨以示包括也②。就形貌而言，遷書遠異左氏，而班史近同遷書。蓋左氏體直，自爲編年之祖；而馬、班曲備③，皆爲紀傳之祖也。推精微而言，則遷書之去左氏也近，而班史之去遷書也遠。蓋遷書體圓用神，多得尚書之遺；班氏體方用智，多得官禮之意也④。

①分類例：指史記分本紀、表、書、世家、列傳等。搜逸：逸：散失，指紀傳體可以記述更爲廣泛的內容。
②守繩墨：指班固沿用史記成例。
③曲：曲折。備：完備。指紀傳體體裁之多樣化。
④官禮：即周禮，又名周官。章氏認爲「官禮制密，而後記注有成法」，漢書體例詳備，故曰得官禮之遺意。

遷書紀、表、書、傳，本左氏而略示區分，不甚拘拘①於題目也。伯夷列傳乃七十篇之序例②，非專爲伯夷傳也。屈賈列傳所以惡絳、灌之讒③，其叙屈之文，非爲屈氏表忠，乃吊賈之賦也④。倉公録其醫案⑤，貨殖兼書物產，龜策但言卜筮⑥，亦有因事命篇之意，初不沾沾爲一人具始末也⑦。張耳陳餘因此可以見彼耳⑧，孟子荀卿總括遊士著書耳⑨。名姓標題，往往不拘義例，僅取名篇，譬如關雎、鹿鳴，所指乃在嘉賓、淑女⑩。而或且譏其位置不倫（如孟子與三鄒子⑪），或又摘其重復失檢（如子貢已在弟子傳，又見於貨殖）。不知古人著書之旨，而轉以後世拘守之成法，反訾⑫古人之變通，亦知遷書體圓而用神，猶有尚書之遺者乎！

①拘拘（gōu gōu）：拳曲不伸。釋義：「拘拘，郭（象）音駒，司馬（彪）云，體拘攣也。」
②伯夷列傳一句：伯夷列傳是史記七十列傳的第一篇，此篇事實少而議論多，故章氏認爲它是列傳的序例。
③屈賈列傳：即屈原賈生列傳，見史記卷八十四。絳，指絳侯周勃；灌，指潁陰侯灌嬰。漢文帝時，賈誼建議遷諸

侯王於封國就食，以加强中央集權，遭到周勃、灌嬰等人的反對和排擠，被貶爲長沙王太傅。

④乃吊賈之賦：賈誼被貶、去長沙渡湘水時，作吊屈原賦，以發泄自己的苦悶心情。

⑤倉公：即漢文帝時之名醫淳于意，因他曾任齊太倉令，故號。史記倉公列傳詳載他爲人治病的醫案。

⑥龜策但言卜筮：史記卷一二八龜策列傳詳細記載了龜卜的方法。

⑦沾沾：史記魏其武安侯列傳：「魏其者，沾沾自喜耳。」集解：「沾沾，言自整頓也。」此處爲自以爲得意之意。

⑧張耳陳餘：張耳陳餘列傳見史記卷八十九。張、陳皆爲西漢初年人，二人初爲至交，後反目爲仇。史記爲二人立合傳，二人事蹟可以互見。

⑨孟子荀卿：孟子荀卿列傳見史記卷七十四。傳中兼載鄒忌、鄒衍、淳于髡、慎到、環淵、接子、田駢、鄒奭諸子的事蹟學説。

⑩關雎、鹿鳴：爲詩經中的篇名。前者描寫男女相戀，旨在淑女應以君子爲配偶；後者旨在宴樂嘉賓。

⑪三鄒子：即鄒忌、鄒衍、鄒奭，三人皆爲陰陽家，孟子爲儒家，所以有人譏其位置不倫。

⑫訾（zī）：詆毁。

遷史不可爲定法，固書因遷之體而爲一成之義例，遂爲後世不祧之宗焉①。三代以下，史才不世出，而謹守繩墨，待其人而後行，勢之不得不然也。然而固書本撰述而非記注，則於近方近智之中，仍有圓且神者以爲之裁制，是以能成家而可以傳世行遠也。後史失班史之意，而以紀、表、志、傳同於科舉之程式，官府之簿書②，則於記注、撰述兩無所似，而古人著書之宗旨不可復言矣。史不成家而事文③皆晦，而猶拘守成法，以謂其書固祖馬而宗班也，而史學之失傳也久矣！

①不祧之宗：祧（tiāo）：祖廟。不祧之宗指永遠奉祀而不遷的祖宗。此處用來比喻漢書爲後世建立了不變的史書體裁。

②簿書：即文書簿册。

③事文：即史事與文章。

憲法久則必差①，推步後而愈密②，前人所以論司天也③，而史學亦復類此。尚書變而爲春秋，則因事命篇，不爲常例者，得從比事屬辭爲稍密矣。左、國變而爲紀傳，則年經事緯不能旁通者，得從類别區分爲益密矣。紀傳行之千有餘年，學者相承，殆如夏葛冬裘，渴飲饑食，無更易矣。然無别識心裁，可以傳世行遠之具④，而斤斤⑤如守科舉之程式，不敢稍變，如治胥吏之簿書，繁不可删。以云方智，則冗復疏舛⑥，難爲典據；以云圓神，則蕪濫浩瀚，不可誦識。蓋族史⑦但知求全於紀、表、志、傳之成規，而書爲體例所拘；但欲方圓求備，不知紀傳原本春秋，春秋原合尚書之初意也。易曰：「窮則變，變則通，通則久⑧。」紀傳實爲三代以後之良法，而演習既久，先王之大經大法，轉爲末世拘守之紀傳所蒙，曷可不思所以變通之道歟！

①憲法：指曆法，應用日久就會出現誤差。
②推步：指曆法的推算。後漢書注：「推步，謂究日月五星之度，昏旦節氣之差。」這些推算方法越晚近越精密。
③司天：主管天象之事。
④具：才能。
⑤斤斤：原意為「聰明鑒察」，後引申為拘謹或過分計較之義。
⑥冗復疏舛：重復錯亂。
⑦族：衆也。
⑧易曰三句：見易繫辭下。意為改革纔可通達，通達則可長久。窮，身弓於穴，表示無出路之意。

左氏編年，不能曲分類例。史、漢紀、表、傳、志，所以濟類例之窮也①。族史轉為類例所拘，以致書繁而事晦；亦猶訓詁注疏所以釋經，俗師反溺訓詁注疏而晦經旨也。夫經為解晦②，當求無解之初；史為例拘，當求無例之始。例自春秋左氏始也，盍③求尚書未入春秋之初意歟！

①濟：說文：「從水，齊聲。」原意為渡河，如左傳文公三年：「秦伯伐晉，濟河焚舟。」後引申出成、成就之意。
②經為解晦：經意被注釋所遮蓋了。
③盍：何不。

神奇化臭腐，臭腐復化爲神奇①，解莊書者，以謂天地自有變化，人則從而奇腐云耳。事屢變而復初，文飾窮而反質，天下自然之理也。尚書圓而神，其於史也，可謂天之至矣。非其人不行，故折入左氏，而又合流於馬、班。蓋自劉知幾以還，莫不以謂書教中絶，史官不得衍其緒矣②。又自隋經籍志著録，以紀傳爲正史，編年爲古史，歷代依之，遂分正附，莫不甲紀傳而乙編年③。則馬、班之史，以支子而嗣春秋，荀悦、袁宏④，且以左氏大宗而降爲旁庶矣。司馬通鑑，病紀傳之分而合之以編年；袁樞紀事本末⑤，又病通鑑之合而分之以事類。按本末之爲體也，因事命篇，不爲常格，非深知古、今大體，天下經綸，不能網羅隱括⑥，無遺無濫。文省於紀傳，事豁於編年，決斷去取，體圓用神，斯真尚書之遺也。在袁氏初無其意，且其學亦未足與此，書亦不盡合於所稱，故歷代著録諸家，次其書於雜史，自屬纂録之家便觀覽耳。但即其成法，沉思冥索，加以神明變化，則古史之原隱然可見。書有作者甚淺而觀者甚深，此類是也。故曰：神奇化臭腐，而臭腐復化爲神奇，本一理耳。

①神奇二句：見莊子知北游。意爲萬物變化皆周而復始，循環不息。

②衍：延長。緒：事業。

③甲紀傳而乙編年：甲、乙表示次序的先後。古目録學家以紀傳體爲正史，故將紀傳體史書置於編年體史書之前。

④荀悦：字仲豫，東漢獻帝時撰編年體史書漢紀三十卷。袁宏，字彦伯，東晉時的文學家、史學家，著有後漢紀三

十卷及竹林名士傳等。
⑤袁樞：字機仲，南宋建州建安人。著有通鑑紀事本末四十二卷。
⑥隱括：原爲校正竹木之工具，此處引申爲剪裁、修改文章之意。

夫史爲記事之書，事萬變而不齊，史文屈曲而適如其事，則必因事命篇，不爲常例所拘，而後能起訖自如，無一言之或遺而或溢也。此尚書之所以神明變化，不可方物①；降而左氏之傳，已不免於以文狥例②，理勢不得不然也。以上古神聖之制作，而責於晚近之史官，豈不懸絶③歟！不知經不可學而能，意固可師而仿也，且尚書固有不可盡學者也。即紀事本末，不過纂録小書，亦不盡取以爲史法，而特以義有所近，不得以辭害意也。斟酌古今之史，而定文質④之中，則師尚書之意，而以遷史義例通左氏之裁制焉，所以救紀傳之極弊，非好爲更張也。

①方物：辨别名分。方，别也。物，名也。
②狥：徇的異體字。曲從也。
③懸絶：相差甚遠。
④文質：形式與内容。文，文采，此指形式。質，本質，此指内容。

紀傳雖創於史遷，然亦有所受也。觀於太古年紀、夏殷春秋、竹書紀年①，則本紀編年之例，自文字以來即有之矣。尚書爲史文之別具②，如用左氏之例而合於編年，即傳也。以尚書之義爲春秋之傳，則左氏不致以文狥例，而浮文之刊落者多矣③。以尚書之義爲遷史之傳，則八書、三十世家不必分類，皆可仿左氏而統名曰傳。或考典章制作，或叙人事終始，或究一人之行（即列傳本體），或合同類之事，或録一時之言（訓誥之類），或著一代之文，因事命篇，以緯本紀，則較之左氏翼經④，可無局於年月後先之累；較之遷史之分别，可無歧出互見之煩，文省而事益加明，例簡而義益加精，豈非文質之適宜，古今之中道歟！至於人名事類，合於本末之中，難於稽檢，則别編爲表以經緯之⑤。天象、地形、與服、儀器，非可本末該之⑥，且亦難以文字著者，别繪爲圖以表明之。蓋通尚書、春秋之本原，而拯馬史、班書之流弊，其道莫過於此。至於創立新裁，疏别條目，較古今之述作，定一書之規模，别具圓通之篇⑦，此不具言。

①太古年紀、夏殷春秋、竹書紀年：皆爲古代編年體史書。前兩書早佚，已不可考。竹書紀年是戰國時魏國史書。原書已失傳，近人王國維有輯本。
②别具：另一種形式。
③刊落：删除。
④翼經：輔助經典（此指春秋）。

⑤經緯：此指按一定的格式編排。
⑥該：包括。
⑦圓通之篇：按今本文史通義無此篇。

（汝企和）

廿二史劄記

貞觀中直諫者不止魏徵

貞觀①中直諫②者，首推魏徵。太宗嘗謂徵曰：「卿前後諫二百餘事，非至誠何能若是。」又謂朝臣曰：「人言魏徵舉止疏慢③，我但覺其嫵媚④耳。」徵以疾辭位，帝曰：「金必鍛鍊而成器，朕方自比於金，以卿爲良匠，豈可去乎。」至今所傳十思十漸等疏⑤，皆人所不敢言，而帝悉聽納之，此貞觀君臣間直可追都、俞、吁、咈⑥之盛也。然其時直諫者不止魏徵也。今案⑦新、舊唐書各傳：薛收諫獵，帝即賜金四十鋌⑧以獎之。孫伏伽諫元律師罪不當死，帝即賜以蘭陵公主園，直⑨百萬。或⑩以爲太厚，帝曰：「朕即位未有諫者，是以賞之。」溫彥博諫長安令楊纂失察⑪，罪不當死，帝即赦之。虞世南諫田獵，諫山陵之制不宜過厚，諫宮體詩不宜作，恐天下從風而靡，諫勿以功高自矜，勿以太平自怠。帝嘗曰：「羣臣皆若世南，天下何憂不理。」馬周諫大安宮宜崇奉，宗廟宜親祀，樂工王長通等不宜賜官，帝購大宅直二百萬者賜之。廬江王瑗姬⑫侍側，王珪曰：「陛下知瑗殺其夫而取之以爲非，奈何又令侍左右？」帝即出之。諫祖孝孫雅士⑭，不宜令教女樂。帝雖責⑮之，明日悔⑯，語房玄齡令羣臣勿因此不言。姚思廉諫幸九成宫⑰，賜帛五十疋。高季輔指陳時政得失，帝賜以鍾乳一兩，曰：「卿以藥石之言進，故以藥石相報。」戴胄諫修洛陽宫，帝嘉之。張玄素亦諫修洛陽宫，至以爲甚於煬帝，帝曰：「卿謂我不如煬帝，何如桀、紂？」對曰：「若此役卒⑱興，同歸於亂耳。」帝歎曰：「我不思量，遂至於此。」命罷役，賜帛二十疋。褚遂良諫寵魏王泰太過，帝納之。諫告成東岳⑲，即罷封禪。張玄素令史出身，帝問其履歷，玄素慚不能對，遂良謂玄素已擢至三品，陛下不宜對羣臣窮其門户⑳，帝亦悔之。帝常論山東人物，張行成言天子以四海爲家，不宜以東西爲限，帝善之，賜馬一匹，錢十萬，衣一襲㉑。裴仁軌私役門夫，帝欲斬之，李乾祐奏罪不應死，帝即免之。權萬紀不能教太子承乾以正㉒，帝欲誅之，柳範曰：「房玄齡尚不能止陛下獵，豈可獨罪萬紀。」帝大怒，拂衣㉓入，久之，獨召範慰諭之。帝好與羣臣論難㉔，劉洎力諫，帝詔答曰：「輕物驕人㉕，恐由於此，敬當虚懷㉖改之。」洎又言近來上書人或面加窮詰，恐致阻進言之路，帝曰：「卿言是也，當改之。」此皆見於各傳者也。

〔廿二史劄記簡介〕讀史筆記。清乾隆六十年（一七九五年）成書。三十六卷。考訂了從史記到明史的全部二十四史，因舊唐書、舊五代史尚未被清政府批準爲正史，故沿用二十二史的説法。著者趙翼（一七二七——一八一四年），字雲崧，號甌北，江蘇陽湖（今常州市）人。歷任清翰林院編修，廣西鎮安府知府、廣州知府，貴州貴西兵備道等職。因被彈劾降級，便以侍奉老母爲名，辭官家居。除曾應閩浙總督李侍堯邀請參預鎮壓臺灣林爽文起義外，一直在家專心著述，並主持安定書院。著述編成甌北全集。廿二史劄記是其史學論著的代表作，爲初讀二十四史者指示途徑之作。近代名史學家陳垣極爲推重此書，並爲之作題記。本書於嘉慶初年以湛貽堂名義印行。光緒二十六年（一九〇〇年）廣州廣雅書局及二十八年湖南新化西畬山館二種爲最佳。王樹民校證廿二史劄記取三家之長，定名爲廿二史劄記校證，於一九八四年由中華書局出版。此次注釋即以王樹民校證本爲底本。

〔篇名簡介〕此篇爲廿二史劄記卷十九中的一篇。篇中遍數貞觀中直諫者的進言及被採納之事，闡明直諫者首推魏徵。作者以爲殷鑒不遠是當時臣以進言爲忠、君以聽言爲急的根本原因。

①貞觀：唐太宗在位期間的年號，即公元六二七——六四九年。

②直諫：正直、公正地進諫。

③疏慢：粗疏怠慢。

④嫵媚：美好。三國志魏書鍾繇傳「坐西曹掾魏諷謀反，策罷就第」注引魏略鍾繇與曹丕書：「顧念孫權，了更嫵媚」。斌媚同「嫵媚」，指舉止美好。時權與曹氏結好，故云。此篇用法如上。

⑤十思十漸等疏：詳見貞觀政要及通鑑紀事本末貞觀君臣論治。

⑥都、俞、吁、咈：用來形容君臣間和洽地進行討論。都、俞：出自書益稷：「禹曰：『都，帝，慎乃在位』。帝曰：『俞。』」都，贊美；俞，同意。」吁、咈：出自堯典：「帝曰：『吁，咈哉。』」吁，不同意；咈，反對。昭槤嘯亭雜録卷九：「公（趙泰安）亦以古大臣自期，一時吁咈都俞，朝野傳爲盛事。」

⑦案：考察、考據。
⑧鋌：古代專門鑄成的各種形態的金銀塊，用以爲貨幣流通。後沿用「錠」字，其重五兩或十兩。
⑨直：同「值」。
⑩或：有的人。
⑪失察：疏於檢查監督。
⑫廬江王瑗姬：唐宗室廬江王李瑗之姬。武德九年，李瑗以幽州大都督謀反，被殺，其姬被没入宫中，侍奉太宗。
⑬出之：使之出，即派人把瑗姬送歸其家。使瑗姬離開皇宫。
⑭雅士：即正人君子。雅，正。
⑮責：批評，非難。
⑯悔：悔恨。説文解字注：「悔者，自恨之意。」
⑰九成宫：唐代宫名，皇帝避暑的地方。據新唐書地理志一記載：「『麟游』西五里有九成宫，本隋仁壽宫。」
⑱卒：終於。
⑲東岳：泰山的古稱。戰國時齊魯有些儒士認爲五岳中泰山最高，帝王應到泰山祭祀，登泰山築壇祭天曰「封」，在山南梁父山上辟基祭地曰「禪」。秦始皇、漢武帝都曾舉行過這種大典。唐太宗也想到泰山封禪，舉行告成大典，經諫阻，決定取消這項活動。
⑳窮其門户：即對其門第尋根問底。
㉑襲（xí）：衣物的全套。

㉒正：正道，正派。
㉓拂（fú）衣：猶拂袖，表示憤怒。拂：甩動、擺動。
㉔論難（nàn）：辯論詰難。
㉕輕物驕人：輕視萬物，成爲得志的小人。
㉖虛懷：虛心。虛：空；懷：心意。

魏徵嘗言：「陛下導①之使言，臣所以敢諫。若陛下不受，臣豈敢犯龍鱗。」帝嘗宴韋挺、虞世南、姚思廉等，謂曰：「龍有逆鱗，人主亦然。卿等遂能不避觸犯，常如此，朕豈慮危亡哉！」是諸臣之敢諫，實由於帝之能受諫也。獨是仁善之君則能納誨，英睿之主每難進言。以太宗之天錫②智勇，手定天下，制事決機，動無遺策，宜其俯視一切，臣下無足當意者，乃③虛懷翕④受，惟恐人之不言，非徒博⑤納諫之名，寔⑥能施之政事。其故何哉？蓋親見煬帝之剛愎⑦猜忌，予智自雄，以致人情瓦解而不知，盜賊蜂起而莫告，國亡身殺，爲世大僇⑧。故深知一人之耳目有限，思慮難周，非集思廣益，難以求治，而飾非拒諫，徒自召禍也。煬帝惡諫，曰：「有諫者當時不殺，終不令生於地上。」蘇威欲言不敢，因午日獻古文尚書，煬帝曰：「訕⑨我也。」即除名。蕭瑀諫伐遼，即出爲郡守。董純諫幸江都，即賜死。由是人皆鉗口⑩，至喪國亡身而不悟。此太宗所親見也。惟見之切⑪故懼之深，正張廷珪所云，多難興邦⑫，殷憂啓聖⑬。皆以事危則志銳，情迫則思深也。魏徵之諫，亦動⑭以隋爲戒，謂：「隋帝豈惡天下之治安，不欲社稷之長久哉。特恃⑮其富强，不慮後患，驅天下以從⑯欲，遂以四海之尊，殞⑰於匹夫之手。陛下當鑒彼之失。」又曰：「我之所代，實在有隋。隋氏亂亡之源，聖明所親見。隋之未亂，自謂必無亂。隋之未亡，自謂必不亡。所以甲兵屢動，徭役不息，至於身戮而猶未悟。今能思其所以亂則治矣，思其所以亡則存矣。」馬周亦言：「煬帝笑⑱齊、魏之失國，今之視煬帝，猶煬帝之視齊、魏也。」此當時君臣動色相戒，皆由殷鑒不遠，警於目而惕於心，故臣以進言爲忠，君以聽言爲急⑲。

①導：引導。
②錫：同「賜」。
③乃：却，但。
④翕（xì）：聚，合。
⑤非徒博：不衹是换取。
⑥寔（shí）：同「實」。實在，其實。
⑦剛愎（bì）：强硬固執。
⑧僇（lù）：通「戮」，殺戮。禮記大學：「有國者不可以不慎，辟則爲天下僇矣。」鄭玄注：「邪辟失道，則有大刑。」
⑨訕（shàn）：毁謗，譏笑。
⑩鉗口：閉口不言。後漢書單超傳：「上下鉗口，莫有言者。」亦作「拑口」、「箝口」。

⑪切：真切，親眼目睹。

⑫多難興邦：多遭到患難，會促使內部團結，發憤圖强，國家因而强盛起來。左傳昭公四年：「鄰國之難，不可虞也。或多難以固其國，啓其疆土；或無難以喪其國，失其守宇。」

⑬殷憂啓聖：語出劉琨勸進表：「或多難以固邦國，或殷憂以啓聖明。」殷憂，即深憂。

⑭動：往往，每每。諸葛亮後出師表：「論安言計，動引聖人。」

⑮恃：依賴，憑借。

⑯從：通「縱」。放縱。禮記曲禮上：「欲不可從。」

⑰殞：死亡。

⑱笑：譏笑。

⑲急：急忙，迫切。

其後勳業日隆①，治平日久，即太宗已不能無稍厭②。魏徵謂貞觀之初，導人以言，三年後見諫者悅而從之，近一二年，勉强受諫而終不平③。是④可知貞觀中年，功成志滿，已不復能好⑤臣其所受教⑥。然則懼生於有所懲⑦，怠生於無所儆⑧，人主大抵皆然。若後世蒙業⑨之君，運當清泰⑩，外無覆車之戒，而內有轉圜⑪之美，豈不比太宗更難⑫哉。

①隆：盛，多。

②厭：厭倦，厭惡。
③平：寧靜，不受激動。韓愈送孟東野序：「大凡物不得其平則鳴」。
④是：於是。
⑤好（hào）：喜愛。
⑥受教：接受教導。這裡指接受大臣們的勸諫。
⑦懲：懲罰、懲戒。
⑧儆（jǐng）：儆戒。孔子家語五儀解：「所以儆人臣也。」
⑨蒙業：承受皇位。
⑩清泰：清平平安。清，清平，不亂；泰，平安，如國泰民安。
⑪轉圜：轉動圓的物體，比喻從順而不停滯，漢書梅福傳：「昔高祖納善若不及，從諫若轉圜。」顏師古注：「轉圜，言其順也。」
⑫更難：更加困難。此指納諫更加不易。

（劉淑英）

子部

老子

道德經上篇（節選）

一章

道①，可道②，非常道③；名④，可名⑤，非常名⑥。無⑦，名天地之始⑧；有，名萬物之母⑨。故常無⑩，欲以觀其妙⑪；常有⑫，欲以觀其徼⑬。此兩者同出而異名⑭，同謂之元⑮。元之又元⑯，衆妙之門⑰。

二章

天下皆知美之爲美⑱，斯惡已⑲；皆知善之爲善⑳，斯不善已。故有無相生㉑，難易相成㉒，長短相較㉓，高下相傾㉔，音聲相和㉕，前後相隨㉖。是以聖人處無爲之事㉗，行不言之教㉘。萬物作焉而不辭㉙，生而不有㉚，爲而不恃㉛，功成而弗居㉜。夫唯弗居，是以不去㉝。

三章

不尚賢㉞，使民不爭；不貴難得之貨㉟，使民不爲盜㊱；不見可欲㊲，使民心不亂。是以聖人之治㊳，虛其心㊴，實其腹㊵，弱其志㊶，强其骨㊷，常使民無知無欲㊸，使夫智者不敢爲也㊹。爲無爲㊺，則無不治。

四章

道沖㊻，而用之或不盈㊼。淵兮㊽，似萬物之宗㊾。挫其鋭㊿，解其紛51，和其光52，同其塵53。湛兮似或存54。吾不知誰之子55，象帝之先56。

五章

天地不仁57，以萬物爲芻狗58；聖人不仁，以百姓爲芻狗59。天地之間其猶橐籥乎60？虛而不屈61，動而愈出62。多言數窮63，不如守中64。

三十章

以道佐人主者65，不以兵强天下66。其事好還67：師之所處68，荆棘生焉69；大軍之後70，必有凶年71。善有果而已72，不敢以取强73。果而勿矜74，果而勿伐75，果而勿驕，果而不得已，果而勿强76。物壯則老77，是謂不道78，不道早已79。

〔老子簡介〕老子，又稱道德經、道德眞經，老子五千文，二卷或上下篇。春秋老聃著。老子其人，説法不一。據司馬遷説：姓李，名耳，字聃，楚國苦縣（今河南鹿邑東）厲鄉曲仁里人。曾任周守藏室之史。孔子曾問禮於老聃。後退隱著道德經，成爲道家學派的創始人。西漢河上公作老子章句，分爲八十一章，前三十七章爲道經，後四十四章爲德經。一九七三年長沙馬王堆三號漢墓出土的帛書老子甲乙兩種本，均是德經在前，道經在後。後道教尊他爲教主。史記有老子韓非列傳。

老子是道家和道教的主要經典，提出了「道」的觀念，來説明天地萬物産生的根源。認爲「道」没有具體事物的形象，但也不是虛無的東西：「道」不僅是萬物的根源，也是上天的祖先：「道」生長萬物是没有意志的，但天地萬物都效法道：「道」自然而然的變化，但相反相成，有規律可循。這種觀點，影響深遠。老子還提出了處世方法，「以濡弱謙下爲表，以空虛不毀萬物爲實。」故治國主於無爲，求勝敵當以卑弱自處。

老子的通行本有：明正統道藏本、魏王弼老子注、一九五八年中華書局諸子集成本等。

底本據一九八六年中華書局諸子集成本王弼老子注。

〔篇名簡介〕本篇老子提出「道」這一概念，並爲之解釋，作爲自己哲學體系的核心。

①道：金文作衜，會意字。行即行，象街道。𩠐即首，意爲領頭。合起來指領路。這裡指路，引申爲原理、原則、規律　任繼愈説：「老子的『道』有兩個意思：一、有時是指精神的實體。二、更多的場合下是指萬物變化發展的規律。這兩者在老子的觀念中是不十分清楚的。」

②道：動詞，説。猶言説得出。

③非常道：不是永恒不變的道。常，據馬王堆漢墓帛書（下簡稱帛書）作恒。因避漢文帝劉恒諱，改作常。常道，高誘注淮南子泛論訓説：「常道，言深隱幽冥，不可道也。」

④名：概念。

⑤名：動詞。叫。猶言説得出。

⑥非常名：不是永恒不變的名。

⑦無：没有、不存在。哲學上與有相對。

⑧名：説，稱述。始：原始。説文：「始，女之初也。」

⑨母：根本。甲骨文作[illegible]，像哺乳期婦女。説文：「從女，像懷子形。一曰像乳子也。」引申爲根本。上兩句有人以「無名」、「有名」爲讀。

⑩故：所以。常無：永恒的無。

⑪觀其妙：觀察道的微妙。

⑫常有：永恒的有。

⑬觀其徼：觀察道的顯明。徼，帛書作噭。通皎。顯明。

⑭兩者：指有、無。同出：指同出一源。異名：指名稱不同。

⑮元：通玄。帛書作玄。深遠莫測之意。説文：「玄，幽遠也。象幽而入覆之也。」任繼愈説：「玄，深黑色。是老子中的一個重要概念，有深遠看不見的神秘意思。」

⑯元之又元：從有形的深遠境界到達無形的深遠境界。

⑰衆妙：一切神秘微妙。門：門徑。

⑱本章首先闡述世界萬物的存在，都具有相互依存的關係。其次闡述聖人「處無爲之事，行不言之教」，任勢自然，無爲而有爲。美：美好。

⑲斯惡已：則丑惡就顯露出來了。斯，則。惡，丑惡。已：通矣。

⑳善：善良。

㉑相生：互相依存。生，存。

㉒難易：困難和容易。相成：互相轉化，相反相成。成，成就。

㉓相較：互相比較中顯示。較，表現，顯現。魏源注本作「形」。

㉔傾：傾斜，等於說依靠。

㉕音聲：單音爲音，和聲爲聲。和：和協、和諧。

㉖前後：帛書作先後。隨：出現。

㉗是以：所以。聖人：指道德與智能絶頂高尚的人。處無爲之事：順其自然，行無爲而治之政事。

㉘行不言之教：施行不用言詞的教化。

㉙作：興起。不辭：不拒絶。即順應萬物，無爲而治。

㉚不有：不據爲己有。

㉛爲而不恃：有所施爲而不恃恩求報。

㉜弗居：不居功。

㉝不去：不離開。指不居功而功業永存。

㉞本章老子主張無知無欲，無爲而治。尚賢：崇尚，尊崇。尚，通上。帛書作上。

㉟貴：寶貴、珍貴。貨：奇貨。

㊱爲：做、幹。

㊲可欲：可以引起貪欲。欲，欲望。

㊳治：治理。

㊴虛其心：簡化他們的思想。心，思想。

㊵實：充實。引申爲飽。

㊶弱其注志：削弱他們的意志。

㊷骨：筋骨。

㊸無知無欲：没有知識，没有欲望。

㊹智者：聰明的人。不敢爲：不敢妄作主張，有所作爲。

㊺爲無爲：依照無爲原則辦事。

㊻本章老子闡述道的另一作用，它空虛無形，但似萬物之宗，比創造萬物的上帝更根本，是宇宙間最高的精神主宰。沖：虛，不可見。又作盅，説文：「盅，器虛也。」

㊼盈：滿、盡。

㊽淵：淵深、深邃。

㊾宗：宗主。引申爲主宰。

㊿挫其鋭：挫去其鋒芒。

(51)解其紛：解脱其糾紛。

(52)和其光：涵蓄其光耀。

(53)同其塵：混同其於塵俗之中。

(54)湛兮：無形無象啊！說文：「湛，没也。」集解：「道不見，故云湛。」存：存在。

(55)誰之子：誰的兒子。即何物所生。

(56)帝：上帝。先：前面。

(57)本章闡述無爲的優越性。不仁：不仁愛，不仁慈。

(58)芻狗：古代祭祀時用草扎成的狗，用後即丢棄。說明對它既不愛，也不恨。

(59)百姓：指被統治者。

(60)槖籥：風箱。吴澄説：「槖籥，冶鑄所以吹風熾火之器也，爲函以周置於外者，槖也；爲轄以鼓扇於内者，籥也。天地間猶槖籥者，槖象太虚，包含周遍之體；籥象元氣，絪緼流行之用。」

(61)虚而不屈：越是空虚，越不會窮竭。

(62)動而愈出：越是鼓動，排出的風量越多。

(63)數窮：往往失敗。

(64)守中：保持虚靜。中通沖，空虚。

(65)本章老子告誡統治者不以武力逞强，反對戰爭。不得已而用兵，要適可而止，符合於道。佐：輔佐。人主：君主。

(66)强：逞强。

(67)事：指用兵之事。還：報應、反應。

(68)師：軍隊。處：駐扎的地方。

(69)荊棘：帶刺的小灌木。如酸棗之類。

(70)大軍：大戰。

(71)凶年：荒年。

(72)善：指善用兵者。果：果實，引申爲成果、勝利。已：停止。

(73)取强：逞强。

(74)矜：矜伐，驕矜。

(75)伐：誇耀。

(76)果而勿强：勝利了不再用武力逞强。

(77)物壯則老：萬物壯大了，就會走向衰老。

(78)不道：不合乎道。道，指事物發展規律。

(79)早已：很快滅亡。已，完，引申爲亡。

（來可泓）

莊 子

秋 水（節選）

秋水時至①，百川灌河②；涇流之大③，兩涘渚崖之間④，不辯牛馬⑤。於是焉河伯欣然自喜⑥，以天下之美爲盡在己；順流而東行，至於北海；東面而視，不見水端⑦。於是焉河伯始旋其面目⑧，望洋向若而嘆曰⑨：「野語有之曰⑩『聞道百⑪，以爲莫己若者⑫』我之謂也。且夫我嘗聞少仲尼之聞而輕伯夷之義者⑬，始吾弗信，今我睹子之難窮也⑭，吾非至於子之門，則殆矣⑮，吾長見笑於大方之家⑯。」

北海若曰：「井鼃不可以語於海者⑰，拘於虛也⑱；夏蟲不可以語於冰者⑲，篤於時也⑳；曲士不可以語於道者㉑，束於教也。今爾出於崖涘㉒，觀於大海，乃知爾醜㉓，爾將可與語大理矣㉔。天下之水，莫大於海，萬川歸之，不知何時止而不盈㉕；尾閭泄之㉖，不知何時已而不虛㉗；春秋不變，水旱不知；此其過江河之流㉘，不可爲量數㉙。而吾未嘗以此自多者，自以比形於天地而受氣於陰陽㉚，吾在於天地之間，猶小石小木之在大山也。方存乎見少㉛，又奚以自多㉜？計四海之在天地之間也，不似礨空之在大澤乎㉝？計中國之在海內，不似稊米之在太倉乎㉞？號物之數謂之萬㉟，人處一焉㊱；人卒九州㊲，穀食之所生，舟車之所通，人處一焉㊳。此其比萬物也㊴，不似豪末之在於馬體乎㊵？五帝之所連㊶，三王之所爭㊷，仁人之所憂，任士之所勞㊸，盡此矣㊹！伯夷辭之以爲名㊺，仲尼語之以爲博㊻，此其自多也㊼。不似爾向之自多於水乎㊽？」

〔莊子簡介〕莊子，唐以後又稱南華真經、南華經。漢書藝文志著録五十二篇，今存三十三篇。一向認爲内篇七篇大體是莊周自著，外篇十五篇，雜篇十一篇則是莊周後學所作。

莊周（約前三六九——前二八六）戰國宋蒙（今河南商丘）人。曾任蒙漆園吏，家貧，曾借粟於監河侯。也曾着麻鞋布衣見魏王，拒絶楚威王厚禮高官聘請，隱居著書，繼承和發展老子的思想，與老子同爲道家學派的代表人物，世稱老莊。史記卷六十三有傳。

莊子是道家學派最重要代表作之一，體大思精。他以「道」爲宇宙之本體，無所不在；他以道之發現而爲萬物，自然而生，亦自然而化；他以事物經常在變化，但人對這種變化無可奈何，祇有服從，因此主張「無爲」。他以一切事物都是相對的，因此否定知識，否定一切事物質的差别，要求人們在無是非，無得失、無榮辱的虚無飄渺境界中逍遥漫遊。他反對現實，逃避現實，反對名利、反對人間的一切措施，隨順自然。這些積極或消極的思想觀點，對後世産生深遠而又複雜的影響。

莊子的通行本有明正統道藏本，清王先謙莊子集解本，郭慶藩莊子集釋本，中華書局一九五四年諸子集成本等。

底本據中華書局一九八六年諸子集成本。

〔篇名簡介〕本篇節選自莊子外篇秋水的前一部分，叙述河神與北海若的談話，説明事物本身的相對性，和認知過程的復雜性、變異性。

①秋水：秋天的洪水。時：按照時令。

②灌河：灌注到黄河裡。河，指黄河。

③涇（jīng）流：水流。涇，巠的假借字。説文：「巠，水脉也。」直流的水。

④兩涘（sì）渚（zhǔ）崖之間：兩岸和水中沙洲之間。涘，河岸。渚，水中的沙洲。渚崖，指水洲岸邊。崖，通涯，岸。

⑤辯：通辨。分辨。

⑥於是焉：於是乎。焉，同乎。河伯：河神，相傳姓馮（píng），名夷。伯，長者之稱。

⑦水端：大海的盡頭處。

⑧旋：改變。

⑨望洋：亦寫作「望羊」、「盳洋」、「望陽」，有多種解釋。舊注作仰視貌。其實可作常義解，望着海洋。「望洋興嘆」成語即本於此。若：海神名。即下文的北海若。

⑩野語：俗語。

⑪聞道百：聽到很多道理。百，虚指，泛言很多。

⑫莫己若：没有誰比得上自己。

⑬嘗聞：曾經聽説。少：嫌少。仲尼之聞：孔子所知道的學問。輕：輕視。伯夷之義：伯夷的高義。指餓死於首陽山之事。伯夷，殷朝諸侯孤竹國君的長子，因讓君位，與其弟叔齊逃亡至周，武王伐紂，伯夷、叔齊認爲以臣

弒君爲不義之事，極力反對。隱居於首陽山，不食周粟而死。

⑭子：你，指海神。難窮：難以窮盡。即指海水浩淼無邊。

⑮殆：危險。

⑯長：常、永遠。見笑：被譏笑。大方之家：指通曉大道，修養極高的人。方，道。成語「貽笑大方」源本於此。

⑰井鼃：井底之蛙。鼃，蛙的異體字。語：談論。

⑱拘：局限、拘束。虛：同墟。指所居之處。

⑲夏蟲：生存於夏天的昆蟲。

⑳篤：固。引申爲限制。時：時令、時間。

㉑曲士：鄉曲之士，指識見短淺的人。曲，一部分之意。

㉒爾：你。

㉓丑：丑陋、鄙俗。

㉔大理：大道理。

㉕止：停歇。針對萬川歸注大海而言。盈：滿溢。針對大海自身而言。

㉖尾閭：相傳是海底泄水的地方。泄：同洩，洩漏。

㉗已：停止。虛：空虛。指海水減少。

㉘過：超過。

㉙不可爲量數：不能夠用計量來計算。

㉚自以：自知。比形：寄托形體。比通庇，庇護、寄托。受氣於陰陽：從陰和陽那裡禀了元氣。

㉛方存乎：正存在這樣的想法。少：渺小。

㉜奚：哪裡、怎么。

㉝礨（lěi）空：石塊間的小孔。指蟻穴。礨，通磊，石塊累積之意。空，孔。大澤：曠野。

㉞稊（tí）米：細小的米粒。大（tài）倉：儲糧的大倉庫。

㉟號物：物類名號。

㊱人處一焉：人類在萬物中衹居其一種。

㊲卒：通萃，聚集之意。九州：指全國、世界。

㊳人：這裡的人指個人。個人對衆人而言，含義與上句指人類不同。

㊴此：指人。

㊵豪末：豪，通毫，毫毛的末梢。

㊶五帝：有多種説法。據史記，以黄帝、顓頊、帝嚳、唐堯、虞舜爲五帝。連：連續。古本作「運」。指五帝禪讓之事。

㊷三王：前人指夏禹之子啓、商湯、周武王。

㊸任士：指以天下爲己任的賢能之士。

㊹此：指上文的毫末。天下比之於宇宙，不過是毫末而已。

㊺辭：辭讓，推辭。名：名聲。

㊻語：談論。博：淵博。
㊼自多：自以爲多。即自滿自足。
㊽向：從前、先前。

河伯曰：「然則吾大天地而小豪末①，可乎？」

北海若曰：「否。夫物②，量無窮③，時無止④，分無常⑤，終始無故⑥。是故大知觀於遠近⑦，故小而不寡，大而不多，知量無窮；證曏今故⑧，故遥而不悶⑨，掇而不跂⑩，知時無止；察乎盈虛⑪，故得而不喜，失而不憂，知分之無常也；明乎坦塗⑫，故生而不說⑬，死而不禍⑭，知終始之不可故也⑮。計人之所知，不若其所不知⑯；其生之時，不若未生之時；以其至小求窮其至大之域⑰，是故迷亂而不能自得也⑱！由此觀之，又何以知豪末之足以定至細之倪⑲？又何以知天地之足以窮至大之域⑳？」

①然則：那末。大：指以天地爲大。小，指以毫末爲小。
②物：萬物。
③量無窮：指萬物的量是無窮無盡的。量，這裡指大小。
④時無止：時間的長河是没有止境的。

⑤分（fēn）無常：得失之分沒有不變的常規。分，指貴賤貧富的得失。常：常規。

⑥故：固、一定。

⑦大知：大智慧的人。觀於遠近：指觀察事物的方方面面，不局限於一隅。

⑧證曏（xiàng）今故：證明古今。曏，明。今故，猶古今。

⑨遙：長壽。悶，厭倦。

⑩掇（duó）：拾取。引申為近，指短命。跂（qǐ）：同企，企求。

⑪察乎盈虛：洞察天道有盈有虧的道理。

⑫坦塗：塗，通途。平坦的道路。意為人從生到死的歷程。

⑬說（yuè）：通悅。喜悅。

⑭禍：懼、懼怕。

⑮故：固、固執。

⑯不若：不及、不如。

⑰至小：極小，極有限。這裡指人的才智。窮：盡。至大：極大。指無窮的境界。句意為以有限之小智，求無窮之大境。

⑱迷亂：迷惑昏亂。

⑲倪：儀的假借字。作度講。猶言標準、準則。

⑳域：領域。引申為範圍。

河伯曰：「世之議者皆曰：『至精無形①，至大不可圍②。』是信情乎③？」

北海若曰：「夫自細視大者不盡④，自大視細者不明⑤。夫精，小之微也；垺⑥，大之殷也⑦；故異便⑧。此勢之有也⑨。夫精粗者，期於有形者也⑩；無形者⑪，數之所不能分也⑫；不可圍者，數之所不能窮也⑬。可以言論者⑭，物之粗也⑮；可以意致者⑯，物之精也⑰。言之所不能論⑱，意之所不能察致者⑲，不期精粗焉⑳。是故大人之行㉑，不出乎害人㉒，不多仁恩㉓；動不爲利㉔，不賤門隸㉕；貨財弗爭，不多辭讓；事焉不借人㉖，不多食乎力，不賤貪污㉗；行殊乎俗㉘，不多辟異㉘；爲在從衆㉚，不賤佞諂㉛；世之爵祿不足爲勸㉜，戮恥不足以爲辱㉝；知是非之不可爲分㉞，細大之不可爲倪㉟。聞曰㊱：『道人不聞㊲，至德不得㊳，大人無己㊴。』約分之至也㊵。」

①至精無形：最小的東西，便看不到它的形體。至精：最細小。無形：没有形體。
②至大：最大。圍：古作口，包括之意，引申爲範圍。
③信情：實情。信，誠、實。
④不盡：不全面。
⑤不明：不清楚。
⑥垺（póu）：特大的東西。大中之最大爲垺。
⑦殷：大。

⑧異便：大小雖異，各有其便。
⑨勢：態勢。
⑩期：限。
⑪無形者：指至於無形的最小之物。
⑫數：數字、數量。分：剖分。
⑬窮：盡。
⑭言論：用語言加以討論。
⑮粗：粗淺。指事物外在的東西。
⑯意致：用思維去體會。意，心思，意念。致，達到。含有體察之意。
⑰精：精微。指事物精細的內在實質。
⑱論：討論、談論。
⑲察致：體察到。
⑳期：限制。
㉑大人：指道德修養高尚的人。即聖人。
㉒不出乎害人：不會出於對人的傷害。
㉓多：推重、贊美。以下同此解釋。
㉔動：行動。利：私利。

㉕賤：鄙視、輕視。門隸：看守城門的僕隸。泛指地位卑賤的人。
㉖事焉不借人：凡事不借助於人。焉：語氣助詞。
㉗不賤貪污：不鄙薄貪婪和污濁。
㉘殊：不同。
㉙辟異：邪僻和乖異。
㉚爲：行爲，行動。
㉛佞諂：巧言獻媚。
㉜爵禄：官爵和俸禄。勸：勸勉。
㉝戮耻：刑罰和耻辱。
㉞分：劃分、區分。
㉟倪：標準、界限。
㊱聞曰：聽人説。
㊲道人：能體察大道的人。不聞：指不求聞達於世。
㊳至德：具有最高道德的人。不得：不求有所得，得亦不居。
㊴無己：忘却自己。
㊵約分：約束自己而達到適得其分的境界。約，約束。分，即得失之分。

河伯曰：「若物之外①，若物之内②，惡至而倪貴賤③？惡至而倪大小？」

北海若曰：「以道觀之④，物無貴賤⑤。以物觀之⑥，自貴而相賤⑦。以俗觀之⑧，貴賤不在己⑨。以差觀之⑩，因其所大而大之⑪，則萬物莫不大；因其所小而小之，則萬物莫不小；知天地之爲稊米也，知豪末之爲丘山也，則差數覩矣⑫。以功觀之⑬，因其所有而有之⑭，則萬物莫不有；因其所無而無之，則萬物莫不無；知東西之相反而不可以相無⑮，則功分定矣⑯。以趣觀之⑰，因其所然而然之⑱，則萬物莫不然；因其所非而非之⑲，則萬物莫不非；知堯、桀之自然而相非⑳，則趣操覩矣㉑。昔者堯、舜讓而帝㉒，之、噲讓而絶㉓；湯、武爭而王㉔，白公爭而滅㉕。由此觀之，爭讓之禮，堯、桀之行㉖，貴賤有時㉗，未可以爲常也㉘。梁麗可以衝城㉙，而不可以窒穴㉚，言殊器也㉛；騏驥、驊騮一日而馳千里㉜，捕鼠不如狸狌㉝，言殊技也㉞；鴟鵂夜撮蚤㉟，察豪末，晝出瞋目而不見丘山㊱，言殊性也㊲。故曰：蓋師是而無非㊳，師治而無亂乎㊴？是未明天地之理，萬物之情者也。是猶師天而無地，師陰而無陽，其不可行明矣。然且語而不舍㊵，非愚則誣也㊶。帝王殊禪，三代殊繼。差其時逆其俗者㊷，謂之篡夫㊸；當其時順其俗者㊹，謂之義之徒㊺。默默乎河伯㊻！女惡知貴賤之門㊼，小大之家㊽。」

①若：如此。物之外：指事物的表面現象，如物量之大小。

②物之内：指事物的内在性質。如物理之貴賤。

③惡(wū):何、怎麽。倪貴賤:區分富貴和貧賤。倪:區分,斷定。
④道:指超然於物外的觀點。觀:觀察。
⑤物:萬物。
⑥物:指某一物的自身。
⑦自貴:以自物爲貴。相賤:以他物互相賤視。
⑧俗:指世俗的觀點。
⑨己:指萬物的本身。
⑩差:指物與物之間差别的觀點。
⑪因:順、按照。大之:以之爲大。
⑫差數:差别和數量。覩:看。指看清。
⑬功:指物的實用效能。
⑭有之:以之爲有。認爲具有了這樣的功用。
⑮東西:東和西。喻指事物相互對立而又互相依存的對立面。
⑯功分:指萬物的功用和分量。
⑰趣:通趨,趨向。指事物發展的趨向。
⑱然之:以之爲然。然,是、對。
⑲非之:以之爲非。非,不對。

⑳自然：自以爲然。自認爲對。相非：互相以對方爲非。
㉑趣操：趨向和操守。
㉒讓：禪讓。帝：稱帝。
㉓子：子之。燕國的相。噲：燕王噲。公元前三一六年，燕王噲接受蘇代的意見，仿效堯、舜禪讓，將王位讓給子之，引起國人不滿，招致内亂，齊宣王乘機進攻，殺燕王噲及子之，燕國幾乎滅亡。
㉔王：稱王。
㉕白公：名勝，楚平王之孫，太子建之子。起兵爭奪王位，爲葉公子高所殺。
㉖行：行爲。
㉗貴賤：可貴或可賤，肯定或否定。有時：有時間性，因時而異。
㉘常：常規。
㉙梁麗：屋棟，屋梁。麗，同欐，衝，沖的異體字。
㉚窒穴：堵塞老鼠洞。
㉛殊器：器物的用處不同。
㉜騏驥：古稱千里馬。驊騮：古代良馬。周穆王八駿馬之一。都是駿馬。
㉝狸狌（shēng）：野猫和黄鼠狼。
㉞殊技：技能不一樣。
㉟鴟鵂（chī xiū）：即鴟鴞。猫頭鷹。夜撮蚤：夜裡能捉小小的跳蚤。撮，抓取。

二四八

㊱瞋(chēn)目：瞪大眼睛。
㊲殊性：本性不一樣。
㊳蓋：通盍，何不。師是：指師心自用，專以己見爲是。無非：忽略不對。
㊴師治：指師心自用，祇看重治理。無亂：忽略動亂。
㊵語而不舍：談論不休。舍，同捨。
㊶誣：欺騙。
㊷差：錯，不合於。
㊸篡夫：篡逆之徒。
㊹當：適、合。
㊺義之徒：高義的人。
㊻默默乎：沉默吧。意爲告誡河伯不要輕易發言。
㊼女：通汝。你。門：門徑。
㊽家：派別。

河伯曰：「然則我何爲乎①？何不爲乎？吾辭受趣舍②，吾終奈何？③」

北海若曰：「以道觀之，何貴何賤，是謂反衍④；無拘而志⑤，與道大蹇⑥。何少何多，是謂謝施⑦；無一而行⑧，與道參差⑨。嚴嚴乎若國之有君⑩，其無私德⑪；繇繇乎若祭之有社⑫，其無私福⑬；泛泛乎其若四方之無窮⑭，其無所畛域⑮；兼懷萬物⑯，其孰承翼⑰？是謂無方⑱。萬物一齊⑲，孰短孰長⑳？道無終始，物有死生，不恃其成㉑；一虚一滿，不位乎其形㉒。年不可舉㉓，時不可止，消息盈虚㉔，終則有始㉕。是所以語大義之方㉖，論萬物之理也。物之生也，若驟若馳㉗，無動而不變㉘，無時而不移㉙。何爲乎？何不爲乎？夫固將自化㉚。

①何爲：做甚麼。

②辭受趣舍：分别指兩組對立的態度：謝絶與接受，趨就與舍棄。辭，謝絶。受，接受。趣，通趨，趨就。舍，舍棄。意爲不知何去何從。

③奈何：怎麼辦。

④反衍：即曼衍，合而爲一之意。

⑤而：汝、你。

⑥蹇(jiǎn)：困厄、煩擾。

⑦謝施(yì)：反復委蛇之意。謝，代謝，交替；施，延續。交替爲用。

⑧一：指偏於一面。

⑨參差(cēn cī)：不整齊、不一致。

⑩嚴嚴乎：端莊、嚴肅的樣子。嚴，同儼。原本缺一嚴字，據奚侗補註補。

⑪私德：偏私的恩惠。

⑫繇繇（yóu）乎：悠悠然，悠然自得的樣子。社：土神。

⑬私福：偏私的福佑。

⑭泛泛乎：寬廣、周遍的樣子。窮：盡。

⑮畛（zhěn）域：範圍、界限。引申爲「成見」。

⑯兼懷：兼容、包容。懷，容。

⑰承翼：接受翼助。承，接受、蒙受。翼，翼蔽、幫助。這裡引申爲庇護之意。

⑱無方：無所偏向。方：偏袒。與上文「一」的意思相近。

⑲一齊：即齊一，無所短長。

⑳孰：誰，哪一個。

㉑恃：依恃、依仗。

㉒位：居處，定位。形：形狀、現象。意爲沒有固定不變的形狀。

㉓年：年歲、歲月。舉：止、停留。文選注引「舉」作「攀」，作攀留講。也可通。

㉔消息：消滅與生長。盈虛：充實和空虛。

㉕終則有始：終結了又開始。指循環不息，生生不已。

㉖大義之方：大道的正理、準則。

㉗驟：馬急速奔跑。馳：車馬疾行。均此萬物生長迅速。

㉘動：行動、舉動。

㉙移：移動，遷移。含變化之意。
㉚固：本來、一定。自化：自然變化。

河伯曰：「然則何貴於道邪①？」

北海若曰：「知道者必達於理②，達於理者必明於權③，明於權者不以物害己④。至德者火弗能熱⑤，水弗能溺，寒暑弗能害，禽獸弗能賊⑥。非謂其薄之也⑦，言察乎安危⑧，寧於禍福⑨，謹於去就⑩，莫之能害也。故曰：天在內⑪，人在外⑫，德在乎天⑬。知天人之行⑭，本乎天⑮，位乎得⑯；蹢躅而屈伸⑰，反要而語極⑱。」

①貴：重視。
②知道：知曉大道。達：通達。理：事理。
③權：權變、應變。
④物：外物。
⑤至德：指道德修養高尚的人。熱：燒灼。
⑥賊：戕害，損害。名詞作動詞用。
⑦薄：通迫。臨、犯、迫近。
⑧察：明察。安危：安全與危險。

⑨寧：安。禍福：禍害與幸福。

⑩謹：謹慎。去就：離開和趨就。

⑪天在内：天然之性蘊蓄於内心。天，自然的東西。

⑫人在外：適應人事體現在外表上。人，人事，人爲。

⑬德：高尚的修養。天：指自然。

⑭知天人之行：知道的人，可以知道自然的規律和人事的變化。「天」字江南古藏本作「乎」。據文意當爲「天」。

⑮本乎天：本於自然。

⑯位乎得：安於處境。得，自得。

⑰蹢躅（zhí zhú）：即躑躅。進退不定的樣子。

⑱反：通返。指反本還源。要：指道的關鍵、樞紐。語極：談論最高深的道理。極：頂。

曰：「何謂天①？何謂人②？」

北海若曰：「牛馬四足，是謂天；落馬首③，穿牛鼻，是謂人。故曰：無以人滅天④，無以故滅命⑤，無以得殉名⑥。謹守而勿失，是謂反其真⑦。」

①天：自然。指先天自然的稟賦。以下同此解。

②人：人爲。指後天由人力造成的形態。與天相對。以下同此解。

③落：同絡。用馬轡籠住馬頭。
④滅：毀滅。
⑤故：有心曰故。指用人爲的辦法。命：天性。天然的禀賦。
⑥得：貪。一作自然的天性。殉名：求名。殉即徇。
⑦反其真：返本還源，復其真性。反，同返。

（來可泓）

孫子兵法

謀攻篇①

孫子曰②：凡用兵之法③，全國爲上④，破國次之⑤；全軍爲上⑥，破軍次之⑦；全旅爲上⑧，破旅次之；全卒爲上⑨，破卒次之；全伍爲上⑩，破伍次之。是故百戰百勝⑪，非善之善者也⑫；不戰而屈人之兵⑬，善之善者也。

故上兵伐謀⑭，其次伐交⑮，其次伐兵⑯，其下攻城⑰。攻城之法，爲不得已。修櫓轒輼⑱，具器械⑲，三月而後成⑳，距闉㉑，又三月而後已㉒。將不勝其忿而蟻附之㉓，殺士三分之一㉔，而城不拔者㉕，此攻之灾也㉖。故善用兵者，屈人之兵而非戰也，拔人之城而非攻也，毁人之國而非久也㉗，必以全爭於天下㉘，故兵不頓㉙，而利可全㉚，此謀攻之法也㉛。

故用兵之法，十則圍之㉜，五則攻之㉝，倍則分之㉞，敵則能戰之㉟，少則能逃之㊱，不若則能避之㊲。故小敵之堅㊳，大敵之擒也㊴。

夫將者，國之輔也㊵。輔周則國必强㊶，輔隙則國必弱㊷。

故君之所以患於軍者三㊸：不知軍之不可以進而謂之進，不知軍之不可以退而謂之退，是謂縻軍㊹；不知三軍之事㊺，而同三軍之政者㊻，則軍士惑矣㊼；不知三軍之權而同三軍之任㊽，則軍士疑矣㊾。三軍既惑且疑，則諸侯之難至矣㊿，是謂亂軍引勝(51)。

故知勝有五(52)：知可以戰與不可以戰者勝；識衆寡之用者勝(53)；上下同欲者勝(54)；以虞待不虞者勝(55)；將能而君不御者勝(56)。此五者，知勝之道也(57)。

故曰：知彼知己，百戰不殆(58)；不知彼而知己，一勝一負(59)；不知彼，不知己，每戰必殆。

〔孫子兵法簡介〕孫子兵法，又稱孫子、吴孫子兵法，孫武兵法。十三篇。春秋末期孫武著。孫武，字長卿，齊國樂安（今山東惠民）人，約與孔子同時而稍晚。我國著名軍事家。公元前五一二年，他經伍子胥引薦，以自著兵法十三篇晉見吴王闔廬，被任命為將，西破强楚，入郢；北威齊、晉，輔佐吴國成霸主之業。生平事蹟見史記孫子吴起列傳。

孫子兵法是中外現存最早的軍事理論著作，總結春秋以來戰爭經驗和規律，奠定了我國古典兵學體系的理論基礎。其思想內容主要有三：一、論述戰略指導思想。這是孫子軍事學説的主體部分。二、論述作戰策略思想，提出了諸如因利制權，因敵制勝。奇正相生，出奇制勝。避實擊虛，擊其惰歸。示形用詐，詭道制勝等策略原則。三、體現了孫子軍事哲學思想。

孫子兵法被世界公認爲成就最高的古典兵學體系之一，在宋代即列爲武經七書之首。公元七世紀時傳入日本，十八世紀以後，陸續有法、英、德、捷、俄等文譯本，其影響所及，今天已擴展到管理學、心理學、邏輯學、文學、語言學、音韻學、地理學、情報學、預測學、醫學等許多學科領域。

孫子兵法通行本有：宋刊十一家注孫子，明嘉靖談愷刻孫子集注，一九五八年中華書局諸子集成本，一九七二年山東臨沂銀雀山漢墓出土孫子兵法殘簡等。

底本據中華書局一九八六年諸子集成本。

〔篇名簡介〕本篇是孫子兵法第三篇，論述如何謀劃進攻的問題。從謀攻的原則、戰略，國君同將帥的關係、取勝條件等方面加以論述。

①謀：謀劃。攻：進攻。

②孫子：孫武。子，尊稱。

③凡：所有的、一切。法：法則、原則。

④全國：使敵人舉國完整地投降。全，保持完整。國，指諸侯國。上：上等的策略。

⑤破國：攻破敵國。次：次一等的策略。

⑥軍：古時軍隊的編制單位。以一萬二千五百人爲軍。以下爲旅、卒、伍。
⑦破軍：攻破敵軍。或攻破軍一級的編制。
⑧旅：軍下的一級編制，五百人爲一旅。
⑨卒：旅下的一級編制，百人爲一卒。
⑩伍：卒下的一級編制，五人爲一伍。
⑪是故：所以、因此。
⑫善之善：好中最好，高明中最高明。
⑬屈：屈服。兵：軍隊。
⑭上兵：上等的策略。兵，策略，兵法。伐謀：挫敗敵人的計謀。伐，破壞、挫敗。
⑮伐交。破壞敵國的外交。據曹操孫子兵法注云：「交，將合也。」意爲兩軍將要接觸而先敵進攻。但按文意作外交講較爲適當。
⑯伐兵：擊敗敵人的武裝力量。兵，指武裝力量。
⑰其下：下策。其，語助詞，無義。
⑱修：製造。櫓：樓櫓。古代軍中用以登高偵察敵情的高臺。這裡指建有樓櫓的巢車。轒轀（fén wēn）：古代攻城時運送泥土的四輪車。
⑲具：準備、器械：指攻城的武器、工具。
⑳三月：虛指，言時間較長。

㉑距闉（yīn）：構築攻城的土山。闉，通堙。土山。構築高於敵人城墻的土山，可以向城上的敵人放箭，以便掩護部隊攻城。
㉒已：完，完成。
㉓不勝：不堪。指抑制不住。忿：憤怒。蟻附：像螞蟻一樣地爬城。蟻，名詞作狀語，像螞蟻似的。附，附着。引申爲攀、援、爬之意。
㉔殺：傷亡。士：士兵。
㉕拔：攻取，攻拔。
㉖災：災難。
㉗毀：摧毀，毀滅。久：曠日持久。
㉘全：指全勝的計謀、策略。爭：爭取勝利。
㉙頓：同鈍。委頓。引申爲挫傷。
㉚利可全：指利益可以全部得到。
㉛謀攻之法：謀劃進攻的原則。
㉜十：十倍於敵的優勢兵力。圍之：包圍他。之，代詞。指敵人。
㉝攻之：主動進攻敵人。
㉞倍：一倍於敵的兵力。分之：分散敵人的兵力。
㉟敵：匹敵。與敵人兵力差不多。戰之：設法戰勝他。

㊱少：兵力比敵人少。逃之。退却、退守。之，語助詞，無義。
㊲不若：軍力不如敵人。避：避免決戰。
㊳小敵之堅：弱小的軍隊如果固執堅守。
㊴大敵之擒：成爲强大敵人的俘虜。
㊵輔：輔佐、助手。
㊶輔周：輔佐得周密。
㊷輔隙：輔佐得有缺陷。隙，隙縫。引申爲不周密而有漏洞。
㊸患於軍：不利於軍隊。患：害。此句據明劉寅武經七書直解説，應作「軍之所以患於君者三。」軍、君兩字上下互易。從本段文意看，比較合理。
㊹縻（mí）軍：牽制軍隊。縻，牽繫、束縛。
㊺三軍：古代大國有上、中、下三軍。這裡泛指軍隊。
㊻同：參預。含干預、干涉之意。
㊼惑：迷惑。指思想混亂。
㊽權：權謀、權變。任：任用。指任用軍中將士之事。
㊾疑：懷疑。
㊿難：禍患。
(51)亂軍引勝：擾亂自己軍心，導致敵人取勝。引，導。

(52)知勝有五：有五種情況可以預見勝利。
(53)識衆寡之用：懂得兵多和兵少的不同作戰方法。
(54)同欲：共同欲望。引申爲同心同德。
(55)虞：準備、戒備。待：對待、對付。
(56)將能：將帥有才能。御：駕馭。含牽制之意。
(57)道：原則。
(58)殆(dài)：危險。含失敗之意。此句十一家注孫子本「知彼知己」後面有者字。現據宋本武經七書校改。
(59)一：或。

（來可泓）

墨子

兼愛(上)

聖人以治天下爲事者也①，必知亂之所自起②，焉能治之③；不知亂之所自起，則不能治。譬之如醫之攻人之疾者然④：必知疾之所自起，焉能攻之；不知疾之所自起，則弗能攻。治亂者何獨不然⑤？必知亂之所自起，焉能治之；不知亂之所自起，則弗能治⑥。聖人以治天下爲事者也，不可不察亂之所自起⑦。

當察亂何自起⑧？起不相愛。臣子之不孝君父，所謂亂也。子自愛不愛父，故虧父而自利⑨；弟自愛不愛兄，故虧兄而自利；臣自愛不愛君，故虧君而自利，此所謂亂也。雖父之不慈子⑩，兄之不慈弟，君之不慈臣，此亦天下之所謂亂也。父自愛也，不愛子，故虧子而自利；兄自愛也，不愛弟，故虧弟而自利；君自愛也，不愛臣，故虧臣而自利。是何也？皆起不相愛。

雖至天下之爲盜賊者亦然⑪。盜愛其室⑫，不愛其異室⑬，故竊異室以利其室⑭；賊愛其身，不愛人身⑮，故賊人身以利其身⑯。此何也？皆起不相愛。

雖至大夫之相亂家⑰，諸侯之相攻國者亦然⑱：大夫各愛其家，不愛異家，故亂異家以利其家；諸侯各愛其國，不愛異國，故攻異國以利其國。天下之亂物⑲，具此而已矣⑳。察此何自起？皆起不相愛。

若使天下兼相愛㉑，愛人若愛其身，猶有不孝者乎㉓？視父兄與君若其身，惡施不孝㉓？故不孝不慈亡有㉔。猶有盜賊乎？故視人之室若其室㉕，誰竊？視人身若其身，誰賊㉖？故盜賊亡有。猶有大夫之相亂家、諸侯之相攻國者乎？視人家若其家，誰亂？視人國若其國，誰攻？故大夫之相亂家、諸侯之相攻國者亡有。若使天下兼相愛，國與國不相攻，家與家不相亂，盜賊亡有，君臣父子皆能孝慈，若此㉗，則天下治。

故聖人以治天下爲事者，惡得不禁惡而勸愛㉘。故天下兼相愛則治，交相惡則亂㉙。故子墨子曰㉚：「不可以不勸愛人」者，此也。

〔墨子簡介〕墨子，戰國墨翟及其弟子著。漢書藝文志著録為七十一篇，今存五十三篇。

墨子，姓墨名翟(約前四六八——前三七六)春秋戰國之際思想家、政治家，墨家學派的創始人。出身微賤，工於器械製造，一生主要從事講學和政治活動，以興天下之利，除天下之害，具有「摩頂放踵，利天下為之」的犧牲精神。

墨子是墨家著作的總集，記録了墨家的哲學、社會政治學説，倫理思想，邏輯學説，自然科學觀點和城守兵法等。對研究先秦政治史、哲學史、思想史、科學史、軍事史都有重要的史料價值。

墨子的通行本有：明正統道藏本、清乾隆中刻畢沅墨子注本、一九五八年中華書局諸子集成本。底本據中華書局一九八六年諸子集成本墨子閑詁。

〔篇名簡介〕本篇選自墨子兼愛上。兼愛原有上、中、下三篇，表達了墨子重要的社會政治觀點。在本篇中他認為亂起於不相愛，如能兼相愛，即人人都視人如己，愛人如己，相親相愛，則國治而天下平。

①聖人：指道德與智能極頂高尚的人。事：職責。

②自：從、由。介詞。表示處所的起點。

③焉：乃。

④攻：治。然：這樣，如此。

⑤治亂者：治理紛亂社會的人。何獨：那能單獨例外。

⑥弗：不、勿。

⑦察：審察、研究。

⑧當：同嘗。同聲假借字。試的意思。

⑨虧：損害。

⑩慈：慈愛、憐愛。

⑪雖：即使。亦然：也是這樣。

⑫室：家。

⑬其異室：其，據王念孫讀書雜志說爲衍字，與下文「不愛異家」、「不愛異國」等句不一致，應删去。異室：他人的家。

⑭竊：盜竊。

⑮人身：他人之身。原本此句人下無「身」字，下文「故賊人身」中亦無身字。現據俞樾諸子平議說補。

⑯賊：戕害、損害。

⑰大夫：周代貴族等級之一。其地位在卿之下，士之上。又分上大夫、中大夫、下大夫三等，有采邑，可世襲。亂家：侵奪采邑。

⑱諸侯：周代分封的各國國君，分公、侯、伯、子、男五等。

⑲亂物：指亂事。

⑳具此：具通俱。俱盡於此。

㉑若：如果，假使。兼相愛：大家都相親相愛。
㉒猶：還。
㉓惡（wū）：何、怎麽。施：施行。
㉔亡：通無。没有。
㉕故：據孫詒讓墨子閒詁說：「故字疑衍」。按文義，應删去。
㉖誰賊：誰戕害人。
㉗若此：如果這樣。
㉘惡（wū）：何。禁惡（wù）：禁止互相仇恨。惡，仇恨。勸：勸勉、鼓勵。
㉙交相惡：互相仇恨。
㉚子墨子：即墨子。前一子字是弟子用以尊其師的敬稱。

（來可泓）

商君書

更法

孝公平畫①。公孫鞅、甘龍、杜摯三大夫御於君②，慮世事之變③，討正法之本④，求使民之道⑤。君曰：「代立不忘社稷⑥，君之道也⑦；錯法務民主張⑧，臣之行也⑨。今吾欲變法以治⑩，更禮以教百姓⑪，恐天下之議我也⑫。」

公孫鞅曰：「臣聞之：疑行無成⑬，疑事無功⑭。君亟定變法之慮⑮，殆無顧天下之議也⑯。且夫有高人之行者⑰，固見負於世⑱。有獨知之慮者⑲，必見驁於民⑳。語曰㉑：『愚者闇於成事㉒，知者見於未萌㉓。民不可與慮始㉔，而可與樂成㉕』。郭偃之法曰㉖：『論至德者不和於俗㉗，成大功者不謀於衆。』法者，所以愛民也；禮者，所以便事也㉘。是以聖人苟可以强國㉙，不法其故㉚；苟可以利民，不循其禮㉛。」

孝公曰：「善㉜。」

甘龍曰：「不然㉝。臣聞之：聖人不易民而教㉞，知者不變法而治。因民而教者㉟，不勞而功成。據法而治者㊱，吏習而民安㊲。今若變法，不循秦國之故，更禮以教民，臣恐天下之議君。願熟察之㊳。」

公孫鞅曰：「子之所言㊴，世俗之言也㊵。夫常人安於故習㊶，學者溺於所聞㊷：此兩者，所以居官而守法，非所與論於法之外也㊸。三代不同禮而王㊹，五霸不同法而霸㊺。故知者作法㊻，而愚者制焉㊼；賢者更禮㊽，而不肖者拘焉㊾。拘禮之人㊿，不足與言事；制法之人(51)，不足與論變(52)。君無疑矣。」

杜摯曰：「臣聞之：利不百(53)，不變法；功不十(54)，不易器(55)。臣聞法古無過(56)，循禮無邪(57)。君其圖之(58)。」

公孫鞅曰：「前世不同教(59)，何古之法(60)？帝王不相復(61)，何禮之循(62)？伏羲、神農(63)，教而不誅(64)；黄帝、堯、舜(65)，誅而不怒(66)。及至文、武(67)，各當時而立法(68)，因事而制禮(69)。禮法以時而定(70)，制令各順其宜(71)，甲兵器備各便其用(72)。臣故曰：治世不一道(73)，便國不必法古(74)。湯、武之王也(75)，不修古而興(76)；殷夏之滅也(77)，不易禮而亡(78)。然則反古者未必可非(79)，循禮者未足多是也(80)。君無疑矣。」

孝公曰：「善。吾聞窮巷多恡(81)，曲學多辨(82)。愚者笑之，智者哀焉。狂夫之樂，賢者喪焉(83)。拘世以議(84)，寡人不之疑矣。」

於是遂出墾草令(85)。

〔商君書簡介〕商君書，也稱商君、又稱商子。漢書藝文志著録爲二十九篇，歷代均有著録，今存二十四篇。戰國時商鞅著。其實是後人輯録他的言行，並加以附益而成，反映了商鞅的基本思想。

商鞅（約前三九〇——前三三八），姓公孫，名鞅。戰國衛人，亦稱衛鞅。秦封之於商，故號商君，名商鞅。前期法家的代表人物。在秦孝公的支持下變法，促進了秦國政治經濟的發展，奠定了秦國富强的基礎。關於商鞅變法的措施和經過，史記卷六十八商君列傳有較詳的記載。

商君書是一部記載商鞅變法思想、言行的著作。首先敘述了商鞅變法的理論基礎，法依世勢之推移爲據。「各當時而立法，因事而制禮」，根據當時形勢制訂禮法。其次叙述了商鞅變法的目的，在於富國强兵。這一思想源於李悝。

其三敘述了商鞅變法的內容：尊君權，重法治，一農戰，禁私學，在法治上求實效。

商君書的通行本有：明萬曆中新安程氏刻漢魏叢書本，湖北崇文書局刻子書百家本，一九七四年中華書局高亨商君書注譯本，一九五四年中華書局諸子集成本。

底本據中華書局一九八六年諸子集成本商君書。

〔篇名簡介〕本篇記載了商鞅在秦孝公面前同甘龍、杜摯爭論變法問題的言論。商鞅認爲法度禮制都是隨時代而變化的，祇要合乎國家和人民的利益，改革舊制度是完全正確的。對甘龍、杜摯守舊觀點作了有力的駁斥。

①孝公：秦孝公，秦國國君，姓嬴，名渠梁，公元前三六一——前三三八年在位。平畫：商討治國方針。平，通「評」。評議。畫，計劃、策劃。

②甘龍、杜摯（zhì）：秦大夫。反對變法。御：奉侍、隨從。君：指秦孝公。

③慮：考慮、思考。變：變化。

④討：討論，探討。正法：立法。本：根本。

⑤求：尋求、研究。道：方法。

⑥代立：指繼承君位。社稷：國家。社，土地神。稷，五穀神。古時國君要祭土神和穀神，祭祀地方叫社稷。後以社稷指代國家。

⑦道：原則。

⑧錯法：執行法度。錯，通措，施行、執行。務民：教育管理人民。主張：宣揚國君威德。主，國君。張，宣揚。

此句一作「錯法務明主長」。此據孫詒讓校改。

⑨行：操行、操守。

⑩變法：變更法度。

⑪更禮：更改禮制。

⑫議：非議，責難。

⑬疑行無成：行動猶疑不決，就不會有成就。

⑭疑事無功：做事優柔寡斷，就不會有成績。

⑮亟（jí）：急。引申爲迅速。慮：決心。

⑯殆（dài）：大概、恐怕。

⑰且夫：況且。表示遞進之意。高人之行：超乎常人的行爲。

⑱固：本來。見負於世：被世俗所反對。見，被、爲。負：譏笑，引申爲反對。

⑲獨知之慮：獨特的見解。

⑳驁：傲慢，引申爲輕視。一作「訾」。此據朱師轍商君書解詁定本校改。

㉑語：俗話。

㉒愚者：愚蠢的人。闇：同暗。引申爲不明白。

㉓知者：聰明的人。知，同智。未萌（méng）：没有萌發苗子。萌：預兆。

㉔慮始：商量如何創業。

㉕樂成：歡慶事業的成功。引申為享受成果。

㉖郭偃：春秋晉獻公時大夫，掌卜，故也稱卜偃。晉文公時主張變法。韓非子南面說：「管仲毋易齊，郭偃毋更晉，則桓文不霸矣。」

㉗至德：高深的道德。和，同、相同。引申為附和。

㉘便事：便於處事。

㉙是以：所以。

㉚不法其故：不必效法於舊制。法，用如動詞。效法、取法。故，歸。

㉛循：遵循、沿用。

㉜善：好。

㉝不然：不對。不是這樣的。

㉞易民：改變民俗。引申為違背人民的意願。

㉟因民：按照人民的意願。因，按照，依照。

㊱據法：依據秦國的舊法。法，指舊法度。

㊲吏習：官吏很熟悉。

㊳熟察：仔細考慮。

㊴子：你。古代男子通稱。後世含有尊意，作先生、老師講。

㊵世俗：世上俗人，即一般人。

㊶故習：舊習慣。
㊷溺：沉溺。
㊸法之外：舊法以外。指革新措施。
㊹三代：指夏、商、周三代。王（wàng）：用如動詞。稱王，統治天下。
㊺五霸：指春秋時齊桓公、晋文公、宋襄公、秦穆公、楚莊王五位霸主。霸：稱霸。稱霸於天下。
㊻作法：創立新法。
㊼制焉：被舊法所制約。制，制約。束縛。焉：代詞，指代舊法。
㊽賢者：賢能的人。更禮：改革禮制。
㊾不肖者：平庸的人。拘：拘束。
㊿拘禮：被舊禮拘束。
51制法：被舊法所制約。
52論變：討論改變法度。
53利不百：没有百倍的利益。
54功：功效。
55易器：更换器具。
56法古無過：效法古代不會有錯誤。過，過失、錯誤。
57循禮無邪：遵循舊禮不會走到邪路上去。邪，邪路，引申爲偏差。

58 圖：計算、謀劃。

59 前世：前代。不同教：教化的方法不同。

60 法：效法。

61 帝王：指歷代王朝。不相復：指執行的禮制不相重複。

62 循：遵循。

63 伏羲：中國神話中人類的始祖。傳說人類由他和女媧氏兄妹相婚而產生。他教民結網，從事漁獵畜牧，故又作庖犧、犧皇。傳說他製作八卦。神農：傳說中古代氏族首領。他是農業和醫藥發明者。他用木製耒、耜，教民農業生產。他曾嘗百草，發現藥材，教人治病。

64 教而不誅：重視教化，不用刑罰。誅：殺。引申爲用刑。

65 黃帝：傳說中中華民族的共同祖先，姬姓，號軒轅氏，有熊氏。他在位時期有養蠶、文字、醫學、算數等很多發明。堯：傳說中我國父系氏族後期部落聯盟領袖。陶唐氏，名放勳，史稱唐堯，禪位於舜。舜：傳說中我國父系氏族後期部落聯盟領袖，姚姓，有虞氏，名重華，史稱虞舜，禪位於禹。

66 誅：指用刑罰。怒：凶暴。引申爲過分。

67 文、武：周文王與周武王。

68 當時：針對時代的需要。

69 因事：按照事實的情況。

70 禮法：禮制、法度。以：因、依據。

⑦制令：制度、教令。宜：適宜、適當。
⑫甲兵器備：鎧甲、兵器、器械、設備。
⑬治世不一道：治理國家不是衹有一種方法。道：方法。
⑭便國：便於治理國家。法古：效法古代。
⑮湯、武：商湯、周武王。王：稱王，指統治天下。作動詞用。
⑯興：興盛。
⑰殷、夏：指殷紂王、夏王桀。
⑱易禮：改變禮制。
⑲非：非議。也可作錯誤講。
⑳是：對。
㉑窮巷多恠：窮僻小巷的人們少見多怪。恠，恡的異體字。據錢熙祚校改爲「怪」。作怪講。
㉒曲學：邪曲不正的學者。引申爲識見不廣的學究。
㉓喪：痛心。
㉔拘世：受世俗拘束。
㉕墾草令：開墾荒地的法令。草，指荒地。

（來可泓）

荀子

天論

天行有常①，不爲堯存②，不爲桀亡③。應之以治則吉④，應之以亂則凶⑤。强本而節用⑥，則天不能貧⑦；養備而動時⑧，則天不能病⑨；修道而不貳⑩，則天不能禍⑪。故水旱不能使之饑，寒暑不能使之疾，袄怪不能使之凶⑫。本荒而用侈⑬，則天不能使之富；養略而動罕⑭，則天不能使之全⑮；倍道而妄行⑯，則天不能使之吉。故水旱未至而饑，寒暑未薄而疾⑰，袄怪未至而凶。受時與治世同⑱，而殃禍與治世異⑲，不可以怨天，其道然也⑳。故明於天人之分㉑，則可謂至人矣㉒。

〔荀子簡介〕荀子，又名孫卿子、荀卿子，戰國時荀況著。漢書藝文志著録三十三篇，今存本二十卷三十二篇。荀況（約前三一三——前二三八）又稱孫卿或荀卿，戰國趙（今山西南部）人，博學善辯，游於齊，三任稷下學宮祭酒；赴楚，春申君用爲蘭陵令。著書終老，是儒家經學傳授上的一個重要人物。

荀子一書，大多數是他親手所寫，小部分出於門人之手。内容豐富，反映了荀子的思想。哲學上，發展了古代唯物主義，認爲自然運行法則是不以人的意志爲轉移的客觀存在，提出「制天命而用之」思想。認識論上，認爲人的精神活動依賴於人的形體；肯定世界的可知性，承認人能通過感官和心的知覺作用和思維能力認識客觀世界，並强調思維對感知的辨别和驗證。在人性論上提出性惡論，但後天的客觀環境和學習可以使之變化。在政治上主張用禮、法和術來維持社會秩序。經濟上主張强本節用，開源節流。思想上主張法後王，即效法文、武、周公之道。這些思想對後世産生深遠影響。

荀子的通行本有四部叢刊本、子書二十二種本、清王先謙荀子集解本、梁啓雄荀子簡釋本、劉師培荀子校補本、諸子集成本等。

底本據中華書局一九八六年諸子集成本。

〔篇名簡介〕本篇選自荀子第十七篇，着重表述了荀子的宇宙觀，討論了天和人的關係。首先指出天是客觀存在的自然界，有它自己的運行規律；其次，論述了「天人相分」。第三，提出了「人定勝天」思想。是荀子一書中的名篇。

①天行：大自然的運行、變化。常：常規，一定的規律。

②堯：古代傳説中的賢君。存：存在。

③桀：夏朝末代暴君。亡：喪失、消亡。

④應（yìng）：適應、對待。以：用，介詞。治：指人類合於禮儀的行動。吉：吉利。

⑤亂：指人類不合於禮義的行動。凶：凶險。

⑥强本：加强農業生産。本，農業。節用：節約費用。

⑦貧：使……貧窮。

⑧養備：指養生的生活資料充足。養，給養。備，周備、充足。動時：動作適合時宜。

⑩修道：據王念孫讀書雜志認為修道應為循道，指遵循客觀規律辦事。不貳：專心一意。據群書治要不貳應作不忒。没有差錯。

⑪禍：使……遭受禍患。

⑫袄怪：袄，通妖，妖怪，指自然的災異現象。

⑬本荒：農業荒廢。用侈：費用奢侈。

⑭養略：指衣食等生活資料不足。動罕：不肯多從事勞動。罕，少。

⑮全：使……健全。

⑯倍：同背。違背。

⑰薄：迫近。引申為侵襲。疾：疾病。

⑱受時：遇到的天時。治世：指太平時代。

⑲殃禍：災殃、禍害。

⑳然：這樣。

㉑天人之分：天與人的區別。

㉒至人：最高明的人。

不為而成①，不求而得②，夫是之謂天職③。是是者④，雖深⑤，其人不加慮焉⑥；雖大⑦，不加能焉⑧；雖精⑨，不加察焉⑩。夫是之謂不與天爭職⑪。天有其時⑫，地有其財⑬，人有其治⑭，夫是之謂能參⑮。舍其所以參⑯，而願其所參⑰，則惑矣⑱！

列星隨旋⑲，日月遞炤⑳，四時代御㉑，陰陽大化㉒，風雨博施㉓，萬物各得其和以生㉔，各得其養以成㉕，不見其事而見其功㉖，夫是之謂神㉗。皆知其所以成，莫知其無形㉘，夫是之謂天功㉙。唯聖人爲不求知天㉚。

天職既立㉛，天功既成㉜，形具而神生㉝，好惡喜怒哀樂臧焉㉞，夫是之謂天情㉟。耳目鼻口形㊱，能各有接而不相能也㊲，夫是之謂天官㊳。心居中虛㊴，以治五官㊵，夫是之謂天君㊶。財非其類以養其類㊷，夫是之謂天養㊸。順其類者謂之福㊹，逆其類者謂之禍㊺，夫是之謂天政㊻。暗其天君㊼，亂其天官，棄其天養，逆其天政，背其天情，以喪天功㊽，夫是之謂大凶㊾。聖人清其天君㊿，正其天官，備其天養，順其天政，養其天情，以全其天功(51)。如是，則知其所爲(52)，知其所不爲矣；則天地官而萬物役矣(53)！其行曲治(54)，其養曲適(55)，其生不傷(56)。夫是之謂知天(57)。

故大巧在所不爲(58)，大智在所不慮(59)。所志於天者(60)，已其見象之可以期者矣(61)；所志於地者，已其見宜之可以息者矣(62)；所志於四時者，已其見數之可以事者矣(63)；所志於陰陽者，已其見和之可以治者矣(64)。官人守天而自爲守道也(65)。

①不爲：不用人爲。

②不求：不用人求。

③夫（fú）：發語詞。是：這。指示代詞，指不爲而成，不求而得。謂：説、叫做。天職：自然界的職能。

④如是者：像這一類事情。

⑤深：深遠。指自然界的職能深遠。

⑥其人：指前文所説至人，既高明的人。不加慮：不去加以思慮。

⑦大：廣大。指自然界的職能廣大。

⑧不加能：不去加以致力鑽研。能，致力。此句省略主語其人。

⑨精：精微。指自然界的職能精微。

⑩不加察：不去加以體察。

⑪爭職：爭職能。

⑫有：保有、保持。時：指四時的自然順序和風雨水旱變化。

⑬財：財富。指地上生長動、植物和地下埋藏礦産。

⑭治：治理。指人對社會的管理和改造。

⑮能參：參通三，天、地、人三者互相配合叫參。能參，指人能與天、地互相配合。

⑯舍：同捨。捨棄、拋棄。所以參：指人配合自然界職能的責任。

⑰願：希望、願望。所參：被配合的對象。

⑱惑：迷惑、糊塗。

⑲列星：衆多的星星。隨旋：相隨旋轉。
⑳遞炤：即遞照。交替照耀。
㉑代御：交替運行。御，行。
㉒大化：普遍地化育萬物。
㉓博施：廣泛地布施於萬物。
㉔和：指陰陽寒暑的調和。生：生長。
㉕養：指日月照射，風雨滋潤。成，成長。
㉖事：作爲。指有意識的活動。功：功效。
㉗神：神妙。指自然力的神妙。
㉘無形：没有形跡。指萬物内部借日月、四時、陰陽、風雨而成長的情况無形跡可求。
㉙天功：原文無「功」字。據王念孫説補。指自然界的職能和功效。
㉚聖人：道德智能極高的人。不求知天：不强求了解自然界的奥祕。
㉛天職：自然界的職能。立，建立、確立。
㉜天功：自然界的功效。成：形成，完成。
㉝形具而神生：人的形體具備了，精神意識也就跟着産生了。形，人的形體。神，精神活動。
㉞臧：同藏。包藏、隱藏。焉：此，這裡。
㉟天情：自然具有的感情。

㊱形：形體。指身體。
㊲能：指官能、功能。接：接觸。指感知外物。不相能：功能不能互相代替。
㊳天官：指人們生理上自然具有的感覺器官。
㊴中虛：中間。指胸腔之內。爾雅釋詁「虛，間也」。
㊵治：支配、管理。五官，指耳、目、口唇、鼻、舌五種器官。
㊶天君：指思維器官心。古人認爲耳、目等器官是由心統帥的，故稱心爲天君。
㊷財：通裁。控制、利用。非其類：指非人類的動、植、礦物等。養：供養。其類：指人類。
㊸天養：自然的供養。
㊹順：順從、順應。
㊺逆：違背、違逆。
㊻天政：自然的「政令」。指自然界對人類生活的制約。
㊼暗：蒙蔽。
㊽以喪天功：使自然界的功能喪失。
㊾大凶：重大的災禍。
㊿清：清明、清純。
51全：保全。引申爲正常發展。
52知其所爲：指人類知道自己應該做甚麼。

(53)天地官：天地被掌握。官，用如動詞。掌握、利用。萬物役：萬物被人類所役使。

(54)行：行動、行為。曲治：周遍而有條理。周，周遍。指各個方面。

(55)養：供養。曲適：周遍而適宜。

(56)生：生命。不傷：不受傷害。

(57)知天：認識自然的規律。意為人順應自然規律去認識自然，利用自然。

(58)大巧：最大的技巧。即指最能幹的人。在：在於。所不為：不做違反自然規律的事。

(59)大智：最大的智慧。即指最聰明的人。慮：思慮。指不思慮知天之事。

(60)志：同識，誌。指記憶、記住。下文同。

(61)已：同己，即記，紀的古文。金文中記、紀，都作己。記憶、記住。見：同現。表現、體現。象：徵象。如日月星辰運行出没等現象。期：定期。引申作動詞用，有預測、觀察之意。

(62)宜：土宜。指宜於生長某種植物的土質。息：生息、蕃殖。

(63)數：次序、步驟。指四季變化次序、規律。事：從事生產勞動。即順應季節變化而從事生產勞動。

(64)和：原本作「知」。據王念孫説改。調和，指陰陽調和。治：指修治人事。

(65)官人：指掌管天文、曆象等事務的官員。守天：研究自然現象與規律。自為：人們自己應做的事。守道：遵循自然規律，處理人事之道。

治亂①，天邪②？曰：日月星辰瑞曆③，是禹、桀之所同也④；禹以治，桀以亂；治亂非天也。時邪？曰：繁啓蕃長於春夏⑤，畜積收藏於秋冬⑥，是又禹、桀之所同也；禹以治，桀以亂，治亂非時也。地邪⑦？曰：得地則生，失地則死，是又禹、桀之所同也；禹以治，桀以亂；治亂非地也。詩曰⑧：「天作高山⑨，大王荒之⑩；彼作矣⑪，文王康之⑫。」此之謂也⑬。

天不爲人之惡寒也輟冬⑭，地不爲人之惡遼遠也輟廣⑮，君子不爲小人之匈匈而輟行⑯。天有常道矣⑰，地有常數矣⑱，君子有常體矣⑲！君子道其常⑳，而小人計其功㉑。詩曰㉒：「禮義之不愆㉓，何恤人之言兮㉔。」此之謂也。

楚王後車千乘㉕，非知也㉖；君子啜菽飲水㉗，非愚也。是節然也㉘。若夫志意修㉙，德行厚㉚，知慮明㉛，生於今而志乎古㉜，則是其在我者也。故君子敬其在己者㉝，而不慕其在天者㉞；小人錯其在己者㉟，而慕其在天者。君子敬其在己者，而不慕其在天者，是以日進也㊱；小人錯其在己者，而慕其在天者，是以日退也。故君子之所以日進，與小人之所以日退，一也㊲。君子小人之所以相懸者在此耳㊳。

①治亂：治理和動亂。

②邪：同耶。疑問詞，嗎。

③瑞曆：曆象。曆：記載天文曆數的書籍。象，觀察天象的儀器。神奇其器，故稱瑞。

④是：此、這。代詞。

⑤繁：通蕃，多。指各種生物。啓：萌芽、萌生。蕃：茂盛。長：生長。

⑥畜：同蓄。蓄積，指果實、成果。

⑦地：土地。

⑧詩：見詩經周頌天作篇。

⑨天作高山：天生成一座高山。高山，指岐山，在今陝西岐山縣東北。作，興、生成。

⑩大王荒之：大王，即太王，古公亶父，周文王的祖父，周王朝的創業者。荒：開墾。

⑪彼作矣。太王在這裡創業。彼，他。作：興，引申爲創業。

⑫康：安定、安康。

⑬此之謂也：講的就是這個道理。

⑭爲：因爲。惡（wù）：厭惡、憎恨。輟（chuò）：停止、放棄。

⑮廣：寬廣、廣闊。

⑯匈匈：同洶洶。喧嘩吵嚷。行：德行。指正義的行爲。

⑰常道：一定的規律。

⑱常數：一定的法則。

⑲常體：一定的準則。

⑳道其常：堅守經常不變的準則。道，用如動詞。實行、堅守。

㉑計其功：計較眼前的功利。功：功利。

㉒詩：指詩經。但引詩已佚。

㉓不愆（qiān）：没有過失。愆：過失、差錯。

㉔恤（xù）：憂，顧慮。兮：啊。

㉕後車：侍從、護衛的車子。

㉖知：同智。智慧。

㉗啜（chuò）菽（shū）飲水：喝豆粥，飲白水。泛指吃粗糧，喝白水，生活窘困。菽，豆類。

㉘節然：偶然。意爲人的富貴貧賤都是偶然的遭遇而已。

㉙若夫：發語詞。至於。志意修：原文作心意修。據王念孫説改。指思想高尚。修，美好、高尚。

㉚厚：深厚。

㉛知慮明：思慮明白。

㉜志：同誌，記。引申爲嚮往。

㉝敬其在己者：對於自己應該努力的事，嚴肅認真去做。敬：嚴肅認真。

㉞不慕：不羨慕，不指望。指不妄想借助於天命。

㉟錯：同措。放棄、擱置。

㊱是以：所以。日進：一天比一天進步。

㊲一：同。指同樣的道理。

㊳懸：悬的繁體字，懸殊、差距。

星隊①，木鳴②，國人皆恐。曰：是何也？曰無何也③！是天地之變④，陰陽之化⑤，物之罕至者也⑥。怪之⑦，可也；而畏之，非也。夫日月之有蝕，風雨之不時⑧，怪星之黨見⑨，是無世而不常有之⑩。上明而政平⑪，則是雖並世起⑫，無傷也⑬；上闇而政險⑭，則是雖無一至者，無益也⑮。夫星之隊，木之鳴，是天地之變，陰陽之化，物之罕至者也；怪之，可也，而畏之，非也。

物之已至者⑯，人祅則可畏也⑰。楛耕傷稼⑱，耘耨失薉⑲，政險失民；田薉稼惡，糴貴民饑⑳，道路有死人，夫是之謂人祅。政令不明，舉錯不時㉑，本事不理㉒，夫是之謂人祅。禮義不脩㉓，內外無別㉔，男女淫亂，父子相疑，上下乖離㉕，寇難並至㉖，夫是之謂人祅㉗。祅是生於亂，三者錯㉘，無安國。其說甚爾㉙，其菑甚慘㉚。勉力不時㉛，則牛馬相生㉜，六畜作祅㉝，可怪也，而不可畏也。傳曰㉞：「萬物之怪，書不說㉟。」無用之辯㊱，不急之察㊲，棄而不治㊳。若夫君臣之義㊴，父子之親，夫婦之別，則日切瑳而不舍也㊵。

①星隊：流星墜落。隊，同墜，墜落。
②木鳴：樹木乾燥而爆裂作響。
③無何：沒有甚麼。
④變：變化。
⑤陰陽之化：陰陽二氣的變化。

⑥物之罕至：是事物中的少見現象。罕，少。至，出現。
⑦怪之：以之爲怪。
⑧不時：不按時而至。指風不調、雨不順。
⑨怪星：古人多指彗星。黨：同儻。偶然。見：同現。出現、顯現。
⑩無世：任何世代。
⑪上明：君主聖明。政平：政令清平。
⑫並世：同一世代。起：發生、出現。
⑬無傷：没有甚麽危害。
⑭闇：同暗。昏暗、昏庸。政險：政局險惡。
⑮益：好處、補益。
⑯物：事物。已至者：指出現過的。即已見於事實的。
⑰人祅：祅，同妖。指人事中所發現的種種怪異現象。
⑱楛（kǔ）耕：草率、粗放地耕種。楛，惡。稼：莊稼。
⑲耘耨（yún nòu）：除草。失薉：漏掉雜草。薉，同穢。田中雜草。
⑳糴（dí）：籴的繁體字。買進糧食。這裡指糧食價格。
㉑舉錯：即舉措、措施。錯，同措。不時，不按時令要求。
㉒本事：指農業生産。理：治理。

㉓修：修治、講究。
㉔内外：指男女，古代以男主外，女主内。一説指家庭的内外，也可通。
㉕上下：指君與臣。乖離：乖違、背離。
㉖寇難：指内憂外患。寇，指外患。難，指内亂。並起：同時到來。
㉗夫是之謂人祅：這就叫做人為的怪事。
㉘三者錯：指以上三方面的怪事交錯發生。錯，交錯。
㉙爾：同邇，淺近。假借字。
㉚菑：同災。災禍。慘：悲慘、慘烈。
㉛勉力：指盡力從事農業勞動。
㉜牛馬相生：指牛生馬、馬生牛等怪異現象。
㉝六畜：六種家畜。指馬牛羊鷄狗猪。作：出現、産生。「勉力不時」以下三句與上下文義不相接，疑為傳抄之誤。一説這三句應在「本事不理」之下。
㉞傳：指古書。無確指。
㉟書：指古代典籍。據楊倞説，指六經。説：論述。
㊱辯：論辯。
㊲察：審察。
㊳治：理。

㊴若夫：至於。
㊵日：每天。切瑳：研究琢磨。瑳，同磋。不舍：不放棄、舍，同捨。

雩而雨①，何也？曰：無何也，猶不雩而雨也②。日月食而救之③，天旱而雩，卜筮然後決大事④，非以爲得求也⑤，以文之也⑥。故君子以爲文，而百姓以爲神。以爲文則吉，以爲神則凶也。

在天者莫明於日月⑦，在地者莫明於水火，在物者莫明於珠玉，在人者莫明於禮義。故日月不高，則光暉不赫⑧；水火不積⑨，則暉潤不博⑩；珠玉不睹乎外⑪，則王公不以爲寶；禮義不加於國家⑫，則功名不白⑬。故人之命在天，國之命在禮。君人者⑭，隆禮尊賢而王⑮，重法愛民而霸，好利多詐而危⑯，權謀傾覆幽險而盡亡矣⑰！

大天而思之⑱，孰與物畜而制之⑲？從天而頌之⑳，孰與制天命而用之㉑？望時而待之㉒，孰與應時而使之㉓？因物而多之㉔，孰與騁能而化之㉕？思物而物之㉖，孰與理物而勿失之也㉗？願於物之所以生㉘，孰與有物之所以成㉙？故錯人而思天㉚，則失萬物之情㉛。

①雩（yú）：古代求雨的一種祭祀儀式。雨：用如動詞，下雨。
②猶：猶如、如同。
③日月食：日蝕和月蝕。食，同蝕。救：營救。古代日月食時，人們要擊鼓敲盤營救。

④卜筮（shì）：占卜。用龜甲占卜叫卜，用蓍草占卜叫筮。
⑤得求：即得其所求。意爲祈求而有所得。
⑥文：文飾。之，代詞，指代政事。
⑦莫：没有。於，介詞。比，比得上。
⑧暉：同輝。光輝。赫：强烈。
⑨積：積累。引申爲充足。
⑩暉潤：指火的光亮和水的潤濕。博：大。
⑪睹：據王念孫説應作「睹」。明亮，光彩顯露的樣子。
⑫加：施，用。
⑬功名：成就。白：顯著，顯耀。
⑭君人：君主。
⑮隆禮尊賢：重視禮制，尊敬賢人。王：用如動詞。稱王於天下。
⑯好：喜歡。引申爲追逐。詐：詭詐，欺詐。
⑰權謀：搞權術陰謀。傾覆：猶顛覆。幽險：陰險。盡亡：徹底滅亡。
⑱大天：以天爲最大。即尊敬天。思：思慕，仰慕。
⑲孰與：何如，哪裡比得上。物畜：把天當作物來畜養。制：控制，管制。
⑳從天：順從天。頌：歌頌，頌揚。

㉑制天命：掌握大自然的變化規律。用：利用。
㉒望時：盼望天時。待：等待。
㉓應時：適應天時。使之：使用它。
㉔因物而多之：聽任自然界萬物自然地增多數量。
㉕騁能：施展人的才能。化：變化、改變。
㉖思物而物之：希望把萬物據爲己有。物，下一物字作「據爲己有」解。
㉗理物：治理萬物。
㉘願：希望。物之所以生：萬物多生長出來。
㉙有：通「佑」。幫助、促進。假借字。成：成長。
㉚錯人：放棄人的努力。思天：希望天的恩賜。
㉛失：違反、不符合。情：實際情況。

百王之無變①，足以爲道貫②。一廢一起③，應之以貫④。理貫不亂⑤，不知貫，不知應變。貫之未嘗亡也⑥。亂生其差⑦，治盡其詳⑧。故道之所善⑨，中則可從⑩，畸則不可爲⑪，匿則大惑⑫。水行者表深⑬，表不明則陷⑭；治民者表道⑮，表不明則亂。禮者，表也。非禮，昏世也⑯；昏世，大亂也。故道無不明⑰，外內異表⑱，隱顯有常⑲，民陷乃去⑳。

萬物爲道一偏㉑，一物爲萬物一偏。愚者爲一物一偏㉒，而自以爲知道，無知也。慎子有見於後㉓，無見於先㉔；老子有見於詘㉕，無見於信㉖；墨子有見於齊㉗，無見於畸㉘；宋子有見於少㉙，無見於多㉚。有後而無先，則羣衆無門㉛；有詘而無信，則貴賤不分；有齊而無畸，則政令不施㉜；有少而無多，則羣衆不化㉝。書曰㉞：「無有作好㉟，遵王之道㊱；無有作惡㊲，遵王之路。」此之謂也㊳。

①百王：歷代君主。無變：不變易。指禮是不變易的。

②道貫：道的一貫原則，綱領。

③一廢一起：指朝代衰落、興起。

④應：適應。貫：即道貫。其原則即禮。下同。

⑤理貫：整理出道的一貫原則。即知禮。

⑥大體：主要內容。亡，佚失。

⑦亂生其差：國家動亂産生於對道貫的運用有偏差。差，偏差，差謬。

⑧其詳：指運用道貫周詳。

⑨善：好，好處。

⑩中：指與道相符合。從：依從、遵從。

⑪畸（jī）：說文：「畸，殘田也。」引申爲不整齊、偏。爲：做。

⑫匿：同慝（tè），差錯。惑：惑亂。

⑬水行者：涉水的人。表：標誌、標準。
⑭陷：陷溺、淹没。
⑮表道：以道爲標準。
⑯昏世：昏暗的世道。即使世道昏暗。
⑰明：明確、明白。
⑱外内：指外事、内政。異表：標準不同。
⑲隱顯有常：指内事與外事有一定的常規。隱，指内事。顯，指外事。
⑳陷：這裡指灾禍。
㉑一偏：一個方面、一個部分。
㉒愚者：愚笨的人。一物一偏：指僅對一個事物、一個方面的認識和瞭解
㉓慎子：即慎到，（約前三九五——約前三一五）戰國時期法家代表。後：指被動地跟在事物後面。荀子在非十二子中批評慎到「上則聽取於上，下則取從於俗。」説他跟在事物後面，「有見於後」。
㉔先：指根據事物的變化而有所創新。慎子主張人應該「推而後行，曳而後往」。被動而無所創新，故荀子説他「無見於先」。
㉕老子：姓李名耳，字伯陽，春秋時思想家，著道德經，道家奉之爲主要經典。詘：同屈。委曲求全。
㉖信：通伸，伸長。指積極進取，有所作爲。
㉗墨子：姓墨名翟（約前四七八——前三七六）春秋戰國時期思想家。齊：同。指齊一、同一方面。

㉘畸：差異、差別。
㉙宋子：宋鈃，戰國時期思想家。少：指人的欲望少。
㉚多：指人的欲望多。
㉛門：這裡指方向。
㉜施：實施。
㉝化：教化。
㉞書：指尚書洪範篇。
㉟作好（hào）：有所偏好。
㊱遵王之道：遵循王者的道路。
㊲作惡（wù）：有所偏惡。
㊳此之謂也：說的就是這個道理。

（來可泓）

吕氏春秋

尊師

神農師悉諸①，黄帝師大撓②，帝顓頊師伯夷父③，帝嚳師伯招④，帝堯師子州支父⑤，帝舜師許由⑥，禹師大成贄⑦，湯師小臣⑧，文王、武王師吕望、周公旦⑨，齊桓公師管夷吾⑩，晉文公師咎犯、隨會⑪，秦穆公師百里奚、公孫枝⑫，楚莊王師孫叔敖、沈尹巫⑬，吴王闔閭師伍子胥、文之儀⑭，越王句踐師范蠡、大夫種⑮。此十聖人六賢者⑯，未有不尊師者也。今尊不至於帝，智不至於聖，而欲無尊師，奚由至哉⑰？此五帝之所以絶，三代之所以滅⑱。

〔吕氏春秋簡介〕吕氏春秋，又名吕覽，全書二十六卷，分為十二紀、八覽、六論，共計一百六十篇文章，約十五萬字，是戰國末年秦相國吕不韋召集門下賓客儒士集體編撰的。吕氏春秋是先秦雜家的重要代表作，其思想以儒家和道家為主，兼采名、法、墨、農、陰陽諸家之説，同時還保存了許多有價值的先秦舊説和古代史料。但由於其書成於衆手，所以也有思想不够統一、有些地方相互矛盾牴牾、行文割裂重復等缺點。吕氏春秋的注本，在漢代有高誘注，較為簡略。清人作了許多校勘工作，基本補正了原文的脱誤，通行的有畢沅校刻本。近人許維遹吕氏春秋集釋和陳奇猷吕氏春秋校釋二書，廣集諸家之説，正以己意，可供參考。

底本據清畢沅吕氏春秋校正本。

〔篇名簡介〕本篇選自呂氏春秋孟夏紀第四。本文以古代聖賢和刑辱之人尊師敬學的事例，説明了無論聖賢還是凡人，祇要尊重老師，努力學習，就能全天性而顯名後世的道理。文章還詳細列舉了尊師的具體做法。

①悉諸：悉，姓；諸，名。相傳爲神農之師。

②大撓（náo）：相傳爲黄帝史官，始作甲子，創造了以天干地支相配紀日的方法。在漢書古今人表中作「大填」。

③顓（zhuān）頊（xū）：古帝名，爲黄帝之孫，號高陽氏。見史記五帝本紀。伯夷父：相傳爲顓頊之師。漢書古今人表作「柏夷亮父」。父（fǔ）：古代對男子的美稱。

④嚳（kù）：古帝名，黄帝後人，號高辛氏。商人在卜辭中尊爲高祖。見史記五帝本紀。伯招：相傳爲帝嚳之師。漢書古今人表作「柏招」。

⑤子州支父：相傳爲古代隱士，堯曾以天下讓之。

⑥許由：相傳爲古代高士，堯讓以天下，不受，隱耕於箕山之下。漢書古今人表作「許繇」。

⑦大成贄（zhì）：相傳爲禹之師。

⑧小臣：高誘注：「小臣，謂伊尹。」伊尹，輔助湯建立商朝的功臣。

⑨文王：周文王，姓姬，名昌。商朝末年周族首領，封西伯。武王：周武王，文王之子，名發，西周王朝的建立者。呂望：姓姜，呂氏，名尚。與文王相遇於渭水之濱，立爲師，號太公望。武王即位，尊爲師尚父。輔佐武王滅商，建立周王朝。後封於齊，爲齊國始祖。周公旦：武王之弟，名旦。輔助武王滅商。武王死後，成王年幼，周公攝政，平定武庚、管叔、蔡叔叛亂，定都洛邑，封於魯，爲魯國始祖。

⑩齊桓公：姓姜，呂氏，名小白。春秋時齊國君，公元前六八六——前六四三年在位，春秋五霸之一。管夷吾：名

夷吾，字仲，為齊桓公相，輔佐齊桓公進行改革，稱霸諸侯。

⑪晉文公：姓姬，名重耳，春秋時晉國君，公元前六三六——前六二八年在位，為春秋五霸之一。咎犯：又稱舅犯，名狐偃，字子犯，為晉文公臣，輔助文公回國即位，改革內政，稱霸諸侯。隨會：名士會，字季，因食邑於隨、范，又稱隨會、隨季、范季，死後稱武子、范武子。春秋時晉大夫，輔佐晉文公、襄公、成公、景公四公。

⑫秦穆公：姓嬴，名任好，春秋時秦國君，公元前六六〇——前六二一年在位，春秋五霸之一。百里奚：姓百里，名奚，又稱五羖（gǔ）大夫，為秦大夫，輔佐秦穆公稱霸諸侯。公孫枝：姓公孫，名枝，字子桑，秦大夫，曾推薦百里奚於秦穆公，詳見呂氏春秋慎人。

⑬楚莊王：姓芈（mǐ），熊氏，名旅。春秋時楚國君，公元前六一四——前五九一年在位，春秋五霸之一。孫叔敖：蔿氏，名敖，字孫叔，楚莊王時令尹，助莊王富國强兵，稱霸諸侯。沈尹巫：又作沈尹筮，春秋時楚大夫。

⑭闔（hé）閭（lú）：姓姬，名光，春秋末年吳國君，公元前五一五——前四九六年在位。伍子胥：姓伍，名員，字子胥，楚大夫伍奢之子，因其父被殺，入吳為大夫，助闔閭奪取王位，攻破楚國。後被吳王夫差賜令自殺。文之儀：文氏，名之儀，春秋末年吳大夫。

⑮句（gōu）踐：春秋末年越國君，公元前四九六——前四六五年在位。范蠡（lǐ）：字少伯，春秋末年越大夫，輔助句踐刻苦圖强，滅亡吳國。大夫種：即文種，字少禽，或子禽，春秋末年越大夫，輔助句踐强國滅吳，後被句踐賜劍自殺。

⑯十聖人：指從神農到武王等十位古代帝王。六賢者：指從齊桓公到越王句踐這六位春秋時期的諸侯。

⑰奚：何。陳奇猷呂氏春秋校釋曰：「奚由至，乃奚由至於帝，奚由至於聖之省文。」

⑱高誘曰：「言五帝三王之後，不復重道尊師，故所以絶滅。」

且天生人也，而使其耳可以聞，不學，其聞不若聾；使其目可以見，不學，其見不若盲；使其口可以言，不學，其言不若爽①；使其心可以知，不學，其知不若狂②。故凡學，非能益也，達天性也③。能全天之所生而勿敗之，是謂善學。子張④，魯之鄙家也⑤；顏涿聚⑥，梁父之大盜也⑦；學於孔子。段干木⑧，晉國之大駔也⑨，學於子夏⑩。高何、縣子石⑪，齊國之暴者也，指於鄉曲⑫，學於子墨子。索盧參⑬，東方之巨狡也⑭，學於禽滑黎⑮。此六人者，刑戮死辱之人也。今非徒免於刑戮死辱也⑯，由此為天下名士顯人，以終其壽，王公大人從而禮之，此得之於學也。

①爽：口病不能言。

②狂：高誘注：「闇行妄發之謂狂。」

③益：增加。陳奇猷曰：「此文謂人之耳本可以聞，目本可以見，口本可以言，心本可以知，學非能增益其耳之聞、目之見、口之言、心之知，乃通達其天性而已。」

④子張：姓顓孫，名師，字子張，孔子弟子。

⑤鄙家：鄙陋之家。

⑥顏涿聚：姓顏，名庚，字涿聚，或作燭鄒、斫聚，春秋時齊大夫，出身微末，曾為盜，後為孔子弟子。

⑦梁父：山名，在泰山之下，山東泰安東南。
⑧段干木：姓段干，名木，曾為晉國的牙商，後隱居西河（河南安陽），師事子夏，為戰國初魏國賢士。
⑨駔（zǎng）：牙商，古代集市貿易中的經紀人。
⑩子夏：姓卜，名商，字子夏，晉國温人，孔子弟子。孔子死後，講學於魏國西河。
⑪高何：戰國時齊人，為害鄉里，後師從墨子。縣子石：戰國時齊人，曾為害鄉里，後師從墨子。墨子耕柱作高石子、縣子碩。
⑫指於鄉曲：高誘注：「其暴虐為鄉曲人所斥也。」
⑬索盧參：姓索盧，名參，戰國時人，為墨子弟子禽滑黎之學生。
⑭狡：狡詐之人。
⑮禽滑黎：或作禽滑釐，戰國初人，先學於子夏，後為墨子弟子。
⑯非徒：非但，不僅。

凡學，必務進業，心則無營①。疾諷誦②，謹司聞③，觀驩愉④，問書意⑤，順耳目⑥，不逆志⑦，退思慮，求所謂⑧，時辨説⑨，以論道，不苟辨⑩。必中法⑪，得之無矜⑫，失之無慚，必反其本。

①營：惑亂。
②疾：致力，盡力。諷：背誦。誦：朗讀。

③謹司聞：陳奇猷曰：「猶言謹其耳之聽也。」
④驩（huān）：同歡。
⑤高誘注：「觀師歡悦以問書意。」
⑥順耳目：陳奇猷曰：「謂順適師之耳目也。」
⑦不逆志：陳奇猷曰：「謂不背逆師之志也。」
⑧退思慮，求所謂：李寶洤吕氏春秋高注補正曰：「退而思慮，求師所言之道。」
⑨時：時時。辨説：同辯説，分析探討。
⑩苟：隨便。辨：同辯，詭辯。
⑪法：法式，規則。
⑫矜：自負賢能。

生則謹養，謹養之道，養心爲貴①；死則敬祭，敬祭之術，時節爲務②：此所以尊師也。治唐圃③，疾灌寖④，務種樹⑤；織葩屨⑥，結罝網⑦，捆蒲葦；之田野⑧，力耕耘，事五穀；如山林⑨，入川澤，取魚鱉，求鳥獸：此所以尊師也。視輿馬⑪，慎駕御；適衣服⑪，務輕暖；臨飲食⑫，必蠲絜⑬；善調和⑭，務甘肥⑮；必恭敬，和顔色，審辭令；疾趨翔⑯，必嚴肅：此所以尊師也。

①養心：使老師心情愉快。

②時節爲務：以合於四時節氣爲要務。

③唐：通塘。圃：種植果木瓜菜的園地。

④灌寖：灌溉。

⑤種樹：種植。

⑥葩屨：畢沅呂氏春秋校正：「葩疑萉字之誤。」萉(fēi)屨(jù)：麻鞋。

⑦罝(jū)：說文解字：「罝，兔网也。」

⑧之：往。

⑨如：往。

⑩輿：車。

⑪適：使適合。

⑫臨：整治，備辦。

⑬蠲(juān)：通涓，清潔。絜(jié)：同潔。

⑭調合：調合五味。

⑮甘肥：美味濃厚的食品。

⑯趨翔：畢沅曰：「翔與蹌同。」趨蹌，步伐有節奏的樣子。

君子之學也，說義必稱師以論道①，聽從必盡力以光明。聽從不盡力，命之曰背；說義不稱師，命之曰叛。背叛之人，賢主弗内之於朝②，君子不與交友。故教也者，義之大者也；學也者，知之盛者也③。義之大者，莫大於利人，利人莫大於教；知之盛者，莫大於成身④，成身莫大於學。身成，則爲人子弗使而孝矣，爲人臣弗令而忠矣，爲人君弗强而平矣⑤，有大勢可以爲天下正矣⑥。故子貢問孔子曰⑦：「後世將何以稱夫子⑧？」孔子曰：「吾何足以稱哉！勿已者⑨，則好學而不厭，好教而不倦，其惟此邪！」天子入太學⑩，祭先聖，則齒嘗爲師者弗臣⑪，所以見敬學與尊師也。

①義：通議。論：闡明。

②内：同納，接納。

③知：同智，才智。

④成身：成就自身。高誘注：「成身遂爲君子」。

⑤平：平定。

⑥天下正：天下之主。

⑦子貢：姓端木，名賜，字子貢，春秋時衛國人，孔子弟子。

⑧稱：稱道。

⑨已：停止。勿已者：一定要説的話。

⑩太學：畢沅校正本作太廟，今據陳奇猷校釋本改。高誘注：「太學，明堂也。」明堂，古代帝王宣明政教、舉行朝會、祭祀、慶賞、選士、養老、教學等大典的地方。

⑪齒：排列。弗臣：不作爲臣看待。

（邱居里）

淮南子

說林訓（節選）

以一世之度制治天下①，譬猶客之乘舟，中流遺其劍，遽契其舟桅②，暮薄而求之③，其不知物類亦甚矣！夫隨一隅之迹④，而不知因天地以游，惑莫大焉。雖時有所合，然而不足貴也。譬若旱歲之土龍⑤，疾疫之芻狗⑥，是時爲帝者也⑦。曹氏之裂布⑧，蛷者貴之⑨，然非夏后氏之璜⑩。無古無今，無始無終，未有天地而生天地，至深微廣大矣。足以蹍者淺矣⑪，然待所不蹍而後行；智所知者褊矣⑫，然待所不知而後明。游者以足蹷⑬，以手抪⑭，不得其數⑮，愈蹷愈敗⑯；及其能游者，非手足者矣。鳥飛反鄉⑰，兔走歸窟，狐死首丘⑱，寒將翔水⑲，各哀其所生⑳。毋貽盲者鏡㉑，毋予躄者履㉒，毋賞越人章甫㉓，非其用也。椎固有柄，不能自椓㉔；目見百步之外，不能自見其眥㉕。狗彘不擇甂甌而食㉖，偷肥其體而顧近其死㉗；鳳皇高翔千仞之上㉘，故莫之能致。月照天下，蝕於詹諸㉙；騰蛇游霧㉚，而殆於蝍蛆㉛；烏力勝日㉜，而服於鵻禮㉝；能有修短也㉞。莫壽於殤子，而彭祖爲夭矣㉟。短綆不可以汲深㊱，器小不可以盛大，非其任也。怒出於不怒，爲出於不爲。視於無形，則得其所見矣：，聽於無聲，則得其所聞矣。

〔淮南子簡介〕淮南子，本名鴻烈，劉向校書時改名淮南，後世遂稱淮南鴻烈或淮南子。西漢淮南王劉安召集賓客方士蘇非、李尚、左吳、田由、雷被、毛被、伍被、晉昌等八人，及諸儒大山、小山之徒編著，於漢武帝建元元年（公元前一四〇）成書獻上。據漢書淮南王安傳記載，其書原有「內書二十一篇，外書甚衆，又有中篇八卷，言神仙黃白之術，亦二十餘萬言。」漢書藝文志則著録淮南內二十一篇，外三十三篇，列入諸子略雜家類。今僅存內篇二十一篇，其中末篇要略，概述前二十篇成書之要旨，實為叙録。淮南子內容宏富，文筆瑰麗，其思想以黃老道家學說為旨歸，兼容儒、墨、名、法、陰陽五行諸家，是對西漢前期占統治地位的黃老道家思想的系統總結。書中還有關於天文地理、人體生理等內容，是自然科學史的重要資料。據隋書經籍志，淮南子的注本在漢代有許慎、高誘二家，但後世二者已相混淆，無法區分（據莊逵吉校本序）。清乾隆中，莊逵吉以道藏本為底本，加以考訂詮釋，是較為完善的校本。一九二三年劉文典作淮南鴻烈集解，廣集前人研究成果，注釋較為完備。胡懷琛又作淮南集解補正，可供參考。

本書底本據一九八九年中華書局點校本劉文典淮南鴻烈集解。

〔篇名簡介〕本篇解說自然界與人世間的諸多事理，類似箴言。因衆理匯集，如木之聚於林，故名說林。訓意訓釋。淮南子各篇名，除要略外都稱「訓」。清人姚範認為：「疑『訓』字高誘自名其注解，非淮南篇名所有，即誘序中所云『深思先師之訓』也。」

①一世：一個朝代。度制：制度。

②桅：王念孫曰：「桅當爲梔」。梔（fàn），船弦板。

③暮：傍晚，日落時。薄：靠近（岸邊）。

④隅：角落。

⑤土龍：土制的龍，古代用於求雨。

⑥芻狗：古代結草爲狗，用以祭祀求福。

⑦帝：主體。

⑧高誘注：「楚人名布爲曹。今俗間以始織布系著其旁，謂之曹布。燒以傅蛣蟩瘡則愈，故蟩者貴之。」俞樾曰：「曹疑當讀爲褿。」即小兒尿布。裂布：餘布。

⑨蟩（qiú）者：患蠼螋瘡的病人。

⑩璜：玉璜，半塊玉璧爲璜。玉璜爲國家之寶，用以征發軍隊。

⑪以：所。蹍（zhǎn）：踩，踏。淺：狹窄。

⑫褊：狹小。

⑬游者：游泳的人。蹷（jué）：踏，用脚推。

⑭抪（pō）：推，擊。

⑮數：技術。

⑯敗：沉没。

⑰反：通返。回歸。

⑱丘：狐之窟穴。狐死時頭猶朝向丘穴。

⑲寒將：許慎注：「寒螿，蟬屬也。」高誘注：「寒將，水鳥。」

⑳哀：憐愛。

㉑貽（yí）：贈送。

㉒躄（bì）者：足不能行的人。

㉓章甫：商朝的禮冠。越人斷發，不用冠。

㉔椓：敲擊。

㉕眦（zì）：眼眶。

㉖甂（biān）甌（ōu）：闊口瓦盆。

㉗偷：苟且。顧：反而。

㉘仞：高誘注：「七尺曰仞。」

㉙詹（chān）諸：月中蛤蟆，食月。同蟾蜍。

㉚騰蛇：傳說中能飛的蛇。

㉛蝍（jí）蛆：蟋蟀。

㉜烏：古代神話中太陽裡的三足神鳥。

㉝鵻（zhuī）禮：鳥名。高誘注：「間鼂時晨鳴人舍者，鴻鳥皆畏之。」

㉞修：長。劉安父名劉長，因避諱，故淮南子中「長」皆作「修」。

㉟彭祖：古代傳説中長壽的人，年八百歲。

㊱綆（gěng）：汲水的繩索。

至味不慊①，至言不文，至樂不笑，至音不叫②。大匠不斲③，大豆不具④，大勇不鬬，得道而德從之矣。譬若黄鐘之比宫⑤，太簇之比商⑥，無更調焉⑦。以瓦鉒者全⑧，以金鉒者跋⑨，以玉鉒者發⑩。是故所重者在外，則内爲之掘⑪。逐獸者目不見太山，嗜欲在外，則明所蔽矣。聽有音之音者聾，聽無音之音者聰；不聾不聰，與神明通。卜者操龜⑫，筮者端策⑬，以問於數⑭，安所問之哉？舞者舉節⑮，坐者不期而拚皆如一⑯，所極同也。日出暘谷⑰，入於虞淵⑱，莫知其動，須臾之間，俛人之頸⑲。人莫欲學御龍，而皆欲學御馬；莫欲學治鬼，而皆欲學治人，急所用也。解門以爲薪，塞井以爲臼，人之從事，或時相似。水火相憎，鏏在其間⑳，五味以和。骨肉相愛，讒賊間之，而父子相危。夫所以養而害所養㉑，譬猶削足而適履，殺頭而便冠㉒。昌羊去蚤虱而來蚙窮㉓，除小害而致大賊，欲小快而害大利。墻之壞也，不若無也，然逾屋之覆㉔。璧瑗成器㉕，礛諸之功㉖；鏌邪斷割，砥礪之力。狡兔得而獵犬烹，高鳥盡而强弩藏。虻與驥㉗，致千里而不飛，無糗糧之資而不饑㉘。失火而遇雨，失火則不幸，遇雨則幸也，故禍中有福也。鬻棺者欲民之疾病也，畜粟者欲歲之荒饑也。

①慊（qiè）：快意。

②叫：喧鬧，呼叫。
③不斫：不自斫。
④豆：古代食器，木製，形似高脚盤。具，供置，供設。
⑤黄鐘：古代音樂十二律之第一律，聲調最洪大響亮。比：相似，接近。宫：古代五聲音階的第一階。
⑥太簇（còu）：十二音律中的第三律。商：五聲音階的第二階。
⑦更：改。調：音調。
⑧鉒（zhù）：通注，投作賭注。
⑨跋：急速行走。
⑩發：疾迅奔跑。
⑪掘：通拙，愚笨。
⑫卜者：用龜甲占卦的人。
⑬筮者：用蓍草占卦的人。端：端正，整理。策：占卜用的蓍草。
⑭數：命運。
⑮節：節奏，節拍。
⑯期：約定。拚（biàn）：拊手，鼓掌。
⑰暘谷：古代神話中日出的地方。又作湯谷。
⑱虞淵：古代神話中日落的地方。

⑲俛（fǔ）：同俯，低下。
⑳錯（suì）：小鼎或無耳鼎，古烹飪器。
㉑高誘注：「所以養，論讒賊。害所養，論骨肉。」
㉒殺：削。便：便利。
㉓昌羊：即菖蒲，生長於水邊的一種香草。蚙窮：應作蚙窮，即蚰蜒，多生墻屋爛草中，好脂油香。
㉔覆：敗壞。高誘注：「屋之覆爲敗屋，墻之壞更爲土，歸於本，故曰逾屋之覆也。」
㉕璧：平圓形、中間有孔的玉器。瑗（yuàn）：孔大邊小的圓形玉器。
㉖礛（jiān）諸：治玉的石頭。
㉗虻：虻蟲。與：依附，附着。
㉘糗（qiǔ）：乾糧。

水靜則平，平則清，清則見物之形，弗能匿也，故可以爲正。川竭而谷虚①，丘夷而淵塞，脣竭而齒寒②。河水之深，其壤在山。鈞之縞也③，一端以爲冠，一端以爲絉④，冠則戴致之，絉則履履之。知己者不可誘以物，明於死生者不可刼以危，故善游者不可懼以涉。親莫親於骨肉節族之屬連也⑤，心失其制，乃反自害，况疏遠乎！

①虚：無水。

②竭：亡。
③鈞：通均，同等，同是。縞：細而白的生絹。
④絉（wà）：襪子。
⑤節：骨節。族：骨肉交錯聚結的部位。

（邱居里）

容齋隨筆

野史不可信

野史雜說①，多有得之傳聞②及好事者緣飾③，故類多失實。雖前輩不能免，而士大夫頗信之。姑摭④真宗⑤朝三事於左。

〔容齋隨筆簡介〕：筆記性著作。分隨筆、續筆、三筆、四筆、五筆，共七十四卷。內容涉及到歷史、文學、哲學、藝術等許多方面。作者洪邁（一一二三—一二〇二年），字景盧，號容齋，宋饒州鄱陽（今江西波陽）人。宋孝宗乾道年間（一一六五—一一七三年），累遷中書舍人，兼侍讀、直學士院，同修國史。宋寧宗時，以端明殿學士致仕。一生論述弘富，對宋代典章制度、歷史人物及歷史事件等記載尤詳。現有中州古籍出版社一九九三年出版的據四部叢刊續編本影印本，做爲注釋底本。

〔篇名簡介〕此爲容齋隨筆第四卷中的一篇。篇中對北宋魏泰、沈括二人著書中有關真宗朝三件史事加以考證，說明私人所著野史與史實多有不符，批評沈括不該如此。

①野史雜說：中國古代私家編撰的史書和駁雜的故事。以宋、明兩代爲最多。

②傳聞：口傳耳聞。非爲親身經歷，而是由於他人的傳述。

③緣飾：文飾。史記卷一一二平津侯傳：「習文法吏事，而又緣飾以儒術。」

④摭（zhí）：拾取，摘取。漢書卷六二司馬遷傳贊：「至於採經摭傳，分散數家之事，甚多疏略。」

⑤真宗：北宋第三代皇帝。

魏泰①東軒録云：「真宗次②澶淵，語寇萊公③曰：『虜騎未退，何人可守天雄軍④？』公言參知政事王欽若。退即召王於行府⑤，諭以上意，授敕俾行⑥。王未及有言，公遽酌大白⑦飲之，命曰『上馬盃』⑧。且曰：『參政勉之，回日即爲同列⑨也。』王馳騎入魏。越十一日虜退，召爲同中書門下平章事。或云王公數進疑詞於上前，故萊公因事出之⑩。」

①魏泰：字道輔，號溪上丈人。北宋襄州襄陽（今湖北襄樊）人。其姐夫曾布爲宋徽宗時權臣。魏泰卜居漢上，頗恃勢横行鄉里。博極羣書，喜談朝野間事，著有東軒筆録、括異志及臨漢隱居詩話。

②次：停留，駐扎。

③寇萊公：即寇準。字平仲、華州下邽（今陝西渭南）人。宋真宗景德元年（公元一〇〇四年），遼（契丹）軍南下攻宋時，寇準任宰相，力主抗戰，促使真宗往澶州（今河南省濮陽）督戰。真宗天禧三年（一〇一九年），真宗得風疾，寇準力主太子監國，以楊億輔政，謀泄，罷爲太子太傅，封萊國公。魏泰的東軒録稱寇準爲萊公，是以寇準的封號追述寇準此前所經歷的事。

④天雄軍：治今河北大名東。

⑤行府：即寇準在澶淵的臨時府邸。

⑥俾行：使之出行。

⑦大白：本爲酒杯名，後轉意爲滿飲一大杯酒爲浮一大白。

⑧盃：盛飲料器，亦指盛羹器。

⑨同列：同等，並列。

⑩出之：即「使之出」，出：離開。

予按①：澶淵之役，乃景德元年九月，是時萊公爲次相，欽若爲參政；閏九月，欽若判天雄，二年四月，罷政②。三年萊公罷相，欽若復知樞密院，至天禧始拜相，距景德凡十四年③。

①予按：即我的按語。這是「容齋隨筆」作者洪邁在引用魏泰東軒録時所加的評論和考證的話。

②罷政：解除參政職務。

③上海古籍出版社一九七八年版容齋隨筆「天禧」後有「元年」，「景德」後有「初元」。

其二事者。沈括筆談①云：「向文簡②拜右僕射，真宗謂學士李昌武曰：『朕自即位以來，未嘗除③僕射，敏中應甚喜。』昌武退朝，往候之，門闌④悄然。明日再對。上笑曰：『向敏中大耐⑤官職』」。存中自注⑥云：「向公拜僕射年月，未曾考於國史，因見中書記是天禧元年八月。而是年二月王欽若亦加僕射。」

①沈括筆談：沈括所著夢溪筆談。沈括，北宋科學家、政治家。字存中，杭州錢塘（今浙江杭州）人。仁宗嘉祐進士。神宗時歷任提舉司天監、翰林學士、權三司使等職。晚年居潤州，築夢溪園（在今江蘇鎮江東郊），撰夢溪筆談。內容涉及天文、數學、物理、化學、生物、地質、地理、氣象、醫學、工程技術、文學、史事、音樂和美術等。

②向文簡：名敏中，字常之，開封人。太平興國進士。歷任右諫議大夫、同知樞密院事、參知政事、知永興軍、右僕射、兼中書侍郎、平章事等職。天禧四年卒，真宗親臨，哭之慟，廢朝三日，贈太尉、中書令，謚文簡。

③除：拜官授職。

④門闌：門口的橫格柵門。

⑤耐：忍受得住，禁得起。

⑥存中自注：即沈括對所述史事的評議。

予按：真宗朝，自敏中之前，拜僕射者六人：呂端、李沆、王旦，皆自宰相轉；陳堯叟以罷樞密使拜；張齊賢以故相拜；王欽若自樞密使轉。及敏中轉右僕射，與欽若加左僕射，同日降制①。是時，李昌武死四年矣②。昌武者，宗諤也。

①同日降制：同一天下詔令。對此，宋史記載不詳。
②是時，李昌武死四年矣：據宋史向敏中傳記載，天禧初，真宗拜向敏中為右僕射。真宗改年號為天禧，是在大中祥符九年後，李昌武則於大中祥符六年就已死了，此處所講向敏中拜右僕射時李昌武在側，且奉命偵視，屬記載中互相抵牾者。

其三事者，存中筆談又云：「時丁晉公①從真宗巡幸，禮成，詔賜輔臣玉帶。時輔臣八人，行在祇候庫②止有七帶。尚衣③有帶，謂之比玉，價值數百萬，上欲以足其數。公心欲之，而位在七人之下，度必不及己，乃諭有司：『某自有小私帶可服，候還京別賜可也。』既④各受賜，而晉公一帶僅如指闊。上顧近侍速易之。遂得尚衣玉帶。」

①丁晉公：名謂，字謂之，後改字公言。宋蘇州長洲（今江蘇蘇州）人，淳化進士。歷任知鄆州兼齊、濮等州安撫使、提舉轉運兵馬巡檢使、三司使，同中書門下平章事、昭文館大學士、封晉國公。機敏憸狡。真宗在位期間，他曾與王欽若一起倡導營造宮觀、大搞祥異。與寇準交惡。仁宗即位後，他屢遭貶抑。

②祇候庫：官庫名，屬太府寺。掌收受錢帛、器皿、什物、衣服、巾帶、茶菽，以備皇帝殿庭賞賜和詔令頒賜。

③尚衣：存儲帝王衣物的處所。

④既：已經，已然。

予按：景德元年，真宗巡幸西京。大中祥符元年，巡幸泰山。四年幸河中。丁謂皆為行在三司使，未登政府①。七年幸亳州，謂始以參知政事從。時輔臣六人。王旦、向敏中為宰相，王欽若、陳堯叟為樞密使，皆在謂上。謂之下尚有樞密副使馬知節，既不與此說合。且既為玉帶，而又名比玉，尤可笑。魏泰無足論②，沈存中不應爾③也。

①未登政府：沒有升任為宋朝中央官員。

②無足論：不值得評議。

③爾：如此，這樣。

（劉汝英）

地名異音

郡邑之名，有與本字大不同者，顔師古①以爲土俗②各有别稱者是也。姑③以漢書地理志言之：馮翊之櫟陽④爲藥陽，蓮勺⑤爲輦酌；太原之慮虒⑥爲廬夷；上黨之沾⑦爲添；河内之隆慮⑧爲林盧，蕩陰⑨爲湯陰；潁川之不羹⑩爲不郎；南陽之酈⑪爲擲，堵陽⑫爲者陽，酇⑬爲讚；沛之酇⑭爲嵯，鄲⑮爲多；清河之鄃⑯爲輸；汝南之平輿⑰爲平預；濟陰之宛句⑱爲寃劬；江夏之沙羡⑲爲沙夷；九江之橐皋⑳爲拓姑；廬江之雩婁㉑爲吁閭；山陽之方與㉒爲房豫；琅邪之不其㉓爲不基；東海㉔之承爲證；長沙㉕之承陽爲烝陽；臨淮之取慮㉖爲秋廬；會稽之諸暨㉗爲諸既，太末爲闥末；豫章之餘汗㉘爲餘干；廣漢之汁方㉙爲十方；蜀郡之徙㉚爲斯；益州之昧㉛爲味；金城之允吾㉜爲鉛牙；允街㉝爲鉛街；武威之樸劋㉞爲蒲環；張掖之番禾㉟爲盤和；安定之烏氏㊱爲烏支；上郡之龜兹㊲爲邱慈；西河之鵠澤㊳爲梏澤；代郡之狋氏㊴爲權精；遼西之且慮㊵爲趄廬，令支㊶爲鈴祇；遼東之番汗㊷爲盤寒；樂浪之黏蟬㊸爲黏提；南海之番禺㊹爲潘隅；蒼梧之荔浦㊺爲肄浦；交趾之羸𨻻㊻爲蓮簍；九真之都龐㊼爲都聾；日南之西捲㊽爲西權；淮陽之陽夏㊾爲陽賈；魯國之蕃爲皮㊿。皆不可求之於義訓51，字書52亦不盡載也。

〔篇名簡介〕：本篇爲容齋續筆卷第八中的一篇。此篇以漢書地理志爲例，講述了大量地名異音的實例。對於了解地名變易頗爲有利。

①顔師古：唐訓詁學家。京兆萬年（今陝西西安）人。唐初曾官至中書侍郎。著述有漢書注、急就章注及匡謬正俗等。

②土俗：一地的風俗習慣。韓愈柳子厚墓誌銘：「既至，嘆曰：『是豈不足爲政邪！』因其土俗，爲設教禁，州人順賴。」

③姑：姑且。

④馮翊之櫟（yuè）陽：馮翊郡的櫟陽縣。馮翊，郡名，漢爲左馮翊，後爲馮翊郡。唐以後爲同州，州治在今陝西大荔縣。櫟陽，秦時所置縣名，漢時爲萬年縣，故城在今陝西臨潼縣東北。

⑤蓮勺：古縣名。漢置，屬左馮翊。漢書宣帝紀注：「如淳曰：『蓮勺縣有鹽池，縱廣十餘里，其鄉人名曰鹵中。蓮音輦，勺音灼。』」蓮勺，在今陝西蒲城縣南。

⑥慮（lú）虒（sī）：漢所置縣，屬太原郡。故址在今山西五臺縣東北。

⑦上黨之沾：秦置上黨郡，即今山西長治市。沾，西漢時所置縣，即今山西昔陽縣。

⑧河内之隆慮：漢高帝二年設置河内郡，相當今河南省黄河南北兩岸的地方。隆慮，西漢所置縣，東漢改名爲林慮，即今河南林縣。

⑨蕩陰：漢所置縣，屬河内郡。隋改爲湯陰縣。故城在今河南湯陰縣。

⑩潁川之不羹：秦始皇十七年置潁川郡，轄今河南省中部及南部地。漢沿置，治陽翟。晉移治許昌。不羹，古地名，有不羹城與不羹亭。地皆在河南省。不羹城在今襄城縣，不羹亭在今舞陽縣。

⑪酈：秦所置縣。在今河南內鄉縣東北，屬南陽郡。

⑫堵陽：漢改秦陽城縣而名。以在堵水之陽，故名。屬南陽郡。

⑬酇（cuó）：後漢置縣。鄧禹爲酇侯，以此爲封地。後蕭何之後亦移封於此，屬南陽郡。故城在今湖北光化縣北。

⑭沛之酇：即秦所置縣。蕭何封酇侯，以此爲封國。漢屬沛郡。即今河南永城縣西南。

⑮鄲（dān）：縣名。在今河南東南部。

⑯清河之鄃：清河郡的鄃縣。清河，漢高祖所置郡國名。鄃（shū）：漢所設縣，屬清河郡。武安侯田蚡的食邑。故地在今山東夏津縣。

⑰平輿：漢置縣，爲汝南郡治，現屬河南信陽專區。

⑱濟陰之宛句：濟陰，漢郡名，初元初設，治所在今山東定陶縣。宛句，漢縣名。在今山東荷澤縣西南。宛句，屬濟陰郡。

⑲江夏之沙羨：江夏，漢高帝六年所置郡名。沙羨，縣名，屬江夏郡，今湖北武昌。

⑳九江之橐皋：九江，郡名。橐皋，春秋吳地，在今安徽壽縣。西漢置橐皋縣，屬九江郡。又寫作「拓皋」、「柘皋」等。

㉑盧江之雩婁：盧江，漢所置郡名。雩（yú）婁，本春秋時吳地。漢置雩婁縣，屬盧江郡。故城在今河南商城縣東北。

㉒山陽之方與：山陽，郡名。漢景帝時分梁國置山陽國，建元間改爲郡。治所在今山東金鄉縣西北。方與，春秋

戰國時宋邑。秦置縣，屬山陽郡。故城在今山東魚臺縣地。

㉓琅邪之不其（jī）：琅邪，郡名，秦置，治所在琅邪。漢後治所屢有遷徙。不其，西漢所置縣，因山爲名。屬琅邪郡，治所在今山東嶗山縣西北。

㉔東海之承：東海，郡名。秦薛郡地，楚漢間稱郯郡，漢初改稱東海郡，郡治在今山東郯城縣。承，漢置縣，屬東海郡。

㉕長沙之承陽：長沙，西漢時長沙國，其地域爲今湖南全省。承陽，長沙郡屬下之縣。

㉖臨淮之取慮：臨淮，郡名，漢改秦泗水郡名爲臨淮郡。治涂州。取慮，秦所置縣，在今江蘇睢寧縣西南，屬臨淮郡。

㉗會稽之諸暨：會稽，郡名。秦置，治所在吴縣。地當今江蘇東南部及浙江西部。諸暨，縣名，秦置，漢以後因之。屬會稽郡。

㉘豫章之餘汗：豫章，其地在淮南江北之界。漢移其名於江南，置郡，屬揚州。餘汗，縣名，漢置，屬豫章郡。南朝宋改爲餘干。

㉙廣漢之汁方：廣漢，漢高祖六年分巴郡所置郡，治繩鄉。汁（shí）方，又爲「什邡」，縣名，漢置，屬廣漢郡。雍齒即被劉邦封爲什邡侯，以此縣爲食邑。漢書還將其寫作汁防。

㉚徙（xǐ）：古國名。史記西南夷傳中有詳細記載。

㉛益州之味（mèi）：益州，漢元封二年置郡名，其地大都在今雲南省境内。味，西漢所置縣名，治所在今雲南曲靖。

㉜金城之允吾：金城，漢始元六年所置郡名，站所在允吾（今甘肅永靖西北）。其轄境相當今甘肅省蘭州市以西，青海省青海湖以東的河、湟二水流域和大通河下游地區。

㉝允街：漢縣名。屬金城郡。地在今甘肅永登縣南。漢宣帝神爵二年置。

㉞樸㓷：武威郡所屬的一個縣。樸爲撲。

㉟番禾：漢時張掖郡屬下的一個縣。

㊱安定之烏氏：安定，武帝元鼎三年所設郡名，治所在高平（今寧夏固原），轄境相當今甘肅景泰、靖遠、會寧、平涼、涇川、鎮原及寧夏中寧、中衛、同心、固原等縣地。烏氏，戰國時秦惠王所置縣，治所在今甘肅平涼西北，漢時屬安定郡。

㊲上郡之龜兹：上郡，秦置郡，漢沿置。轄境相當今無定河流域及内蒙古鄂托克旗等地。龜兹，漢縣名，以處龜兹降人得名，治所在今陝西榆林北。屬上郡。

㊳西河之鵠澤：西河，漢元朔四年所置郡名。治所在平定（今内蒙古東勝縣境）。轄境相當今内蒙古伊克昭盟東部，山西呂粱山、蘆芽山以西，石樓以北及陝西宜川以北黄河沿岸地帶。鵠澤，西河郡所屬縣。鵠，音「告」。

㊴代郡之狋氏：代郡，秦置。屬幽州。狋氏，孟康曰：「狋音權，氏音精。」爲代郡屬縣，在山西渾源縣東，漢所置縣。

㊵且慮：幽州所屬的遼西郡所置縣之一。

㊶令支：遼西郡所屬縣之一。地在今河北遷安縣一帶。

㊷番汗：遼東郡所屬縣之一。應劭曰：「汗水出塞外，西南入海。」

㊸樂浪之粘蟬：樂浪，武帝元封三年設郡。即今朝鮮國境内地。粘蟬：樂浪郡所屬縣。

㊹南海之番禺：南海，郡名。原爲秦所置，治所在番禺（今廣州市）。秦、漢之際，被南越占有。漢元鼎六年滅南越復置郡，轄境相當今廣東滃江、大羅山以南，珠江三角洲及綏江流域以東。番禺，縣名，屬南海郡。

㊺蒼梧之荔浦：蒼梧，郡名，漢元鼎六年置，治所在廣信（今廣西梧州市）。轄境相當今廣西都龐嶺、大瑶山以東，廣東肇慶、羅定以西，湖南江永、江華以南，廣西藤縣、廣東信宜以北。荔浦，漢置縣名，屬蒼梧郡，在廣西壯族自治區東北部，桂江支流荔浦河流域。

㊻羸𨻻：漢武帝元鼎六年開交趾郡，屬交州，羸𨻻爲交趾郡所屬十縣之一。

㊼九真之都龐：九真，漢元鼎六年所開郡，轄境相當今越南清化、河靜兩省及義安省東部地區。都龐，縣名，屬九真郡。

㊽日南之西捲：日南，秦所置象郡，漢武帝元鼎六年開，更名日南，屬交州。治所在西捲（今越南廣治省廣治河與甘露河合流處）。轄境約當今越南中部北起横山南抵大嶺地區。西捲爲日南郡所屬五縣之一。

㊾淮陽之陽夏：淮陽，郡、國名。漢高帝時置同姓九國，淮陽爲其中之一，都於陳（今淮陽），惠帝後時爲郡，時爲國，屬兖州。陽夏，爲淮陽國所屬九縣之一，秦置，治所在今河南太康縣。

㊿魯國之蕃爲皮：魯國，故秦薛郡，高后元年爲魯國，屬豫州。蕃，魯國所屬六縣之一。應劭曰：「邾國也，音皮。」

(51)義訓：訓詁學名詞。以通行詞訓釋古語詞或方言詞的意義。

(52)字書：以字爲單位，解説字的形、音、義的書籍。説文解字、玉篇等。

（劉淑英）

焦氏筆乘

古字有通用假借用

經籍中多有古字通用及假借而用。讀者每不之察。如易豐卦：「雖旬無咎。」禮記內則：「旬而見。」注皆釋「均」，不知「旬」即古「均」字。遯①卦：「肥遯②無不利。」肥，古作「⿱非巴」，與「蜚」字同。韻書③訓：「别也。」則「肥」當從「⿱非巴」。離卦：「離，麗也④。」又云：「明兩作離。」禮昏經曰：「納征束帛離皮。」白虎通⑤云：「離皮者，兩皮也。」三五歷紀：「古者，麗皮爲禮。」離、麗，古通用。巽卦：「喪其資斧。」資，當讀爲「齊」。應劭云：「齊，利也。」淮南子云：「磨齊斧以伐朝菌⑥。」漢書王莽傳引易句，「資」作「齊」。「質⑦」、「齊」，古通用。艮卦：「艮其限，列其夤⑧，厲熏心。」「熏」，讀爲「閽」。蓋「艮」爲「閽」也。「熏」、「閽」，古通用。歸藏易⑨一與。「與」，讀爲「坤」。即古「坤」字。

〔焦氏筆乘簡介〕明人焦竑所撰筆記。全書分正、續兩部分。正，六卷；續，八卷。大多爲讀書札記。作者除對經義史傳的缺誤進行考訂外，還採録了一些醫藥故事及藥方。焦竑一生著述豐富，著有澹園集、焦氏類林、老子翼、莊子翼等。其著述多有引佛入儒，調和儒、佛思想傾向。此次注釋選用萬有文庫本。

〔篇名簡介〕此爲焦氏筆乘卷六中的一篇。此篇廣徵博引古代典籍，闡釋通用假借用的古字之多，以期引起重視。

①遯（dùn）：爲「遁」的異體字。六十四卦之一，乾上艮下。易遁卦：「象曰：天下有山，遁。」孔穎達疏：「是遁避之象。」

②肥遯：孔穎達疏：「子夏傳曰：『肥，饒裕也。』……心無疑顧，是遁之最優，故曰肥遯。」後因稱退隱爲「肥遯」。葛洪抱樸子暢玄：「知足者則能肥遁勿用，頤光山林。」

③韻書：分韻編排的字典。金人所著平水韻一書，是元明清以來政府考試詩賦及文人作近體詩歌的依據。

④離，麗也：即「離」與「麗」通，意爲「依附」。

⑤白虎通：東漢班固等著，全名白虎通義。記録章帝建初四年（公元七十九年）在白虎觀經學辯論的結果。

⑥朝（zhāo）菌：比喻極短促的生命。淮南子道應訓引許慎、高誘二注並云：「朝菌，朝生暮死之蟲也。」

⑦質：疑爲「資」之誤。

⑧夤（yín）：通「胂（shèn）」。夾脊肉。王弼注：「夤，當中脊之肉也。」

⑨歸藏易：爲周易前的古易。歸藏易以純坤（☷☷）爲首，坤象徵地，「萬物莫不歸藏於其中」故名。

書堯典：「方命圮①族。」圮，讀爲「弊」，即古「弊」字。禹貢②：「西傾因桓是來，又和夷③底績。」

水經注：「和夷底績，即西傾因桓之桓。」漢書：「桓東少年場。」注：「桓楹，即和表。和表又轉為華表。」桓譚新論，隋志作華譚。「桓」、「和」、「華」三字，古通用。又「岷嶓既藝」，又「岷山導江」，史記引此，皆作「汶」。三國志：「蜀後主測登觀坂，觀汶水之流。」五代史：「王建貶衛尉少卿，李鋼為汶川尉。」徐無黨注：「汶，讀作『岷』」。「汶」、「岷」，古通用。

①圮（pǐ）：毀、絶。

②禹貢：尚書中的一篇。約成書於戰國時期。以自然分區法把全國分為九州，假托為夏禹治水以後的政區制度。是中國最早的一部科學價值很高的地理著作。

③和夷：古地名。一説在今四川滎經縣界；一説在今湖北武當山一帶。

五子之歌①：「甘酒嗜音。」又「儀狄②作酒，禹飲而甘之。」二「甘」字，當讀為「酣」。古字省文。「微子沈酗於酒。」酗，當讀為「䣱」，音「煦」。漢書趙充國傳：「醉䣱羌人。」顏師古曰：「醉怒曰䣱。」即「酗」字。「囧命伯囧③」，說文：「囧作臩」。唐杜佑秦省官疏云：「伯景為太僕。」「囧」、「臩」，古與「景」字同音，亦相借耳。

①五子之歌：尚書夏書篇名。按書序：「太康失邦，昆弟五人，須於洛汭，作五子之歌。」原文久已失傳。東晉梅賾

獻僞古文尚書，造有五首歌詞，說是夏啓的五個兒子追述夏禹的訓誡。爲後人所沿用，作爲臣子勸誡之辭。
②儀狄：人名。相傳夏禹時發明釀酒的人。戰國策魏二：「昔者帝女令儀狄作酒而美，進之禹。」
③伯冏：周穆王的臣子。穆王任命他爲太僕正，作冏命。見書序。

詩小序：「氓喪其妃耦。」妃，當讀爲「配」。「妃」、「配」，古通用。國風：「猗嗟名兮。」玉篇①引「名」作「顯」，眉目之間也。西京賦②：「眳藐流盼，一顧傾城。」注：「昭眉睫③之間，皆言美人眉目流盼，使人冥迷。所謂一顧傾城也。」「名」、「顯」、「眳」三字，古通用。小旻④：「發言盈庭。」發，讀爲「聒」。「發」、「聒」，古通用。碩人⑤：「鱣鮪發發。」發，讀爲「潑」。發，古「潑」字省文。小雅采菽⑥：「平平左右。」論語：「便便言。」皆訓「辨給也」。堯典：「平章百姓。」史記作「便章百姓」。「平」、「便」，古字通用。公劉：「芮鞫之即。」韓詩外傳⑦作「阮」。班孟堅云：「弦中谷丙水出西北，東入涇」。注：「芮阮，雍州川也。」師古云：「『阮』，讀與『鞫』同。」蓼蕭⑧：「爲龍爲光。」長發⑨：「荷天之龍。」二「龍」字，注皆釋「寵」也。然不知即古「寵」字省文。

①玉篇：字書。南朝梁、陳之間顧野王撰。體例仿說文解字，部目稍有增删，解說頗詳。現祇存殘卷。
②西京賦：文學著作。東漢張衡撰。鋪寫西京（東漢都洛陽，以西漢都城長安在洛陽之西，故稱西京）景象，規模巨大。被收入文選（書名，南朝梁昭明太子蕭統編）。

③眉睫：眉和睫毛。泛指形貌。莊子庚桑楚：「向吾見若眉睫之間，吾因以得汝矣。」唐成玄英疏：「吾昔觀汝形貌已得汝心。」

④小旻：詩小雅篇名。爲諷刺詩。詩集傳説：「大夫以王惑於邪謀，不能斷以從善，而作此詩。」

⑤碩人：詩衛風篇名。贊美衛莊公之妻莊姜的家世、美貌、儀從之盛，誇耀其貴族的地位和豪奢生活。

⑥采菽：詩小雅篇名。即諸侯朝天子，天子給予嘉獎之辭。

⑦韓詩外傳：西漢韓嬰撰。雖每條皆徵引詩經中的句子，實是引詩以與古事相印證，非引事以闡釋詩經本義。

⑧蓼(lù)蕭：詩小雅篇名。爲歌頌周天子之作

⑨長發：詩商頌篇名。歌頌商的祖先契、相土、建商的成湯及其相伊尹，説自契以來已有受天命的禎祥。

隰有萇楚①：「旖旎②其華。」王逸③云：「今詩作旖儺④。」二字皆平聲。楚辭：「紛旖旎於都房⑤。」相如賦：「旖旎以招摇⑥。」揚雄賦：「旟旎⑦郅偈⑧之旖旎。」王褒⑨賦：「形旖旎以順吹。」旖旎，即古「旖儺」字。殷頌：「武王載發。」發，讀爲「旆⑩」。「發」、「旆」，古通用。禮記月令：「審端徑術⑪。」術，讀爲「遂」。「術」、「遂」，古通用。又「天子乃鮮羔開冰。」鮮，讀爲「獻」。「鮮」、「獻」，古通用。玉藻⑫：「立容辨⑬，卑毋讇⑭。」辨，讀爲「貶」。「辨」、「貶」，古通用。又「盛氣顛實揚休⑮。」顛，讀爲

「填」。「顛」、「填」，古通用。「一命緼韍⑯幽衡⑰。」幽，讀爲「黝」。「黝」，黑色。「幽」、「黝」，古通用。

①隰有萇楚：詩檜風篇名。

②旖（yǐ）旎（nǐ）：本爲旌旗隨風飄揚貌，引申爲柔美貌。猶言婀娜。

③王逸：東漢文學家。所作楚辭章句，是楚辭最早的完整注本。

④儺（nuó）：猗猗（ē）儺。輕盈柔美貌。

⑤都房：花房。文選戰國楚宋玉九辯：「竊悲夫蕙華之曾敷兮，紛旖旎乎都房。」唐劉良注：「都，大也。房，花房也。」

⑥招（sháo）摇：摇動貌。漢書禮樂志郊祀歌天門：「飾玉梢以舞歌，體招摇若永望。」注：「招摇，申動之貌。……招，音韶。」

⑦旟（yú）旐（zhào）：旗。旟，繪有鳥隼圖像的旗。旐，上畫龜蛇的旗。

⑧郅（zhì）偈（jié）：矗立貌。漢書揚雄傳甘泉賦注：「郅偈，竿杠之狀也。」

⑨王褒：西漢辭賦家。

⑩旆（pèi）：亦作「旆」，大旗。

⑪審端徑術：查明並修整田間的道路和小溝。徑又寫作「經」。術與「遂」通，爲小溝。

⑫玉藻：禮記的一篇。記述服冕之事。冕之旒以藻紃爲之貫，玉爲飾，故名。

⑬立容辨：站立時有佩倚、佩垂、佩委之不同，宜辨别其所宜。立容：佇立時的儀容。

⑭卑毋諂（chǎn）：謙恭但不過分卑下。諂，傾身卑恭貌。釋文：「諂，音諂。」

⑮盛氣顛實揚休：注：「盛聲中之氣，使之闐滿，其息若陽氣之體物也。」盛氣，意爲旺盛之氣。

⑯緼（wēn）：赤黄之色。韍（fú）：古作祭服的蔽膝，用熟皮製成。

⑰幽衡：黑色的佩玉。衡，佩玉上部的横杠，用以繫璜和冲牙。

少儀①：「鸞和之美。」美，讀爲「儀」。「美」、「儀」，古通用。樂記②：「名之曰建櫜。」建，讀爲「展」。「建」、「展」，古通用。祭義③：「燔燎羶薌。」羶薌讀爲「馨香」。「羶薌」、「馨香」，古通用。祭統④：「百官進徹之。」進，讀爲「餕⑤」。「進」、「餕」，古通用。投壺⑥：「若是者浮。」浮，當讀爲「罰」。「浮」、「罰」，古通用。又籌⑦：「空⑧中五扶，堂上七扶。」公羊傳曰：「膚寸⑨而合。」何休曰：「側手爲膚，按指爲寸⑩。」扶，讀爲「膚」。「扶」、「膚」，古通用。

①少儀：禮記篇名。記載貴族子弟應學的禮儀。少，小。

②樂記：禮記篇名。主要闡述音樂的本原、音樂的美感、音樂的社會作用及與禮的關係等。

③祭義：禮記篇名。記祭祀齋戒薦羞事。

④祭統：禮記篇名。記祭祀之本。

⑤餕（jùn）：食之餘。又謂吃盡所餘食物。

⑥投壺：禮記篇名。古時宴會時的遊戲。賓主以次投矢壺中，中多者爲勝，負者罰飲。

⑦籌：壺矢。

⑧空：爲「室」字之誤。

⑨膚寸：古代長度單位，一指爲寸，一膚等於四寸。比喻極小的空間。

⑩側手爲膚，按指爲寸：側手，謂伸直四指，其寬度爲膚；按指爲寸，謂以一指的寬度爲一寸。

又「王言如綸，其出如綍①。」綍，讀爲「紼」。「綍」、「紼」，古通用。周禮小司徒：「施其職而平其政。」政，讀爲「征」。「政」、「征」，古通用。賈師②：「展其成而奠其賈③。」奠，讀爲「定」。「奠」、「定」，古通用。司尊彝④：「凡酒脩酌。」脩，讀爲「滌」。「脩」、「滌」，古通用。大宗伯⑤：「攝而載果。」果，讀爲「祼」，音「灌」。「果」、「祼」，古省文。司几筵⑥：「每敦一几」。鄭元曰：「敦，覆也。」敦，讀爲「燾」。「敦」、「燾」，古通用。鬱人⑦：「遂貍之。」貍，讀爲「埋」。「貍」、「埋」，古通用。大胥⑧：「春入學舍采⑨，合舞。」舍，讀爲「釋」。「舍」、「釋」，古通用。典瑞⑩：「繅藉五采五就以朝日⑪。」繅，讀爲「藻」。「繅」、「藻」，古通用。巾車⑫：「革路龍勒條纓⑬。」條，讀爲「虵」。「條」、「虵」，古通用。又「蒲蔽」、「棼蔽」、「藻蔽」、「藩蔽」。爾雅：「輿前謂之鞎⑭，後謂之茀⑮。竹前謂之御，後謂之蔽。通作茀。」「蔽」、「茀」，古通用。

①王言如綸，其出如綍（fú）：出自禮記緇衣篇。皇帝的詔令即被稱爲「綸綍」。

②賈（gǔ）師：司市之屬吏。專司平定物價者。詳見周禮地官賈師。

③賈（jià）：同「價」。

④司尊彝：周禮春官司尊彝記載：「掌六尊六彝之位，詔其酌。」「詔其酌」，詔告濾酒可酌的方法。

⑤大宗伯：即周禮春官大宗伯。大宗伯的職責爲掌理建立王邦祭祀天神、人鬼地神等的禮制，輔佐王者平治安定天下。

⑥司几筵：周禮春官司几筵：「掌五几五席之名物，辨其用與其位。」几：即「几案」，爲王及神所憑者。席，席位前鋪的席子。

⑦鬱（yù）人：周禮春官鬱人：「掌裸器。」注：「裸器謂彝及舟與瓚。」即主管玉器的官。

⑧大胥：周禮春官大胥：「掌學士之版，以待致諸子。」意即掌理卿大夫諸子當習舞的名籍。

⑨舍采：鄭注：「舍即釋也，采讀爲菜。始入學，必釋菜禮先師也。」

⑩典瑞：周禮春官典瑞：「掌玉瑞玉器之藏，辨其名物與其用事，設其服飾。」

⑪繅藉五采五就以朝日：即襯墊五采五就，用以朝日。繅藉，猶今所謂襯墊，玉置其上，蓋增美觀并防毀損。畫采謂之繅，托玉謂之藉。

⑫巾車：周禮春官序官巾車：「掌公車之政令，辨其用與其旗物而等叙之，以治其出入。」

⑬革路龍勒條纓：以革張覆車而漆之，以白黑飾韋雜色爲勒；條纓，謂編組彩色之絲以爲纓飾。這種裝飾的車用作軍事，封四方衛服諸侯。

⑭鞎（hén）：説文：「車革前曰鞎。」
⑮茀（fú）：蔽茀疏：「茀，謂車之後户也。」

薙氏①：「秋繩而芟之。」繩，讀爲「孕」。「繩」、「孕」，古通用。考工記②。梓人爲侯③：「上兩個與其身。」個，讀爲「干」。「個」、「干」，古通用。輈人④：「輈欲頎典⑤。」頎典，讀爲「懇殄」。「頎」、「懇」；「典」、「殄」，古通用。函人⑥：「犀甲七屬⑦。」屬，讀爲「注」。「屬」、「注」，古通用。又「眡⑧其鑽空。」空，讀爲「孔」。「空」、「孔」，古通用。慌氏⑨：「以欄⑩爲灰。」欄，讀爲「練」。「欄」、「練」，古通用。矢人⑪：「以其笴厚⑫。」笴，讀爲「槀」。「笴」、「槀」，古通用。匠人爲溝洫⑬：「…凡行奠水⑭。」奠，讀爲「停」。「奠」、「停」，古通用。弓人爲弓⑮：「老牛之角紾而昔⑯。」昔，讀爲「錯」。「昔」、「錯」，古省文。又「畏⑰也者必撓。」畏，讀爲「隈」。「畏」、「隈」，古省文。又「中有變焉故校。」校，讀爲「絞」。「校」、「絞」，古通用。儀禮注：「布八十縷爲一宗。」宗，讀爲「升」。「宗」，即古「升」字。

①薙氏：周禮秋官有薙氏，掌殺草。
②考工記：即周禮考工記。主要記述有關百工之事。
③侯：箭靶。古時用獸皮或布做成。小爾雅廣器七：「射有張布謂之侯。侯中者謂之鵠。」鵠，箭靶的中心。
④輈（zhōu）人：周禮考工記：「輈人爲輈。」輈人，造輈的工匠。輈，小車居中的彎曲車杠。朱駿聲

說文通訓定聲孚部：「按大車左右兩木直而平者謂之轅，小車居中一木曲而上者謂之輈，故亦曰軒轅，謂其穹隆而高也。」

⑤頎（kěn）典：堅韌貌。

⑥函人：周禮考工記：「函人爲甲。」造甲的工匠。

⑦犀甲七屬：即製造犀甲以七片革片連綴而成。屬，片。

⑧眂（shì）：廣雅釋詁：「眂，視也。」

⑨慌氏：即周禮考工記㡃氏。染色的工匠。

⑩欄：木名，即楝木。

⑪矢人：周禮考工記矢人。爲製矢的工匠。

⑫笴厚：謂箭杆之厚。鄭注：「笴，讀爲『槀』。」槀，「槁」的異體字。

⑬匠人爲溝洫：周禮考工記，匠人築造溝渠。

⑭奠水：謂止水。不易流通者，欲導之使行，必須爲溝如磬折之形。

⑮弓人爲弓：周禮考工記，弓人製造弓。

⑯紾而昔：說文：「紾，轉也。」江永云：「紾與直對，謂辟戾不直也。」賈公彥疏：「紾（tiǎn）謂理粗，錯然不潤澤也。」

⑰畏：通「隈」，彎曲處。

春秋宣公九年，「晉郤缺救鄭成公。」十七年「晉殺郤錡、郤犨、郤至」。郤，讀為「郄」，音「隙」。漢有郄正，晉有郄超、郄鑒。「郤」，古「郄」字。左傳隱公元年：「衆父卒。」衆，讀為「終」。「衆」、「終」，古通用。文二年①：「穆伯及晉司空士穀，盟於垂隴。」及士會、士燮、士鞅。「士」，當作「土」。傳譌耳。又詩「徹彼桑土②。」土，讀為「杜」。土姓，杜伯之後。「土」即古「杜」字省文。宣四年，「鬭穀於菟③。」班固序傳引此，「菟」作「檡」。古通用。襄二十五年：「子産對晉云：『庸以元女大姬配胡公，而封諸陳，以備三愘④。』」愘，當讀為「客」。「愘」、「客」，古通用。又「衛侯入，逆於門者，顉⑤之而已。」說文：「顉，低頭也。」徐氏曰：「點頭以應也。」今作「頷」。襄八年：「亦不使一介行李⑥，告於寡君。」介，讀為「個」。「介」、「個」，古通用。昭元年：「趙孟視蔭⑦。」蔭，讀為「陰」。「蔭」、「陰」，古通用。文元年：「享江羋而勿敬也⑧。」又昭十三年：「羋姓有亂，必季實立。」今氏書有乜姓而無羋姓，諸韻書「乜」、「羋」，字同音，皆訓「羊出聲」。則知「羋」即古「乜」字。昭七年：「隸臣僚，僚臣僕⑨。」僚，當讀為「牢」。「僚」，即古「牢」字。昭二十五年：「隱民⑩多取食焉」。國語：「勤恤民隱而除其害也。」詩云：「如有隱憂⑪。」隱，當讀為「殷」。「隱」、「殷」，古通用。又「公徒釋甲執冰而踞」。冰，讀為「棚」，箭房之蓋。「冰」、「棚」，古通用。定三年：「唐成公如楚，有兩肅爽馬。」爽，讀為「霜」。「爽」、「霜」，古通用。

①文二年：即左傳文公二年，公元前六二五年。

②徹彼桑土：出自詩豳風鴟鴞。毛傳：「徹，剥也。桑土，桑根也。」

③鬬穀於菟：即楚國的子文。子文是鬬伯比與䢵子女兒的私生子。䢵夫人讓人把子文丟在雲夢澤裡，有老虎給他喂奶。䢵子讓人收養了子文，並將女兒嫁給伯比。楚國人把奶叫做「穀」，把老虎叫做「於菟」，因子文姓鬬，因而就叫他「鬬穀於菟」。

④以備三恪：以使黃帝、堯、舜的後代齊備。

⑤顉（hàn）：低頭。春秋傳曰：「迎於門，顉之而已。」今本左傳襄二十六年作「頷」。

⑥行李：使者。杜預注：「行李，使人也。」朱駿聲說文通訓定聲：「李假借爲理，實爲吏。」

⑦趙孟視蔭：趙孟，即趙武；視蔭，即看日影。注：「蔭，日景也。趙孟意衰，以日景自喻。」

⑧享江芈而勿敬也：設宴招待江芈而故意表示不尊敬。

⑨隸臣僚，僚臣僕：隸統治僚，僚統治僕。臣，役使。以爲臣。

⑩隱民：窮困的百姓。隱，窮困。

⑪隱憂：同「殷憂」。深憂。毛傳：「隱，痛也。」孔穎達疏：「如人有痛疾之憂，言憂之甚也。」按「隱」爲「殷」之假借。

穀梁傳以伯宗爲伯尊，賈逵以宗盟爲尊盟，與舜典：「禋於六宗①。」宗，亦爲「尊」。「宗」、「尊」，古通用。國語：「王乃秉枹②親鼓之。」離騷：「援玉枹兮擊鳴鼓。」枹，讀爲「桴」。「枹」、「桴」，古通用。

論語：「多見其不知量也③。」多，當爲「祇」。正義云：「古祇字。」孟子：「河海之於行潦④。」潦，讀爲「澇」。「潦」、「澇」，古通用。素問⑤：「脉泣而血虚⑥。」又云：「寒氣入經而稽遲⑦，泣而不行。」又云：「多食鹹則脉凝，泣而變色。」泣，讀爲「澀」。「泣」、「澀」，古通用。山海經：「帝俊妻是生十日。」俊，古「舜」字。莊子：「膠膠擾擾⑧。」「膠」，讀爲「攪」。「膠」、「攪」，古通用。

①禋（yīn）於六宗：意爲誠心祭祀。禋，升烟以祭，古代祭天的典禮。鄭玄注：「禋，烟也，取其氣達升報於陽也。」六宗，孔安國傳認爲是四時、寒暑、日、月、星、水旱六種神。

②枹（fú）：同「桴」。鼓槌。

③多見其不知量也：語出論語子張。意爲祇是表明他不自量力罷了。多，猶「只」。邢昺疏：「古人多、只同音。」祇，爲「只」的繁體。古人「祇」、「祗」，多混用。

④行潦（lǎo）：路上的積水。服虔注：「行潦，道路之水是也。」

⑤素問：中醫學書名。闡述陰陽、藏象、經絡、病因、病機、診法、治則等豐富的醫學原理，至今仍廣泛指導着臨床實踐。

⑥脉泣而血虚：即脉搏細而澀滯不利，陰血虧損。泣，古與「澀」通。

⑦稽（jī）遲：遷延，滯留。

⑧膠膠（jiǎo jiǎo）擾擾：動亂不安。

賈誼過秦論：「信臣精卒，陳利兵而誰何。」注：「誰何，問之也。」漢書有「誰何卒」。註：「誰與譙通。與高帝譙讓項羽之譙同。何與呵同。譙呵，如今關城盤詰之例。」「誰譙」、「何呵」，古通用。史記：「瘐死獄中①。」說文：「束縛捽抴爲臾。」「瘐」、「臾」，古通用。有盧綰之孫他人封亞谷侯。「亞」，漢書作「惡」。漢條侯周亞夫有玉印，其文曰：「周惡夫印。」「亞」、「惡」，古通用。又尉佗②曰：「使我君中國，何渠不若漢長安，狹斜行，丈夫且徐徐，調弦渠未央③。」淵明詩：「壽考④豈渠央。」黃魯直⑤：「木穿石槃未渠透。」「渠」字，班、史及古樂府，王融⑥三婦艷詩，俱作「遽」字。宋王楙引庭燎⑦詩注云：「夜未渠央。渠，當呼作『遽』，謂夜未遽盡也。」「渠」、「遽」，古通用。漢紀：「紅女下機。」紅，即古「工」字。太史公論英布⑧曰：「禍之興自愛姬，生於妒媢，以至滅國。」又漢書外戚傳亦云：「成結寵妾妒媚之誅。」二「媚」字並讀爲「媢⑨」。「媢」亦妒也。五宗世家⑩云：「常山憲王后妒媢。」王充論衡云：「妒夫媢婦，生則忿怒鬬訟。」「媚」、「媢」，古通用。

①瘐死獄中：舊謂罪犯病死在監獄中。顏師古注：「蘇林曰：『瘐，病也。因徒病，律名爲瘐。』此言囚或以掠笞及饑寒及疾病而死。」

②尉佗：即趙佗。南越國王。秦時爲南海郡龍川縣令，後爲南海尉。秦末，趙佗兼並桂林、南海和象三郡，建立南

越國。漢高祖時遣陸賈立佗爲南越王。呂后時遣兵攻佗，佗自稱南越武帝，發兵攻長沙邊邑。文帝時，復使陸賈責佗，佗去帝號稱臣。

③未央：未盡。

④壽考：年高，長壽。

⑤黃魯直：即北宋詩人、書法家黃庭堅。庭堅字魯直，號山谷道人、涪翁。其詩在宋代頗有影響，開創了江西詩派。自選其詩文名山谷精華録，詞集名山谷琴趣外篇。

⑥王融：南朝齊文學家。其文頗多陳述政見之作，其詩講究聲律，與沈約等同爲永明體的代表作家。明人輯有王寧朔集，收其著作。

⑦庭燎：庭中用以照明的火炬。毛傳：「庭燎，大燭。」周禮秋官司烜氏：「凡邦之大事，共墳燭庭燎。」鄭玄注：「墳，大也。樹於門外曰大燭，於門内曰庭燎，皆所以照衆爲明。」

⑧英布：漢初諸侯王。原爲項羽軍前鋒，封九江王。楚漢戰爭中歸漢，封淮南王，助劉邦滅項羽。高后誅淮陰侯，後又誅梁王彭越，英布懼被誅殺，陰聚兵衆。布幸姬稱譽中大夫賁赫，布疑姬與赫有奸情，欲捕赫，赫至長安告發英布謀反。英布見漢使前來，遂族誅賁赫全家，發兵反。戰敗逃江南，被長沙王誘殺。

⑨媢（mào）：嫉妒。

⑩五宗世家：同母所生者爲一宗。漢景帝子共十三人爲王，爲五母所生。史記有五宗世家。

漢書：「兵難隃度。」隃，讀爲「遥」。即古「遥」字。又「覝察」，覝，讀爲「廉」。覝，覘視之意，即古

「廉」字。呂紀：「未敢訟言誅之。」訟，讀爲「公」。古「公」字。又孟光①「舉案齊眉。」張平子②四愁詩③：「何以報之青玉案。」「案」字，即古「椀」字。又思元賦：「顫羈旅④而無友兮。」顫，讀爲「獨」。「顫」、「獨」，古通用。「百卉含蘤。」蘤，讀爲「花」。即古「花」字。「言辯而确。」「确」、「確」，古通用。又「白頭如新，傾蓋而故。」「而」、「如」，古通用。秦方士徐市，又作徐福，實一人也。「市」，讀爲「黻」。古「黻」字。「黻」、「福」，聲相近。司馬長卿⑤大人賦⑥：「上僊僊有凌雩之氣。」僊，讀爲「飄」。「僊」、「飄」，古通用。論衡云：「伍員帛喜。」帛喜，讀爲「伯嚭」。「帛」、「伯」，通。喜，古「嚭」字省文。又「旱火，變也；湛水，異也。」天官書⑦：「一湛一旱，時氣也。」淮南子：「旱雲烟火，涔雲⑧波水。」又云：「雖有涔旱災害之殃，民莫困窮已也。」「湛」、「涔」，古通用。淮南子人間訓：「置之前而不輩，錯之後而不軒。」輩，讀爲「輊」。古「輊」字。泰族訓：「無隱士無軼民。」又「車有勞軼。」軼，讀爲「逸」。「軼」、「逸」，通。又「經誹譽以導之。」齊俗訓：「聽，失於誹譽。」誹，讀爲「毀」。「誹」、「毀」，古通用。又「鳥窮則噣，獸窮則觕。」噣，讀爲「喙⑨」。「噣」、「喙」，通。觕，讀爲「觸⑩」。即古「觸」字。兵略訓：「吏民不相憀。」憀，讀爲「睦」。「憀」、「睦」，古通用。又「進退屈伸，不見朕整。」整，讀爲「垠⑪」。即古「垠」字。又「昧不給撫，呼不給吸。」給，讀爲「及」。「給」、「及」，通。

①孟光：東漢人梁鴻之妻。夫婦起初隱居，耕織爲生。後鴻爲傭工。每至食時，孟光不敢於鴻前仰視，把裝有食物的椀舉與眉齊，以示相敬。椀，同「碗」。

②張平子：即東漢文學家張衡。張衡，字平子。

③四愁詩：詩歌篇名。張衡出爲河間相，鬱鬱不得志，作此詩以寄托憂思。

④羈旅：作客他鄉。杜預注：「羈，寄也；旅，客也。」

⑤司馬長卿：西漢辭賦家司馬相如，字長卿。

⑥大人賦：司馬相如所作著名諷諭之一。文字華麗雕琢，爲漢魏以後文人賦體仿效。

⑦天官書：史記中專述天文部分。後代各史稱天文志。

⑧洿雲：連續降雨之雲。

⑨喙（huì）：鳥嘴。

⑩觸（chù）：抵、撞。

⑪垠（yín）：跡象。

韓詩内傳①：「已北耕曰由。」呂氏春秋、管子，皆云「堯使稷爲由。」錢譜②：「神農弊文，農作由。」「由」、「農」，通。風俗通：「怪神女新從聓家來。」聓，讀爲「壻③」，即古「壻」字。束皙④補亡詩：「鮮侔晨葩，莫之點辱。」左思⑤唐林兄弟贊：「二唐潔己，乃點乃污。」陸厥⑥答内兄希叔詩：「既叨金馬署，復點銅龍門。」點，即古「玷」字。析里橋碑跋云：「醳散關⑦之嶃漯⑧。」史記張儀傳：「杖而醳之。」韓信傳：「醳兵北首燕路。」洪氏載漢碑文有云：「農夫醳耒。」又云：「辭榮醳紱。」醳，即古「釋」字。管子君臣上篇：「緷繞」，即古「兖冕」字。又輕重甲篇，「鼩」即古「鴇⑨」字。唐蘇頲⑩朝覲壇頌：「乩虞氏。」乩，讀爲「稽⑪」。古「稽」字。白樂天詩云：「誰教不相離。」「相」字讀爲「斯」。「相」、「斯」，古通用。金大定中題燕靈王之柩作「舊」。「柩」、「舊」，古通用。此類最多，不可殫⑫述。苟讀如其字，誤亦甚矣。

①韓詩内傳：西漢韓嬰撰著。據漢書藝文志著録，内傳四卷。自南宋以後，内傳失傳。清趙懷玉曾輯内傳佚文；馬國翰玉函山房輯佚書輯有内傳一卷。

②錢譜：書名。今存明董逌錢譜一卷(原書十卷)，輯録元以前歷代錢鈔二百餘種。

③壻（xù）：「婿」的異體字。

④束皙：西晋文學家。字廣微。因詩經小雅中有笙詩六篇「有其聲而亡其辭」，乃補作南陔、白華等篇，稱補亡詩。束皙能辨析汲冢書的文義。明人輯有束廣微集。

⑤左思：西晋文學家。字太仲。其構思十年寫成三都賦，「豪貴之家，競相傳寫，洛陽爲之紙貴。」所作詠史詩八首，表示對門閥制度不滿。後人輯有左太沖集。

⑥陸厥：南齊人陸韓卿。其所作詩中「金馬署」，即「金馬門」。宦者署門，門旁有金馬，後沿用爲官署的代稱。東方朔、主父偃等都曾待詔金馬門。「銅龍門」，即太子宫門，以宫門上有銅龍而名。

⑦散關：位於陜西寶鷄市西南大散嶺上，當秦嶺咽喉，扼川陜間交通孔道。

⑧𡾰漯：即「潮濕」。

⑨鴇(bǎo)：鳥綱，鴇科。體比雁略大，長可達一米，形亦近似。

⑩蘇頲(tǐng)：唐文學家。字廷碩。襲封許國公。開元間與張説(封燕國公)並稱為「燕許大手筆」。後人輯有蘇廷碩集。

⑪稽(jī)：通「乩」，卜問。

⑫殫(dān)：竭盡。

(劉淑英)

日知録

姓氏

姓

言姓者本於五帝，見於春秋者得二十有二。媯，虞姓，出顓頊，封於陳①。姒，夏姓，出顓頊，封於杞、鄫、越②。子，殷姓，出高辛，封於宋③。姬，周姓，出黄帝，封於管、蔡、郕、霍、魯、衛、毛、聃、郜、雍、曹、滕、畢、原、邦、郇、邘、晉、應、韓、凡、蔣、邢、茅、胙、祭、吳、虞、虢、鄭、燕、魏、芮、彤、荀、賈、耿、滑、焦、楊、密、隨、巴諸國④。任、宿、須句、顓臾，風姓也，自太皞⑤。秦、趙、梁、徐、郯、江、黄、葛、麇，嬴姓也，自少皞⑥。莒，己姓⑦；薛，任姓；南燕，姞姓也；自黄帝。杜，祁姓也，自陶唐⑧。楚、夔、權，芈姓⑨；邾、郳⑩，曹姓；鄅、偪陽，妘姓⑪；鄋夷⑫，董姓也；自祝融⑬。齊、申、呂、許、紀、州、向，姜姓也，自炎帝⑭。蓼、六、舒、舒鳩，偃姓也，自咎繇⑮。胡，歸姓；鄧，曼姓；羅，熊姓；狄，隗姓；鄭瞞⑯，漆姓；陰戎，允姓：六者，不詳其所出。

〔日知録簡介〕筆記。明末清初顧炎武（一六一三——一六八二）撰。三十二卷。炎武字寧人，學者稱亭林先生，江蘇昆山人。少年時參與復社反宦官、權貴鬬争。清兵南下，參加抗清鬬爭。事敗，遍遊華北 圖謀恢復明室。後病故於曲沃。自幼博覽群書，親身考察山川形勢，撰有肇域志、天下郡國利病書等。治學主張「經世致用」，側重考據，開清代樸學風氣。此書爲其代表作。讀書有得，隨筆記録，每論一事 總是貫穿經史，參驗親身所聞，窮極根底，考證得失。積三十餘年乃成書。大體按經義、政事、財賦、世風、禮治、科舉、史地、兵事、藝文等以類相從，條列子目。傳本多有删削，書中錯誤之處，經閻若璩等訂正。有國學基本叢書本，附載日知録之餘四卷。黄汝誠有日知録集釋，附刊誤二卷。黄侃有日知録校記，可參讀。本次注釋，所據即黄汝誠本。

〔篇名簡介〕本篇選自日知録卷二三，題目姓氏爲編者所加。本文對瞭解上古時期的姓氏狀況及姓氏合一的由來有一定幫助，至於文獻所記某姓出自某上古傳説人物，則不可拘泥。

①嬀（guī），虞姓，出顓頊，封於陳：虞：指舜。顓頊（zhuān xū）：傳説中原始社會的部落首領。號高陽。出顓頊：即顓頊爲嬀姓之祖。舜爲顓頊七世孫。周武王滅商，求舜之後，得虞胡公嬀滿，封於陳。

②封於杞、鄫、越：周武王滅商，求禹後，得東樓公，封於杞（今河南杞縣）。鄫：又作繒，國名，其地在今山東棗莊市東。

③出高辛，封於宋：高辛：名嚳（kù），傳説中原始社會的部落首領。殷之始祖契，爲帝嚳之子，佐禹治水有功，封於商，賜子姓。武王滅商，封紂子武庚於殷故地，成王時，武庚叛亂，周公平叛，殺武庚，而以微子啓爲殷後，封於宋（今河南商丘市南）。

④出黄帝，封於管、蔡……諸國：周之始祖棄爲黄帝之玄孫。棄於堯舜時封於邰。自管至巴：皆西周所封姬姓諸侯國名。

⑤任、宿、須句、顓臾，風姓也，自太皡：自「任」至「顓臾」，爲四風姓國的國名，皆太皡之後。太皡（hào）：即伏羲氏，傳説中原始社會的部族首領。

⑥秦、趙……麇，嬴姓也，自少皡：「秦」以下爲九嬴姓國國名，皆少皡之後。少皡：傳説中原始社會的部族首領。名摯，號青陽，黄帝之子。

⑦莒，己姓：莒爲己姓之國。

⑧陶唐：即堯。因他初居於陶，後封於唐爲唐侯，故史稱陶唐。

⑨羋姓：羋：音（mǐ）。

⑩邾、郳：邾：音（zhū）。郳：音（ní）。

⑪鄅、偪陽，妘姓：鄅：音（yǔ）。偪：音（bī）。妘：音（yún）。

⑫鬷夷：鬷：音（zōng）。

⑬祝融：即重黎，顓頊曾孫。帝嚳時爲大正，有功，賜號祝融。

⑭炎帝：即神農氏，傳説中原始社會的部族首領。

⑮蓼、六……自咎繇：蓼：音（liǎo）。六：音（lù）。咎繇（gāo yáo）：即皋陶。相傳爲舜臣，掌刑法。

⑯鄋瞞：鄋：音（sōu）。

略舉一二論之，則今之孟氏、季氏、孫氏、甯氏、游氏、豐氏皆姬①，陳氏、田氏皆嬀②，華氏、向氏、樂氏、魚氏皆子③，崔氏、馬氏皆姜④，屈氏、昭氏、景氏皆芈⑤。自戰國以下之人，以氏爲姓，而五帝以來之姓亡矣。

①孟氏、季氏……皆姬：孟氏、季氏出自春秋魯桓公，桓公子慶父之後爲孟氏（又稱孟孫氏、仲孫氏），季友之後爲季氏（又稱季孫氏）。孫氏、甯氏出自春秋初年衛武公，武公子公子惠孫生耳，耳生武仲。武仲以王父字爲氏，又名孫仲，其後爲孫氏。衛武公子季亹，食邑於甯，其後以封邑爲氏，爲甯氏。游氏、豐氏，出自春秋鄭穆公，穆公子子游與子豐，其孫各以祖父之字爲氏，其後分別爲游氏、豐氏。

②陳氏、田氏皆嬀：陳氏：陳國之後，以國爲氏。田氏：公元前六七二年，陳國内亂，陳厲公子公子完逃到齊國，

在齊爲田氏。

③華氏……皆子：華氏、樂氏，出自春秋宋戴公，戴公子考父食邑於華，其後以封邑爲氏，爲華氏；戴公子公子術，字樂父，其孫以祖父之字爲氏，其後爲樂氏。向氏、魚氏出自春秋宋桓公，桓公子公子肸字向父，公子目夷字子魚，其孫各以祖父之字爲氏，其後分別爲向氏、魚氏。

④崔氏、馬氏皆姜：崔氏：出自齊丁公（姜子牙之子），丁公子季子食邑於崔，其後以封邑爲氏，爲崔氏。馬氏：姜姓馬氏不知所出。一説馬氏出自嬴姓，爲戰國時趙國馬服君趙奢之後。

⑤屈氏……皆芈：屈氏：出自楚武王，武王子瑕食邑於屈，其後以封邑爲氏。昭氏、景氏：皆楚王族，然不知所出。

氏族

禮記大傳正義①：「諸侯賜卿大夫以氏。若同姓，公之子曰公子，公子之子曰公孫，公孫之子其親已遠，不得上連於公，故以王父字爲氏。若適夫人之子，則以五十字伯仲②爲氏，若魯之仲孫、季孫③是也；若庶子、妾子，則以二十字爲氏，則展氏、臧氏④是也。若異姓，則以父祖官及所食之邑爲氏。以官爲氏者，則司馬、司城⑤是也；以邑爲氏者，若韓、趙、魏⑥是也。凡賜氏族者，比⑦爲卿，乃賜。有大功德者，生賜以族，若叔孫得臣⑧是也；雖公子之身，若有大功德，則以公子之字賜以爲族，若仲遂⑨是也。其無功德，死後乃賜族，若無駭⑩是也。其子孫若爲卿，其君不賜族，王孫自以王父字爲族也。氏、族對文為別⑪，散則通也，故左傳云『問族於衆仲』，下云『公命以字為展氏』⑫是也。其姓與氏，散亦得通，故春秋有『姜氏』、『子氏』⑬，姜、子皆姓而云『氏』是也。」

①大傳正義：大傳：禮記之篇名。正義：古代注釋的一種。

②五十字伯仲：古人出生後三個月起名；年二十行冠禮，取字；年至五十，又以排行伯仲為字以稱之。

③魯之仲孫、季孫：魯桓公死，其子同繼位，是為莊公。莊公有三弟，即慶父、叔牙、季友，其子孫分別以仲叔（又稱孟孫）、叔孫、季孫為氏。

④展氏、臧氏：出自西周末年魯孝公，孝公生公子展，展孫無駭死，請氏，魯隱公以其祖父之字命為展氏；孝公又生公子彄，字子臧，子臧孫以祖父字為氏，其後為臧氏。

⑤司馬、司城：春秋時皆為官名，其子孫以之為氏。司城即司空，因宋國武公名司空，故改為司城。

⑥韓、趙、魏：韓：本為周武王子封國，公元前七六〇年為晉所滅。後來晉封曲沃桓叔之子武子於韓，即以封邑為氏，為韓氏。魏：本姬姓國，公元前六六一年為晉所滅，封畢萬。以封邑為氏，為魏氏。

⑦比：等到。

⑧叔孫得臣：魯桓公之曾孫，叔牙之孫。叔牙之後以叔孫為氏。

⑨仲遂：即公子遂，魯莊公之子。仲，字；遂，名。以字為氏，稱仲遂。

⑩無駭：顧炎武認為「其無功德，死後乃賜族」，與上文「有大功德者生賜以族」之說「大多不然」。他指出：「春秋之文不書族者有二義」，其一因「春秋隱、桓之時卿大夫賜氏者尚少」，所以無駭死後方「為之請族」，其二，莊、閔

以下，「無不賜氏」，但有時因「一事再見，因上文而略其辭」（詳日知録卷四卿不書族）。

⑪氏、族對文為別：族是有一定血緣關係的親屬的統稱，即所謂家族、宗族，氏是表示家族、宗族的稱號。

⑫「公命以字為展氏」：此句與上句皆見左傳隱公八年。

⑬春秋有「姜氏」、「子氏」：見隱公二年、桓公三年等。

戰國時人大抵猶稱氏族。漢人則通謂之姓，然氏族之稱猶有存者，漢書恩澤侯表褒魯節侯公子寬以魯頃公①玄孫之玄孫②奉周祀，元始③元年六月丙午封，子相如嗣，更姓公孫氏，後更為姬氏。公子、公孫，氏也；姬，姓也。此變氏稱姓之一證。水經注：「漢武帝元鼎四年，幸洛陽，巡省豫州④。觀於周室，邈⑤而無祀，詢問耆老，乃得孽子⑥嘉，封為周子南君，以奉周祀。按汲冢古文⑦，謂衛將軍文子⑧為子南彌牟，其後有子南勁⑨。紀年：『勁朝於魏，後惠成王⑩如衛，命子南不侯。』秦併六國，衛最後滅⑪，疑嘉是衛後，故氏子南而稱君⑫也。」據此，嘉本氏子南，武帝即以其氏命之為爵，而漢書恩澤侯表竟作姬嘉，則没其氏而書其姓矣，與褒魯之封公孫氏更為姬氏者正同。姓氏之稱，自太史公始混而為一。本紀於秦始皇則曰「姓趙氏」⑬，於漢高祖則曰「姓劉氏」⑭。

①魯頃公：魯滑公子姬仇，繼滑公立，為魯亡國之君，公元前二七二——前二四九年在位。

②玄孫：孫之孫。玄孫之玄孫：自己身以下第九代。

③元始：漢平帝年號（公元一——五年）。

④豫州：州名。西漢豫州領有潁川郡、汝南郡、沛郡、梁國等四郡國。

⑤邈：時間久遠。

⑥孽子：庶子，旁支。

⑦汲冢古文：即汲冢書。晉武帝太康二年（二八一）汲郡人不準盜發魏襄王墓（一說安釐王墓），出土古文竹書數十車，共七十五篇。因其爲先秦古文，故又稱汲冢古文。

⑧衛將軍文子：即衛靈公之孫，昭子郢之子公孫彌牟。郢字子南，彌牟之後爲子南氏，或爲南氏。彌牟生前任將軍，死謚文子，故稱將軍文子。

⑨子南勁：戰國中期人。據韓非子說疑，他是個「朋黨比周以事其君，隱正道而行私曲，上逼君，下亂治，援外以撓內，親下以謀上」的佞臣。

⑩惠成王：即魏惠王。

⑪衛最後滅：秦二世元年（前二〇九），廢衛君君角爲庶人，衛亡。

⑫氏子南而稱君：水經注之文，用漢書武帝紀及臣瓚注，顏師古漢書注不同意臣瓚關於嘉「氏子南而稱君」之說，認爲：「子南，其封邑之號，以爲周後，故總言周子南君。」此處，顧氏沿用瓚說。又：以上引文，皆見水經注卷二一汝水。

⑬「姓趙氏」：見史記秦始皇本紀。

⑭「姓劉氏」：見史記高祖本紀。

（汝企和）

藥師瑠璃光七佛本願功德經(節選)

復次曼殊室利①：東方去此過十殑伽河沙佛土②，有世界名淨瑠璃，佛號藥師瑠璃光如來、應、正等覺③。曼殊室利，彼佛世尊④從初發心行菩薩道時，發十二大願。云何十二？第一大願：願我來世得佛菩提⑤時，自身光明照無邊界，三十二相⑥八十隨好⑦，莊嚴其身，令諸有情⑧如我無異。

第二大願：願我來世得菩提時，身如瑠璃，内外清徹；光明廣大，遍滿諸方；焰網⑨莊嚴，過於日月。鐵圍中間，幽冥⑩之處，互得相見。或於此界暗夜游行，斯等衆生見我光明，悉蒙開曉，隨作衆事。

第三大願：願我來世得菩提時，以無量無邊智慧方便⑪，令諸有情所受用物⑫皆得無盡。

第四大願：願我來世得菩提時，若諸有情行邪道者，悉令遊履菩提正路。若行聲聞、獨覺⑬乘者，亦令安住大乘法中⑭。

第五大願：願我來世得菩提時，若諸有情於我法⑮中修行梵行⑯，一切皆令得不缺戒⑰，善防三業⑱，無有毁犯墮惡趣⑲者。設有毁犯，聞我名已，專念受持，至心發露⑳，還得清淨，乃至菩提。

第六大願：願我來世得菩提時，若諸有情諸根不具㉑，丑陋頑愚，聾盲喑啞㉒，攣躄背僂㉓，白癩癲狂，種種病苦之所纏逼，若聞我名，至心稱念，皆得端嚴，衆病除愈。

〔大藏經簡介〕佛教經典叢書。佛經稱「藏」，由梵文（Pitaka）漢譯為「篋藏」而來，謂經典能包含蘊藉無量法義。崇其神聖而卷帙豐宏，稱為大藏。魏晉南北朝時，所有佛教譯著稱「一切經」。梁武帝總集佛教經典，凡五千四百卷，沙門寶唱撰經目。佛經集藏自此始。從隋唐撰目、成集、匯藏，到宋代雕版印行，歷相當長歷史過程，「大藏經」方成為佛教叢書。分經、律、論三部分：經屬佛說教義，律屬為僧侶所定戒律，論屬解釋和研究教理的論著，通稱「三藏」。長期以來，漢譯三藏通稱大藏經。宋代以來先後有北宋開寶藏、南宋磧砂版大藏經、金代金版大藏經，以及一九一三年上海頻伽版大藏經等刻本。另外我國還有從漢文或藏文譯出的蒙文大藏經和滿文大藏經。上述多種大藏經所收佛經典籍種數卷册不盡相同，均為佛教徒長期翻譯編纂的結晶，是研究佛教史的珍貴資料。一九八四年中華書局開始出版由任繼愈主編的中華大藏經，以趙城金藏為底本，與另八種代表性版本校勘，收録經籍達四千二百餘種，二萬三千餘卷。

本次注釋，以唐義浄法師譯本為主，以玄奘法師譯本為輔。

〔篇名簡介〕藥師：系由梵語義譯，亦可稱為大醫王佛。佛用戒、定、慧法藥，醫治衆生的報病、業病、煩惱病，故名藥師。瑠璃光：也是東方佛的名字，是梵語「薜（bi）瑠璃」的略釋，其義為天青寶石中所含的浄光，以瑠璃光的明浄來比喻佛德，所以東方藥師佛又以瑠璃光為名，稱東方藥師瑠璃光佛。七佛：即七尊藥師，各名為：善名稱吉祥王如來、寶月智嚴光音自在王如來、金色寶光妙行成就如來、無憂最勝吉祥如來、法海雷音如來、法海勝慧游戲神通如來、藥師瑠璃光如來。本願功德：本願是學佛者所發的弘願。功是功力，如行布施、持戒、忍辱、禮佛、坐禪等，都需要有一番功力。德即是得，修功有所德，名爲功德。本篇即爲介紹東方七佛之本願功德的經文。藥師佛爲東方七佛的主尊，此次即節選藥師佛的本願功德部分。

①復次曼殊室利：（釋迦牟尼佛）又對曼殊室利說。曼殊室利：即文殊師利，簡稱文殊菩薩。過去早已成佛，名龍種上尊王佛。曼殊室利意譯爲「妙吉祥」，爲釋伽世尊十大弟子之一，諸弟子中智慧辯才第一。其典型法象是：手持寶劍，騎獅子座。

②殑（jìng）伽河沙佛土：殑伽河：即印度恒河的音譯。河中的沙又細又多，佛多在恒河流域一帶說法，故每說到極多時，總是舉恒河沙爲喻。佛土：指一佛所住的國土，或一佛所教化的領土。

③如來、應、正等覺：是佛的十大法號中的前三種。因佛的功德太大，一名不足以表詮。如來：義爲如實道來而成正覺。應：義爲佛功德最圓滿，應受人天供養，爲人天作大福田；又應已斷淨煩惱，應不再受生死。正等覺：義爲真正普遍平等的覺悟，亦即佛的覺悟。

④世尊：佛的尊稱，因佛是世人所共尊者。佛即是覺者，能究竟覺悟生命的奥秘，即自覺覺他，覺行圓滿的大聖人。

⑤菩提：梵語。義譯「正覺」，即明辨善惡、覺悟真理。

⑥三十二相：爲印度公認的大人相，特別爲男子的好相，如佛足底的平滿相，千輻輪相，佛身的紫金色相，垂手過膝相，頂髻（jì）相等。據印度相法，這些相是最高貴最莊嚴的福德相。

⑦八十隨好：是隨身體的某部形態，所具有的某種美的特徵，如佛手柔軟，毛髮光澤，面容豐滿等。佛法本不著相，但爲了導引衆生，令衆生喜歡生信，所以藥師如來要發願具足這些福德莊嚴相。

⑧諸有情：即衆生（包括動物）。

⑨焰網：即光與光相輝映結成的網絡。

⑩幽冥：指三惡道無真理光之處。佛教認爲：人都要在地獄道、惡鬼道、畜生道、修羅道、人道、天道這六道中輪迴，其中前三道即三惡道。

⑪方便：指因人施教，誘導使之領悟佛之真義。

⑫受用物：人們衣、食、住、行上種種需要受用的物質。

⑬聲聞、獨覺：聽佛的音聲教化而修行悟道叫聲聞；不待佛的教化，看見現象界無常變化，即能悟道而會自己發心修行，開悟證果，叫獨覺。

⑭大乘法：乘：乘車運載之義。佛教認爲：開一切智、盡未來際衆生化益之教爲大乘。比喻修行法門爲乘大車，故名。

⑮法：梵語爲「達磨」，爲通於一切之語，無論大小，有形無形，真實虛妄，事物道理皆爲法。

⑯梵行：梵：義爲清淨。從一般意義講，梵行指一切清淨行。從特殊意義講，則專指出家的不淫戒。約中義說，凡佛所制的戒行，即爲梵行。

⑰不缺戒：不缺即能圓滿受持。戒：防非止惡，不但惡事不可作，即使是心懷惡的念頭也不可以。不缺戒，即能够嚴格受持所有的戒律。

⑱三業：佛教中，人的一切善惡思想行爲，都叫「業」，好的叫善業，壞的叫惡業。「三業」説法很多，有稱人的身、口、意三者爲三業的；也有稱意中的貪、嗔、痴（即貪欲、怒恨、愚痴）爲三業的。

⑲惡趣：衆生種惡因得惡果後，所趣向之處，即三惡道。

⑳發露：揭發暴露。

㉑諸根不具：佛教稱眼、耳、鼻、舌、身、意（即思想）爲六根，故諸根不具是指這六方面的殘疾，如眼、耳損壞，或智能不足等等。

㉒喑（yīn）啞：即啞巴。

㉓攣躄背僂：攣（luán）：手有殘疾。躄（bì）：腿瘸。背僂：即駝背。

第七大願：願我來世得菩提時，若諸有情，貧窮困苦，無有歸趣①，衆病所逼，無藥無醫，暫聞我名，衆病消散，眷屬增盛，資財無乏，身心安樂，乃至菩提。

第八大願：願我來世得菩提時，若有女人，爲女衆苦之所逼切，極生厭離，願舍女身，若聞我名，至心稱念，即於現身轉成男子，具丈夫相，乃至菩提。

第九大願：願我來世得菩提時，令諸有情出魔羅網②，復有種種邪見之徒，皆當攝受，令生正見③，漸令修習諸菩薩行，乃至菩提。

第十大願：願我來世得菩提時，若諸有情，王法所拘④，幽禁牢獄，枷鎖鞭撻，乃至極刑；復有衆多苦楚之事，逼切憂惱，無暫樂時，若聞我名，以我福德威神力故，皆得解脱一切憂苦，乃至菩提。

第十一大願：願我來世得菩提時，若諸有情饑火所惱，爲求食故，造諸惡業。若聞我名，至心稱念，我當先以上妙飲食隨意飽滿，後以法味⑤令住安樂，乃至菩提。

第十二大願：願我來世得菩提時，若諸有情身無衣服，蚊虻⑥寒熱之所逼惱，若聞我名，至心稱念，隨其所好即得種種上妙衣服，寶莊嚴具⑦，伎樂⑧，香華皆令滿足，離諸苦惱，乃至菩提。

曼殊室利，是爲藥師瑠璃光如來、應、正等覺行菩薩道時所發十二微妙上願⑨。

①無有歸趣：没有歸宿、依靠之意。
②魔羅網：佛教認爲：若誤信魔道邪説，就像被羅網罩住一樣，不易解脱。
③正見：正確的見解。有了正見，就可破除俗知俗見，悟入正道。
④王法所拘：指受到國家法律的制裁。
⑤法味：佛法的滋味，即用心體悟佛法，領會而心生歡喜。
⑥虻：食人畜血液的昆蟲，種類很多。
⑦寶莊嚴具：以首飾、寶石等修飾身體的珠寶具足。
⑧伎樂：娱樂所用的器具。
⑨十二微妙上願：此十二願，非一般誓願可比，純由大悲心所流露的利他大願，故稱微妙上願。

爾時佛告曼殊室利：彼藥師瑠璃光如來行菩薩道時所發大願，及彼佛土功德莊嚴①，我於一刼②若過一刼③，説不能盡。然彼佛土純一清淨，無諸欲染，亦無女人④及三惡趣苦惱之聲，以净瑠璃而爲其地，城闕宮殿及諸廊宇，軒窗羅網皆七寶⑤成，亦如西方極樂世界⑥功德莊嚴。於彼國中有二菩薩，一名日光遍照，二名月光遍照⑦，於彼無量菩薩衆中而爲上首⑧，能持彼佛正法寶藏⑨。是故曼殊室利，若有净信⑩男子女人，應當願生彼佛世界。

①莊嚴：以善美飾國土，或以功德飾衣身者，稱爲莊嚴。

②刼：梵文「刼波」的簡稱，指時間很長的意思。世界由成到毀，叫一刼。刼有大、中、小三種，一小刼爲一千六百八十萬年。

③若過一刼：或超過一刼的時間。

④無女人：没有男女之相，一律平等，没有男女差别。

⑤七寶：指金、銀、瑠璃、玻璃、硨磲（chē qú，僅次於玉的美名）、赤珠、瑪瑙。

⑥西方極樂世界：釋迦牟尼所在的佛土即西方極樂世界。

⑦一名日光遍照，二名月光遍照：是東方净土輔佐藥師如來的兩位得力助手。

⑧上首：佛説法時，於聽衆中推居首位者，稱爲上首。上首或爲一人，或爲多人。

⑨彼佛正法寶藏：即藥師佛的教誨開導。

⑩净信：指極爲虔誠地信仰佛教。

（汝企和）

抱朴子

論　仙（節選）

或問曰：「神仙不死，信①可得乎？」抱朴子答曰：「雖有至明②，而有形者不可畢見焉。雖稟③極聰，而有聲者不可盡聞焉。雖有大章豎亥④之足，而所常履者，未若所不履之多。雖有禹益齊諧⑤之智，而所嘗識者未若所不識之衆也。萬物云云⑥，何所不有，況列仙之人，盈乎竹素⑦矣。不死之道，曷為無之？」

〔抱朴子簡介〕道家著作。晉葛洪（約二八四——三六四）撰。內篇二十卷，外篇五十卷。葛洪字雅川，自號抱朴子，丹陽句容（今屬江蘇）人。少好儒學，兼及神仙導養之術。東晉時任諮議參軍。晚年辭官謝客，於羅浮山精研煉丹，追求神仙之術。內篇言神仙方藥、鬼怪變化、養生延年、禳邪禍之事，屬道家。外篇言人間得失、世事臧否，屬儒家。但以道為本，以儒為末。他的神仙思想反映當時剝削階級的厭世享樂心理及宗教麻痹。他的儒家思想企圖鞏固封建統治，但對東漢以來的政治和社會風氣多所揭露抨擊，具有一定的進步性。其闡述神仙鬼怪，多涉虛誕。有道藏舉要本、一九五八年中華書局重印諸子集成本。本次注釋，所據爲一九八〇年中華書局之王明著抱朴子内篇校釋。

〔篇名簡介〕本篇選自抱朴子内篇卷二，爲節選。

①信：真，確實。

②明：指視力好。

③禀：即禀性，個人先天具有的素質或性情。

④大章豎亥：皆古時善走者。淮南子地形篇云：禹使大章步自東極，至於西極，二億三萬三千五百里七十五步。使豎亥步自北極，至於南極，二億三萬三千五百里七十五步。後漢高誘注：「太章豎亥，善行人，皆禹臣也。」

⑤禹益齊諧：禹，夏禹。益，舜之臣。齊諧，人名。

⑥云云：衆多狀。

⑦竹素：竹簡和白絹。指書、史。

於是問者大笑曰：「夫有始者必有卒，有存者必有亡。故三、五、丘、旦之聖①，棄、疾、良、平之智②，端、嬰、隨、酈之辯③，賁、育、五丁之勇④，而咸死者，人理之常然，必至之大端也。徒聞有先霜而枯瘁⑤，當夏而凋青，含穗而不秀，未實而萎零，未聞有享於萬年之壽，久視不已之期者矣。故古人學不求仙，言不語怪，杜彼異端，守此自然，推龜鶴於別類，以死生爲朝暮也。夫苦心約己，以行無益之事⑥，鏤冰雕朽，終無必成之功。未若攄⑦匡世之高策，招當年之隆祉⑧，使紫青重紆⑨，玄牡龍跱⑩，華轂易步趍⑪，鼎餗代耒耜⑫，不亦美哉？每思詩人甫田之刺⑬，深惟仲尼皆死之證，無爲握無形之風，捕難執之影，索不可得之物，行必不到之路，棄榮華而涉苦困，釋甚易而攻至難，有似喪者之逐遊女⑭，必有兩失之悔；單、張之信偏見⑮，將速內外之禍也。夫班、狄⑯不能削瓦石爲芒針，歐冶不能鑄鉛錫爲干將⑰。故不可爲者，雖鬼神不能爲也；不可成者，雖天地不能成也。世間亦安得奇方，能使當老者復少，而應死者反生哉？而吾子乃欲延蟪蛄⑱之命，令有歷紀之壽⑲；養朝菌⑳之榮，使累晦朔㉑之積，不亦謬乎？願加九思，不遠迷復焉。」

①三、五、丘、旦之聖：即三皇、五帝、孔丘、周公旦。

②棄、疾、良、平之智：棄：后稷名棄，好耕農，相地之宜，宜穀者稼穡焉。詳史記周本紀。疾：樗里子名疾，秦惠王之弟，滑稽多智，秦人號之曰智囊。詳史記樗里子傳。良：張良字子房，輔佐漢劉邦。詳史記留侯世家。平：陳平，輔佐劉邦，多建奇謀妙計。詳史記陳平世家。

③端、嬰、隨、酈之辯：端：端木賜，字子貢，利口巧辯詳史記仲尼弟子列傳。嬰：晏嬰，相齊景公，善諫說。詳史記管晏列傳。隨：隨何，善辯，爲劉邦說黥布叛楚歸漢。詳史記黥布列傳。酈：酈食其，常爲說客，馳使諸侯。詳史記本傳。

④賁、育、五丁之勇：賁（bēn）：孟賁，衛人，一說齊人。育：夏育，周時衛人，皆大勇士。參見史記范雎列傳。五丁：秦惠王時蜀之力士。詳華陽國志蜀志。

⑤瘁（cuì）：疾病。

⑥無益之事：此指求長生不老，成仙之類的事。

⑦攄(shū)：散布，抒發。

⑧隆祉：隆：厚重。祉(zhǐ)：幸福。

⑨紫青重紆：紫青：疑即「青紫」，古人稱貴官之服為青紫。紆(yū)：繫，垂。全句意為作高官。

⑩玄牡龍跱：玄牡：祭祀用的黑公畜。跱(zhì)：同峙：踞，安置。龍：名詞用作狀語，象龍一樣。全句形容祭祀規格很高，暗示其人已居高位。

⑪華轂易步趍：轂(gǔ)：車輪中心有孔、可以穿軸的部分。華轂：即華貴的車。步趍：即步行。全句意指居高位後，以乘華貴車輛來代替步行。

⑫鼎餗代耒耜：餗(sù)：裝在鼎內的食物。耒耜：皆為農具。此處代指農耕。全句意為：身居高位後，可不必務農事而不乏衣食。

⑬甫田之刺：毛詩齊風甫田篇譏諷襄公。又小雅有甫田之什，譏諷周幽王。

⑭喪者之逐遊女：「喪」當作「桑」。列子說符篇云：晉文公出，會欲伐衛。公子鋤仰天而笑。公問何故，曰：「臣笑鄰之人有送其妻適私家者，道見桑婦，悅而與言。然顧視其妻，亦有招之者矣。臣竊笑此也。」公悟其言，乃止。

⑮單、張之信偏見：單：單豹；張：張毅，皆魯人。莊子達生篇云：魯有單豹者，岩居而水飲，不與民共利，後為餓虎所食。有張毅者，高門縣薄，無不走也。行年四十，而有內熱之病以死。豹養其內，而虎食其外。毅養其外，而病攻其內。此二子者，皆不鞭其後者也。

⑯班、狄：班：公輸班，戰國初魯人，又稱魯班。有巧藝，能造雲梯等。詳墨子公輸篇。狄：傳説爲黄帝臣，始作舟。參見山海經海内經。

⑰歐冶不能鑄鉛錫爲干將：歐冶子，越人，以善鑄劍聞名，越王使歐冶子造劍五枚。干將，吴人，與歐冶子同師，俱善鑄劍。吴王闔閭使干將造劍二枚，一曰干將，一曰莫邪。詳吴越春秋卷四。

⑱蟪(huì)蛄：蟬的一種，黄緑色，翅有黑白條紋。

⑲歷紀之壽：紀：古代紀年的單位，A．十二年爲一紀；B．一千五百年爲一紀；C．一世爲一紀。

⑳朝菌：菌類植物，朝生暮死。莊子逍遥遊：「朝菌不知晦朔，蟪蛄不知春秋。」

㉑晦朔：指早和晚。

抱樸子答曰：「夫聰之所去，則震雷不能使之聞；明之所棄，則三光①不能使之見，豈輷磕②之音細，而麗天之景微哉？而聾夫謂之無聲焉，瞽者謂之無物焉。又況管弦之和音，山龍之綺粲③，安能賞克諧之雅韻，暐曄④之鱗藻哉？故聾瞽在乎形器，則不信豐隆之與玄象矣，而況物有微於此者乎！暗昧滯乎心神，則不信有周、孔於在昔矣，況告之以神仙之道乎！夫存亡終始，誠是大體，其異同參差，或然或否，變化萬品，奇怪無方，物是事非⑤，本鈞末乖⑥，未可一也。夫言始者必有終者多矣，混而齊之，非通理矣。謂夏必長，而薺麥⑦枯焉。謂冬必凋，而竹柏茂焉。謂始必終，而天地無窮焉。謂生必死，而龜鶴長存焉。盛陽宜暑⑧，而夏天未必無涼日也。極陰宜寒，而嚴冬未必無暫温也。百川東注，而有北流⑨之浩浩。坤道至靜，而或震動而崩弛⑩。水性純冷，而有溫谷之湯泉⑪；火體宜熾，而有蕭丘之寒焰⑫；重類應沉，而南海有浮石之山⑬；輕物當浮，而牂柯有沉羽之流⑭。萬殊之類，不可以一概斷之，正如此也久矣。

①三光：指日、月、星。一說指日、月、五星。

②輷磕（hōng kē）：輷：車之聲。磕：石之聲。輷磕：很大的聲音。

③綺粲（qǐ càn）：美麗鮮明。

④暐曄（wěi yè）：光輝燦爛。

⑤物是事非：物：存在於天地間的萬物。事：社會生活的一切活動和自然界的一切現象都叫事。此句意爲某些事物表面看上去是一個樣，其内裡却是另一個樣。

⑥本鈞末乖：本、末：皆爲指事字，本爲樹根，末爲樹梢。後借指事情的開始與結尾。鈞：通均，合諧。乖：違背，抵觸。全句意爲某些事物開始時很合諧，後來却矛盾重重。

⑦薺（jì）麥：薺：一本作「蒜」。麥：指冬小麥。

⑧盛陽宜暑：據古代陰陽學說，夏至之時爲陽之頂點，夏至後陰長陽消。至冬至之時爲陰之頂點，冬至後陽長陰消。故古代術數「奇門遁甲」中，即以夏至爲陰遁之始，而以冬至爲陽遁之始。

⑨北流：指向北方流入大海的河流。

⑩坤道至靜，而或震動而崩弛：易坤卦文言：「坤……至靜而德方。」易說卦：「坤爲地。」全句意爲：周易八卦中

的坤卦，其性質爲至靜，坤又代表大地，而大地有時却會震動而山崩地裂。

⑪溫谷之湯泉：溫谷：指冬暖的山谷。湯泉：即溫泉。

⑫蕭丘之寒焰：蕭丘：海島名。本草綱目六火一陽火陰火：「有蕭丘之寒火。」注：「蕭丘在南海中，上有自然之火，春生秋滅。」

⑬南海有浮石之山：交州記云：海中有浮石山，浮在水上。

⑭牂柯有沉羽之流：牂（zāng），又作牂。漢書地理志牂柯郡，顏注引應劭曰：臨牂柯江也。沉羽之流，似弱水，不勝鴻毛。

有生最靈，莫過乎人。貴性之物，宜必鈞一①。而其賢愚邪正，好丑修短，清濁貞淫，緩急遲速，趨舍所尚，耳目所欲，其爲不同，已有天壤之隔，冰炭之乖矣。何獨怪仙者之異，不與凡人皆死乎？若謂受氣皆有一定，則雉之爲蜃，雀之爲蛤②，壤蟲假翼③，川蛙翻飛④，水蠣爲蛉⑤，荇苓爲蛆⑥，田鼠爲鴽⑦，腐草爲螢⑧，鼉之爲虎⑨，蛇之爲龍⑩，皆不然乎？

①鈞一：此處意爲一致。

②雉之爲蜃（shèn），雀之爲蛤：禮記月令：季秋雀入大水化爲蛤，孟冬雉入大水爲蜃。蜃：大蛤蜊。

③壤蟲假翼：爾雅釋蟲：「蠰，齧桑。」郭注云：「似天牛，長角，體有白點，喜齧桑樹作孔。」

④川蛙翻飛：淮南子齊俗篇云：「蝦蟆爲鶉。」即川蛙翻飛也。
⑤水蠣（lì）爲蛉（líng）：蠣：牡蠣，産在淺海泥沙中。又名蠔。蛉：即蜻蜓。
⑥荇苓（xìng líng）爲蛆：荇苓：水草。蛆：廣雅釋蟲云：「蛆蝶、馬蝬，馬蚿也。」呂氏春秋季夏紀：「腐草化爲蚈。」高誘注：「蚈，馬蚿也。」故曰「荇苓爲蛆」。
⑦田鼠爲鴽（rú）：鴽：即鵪。禮記月令：季春之月，田鼠化爲鴽。
⑧腐草爲螢：禮記月令：季夏之月，腐草爲螢。
⑨鼉（tuó）之爲虎：鼉：又名猪婆龍，即揚子鰐。國語晉九：「黿鼉魚鱉，莫不能化，唯人不能。」
⑩蛇之爲龍：史記外戚世家褚少孫引傳曰：蛇化爲龍，不變其文。

若謂人稟正性，不同凡物，皇天賦命，無有彼此，則牛哀成虎①，楚嫗爲黿②，枝離爲柳③，秦女爲石④，死而更生⑤，男女易形⑥，老彭之壽⑦，殤子⑧之夭，其何故哉？苟有不同，則其異有何限乎？

①牛哀成虎：淮南子俶真篇：魯牛哀病，七日化爲虎，其兄啓户，虎搏而殺之。
②楚嫗爲黿：後漢書五行志：靈帝時，江夏黄氏之母，浴而化爲黿，入於深淵。
③枝離爲柳：札迻十云：「莊子至樂篇：支離叔與滑介叔觀於冥伯之丘，俄而柳生其肘。支離叔曰：子惡之乎？滑介叔曰：亡，予何惡？是生柳者乃滑介叔，非支離叔也。」

④秦女爲石：宋吴淑事類賦七引蜀記云：梓潼縣有五婦山，昔秦遺蜀五美人，蜀遣五丁迎之。至此，五丁踏地大呼，五女皆化爲石。

⑤死而更生：後漢書五行志：建安四年，武陵充縣女子李娥死，埋於城外，已十四日。有行聞其塚中有聲，便語其家。家往視，聞聲便發，出遂活。此事又見于寶搜神記。

⑥男女易形：漢書五行志：魏襄王十三年，魏有女子化爲丈夫。漢哀帝建平中，豫章有男子化爲女子。後漢書五行志：建安七年，越嶲有男化爲女。後漢書方術傳：徐登，閩中人，本女子，化爲丈夫。

⑦老彭之壽：老彭即彭祖，傳説顓頊帝玄孫陸終氏之第三子，姓籛名鏗，堯封之於彭城，因其道可祖，故謂之彭祖。他在商爲守藏史，在周爲柱下史。年八百歲。

⑧殤子：未成年而死者。

若夫仙人，以藥物養身，以術數①延命，使内疾不生，外患不入，雖久視不死，而舊身不改，苟有其道，無以爲難也。而淺識之徒，拘俗守常，咸曰世間不見仙人，便云天下必無此事。夫目之所曾見，當何足言哉？天地之間，天外之大，其中殊奇，豈遽有限，詣老戴天，而無知其上；終身履地，而莫識其下。形骸已所自有也，而莫知其心志之所以然焉。壽命在我者也，而莫知其修短之能至焉。況乎神仙之遠理，道德之幽玄②，仗其短淺之耳目，以斷微妙之有無，豈不悲哉！

①術數：用陰陽五行生克制化的數理，來推斷人事吉凶，如占候、卜筮、星命等。

②幽玄：隱蔽深奧。

（汝企和）

集部及其他

韓昌黎集

諱辯

愈與李賀書，勸賀舉進士①。賀舉進士有名，與賀爭名者毀之，曰：「賀父名晉肅，賀不舉進士為是，勸之舉者為非。」聽者不察也，和而唱之，同然一辭②。皇甫湜曰③：「若不明白④，子與賀且得罪。」愈曰：「然。」

〔韓昌黎集簡介〕唐代韓愈的詩文集。韓愈（七六八——八二四），字退之，河南府河陽縣（今河南孟縣）人。歷任國子祭酒、吏部侍郎、御史大夫等職。韓昌黎集由門人李漢編定，有詩十卷，文三十卷。本次注釋據四部備要本韓昌黎集。

〔篇名簡介〕：本文選自韓昌黎集卷十二，是一篇辯駁性文章。唐代，朝廷有關避諱的法令較寬，但臣民避諱的風尚甚盛。李賀因父名晉肅被認為不能參加進士科考試，韓愈因勸其參試而遭到非議。作者對這種非議做了有力的辯駁。

①李賀（七九〇——八一六）：字長吉，唐昌谷（今河南宜陽縣）人。因避父名諱，終身未參加進士科考試。祇做過奉禮郎、協律郎等小官。他為中唐重要詩人，有詩集傳世。

②和（hè）：附和。唱：陳述意見。

③皇甫湜（shí）：人名，復姓皇甫，名湜，唐代文學家，曾跟韓愈學古文。

④白：說。

律曰①：「二名不偏諱②。」釋之者曰③：「謂若言『徵』不稱『在』，言『在』不稱『徵』是也④。」律曰：「不諱嫌名⑤。」釋之者曰：「謂若『禹』與『雨』、『丘』與『蓲』之類是也。」今賀父名晉肅，賀舉進士，為犯二名律乎？為犯嫌名律乎？父名晉肅，子不得舉進士；若父名仁，子不得為人乎？

①律曰：此處「律曰」與下文「律曰」所引，皆出自禮記曲禮上。唐律中有關避諱的條文有類似規定，所以稱「律曰」。

②二名：兩個字的名字。偏：同「徧」，普遍，全部。此言名字是兩個字時，不用一一避諱，可用一字諱一字。

③釋之者：指為禮記作注的鄭玄。下同。

④「謂若言」句：禮記曲禮上鄭玄注：「孔子之母名徵在，言『在』不稱『徵』，言『徵』不稱『在』。」
⑤嫌名：與人名用字聲音相同或相近的字，讀之有犯諱嫌疑，所以稱嫌名。

夫諱始於何時？作法制以教天下者，非周公、孔子歟？周公作詩不諱，孔子不偏諱二名，春秋不譏不諱嫌名①。康王釗之孫，實爲昭王②。曾參之父名晳，曾子不諱「昔」③。周之時有騏期，漢之時有杜度，此其子宜如何諱④？將諱其嫌，遂諱其姓乎？將不諱其嫌者乎？漢諱武帝名徹爲「通」，不聞又諱車轍之「轍」爲某字也⑤；諱呂后名雉爲「野雞」，不聞又諱治天下之「治」爲某字也⑥。今上章及詔，不聞諱「滸」、「勢」、「秉」、「饑」也⑦。惟宦官宮妾，乃不敢言「諭」及「機」，以爲觸犯⑧。士君子立言行事，宜何所法守也⑨？今考之於經，質之於律，稽之以國家之典⑩，賀舉進士爲可邪？爲不可邪？

①周公作詩不諱：相傳詩經周頌諸篇，作於周公攝政之時，其中雝有「克昌厥後」，噫嘻有「駿發爾私」。「昌」是周文王名用字，「發」是周武王名用字。孔子不偏諱二名：孔子的母親名徵在，論語所載孔子的話中，用一諱一，而未二字都諱。春秋不譏不諱嫌名：據春秋魯隱公四年、五年記載，衛君姬完死後謚桓。桓、完同音，桓爲完的嫌名，而春秋無微詞，未表異議。
②康王釗：周康王姬釗，成王子，繼成王立。孫：據史記周本紀，昭王爲康王之子，繼康王立。此言釗、昭同音，昭爲釗之嫌名而不諱。

③不諱「昔」：據論語泰伯記載，曾子說過：「昔者吾友嘗從事於斯矣。」
④杜度：東漢人，章帝時爲齊國相，善草書。
⑤「漢諱」句：漢代自武帝後改徹侯爲通侯，史記和漢書將漢初人蒯徹改爲蒯通。
⑥「諱呂后」句：漢書高后紀顏注引荀悅語。
⑦「今上章」句：唐高祖李淵的祖父名虎、父親名昞，太宗名世民，玄宗名隆基。滸、勢、秉、饑分別與虎、世、昞、基同音。
⑧諭：唐代宗名豫，諭、豫同音。
⑨士君子：指官僚士大夫及有志操和學問的人。法：效法。
⑩質：評斷。稽：廣雅釋言：「稽，考也。」考核。

凡事父母，得如曾參，可以無譏矣；作人，得如周公、孔子，亦可以止矣。今世之士，不務行曾參、周公、孔子之行，而諱親之名則務勝於曾參、周公、孔子，亦見其惑也。夫周公、孔子、曾參，卒不可勝。勝周公、孔子、曾參，乃比於宦官宮妾①，則是宦官宮妾之孝於其親，賢於周公、孔子、曾參耶？

（張　升）

①乃：却。

乞不用贜吏疏

臣聞廉者，民之表①也；貪者，民之賊②也。今天下郡縣至廣，官吏至衆，而贜污擿發③，無日無之。洎具案來上，或横貸④以全其生，或推恩以除其釁⑤。雖有重律，僅同空文。貪猥⑥之徒，殊無忌憚。昔兩漢以贜私致罪者，皆禁錮子孫，矧自犯之手？太宗朝嘗有臣僚數人犯罪，並配少府監⑦隸役⑧，及該赦宥，謂近臣曰：「此輩既犯贜濫，衹可放令遂便⑨，不可復以官爵。」其責貪殘⑩、慎名器如此，皆先朝令典，固可遵行。欲乞今後應⑪臣僚犯贜抵罪，不以輕貸，並依條施行。縱遇大赦，更不録用。或所犯若輕者，衹得受副使⑫上佐⑬。如此，則廉吏知所勸，貪夫知所懼矣。

〔包拯集簡介〕北宋包拯（九九九——一〇六二）撰。十卷。拯字希仁，廬州合肥（今屬安徽）人。天聖五年進士，歷官龍圖閣直學士，御史中丞，知開封府，權三司使，樞密副使，遷禮部侍郎，辭不受。卒謚孝肅。一生爲官清廉剛正，不畏權貴。是集原稱包孝肅奏議，有兩種版本，一爲門人張田編刊本，一爲南宋汪應辰重編本，汪本失傳，世傳刻本皆依張本刊行。明永樂間官修歷代名臣奏議所收包拯奏議，大部分都注明時間與官職，一九六三年中華書局據張本進行了校正，並補充了兩篇張本所無之奏議。全書除奏議外，有家訓一則、詩一首，並附事蹟、序、跋於書後。

本次注釋所據爲中華書局本。

〔篇名簡介〕本篇爲宋仁宗慶曆三年至六年（一〇四三——一〇四六）間，包拯任監察御史時所上奏疏。

①表：表率，榜樣。禮表記：「仁者，天下之表也。」

②賊：指爲害社會的壞人。論語陽貨：「鄉原，德之賊也。」

③擿（tī）發：揭發。

④横貸：赦免。

⑤釁：罪。

⑥猥（wěi）：卑賤。

⑦少府監：宋代六監之一，掌管製造門戟、神衣、旌節之物。

⑧隸役：服差役。

⑨放令遂便：免官令其自便。

⑩責貪殘：懲罰貪官污吏。

⑪應：一應，凡是。

⑫副使：節度副使，無實權的散官，常以有過失的官員充任。

⑬上佐：指宋時各州府的長史，司馬別駕等官。無實權，常以有過失者充任。

（汝企和）

乞制置三司條例

竊觀先王之法①，自畿之内②，賦入精粗，以百里爲之差③；而畿外邦國，各以所有爲貢。又爲經用通財之法以懋遷之④，其治市之貨財，則亡者使有，害者使除；市之不售，貨之滯於民用，則吏爲斂之，以待不時而買者。凡此非專利也。

〔臨川先生文集簡介〕是北宋王安石的詩文集。王安石（一〇二一——一〇八六），字介甫，撫州臨川縣（今江西撫州市）人。神宗熙寧年間兩次出任宰相，主持變法。後遭保守派反對，被迫罷相。王安石是我國古代著名的文學家和政治家。是集共一百卷，是了解王安石所處時代及其思想的重要文獻。本次注解所據爲四部叢刊本臨川先生文集。

〔篇名簡介〕本文選自臨川先生文集卷七十，是王安石上神宗的奏章。當時國家已處於積貧積弱的境地，財政收入愈益入不敷出。在這種情況下，王安石明白指出財政非改革不可。他請求設置三司條例司，作爲總管財政改革和主持變法的專門機構。三司，指鹽鐵、度支、户部等主管財經的中央機構。

①先王之法：此主要指周禮地官司徒中有關貢賦的規定。

②畿：王畿。天子所在方千里的地區。
③差：差别，等級。
④懋遷之：勉勵人們進行交易。懋，說文解字：「懋，勉也。」

蓋聚天下之人不可以無財，理天下之財不可以無義①。夫以義理天下之財，則轉輸之勞逸不可以不均，用度之多寡不可以不通，貨賄之有無不可以不制②，而輕重斂散之權不可以無術③。

①義：指合理的原則、辦法。
②貨賄：古代金玉曰貨，布帛曰賄。貨賄，指財物。
③輕重：指物價的高與低。斂散：指貨物的買進和賣出。

今天下財用窘急無餘，典領之官拘於弊法，内外不以相知①，盈虚不以相補。諸路上供，歲有定額，豐年便道②，可以多致，而不敢不贏③；年儉物貴④，難於供備，而不敢不足。遠方有倍蓰之輸⑤，中都有半價之鬻⑥。三司發運使按簿書、促期會而已⑦，無所可否增損於其間⑧。至遇軍國郊祀之大費⑨，則遣使刬刷⑩，殆無餘藏。諸司財用事，往往爲伏匿，不敢實言，以備緩急；又憂年計之不足⑪，則多爲支移、折變以取之⑫，民納租税數至或倍其本數。而朝廷所用之物，多求於不産⑬，責於非時⑭，富商大賈因事乘公私之急，以擅輕重斂散之權⑮。

①內外：指朝廷和地方。
②便道：指運輸便利。
③不贏：「不」字疑爲誤字。贏，多餘。
④儉：年成不好。
⑤蓰：五倍。集韻紙韻：「蓰，物數也，五倍曰蓰。」此句指遠方花費高出原價幾倍將東西運輸到京都來。
⑥中都：京都。鬻（yù）：賣。
⑦發運使：官名，主管運輸。期會：按期匯總。
⑧無所句：指不能按照實際情況在規定的數字之間有所增加或減少。
⑨軍國：軍務和國政。郊祀：天子於郊外祭天。
⑩剗：「鏟」的異體字。剗刷，指拼命的搜刮。
⑪年計：年度預算。
⑫支移：指改變繳糧地點，要納糧户交支移脚錢。折變：指改變徵收物品，然後任意訂折合率進行折價。
⑬不產：指不出產這些物品的地方。
⑭非時：指不是這些物品能交得出的時候。
⑮擅：操縱，壟斷。

臣等以謂①：發運使揔六路之賦入②，而其職以制置茶、鹽、礬税爲事③，軍儲國用，多所仰給④。宜假以錢貨⑤，繼其用之不給，使周知六路財賦之有無而移用之⑥。凡糴買税斂上供之物，皆得徙貴就賤⑦，用近易遠⑧。令在京庫藏、年支、見在之定數所當供辦者，得以從便變賣，以待上令⑨。稍收輕重斂散之權歸之公上⑩，而制其有無以便轉輸。省勞費，去重斂，寬農民，庶幾國用可足，民財不匱矣。

所有本司合置官屬⑪，許令辟舉⑫，及有合行事件，令依條例以聞⑬，奏下制置司參議施行。

①以謂：以爲。

②揔：同「總」，總管。六路，指江南東路、江南西路、兩浙路、淮南路、荆湖南路和荆湖北路六個行政區。約相當於今江蘇、浙江、安徽、江西、湖南、湖北六省。

③礬（fán）：一種含水重鹽，俗稱明礬。

④仰給：依靠供給。

⑤假：借，暫撥。

⑥移用：調撥供用。

⑦徙貴就賤：指從價格貴的地方遷到價格低的地方去收購。

⑧用近易遠：指從遠的地方改爲到近的地方去收購。易，改變。

⑨上令：指朝廷調用的命令。

⑩公上：朝廷。
⑪合：應該。
⑫辟舉：徵召、推舉。
⑬以聞：上報。

（張　升）

文心雕龍

史傳

開闢草昧①，歲紀綿邈，居今識古，其載籍②乎！軒轅之世，史有倉頡③，主文之職，其來久矣。曲禮④曰：「史載筆⑤。」史者，使也；執筆左右，使之記也。古者左史記言，右史書事。言經則尚書，事經則春秋也。唐虞流於典謨⑥，夏商被於誥誓⑦。洎周命維新⑧，姬公定法，紬三正以班歷⑨，貫四時以聯事⑩，諸侯建邦，各有國史，彰善癉惡，樹之風聲。自平王微弱，政不及雅⑪，憲章散紊，彝倫攸斁⑫。昔者夫子閔王道之缺，傷斯文之墜，靜居以嘆鳳⑬，臨衢而泣麟⑭，於是就太師以正雅頌⑮，因魯史以修春秋，舉得失以表黜陟，徵⑯存亡以標勸戒；褒見一字，貴踰軒冕⑰；貶在片言，誅深斧鉞⑱。然睿旨幽隱，經文婉約，丘明同時，實得微言⑲；乃原始要終⑳，創爲傳體。傳者，轉也；轉受經旨，以授於後，實聖文之羽翮㉑，記籍之冠冕㉒也。

〔文心雕龍簡介〕中國古代第一部較爲全面而系統的文學批評著作。作者劉勰（約公元四六五——五二一年），幼年喪父，家貧，寄居定林寺，專心學問。南朝梁時，出任東宮通事舍人等官。晚年在定林寺出家，改名慧地。此書成於南朝齊代。十卷，五十篇，對六朝以前二百餘名作家進行了評論。

此書現有二十多個版本。通行的有：黃叔琳輯注本；范文瀾注本。一九八〇年上海古籍出版社出版了王利器校箋的文心雕龍校證，我們選用它作爲底本加以注釋。

〔篇名簡介〕文心雕龍一書的第十六篇。是對歷史散文的論述。作者認爲歷史著作應「務信棄奇」，「文疑則缺，貴信史也。」抨斥對「勳榮之家，雖庸夫而盡飾；迍敗之士，雖令德而嗤埋」的惡劣文風。

①草昧：即蒙昧。指原始未開化的時代。

②載籍：書籍。

③史有倉頡：說文：「史，記事者也，從又持中，中，正也。」倉頡是軒轅（傳說中的黃帝）時的史官。

④曲禮：禮記中的一篇。

⑤史載筆：孔穎達疏：「史謂國史，書録王事者。王若舉動，史必書之，則史載書具而從之也。」

⑥流於典謨：傳自堯典、皋陶謨。

⑦被於誥誓：及於湯誥、甘誓。

⑧洎周命維新：洎，及；維，語助詞，乃。詩經大雅文王：「周雖舊邦，其命維新。」

⑨紬（chōu）三正以班歷：抽輯夏、商、周三代的正月，編排年月。

⑩貫四時以聯事：按照春、夏、秋、冬記載史事。

⑪雅：正。周禮春官大師：「教六詩曰風、曰賦、曰比、曰興、曰雅、曰頌。」注：「雅，正也，言今之正者以爲後世法。」

⑫彝倫攸斁（dù）：語出書洪範，蔡沈集傳：「彝，常；倫，理也。」攸，語助詞。斁，敗壞。

⑬嘆鳳：嘆息鳳鳥不至。語出論語子罕篇：「孔子曰：『鳳鳥不至，河不出圖，吾已矣夫！』」此爲孔子感嘆時無明君，故無鳳鳥、河圖等瑞應之物，天下没指望了。後人以嘆鳳比喻生不逢時。

⑭泣麟：哭泣麟出非其時而被擒獲。公羊傳哀十四年：「春，西狩獲麟。……孔子曰：『孰爲來哉！孰爲來哉！』反袂拭面，涕沾袍。」據孔子編年卷五記載：「子貢問曰：『夫子何泣爾？』孔子曰：『麟之至，爲明王也，出非其時而見害，吾是以傷焉！』」後來詩文中用爲世衰道窮的典故。

⑮就太師以正雅頌：到樂師那兒討論音樂以訂正雅樂、頌樂。

⑯徵：驗證。

⑰軒冕：古代卿大夫所用的車子和禮服。引申爲高官厚禄。

⑱誅深斧鉞：責備比受斧鉞之刑還沉重。斧鉞：刑具。古代執行軍法時殺人用的斧子。

⑲微言：精微之言。

⑳原始要終：探究事物發展的起源和結果。語出易繫辭下。孔穎達疏：「原窮其事之初始，……又要會其事之終末。」

㉑羽翮（hé）：羽翼。喻指輔佐。翮：羽毛的莖。

㉒記籍之冠冕：歷史著作最好的範本。冠冕：比喻首位，第一。

及至從橫之世，史職猶存。秦併七王①，而戰國有策②。蓋錄而弗叙③，故即簡而爲名也。漢滅嬴項④武功積年，陸賈稽古⑤，作楚漢春秋；爰及太史談，世惟執簡⑥；子長繼志，甄序帝勣⑦。比堯稱典⑧，則位雜中賢；法孔題經⑨，則文非玄聖⑩。故取式呂覽⑪通號曰紀，紀綱之號，亦宏稱也。故本紀以述皇王，列傳以總侯伯，八書以鋪政體⑫，十表以譜年爵⑬，雖殊古式，而得事序焉。爾其實錄無隱之旨，博雅弘辯之才，愛奇反經之尤⑭，條例踳落之失⑮，叔皮⑯論之詳矣。及班固述漢，因循前業，觀司馬遷之辭，思實過半⑰。其十志該富⑱，讚序⑲弘麗，儒雅彬彬，信有遺味。至於宗經矩聖之典，端緒豐贍⑳之功，遺親攘美㉑之罪，徵賄鬻筆㉒之衍，公理㉓辨之究矣。觀夫左氏綴事，附經間出㉔，於文爲約，而氏族難明㉕。及史遷各傳，人始區詳而易覽，述者宗焉。及孝惠委機㉖，呂氏攝政，史班立紀㉗，並違經實，何則？庖犧㉘以來，未聞女帝者也。漢運所值，難爲後法。牝鷄無晨㉙，武王首誓；婦無與㉚國，齊桓著盟；宣后亂秦㉛，呂氏危漢㉜，豈唯政事難假，亦名號宜慎矣。張衡司史㉝，而惑同遷固，元平二后，欲爲立紀，繆亦甚矣。尋子弘雖僞㉞，要當孝惠之嗣；孺子誠微㉟，實繼平帝之體；二子可紀㊱，何有於二后哉？

①秦併七王：秦統一六國，六王不存，秦王改稱皇帝。六王加秦王，共七王。併，兼。
②策：指戰國策。蔡邕獨斷曰：「策者，簡也。……單執一札，謂之爲簡，連編諸簡，乃名爲策。」
③叙：編排。
④嬴項：即指秦朝和項羽。秦爲嬴姓。
⑤稽古：考查古代興衰史迹。
⑥世惟執簡：世代擔任史官職務。惟，是。書益稷：「萬邦黎獻，共惟帝臣。」
⑦甄序帝勣：甄序，分叙次第。勣：同「績」，功業。
⑧比堯稱典：比，比照；典，尚書堯典。意即比照尚書堯典稱爲典。
⑨法孔題經：即效法孔子而題名爲經。
⑩玄聖：指孔子。後漢書班固傳：「故先命玄聖，使綴學立制，宏亮洪業。」李賢註：「玄聖，謂孔丘也。」
⑪取式呂覽：效法呂氏春秋。呂氏春秋有十二紀、八覽、六論。
⑫鋪政體：陳列施政的要領。
⑬譜年爵：叙録史事或人物按年代、爵位等爲序。

⑭愛奇反經之尤：愛好奇特而違離經典的過錯。

⑮條例踳落之失：體例乖舛錯雜的缺漏。

⑯叔皮：東漢初年歷史學家班彪的字。班彪評述史記的文章史記論附在後漢書班彪傳中。

⑰思實過半：思慮有益，超過一半。語出周易繫辭下。孔穎達疏：「言聰明知達之士，觀此卦下彖辭，則能思慮有益，以過半矣。」

⑱該富：完備豐富。該，通「賅」，盡備。

⑲讚序：即班固在漢書紀、傳末尾評議人物事件的讚和在漢書表志之前所寫的序。

⑳端緒豐贍：頭緒豐富。

㉑遺親攘美：是說班固竊用其父史記後傳成果，撰著成以己名流傳的漢書。傅玄的傅子中說：「班固漢書因父得成，遂没不言彪，殊異司馬遷也。」

㉒徵賄鬻筆：求取賄賂出賣文章爲人立傳。劉知幾在史通曲筆中說：「班固受金而始書。」范文瀾認爲，此爲誣蔑不實之詞。徵，求。

㉓公理：東漢著名學者仲長統的字。

㉔附經間出：依附於春秋，偶爾談些史實。晉朝杜預把原本爲編年體史書的左傳按年附於春秋之後，形成一段春秋附一段左傳之局。

㉕氏族難明：指一些歷史人物的氏和族難以具體記載。

㉖委機：拋棄國家大事。

㉗史班立紀：指司馬遷史記和班固漢書爲呂后立本紀。

㉘庖犧：即伏羲。古代氏族首領。

㉙牝鷄無晨：語出尚書牧誓。牝鷄，母鷄。無晨，不晨鳴。

㉚與(yù)：參預。

㉛宣后亂秦：指秦昭王母宣太后主持秦國政事，與匈奴義渠戎王淫亂事。

㉜呂氏危漢：據史記呂后紀記載：呂后「聽諸呂，擅廢帝更立，又比殺三趙王，滅梁、趙、燕，以王諸呂。」嚴重危害劉漢王朝。

㉝張衡司史：東漢張衡負責東觀漢紀的補綴工作。他曾上書說：「宜爲元后本紀。」

㉞尋子弘雖僞：查考漢惠帝之子劉弘雖然假冒太子。

㉟孺子誠微：劉嬰確實年幼(當時祇有兩歲)。孺子，即劉嬰。微，年幼，小。

㊱二子可紀：即劉弘、劉嬰都應該立本紀。作者認爲這二子是皇帝合法繼承人。

至於後漢紀傳，發源東觀。袁張所製，偏駁不倫①。薛謝之作，疎謬少信②。若司馬彪之詳實③，華嶠之準當④，則其冠也。及魏代三雄⑤，記傳互出。陽秋魏略⑥之屬，江表吳録⑦之類，或激抗難徵⑧，或疎闊寡要。唯陳壽三志⑨，文質辨洽⑩，荀張⑪比之於遷固，非妄譽也。

①袁張所製，偏駁不倫：即東晉袁山松所著的後漢書和張瑩所著後漢南紀，偏頗雜亂，不合常規。

②薛謝之作，疎謬少信：三國時期吴薛瑩所著後漢紀和謝承所著後漢書粗疏謬誤，缺少信實。

③司馬彪之詳實：西晉司馬彪所著後漢紀的詳盡可信。

④華嶠之準當：西晉華嶠所著後漢書的準確而恰當。

⑤及魏代三雄：到魏、蜀、吴三國鼎立時期。

⑥陽秋魏略：東晉孫盛所著魏氏春秋和魏魚豢所著魏略。陽秋，本為春秋。因避晉簡文帝太后諱（太后名阿春），故改為陽秋。

⑦江表吴録：西晉虞溥所著江表傳和張勃所著吴録。此二書今已不存。

⑧激抗難徵：激昂振奮難以驗證。

⑨陳壽三志：陳壽所著三國志。

⑩文質辨洽：文采與質樸明辨協和。

⑪荀張：西晉中書監荀勖和中書令張華。

至於晉代之書，繁乎著作①。陸機肇始②而未備，王韶續末而不終③，干寶述紀④，以審正得序；孫盛陽秋，以約舉為能。按春秋經傳，舉例發凡，自史漢以下，莫有準的。至鄧璨晉記，始立條例⑤。又擺落⑥漢魏，憲章⑦殷周，雖湘川曲學⑧，亦有心典謨⑨。及安國立例⑩，乃鄧氏之規⑪焉。

①著作：即著作郎。官職名。晉時專任史書編撰。

②陸機肇始：西晉陸機所著晉紀衹撰寫西晉初期的歷史。肇始：發端，開始。

③王韶續末而不終：南朝宋王韶所著晉紀，衹寫東晉末年歷史，對東晉義熙九年之後直至晉滅亡的七年間歷史不作撰述。

④干寶述紀：東晉干寶所著晉紀。

⑤鄧璨晉紀，始立條例：東晉鄧璨所著晉紀，纔開始擬訂編寫條例。

⑥擺落：拋開，擺脱。

⑦憲章：取法。

⑧湘川曲學：即指地處偏遠的長沙學者鄧璨。

⑨有心典謨：用心於學習典、謨等經書。

⑩安國立例：安國，孫盛的字。立例，即發凡起例。

⑪規：法度。鄧氏之規，即鄧璨所立法度。

原夫載籍之作也，必貫乎百氏①，被之千載②，表徵③盛衰，殷鑒④興廢，使一代之制，共日月而長存，王霸之跡，並天地而久大。是以在漢之初，史職為盛，郡國文計⑤，先集太史之府，欲其詳悉於體國⑥也。閱石室，啟金匱⑦，抽裂帛，檢殘竹⑧，欲其博練於稽古⑨也。是立義選言，宜依經以樹則；

勸戒與奪，必附聖以居宗；然後詮評昭整⑩，苛濫不作⑪矣。然紀傳爲式，編年綴事，文非泛論，按實而書，歲遠則同異難密⑫，事積則起訖易疎⑬，斯固總會之爲難也。或有同歸一事，而數人分功，兩記則失於複重，偏舉則病於不周，此又詮配之未易也。故張衡摘史班之舛濫⑭，傅玄譏後漢之尤煩⑮，皆此類也。

①百氏：諸子百家。

②被之千載：使千年之後的人都受益。被，及。

③表徵：明白驗證。

④殷鑒：原謂殷人滅夏，殷的子孫應以夏的滅亡作爲鑒戒。後亦泛稱可作借鑒的往事。

⑤郡國文計：泛指當時各地政權機構的文件、賬目。

⑥體國：營建國中的宮城門途，如身之有四體。也泛指治理國家。

⑦啓金匱：打開用金屬製成的藏書匱。漢書卷四九晁錯傳對策：「臣竊觀上世之傳，若高皇帝之建功業，陛下之德厚而得賢佐，皆有司之所覽，刻於玉版，藏於金匱，歷之春秋，紀之後世，爲帝者祖宗，與天地相終。」

⑧抽裂帛，檢殘竹：搜檢書籍。中國古代用竹、帛書寫，故裂帛、殘竹便爲書籍代稱。

⑨稽（jī）古：研習古事。後漢書卷三十七桓榮傳：「榮大會諸生，陳其車馬印綬，曰：『今日所蒙，稽古之力也。』」

⑩整：整理。意爲整頓之使有條理。

⑪苟濫不作：寬嚴失度的論著不會再撰寫了。
⑫密：近，切合。
⑬疎：疏漏。疎，爲「疏」的俗字。
⑭舛（chuǎn）濫：錯雜不當。濫，失實。
⑮尤煩：更加煩瑣。尤，副詞，更加。

若夫追述遠代，代遠多僞，公羊高①云：「傳聞異辭。」荀況稱：「録遠略近。」蓋文疑則闕，貴信史也。然俗皆愛奇，莫顧實理。傳聞而欲偉其事，録遠而欲詳其跡，於是棄同即異，穿鑿傍說，舊史所無，我書則傳，此訛濫之本源，而述遠之巨蠹也。至於記編同時，時同多詭，雖定哀微辭②，而世情利害。勳榮之家，雖庸夫而盡飾；迍敗③之士，雖令德而嗤埋④，吹霜煦露⑤，寒暑筆端，此又同時之枉⑥，可爲歎息者也。故述遠則誣矯如彼，記近則回邪⑦如此，析理居正，唯素心⑨乎！

①公羊高：公羊傳的作者。
②定哀微辭：（孔丘）對魯定公、魯哀公的過失衹用隱蔽微婉的言辭指出。
③迍（zhūn）敗：處境困頓。
④嗤埋：受譏笑，被埋没。
⑤吹霜煦露：意即隨意褒貶。霜，寒。露，潤。吹霜，即貶抑，與下文「寒」相對。煦露，即温潤，吹捧，與下文「暑」

相對。

⑥同時之枉：即對同時代史實的歪曲。

⑦回邪：邪曲不正。

⑧析理居正：分析事理，記述得當。

⑨素心：心地純潔。文選南朝宋顏延年陶徵士誄：「弱不好弄，長實素心。」素，樸素，純潔。老子：「見素抱樸，少私寡欲。」

若乃尊賢隱諱①，固尼父之聖旨②，蓋纖瑕不能玷瑾瑜③也；姦慝懲戒④，實良史之直筆。農夫見莠，其必鋤也；若斯之科⑤，亦萬代一準焉。至於尋繁領雜⑥之術，務信棄奇⑦之要，明白頭訖⑧之序，品酌事例之條，曉其大綱⑨，則衆理可貫。然史之爲任，乃彌綸⑩一代，負海内之責，而贏是非之尤⑪。秉筆荷擔，莫此之勞。遷固通矣，而歷詆後世⑫。若任情失正，文其殆⑬哉！

①尊賢隱諱：語出公羊傳閔公元年。

②固尼父之聖旨：本來是尼父（孔子字仲尼，尊稱其爲尼父）的旨意。

③纖瑕不能玷瑾瑜：小斑點不能污損美玉。意即細微的缺點不能影響道德高尚的人。

④姦慝懲戒：意即對邪惡的人進行懲罰教育。奸慝：邪惡的心術或行爲。

⑤科：類。

⑥尋繁領雜：抽繹綱領統御繁雜。
⑦務信棄奇：力求真實可信，棄除奇說。
⑧頭訖：開頭結尾。
⑨大綱：指「術」、「要」、「序」、「條」，四方面。
⑩彌綸：包括，統攝。語出易繫辭。
⑪尤：指責，責備。
⑫歷詆後世：屢遭後世詆毀。詆，誹謗。
⑬殆：危險。

贊曰：史肇軒黃①，體備周孔②。世歷斯編，善惡偕③總。騰褒裁貶，萬古魂動。辭宗丘明④，直歸南董⑤。

①史肇軒黃：史官記事起始於軒轅黃帝。
②體備周孔：史書體例完備於周公、孔子。
③偕（xié）：共同，都。
④辭宗丘明：文辭上應效法左丘明。
⑤直歸南董：正直秉公書事應趨向於南史氏和董狐。南史為春秋時齊國的史官。董狐為春秋時晉國的史官。

（劉淑英）

睡虎地秦墓竹簡

田律

雨爲湗(澍)①，及誘(秀)粟②，輒以書言③湗(澍)稼、誘粟及豤(墾)田④暘⑤毋稼者頃數。稼已生後而雨，亦輒言雨少多，所利頃數⑥。早(旱)及暴風雨、水潦⑦、蚤(螽)蚰、羣它物⑧傷稼者，亦輒言頃數。近縣令輕足行其書⑨，遠縣令郵行之，盡八月⑩□□之。

田律⑪

〔睡虎地秦墓竹簡簡介〕睡虎地秦墓竹簡整理小組編輯。一九七五年，在湖北雲夢睡虎地十一號秦墓中發掘出土大量秦簡。這批秦簡以毛筆墨書的秦隸書寫，計有：編年記、語書、秦律十八種、秦律雜抄、法律問答、封診式、爲吏之道、日書等。其内容涉及秦國的政治、經濟、軍事、文化各個方面，爲研究秦國史提供了珍貴材料。本次注解據文物出版社一九七八年版睡虎地秦墓竹簡。

〔篇名簡介〕田律是秦律十八種之一。它是關於農田水利、山林保護等方面的法律，從中可看出秦政府在這些方面的重視程度。

①澍：及時雨。說文解字水部：「時雨，所以樹生萬物。從水，尌聲。」

②秀粟：禾抽穗結實。秀，說文解字徐鍇注：「禾實水，有實之象，下垂也。」正字通禾部：「秀，禾吐華也。」爾雅釋草：「不榮而實者謂之秀。」

③書言：書面報告。

④墾田：開墾的熟地。

⑤畼（chàng）：未種植的生地。說文解字田部：「畼，不生也。從田，易聲。」玉篇田部：「畼，不生也。」

⑥所利頃數：受益頃數。

⑦水潦（lǎo）：澇灾。潦，說文解字水部：「潦，雨水大貌。從水，尞聲。」玉篇水部：「潦，雨水盛也。」

⑧螽蚰、羣它物：螽，蝗蟲。蚰（kūn），蟲類總稱。羣它物，其它各種害物。

⑨輕足行其書：輕足，走得快的人。行其書，遞送文書。

⑩盡八月：至八月底。

⑪田律：這裡的田律主要是關於農業生產的律文，與漢朝關於田獵規定的田律不同。

春二月，毋敢①伐材木山林及雍（壅）隄水②。不夏月③，毋敢夜草爲灰④，取生荔⑤、麛䴠（卵）鷇⑥，毋□□□□□□毒魚鱉⑦，置穽罔（網），到七月而縱之⑧。唯不幸死⑨，而伐綰（棺）享（槨）者，是不用時⑩。邑之紤（近）皂及它禁苑者⑪，麛時毋敢將犬以之田⑫。百姓犬入禁苑中不追獸及捕獸者，勿敢殺；其追獸及捕獸者，殺之。河（呵）禁所⑬殺犬，皆完入公⑭；其它禁苑殺者，食其肉而入皮。

田律

①毋敢：不允許。

②壅隄水：築堤截流。隄，同堤。

③不夏月：不到夏季。

④夜草爲灰：即刈草爲灰。禮記月令載：仲夏月「無燒灰」。

⑤取生荔：荔，疑讀爲甲，釋名釋天載：「甲，孚甲也，萬物解孚甲而生也。」即植物發芽時所戴種皮。取生荔，即採摘剛生芽的植物。

⑥麛𪊲鷇：麛（mí），幼鹿，此泛指一切幼獸。𪊲，即卵，此泛指一切野生鳥卵。鷇（kòu），雛鳥。

⑦毋：不許。毒，毒殺。

⑧到七月而縱之：到了七月開禁。逸周書大聚載：「春三月，山林不登斧，以成草木之長；夏三月，川澤不入網罟，以成魚鱉之長。」

⑨不幸死：秦漢時習用語，即死亡。

⑩是不用時：不受此時限。

⑪皂及它禁苑者：皂，牛馬圈，此指畜養牛馬的苑囿。禁苑，王室畜養禽獸的苑囿，禁止百姓入內。

⑫麛時毋敢將犬以之田：幼獸生長時期不準許帶着犬去狩獵。

⑬呵禁所：設置警戒的地方。

⑭完入公：完整地上繳官府。

田律

百姓居田舍①者毋敢醢（酤）酉（酒）②，田嗇夫、部佐③謹禁御之④，有不從令者有罪。

①田舍：農村中的居舍。

②酤酒：賣酒。

③田嗇夫、部佐：田嗇夫，地方上管理農事的小官。部佐，漢代鄉的轄區稱鄉部，部佐即鄉佐一類的小吏。

④謹：嚴。御，止。

（張　升）

奉天請罷瓊林大盈二庫狀

右①：臣聞作法於涼②，其弊猶貪；作法於貪，弊將安救？示人以義，其患猶私；示人以私，患必難弭。故聖人之立教也，賤貨而尊讓，遠利而尚廉。天子不問有無，諸侯不言多少。百乘之室，不畜聚斂之臣。夫豈能忘其欲賄③之心哉？誠懼賄之生人心而開禍端，傷風教而亂邦家耳。是以務鳩斂④而厚其帑櫝⑤之積者，匹夫之富也。務散發而收其兆庶之心者，天子之富也。天子所作，與天同方⑥。生之長之，而不恃其爲；成之收之，而不私其有，付物以道，混然忘情⑦。取之不爲貪，散之不爲費。以言乎體⑧則博大，以言乎術則精微。亦何必撓廢⑨公方，崇聚私貨，降至尊而代有司之守，辱萬乘⑩以效匹夫之藏，虧法失人，誘奸聚怨？以斯制事，豈不過哉？

〔全唐文簡介〕清董浩、阮元等奉敕撰。一千卷。匯輯唐、五代文章一萬八千四百八十八篇，作者三千零四十二人。採納極爲浩博。纂修始於嘉慶十三年（一八〇八），成於嘉慶十九年。當時設「全唐文館」，編校者達一百餘人，由董浩領銜，著名學者阮元、徐松等都參與其事。體例悉依全唐詩。由於包羅極廣，又是衆手成書，因此錯誤疏漏不少，小傳中也有不少訛誤。此外，採輯羣書不注出處，收文仍有較多遺漏，給校勘造成困難。

本次注釋，所據爲中華書局一九八二年版。

〔篇名簡介〕本篇是陸贄於建中五年（七八四）向唐德宗所上之表狀。陸贄（七五四——八〇五），字敬輿，蘇州嘉興（今浙江嘉興）人。大曆八年（七七三）登進士第。一生所作奏議數十百篇，譏陳時病，深爲後世推崇。奉天：故城在今陝西干縣。瓊林、大盈二庫：唐玄宗開元間所設置的屬於國庫之外的皇室私庫。建中四年德宗避朱泚亂於奉天，在奉天行宮廡下，建臨時瓊林、大盈二庫，加緊充實私囊。

①右：古代臣子進狀時的一種行文格式，以所論列的人或事概括寫在前行，文首多冠以「右」字。

②作法於涼：涼：薄，儉約。「作法於涼」義即賦税從輕。左傳昭公四年：「君子作法於涼，其弊猶貪；作法於貪，弊將若之何？」

③賄：此指財貨。

④鳩斂：聚集。徵收賦税。

⑤帑櫝：錢櫃。

⑥與天同方：方，準則。

⑦付物以道，混然忘情：付給百姓以施仁義之道，全然忘記私情。

⑧體：此指內在之精神。下文之「術」，指外在的具體方法。

⑨撓廢：破壞。

⑩萬乘：指天子。

今之瓊林、大盈，自古悉無其制。傳諸耆舊①之説，皆云創自開元，貴臣貪權，飾巧求媚，乃言郡邑貢賦所用，盍各區分？稅賦當委之有司，以給經用；貢獻宜歸乎天子，以奉私求。玄宗悅之，新②是二庫。蕩心侈欲，萌柢③於茲。迨乎失邦④，終以餌寇⑤。記曰：「貨悖而入，必悖而出⑥。」豈非其明效歟？

①耆舊：年高而享有聲望之人。
②新：新置。
③萌柢：萌芽生根。柢：樹根。
④迨乎失邦：到失去國都之時。迨：等到。
⑤餌寇：招引盜寇來搶掠。此指安史之亂期間，叛軍對長安的搶劫。
⑥貨悖而入，必悖而出：語出禮記大學。意為：財貨若是用不正當的方法得來的，也一定會不正常地散失掉。悖：荒謬。

陛下嗣位之初，務遵理道。敦行約儉，斥遠貪饕①。雖內庫舊藏，未歸太府②，而諸方曲獻，不入禁闈③。清風肅然，海內丕④變，議者咸謂漢文却馬⑤、晉武焚裘⑥之事，復見於當今矣。近以寇逆亂常⑦，鑾輿⑧外幸，既屬憂危之運，宜增儆勵⑨之誠。臣昨奉使軍營，出游行殿⑩，忽睹右廊之下，榜列二庫之名。戄然⑪若驚，不識所以。何則？天衢尚梗⑫，師旅方殷。瘡痛呻吟之聲，噢咻⑬未息；忠勤戰守之效，賞賚未行。而諸道貢珍，遽私別庫⑭，萬目所視，孰能忘懷？竊揣軍情，或生觖望⑮。試詢候館⑯之吏，兼採道路之言，果如所虞⑰，積憾已甚。或忿形謗讟⑱，或丑肆謳謡⑲，頗含思亂之情，亦有悔忠之意。是知甿俗昏鄙⑳，識昧高卑㉑，不可以尊極㉒臨，而可以誠義感。頃者六師初降㉓，百物無儲，外捍凶徒，内防危堞㉔，晝夜不息，殆將五旬，凍餒交侵，死傷相枕，畢命同力，竟夷大艱㉕。良以陛下不厚其身㉖，不私其欲，絶甘以同卒伍，輟食以啗㉗功勞。無猛制而人不携㉘，懷所感也；無厚賞而人不怨，悉所無也。今者攻圍已解，衣食已豐，而謡讟方興，軍情稍阻。豈不以勇夫恒性㉙，嗜貨矜功㉚，其患難既與之同憂，而好樂不與之同利，苟異恬默㉛，能無怨咨？此理之常，固不足怪。記曰：「財散則民聚，財聚則民散㉜。」豈非其殷鑒歟？衆怒難任㉝，蓄怨終泄。其患豈徒人散而已，亦將慮有構奸鼓亂㉞，干紀㉟而强取者焉。

①貪饕（tāo）：指貪官污吏。
②太府：指太府寺，掌邦國之財貨，負責四方貢賦和百官俸禄之出納。
③諸方曲獻，不入禁闈：各地曲盡各種理由給皇帝的進獻，一律不許進入宫中。
④丕：大。
⑤漢文却馬：漢書賈捐之傳：「孝文皇帝時有獻千里馬者，……下詔曰：『朕不受獻也，其令四方毋求來獻。』」
⑥晉武焚裘：晉書武帝紀：「咸寧四年十一月辛巳，太醫司馬程據獻雉頭裘，帝以奇異服典禮所禁，焚之於殿前。」

甲申，赦内外敢有犯者罪之。」

⑦寇逆亂常：指德宗建中二年十月，涇原兵過京師，作亂，德宗避亂奉天。

⑧鑾輿：帝王所乘之車。

⑨儆勵：警惕小心，勤勉努力。

⑩行殿：皇帝外出時臨時居住的宮殿。

⑪懼（jué）然：很吃驚的樣子。

⑫天衢尚梗：京都尚在危難中。天衢：指京都。

⑬噢咻（ō xiū）：痛苦呻吟之聲。

⑭別庫：指有別於國庫的皇室私庫，此指瓊林、大盈二庫。

⑮觖（jué）望：抱怨。

⑯候館：即大路驛站。周禮地官遺人：「凡國野之道，五十里有市，市有候館。」

⑰虞：憂慮。

⑱忿形謗讟（dú）：指百姓憤然作色抱怨。讟：怨言。

⑲丑肆謳謠：丑類任意歌唱謠諺。丑：丑類，指百姓，是對人民的誣稱。

⑳甿（méng）俗昏鄙：村民糊塗。甿俗：村民。昏鄙：不明白。

㉑識昧高卑：分不清尊卑高下。昧：從日未聲，原指天似明非明之時，後引申爲不明、分不清。

㉒尊極：即至尊，指皇帝。

㉓六師初降：天子出行，必有侍衛的六師隨行。此處作者不敢明言建中四年德宗出居奉天，而隱諱其詞説六師初降。

㉔危堞：高的城墻。

㉕竟夷大艱：終於消除了重大的險厄。此指朱泚率叛軍圍困奉天之險。

㉖不厚其身：指德宗當時節衣縮食之事。

㉗啗（dàn）：即啖，給人吃。

㉘不携：不離心離德。

㉙恒性：與「勇夫」相對，指一般人，或釋爲懦夫。

㉚嗜貨矜功：好財邀賞，夸耀功勞。

㉛苟異恬默：如果不是恬淡静默、不貪名利之人。

㉜「財散」二句：語出禮記大學。

㉝任：原意爲行李。此處用如動詞，「承擔」之意。

㉞構奸鼓亂：互相勾結，犯法作亂。

㉟干紀：違犯法紀。

夫國家作事，以公共爲心者，人必樂而從之；以私奉爲心者，人必咈①而叛之。故燕昭築金臺②，天下稱其賢；殷紂作玉杯③，百代傳其惡。蓋爲人與爲己殊也。周文之囿百里④，時患其尚小；齊宣之囿四十里，時病其太大。蓋同利與專利異也。爲人上者，當辨察茲理，洗濯其心，奉三無私⑤，以壹有衆；人或不率⑥，於是用刑。然則宣其利而禁其私，天子所恃以理天下之具也。舍此不務，而壅利⑦行私，欲人無貪，不可得也。今茲二庫，珍幣所歸，不領度支⑧，是行私也；不給經費，非宣利也。物情⑨離怨，不亦宜乎？

①咈（fú）：違背。

②燕昭築金臺：文選鮑明遠放歌行李善注引上谷郡圖經：「黄金臺易水東南十八里，燕昭王置千金於臺上，以延天下之士。」

③殷紂作玉杯：韓非子喻老：「昔者紂爲象箸，而箕子怖，以爲象箸必不加於土鉶，必將犀玉之杯。」後以「象箸玉杯」形容極度奢侈的生活。

④周文之囿百里：孟子梁惠王下：「文王之囿方七十里，與民同之，民猶以爲小。齊宣王之囿方四十里，殺其麋鹿者如殺人之罪，故民以爲大。」囿，帝王畜養禽獸的園林。

⑤奉三無私：禮記孔子閑居：「奉三無私以勞天下。天無私復，地無私載，日月無私照。奉斯三者以勞天下，此之謂三無私。」

⑥不率：不順從。

⑦壅利：壅：從土雍聲，本義爲以土堵塞。左傳宣公十二年：「川壅爲澤。」此處引申爲壟斷財貨。

⑧度支：指户部的度支司，掌國家財政出納。

⑨物情：衆情，人情。

智者因危而建安，明者矯失而成德。以陛下天姿英聖，倘加之見善必遷，是將化蓄怨爲銜恩，反過差爲至當。促殄遺孽①，永垂鴻名，易如轉規②，指顧可至③。然事有未可知者，但在陛下行與否耳。能則安，否則危；能則成德，否則失道。此乃必定之理也，願陛下慎之惜之。陛下誠能近想重圍之殷憂④，追戒平居之專欲⑤，器用取給，不在過豐，衣食所安，必以分下。凡在二庫貨賄，盡令出賜有功，坦然布懷，與衆同欲，是後納貢，必歸有司。每獲珍華，先給軍賞，瑰異纖麗，一無上供。推赤心於其腹中，降殊恩於其望外。將卒慕陛下必信之賞，人思建功；兆庶悦陛下改過之誠，孰不歸德？如此，則亂必靖，賊必平。徐駕六龍⑥，旋復都邑。興行墜典⑦，整緝棼綱⑧。乘輿有舊儀，郡國有恒賦，天子之貴，豈當憂貧？是乃散其小儲，而成其大儲也；損其小寶，而固其大寶⑨也。舉一事而衆美具，行之義何疑焉？吝少失多，廉賈不處⑩；溺近迷遠，中人所非⑪。況乎大聖應機⑫，固當不俟終日。不勝管窺願效之至，謹陳冒以聞。謹奏。

①促殄遺孽：加速消滅叛逆。殄（tiǎn）：滅絶。

②規：圓規。

③指顧可致：很快便可達到。指顧，即手一指、眼一看，形容時間很短。

④殷憂：極大的憂患。
⑤平居之專欲：平素個人的貪欲。
⑥六龍：指皇帝的車駕。續漢書輿服志：「天子乘御駕六馬。」周易乾彖：「時乘六龍以御天。」
⑦墜典：因避戰亂而荒棄的儀典。
⑧棼綱：紛亂的法紀、制度。
⑨大寶：帝位。易繫辭下：「聖人之大寶曰位。」
⑩吝少失多，廉賈不處：貪小失大，這是連商人都不做的事。廉賈：指薄利多銷的商人。史記貨殖列傳：「廉更久，久更富，廉賈歸富。」
⑪中人所非：一般人都會認爲不可取。
⑫應機：見機，看到時機來了。

（汝企和）

姓　氏

姓、氏起源於上古。所謂姓，是源於母系氏族時期的一種族號。因血緣關係由女姓方面決定，故從母姓，「姓」字從女、從生，姜、姬、姚、嬴、姒、嬀、嫪、姞等古姓都從女旁。所謂氏，是晚於姓而出現的姓的分支。由於子孫繁衍，一族分爲若干分支散居各地，每支有一個特殊的稱號作爲標誌，這就是氏。通鑑外紀說：「姓者統其祖考之所自出，氏者别其子孫之所自分」，指明了姓、氏的區别及聯繫。例如商人的祖先姓子，後經繁衍分爲殷、時、來、宋、空同等氏，「子」成了舊有的族號，殷、時、來、宋等氏就成了後起的族號了。西周時，姓、氏制度形成，並與宗法制度聯繫起來。姓、氏是貴族的特權，貴族中女子稱姓，男子稱氏。姓是用來明血緣、别婚姻的，姓因生而命，較爲穩定。因「男女同姓，其生不蕃」，所以貴族女子的姓必須明確，而且出嫁時至關重要。當時周王室及其同姓封國魯、晉、鄭、衛、虞、虢、吳、燕等國都是姬姓；異姓封國中，齊是姜姓、秦是嬴姓、楚是芈姓、宋是子姓，越是姒姓。因有同姓不婚的規定，所以同姓之國互稱兄弟；因異姓纔可通婚，故異姓之國互稱甥舅。如春秋時期秦、晉兩個異姓諸侯國世代通婚，後人因此而稱聯姻爲「秦晉之好」。爲了把待嫁的女子加以區別，就在姓前加上孟(伯)、仲、叔、季等表示排行的字眼。正如古書中的孟姜、伯姬、仲子、叔姬、季芈等。出嫁後則有如下幾種方法可以加以區別：第一種是在姓前加上女子所自出的國名或氏，即女子娘家的姓或氏。如：齊姜、晉姬、秦嬴、陳嬀、國姜等，其中「國」爲氏。第二種是嫁給別國的國君，在姓前加上這個國君的國名。如秦姬、芮姜、息嬀、江芈等。第三種是嫁給別國的卿大夫，在姓前加上卿大夫的氏或邑名。如：趙姬(趙衰妻)、孔姬(孔圉妻)、秦姬(秦遄妻)、棠姜(棠公妻。棠，邑名)。第四種是出嫁的女子死後在姓前加上配偶或本人謚號。如：武姜(鄭武公妻，武是鄭武公的謚號)、文姜(魯桓公妻，文是其本人的謚號)。此外，在姓下加氏字，也是古代稱呼婦女的一種方法，如鄭莊公稱自己的母親武姜爲姜氏，魯文公妃敬嬴被稱爲嬴氏，晉獻公妃驪姬被稱爲驪氏。

以上是就貴族女子的姓、氏而言。下面談的是貴族中男子稱氏的幾種情況。第一種，諸侯以受封的國名爲氏。如鄭捷(鄭國國君鄭文公)、蔡甲午(蔡國國君蔡莊公)、宋王臣(宋國國君宋成公)。第二種，卿大夫及其後裔以受封的邑名爲氏。如屈完(屈爲封邑名)、羊舌赤(羊舌爲封邑名)。第三種，以所居地名爲氏。如東門襄仲(東門爲地名)、南宮敬叔(南宮爲地名)、百里孟明視(百里爲地名)。第四種，以官名爲氏。如卜偃(卜爲掌管占卜、預測吉凶的官)、祝鮀(祝爲司祭禮之官)，司馬牛(司馬爲古代掌軍事的官)、樂正克(樂正爲樂官名，掌教育)。第五種，以祖先的字或謚號爲氏。如孔丘(爲宋公孫嘉之後，嘉字孔父)、季孫肥(爲魯公子友之後，友字季)、莊辛(楚莊王之後，以謚號莊爲氏)。第六種，以祖先的技術職業爲氏。如巫(以舞降神)、陶(以製陶爲業)、屠(以殺宰牲畜爲職業)。由於氏是貴族身分的象徵，所以古代諸侯詛辭，多曰：「墜命亡氏，踣其國家。」春秋戰國時期，隨着社會的變革，舊的氏族不斷瓦解，新的氏族日益增多，姓、氏逐漸融合。漢代起，姓氏合一，通謂之姓，並且上至天子下至庶人都能有姓了。姓從最初爲貴族女子所有到人人皆可有，不斷繁衍，中國姓氏大全收録有古今姓氏五千六百多條。

面對衆多姓氏，有必要注意以下幾點：

第一點，姓的繁衍途徑不斷增多。首先是原先作爲親屬排行的孟(伯)、仲、叔、季被列爲姓；其次是作爲序數的第一、第二、直至第九等成了復姓；第三是植物、礦物名稱被列爲姓，如麥、麻、楊、柳、金、玉等；第四是因事象聲爲姓，「所」，本爲伐木之聲，後被伐木之官用來作姓；第五是少數民族不斷溶入帶來許多姓，又在融合過程中譯改爲漢姓，使姓不斷增多；第六是因音訛、省偏旁及復姓省稱導致姓氏增多，如古代陳、田音近，由陳而生田姓，又如郯音近談，便生談姓；又如鍾離因省稱而生鍾姓，司寇省稱而生寇姓；再有鄣、邴因省偏旁而生章、丙二姓。

第二點，姓氏的特殊讀音必須清楚。如：祭(音 zhài)、句(音 gōu)、種(音 chóng)、兒(音 ní)、要(音 yāo)、燕(音 yān)、任(音 rén)。再如一些復姓讀音較特殊，如萬俟讀 mòqí，澹臺讀 tántái，尉遲讀 yùchí。

第三點，姓氏中有許多是復姓。如：公冶、司馬、歐陽、拓跋、宇文、淳於、申屠、呼延、上官，等等。

第四點，因避諱、避事、避仇改變姓氏。由於避皇帝之諱而改姓的例子有：班固撰漢書，爲避東漢明帝劉莊諱，稱「莊子」爲「嚴子」。師古注：「嚴子，莊周也。」同書稱西漢的學者莊忌」及其子「莊助」爲「嚴忌」、「嚴助」。因避事改姓的如：漢將謝服因避事而改姓射。爲避仇改姓的例子如，端木賜的後代改姓爲沐、木。

第五點，同姓異源。如劉姓，除本姓外，有由劉邦賜姓爲劉的，項伯、婁敬即是；也有由少數族姓改姓劉的，如晉書劉元海載記云：「初漢高祖以宗女爲公主妻冒頓，約爲兄弟，故其子孫遂冒姓劉氏。」再如李姓，單是被唐朝皇帝賜姓李的就有徐、邴等十六個姓氏，再加上西北及東北等地區少數族被賜姓爲李的，使李姓不斷增大。

與姓氏緊密相關的是名和字。嬰兒出生三個月後由父親命名。男子二十歲成人舉行冠禮（結髮加冠）時取字，女子十五歲許嫁舉行笄禮（結發加笄）時取字。有字是人成年的標誌。字有時爲名的解釋或補充，例如屈原名平、字原。爾雅釋地：「廣平曰原」；晁補之字無咎，意即補過則無咎；班固字孟堅，堅和固是近義詞；鄭樵字漁仲，漁與樵都是在野處士之業，意思相輔；范祖禹字夢得，史載其母夢東漢第一功臣鄧禹來家而生之，因以祖禹爲名，夢得爲字，這裡名和字都寓意了他的出生由來。另有字與名是反義詞的，如曾點字皙。說文：「點，小黑也。」引申爲汙，又：「皙，人色白也。」黑與白正相反。

周代貴族男子字的全稱包含三項內容：一是字。二是在字前加有表示排行的伯、仲、叔、季。三是在字後加有父、甫用來表示性別。如伯禽父，即字禽，排行老大，是男性。仲山甫，即字山，排行老二，是男性。有時可省去字前或字後所加部分，變成伯禽、仲山或禽父、山甫。貴族女子字的前後則要加入三項內容，即：字的前面加姓，姓的前面加表示排行的孟(伯)、仲、叔、季，字的後面加母或女表示性別。如：孟妊車母，車是字，妊是姓，孟是排行，母是性別。也可省去前系或後綴。通常是在姓前加上排行以稱呼貴族女子，如孟姜、叔姬等等。「子」是春秋時男子通常在字前所加的前系，以示尊美。如公孫僑字子產、冉求字子有、卜商字子夏、端木賜字子貢。有時衹稱姓和字，省去字前所加「子」，如顏回字子淵，通常省「子」稱顏淵。

在名與字連用時，漢以前通常是先稱字，後稱名，如孟明視，孟明是字，視是名；孔父嘉，孔父是字，嘉是名。因字尊名卑，故自稱，或尊對卑、長對少稱名，平輩之間或稱尊、長等則稱字。漢以後，在名與字連稱時，則多先稱名，後稱字。例如曹丕撰典論 論文，論及孔融、王粲時，稱「魯國孔融文舉」、「山陽王粲仲宣」，孔融名融字文舉，王粲名粲字仲宣。有時爲了文辭駢儷，還把一個人的名、字分別放入兩句中對舉，如「胡廣累世農夫，伯始致位公卿。黃憲牛醫之子，叔度名動京師。」這是宋書 恩倖傳論中對東漢時胡廣、黃憲二人的追憶及評述。文中的胡廣姓胡名廣字伯始，黃憲姓黃名憲字叔度。此外，古書有時將名人姓名省去一字稱呼或書寫，如：稱司馬遷爲馬遷，稱介之推爲介推，稱魯仲連爲魯連，等等。

古人除名、字之外，還有别號。如辛棄疾，號稼軒；陸游，號放翁。别號爲兩個字組成的，反而比字還常用，如：陸游，字務觀，號放翁，人們對他的號比對他的字還要熟悉。别號爲三個字以上的，在古書中亦多見。如：葛洪自號抱樸子，陶潛自號五柳先生，蘇軾自號東坡居士，歐陽修自號六一居士，朱耷自號八大山人，等等。三字以上的别號也常壓縮爲兩個字，如：稱東坡居士爲東坡，稱少陵野老（杜甫自號）爲少陵。别號約興起於周秦之際，原爲隱匿本名之用；自唐代起取别號之風日盛；到明朝時，室名别號幾乎取代本名及字；到清代時，對一些著名人物的號幾乎人人皆知，而對他的本名却極少有人知曉，如鄭燮號板橋，名燮，他的情况即如上述。

繼稱他人字號以示尊敬之後，又産生了稱官爵、稱地望（出生地或住地）以示欽敬之説。如：杜甫曾作過檢校工部員外郎，便稱他爲杜工部；王安石爲臨川（今江西臨川）人，便稱爲王臨川；鄭樵在夾漈山（今福建莆田縣西北）講學著書，學者尊稱他夾漈先生；柳宗元是河東（今山西永濟）人，被稱爲柳河東；王夫之晚年居衡陽石船山，被稱爲王船山。此外，以排行相稱，或以排行加官職連稱以示尊敬的現象，在唐代詩文中較盛行。如：唐元稹被稱爲元九；白居易被稱爲白二十二；杜甫被稱爲杜二拾遺；李紳被稱爲李二十侍郎。其中排行是按照曾祖兄弟的長幼次序來排算的，拾遺、侍郎均爲官名。

謚號是一個人在名字之外的又一個别名，是對死者生前事迹和品德的概括。謚號有公謚和私謚。私謚是有名望的學者死後，其親友門人所加的謚號。如：陶淵明死後，顔延年爲他作誄（哀悼死者之文，即悼辭），謚爲靖節徵士；張載死後，門人謚爲明誠夫子。公謚是古代帝王、諸侯、卿大夫及高官大臣等死後，由朝廷根據他們的生平行爲給予的一種稱號。皇帝、后妃的謚號由禮官議定，官員們的謚號由皇帝審定賜給。授謚號的標準就是謚法。逸周書謚法解對周代君王作謚之法敘述頗詳。其謚號大體可分爲三類：美謚、平謚、惡謚。如：文、武、景、惠、昭、宣、元、成、平、明、桓、獻、康、穆等謚號，意在贊美；哀、愍、懷、悼等，表示同情，爲平謚；煬、厲、靈等爲惡謚，意在批評。

歷代帝王死後，都要在太廟立室奉祀，要確立名號，這個名號就是廟號。從漢代起，開國皇帝一般稱祖，後來的嗣君稱宗。在廟號與謚號連稱時，一般是廟號放在謚號之前。比如漢朝開國皇帝劉邦，廟號加謚號全稱爲漢太祖高皇帝，太祖是廟號，高是謚號；漢文帝的全號是太宗孝文皇帝，太宗是廟號，文是謚號，自文帝起每個皇帝謚號前都加一個「孝」字，「孝」字也就成了謚號的一部分。漢代的皇帝不是每個都有廟號，「有功」、「有德」的纔被稱爲「祖」、「宗」。如漢高祖劉邦的謚號、廟號被省稱爲高祖，漢書高帝紀張晏注解説：「禮謚法無『高』，以爲功最高而爲漢帝之太祖，故特起名焉。」又漢書景帝紀記述了丞相申屠嘉的奏議：「世功莫大於高皇帝，德莫盛於孝文皇帝。高皇帝廟宜爲帝者太祖之廟，孝文皇帝廟宜爲帝者太宗之廟。」廟號稱「宗」，在南北朝時已成普遍現象，到唐代就無帝不「宗」了。唐以前對歿世的皇帝簡稱謚號，如漢高帝、漢武帝、隋文帝、隋煬帝，不稱廟號；自唐開始，因謚號不斷增字加長，不便稱呼，故改稱廟號，如唐太宗、唐玄宗、宋太祖，等等。謚號加長的原因與尊號有關。尊號是羣臣爲皇帝奉上的由尊崇褒美之詞組成的特殊稱號，起於唐武后、中宗之世，有生前奉上的，也有死後追加的，不僅皇帝有，後來帝后也有，改叫徽號。生前奉上尊號的如：唐玄宗曾於開元二十七年受尊號爲「開元聖文神武皇帝」；宋太祖於乾德元年受尊號爲「應天廣運仁聖文武至德皇帝」。死後上尊號的如：玄宗天寶十三年對已死多年的唐高宗上尊號爲「神堯大聖大光孝皇帝」。這種死後所加的尊號，可以說是謚號。謚號的字數隨着多次上尊號而不斷增多。如：清代同治尊生母那拉氏爲聖母皇太后，上徽號曰慈禧，由於徽號（即尊號）可以每逢慶典累加，致使那拉氏的徽號積累有慈禧等十六個字。又如朱元璋，死後謚曰高皇帝，廟號太祖。永樂元年，謚聖神文武欽明啓運俊德成功統天大孝高皇帝；嘉靖十七年，增謚開天行道肇紀立極大聖至神仁文義武俊德成功高皇帝。謚號如此之長，舍稱謚號衹稱廟號也就成爲必然。

自漢武帝開始，年號成了封建皇帝紀年的名號。公元前一四〇年武帝即位，稱這年爲建元元年。自此，封建帝王有了自己在位期間的年號。此後，每個皇帝即位，都重新改變年號（改元），甚至在位期間多次改元。漢武帝在位五十四年，建有十一個年號；唐武則天稱帝不滿二十年，用過十七個年號。明、清兩代，基本上一個皇帝在位期間衹用一個年號，因而常用皇帝在位期間的年號來稱呼皇帝，如嘉靖皇帝、崇禎皇帝、乾隆皇帝、同治皇帝，其中嘉靖、崇禎分別爲明世宗和明毅宗的年號，乾隆、同治分別爲清高宗和清穆宗的年號。據統計，中國古代先後使用過的年號有八百個左右。同一朝代兩個皇朝用過相同年號，或不同朝代同一年號多次被使用的現象也曾出現過。因而爲了所用年號準確，必須與所屬帝王及歷史背景聯繫起來。

（劉淑英）

避諱

所謂避諱，是古人在言談和書寫時要避開君父尊親的名字。這是中國古代特有的一種制度。避諱約起源於周代。周禮春官注：「先王死日爲忌，名爲諱。」意爲對先王的名字不得直呼，要避開以示敬意。周代文獻中有關避諱的記載很多。到秦朝時，隨着封建專制主義中央集權國家的建立，避諱形成定制。秦始皇名政，因而「秦諱正，謂之端」，正月改稱端月，正直改稱端直；秦始皇之父莊襄王名子楚，秦諱言楚，改楚爲荆。漢承秦制，避君諱更爲嚴格。漢高祖名邦，邦改爲國。漢文帝名恒，恒改爲常，恒山改稱常山，春秋時人田恒被改名爲田常。漢景帝名啓，微子啓被改名爲微子開。漢武帝名徹，蒯徹被改名蒯通。漢明帝名莊，莊助被改名嚴助，莊子被改名嚴子。觀此可知，漢代爲避皇帝諱，要改別人的名、姓，甚至山名、地名也要因之而改。到晉朝時，避諱漸臻嚴密。皇后及皇后母親的名字也被列爲避諱範圍。例如，東晉簡文鄭太后諱阿春，晉書后妃傳數引春秋，均改作陽秋。地名中凡春字皆以陽字代之，如富春、宜春改爲富陽、宜陽。孫盛、檀道鸞所撰編年體史書晉春秋、續晉春秋分別被改稱爲晉陽秋、續晉陽秋。再如史學家虞預本名茂，因犯明穆皇后母諱，故改之。此外，「授官與本名同宜改」、「山川與廟諱同應改」等被列爲諱議，成爲定制。世說新語講有桓溫之子桓玄重家諱的故事：桓玄曾設宴待客，一位賓客嫌酒涼，要侍者「取温酒」，桓玄聞言，以爲客人犯了他的家諱，痛哭失聲。家諱屬私諱，是人子避祖、父之名，這與對孔子及帝王之名衆所共諱（公諱），是相對而言的。二者均爲避諱。南北朝時，公諱寬嚴隨統治者不同而異，避私諱受到士大夫重視，宋太保王弘因「日對千客，不犯一人之諱」，而傳爲美談。唐朝把諱禁明定爲法律。唐律疏議稱：「府有正號，官有名稱。府號者，假若父名衛，不得於諸衛任官，或祖名安，不得仕長安縣職之類；官稱者，或父名軍，不得作將軍，或祖名卿，不得居卿任之類。皆須自言，不得輒受。」詩人李賀，父名晋肅，因晋與進同音，時議認爲李賀不能參加進士科考試。韓愈因勸李賀參加進士科考試遭到非議，特寫諱辯進行辯駁，最終李賀還是没能參加進士科考試。此外，唐人注史記、兩漢書、文選，撰晋、梁、陳、北齊、周、隋、南北八史，於唐廟諱，多所改易，致使古籍混淆。唐肅宗因安禄山發動叛亂而憎惡其名，改安化郡爲順化郡，寶安縣爲東莞縣。後梁太祖朱全忠因其祖父名信、父名誠，下令地名凡有成、城、信諸字皆改之，致使梁朝的圖書金石，皆無誠、忠、信等字。

宋代避諱之風特盛，記載有避諱内容的書也很多，如洪邁的容齋隨筆、王楙的野客叢書、王觀國的學林、周密的齊東野語等。據容齋隨筆記載：「本朝尚文之習大盛，故禮官討論，每欲其多，廟諱遂有五十字者。舉場試卷，小涉疑似，士人輒不敢用，一或犯之，往往暗行黜落。方州科舉尤甚，此風殆不可革。」宋以前最多衹避七世帝諱，由於宋代凡帝諱皆要避，致使避諱之字驟增，至宋孝宗時，本朝帝諱字二百七十八個。士人作文遺句堪稱艱難。

明初由於朱元璋學問未深易疑忌，避諱極多。史載杭州府學教授徐一夔在上給朱元璋的賀表中有「光天之下，天生聖人，爲世作則」等頌美之辭，朱元璋用自己的理解詮釋，說：「生者僧也，以我嘗爲僧也。光則薙髮也，則字音近賊也。」遂斬之。又僧來復謝恩詩，有「殊域」及「自慚無德頌陶唐」之句，朱元璋詮釋說：「汝用殊字，是謂我歹朱也。又言無德頌陶唐，是謂我無德，雖欲以陶唐頌我而不能也。」遂斬之。除文字疑忌而生出一些避諱字外，對皇帝本人名字避諱較松。明萬曆之後，因帝王名字避諱改字現象增多，如光宗名常洛，書寫時「常」多作「嘗」，「洛」多作「雒」；熹宗名由校，書寫時「由」字常缺末筆，「校」多作「較」。

清朝自康熙時起，不僅避諱皇帝的名字，而且把歷來爲漢族歧視少數族所用的胡、夷、虜、狄等字也列入避諱字中。激烈的民族仇視與疑忌心理，促成觸犯諱律案件的連續發生。雍正、乾隆時期，詩文中對帝名、廟諱的觸犯，是定案處刑的重要憑證，文字獄的頻繁發生及用刑的殘酷狠毒爲歷史上所僅見。

自周秦時期避諱産生，唐、宋時期大爲發展，明清時期達登峰造極，至辛亥革命以後廢除，其對中國歷史及文化的影響極大。下面就常用的避諱方法加以簡述。

最早採用的避諱方法是改字。春秋左氏桓六年傳記載：「晋以僖侯廢司徒，宋以武公廢司空。」杜注：「僖侯名司徒，廢爲中軍，武公名司空，廢爲司城。」此避諱改官名最顯著者。晋書職官志：「晋初以景帝(司馬師)諱故，又採周官官名，置太宰以代太師之任。」通典 職官篇：「隋改中書爲内史，侍中爲納言。大業十二年，又改納言爲侍内。」注：「隋氏諱忠(隋文帝之父名楊忠)，凡中皆曰内。」上述爲避諱官名而廢原來字，另用他字代替法。第二種改字法是用同義互訓之字相代。如：漢惠帝名盈，因以「滿」代「盈」，漢文帝名恒，凡遇「恒」字便改「常」字。第三種改字法是改爲音近字。如司馬遷父名談，凡遇「談」字，便改爲「同」，蘇東坡祖父名「序」，凡遇「序」字，他都改寫爲「叙」。

繼之而起的避諱方法是空字。尚書金縢：「惟爾元孫某」孔安國傳曰：「元孫武王，某名，臣諱君故曰某。」又如史記孝文本紀：「子某最長，……請建以爲太子。」某，即漢景帝劉啓。這是用「某」代稱被諱名，而空其名不書。第二種是「徑書諱字」。如，許慎説文解字「於禾部光武諱，艸部明帝諱，火部章帝諱，戈部和帝諱，示部安帝諱，皆注曰上諱，空其字不注。」（詳見陳垣史諱舉例）。第三種是作空圍（□），南齊書爲梁武父順之諱，凡順字皆改爲從，遇順之名則空之，汲古閣本魚腹侯子向傳蕭順之寫作□。第四種是空其避諱字不書。如史記、漢書，於漢諸帝皆不書名。

避諱缺筆始於唐代高宗之世。册府元龜帝王部 名諱門記載顯慶五年正月詔曰：「孔宣設教，正名爲首，……比見鈔寫古典，至於朕名，或缺其點畫，或隨便改換，……自今以後，繕寫舊典文字，並宜使成，不須隨義改易。」可見，高宗顯慶初年已有避諱缺筆之事。如避唐太宗李世民諱，「世」字作「卅」；避宋真宗趙恒諱，「恒」字作「恒」；避清世宗諱，「胤」字作「胤」；避清宣宗諱，「寧」字寫作「寍」；避孔子諱，「丘」字作「丘」，等等。唐代起缺筆避諱法產生，當時所刻石經缺筆多而改字少，對於基本保存經典原本，無疑是有利的。

避諱改音之説，亦始於唐。但在唐以前者多非由諱改，在唐以後者又多未實行。史記秦始皇本紀正義曰：「正音政，周正建子之正也。後以始皇諱，故音征。」正義爲唐人張守節所著。宋張世南游宦紀聞、孫奕示兒編，均爲是説。經陳垣考證，「正音征」非爲秦諱。又「昭」有「韶」音，唐人以爲避晋諱。漢書韋玄成傳，顔師古注：「晋室諱昭，故學者改昭爲韶。」李涪刊誤認爲：「至晋武帝以其父名昭，改爲韶音，歷代已遠，豈宜爲晋氏之諱，而行於我唐哉，今請復爲昭穆。」清雍正三年上諭：「孔子諱理應迴避」，九卿議以凡系姓氏，俱加阝爲邱。上諭：「嗣後除四書五經外，凡遇此字，並加阝爲邱，……讀作『期』音。」陳垣評述説：「加阝作邱，至今通行。至讀『期』音，則世鮮知者。可見避諱改音之例，始終未嘗實行也。」

據陳垣史諱舉例考訂，中國歷代避諱種類繁多，諸如改姓、改名、辭官、改官、改經傳文，等。避諱給閲讀和使用古籍文獻造成了諸多不便。但研究避諱而能應用之於校勘學及考古學者，謂之避諱學，是史學中一輔助科學。繼宋代學者致力於避諱學外，清代顧炎武的日知録、趙翼的陔餘叢考、王鳴盛的十七史商榷、王昶的金石萃編、錢大昕的十駕齋養新録，都有專條考證避諱。尤其是錢大昕的廿二史考異，常用避諱解釋古史的疑難。另有避諱學方面的專著多本：如陸費墀帝王廟謚年諱譜、黄本驥避諱録、周榘廿二史諱略等。集歷代避諱成果之大成的專著，是陳垣所著史諱舉例八卷，此書以史爲主，體裁略依俞氏古書疑義舉例，全書六萬餘言，是「使考史者多一門路、一鑰匙也。」

（劉淑英）

車馬

車馬是指供人乘用的車和拉車用的馬。古人「服牛乘馬」，即用牛車載運貨物，用馬車供出行和作戰使用。

古代馬車由輿、輢、式(軾)、車蓋、輞、轂、車軸、轄、車輪、轅等部分組成。輿即車厢，是乘人的部分。輿的前面和兩旁以木板爲屏蔽，後面留有缺口，以便乘者升降。車上有綏(繩子)，供人上車時拉手用，對此，論語鄉黨篇曾記述孔子升車時情景：「升車，必正立，執綏。」輿兩旁的木板可以倚靠身體，叫「輢」。輿前部的横木可以憑倚扶手，叫做式(軾)。禮記檀弓記載：「孔子過泰山側，有婦人哭於墓者而哀，夫子式而聽之。」此句中的「式」是指致敬的動作。古人在行車途中用扶式俯首的姿勢表示敬禮。車蓋像一把雨傘，安裝在車輿上，用來避日遮雨。輞爲車輪的邊框，它和轂(車輪中心有孔的圓木)成爲兩個同心圓。輞和轂由三十根木條連結起來，故老子説：「三十輻，共一轂」。輻，即木條。因四周的三十根輻條都從輞向轂集中，所以叫「輻輳」。連接兩車輪的横梁叫車軸，軸上駕有車輿，軸兩端露在轂外，用轄(一根三四寸長的銷子)將其固定。淮南子所述：「夫車之能轉千里所者，其要在三寸轄。」突出强調了轄的作用。用來阻止車輪轉動的木頭叫軔，要啓程就要移開軔，叫「發軔」。轅是夾在牲畜兩旁的兩根直木，其後端與車軸相連。其前端駕在牲畜脖子上的横木叫做軛。車轅與軛插上銷子連成一體，叫做輗。轅、軛、輗是古代大車上的組成部分，與之相對應的輈、衡、軏則適用於小車。

論語爲政：「大車無輗，小車無軏，其何以行之哉？」說的是大車沒有安橫木的輗、小車沒有安橫木的軏，（没法套住牲口）如何能走呢？此外，轅與輈既是同義詞，又有所區别，轅由兩根直木組成，輈是單根曲木。

戰國以前，馬是專門用來拉車的，故車馬在古書中通常相連並舉。左傳昭公二十五年記有：「左師展將以公乘馬而歸。」孔穎達疏：「古者服牛乘馬，馬以駕車，不單騎也。至六國之時始有單騎，蘇秦所云『車千乘，騎萬匹』是也。」詩經唐風山有樞：「子有車馬，弗馳弗驅。」論語公冶長：「願車馬衣輕裘，與朋友共，敝之而無憾。」以上是車馬並舉之例。也有車、馬單獨在文中出現，但其意仍爲由馬駕的車，因二者必須結合纔能供人使用。論語雍也：「赤之適齊也，乘肥馬，衣輕裘。」講述的是孔子的學生公西赤（字子華）出使齊國時的裝束。「乘肥馬」，是指乘肥馬所駕的車。

古人乘車通常尊者在左（以左方爲尊），御者（駕車的人）在中，右有一人陪乘。陪乘叫做驂乘，又叫車右。穀梁傳成公五年：「使車右下而鞭之。」注：「凡車，將在左，御在中，有力之人在右，所以備非常。」出兵作戰時，一般兵車是御者居中駕馭戰車，左邊一名甲士持弓，右邊一名甲士持矛；征戰的統兵主帥通常是居於兵車之中自掌旗鼓，爲其駕車的御者在車左邊，另有一人在車右負責保護主帥，也叫車右。

古代兩馬並駕一車爲駢，三馬並駕一車爲驂，四馬並駕一車爲駟。以駕車的馬是三匹爲例：中間的馬叫服，左邊的叫驂，右邊的叫騑，或服左右的馬均稱驂。

進入戰國時代，趙武靈王從匈奴學會騎馬，改革軍事，胡服騎射。此後，騎馬之風漸盛，騎兵纔成爲征戰的重要力量。而在此前古書中御馬、乘馬，等等，「馬」均用來指車，御馬即御車，乘馬即乘車。論語季氏：「齊景公有馬千駟。」可解釋爲齊景公有四千匹馬，但因駟爲四馬並駕一車，也可解爲齊景公有一千乘車。齊地千乘即因景公以車千乘打獵而得名。

古代車馬數量的多寡及質量好壞，在一定程度上反映了國家的實力。戰國時期諸侯國，小者稱千乘，大者稱萬乘。秦始皇統一前，車輛大小不一，路寬窄不同。爲了便於秦兵車行走，秦始皇下令車軸上兩個輪子間的距離一律爲六尺，此即車同軌（軌又引申爲兩輪在泥道上碾出來的痕跡，又叫做轍）。

（劉淑英）

衣飾

所謂衣飾，泛指人用以蔽體的服裝、鞋帽及飾物。

古代的服裝大體可分爲兩類，一爲長袍，一爲短衣。詩經邶風緑衣：「緑衣黃裳。」詩經齊風東方未明：「顛倒衣裳。」衣、裳在這兩篇詩文中並舉，衣指上衣，裳指下衣。說文：「常（裳），下帬（裙）也。」先秦時因衣裳縫合前後深長，故稱「深衣」。深衣是古代諸侯、大夫、士家居所穿的衣服，也是庶人的常禮服。深衣的形制奠定了秦漢袍服的基本式樣，在其基礎上發展而成襌衣、襜褕、複袍。襌衣是單層的薄長袍，「襌，單也。」東漢時遝稱之爲「單衣」。其質料，或用布帛，或用薄絲綢。漢武帝召見江充，江充穿的就是通常民間服用的襌衣。這種襌衣「上下相通，不別衣裳，故得通裁之名。」東漢時，襌衣成爲武職官員的正式制服，「虎賁中郎將衣紗縠襌衣。」襜褕，是一種更爲寬博的外衣，爲男女通用的便服。史記魏其武安侯列傳：「武安侯坐衣襜褕入宮，不敬。」索隱：「謂非正朝衣，若婦人服也。」兩漢之際，襜褕漸成女子的常服。西漢末年，緑林軍將士多服用襜褕，被三輔官吏及士人笑爲「服婦人衣。」（一說襜褕爲短衣）秦漢時期的「袍」，有裡有面，又稱爲複袍。袍用新綿之細長者所填制的，稱爲纊袍；用舊絮和新綿之短粗者填制的稱緼袍。這兩種袍都是御寒的衣服。「綿」和「絮」都指絲棉，因當時還没有種植棉花。纊袍質地精美，多爲富貴人物服用；緼袍質次價廉，多爲貧民服用，有些潔身自好的官吏或安貧守志的儒生也以服用此袍爲樂。漢以後的降紗袍、皂紗袍都成了正式的朝服。裘是古人御寒的皮衣。詩經檜風羔裘：「羔裘如膏，日出有曜。」又詩經小雅都人士：「彼都人士，狐裘黄黄。」裘毛外翻，色澤可見。達官顯貴在朝會、祭禮或接待賓客時，要在裘上加一件罩衣，稱作裼（xī）衣，顔色要和諧，否則會被認爲不敬。搭配原則依論語鄉黨説：「緇衣，羔裘；素衣，麑裘；黄衣，狐裘。」庶人則穿犬羊之裘，也不需加裼衣。天子和最高級的官吏的禮服稱爲「衮」，上綉有龍，這就是後代龍袍的先形。短衣稱襦。爲一般人（包括奴僕）所服。長襦至膝，短襦至腰。樂府詩陌上桑：「緗綺爲下帬（裙），紫綺爲上襦。」襦是婦女所穿上衣，裙爲下衣。直至唐宋以後，男以袍爲常服，女以裙爲常服纔成爲制度。襦衣外曰表，内曰裡，中間加絮可以作爲冬服。古詩孤兒行：「冬無複襦，夏無單衣。」説的就是冬天没有綿衣，夏天没有單衣。一些達官顯貴爲示儉僕，也穿短衣。如漢文帝寵愛的慎夫人

「衣不曳地」，又如王莽妻「衣不曳地，布蔽膝。」上古有裳無褲。說文：「絝，脛衣也。」絝的作用是御寒，很象現在的套褲。絝爲無襠褲。有襠的褲子叫褌(kūn)，釋名釋衣服：「褌，貫也，貫兩脚，上繫腰中也。」此外，據漢書外戚傳記載：「(霍)光欲皇后擅寵有子，……雖宮人使令皆爲窮絝，多其帶。」注：「服虔曰：『窮絝，有前後當(襠)，不得交通也。絝古袴字，即今之緄襠袴也。』」史記司馬相如列傳記載：「相如身自著犢鼻褌，與保庸雜作。」犢鼻褌形似犢鼻，類似後世的短褲(一說圍裙)。秦漢時貧賤的人穿不起絲織品，祇能穿麻織品或葛織品。絲織品稱帛，麻、葛織品稱布。「布衣」就成了庶人的代稱。褐是用粗毛編織的最粗劣的服裝，貧苦人因衣褐而被稱爲「褐夫」。揚雄解嘲說：「或釋褐而傅。」說的是脱掉粗劣的衣服而做大官。唐代科舉新進士及第授官，也沿稱「釋褐」。詩經小雅采菽：「邪幅在下。」鄭玄注：「邪幅，如今行縢也；偪束其脛，自足至膝，故曰『在下』。」邪幅，是用布斜裹在小腿上，如同漢代的行縢，後世的裹腿。

古人衣襟向右掩(即右衽)，用絛繫結，然後在腰間束帶。用來束衣的大帶是用絲織的，被稱爲紳，紳又特指束餘下垂的部分。古時仕宦者垂紳搢笏(插笏版於腰帶上)，紳士的意義也由此發展而來。還有一種用皮做的革帶，叫做鞶(pán)，用於懸佩玉飾等物。禮記玉藻：「古之君子必佩玉」，「君子無故，玉不去身」，强調了佩玉是古代君子很看重的衣飾。君子以玉比德，故「玉不去身」。佩帶佩玉是有講究的。先把相同的兩套佩玉分別固定好，然後分別佩帶於禮服的左、右側腰間部位。每套佩玉均由珩(衡)、璜、琚、瑀、衝牙組成。珩是一枚弧形的玉，位於上端，它的兩端各懸一枚半圓形的玉(璜)，中間綴有兩片玉（琚和瑀），兩璜之間懸着一枚玉（衝牙）。佩玉者一行走，腰間的衝牙和兩璜相碰，就會發出鏗鏘悦耳之聲。古代不僅君子佩玉做衣飾，貴族婦女也有環佩，往往先聽到環佩之聲，後見人物出場。秦漢時期，衣飾上珠寶的數量和質量就成了區别貴賤的標誌。此外官吏腰間有一飾物，即「綬」。綬是繫印用的，又稱印綬，是官吏級别的象徵。漢代規定，官吏外出，必須把官印佩在腰間，綬帶垂於外邊。綬帶的顏色因官職不同而有明顯區别。如二千石（公、侯、將軍）佩紫綬，六百石（縣令、長）佩黑綬等。這樣，「見其服而知貴賤，望其章而知勢。」

古人所穿的鞋因用料、式樣不同而名稱各異，用途各異，穿着者也各異。古人的草鞋叫蹝（躧、屣xǐ），又叫屩（蹻 jué）。舜、伊尹都以草爲之草屩。草鞋後成爲貧賤者所穿之鞋。麻、葛等編織成的鞋叫屨，編屨時爲使之結實，要邊編邊砸，故稱之爲「捆屨」。周文王時穿的就是麻屨。屨複底或下襯一薄木板者叫舄（xì）。屐是厚木所做鞋，興起於戰國時期，東漢「延熹中，京都長者皆著木屐」（後漢書五行志）。宋書謝靈運傳記載，謝靈運常穿木屐，他的木屐底部前後分别安上齒，上山則拿下前齒，下山則取下後齒。絲履，用五色絲雜織而成，色彩鮮艷，創始於秦，令宮人侍從著之，又稱錦履。睡虎地秦墓竹簡·法律答問記有「毋敢履錦履」之令，意在禁止庶人穿絲履。詩經魏風葛屨中有這樣的話：「糾糾葛屨，可以履霜。」履，踩、踐。「可以履霜」即「哪能踩秋霜？」「履」本是動詞，戰國以後漸用爲名詞。史記留侯世家：「孺子，下取履。」這裡的履即指鞋，用作名詞。皮屨、革履都指皮鞋，多用於御寒。説文：「鞮，革履也，胡人履連脛謂之絡鞮（dī）。」此句中的革履即指皮靴，是遊牧部族所用，而後傳入中原，被富貴之人所用。與鞋相關的是韈。韈又稱爲足衣。古人登席必須脱韈，以表尊敬。據左傳哀公二十五年記載，衛侯在藉圃造了靈臺(即觀臺)，和大夫們在那裡喝酒，褚師聲子穿着韈子登上席子，衛侯發怒。褚師以脚上生瘡不敢脱韈辯解，衛侯更加生氣。褚師退出後，衛侯仍氣惱地説要砍斷他的脚，褚師聽到這話，坐車逃跑，説：「能逃亡就是幸運了。」由此不難看出，登席脱韈是通行的禮節，不管脚上是否生瘡，都得遵守這一禮節，否則就是對人君不敬，就會大難臨頭。

帽，可釋爲頭衣，又與古代頭衣有所不同。古代貴族的頭衣有冠、冕、弁三種，平民所用的頭衣稱巾、幘。冠是貴族男子長到二十歲時舉行冠禮所戴的「帽子」。當時的冠，其式様和用途都與後世的帽子不同。古人用髮笄綰住髮髻後再用冠束住。冠圈兩旁有兩根小絲帶，稱做纓，可在頷下打結，把冠固定在頭頂上。以冠作爲服制的名稱，自秦始。據晋書輿服志記載，秦始皇常服通天冠，「高九寸，正豎，頂少斜却，乃直下，鐵爲卷梁，前有展筩，冠前加金博山述。」秦百官冠有高山冠、法冠和武冠三種。高山冠是秦滅齊得到的齊王之冠，秦始皇將以賜給中外官、謁者、謁者僕射。其形制似通天冠，但「頂直豎，不斜却，無山述展筩。」秦代的法冠稱獬豸冠，獬豸是去邪扶正，不遺餘力的獨角獸，楚王捕獲此獸，取其形以制衣冠。秦滅楚，以楚王冠服賜執法近臣御史服之。秦武冠，亦稱武弁大冠，因其多加雙鶡尾，又名鶡冠，本爲趙國冠服，秦以此冠賜武人。侍中、中常侍服武冠時，加黄金璫，附蟬爲文，貂尾爲飾。冕，是一種最尊貴的禮冠，黑色。最初天子、諸侯、卿大夫在祭祀時戴冕，故有「冠冕堂皇」這一成語。冕上面爲一幅長方形的版，叫延(綖)，下面戴在頭上。延的前沿挂着一串串的小圓玉，叫做旒。

冕旒的多少和質料的差異，是嚴格遵守等級制度的。漢代祭祀天地等，皇帝冕旒繫白玉珠，爲十二旒，前垂四寸，後垂三寸；三公及諸侯用九旒，珠用青玉；卿七旒，赤玉珠；九卿以下，五旒，黑玉。冕旒的兩側，有對穿的孔用以插長笄。長笄的一端繫上一根小絲帶，從頷下繞過，再繫到笄的另一端。此帶名叫紘。笄的兩端各用一條名叫紞（dǎn）的絲繩垂下一顆黄色的珠玉，名叫瑱（zhèn）。因瑱下垂正當左右兩耳處，所以又名充耳、塞耳。意爲對諂言「充耳不聞」。後來因衹有帝王可以戴冕，冕旒便用作帝王的代稱了。王維和賈至舍人早朝大明宫之作所述：「萬國衣冠拜冕旒。」此詩中的冕旒即代指唐朝皇帝。此外，爵弁、皮弁也是屬於比較尊貴的冠。據儀禮士冠禮爵弁服注：「爵弁者，冕之次，其色赤而微黑，如爵頭然。或謂之緅。」這種弁廣八寸，長尺二寸，前小後大，無旒，用極細的葛布或絲帛做成。這種爵弁爲祭祀時所服。皮弁，用幾塊白鹿皮縫合而成，尖頂，樣式類似後世的瓜皮帽，因縫合處綴有一行行小玉石，酷似星子閃爍。按規定天子十二會（縫合處名會），十二璂（玉），下以次遞減。冠頂名邸，用象骨製成。隋、唐時自皇太子至六品以上官，皆戴皮弁。古時冠冕可用作仕宦的代稱。又因貴族纔能戴冠乘車，車有車蓋，故冠蓋也用作仕宦及貴人的代稱。

釋名釋首飾：「士冠，庶人巾。」意即庶人的頭衣衹能是巾。玉篇：「巾，佩巾也，本以拭物，後人著之於頭。」講明了巾由拭物轉化爲頭衣。秦時，百姓常以三尺黑布包頭，故稱黔首。漢末，頭巾由庶人隱士所用，漸變爲時尚。蔡邕獨斷：「幘者，古之卑賤執事不冠者之所服也。」幘，本來也是庶人包髮之巾，有黑色、青色（蒼）之分。由於幘有壓髮定冠的作用，後來也在貴族中流行。據說漢元帝因額上長有長髮，爲了不讓羣臣發現，便以幘包頭，幘上再加冠。王莽建立新朝後，爲了遮住頂禿，又將幘上施巾而戴之。此後，幘有多種式樣和顔色。一種爲幘之有屋（帽頂）者，戴這種幘可以不再戴冠；一種可露出前額的幘，稱岸幘（岸是顯露之意）；一種是空頂幘，中間露出頭髮。幘的顔色隨着人的身份不同而異，卑賤者戴緑色幘，羣吏春服戴青幘，武吏戴赤幘。男子做束髮用的帕頭也是頭衣的一種。其束髮辦法是由後向前在額上打結。即爲庶民百姓常服，也被儒生、隱士所看好。甚至爲官吏所效尤。

帽，説文作「冃」：「冃，小兒、蠻夷頭衣也。」後漢書卷十九耿秉傳記有耿秉與竇固合擊車師事，説：「（車師後王）安得惶恐，走出門，脱帽抱馬足降。」此處所説「帽」，即「蠻夷頭衣」，與漢人官員所戴冠冕不同。世説新語任誕篇説謝尚：「脱幘著帽」，「酣飲於桓子野家」，從記載可斷定，謝尚所戴之帽祇是一種便帽。隋書禮儀志六：「帽，自天子下及士人，通冠之。以白紗者，名高頂帽。皇太子在上省則烏紗，在永福省則白紗。」此時的帽已成爲正式的頭衣。唐書車服志：「烏紗帽者，視事及燕見賓客之服也。」杜甫飲中八仙歌説，張旭「脱帽露頂王公前。」意即張旭醉酒書寫草書狂放不羈，竟然脱帽失禮。古人以戴帽爲有禮貌，脱帽爲閑散狂妄不講禮節時的行爲，與後世脱帽敬禮表尊敬意思不同。

（劉淑英）

實習七——閱讀綫裝書

①在實習室，讓學生任選一段綫裝書資治通鑑的原文，限時閱讀，然後當堂向教師口頭翻譯爲白話文；

②教師評分；

③教師在課堂上加以總結，講解標點的方法、避諱常識等閱讀原著中所遇到的問題。

實習八——訓詁學（一）

①在課堂上講授訓詁學常識與選篇；

②在課堂上選讀課本中的舊注選篇，讓學生指出哪些舊注是形訓，哪些是聲訓，哪些是義訓；

③選取上述三種情況的典型例句，到實習室通過查閱説文解字、古韻通曉等書，來確定這些舊注

是否允當；
④從上述實例中總結出聲訓、形訓、義訓的各自特點；
⑤同實習一之⑤⑥。

實習九——訓詁學（二）

①同實習八之①；
②在實習室閱讀有舊注的古書，依照課上講的訓詁學術語，從舊注中抄録出含有這些術語的注釋。
③説明每條注釋中不同術語的特定作用；
④教師評分；
⑤同實習一之⑤⑥。

（汝企和）

爾雅疏卷第二

釋詁(下)

卬吾台予朕身甫余言我也朕余躬身也台朕賚畀卜陽予也肅延誘薦餤晉寅藎進也羞餞迪烝進也詔亮左右相導也詔相導左右助勴也亮介尚右也左右亮也緝熙烈顯昭晧熲光也劼鞏堅篤掔虔膠固也疇孰誰也暀暀皇皇藐藐穆穆休嘉珍褘懿鑠美也諧輯協和也關關噰噰音聲和也勰燮和也從申神加弼崇重也斁悉卒泯忽滅罄空畢罊殲拔殄盡也苞蕪茂豐也揫斂屈收戢蒐裒鳩樓聚也肅齊遄速亟屢數迅疾也寁駿肅亟遄速也壑阬阬滕徵隍漮虛也黎庶烝多醜師旅衆也洋觀裒衆那多也流差柬擇也戰慄震驚戁竦恐慴懼也痡瘏虺頹玄黃劬勞咎顇瘽瘉鰥戮癙癵痒疷疵閔逐疚痗瘥痱癉瘵瘼癠病也恙寫悝盱繇慘恤罹憂也倫勩邛敕勤愉庸癉勞也勞來强事謂翦篲勤也悠傷憂思也懷惟慮願念惄思也祿祉履戩祓禧禠祜福也

禋祀祠蒸嘗禴祭也儼恪祗翼諲恭欽寅熯敬也朝旦夙晨晙早也頦竢替戾底止徯待也嘺幾烖殆危也譏汔
也治肆古故也肆故今也惇亶祜篤掔仍肶埤竺腹厚也載謨食詐僞也話猷載行訛言也遘逢遇也遘逢遇遻
也遘逢遇遻見也顯昭覲釗觀見也監瞻臨涖頫相視也鞠訩溢盈也孔魄哉延虛無之言間也瘞幽隱匿蔽竄
微也訖徽妥懷安按替戾底廢尼定曷遏止也豫射厭也烈績業也績勳功也功績質登平明考就成也梏梗較
頲庭道直也密康靜也豫寧綏康柔安也平均夷弟易也矢弛也弛易也希寡鮮罕也鮮寡也酬酢侑報也毗劉
暴樂也覭髳茀離也蠱謟貳疑也楨翰儀榦也弼棐輔比俌也疆界邊衛圉垂也昌敵彊應丁當也浡肩搖動蠢
迪俶厲作也茲斯咨呰已此也嗟咨蹉也閑狎串貫習也曩塵佇淹留久也逮及暨與也隱假格陟躋登陞也揮
盝歇涸竭也揠拭刷清也鴻昬於顯間代也饁饟饋也遷運徙也秉拱執也廞熙興也衛蹶假嘉也廢稅赦舍也
棲遲憩休苦㰻齂呬息也供峙共具也㥾憐惠愛也娠蠢震戁妯騷感訛蹶動也覆察副審也契滅殄絕也郡臻
仍迺侯乃也迪繇訓道也僉咸胥皆也育孟耆艾正伯長也艾歷也歷秭算數也歷傅也艾歷覛胥相也乂亂靖
神弗淈治也頤艾育養也汱渾隕墜也際接翜捷也毖神溢慎也鬱陶繇喜也馘穧獲也阻艱難也剡絜利也允
任壬佞也俾拼抨使也俾拼抨使從也儴仍因也董督正也享孝也珍享獻也縱縮亂也探篡俘取也徂在存也
在存省士察也烈枿餘也迓迎也元良首也薦摯臻也賡揚續也祔祪祖也即尼也尼定也邇幾暱近也妥安坐
也貉縮綸也貉嗼安定也伊維也伊維侯也時寔是也卒猷假輟已也求酋在卒就終也崩薨無祿卒徂落殪死
也

圖書在版編目(CIP)數據

中國歷史文選：全三册 / 汝企和主編，張升副主編．—北京：國家圖書馆出版社，1999.6（2023.8 重印）

ISBN 978-7-5013-1542-0

Ⅰ．①中…　Ⅱ．①汝…②張…　Ⅲ．①漢語—語言讀物—古代　Ⅳ．① H194.1

中國版本圖書館 CIP 數據核字（98）第 29181 號

書　　名　中國歷史文選（全三册）
著　　者　汝企和　主編　張　升　副主編
責任編輯　張愛芳　于　浩
重印編輯　司領超
封面設計　李　璀

出版發行　國家圖書館出版社（北京市西城區文津街 7 號 100034）
（原書目文獻出版社　北京圖書館出版社）
010-66114536　63802249　nlcpress@nlc.cn（郵購）
網　　址　http://www.nlcpress.com
印　　裝　北京金康利印刷有限公司
版次印次　1999 年 6 月第 1 版　2023 年 8 月第 6 次印刷

開　　本　850 × 1168（毫米）　1/32
印　　張　38.375
書　　號　ISBN 978-7-5013-1542-0
定　　價　65.00 圓
